정상급 신약학자가 기적을 믿고, 기적에 대해서 변증하는 일은 흔치 않다. 그런 면에서 기적을 성서적·신학적·실제적으로 다루는 이 책은 주목할 만하다. 이 책은 기적을 믿지 않는 사람에게는 기적 변증서이고, 기적의 성서적 근거를 찾으려는 사람에게는 표준 신학서다.

김동수 평택대 신학과 교수, 한국신약학회 전 회장

"하나님이 하셨다"라는 고백이 냉소와 조롱이 되는 시대에, 우리는 믿음의 본질을 다시 물을 수밖에 없다. 이 현실과 물음 사이에 '기적'에 대한 질문이 존재한다. 성서학자 키너는 우리가 이 질문 앞에서 진지하게 사유하고 정직하게 반응하도록 안내한다. 또 한 권의 필독서다.

배덕만 백향나무 교회 담임 목사, 기독연구원느헤미야 교회사 전임 연구원

미국 감리교의 대표적인 신학교인 애즈버리 신학교 신약학 교수이자 방대한 주석들과 복잡한 신약신학 책들을 꾸준히 저술하고 있는 크레이그 키너 교수가 기적에 대한 두 번째 책을 출판했다. 키너 교수는 미국, 유럽, 아시아, 아프리카에서 목격자들의 증언, 의사들의 보고, 의학적 검증으로 입증된 기적들을 나열하면서 하나님의 특별한 신적 행동인 기적이 오늘날에도 일어난다고 설명한다. 기적에 대한 성경적인 가르침을 실제적인 예시들과 함께 제시하는 이 책을 하나님이 오늘날에도 기적을 베푸심을 믿고 기도하는 성도들과 목회자들과 신학 교수들에게 강력하게 추천한다.

이상일 총신대학교 신학대학원 신약학 교수

이 책은 우선 초자연주의적 세계관이 자연주의적 세계관보다 더 우월한 선택안임을 입증해 준다. 더 나아가서 성경이 계시하는 삼위일체 하나님의 자기주장이 진리임을, 또한 성경이 제시하는 기적들에 대한 보고가 거부할 수 없는 진실임을 명쾌하게 보여 준다.

정성욱 덴버신학교 조직신학 교수

오늘날에도 하나님이 여전히 기적을 행하고 계신다는 분명하고 설득력 있는 증거가 바로 이 책이다. 우리 가운데 역사하시는 하나님의 초자연적 활동에 대한 키너의 설득력 있는 연구에 격려와 통찰을 얻고, 경이로움을 느끼며 하나님을 예배하게 될 것이다. 필독해야 할 책이다!

리 스트로벨 Lee Strobel 윌로크릭 교회 교육 목사, 『기적인가 우연인가』『예수는 역사다』의 저자

키너는 기적을 보여 주는 전 세계로 독자들을 안내한다. 그러는 동안 생명을 회복하는 기적에 관한 성경의 기사에서 증거를 수집하고, 기적을 부정하는 회의론자들에게 답하며, 그리스도인들과 비그리스도인들이 들려준 기적에 관한 수많은 진술을 통해 기적이 그들의 삶을 바꾼 결정적인 신적 행동이었음을 보여 준다. 기적이 어떻게 일어나고 다른 사람들의 삶을 변화시키는지 읽는 것도 유익하지만, 신약성경 전문가로서 키너의 삶과 사고가 기적에 의해 어떻게 형성되고 변했는지 그의 설명을 실제로 듣는 것에는 또 다른 유익이 있다. 『오늘날에도 기적이 일어난다』는 키너의 연구를 폭넓은 독자층이 쉽게 접근할 수 있도록 도와주는, 독특하고 흥미로우며 예리하고 귀중한 자료다. 나는 수년간 키너의 여러 책을 읽었고, 그의 책을 통해 배웠으며, 그의 책을 수업 교재로 사용했다. 『오늘날에도 기적이 일어난다』도 마찬가지 과정을 지날 것이다.

알리우 니앙 Aliou Cissé Niang 유니온 신학교 신약 부교수

키너는 또다시 최근의 기적 진술에 관한 흥미로운 개요를 독자들에게 내놓는데, 이번에는 범주별로 정리했다. 뇌사가 발생한 사례, 실명한 사람들, 뇌성마비, 영상 자료, 의사들 자신의 검증과 여러 가지 증거, 회의론자들의 반대 등 이 책은 매우 흥미로운 읽을거리를 제공하고, 한꺼번에 전부 다 해결하는 진정한 연구서다. 분명 아주 폭넓은 청중이 공감할 수 있고, 우리 책장에 비치해야 할 책이다. 아주 강력하게 추천한다!

게리 하버마스 Gary R. Habermas 리버티 대학교 변증학 및 철학 특훈 교수

『오늘날에도 기적이 일어난다』는 인간의 삶에 들어오시는 하나님의 초자연적 개입에 대한 심층 조사 연구서다. 키너 박사가 쌓은 최고의 학식이 명확히 드러난다. 의사로서 보기에, 물리적 치유에 관한 키너의 묘사는 믿을 만하고 설득력이 있다. 나는 특히 여러 의학적 사실과 의사들의 논평에 매료되었다. 키너는 또한 기적의 신학을 논하는 동시에 기적을 부정하는 철학적 주장을 명민하게 무력화한다. 자신의 회심과 치유에 관한 키너의 개인적 간증에는 강력한 힘이 있다. 이 책은 우리 시대의 기적에 관해 더 많이 알기를 열망하는 사람들이 읽어야 할 필독서다.

조지프 버저런 Joseph Bergeron 의사, 『예수님의 십자가 처형』의 저자

키너는 오늘날 손꼽히는 최고의 기독교 지성 가운데 하나다. 하지만 그는 또한 초자연적 기독교에 깊이 몰입해 있는 온유하고 겸손한 예수님의 제자이기도 하다. 그의 새로운 책은 마치 키너와 독자들이 주고받는 온화하고 매우 개인적인 대화처럼 읽힌다. 이 책은 전 세계 곳곳에서 일어나는 삼위일체 하나님의 활동에 관한 새롭고 진실하며 믿을 만하고 충격적인 진술로 가득하다. 이 책을 읽어 나가는 동안 내 믿음은 더욱 굳건해졌다. 『오늘날에도 기적이 일어난다』는 신자나 불신자 모두에게 적합한 책이고, 기적을 보고 경험해야 할 세상에서 더 많은 초자연적 활동의 불을 일으키는 불꽃이 될 수 있다. 이 책은 멋진 충격 그 자체다!

J. P. 모어랜드 Moreland 바이올라 대학교 탤벗 신학교 철학 특훈 교수, 『기적을 경험하는 간단한 지침』의 저자

키너가 다시 큰일을 해냈다. 전 세계적 팬데믹으로, 나를 포함해 많은 사람이 너무 많은 것을 잃고 사랑하는 이들의 죽음을 너무 많이 겪었다. 이런 상황에서 키너는 오늘날에도 기적을 일으키실 하나님을 계속 신뢰하고 하나님이 세상 속에서 역사하신다는 사실을 믿으라고 우리를 다독인다. 키너는 기적에 관한 기록을 남기고, 치유가 일어나지 않을 때와 치유가 일시적일 때 어떤 일이 일어나는가와 같은 힘겨운 질문을 붙들고 씨름한다. 이 책은 치유를 '하나님 나라의 표본'이자 '미래의 맛보기'로 보도록 독자들을 일깨우는 시의적절한 책이다.

리사 보언스 Lisa Bowens 프린스턴 신학교 신약 부교수

『오늘날에도 기적이 일어난다』는 하나님이 현대 세계에서 여전히 기적을 통해 역사하신다는 주장을 옹호하면서, 다양한 형태로 나타나는 하나님의 특별한 행동을 입증하는 수십 가지 믿을 만한 증언을 제시한다. 키너는 기적을 표징, 즉 최종적으로 승리할 하나님 나라의 단편적 맛보기로 여긴다. 그는 하나님 나라가 이르기까지 유한한 존재인 우리가 모두 죽음에 맞닥뜨린다는 사실을 정직하게 직시한다. 이 모호한 세상에서도, 이런 기적적 표징은 영감과 희망을 선사하면서, 더 이상 고통이나 죽음이 없는 세상을 가리켜 보여 준다.

스티븐 에번스 C. Stephen Evans 베일러 대학교 철학 및 인문학 교수

기적이 단지 원시적 환상이라고 생각하거나 이 시대에는 더 이상 일어나지 않는다고 생각하는 사람들에게 이 책을 읽어 보라고 권한다. 기적을 보여 주는 이 책의 수많은 진술에 압도당하리라 장담한다. 매우 지적이고 매혹적인 책으로, 그리스도인이나, 비그리스도인, 관심자 상관없이 흥미를 느낄 것이다.

로버트 배런 Robert Barron 미네소타주 위노나로체스터 주교

오늘날에도 기적이 일어난다

IVP(InterVarsity Press)는
캠퍼스와 세상 속의 하나님 나라 운동을 지향하는
IVF(InterVarsity Christian Fellowship)의 출판부로
생각하는 그리스도인을 위한 문서 운동을 실천합니다.

Copyright ⓒ 2021 by Craig S. Keener
Originally published in English under the title
Miracles Today: The Supernatural Work of God in the Modern World
by Baker Academic,
A division of Baker Publishing Group
P.O. Box 6287, Grand Rapids, MI 49516, U.S.A.
All rights reserved.

Used and translated by the permission of Baker Publishing Group
through rMaeng2, Seoul, Republic of Korea.

This Korean edition ⓒ 2023 by Korea InterVarsity Press, Seoul,
Republic of Korea.

이 책의 한국어판 저작권은 알맹2를 통하여
Baker Publishing Group과 독점 계약한 IVP에 있습니다.
신 저작권법에 의하여 한국 내에서 보호받는 저작물이므로
무단 전재와 무단 복제를 금합니다.

오늘날에도
기적이
일어난다

크레이그 키너
이철민 옮김

**하나님은 초자연적 역사를 통해
무엇을 말씀하시는가?**

IVP

Miracles Today

의료 전문가, 상담 전문가를 비롯해
하나님의 치유를 위해 기도하는 모든 사람,
이 깨어진 세상에서 고통을 줄이기 위해
수고하는 모든 사람에게 이 책을 바칩니다.

목차

감사의 말		12
머리말 일어나 걸으라		15
서론 기적 연구, 지난번 책과 새로운 책		25

1부 기적을 보는 관점

1장 어쨌든, 기적이란 대체 무엇인가?   35
2장 왜 어떤 사람들은 기적이 일어나지 않는다고 전제하는가? ♦ 세계관   49
3장 왜 어떤 사람들은 기적이 일어나지 않는다고 전제하는가? ♦ 데이비드 흄   61

2부 기적의 목격자

4장 기적의 목격자는 많이 있는가?   75
5장 그리스도인들만이 기독교적 치유를 보고하는가?   86
6장 치유는 새로운 현상일 뿐인가?   93
7장 아기들의 사진   102

3부 영상 자료와 의사들의 보고

8장 영상 자료에 치유 상황이 포착된 적이 있는가?   122
9장 의학적으로 입증된 가톨릭의 치료   130
10장 뇌 회복의 몇 가지 짧은 사례   139
11장 사실상의 뇌사에서 회복된 사례   145
12장 의학적으로 입증된 20세기의 더 많은 치료   156
13장 의학적으로 입증된 21세기의 여러 치료   165
14장 암 치료   175
15장 암에서 회복된 의사들   189

4부	"눈먼 사람이 보고, 다리 저는 사람이 걸으며, 나병 환자가 깨끗하게 되며, 듣지 못하는 사람이 들으며"(마 11:5 · 눅 7:22)	
	16장 눈먼 사람들이 지금도 보는가? ♦ 목격자들 이야기	195
	17장 눈먼 사람들이 지금도 보는가? ♦ 의사들 이야기	205
	18장 다리 저는 사람이 지금도 걷는가? ♦ 반사 교감신경 이상증	218
	19장 다리 저는 사람이 지금도 걷는가? ♦ 말린의 뇌성마비	224
	20장 다리 저는 사람이 지금도 걷는가? ♦ 브라이언의 척추 손상	231
	21장 다리 저는 사람이 지금도 걷는가? ♦ 짧은 사례들	238
	22장 나병 환자가 지금도 깨끗하게 되는가? ♦ 가시적 치유	252
	23장 듣지 못하는 사람이 지금도 듣는가?	263

5부	"죽은 사람이 살아나며"(마 11:5 · 눅 7:22)	
	24장 죽은 사람이 지금도 살아나는가? ♦ 역사 속의 사례들	276
	25장 죽은 사람이 지금도 살아나는가? ♦ 아프리카의 사례들	282
	26장 죽은 사람이 지금도 살아나는가? ♦ 아시아의 사례들	288
	27장 서구에서 살아난 사람들? ♦ 뉴스에 나온 사례들	297
	28장 서구에서 살아난 사람들? ♦ 뉴스가 되지 못한 사례들	305
	29장 회생을 목격한 의사들	312
	30장 죽었던 친구들 혹은 죽었던 이들을 만난 친구들	322
	31장 우리 가족 중에 살아난 사람들	334

6부	자연 기적	
	32장 자연 기적은 지금도 일어나는가?	343
	33장 자연 기적의 목격자를 알고 있는가?	358

7부	**하나님 나라의 신비**	
34장	직접 목격자?	371
35장	왜 서구에서 더 많은 기적을 보지 못하는가?	381
36장	영적인 요소와 기적	390
37장	치유가 일시적일 때	406
38장	기적이 일어나지 않을 때	414
39장	성경은 치유되지 않는 것에 대해 무엇이라고 말하는가?	423
40장	이 책을 마무리하며	436

부록 A	기도는 상황을 악화시켰는가?	440
부록 B	흄의 몇 가지 다른 주장	445
부록 C	거짓 표적	449
주		452

감사의 말

이 책을 쓸 수 있도록 2020년 봄에 연구 휴직을 허락해 준 칼 헨리 신학연구소(Carl F. H. Henry Center for Theological Understanding)에 깊이 감사한다. [코로나19 팬데믹으로 집에 돌아오기까지, 나는 그 기간의 대부분을 트리니티 인터내셔널 대학(Trinity International University) 캠퍼스에서 보냈다.] 또한 연구 휴직 기간에 나를 기꺼이 배려해 준 애즈버리 신학교(Asbury Theological Seminary)와 박사과정 학생들에게도 감사한다. 코로나 팬데믹으로 인터뷰와 자료 수집을 위한 일부 다른 연구 여행은 취소되었지만, 이 책은 어떤 경우에도 최대한 표본 진술을 제공할 수 있다.

이 책을 저술하도록 격려해 준 모든 사람과 책을 쓰는 내게 영향을 준 모든 기관을 일일이 거명할 수는 없지만, 초즌 북스(Chosen Books)의 제인 캠벨(Jane Campbell)과 베이커 아카데믹(Baker Academic)의 짐 키니(Jim Kinney), IVP 아카데믹의 편집자 그리고 특히 몇 해 전에 열린 빈야드 학자 협회(Society of Vineyard Scholars)의 한 모임은 빼놓을 수 없다. 나에게 강의 주제를 지정해 준 그 모임 덕분에 이 책이 나올 수 있었다. 또한 편집 교열자 코리 슈와브(Corrie Schwab), 교정자 라이언 데이비스(Ryan Davis)와 크리스티 버글런드(Kristie Berglund), 프로젝트 책임자 팀 웨스트(Tim West)에게도 감사한다. 편집자들은 물론 편집 작업에 대한 보수를 받지만, 그들이 탁월하게 일하는 동기는 사실 보수보다는 헌신이다.

또한 잭 디어(Jack Deere)와 켄 피시(Ken Fish), 미카엘 그랜홀름(Micael Grenholm), 딘 메릴(Dean Merrill), 리 슈나벨(Lee Schnabel), 일라이자 스티븐스(Elijah Stephens) 등 정보를 제공해 주었거나 인터뷰에 필요한 자신들의 정보 출처를 언급해 준 사람들에게도 깊이 감사한다.

여러 치유 사례 연구에 대해 상당히 광범위하고 아주 세심하게 평가하거나 피드백을 준 의사들에게도 심심한 감사를 전한다. 조 버거론(Joe Bergeron, 물리치료와 재활), 토머스 코번(Thomas Coburn, 가정 의학), 스콧 콜바바(Scott Kolbaba, 내과), 루스 린드버그(Ruth Farrales Lindberg, 가정 의학), 데이비드 매캔츠(David McCants, 내과), 토드 스토크스(Todd Stokes, 가정 의학), 매슈 서(Matthew Suh, 외과) 등이 바로 그들이다. 니콜 매슈스(Nicole Matthews)는 내가 기적에 관해 쓴 첫 번째 책에서 가져온 여러 사례에 대해 조언해 주었다. 나는 이 의사들의 진술을 여기 책 앞부분에서 언급하지만, 주 여러 곳에서 그들의 구체적인 조언을 인용했다. 사례 연구를 제공해 준 다른 몇몇 의사들의 조언도 이 책의 적절한 대목에서 언급된다.

또한 엄격한 과학적 기준에 따라 대개 상당한 수준의 의학적 특수성을 요구하는 연구를 수행하는 GMRI(Global Medical Research Institute)에게도 감사한다. (이러한 기준은 역사학에 적용할 수 있는 기준, 곧 신약성경을 연구할 때 내가 따라야 하는 일반적인 연구 절차의 기준도 능가한다.) 그 덕분에 GMRI는 과학적으로 가장 안전하고, 제대로 된 문서 기록으로 남아 있으며, 이미 발간된 사례 중에서 몇 가지를 나에게 알려 주었다.

모든 오류나 잘못된 해석의 책임은 당연히 나에게 있다. (의학 리뷰어의 시간을 아끼기 위해, 나는 가급적 혼자 힘으로 확인하려 노력했고 그들에게 더 힘든 요청을 줄일 수 있었다.)

물론 이 책에서 나는 의도적으로 이전에 사용하지 않은 진술에 초점을 맞추었지만, 일부는 더 분량이 많고 더 학문적인 저서『오늘날에도 기적이 일어날 수 있는가?』(Miracles: The Credibility of the New Testament Accounts, 새물결플러스)[1]나「불레틴 포 비블리컬 리서치」(Bulletin for Biblical Research)에 실린 나의 논문「죽은 자들이 살아나다」(The Dead Are Raised)[2]에서 가져왔다. 이 자료들을 사용할 수 있도록 허락해 준 데 대해 감사한다. 내가 쓴 최초의 원고에서는 이 대목에서 공개된 의료 기록을 인용할 뿐만 아니라 부록에 재수록할 수 있도록 허락해 준 분들에게도 감사의 말을 전했다. 그런데 의료 기록을 대부분 수집한 뒤, 출판사에서는 주에 필요한 만큼 인용할 수는 있지만, 실제적이고 법적인 이유로 사실상 의료 기록을 이 책에 재수록하지 않기로 결정했다. 요즘 법적인 문제는 점점 더 복잡해지는 것 같다. 다행히 의료 기록은 내가 인용한 여러 자료와 2011년보다 요즘 더 쉽게 입수할 수 있는 더 많은 저널 논문에 나온다.

기적을 행하시는 하나님 외에도, 자신들의 이야기를 공유해 준 사람들, 내가 이 책에 포함한 사람들과 지면이 부족해 포함하지 못한 사람들 모두에게 가장 큰 감사를 전한다. 여러분의 증언이 나오기까지 치른 대가, 즉 치유를 경험하기 전까지 여러분이 겪은 고통을 당연하게 여기지 않는다. 여러분은 이 이야기들을 겪어 낸 사람들이고, 고맙게도 그 이야기를 전하는 특권을 나와 공유해 주었다.

머리말
일어나 걸으라

무신론자였을 때, 나는 기적을 믿지 않았다. 성령과의 극적인 만남을 통해 회심한 뒤, 나는 하나님이 영적인 일들을 행하신다는 사실을 알았지만, 여전히 **가시적으로** 무언가를 행하실 거라고는 기대하지 않았다. 다시 말해, 그리스도인이니까 **원칙적으로** 기적을 믿었지만, 정말로 기적을 볼 수 있으리라고는 기대하지 않았다. 그때 이 책에서 소개할 두 여성 중 첫 번째 인물을 만났다. 공교롭게도 사실 두 사람의 이름은 모두 '바버라'였다.

양로원의 바버라

대학생으로 맞은 첫 여름이 끝난 뒤 나는 오하이오주 매실론(Massillon)의 로즈 레인(Rose Lane) 양로원에서 성경 공부를 도와주었다. 늘 휠체어에 앉아 있던 바버라는 매주 한숨을 쉬었다. "걸을 수 있다면 얼마나 좋을까! 걸을 수 있다면 얼마나 좋을까!"[1]

보통 모임에 참석한 어떤 사람의 치유를 위해 실제로 기도하는 행위는 논란이 벌어질 수도 있기에 우리는 그런 일을 피하려고 주의했다. 그런데 어느 주에, 중년의 성경 공부 인도자이며 풀러 신학교(Fuller Theological Seminary) 학생인 돈은 더 이상 그러지 않기로 했다. 그는 자리에서 벌떡 일어나 바버라를 향해 성큼성큼 걸어갔다. "이제 지쳤어요." 돈은 이렇게 선언한 다음 바버라의 손을 붙잡았다. "예수 그리스도의 이름으로 명하노니, 일어나 걸으라!"

믿음이 편견을 갖는 거라면, 그날 밤 나에게는 전혀 편견이 없었다. 공포에 질린 나는 바버라가 바닥에 쓰러질 거라고 예상했다. 그녀는 부상을 당할지도 모르고, 그러면 양로원에서는 우리가 더 이상 성경 공부를 하지 못하도록 금지하리라. 더군다나 바버라의 얼굴 표정에서도 내가 느낀 감정이 그대로 전달되었다. 극한의 공포였다. 요즘 이 이야기를 회고하면서 생각해 보니, 만일 어떤 사람의 확신이 단순히 심신의 장애를 치유할 수 있다면, 분명 그때 바버라에게는 그런 확신이 없었다. 나에게는 더더욱 그런 확신이 없었다.

그런데 그 뒤에 돈은 자기 손으로 바버라의 한 손을 부축하고 방 안을 돌아다녔다. 벌어지고 있던 일에 극도로 놀란 바버라는 처음에는 조심스럽게 걸음을 내디뎠다. 돈이 바버라를 데리고 방을 돌아다닌 뒤, 바버라는 돈에게 다시 앉혀 달라고 요청했다. 그래서 돈은 바버라를 데리고 휠체어까지 걸어서 돌아갔다. 바버라는 여전히 어리둥절한 채 무슨 일이 벌어졌는지 이해하려고 애쓰며 자리에 앉았다. 그런데 바버라가 얻은 새로운 능력은 단순히 일시적인 감정의 분출이 전혀 아니었음이 확인되었다. 그날 이후, 바버라는 매주 성경 공부 모임에 참석했다. 처음에는 안전을 위해 보행 보조기를 붙잡았지만, 곧이어 이제 정말 혼자 힘으로 완전히 걸을 수 있다는 사실을 깨달았을 때 바버라는 당당하게 보행보조기를 버렸다. 이제 바버라는 항상 이렇게 말했다. "나는 이 성경 공부 모임이 좋아요! 이 성경 공부 모임이 좋아요!"

임종을 준비하기 위해 집으로 보내진 바버라

이제 여러분에게 다른 바버라에 대해 이야기하려고 한다. 그녀의 이름은 바버라 커미스키(Barbara Cummiskey)다.² 바버라가 십 대였을 때, 의사들은 그녀가 다발경화증(뇌와 척수의 전역에 걸쳐 신경 부분의 말이집이 되풀이하여 산발적으로 파괴되는 병. 눈의 이상, 지각 장애, 언어 장애, 운동 실조, 운동 마비, 배설 곤란, 현기증 따위의 증상이 나타나는데 원인은 밝혀지지 않고 있다-편집자)에 걸렸다고 진단했다. 다발경화증은 훨씬 가벼운 형태로 올 수도 있지만, 바버라의 상태는 빠르게 악화되었다. 어느 날, 그녀는 병원 창밖을 내다보았다. 바버라는 그저 평범한 사람이 되어 운전도 하고 평범한 삶을 영위하며 살 수 있기만을 전심으로 바랐다. 다만 바버라는 무슨 일이 있더라도 주님을 전적으로 사랑하겠다고 결심했다. 주님은 바버라가 살아가는 이유였다.

바버라는 열다섯 살부터 서른한 살까지, 자기 인생의 4분의 3을 병원에서 보냈고, 나머지 시간에는 집에서 보살핌을 받고 있었다. 바버라는 잦은 감염과 폐렴을 동반한 만성 폐질환을 앓았다. 외과 의사 헤럴드 아돌프(Harold Adolph) 박사는 바버라의 고통이 끝나 갈 즈음 그녀의 상태에 대해 이렇게 설명한다.

바버라는 그동안 내가 보아 온 가장 절망적인 환자 중 하나였다. 그녀는 메이오 클리닉(Mayo Clinic)에서 다발경화증의 진단을 받았다. 내가 처음 바버라를 진찰했던 해에, 바버라는 일곱 차례나 지역 병원에 입원했다. 우리는 매번 바버라가 죽을 것이라고 예상했다. 한쪽 횡격막은 완전히 마비되어 폐는 기능을 상실했고, 다른 쪽 폐는 50퍼센트의 기능도 발휘하지 못했다. 바버라가 숨을 쉬도록 목에 기관 절개 튜브를 달았고, 항상 여분의 산소가 필요했으며, 쉽사리 숨이 가빠졌기 때문에 짧은 문장으로만 말할 수 있었다. 장 근육이 작동하지 않았기 때문에, 바버라의 복부는 기괴하게 부풀어 있었다. 방광의 기능도 마찬가지 상태였다. 바버라는 7년 동안 걷지 못했다. 그녀의 손과 팔의 움직임은 제대로 조화를 이루지 못했다. 또한 바버라의 양쪽 눈은 두 개의 작은 영역을 제외하고는 전혀 보지 못했다.[3]

바버라는 다양한 기계 장치에 연결되어 있었다. 장이 마비된 상태라 아돌프 박사는 장을 절단했고, 의사들은 그 대신 바버라에게 외부 장치를 연결해 주었다. 또 다른 기계는 바버라의 호흡을 도와주었다. 삼키지 못하는 바버라를 위해 배에는 영양 공급 튜브를 꽂았다.

바버라에게는 보살피는 손길이 아주 많이 필요했기에, 집에 있을 때는 간호사나 간호조무사와 대부분의 시간을 함께 보냈다. 바버라는 자기가 프레첼처럼 붕대를 감고 있었다고 말한다. 발은 아래로 늘어진 채였고, 누군가 그녀를 일으켜 세우려고 애쓸 때도 바버라는 바닥을 딛고 일어설 수 없었다. 바버라의 팔은 가슴에 단단히 고정되어 있었다. 보통 누군가 팔 하나를 몸에서 떼어 내려고 하면, 팔이 다시 자동적으로 가슴 쪽으로 돌아갔다. 바버라의 손은 손목 안쪽으로 굽어 있어서, 정기적으로 억지로 손을 펴서 닦아 주지 않으면, 곧 죽은 피부로 뒤덮이곤 했다.

토머스 마셜(Thomas Marshall) 박사는 바버라의 생애에서 마지막인 듯 보이는 몇 주 동안 고통 완화 치료를 담당했다. 마셜 박사의 회상에 따르면, 바버라의 몸은 "태아의 자세로 영구적으로 수축되어" 있었다. "바버라의 손은 영구적으로 구부러져서 손가락이 거의 손목에 닿았다."[4] 마셜 박사는 다음번에 감염이 일어나면 바버라가 죽을 가능성이 크다고 가족들에게 안타까운 설명을 했고, 입원이나 심폐 소생술을 통해 더 이상 바버라의 고통을 연장하지 않기로 모두가 동의했다.

프레첼 자세에서 스스로 벗어나거나 심지어 정상적인 호흡조차 할 수 없던 바버라는 자기 몸 안에 갇혔다고 느꼈다. 16년 동안 그녀의 육신 상태는 계속 악화만 거듭하다가 의사들은 마침내 마지막으로 바버라를 병원에서 집으로 돌려보냈다. 의사들은 바버라의 부모에게 유감스러운 이야기를 전했다. "여기서 바버라를 다시 볼 수 있을 만큼 바버라가 오래 생존할 가능성은 낮습니다."

음성

바버라는 4년 이상 일리노이주 휘튼에 있는 웨슬리안 교회(Wesleyan church)를 방문하지도 못했다. 그렇지만 성실한 목사는 그 기간에 매일 바버라를 방문했다. 그날은 1981년 6월 7일, 오순절 일요일이었고, 오전 예배를 마친 뒤 교회에서 온 두 명의 친구가 바버라를 방문했다. 이번에 친구들은 카드와 편지를 잔뜩 들고 나타났다. 누군가 지역 기독교 라디오 방송국인 WMBI에 전화를 걸어 바버라를 위해 기도해 달라고 요청했는데, 당시 450통의 편지가 교회 편으로 바버라에게 도착했다.

친구들이 새 편지를 읽어 주기 시작했을 때, 갑자기 왼쪽 어깨 너머에서 권위 있는 웅장한 음성이 들려왔다. "내 딸아. **일어나 걸으라.**"

호흡을 위해 튜브를 삽관한 상태라, 바버라는 누군가 목에 있는 구멍을 막아 줄 때만 말할 수 있었다. 사람들은 바버라가 몸을 뒤척이는 듯 보일 때마다 목에 있는 구멍을 막아 주었다. 그녀가 몸을 뒤척이는 모습을 본 친구들이 목에 있는 구멍을 막았다. "하나님이 방금 일어나서 걸으라고 말씀하셨어." 바버라는 숨을 헐떡였다. 친구들은 침묵했지만, 바버라는 완강했다. "가서 가족들을 데려와 줘!" 바버라는 다급하게 부탁했다. 바버라의 흥분을 감지한 친구들은 가족들을 찾으러 방을 뛰어나갔다.

조급한 마음이 갑자기 커지자, 바버라는 친구들이 돌아오기를 기다릴 수 없었다. 보통 두 사람이 바버라를 침대 밖으로 나오게 하는 데 약 2분이 걸렸다. 사람들은 바버라를 랩보드 위로 밀어낸 다음, 의자에 앉혔다. 하지만 이제 바버라는 자기가 어떤 행동을 시도해서는 안 되는지 깊이 생각할 겨를조차 없었다.

별안간, 바버라는 음성이 들리는 쪽으로 침대에서 뛰어내렸다. 그와 동시에 문득 자기가 서 있다는 사실을 깨달았다. 바버라의 발은 슬리퍼를 신을 수 없을 정도로 기형이었지만, 이제 바닥을 딛고 설 수 있었다. 뒤이어 바버라는 다른 사람들과 마찬가지로 양손이 모두 옆으로 펴져 있다는 사실을 알았다. 소스라칠 만큼 놀라운 사건은 그 뒤에도 일어났다. 바버라는 손과 발을 **볼** 수 있었다. 바버라는 더 이상 실명한 상태가 아니었다! 연결된 기계 장치에서 스스로 빠져나온 바버라는 산소 탱크에서 기관 절개 튜브를 분리했고, 안전핀으로 카테터 백(catheter bag)을 옷에 고정했다.

이윽고 친구들이 방으로 돌아왔다. 서로를 물끄러미 바라보던 친구들은 비명을 지르면서 기뻐 뛰기 시작했다. 뒤따라 달려오던 바버라의 어머니는 친구들의 다급한 호출을 듣고 바버라에게 무언가 끔찍한 일이 일어났다고 짐작했다. 방 안으로 뛰어들어 오던 바버라의 어머니는 놀라서 몸이 얼어붙고 말았다. 바버라는 이전의 질병에서 치유되었을 뿐만 아니라

자연적인 설명이 불가능한 일도 경험했다. 바버라의 근육도 보통 여러 해 사용하지 않았을 때와는 달리 위축된 상태가 아니었기 때문이다. (근육 위축의 즉각적인 회복은 기적 진술에서도 흔치 않은 일이다.)

"바버라. 다시 종아리가 생겼구나!" 어머니는 환호했다. 바버라는 깜짝 놀라서 다리를 살펴보았다.

"아빠!" 이번에는 바버라가 소리쳤다.

"잠깐만." 아버지가 외쳤다. 아버지는 이 모든 소동의 원인이 무엇인지 듣지 못했다. 바버라는 보통 말을 할 수 없었기 때문에, 아버지는 바버라의 동생이 자기를 부르고 있다고 짐작했다. 하지만 바버라는 아버지가 자기에게 올 때까지 더는 기다릴 수 없다고 생각했다.

바버라를 보기 위해 자주 왔던 친구 앤절라가 들른 게 이때쯤이었다. 직업 치료사였던 앤절라는 바버라가 다발경화증에서 결코 회복될 수 없는 상태에 이르렀다는 사실을 알았다. 바버라가 방에서 뛰어나오는 모습을 보았을 때, 앤절라는 소름이 돋았다. 앤절라는 침착하게 맥박을 재기 위해 얼른 바버라에게 다가갔다. "기다려 봐!" 앤절라는 걱정스러운 표정으로 소리쳤다. "말도 안 돼! 몇 년 동안 침대에 누워 있었는데…이렇게 일어나다니…심장박동도 정상이야!"

바버라는 앤절라를 기다릴 수 없었다. 바버라는 휠체어 경사로를 달려 내려갔다. 앤절라는 필사적으로 산소 탱크를 붙잡은 채 밀면서 바버라를 따라 경사로를 내려갔다. "이러면 안 되는데…이러면 안 돼…." 앤절라는 계속 말렸지만, 바버라를 따라 방 밖으로 나온 사람들은 계속 웃기만 할 뿐이었다.

마침내 바버라의 아버지가 그녀를 보았다. 기쁨을 이기지 못한 그녀의 아버지는 아직 카테터 백을 옷에 달고 있던 바버라와 방 안을 누비면서 춤을 추었다. 바버라는 이렇게 진술한다. 곧장 "밖으로 달려 나가 햇볕이 내리쬐는 34도의 낮에 아스팔트를 밟았어요. 세상을 느끼고 [새로] 볼 수 있었지요! 향기로운 여름 공기를 들이마시며 춤을 추었고, 그토록 보고 싶어 했던 광경을 보았어요."[5] 예수님은 이미 바버라가 살아가는 이유였지만, 이번 치유를 통해 그녀가 평범한 삶을 살 수 있게 해 주셨다.

소문이 퍼지다

다음 날 바버라는 담당 의사의 진료실을 방문했다. 마셜 박사는 자기를 향해 걸어오는 바버라를 진료실 복도에서 처음 보았을 때의 느낌을 이렇게 진술한다. "유령을 보고 있다고 생각했습니다! 한 주도 더 살기 어려울 거라고 생각했던 환자가 완전히 나아서 나타났거든요."

그 뒤로 세 시간 반 동안, 바버라는 진료실에서 사실상 모든 의사를 만났다. 마셜 박사는 자신의 동료 중 누구도 "이런 일을 한 번도 본 적이 없었다"라고 전한다. 엑스레이 사진을 통해 망가졌던 바버라의 폐도 회복되었음을 확인했다.[6] 마셜 박사는 수술 없이 제거할 수 있는 모든 튜브를 제거했다. 바버라는 그날 마셜 박사의 진단을 이렇게 전한다. "내가 처음으로 이 말을 해 줄 수 있어 기쁘군요. 당신은 완전히 치유되었습니다. 이건 의학적으로 불가능한 일이에요." 아돌프 박사는 "바버라의 호흡은 정상이었습니다. 횡격막도 정상적으로 기능하고 있었고요"라고 설명한다.[7] 그는 곧이어 바버라의 장을 다시 연결했고, 그러자 장도 기능을 회복했다. 바버라의 유일한 건강상의 문제는 이 새로운 수술로 인해 발생한 여러 가지 합병증이었다.

그 주에 WMBI는 바버라의 간증을 방송했다. 마침내 「시카고 트리뷴」

(Chicago Tribune)과 여러 텔레비전 방송국, 많은 잡지와 책에서 바버라의 이야기를 다루었다. 마셜 박사는 바버라에게 말했다. "이제 퇴원해서 마음껏 살고 싶은 삶을 살아요." 그리고 바버라는 지금까지 약 40년 동안 다발경화증이 전혀 재발하지 않은 상태로 살고 있다.[8] 마셜 박사는 이 사건을 통해 "하나님의 손이 진정한 기적을 행하는 장면을 보는 희귀한 특권"을 누렸다고 여긴다.[9] 아돌프 박사에 따르면, 바버라는 마침내 병원에서 외과 기술을 공부했고 "몇 차례 간단한 수술에서 나를 도와주기도 했다. 바버라도 나도 누가 그녀를 치유했는지 알았다."[10]

평소에 바버라의 집으로 산소를 배달해 주던 남성이 어느 날 추가 산소를 가져다주기 위해 집에 도착했을 때, 바버라가 활짝 웃으면서 직접 문을 열어 주었다. 배달원은 충격을 받았다. 바버라에게는 더 이상 산소 배달이 필요하지 않을 테니까 말이다![11]

이제부터 시작

2015년 12월, 나는 바버라 커미스키 스나이더를 처음으로 인터뷰했다. 당시는 치유 사건이 일어나고 오랜 세월이 지난 후였지만, 바버라는 여전히 흥분으로 가득 차서 자신의 경험을 이야기해 주었다. 아돌프 박사도 추가적인 세부 사항을 제시하면서 자신의 보고서 내용을 직접 확인해 주었다.[12] 바버라를 치료했던 또 다른 의사 스콧 콜바바 박사도 바버라의 이야기를 더 많이 확인해 주었다.[13] 그는 또한 자신의 최근 저서『말하지 못한 의사들의 이야기』(Physicians' Untold Stories)를 보내 주었다. 이 책에는 다양한 종류의 초자연적 경험을 했다고 믿는 26명의 동료 의사들의 진술을 수록했는데, 바버라의 치유를 담당했던 마셜 박사의 진술도 나온다. 그런데 나는 이미 이 책에 다 담지 못할 정도로 너무나 많은 진술을 확보했다! 실제로, 몇 달 동안 내가 신뢰하는(물론 일부는 확신한다고 주장할 수 없지만) 정보 제공인들에게서 다수의 의미 있는 진술을 확보했다.

이 책에 담긴 여러 진술은 다소 모호하게 해석될 여지도 있다. 완전히 독특한 사건들은 아니라고 여겨질 수 있지만, 이 사건들이 기도하는 동안 일어났다는 사실은 적어도 믿음에 더 마음이 열린 사람들에게는 깊은 인상을 줄 것이다. 첫 번째 바버라의 이야기가 바로 그런 경우다. 불신자는 이런 진술이 단지 기도하는 동안 '우연히' 일어난 흥미로운 변칙에 불과하다고 일축해 버릴 수도 있다. 바버라는 '우연히' 걷게 되었지만, 자신이 걸을 거라는 사실을 알지 못했고, 돈이 그녀에게 예수님의 이름으로 일어나라고 명령했을 때 그저 운이 좋았을 뿐이라고 생각했다. 내가 보기에 이것은 상당한 비약이다. 하지만 어떤 사람들은 가끔 예상 밖으로 행동하시는 하나님을 믿기보다는 이런 식의 설명이 요구하는 또 다른 형태의 믿음으로 도약하는 편을 더 선호한다. 물리적으로 걸을 수 없었다가 하나님의 음성을 들었을 때 완전히 회복된 두 번째 바버라의 이야기는 그런 측면에서 일축하기가 훨씬 힘들다.

나는 세계 곳곳에서 목격자들이 나에게 공유해 준 여러 치유 보고를 독자들에게 나누는 데 이 책의 대부분을 할애할 생각이다. 이 책 말미에서는 이런 보고가 오늘 우리에게 무엇을 의미하는지 탐구하려 한다.

여러분이 깊은 믿음에서 출발하든, 작은 믿음에서 출발하든, 아니면 전혀 믿지 않든, 이 책에 담긴 흥미로운 '변칙'을 탐구해 보라고 여러분을 초대한다. 또한 이런 이야기가 더 많은 믿음을 가지라고 도전하는 것은 아닌지 살펴보기를 바란다. 물론 그러한 진술로 시선을 돌리기에 앞서, 먼저 이 책을 저술하는 이유가 무엇인지 설명하려고 한다.

서론

기적 연구, 지난번 책과 새로운 책

많은 학자가 기적에 관한 성경의 진술은 궁극적으로 목격자들이 보고한 정보를 반영하지 못했다고 전제한다. 하지만 이런 전제는 알려진 현실과 일치하지 않는다. 오늘날 수백만 명의 목격자들이 그와 같은 기적을 경험했다고 주장하기 때문이다. 이와 같은 기적을 경험할 수 없다는 많은 동료 학자들의 회의론에 반박하기 위해, 나는 1,100페이지(번역서는 1,700여 페이지)에 달하는 『오늘날에도 기적이 일어날 수 있는가?』를 저술했다.[1] 이 책에서 나는 우리가 신약성경에서 접하는 기적에 관한 대다수 진술과 비슷한 현대의 사례를 제시했다.

지난번의 기적 연구

지난번 책은 「크리스처니티 투데이」(*Christianity Today*)의 상을 비롯해 여러 차례 수상했지만, 나는 그 책이 폭넓게 받아들여졌다는 점에 특히 놀랄 수밖에 없었다. 많은 학문 분파 안에는 기적을 반대하는 갖가지 편견이 존재하기 때문에, 나는 일종의 학문적 자살 행위를 저지르고 있지는 않은지 두려웠다. 하지만 나는 그 책에 기술된 실재가 진실하고 사람들에게 들려줄 필요가 있는 이야기라고 확신했다. 물론 위험을 감수한다고 느꼈지만, 무슨 이유에서인지 단두대의 칼날은 예상보다 심각한 치명상을 입히지 못했다.

인터넷상의 일부 강경한 무신론자들은 예상대로 그 책을 혹평했다. 하지만 그들은 주로 그 책의 부차적 논지, 즉 기적이라고 불리는 많은 사건이 진실로 하나님의 행동이라는 논지에 대해 이의를 제기했다. 그들은 전작의 주요한 논지에 대해서는 크게 반대하지 않았다(아니, 반대할 수 없었다). 즉 오늘날에도 목격자들은 기적이라고 여기는 사건을 경험하고 있으며, 1세기만 상황이 달랐다고 가정할 이유는 전혀 없다는 것이다. 한편, 광범위한 전통에 속한 그리스도인들은 다른 신앙 전통에 속한 여러 구성원과 마찬가지로 서로 다른 이유에서 전작을 받아들였다.

전작과 같은 방대한 책이 안고 있는 한 가지 문제는, 많은 사람이 실제로 책을 읽지도 않은 채 책에 대해 이야기할 가능성이 더 높다는 점이다. 가끔 인터넷상의 비판자와 지지자 모두 전작이 실제로 다루었던 것보다 더 많은 내용을 주장했다. 사실 비판자들은 대개 내가 잠정적인 설명을 시도하는 부분과 특히 설득력 있는 여러 사례를 강조하는 부분이 다르다는 사실을 인지하지 못한 채, 현대의 증언이 얼마나 광범위한지 보여 주는 섹션의 사례를 비판했다.

연구와 전임 교수직에 많은 시간을 할애해야 하기 때문에, 나는 대개 키보드에서 많은 시간을 보내는 인터넷 비판자들에게, 특히 실제로 굳이 전작을 **읽지도** 않은 사람들의 경우에까지 제대로 응답할 수 없었다. 대개 비판자들은 전작을 실제로 읽은 사람이 얻는 결론과 판이하게 다른 인상을 만들어 내기 위해 전작을 희화하면서 편향된 비판을 제시한다.² 더 나아가, 치유는 자주 일어나지 않는다면서, 논리적으로 타당성이 떨어지는 주장으로 치유에 대해 이의를 제기하는 사람들도 있다. 하지만 어느 누구도 치유가 항상 **일어난다**고 주장하지 않는다. 비유해 보자면, 최고의 의학 기술도 **항상** 환자를 치료하는 것은 아니다. 하지만 그렇다고 해서 우리는 치료하는 의학 기술의 가치를 묵살하지 않는다. (나중에 이 점에 대해 더 많이 숙고하려 한다.)

이번의 기적 연구

책 전체를 읽지 않은 사람들에게 공평하게 말하자면, 1,700페이지를 읽으려면 상당히 오랜 시간이 걸릴 수 있다. 물론 몇몇 박사 과정에서 『오늘날에도 기적이 일어날 수 있는가?』를 교재로 사용하지만, 이 책은 학부나 신학교의 보조 교재로 적합하지 않은 것 같다. 내가 자주 건네는 작은 책, 아내와 공동 집필한 『불가능한 사랑』(Impossible Love)과는 대조적으로,³ 내 전작은 비행기에서 사귄 새로운 지인에게 (적어도, 나이 들어 약해진 내 팔에 부담을 주지 않으면서) 건넬 수 있는 그런 부류의 책도 아니다. 그래서 몇 해 동안 나는 기적에 관한 더 간결하고 덜 상세한 저작이 필요하다는 점을 깨달았다.

2016년 12월, 리 스트로벨(Lee Strobel)은 자신의 책 『기적인가 우연인가』(The Case for Miracles, 두란노)의 저술을 위해 나를 속속들이 인터뷰했다.⁴ 내가 리에게 말했듯이, 그의 탁월한 저서는 (상당히 대중적인 수준의 다른 여러 책과 마찬가지로) 기적이라는 주제에 대해 탄탄하면서도 훨씬 읽기 쉬운 저서가 가져야 할 요소를 충족해 준다.⁵ 그래서 나는 기적에 관해 전작보다 짧은 이 두 번째 책을 쓸 필요가 있을지 망설였다.

물론 다른 사람들이 쓴 책들이 나보다 더 나은 수준에서 청중과 소통할 수 있지만, 내 글을 읽는 일반 독자들에게 기여할 소중한 면이 여전히 있다는 점을 점차 깨달았다. 다만 그것을 글로 옮기기 위해서는 약간의 시간이 필요했다. 트리니티 인터내셔널 대학교의 헨리 신학연구소에서 특별히 이 주제에 관해 연구 휴직의 기회를 제공했을 때, 드디어 때가 무르익은 것 같았다.

나는 독자들이 쉽게 읽을 수 있도록 각 장을 충분히 짧게 유지하려고 노력했다. 물론 어떤 주제는 평균보다 상당히 긴 장이 필요했고 훨씬 짧은 장으로 충분한 주제도 있었다.

기적을 다루는 더 큰 책에 나오는 여러 이야기, 특히 내 주변과 여러 의료적 진술에서 내가 검증할 수 있는 여러 증언을 다시 사용했지만, 이 책에서는 새로운 진술에 좀 더 초점을 맞추었다. 그래서 더 오래된 수백여 가지 진술을 생략했고, 다양한 증거 능력을 지닌 여러 진술을 특히 앞부분의 여러 장에 포함했다. 그 이유는 단순히 이런 진술들이 새롭고, 따라서 전작에 있는 표본들을 보완하기 때문이다.

기대하지 않는 바

그렇기는 하지만, 내가 이 책에 포함한 것은 단지 **표본**일 뿐이고, 더 새로운 많은 진술을 생략했다. 사실, 『오늘날에도 기적이 일어날 수 있는가?』가 출간된 후 아주 많은 증언이 왔기 때문에 아마 방대한 책을 한 권 더 저술할 수도 있었다. 나는 문서로 잘 남겨진 여러 기적에 관한 자료를 생략했다. 깊이 생각해 보았더니, 일부 자료들은 사적인 것으로 남겨 두는 편이 더 나았기 때문이다. 단순히 더 이상 쓸 공간이 부족했기 때문에 생략한 내용도 있다. 동료 교수들과 학생들을 포함해, 많은 사람이 자신들이 경험한 이야기를 들려주었다. 이 책에 담지 못한 엄청나게 많은 자료 제공자들에게 양해를 구한다.

몇 가지만 제외하고, 나는 치유 사역으로 유명한 인물들과 관련된 대다수의 진술도 생략했다. 내가 인정하고 신뢰하는 사역을 펼치는 대니얼 콜렌다(Daniel Kolenda) 같은 몇몇 사람들은 이와 같은 책에서 기술할 수 있는 것보다 훨씬 더 많은 치유를 목격했다.[6] [예를 들어, 〈하나님의 손가락 2〉(Finger of God 2)이란 영화를 보면, 콜렌다가 예수님의 이름으로 기도했을 때 그곳에 함께 있던 모든 사람은 가나 타말레(Tamale)의 이슬람 왕에게 치유가 일어났다고 여겼다.] 물론 여기서는 잠시 인정하고 지나갈 뿐이지만, 콜렌다의 사역은 다른 여러 사역들과 마찬가지로 따로 책을 쓸 만한 가치가 있다. 하지만 가장 광범위한 서구의 독자층을 고려해, 이 책에서는 훨씬 덜 알려진 상황에서 일어난 개인적인 이야기에 좀 더 초점을 맞추기로 했다.

이 책을 시작하면서 이 책에 포함된 표본을 모든 사람이 따라야 할 모범으로 제시할 의도가 없다는 점을 독자들에게 일깨우고 싶다. 이야기들을 기술하는 과정에서 어떤 패턴이 나타나든, 이야기들 사이에 차이가 나타날 수 있다. 그리고 그런 차이는 믿음을 표현하는 한 가지 방식만을 올바른 표현으로 받아들이고 다른 표현들을 잘못되었다고 받아들이지 않도록 해 준다. 성경에서와 마찬가지로, 하나님은 오늘날 서로 다른 사람들에게 서로 다른 방법으로 일하신다. 더 나아가, 이 책은 다루는 주제 때문에 치유되지 않은 사건보다는 훨씬 극적인 치유가 일어난 사건들을 기술한다. 하지만 하나님은 서로 다른 능력과 장애를 가진 사람들을 통해 일하시고, 한 영역에서 치유를 경험한 사람이 항상 모든 영역에서 치유를 경험하는 것은 아니다. 후반부의 여러 장들(특히 7부)에 제한적인 성찰이 나오기는 하지만, 이 책은 기적이 때때로 왜, 어떻게 일어나거나 일어나지 않는지에 관한 신학보다는 기적의 실재를 더 많이 다룬다. 그렇다고 해서 이런 질문이 중요하지 않다는 의미는 아니다. 하지만 이런 질문은 때로 대답하기가 훨씬 힘들다.

부록 B에 있는 짧은 논의를 제외하고, 나는 또 다른 벌집을 건드리기보다는 이 책을 기독교적인 기적 보고에 한정하기로 마음먹었다. (그렇더라도, 나는 전작에서 비기독교적인 기적 주장에 관해 광범위한 자료를 조사했다. 반복하지만, 그 책을 실제로 읽지 않은 몇몇 리뷰어들의 논평과 상반된다.)⁷ 하지만 나는 그 이상은 제한하지 않기로 마음먹었다. 일부 기독교 그룹은 다른 기독교 그룹을 불신한다. 그래서 아마 그들은 이 책을 추천할 때 이런 경고 딱지를 붙일지도 모른다. "[빈칸을 채우라: 가톨릭? 오순절? 복음주의? 주류 개신교?]에서 나온 간증일랑 무시하라." 마찬가지로, 일부 비판자들은 자신들이 불신하는 특정 사역자나 목격자의 사례에 대해 불평하면서, 다른 목격자를 무시하는 핑곗거리로 그런 예를 사용한다. 하지만 이는 법정에서 한 증인의 신뢰성을 무너뜨리면, 이로 인해 증인 명부 전체를 폐기해야 한다고 가정하는 것과 비슷한 논리적 오류다. 신약학자인 나는 아마 어떤 것에 관해 모든 사람과 다른 견해를 가질 수도 있다. 학자들이 서로 다른 여러 견해를 고수하지 않는다면, 무엇에 관해 글을 써야 하겠는가? 다만 신학적 독특성이 그것을 인정하는 사람들에게 중요한 문제이기는 하지만, 신학적 독특성은 이 책의 주제가 아니다. 하나님이 사랑하는 어떤 사람을 위해 행동하셨다고 믿을 만한 이유가 있다면, 그 사람의 신학적 성향과 관계없이, 나는 하나님의 선택을 더없이 기쁘게 경축할 것이다. 한편, 다양한 문제들에서 나와 다른 견해를 가진 친구들에게서 배우는 것을 포함해, 배워야 할 점이 여전히 많이 있다. 주님이 어떤 사람을 치유하실 때, 그 공로는 우리 중에 치유된 사람들이나 주님께 간구한 사람들이 아니라 치유자이신 주님께 돌아간다.

이 책에 철학을 비롯한 여타의 복잡한 쟁점을 다루는 문헌이 충분하지 않다고 우려하는 사람이 있다면, 약 4,000개의 자료를 인용하는 『오늘날에도 기적이 일어날 수 있는가?』를 자유롭게 참조하기 바란다. 이번에 나온 책은 일반 독자들을 위한 수업의 보조 교재이자, 또한 전작을 아주 많이 좋아했지만 실제로 그 책을 미처 읽지는 못했던 사람들이 훨씬 유용하게 활용하도록 만들어졌다.

이 책 첫머리에서 기술한 논의보다 훨씬 친근한 내용을 원하는 독자들은 자유롭게 기적 이야기로 건너뛰어도 좋다. (물론 기적 이야기에서 여러 의료 질환에 대한 생생한 묘사는 독자들에게 치유 자체보다 낯설기는 하겠지만, 사람들에게 치유가 필요한 이유를 설명하는 데 도움이 된다.) 하지만 일부 사람들이 왜 기적을 반대하는지 또 나는 왜 기적을 옹호하는지 더 많이 알고 싶은 사람들은 처음부터 읽기를 권한다.

일러두기
병명을 비롯한 의학 전문 용어는 다음 두 곳의 사이트를 참조했다.
한림대학교성심병원 https://hallym.hallym.or.kr/hallymuniv_sub.asp?left_menu=left_health&screen=ptm800
의학 검색 엔진 http://www.kmle.co.kr/

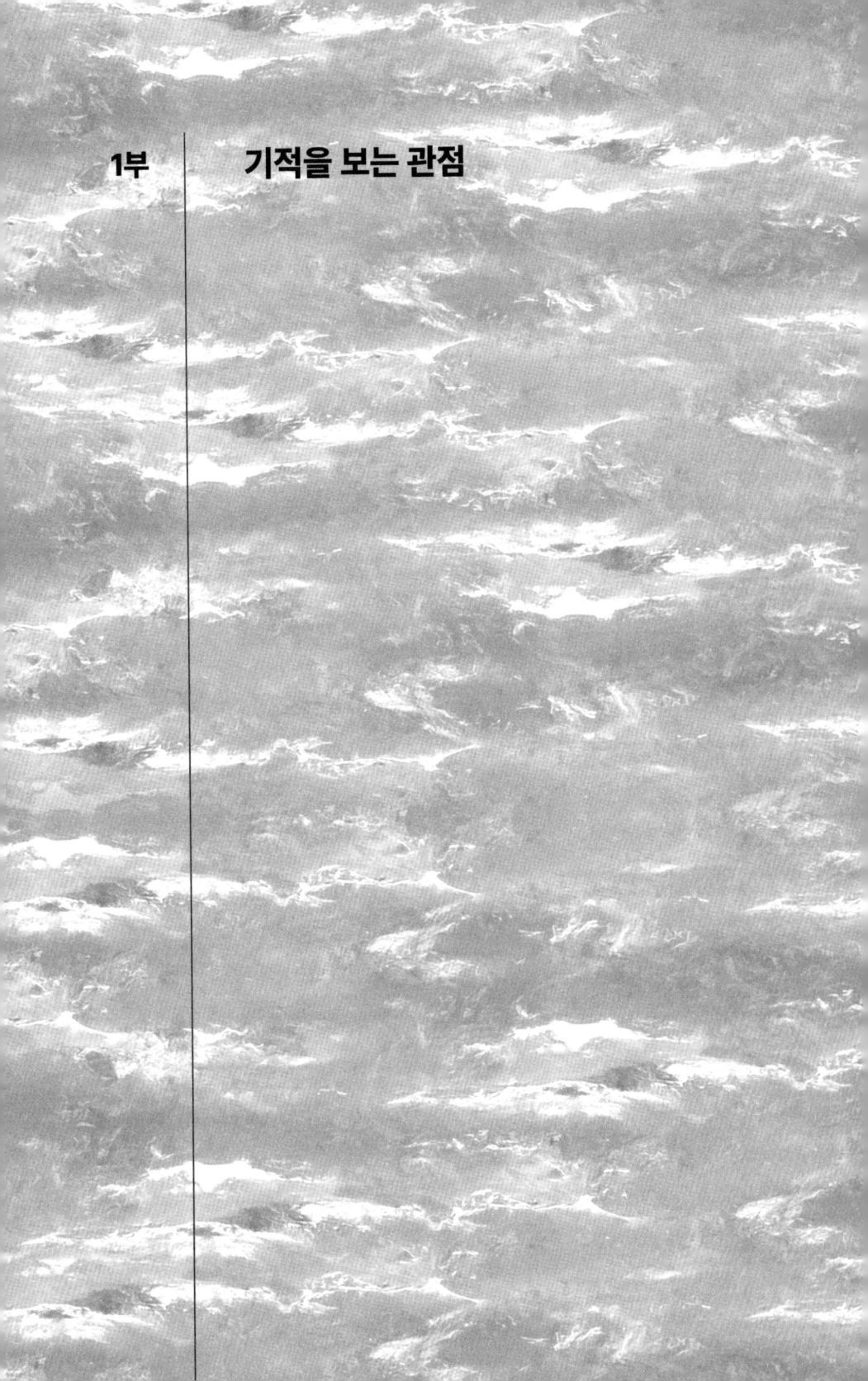

1부 기적을 보는 관점

믿음은 증거의 문제일 뿐만 아니라 우리가 증거를 읽을 때 사용하는 해석틀(interpretive grids)의 문제이기도 하다. 어떤 설교자가 번개를 맞는다면, 이는 하나님이 위선자를 심판하신다는 뜻일까? 악마가 설교자를 미워한다는 뜻일까? 아니면 단지 다른 사람들과 마찬가지로 설교자도 뇌우가 치는 동안에는 밖에서 너무 많이 뛰어다니지 말아야 한다는 뜻일까?

기적 주장과 관련해서도 똑같은 문제가 제기된다. 누구나 여러 가지 변칙이 발생한다고 인정한다. 곧 자연에 대해 이해하는 현재의 기준에 선뜻 들어맞지 않는 상황을 경험하기도 한다. 하지만 두드러진 변칙이 일어나게 해 달라고 여러 사람이 기도하는 바로 그때 그런 일이 일어난다면, 우리는 이것을 다르게 생각할까? 만약 두드러진 변칙이 일어나게 해 달라고 여러 사람이 기도하는 바로 그때, 여러 번에 걸쳐 그런 일이 일어난다면 어떨까? 혹은 특별히 있을 법하지 않은 변칙이 누군가 그것을 예고한 뒤에 발생한다면?

서로 다른 전제로 인해, 서로 다른 사람들은 서로 다른 증거의 기준을 요구한다. 특히 잘 속는 사람은 누군가 기적이라고 주장하기만 하면 그 모든 것을 기적으로 받아들이려 한다. 특히 회의적인 사람은 증명이나 원래의 비개연성과 상관없이 어떤 사건을 기적이 아니라고 거부할 것이다. 하나님이 우주에서 활동하신다고 믿는 사람은 기적이 일어날 잠재적 가능성을 허용하는 반면, 하나님의 존재를 단호하게 부정하는 사람은 그런 가능성을 허용할 수 없다. 앞으로 살펴보겠지만, 회의주의는 그 반대 못지않게 역사적으로 조건부 전제일 뿐이다.

그렇다면 기적이 일어난다고 말할 때, 기적이란 **대체** 무엇인가? 좋은 질문이다.

1장

어쨌든, 기적이란 대체 무엇인가?

누구든 기적에 관한 책을 쓰는 사람이 맞닥뜨리는 한 가지 문제는, 보편적으로 합의된 정의가 전혀 존재하지 않는다는 점이다.[1] 일반적으로, 1969년 뉴욕 메츠(New York Mets)의 월드 시리즈 우승이나 2002년 로스앤젤레스 에인절스(Anaheim Angels)의 우승도 기적에 포함될 수 있다. 우리 가족 중 누군가가 포함된 팀이 야구 경기에서 우승하려면 사실 최소한 기적이 일어나야 하겠지만, 이 책은 기적이라는 용어를 훨씬 엄밀하게 사용한다. 그렇기는 하지만, **아주** 엄밀하게 사용하지는 않는다.

이례적인 신적 행동

아마 아우구스티누스(Augustine)부터 아퀴나스(Aquinas)까지 역사를 통틀어 기적에 관한 가장 보편적인 정의는 자연이 작동하는 평범한 과정을 초월해 경외심을 불러일으키는 신적 행동이라고 할 수 있다. "자연이 작동하는 평범한 과정을 초월한다"라는 표현을 사용할 때, 이 사상가들은 단순히 색다르게 멋진 일몰을 의미하지 않았다. 이것은 결코 저절로 일어난다고 예상할 수 없는 어떤 일을 말한다.

물론 이것은 다소 주관적인 정의다. 다른 일들에 비해 예상을 훨씬 벗어나는 일이 있기 때문이다. 마찬가지로, 가장 극적인 '기적'에 모든 사람이 경외심으로 응답하는 것은 아니다. 성경에서 하나님은 바다를 갈라 하나님의 백성들이 추적자들을 따돌리게 하셨다. 그때 그분의 백성들은 깊은 인상을 받았다. 반면에 이집트의 추적자들이 가진 신학은 달랐다. 이집트 병사들은 자기들이 전에 부리던 노예들의 하나님이 **약간** 능력을 갖고 있다는 사실은 의심하지 않았다(결국 그분도 신이 아닌가). 그러나 그들은 (바로를 포함해) 자신들의 신이 더 강하다고 확신했기에 추적을 멈추지 않았다.

3장에서 훨씬 본격적으로 다룰 데이비드 흄(David Hume)은 기적에 관해 자연법칙을 위반한 것으로 정의했다. 그런데 그의 정의에는 한 가지 문제가 있다. 흄이 적어도 부분적으로 고려했던 성경의 거의 모든 기적은 자연법칙을 위반했다고 주장하지 않는다는 점이다. 하나님이 바다를 갈랐던 매우 극적인 기적조차 자연법칙에 반하여 일어나지 않았다. 성경은 하나님이 강한 동풍을 사용해 바다를 가르셨다고 말한다(출 14:21). 강한 바람은 물을 움직일 수 있다. 기상학자들이 '윈드 셋다운'(wind setdown)이라고 이름 붙인 자연현상도 가끔 물을 움직인다. 하지만 모든 이스라엘 백성의 목숨이 경각에 달린 바로 그때, 바다를 가를 만큼 물을 움직여 바다를 건너게 하는 것은 전혀 우연처럼 보이지 않는다. 보통 이런 우연의 일치가 일어날 확률은 너무 낮기 때문이다. 실제로 우리는 그 정도 확률을 진지하게 고려하지 않는다. 성경에서 하나님이 극적으로 행동하실 때조차, 하나님은 대개 무언가를 새로 창조하심으로써 완전히 새로 시작하기보다는 자신이 이미 창조한 것을 사용하신다.

기적에 관한 흄의 정의에는 다른 문제점도 있다(특히 **자연법칙**과 **위반**에 대한 정의가 그렇다). 하지만 일단은 흄의 정의가 이 장의 주제에 도움이 되지 않는다는 사실만 언급하는 것으로 충분하다. 창조와 동정녀 탄생, 예수님의 육신이 부활하면서 시작된 새 창조 외에도, 성경 자체는 여러 기적이 자연법칙을 위반했다고 주장하지 않는다. 오늘날 자연법칙을 위반한 기적의 예를 제시하는 책은 상당히 간결할 수도 있다.

그래서 오늘날 신학자들은 대개 기적에 대한 훨씬 전통적인 역사적 접근을 반복하면서, 기적을 "특별한 신적 행동"이라고 부른다.[2] 이 명칭은 훨씬 일반적인 신적 행동과 기적을 구분해 준다. 그리스도인들은 하나님이 언제나 우리 주변에서 온갖 종류의 방법을 통해 일하신다고 인정하기 때문이다. 하지만 '일반적인' 신적 행동이 '특별한' 신적 행동이 되는 기준선은 무엇일까? 예컨대, 이례적으로 **빠른** 수술 회복을 어떻게 분류할 수 있을까?

경계는 모호하지만, 우리는 적어도 각각의 틀을 형성하는 예를 제시할 수 있다. 비유하자면, '긴 머리'와 '짧은 머리'의 경계는 불분명하지만, 대부분의 사람은 적어도 속담에 나오는 삼손의 머리가 길다는 점은 인정할 것이다. 또한 대머리에 가까운 머리(가령, 내 머리)의 머리카락은 짧다고 인정할 것이다. 마찬가지로, 하나님을 믿는 사람들은 생명이 살아 있는 모든 사람에게 주신 하나님의 선물이라고 여긴다. 하지만 만일 임상적으로 한 시간 동안 죽어 있던 어떤 사람이 뇌 손상을 전혀 입지 않은 상태로 다시 살아난다면, 대부분의 사람은 이런 현상을 기적이라고 여긴다. 거의 모든 사람이 납득할 수 있는 예와 거의 아무도 납득하지 못하는 예 사이에는 광범위한 중간 영역이 존재한다. 아마 진짜 기적이라고 할 수 없는 몇몇 사례가 이 중간 영역에 포함될 수도 있고 몇몇 참된 기적의 예는 반대로 배제될 수도 있다. 다만 요점을 명확히 설명할 수 있는 진정성 있고 설득력 있는 사례는 기적의 영역에 포함되어야 한다. 기적이 늘 일어나는 것은 아니다. 하지만 기적은 가끔씩 일어난다.

입증 책임

성경의 여러 본문은 기적을 "표징"(sign), 사람들의 이목을 끄는 경험이라고 부른다. 성경에서는 할례나 무지개처럼 덜 이례적인 여러 사건이 무언가를 상징하거나 전달하는 표징이라고 말한다. 하지만 종종 사람들의 이목을 집중시키고 하나님에 관해 중요한 사실을 전달하는 훨씬 이례적인 표징을 하나님의 특별한 행동이라고 말한다. 여기에는 출애굽 재앙(예, 출 10:1-2; 시 78:43), 하나님 나라의 치유(예, 행 2:22, 43; 4:16, 22, 30), 자연 기적(예, 요 2:11; 6:14) 등과 같은 사건들이 포함된다. 반복하지만, 이런 표징에 모든 사람이 긍정적으로 응답한 것은 아니다. 사도 바울과 그의 동료 바나바가 설교했던 한 마을에서 사람들은 표징에 관심을 보였지만, 그 관심이 모두 긍정적인 편은 아니었다. 분명 어떤 사람들은 표징에 대한 응답으로 그들의 메시지를 받아들였다. 하지만 그들의 메시지를 거부했던 다른 사람들은 훨씬 적대적으로 반응했다(행 14:3-4).

우리는 모두 자신이 가진 전제를 통해 기적에 관한 보고를 평가한다. 10년 동안 걷지 못했던 어떤 사람이 기도한 뒤, 물론 약간의 도움을 힘입어 갑자기 걷게 된다면, 나는 보통 이 사건을 신적인 능력 부여라고 여긴다. 추가적인 기적이 없다면, 이 사람에게는 약간의 도움이 필요할 것이다. 그 사람의 근육은 한동안 계속 위축되어 있을 테니까 말이다. 몇 주나 몇 달 동안의 물리 치료를 받아야 가능한 일이 갑자기 이루어진다면 이례적인 일로 여겨진다. 어떤 사람은 신적인 개입이 일어날 때면 모든 기관이 완벽한 상태로 회복되어야 한다고 요구한다. 그래서 이와 같은 치유를 불완전한 것이라고 여기며 기적이 아니라고 주장한다. 하지만 우리는 지금 완벽한 세계에서 살고 있지 않다. 여러분이 슈퍼맨이나 헐크가 아니라면, 우리가 정상적 기능이라고 받아들이는 상황에도 한계가 있다. 기도한 뒤 공식적으로 시각 상실 상태였던 시력의 기능이 즉시 개선되는 경우에도 마찬가지다. 특별한 신적 활동이라고 추론하기 위해 개선된 시력이 2.0이어야 할 필요는 없다. 만일 인간이 취할 가능한 수단을 넘어 하나님이 여러분의 시력을 개선해 주셨다면 여전히 안경이 필요하더라도, 불평하지 마라. 우리 중에 많은 사람은 안경을 써야 한다. 예수님이 열두 살 소녀를 소생시키실 때에도, 그분은 소녀의 허기진 배를 초자연적으로 채우기보다는 소녀의 부모에게 음식을 주라고 요청하신다(막 5:43). 반복하지만, 어떤 사람들은 하나님이 어떻게 자신을 나타내야 하는지에 대해 서로 다른 전제를 갖고 연구한다. 그러고는 자신들의 전제에 맞지 않는 증거를 묵살한다.

어떤 사람의 이목을 끌려면 어느 정도나 이례적인 사건이어야 할까? 더 나아가, 어떤 사람을 납득시키려면 얼마나 많은 증거가 필요할까? 이 문제는 그 사람이 누구이고 또한 그 사람의 출발 전제가 무엇이냐에 달려 있다. 만일 내가 기적은 불가능하다는 단호한 입장을 갖고 있다면, 원칙적으로 나는 아무리 많은 증거가 나와도 기적을 인정하지 않을 것이다. 내가 이미 하나님을 믿는다면, 내 삶의 가장 사소하고 자질구레한 일에도 하나님께 감사할 것이다.

대부분의 사람은 세세한 부분에서 하나님을 믿지 않더라도, 증거에는 마음을 연다. 다만 증거의 기준은 제각각이다. 너무 잘 속아서 간단한 마술

속임수에 넘어가는 것도 가능하다. 역으로, 기적에 반대하는 어떤 사람들은 기적을 외면하기 위해 증거의 기준을 계속 높이면서 이렇게 말할 수도 있다. "기적을 입증하는 의학적 기록은 전혀 없어." 그들에게 의학적 기록을 보여 주면, 이렇게 말할지도 모른다. "이례적이라고 말했다고 해서, 이런 일이 저절로 일어날 수 없다는 뜻은 아니야. 죽었다가 살아난 사람을 보여 줘." 죽었다가 살아난 사람들의 예를 제시하면, 그들은 이렇게 말할 것이다. "글쎄, **내가** 그 사건을 직접 본 건 아니잖아."

나는 회의적인 동료 교수들에게 두 차례 이렇게 질문한 적이 있다. "죽었다가 살아난 사람을 본다면 기적이라고 믿을 건가요?" 그러자 동료들은 "아니요"라고 대답했다. 내 생각에 그들의 진심은 이런 것이다. "기적은 일어날 수 없어요. 그러니까 그냥 설명할 수 없는 일이라고 말하는 편이 낫겠어요." 하지만 어떤 사람이 이런 식으로 접근한다면, 그들은 과연 어떤 종류의 증거인들 받아들이려고 **할까**? 만약 "받아들일 수 없다"라고 말한다면, 그들은 수많은 증거보다 자신들의 출발 전제를 더 중요하게 여기는 게 틀림없다. 따라서 증거를 요구하는 것은 솔직하지 못한 처사다. 그러니 모든 **그리스도인**이 편협하다고 비난하지 않는 편이 훨씬 낫다!

다행히 대부분의 사람은 **그 정도로** 회의적이지는 않다. 따라서 가능한 곳에서 확고한 증거를 제시하는 편이 도움이 된다. 또한 다행히 기꺼이 믿으려고 하는 사람들에게는 증거가 아주 많이 있다.

하지만 이 단락을 주의 사항으로 마무리해야겠다. 즉 기적은 하나님을 '증명'하지는 못한다. 만일 우리가 완강하게 다른 설명을 찾는 데 몰두해 있다면, 우리는 항상 또 다른 설명을 찾아 나설 것이다. 아주 정확한 시점에 바다가 갈라지는 장면을 본다고 해도, 우리는 이 사건을 10억분의 1의 우연이라고 일축하기로 마음먹을 수 있다. (성경 자체에서도 그런 예가 나온다.

적어도 바로에게는 기적이 추적을 중단할 만큼 충분히 감동적이지 못했던 것 같다.) 하지만 하나님의 실재에 열려 있다면, 우리가 기적이라고 인식한 사건은 우리의 관심을 끌 것이고 하나님을 믿는 믿음으로 우리를 초대할 것이다. 만일 우리가 이미 하나님을 믿고 있다면, 기적은 우리에게 더 많은 감사의 이유를 선사할 것이다.

'일상적' 복

이 책에서 다루는 것보다 더 큰 기적이 존재하지만, 사람들은 더 큰 기적을 완전히 무시하거나 심지어 거부한다. 더 큰 기적은 누구나 확인할 수 있는 자연의 '일상적' 과정의 일부라, 대부분의 사람은 더 큰 기적을 당연하게 여긴다. 잘 보이는 곳에 감추어져 있으면 사람들은 '이례적'으로 여기지도 않고, 따라서 보통 기적이라고 부르지도 않는다.

물론 이 책은 '특별한' 신적 행동을 다루지만, 그리스도인들은 (또한 대부분의 다른 유신론자들은) 보편적인 신적 행동이 우리 주변 곳곳에 있다고 믿는다. 시편 저자는 이미 자연 속에 드러난 하나님의 영광에 놀란다(시 19:1). 고대의 비기독교적 스토아 철학자들은 자연 속에서 신적인 설계를 인식했다.[3] 사도 바울은 하나님의 능력이 창조 세계에서, 특히 우리 자신 안에서 분명하게 나타난다고 말한다. 바울은 감사로 적절하게 반응해야 한다고 설명한다(롬 1:19-21).

우주와 관련된 무언가가 우연을 초월해 일어난다고 인정하기 위해 하나님이 모든 세부 사항까지 세세하게 관리한다고 믿을 필요는 없다. 성경(창 1:24)과 우주에 관해 우리가 쌓아 온 지식에 따르면, 하나님은 존재하실 뿐만 아니라, 또한 스스로 발전하고 복제하는 것들을 창조하기를 기뻐하신다. 그런데 피조물의 존재는 우연일까? 생명을 유지하기 위한 이상적이고 매우 정밀한 조건이 작동해 우주가 우연히 생겨날 확률은 얼마일까? 정확한 계산은 다양하겠지만, 매개변수가 아주 정교하게 미세 조정되어 있어서 우연히 생기는 상황은 극히 개연성이 떨어져 보인다. 흔히 1조 × 1조 × 1조 × 1조 × 1조분의 1보다 훨씬 낮은 확률로 계산된다.[4] 일상생활에서 이 정도의 극소한 확률에 자기 생명을 걸 사람은 아무도 없다. 그리스도인의 시각에서 볼 때, 이 정도의 사소한 가능성에 필사적으로 매달리는 것은 하나님만 아니면 무엇이든 받아들이려는 일부 사상가들의 굳은 신념을 보여 주는 증거 같다. 오늘날 종교철학에서 하나님의 존재에 이의를 제기하기보다 하나님의 존재를 옹호하는 유신론에 관한 학문적 저작물이 훨씬 더 많은 이유 중 하나가 그 때문이다.[5]

어떤 사람은 우리가 무한한 듯 보이는 (입증되지 않은) 수많은 우주 가운데 다행스럽게도 생명체가 살아갈 수 있는 우주에 살게 되었을 뿐이라고 대답한다. 하지만 논리의 경제성 측면에서, 수조 × 수조 개의 우주를 상정하기보다는 우주 너머에 있는 단일한 설계자를 상정하는 편이 훨씬 더 단순해 보인다.[6] 또한 이 다중 우주 가설(서로 연결되지 않은 복수의 우주 개념)을 받아들인다 하더라도, 설계 문제에 관해서는 단지 한 단계 뒤로 미루는 설명에 불과하다. 현재까지 다수의 우주 생성을 설명하는 모든 모델은 설정에서 엄청난 정밀도를 요구한다.[7]

온라인에서 시청 가능한 2012년 하버드 베리타스 포럼(Harvard Veritas Forum)에서, 현재 옥스퍼스 대학교(Oxford University) 수학과 명예 교수인 존 레녹스(John Lennox)는 언젠가 저녁 식사 중에 한 환원주의자 동료와 나눈 대화를 언급했다.[8] 레녹스의 동료는 물리학과 화학 외에는 아무것도 존재하지 않는다고 주장했다. 그때 레녹스는 메뉴판 위의 두 단어를 가리키면서 요청했다. "종이와 잉크에만 근거해 이 표식에 대해 설명해 주세요." 한동안 침묵이 흐른 뒤, 손꼽히는 생화학자였던 레녹스의 동료는 이렇게 시인했다. "지성을 배제한 채 의미를 설명할 수는 없군요." 임의의 표식은 거의 아무것도 전달하지 못하지만, 의미를 표현하기 위해 특별히 배열된 표식들은 정보를 전달한다.

레녹스는 뒤이어 컴퓨터 정보 기술을 사용해 설명해야 하는, 훨씬 더 복잡한 언어를 거론한다. 인간의 DNA는 대체로 특정한 순서의 염기쌍으로 배열된 네 개의 알파벳 문자를 사용해, 약 30억 개 문자 길이의 단어를 구성한다. 우연과 필연성이 맨 처음부터 DNA를 구성했을까? DNA의 설계 방식은 지성과 자비 둘 다를 시사한다. 즉 하나님이 우리의 존재를 의도하고 원하셨다는 뜻이다.[9]

우주에서 우리가 아는 가장 지적인 형태의 물리적 존재인 우리 인간이 우연하게 이런 것들을 이해할 추상적 추론 능력을 소유할 확률은 얼마나 될까? 우리가 어떻게 여기에 도달했는지에 대해 그리스도인들 사이에 다양한 의견이 있다. 어떤 사람은 하나님이 우리를 직접 창조하셨다고 말하지만, 또 어떤 사람은 하나님이 모종의 예정된 결과를 얻기 위해 진화를 사용하셨다고 말한다. 어느 쪽이든, 궁극적 설계자를 배제하고서는 우리의 존재를 이해할 수 없다. 대부분의 역사를 통틀어, 자연선택 그 자체로는 추상적인 수학적 추론 능력을 만들어 낼 동기가 별로 없었다.

어떤 사람들은 이와 같은 설계를 낭비라고 본다. 지구상의 생명이 그렇게 특별해야 한다면, 대체 어떤 하나님이 우주에 수십억 × 수조 개의 별을 창조했을까? 왜 하나님은 인간이 형성되기 전에 130억 년 이상 물질의 발달을 허용했을까? 왜 하나님은 언젠가 고통 없는 세상을 창조하기 전에 세상에 고통을 허용하신 걸까? 하지만 우리는 공급이 제한되어 있을 때만

'낭비'를 문제라고 말할 수 있다.[10] 어떤 사상가들은 우주가 정확한 비율로 팽창해 은하와 항성을 생성하고 결국 행성을 만들기 위해서는 우주 안에 충분한 물질이 있어야 한다고 주장한다.[11] 인간은 우주를 구성하는 물질 중에 아주 적은 양을 차지하지만, 정보의 내용 측면에서 볼 때, 우리가 실증적으로 아는 범위 내에서 가장 복잡한 실체다. 우리는 하나님이 창조하신 창조물의 정점이고 그분의 특별한 기쁨이다. 성경은 어느 날 우리가 역사를 뒤돌아보면서 하나님이 영원히 자기 백성이 될 사람들을 위해 그분의 목적을 성취하고 계심을 깨달을 것이라고 주장한다. 물론 다른 것들이 거치는 경로는 지금 우리에게는 상당한 낭비처럼 보이지만 말이다.

모든 사람은 출발 전제를 갖는다. 성경의 믿음은 우리 주변 사방에서 일어나는 하나님의 역사를 우리 눈으로 볼 수 있게 해 주는 안경을 제공한다. 하지만 불신의 선글라스를 끼고 주위를 둘러보면, 주변에서 일어나는 하나님의 활동을 깨닫지 못한다. 그런 의미에서 사람들은 햇빛과 숨 쉬는 공기, 종종 생명 자체를 당연한 것으로 여긴다.

특별한 신적 행동은 사람들 대부분의 주의를 끌어모은다. 신적 행동이 특별하지 않다면, 즉 우리가 원할 때 항상 기적이 일어난다면, 우리는 하나님이 자연에 심어 둔 훨씬 더 '규칙적인' 패턴을 당연하게 여기는 것과 똑같이, 기적을 당연하게 여길 터다. 예를 들어, 하나님은 우리 몸이 여러 가지 감염으로부터 저절로 치유될 수 있도록 하셨다. 하지만 치유가 **항상** 일어난다면, 영적 선글라스를 낀 사람들은 치유의 선물도 그냥 자연의 일상적 과정이라고 일축해 버릴 것이다.[12]

그리스도 안의 새 생명

이 책은 대부분 특별한 사건을 다룬다. 하지만 다른 사람들에게 이례적으로 보이는 것만이 신적인 행동이라는 인상을 남긴다면, 일종의 태만이다. '기적'이라는 이름을 붙이든 아니든, 신적인 행동은 하나님과의 관계를 가능하게 만든다. 사람을 특별하고, 지적이고, 관계적 존재로 만드신 창조주는 우리와 관계 맺기를 열망하신다. 우리 인간은 하나님을 무시하고, 우리 못지않게 하나님께 특별한 다른 사람들을 학대함으로써 우리 편에서 하나님과의 관계를 단절한다. 하지만 우리를 직접 창조할 만큼 우리를 간절히 원하셨던 하나님은 우리와의 관계를 회복하기 위해 마음을 바치셨다. 하나님은 그분과 우리의 관계를 회복하기 위해 친아들을 보내 우리와 같은 유한한 인간이 되게 하셨다.

믿음 자체가 나를 위한 하나님의 자비로운 선물이다. 내게는 분명 그럴 만한 자격이 없었다. 나는 교회에 출석하지 않으면서 기독교보다 고대 그리스 신화에 대해 더 많이 알던 무신론자로 출발했다. 그러는 동안, 여러 독실한 감리교 친척들은 오랫동안 우리 가족을 위해 신실하게 기도했다. 나는 무신자로서 기독교가 진실일 가능성은 약 2퍼센트밖에 안 된다고 생각했다. (엄밀히 말해서, 나는 무신론에 대해 더 이상 100퍼센트 확신하지 못했기 때문에, 어느 정도는 불가지론자였다. 하지만 대부분의 유신론자들을 무시하는 게 즐거웠기 때문에, 누구에게도 그 사실을 말하지는 않았다.)

내가 보기에 그리스도인이라고 주장하는 사람들은 대부분(당시에는 아마 미국인의 80퍼센트 정도일 듯하다) 자신들의 믿음을 진지하게 받아들이지 않고 살아가는 듯 보였다. 내가 특이한 변종으로 대했던 몇 사람을 제외하고, 그리스도인들은 자신들의 전 존재와 목적을 창조주에게 빚진 사람처럼 살아가는 것 같지 않았다. 그리스도인이라고 주장하는 사람들이 상당히 어리석었거나 아니면 그들이 자신들의 주장을 믿지 않았거나 둘 중 하나다. "만일 하나님이 존재한다고 믿는다면, 나는 모든 것을 하나님께 빚지고 있는 셈이니, 하나님께 모든 것을 드릴 것이다." 나는 이렇게 판단했다. 그리스도인들이 자신들의 믿음을 진지하게 받아들이지 않는데, 내가 왜 그래야 하는가?

하지만 이 문제에 대해 생각하기 시작했을 때, 나는 2퍼센트의 오류 가능성에도 나의 영원한 운명을 걸고 싶지 않았다. 나는 파스칼의 내기를 잘 아는 건 아니었지만, 하나님을 믿느냐 거부하느냐에 상당히 많은 큰 것이 걸려 있다는 개념이 설득력 있게 다가왔다. 즉 나는 그리스도인들을 놀릴 만큼 무신론에 대해 확신했지만, 하나님을 놀리기는 두려웠다. 하지만 정말로 깊이 확신하지는 않았기 때문에 누군가 몇 가지 증거를 제시할 때 나는 그 증거를 깊이 생각하지 않으려고 했다. 사실 나는 가끔 혹시 내 말을 듣고 있을지도 모르는 어떤 우월한 존재에게, 만약 그런 존재가 정말 있다면 진실을 보여 달라고 은밀하게 요청했다. 추구자로서, 하나님을 직접 보여 달라고 요청하는 것은 나쁜 출발점이 아니다. 십중팔구 하나님은 더 많이 환영받는 곳에서 자신을 더 많이 보여 주신다. 물론 대개 하나님은 우리의 눈높이에 맞추어 자신을 보여 주지는 않으시지만 말이다. 나는 경험적이거나 역사적 증거를 원했고, 지금은 그런 증거가 아주 많다는 점을 안다.[13] 이와 같은 책도 나의 관심을 끌었을 것이다. 물론 내 경우에 주님은 더 초라한 길을 택하셨다.

처음에 나를 설득했던 것은 역사적 증거나 과학적 증거, 기적을 목격하는 경험과 같은 사건이 전혀 아니었다. 어느 날, 성경을 가지고 다니는 보수적인 침례교의 거리 전도자들, 즉 교회가 운영하는 지역 성경 대학의 학생들 몇 명이 검은색 양복을 입고 성경에서 예수님에 대해 하는 말을 내 앞에 들이댔다. 하나님의 아들이신 예수 그리스도가 나를 위해 죽었다가 살아나셨다는 내용이다. 나는 45분 동안 그들과 논쟁을 벌였고 마침내 이렇게 물었다. "하나님이 있다면, 공룡 뼈는 어떻게 생긴 건가요?" 이 질문은 논리적으로 틀린 것이다. 하나님의 존재가 왜 공룡의 존재와 상충해야 할까? 하지만 나도 (보아하니) 그들도 아직 그 점을 이해하지 못했다. 한 사람이 그 자리에서 재빨리 답을 내놓으며 쏘아붙였다. "마귀가 그곳에 두었겠죠." 나는 역겨움을 느끼며 그곳을 떠났다. (공룡에 관한 내 질문에 그들이 내놓은 즉흥적인 대답은 지금도 청중의 웃음을 이끌어 낸다. 그들은 분명 고생물학자는 아니었다. 다만 그들은 성경이 하나님과 올바른 관계를 맺는 것에 대해 무엇을 말하는지는 **정말** 알았다.)

그런데 나는 덜 공개적이지만 개인적 차원에서 훨씬 설득력 있는 증거를 경험했다. 그 뒤로 한두 시간 동안, 나는 하나님의 임재에 압도되었다가, 뒤이어 무릎을 꿇고 항복했다. 하나님이 어떻게 예수님의 죽음과 부활을 통해 나와의 관계를 제대로 세우셨는지 이해할 수는 없다. 하지만 하나님이 그렇다고 말씀하고 계셨기 때문에, 나는 그것을 받아들였다. 다양한 종교와 철학을 연구했지만, 그날 나는 전에 한 번도 경험해 본 적 없는 무언가를 경험했다. 그 뒤로도 종종 경험했던 하나님의 임재는, 다른 사람이 같은 방에서 내게 실제로 말할 때의 경험보다 훨씬 실제적이고 직접적이었다.

그다음 몇 년은 저 침례교 성경 대학 학생들이 당연히 대답할 수 없었을 그런 종류의 질문에 대한 답을 찾아가는 여정이었다. 그것도 맞는 말이지만, 성경적으로 말하면, 하나님이 직접 내 삶에 들어오셔서 나를 새롭게 만들기 시작하셨다. 새로운 존재가 되고, 이를 통해 미래의 새 창조를 맛보는 모험이야말로 내 삶에서 경험하거나 목격했던 다른 어떤 물리적 치유보다 분명한 신적 행동이었다. 따라서 나의 경험은, 그런 경험을 해 보지 못한 대부분의 사람에게는 '증거'로 간주하기에는 너무 개인적이고, 따라서 '주관적'이다. 하지만 내가 했던 이 경험은 이 책에서 진술하는 어떤 '알려진' 기적 못지않게 설득력이 있다.

    이 모든 내용의 핵심은 이것이다. 즉 이 책은 훨씬 협소하게 정의된 소위 기적을 다루지만, 신자로서 우리는 하나님의 행동을 다른 모든 사람의 이목을 끄는 일에만 결코 국한하지 않을 것이다.

2장

왜 어떤 사람들은 기적이 일어나지 않는다고 전제하는가?

세계관

기적은 일어나지 않는다고 간단히 일축해 버리는 사람들이 많다.

간혹 기적이 주장하는 바나 기적에 대해 품은 기대가 나쁜 경험으로 이어져 이런 판단에 이르는 경우가 있다. 예를 들어, 사기꾼, 이루어지지 않은 약속, 실망 등이다. 나도 분명 이러한 정서를 이해할 수 있다. 아내와 나는 오랫동안 건강상의 여러 문제 이외에도 유산을 몇 차례 경험했는데, 유산은 서구보다 아내의 출신지 문화에서 훨씬 더 충격적인 경험이었다. 하지만 위조지폐가 있다는 이유로 진짜 지폐를 버려야 할 필요가 전혀 없듯, 빈 접시 하나를 받는다고 해서 다음번 접시의 음식을 거절할 필요도 전혀 없다. 이 책의 주제는 기적이지만, 기적이 일어나지 않는 때에 대해서는 후반부의 여러 장(특히 37-39장)에서 더 언급할 것이다.

하지만 기적을 의심하는 이유로는 개인적·정서적 이유 이외에 사상적 이유도 있다.

관점은 차이를 낳는다

전제는 우리가 증거에 접근하는 방식을 결정한다. 이미 기적을 믿는 사람은 단순히 평소보다 더 잘 회복되기만 하더라도 자신의 믿음이 확증되었다고 여길 것이다. 반대로, 하늘에서 믿으라는 소리를 듣고 자기 이름이 적힌 것을 보더라도 믿지 않을 사람도 있다. "아내가 누군가에게 돈을 지불하고 저렇게 하라고 시킨 게 틀림없어." 그는 이렇게 주장할 수도 있다.

어떤 회의론자들은 마음을 열고 있지만, 믿지 않아도 될 만큼 증거의 기준을 높이 설정한 사람들도 있다. 내 친구와 친척 중에는 마음이 열린 '불가지론적' 회의론자 혹은 적어도 관대한 회의론자들이 있다.[1] 하지만 교조적 회의론자와 적대적 회의론자도 있다. 무신론자 시절에 나는 완전히 100퍼센트 교조적 무신론자는 아니었지만, 적대적이기는 했다. 나는 그리스도인들을 놀리곤 했다. 따라서 회심은 한 가지 이상의 측면에서 나를 겸손하게 만드는 경험이었다. 나의 실패를 인정해야 했기 때문이다.

강경한 회의론자들의 주장에 따르면, 아무리 이례적이라 하더라도 기적을 옹호하는 주장을 **결코** 받아들이지 않아도 될 만큼 우연과 변칙(설명되지 않는 사건)은 충분히 자주 일어난다. 어떤 그리스도인이 현재 설명할 수 없는 어떤 일에 대해 신적 행동이라고 호소할 때 강경한 회의론자들은 당연히 발끈하겠지만, 자신의 입장에 대해서는 덜 비판적일 수 있다. 명백한 기적을 현재 설명할 수 없을 때, 강경한 회의론자들은 이것이 **언젠가** 설명될 변칙이라고 일축해 버릴 것이다.[2]

강경한 회의론자들은 자신들의 세계관, 즉 그들이 실재에 대해 믿는 바에 부합하지 않는 하나님의 존재 가능성을 붙들고 씨름하기보다는 주어진 상황에서 사실일 것 같지 않다고(혹은 아직 알 수 없다고) 여기는 설명을 받아들이려 한다. 양심적이고 정직한 어느 무신론 의학 역사가가 지적하듯이, 이런 접근 "역시 일종의 믿음에서 생긴다. 즉 이 세상에서 일어나는 사건은 초월적이지 않다는 절대적 신념에서 비롯된다."[3] 본질적으로, 이런 접근을 지지하는 완고한 지지자들은 어떤 주장에도 설득당하지 않겠다고 굳게 마음먹는다. 그들의 마음은 확고하다.[4] 가장 합리적인 믿음이 신적인 진리를 인식하는 능력이라고 할 때, 믿음이 맹목적이라고 지적하는 비판자들은 자신들의 반믿음(antifaith)이 얼마나 맹목적인지 깨닫지 못할 수 있다.

오늘날 서구의 많은 사람은 (대개 훨씬 고상한 명칭을 붙여) 불신앙의 세계관을 수용했다.[5] 이런 이유로, 서구의 많은 사람은 하나님이 행동하셨다는 가능성을 인정하기보다 무엇이든 가능한 자연주의적 설명―심지어 전혀 설명하지 않는 것까지―을 선호한다. 따라서 증거가 아무리 많더라도 그들을 설득하지 못한다. 아이러니컬하게도, 나는 이런 접근을 옹호하면서 모든 신자는 폐쇄적이라고 주장하는 여러 사람과 대화를 나누었다.

우리는 이런 태도에 놀라지 않아야 한다. 성경 자체에서, 모세가 선언한 재앙에 맞닥뜨렸을 때 바로왕이 어떻게 행동했는지 다시 생각해 보자. 훨씬 적은 규모이기는 했지만 바로의 마술사들도 처음 두 가지 재앙을 흉내 냈다. 하지만 이내 바로의 신들이 막을 수 없는 재앙을 이스라엘의 하나님이 일으키신다는 사실을, 바로 그 자신을 제외한 거의 모든 사람이 명확히 깨달았다(출 12:12; 민 33:4을 보라). 바로는 다른 세계관에 너무 몰두해 있었기 때문에 다른 사람들이 분명히 알았던 사실을 인식하지 못했다. 바로의 관점에서 볼 때, 이스라엘의 하나님도 어느 정도 능력을 가졌을 수 있지만, 노예로 살던 힘없는 백성들의 유일한 신이었다. 이집트를 강성한 제국으로 키운 많은 신에 비교하면 훨씬 능력이 떨어질 것이 분명하다고 생각했다. 사실 이집트인들은 바로가 신이라고 믿었다. 이스라엘이 하나님이 더 큰 능력을 갖고 계시다는 사실을 인정한다면, 바로가 평생 인식했던 자신의 정체성을 포함해 바로의 신념 체계 전체가 흔들렸을 것이다.[6]

마찬가지로, 예수님이 나사로를 살리셨을 때(요 11:43-44) 사람들의 반응은 엇갈렸다. 성경에서 대부분의 명백한 회생은 오늘날 일어나는 대부분의 명백한 회생과 마찬가지로, 죽은 뒤 몇 시간 안에 일어난다. 나사로의 회생은 달랐다. 나사로의 모든 뇌세포가 분명히 죽었을 뿐만 아니라, 그의 육신은 부패하기 시작했다. 나사로는 나흘 동안이나 죽어 있었다(11:17, 39). 현대 의학 지식이 없었더라도, 이 공개적인 기적을 목격한 모든 사람은 신자가 되었을 거라고 생각하는 게 당연하다. 요한복음은 깊은 인상을 받은 많은 사람이 예수님을 믿었다고 전한다(11:45). 하지만 적대적인 관원들에게 예수님을 신고한 사람들도 있었다(11:46). 관원들은 예수님이 특이한 행동으로 더 많은 사람을 잘못된 길로 이끌기 전에 그분을 죽이려고 했다(11:46-50). 예수님의 고향에서는 예수님의 기적을 환영하지 않았고(막 6:5), 예수님도 자신이 행한 기적에 너무 무덤덤한 반응을 보였던 마을들을 비난하신다(마 11:20-24; 눅 10:13-15).

성경에서 신적인 표징은 마음이 열린 사람들의 이목을 끌기도 하지만 마음이 열리지 않은 사람들의 적개심을 표면으로 이끌어 내기도 한다(다시 행 14:3-4을 주목하라). 표징의 '성공'을 판가름하는 성경의 기준은 표징이 모든 사람을 설득하느냐가 아니다. 표징의 성공 기준은 사람들의 이목을 끌고, 종종 그 과정에서 사람들의 마음의 태도를 드러내는 것이다(요 3:19-21; 15:22-24을 보라).

오늘날 어떤 사람들은 초자연적 활동에 대한 모든 믿음을 미신으로 분류한다. 그 이유는 모든 초자연적 주장을 '원시적' 세계관의 일부로 함께 묶기 때문이다.[7] 이런 접근이 자문화 중심적이라는 점은 별문제라고 하더라도, 그 자체의 틀이 하나의 세계관을 형성한다는 점을 그들은 인식하지 못한다. 이러한 회의적 세계관은 사실 초자연적 활동을 허용하는 세계관보다 역사적으로나 문화적으로 훨씬 특이하다. 그런데도 이 세계관은 다른 세계관을 평가할 때 우월한 엘리트의 위치를 차지한다고 전제하는 반면, 다른 세계관에 대해서는 동일한 기회를 부여하지 않는다.

우리가 무엇을 믿느냐가 우리가 보는 것을 이해하는 방식에 영향을 미친다. 언젠가 내가 그리스도인이 되고 얼마 되지 않았을 때 나는 폭풍우를 향해 멈추라고 명령하고 싶었다. 그러나 주님이 폭풍우가 멈추기를 원하지 않으셨기 때문에 몸을 가릴 수 있는 곳으로 달려가는 편이 낫다고 느꼈다. 대개 나는 비가 내릴 때를 대비해 그냥 가방 안에 작은 우산을 넣어 다닌다. 나는 살면서 딱 두 번 폭풍우를 향해 멈추라고 명령했다. 처음에는 비가 즉시 멈추었지만, 그 일에 대해서는 더 할 말이 별로 없다. 내가 여기서 언급하려는 것은 다른 경우다.

어느 날 뇌우가 오래 내리치는 동안 나는 열심히 컴퓨터 작업을 하고 있었다. 당시 아주 어렸던 아들이 불쑥 방으로 들어왔다. 나는 아들과 함께 있어 기뻤지만, 아들은 뇌우가 칠 때 컴퓨터 작업을 하는 것은 위험하다고 경고해 주려고 내게 왔다. 훌륭한 서지 보호 장치(surge protector)가 있었지만, 기술적으로는 아들의 말이 옳았다. 그렇기는 하지만 뇌우에 직접 맞을 확률은 낮았고, 마감일은 촉박했다. 또한 그날 오후의 작업을 제외한 모든 자료가 이미 백업된 상태였다. 마침내 나는 무슨 짓을 하는지 의식하지 못한 채 소리쳤다. "예수님의 이름으로 명한다. 천둥아, 멎어라!" 번개와 천둥이 즉각 멎었다.

"너도 봤지?" 내가 물었다.

"아빠는 잠시라도 컴퓨터 작업을 멈추고 싶지 않았을 뿐이잖아요!" 아들이 다그쳤다. 아들은 번개와 천둥이 끝났다는 사실을 알아채지 못했고, 번개와 천둥은 그날 나머지 작업 시간 동안 다시 치지 않았다. 우리의 주장은 둘 다 옳았지만, 서로 다른 관심과 준거 틀이 우리가 주목하기로 선택한 것에 영향을 미쳤다. 나는 이 일을 '기적'의 증거가 아니라 우리가 쓰고 있는 렌즈가 우리가 인식하는 것에 영향을 미친다는 증거로 인용한다.

과학은 기적을 부정하는가?

기적을 부정하는 **사상적** 이유와 관련해, 많은 사람은 현대 과학이 기적의 오류를 입증했다는 전제에서 출발한다. 하지만 과학과 기적의 관계는 엄밀하게 과학적 데이터의 문제가 아니라 과학 철학의 문제다. 즉 과학이 무엇을 설명하도록 의도되었느냐 하는 문제다. 과학은 통상적으로 일어나는 일을 정확히 보여 준다. 과학은 하나님이 특별한 상황에서 특별한 목적을 위해 일으키실 수도 있는 일을 다루지 않는다. 변증학자 에이미 홀(Amy K. Hall)이 설명하듯이, "정의상 기적은 자연적으로 되풀이되는 원인의 결과로 일어나지 않는다."[8]

다음 장에서 보듯이, 기적이 일어날 수 없다고 많은 학자를 설득한 것은 과학이 아니라 한 특별한 철학자 데이비드 흄(David Hume)이었다. 흄 이전의 많은 선도적 과학자들은 보통 예측 가능한 자연의 과정을 인정하는 동시에 하나님이 특별한 상황에서 자연에 대해 다르게 행동하실 수 있다고 인정한 신학자들이기도 했다. 나를 비롯한 많은 사람이 다른 곳에서 주장했듯이, 기적에 대한 흄의 재정의는 그냥 이 두 진술이 서로 양립할 수 없다는 점을 당연하게 받아들인다. 사실 흄의 논증은 물론 영향력을 갖고 있지만, 이 두 진술 중에 환원주의적 설명을 선택하도록 강요할 타당한 이유를 거의 제시하지 못한다.

서로 다른 학문 분야에는 서로 다른 접근이 필요하다. 자연과학은 그 자체의 영역에서 더할 나위 없이 중요한 필수 요소이고, 기적에 관한 연구에서도 기여할 소중한 가치가 있다. 가장 협소하게 정의할 때, 과학은 측정에 관한 것이며 또한 특정한 상황에서 항상 일어나는 일을 다룬다. 하지만 과학은 하나님의 목적이나 인간의 의미를 다루지는 않는다.[9] 우리가 색으로 사물의 무게를 재거나 높이로 사랑을 측정하지 않듯이, 과학의 도구는 오직 특정한 종류의 질문을 탐구하기 위해 설계되었다. 과학은 얼마나 많은 양의 청산가리가 친구를 살해하는지 혹은 핵무기가 어떻게 작동하는지 말해 줄 수 있지만, **과학 자체**는 친구를 죽이거나 핵무기를 발사하는 것이 옳은지 여부에 대해 말해 주지 않는다.

과학은 아팠던 어떤 사람이 이제 건강하다는 사실을 증명하는 최고의 수단을 제공한다. 하지만 하나님에 관한 언급을 배제한다면, 우리는 기적에 대해서도 언급할 수 없다. 우리가 과학에 대한 정의를 확장해 지적 원인(intelligent cause)에 관한 가설을 세운다면 어떨까? 분명 하나님이 누구든, 실재하는 하나님은 어떤 인간 못지않게 하나의 원인으로 행동할 수 있어야 한다. 이 경우, 과학은 특정한 사건이 신적 행동일 확률을 정량화하는 데 도움을 줄 수도 있다. 하지만 그런 방정식의 변수는 아주 많을 것이고, 대부분의 과학자들은 당연히 자신이 다루는 분야를 훨씬 협소하게 정의한다. 가장 협소하게 정의된 과학은 기적의 가능성을 일축하기보다는, 단지 기적을 논의의 영역에서 배제할 뿐이다.

물론 일부 과학자들은 종교와 과학이 대립한다는 잘못된 역사적 내러티브를 받아들였지만, 어떤 과학자들은 종교와 과학이 단지 서로 다른 주제를 다루거나 심지어 진리에 이르는 서로 다른 길이라고 여기기도 한다.[10]

옥스퍼드 대학교에서 열린 2014년의 한 콘퍼런스에서 나를 비롯한 여러 참석자들은 특별한 신적 행동에 관한 논문을 발표했다. 이 콘퍼런스에서 나는 케임브리지(Cambridge) 수리물리학의 교수였고 케임브리지 퀸스 칼리지(Queen's College)의 학장인 존 폴킹혼(John Polkinghorne) 경과 대화를 나누며 그에게서 배울 기회를 얻었다. 그런데 폴킹혼은 이번 콘퍼런스에서 이 주제에 관해 처음으로 목소리를 낸 과학자가 결코 아니었다. 그는 전작에서도 특별한 신적 행동 문제를 다루었다. 폴킹혼은 하나님이 대개 일관된 방식으로 일하시지만, 하나님이 그런 방식으로만 행동할 의무는 없다고 지적한다.[11] 옥스퍼드 수학자 존 레녹스와 옥스퍼드 종교와 과학 교수 알리스터 맥그래스(Alister McGrath, 그는 분자생물학과 신학 두 분야에서 박사 학위를 갖고 있다), MIT 과학자 이언 허친슨(Ian Hutchinson)을 비롯한 다른 수많은 저명한 사상가들은 과학이 기적을 일축하도록 강요한다는 생각을 거부한다.

나는 모든 과학자가 기적을 믿거나 과학 그 자체가 기적에 대한 믿음을 강요한다고 주장하지 않는다. 나의 논점은, 단지 기적을 믿는다고 해서 과학에 반대한다는 뜻은 아니라는 것이다. 과학은 측정과 관련 있지만, 이런 측정값에 대한 해석은 철학의 영역과 겹친다. 과학은 반복 가능한 것에 근거해 예측을 제시한다. 하지만 기적과 같은 사건이 그렇듯, 역사 속에서 독특하고 복합적인 사건은 반복될 수 없다.[12] (예를 들어, 우리는 어떤 사람이 어떻게 죽었는지 확인하기 위해 그 사람을 다시 죽이지 않는다. 우리는 입수할 수 있는 증거에 근거해 추론한다.) 하나님이 과학적 실험에서 예측 가능한 방식으로 행동하지 않으신다면 기적을 믿지 않겠다고 거부하는 사람들은, 하나님이 훨씬 일반적으로 제공하는 표식을 무시한 채 엉뚱한 곳에서 하나님을 찾고 있다. 그들이 찾고 있는 신은 성경에 계시된 신이 아니다.

그렇기는 하지만, 과학적 증거는 기적을 연구할 때 여전히 매우 유용하다. 어떤 경우 어떤 사건이 일어났는지 결정하는 데 과학이 도움을 줄 수 있기 때문이다. 예를 들어, 엑스레이를 활용한다면 이례적인 변화를 확인할 수 있다. 물론 하나님이 그 변화를 실행했다고 증명할 수는 없지만 말이다. 이 책에 나오는 3부의 대부분과 4부와 5부의 여러 사례는 이런 종류의 예를 제공한다. 의학 데이터를 통해 우리는 어떤 경험이 얼마나 불규칙하거나 이례적인지도 알 수 있다.

기적은 오래전에 중단되었는가?

이 책의 초점은 기적이 일어난 적이 없다는 회의론에 대답하는 데 있다. 하지만 과거에는 기적이 일어났지만 이제 기적은 더 이상 일어나지 않는다고 믿는 사람들도 있다. 이것은 내가 다른 데서 다룬 적이 있는 신학적 입장이기 때문에,[13] 여기서는 아주 간략하게만 답변하려 한다.

나는 성경의 영적 은사가 오늘을 위한 것이라고 믿는다. 하지만 기독교 학자들 가운데 내가 존경하는 몇몇 동료들은 특정한 영적 은사가 중단되었다고 믿는다. 이 입장은 '중단주의'(cessationism)라고 불린다. 어떤 의미에서, 은사가 계속된다고 인정하는 사람들을 포함해 사실상 모든 사람은 중단주의자다. 이스라엘 백성이 추적자들로부터 도망할 수 있도록 하나님이 정기적으로 바다를 가르신다고 믿는 사람은 아무도 없다. 예수님이 계속 죽었다가 다시 살아나야 한다고 믿는 사람은 아무도 없다. 성경에 따르면, 예수님은 모든 신자가 누릴 미래의 부활을 맛보도록 단 한 번 죽었다가 살아나셨다. 육신 가운데 사신 예수님을 보았던 최초의 사도들이 지금도 살아 있다고 믿는 사람은 아무도 없다. 우리 가운데 어떤 사람들은 어떤 의미에서 '사도적' 사역이 (특별한 전략이나 선교적 교회 개척자, 주교 등의 형태로)

계속되고 있다고 인정하지만, 최초의 열두 사도와의 연속성을 인정하는 사람은 아무도 없다. 또한 내가 아는 한, 우리가 믿는 성경에 첨가되어야 할 거룩한 글을 누군가 쓰고 있다고 믿는 그리스도인은 오늘날 아무도 없다.

마찬가지로, 특정한 영적 은사가 중단되었다고 믿더라도 은사를 전부 부정하는 사람은 거의 없다. 예를 들어, 보통 중단주의자들은 가르치는 은사가 오늘날에도 계속된다고 여긴다. 나는 이러한 선택적 태도가 일관성이 없다고 보지만, 이 책의 목적을 고려할 때, 이런 태도가 정말 중요한 문제는 아니다. 하나님이 여전히 기적을 행하신다는 사실을 부정하는 중단주의자는 거의 없다. 그들은 하나님이 주권자이시며 그분이 원하는 일을 무엇이든 하실 수 있다고 인정한다. 만일 예수님이 성부 하나님 우편에 등극한 우주의 주님이시라면, 주님의 메시지가 새로운 지평을 열고 있는 곳에서 가끔 눈먼 사람의 눈을 뜨게 하고 죽은 사람을 일으키지 **않을** 이유가 있겠는가?

하지만 훨씬 적은 수의 그리스도인들은 오늘날 하나님이 기적을 행하신다는 사실조차 부정한다. 역사적으로 볼 때, 그들의 견해는 부분적으로 기적을 주장하는 가톨릭에 반발했던 일부 개신교 종교개혁자들에게까지 거슬러 올라간다. (그들 중 일부는 원래 선교도 반대했다. 선교를 가톨릭 신자들이 하는 것이라고 여겼기 때문이다!) 종교개혁자들조차 하나님이 여전히 가끔 기적을 행하실 수 있다는 점을 부정하지 않았다. 하지만 그들의 후계자 중 상당수는, 특히 기적을 부정한 후대의 계몽주의 비판자들과 화해를 모색하는 가운데 훨씬 급진적인 견해를 받아들였다.

하지만 복음서에서 기적은 대개 도래하는 하나님 나라의 표징이다(마 12:28; 눅 11:20). 일반적인 그리스도인의 관점에서 볼 때, 하나님 나라의 풍성함은 아직 도래하는 중이지만 말이다. 더 나아가, 신약성경은 그리스도인들이 성령의 시대를 살고 있다고 강조한다. 곧 하나님이 모든 신자에게 성령을 부어 주시는 "마지막 날"을 살아간다(행 2:17, 새번역). 성경에서는 예언과 환상, 꿈 등의 경험을 성령이 부어질 때의 특징으로 제시한다(2:17-18). 성령의 부어짐은 세계 곳곳에서 또한 역사 전반에 걸쳐 그리스도의 모든 제자에게 주신 약속이다(2:38-39). 따라서 현시대에 모든 기적을 반대하는 서구의 행태는 분명 하나님 나라의 표징을 거부하는 것이고 복음의 본질적인 약속을 잘라 내는 것이다.

오늘날 모든 기적을 부정하는 사람들은 몇몇 극단적인 기적 주장 분파 안에 만연한 여러 가지 잘못된 가르침과 관행, 기적 주장에 대해 정확히 지적한다. 그렇기는 하지만, 기적을 부정하는 행태 자체가 거짓 가르침일 가능성도 있지 않을까? 분명 그런 행태는 명확한 성경적 근거가 부족한 가르침이다. 성경의 가르침과 상충하는 것은 기적의 가능성이 아니라 기적의 가능성을 부정하는 태도다. 성경적으로, 우리는 하나님 나라를 임시로 맛보는 시대에 있다. 곧 예수님의 초림과 재림 사이의 시기이자 오순절 시대를 살아간다.

서구 기독교에는 다른 지역의 그리스도인들에게 가르쳐 줄 많은 것을 갖고 있다. 하지만 비서구권의 많은 그리스도인들은 성령의 은사에 현재 접근할 기회를 잘라 버리는 서구 교회의 흔한 잘못된 가르침을 거부했으며 그것은 올바른 태도였다. 비서구권의 많은 교회가 성장하고 있는 한 이유가 바로 이 때문일지도 모른다. 즉 그들은 사역을 돕는 성령의 능력을 받아들인다. 서구의 일부 그리스도인들은 하나님이 공인된 구조 안에서 일하실 때만 성령을 인정한다. 따라서 그들은 그런 구조 안에 어울리는 몇몇 은사(특히 가르치는 은사)는 기꺼이 환영하지만 다른 은사들은 배제해 버린다. 그 결과, 다른 은사들을 거의 경험하지 못한다.

그렇기는 하지만, 맛보기는 절정과 다르다. 기적은 새로 창조된 세계의 전조이지만, 고난의 문제를 해결하지 못한다. 물론 나는 37-39장에서 고난에 대해 짧게 다루지만, 이 주제에는 또 다른 책이 필요하다.

다만 이 시점에 우리는 왜 일부 사람들이 기적은 일어나지 않는다고, 또한 결코 일어나지 않았다고 전제하는지 좀 더 면밀히 살펴볼 필요가 있다.

3장

왜 어떤 사람들은 기적이 일어나지 않는다고 전제하는가?

데이비드 흄

왜 많은 사람은 기적의 증거를 고려조차 하지 않는 세계관을 받아들이는가? 가끔 그들은 과학이 기적을 반대한다고 전제하지만, 이 전제는 과학적 탐구가 아니라 18세기의 한 철학자에게로 거슬러 올라간다. 의식적이든 무의식적이든, 많은 사람이 스코틀랜드의 회의론자 데이비드 흄(1711-1776년)의 논지를 추종했다.

흄은 아마 그의 세대에 가장 저명한 철학자였고, 분명 이후 세대에게 가장 큰 영향을 미친 당대의 인물이었다. 흄은 때로 매우 통찰력 있지만 때로 (역사에 대한 자문화 중심 접근처럼) 오늘날에는 받아들여지지 않았을 방식으로 광범위한 주제에 관한 글을 남겼다. 다른 저작에서 얻은 흄의 지적인 위상은 마침내 기적에 관한 1748년의 초판 에세이에 신빙성을 부여했다.[1] 이 에세이에서 흄은 '자연법칙'과 균일한(uniform) 인간의 경험에 호소하면서 기적 주장의 신뢰성을 일축한다. 물론 자연법칙에 대한 호소가 과학적인 주장처럼 들릴 수도 있지만, 흄은 과학자가 아니었다. 사실 인과관계에 대한 흄의 일부 견해는 과학적 조사를 불가능하게 만든다. 기적에 관한 흄의 에세이는 지식을 발견하는 자신의 접근 방법과도 상충한다.[2]

더 나아가, 흄의 에세이는 처음 출간되었을 때부터 심각한 지적 반론을 불러일으켰다.[3] 이런 반론 가운데 하나는 오늘날 통계학의 필수 요소인 베이즈 정리를 역사상 처음으로 공적으로 사용한 반론이었다. 수학자이자 장로교 목사였던 토머스 베이즈(Thomas Bayes)는 이 정리를 창안했지만, 책으로 출간하기 전에 사망했다. 그래서 역시 수학자이자 목사였던 그의 친한 친구 리처드 프라이스(Richard Price)가 이것을 책으로 출간했다. 그러고 나서 베이즈 정리를 사용해 흄이 자신의 에세이에서 기적의 목격자에 관해 제기한 확률 주장을 논박했다.[4] 흄 자신은 이 논증의 유효성을 인정했지만, 이 논증에 비추어 자신의 에세이를 적절하게 수정하지는 않았다.[5] 최초의 기계식 컴퓨터의 설계자인 수학자 찰스 배비지(Charles Babbage)도 기적을 반대하는 흄의 확률 주장을 논박했다.[6]

가장 초기의 영국 과학자들은 성경의 기적을 믿었다. 그런 과학자들에는 아이작 뉴턴(Isaac Newton)과 초기 뉴턴 학파가 포함된다. 현대 과학은 원래 초지성적 하나님이 우주를 창조하셨고, 따라서 우주는 이치에 맞아야 한다고 인정하는 배경 속에서 발전했다.[7] 뉴턴은 자연법칙 개념을 대중화했고, 자연법칙이 하나님의 존재를 **옹호하는** 설계 논증이라고 보았다. 마찬가지로, 화학의 아버지 로버트 보일(Robert Boyle)은 자연에 관한 자신의 발견을 이용해 지적 설계자의 존재를 주장했다. 보일과 뉴턴, 뉴턴 학파는 성경의 기적을 믿었다. 그들은 하나님이 우주가 보통 질서 있게 작동하도록 설정하셨으며 하나님은 그 질서에 의해 지배받지 않는다는 점을 인정했다.[8] 앞서 설명했듯이, 존 폴킹혼 경 같은 여러 현대 과학 사상가도 이 주장에 동의한다.[9]

대부분의 초기 현대 과학자들은 기독교 세계관에 근거해 학문을 연구했다. 이런 과학자들의 예를 들면, 현대 컴퓨터의 전신을 개발한 수학자 블레즈 파스칼(Blaise Pascal), 현대적인 인간 해부학 연구의 창시자 안드레아스 베살리우스(Andreas Vesalius), 미생물학의 창시자 안톤 판 레이우엔훅(Antonie van Leeuwenhoek), 순환계에 대해 기술한 윌리엄 하비(William Harvey), 수도사이자 초기 유전학의 리더인 그레고어 멘델(Gregor Mendel), 프랜시스 베이컨(Francis Bacon), 니콜라우스 코페르니쿠스(Nicolaus Copernicus), (현대 학문과 교회 정치에서 기인한 갈등이 있기는 하지만) 갈릴레오 갈릴레이(Galileo Galilei), 요하네스 케플러(Johannes Kepler) 그리고 비교적 최근의 인물인 마이클 패러데이(Michael Faraday)와 제임스 클러크 맥스웰(James Clerk Maxwell), 조지 워싱턴 카버(George Washington Carver) 등이 있으며, 명단은 계속 이어질 수 있다.[10] 과학과 종교 사이의 역사적 전쟁에 대한 신화는 특히 19세기 후반에 출간된 두 권의 책에서 유래하는데, 역사가들은 나중에 이 두 권의 책을 반종교적 선전물이라고 폭로했다.[11]

따라서 기적이 자연법칙에 위배된다는 개념을 만들어 낸 것은 과학자들이 아니었다. 그것은 흄과 같은 사상가들이 만들어 낸 개념이었다. 흄은 뉴턴의 기계론적 우주를 좋아했다. 그러나 그는 이 개념을 뉴턴과는 사뭇 다른 방식으로 사용했다. 흄은 자신이 주장한 내용의 많은 부분을 자기 시대의 소위 이신론 운동에서 받아들였다.[12] 이신론자들은 하나님이 우주를 설계했다고 믿었지만, 대개 그 뒤에 하나님이 세계 속에서 두드러지게 활동하신다는 점은 부정했다.[13] 흄은 바로 영국의 과학혁명을 주도했던 이런 종류의 증거주의적 변증론자들에게 반대하기 위해 자신의 주장을 대부분 전개해 나갔다.[14]

흄의 주장은 두 가지였다. 첫째, 기적은 자연법칙을 위반한 사건이다. 둘째, 균일한 인간의 경험은 기적에 대한 보고를 신뢰하지 말라고 경고한다.

하나님 대 자연?

초기의 여러 저자는 기적이 자연법칙을 초월한다고 여겼지만, 흄은 기적이 자연법칙을 '위반'한 사건이라고 여겼다. 일단 이런 정의를 받아들인 뒤, 흄은 기적이란 자연법칙을 위반한 경우에만 해당한다고 주장했다. 그런 다음 그는 자연법칙은 위배될 수 없고, 따라서 기적은 일어날 수 없다고 주장했다. 물론 이 교묘한 말장난은 흄 자신의 일반적인 논증 방식과 어울리지 않지만, 그는 기적이 존재하지 않도록 정의하기를 바라면서 편의에 따라 이런 식으로 기적을 정의한다.[15] 이런 접근 방법 덕분에 흄은 기적을 하나씩 논박해야 하는 수고를 덜 수 있었다.

흄의 비판자들이 늘 지적했듯이, 이런 표현은 자신의 논증에 유리한 판을 짜는 것이다. 자연법칙을 창조하신 하나님을 믿는 사람은 누구도 하나님이 자연법칙에 지배받는다고 믿지 않는다. 마치 하나님이 기적을 행하심으로써 부당하게 자연법칙을 '위반'한다는 듯이 믿지 않는다는 말이다. 자연법칙을 위반할 수 없는 흄의 하나님은 유대교나 기독교, 이슬람교의 하나님이 아니다. 또한 자연을 '위반'하는 개념은 흄이 깎아내리려고 했던, 성경에 나오는 대부분의 기적에 부합하지 않는다. 따라서 흄이 논박하고 있던 것은 허수아비, 즉 사람들이 실제로 믿던 것에 대한 풍자화였다.

성경에서 하나님은 종종 다른 대리자를 통해 행동하신다. 사사기 20:35에서 하나님이 베냐민 지파를 치셨다고 말할 때, 문맥은 하나님이 인간 전사들을 통해 이 심판을 시행하셨다고 명확히 밝힌다. 마찬가지로, 하나님이 이스라엘 백성에게 가나안 땅을 주셨을 때, 성경은 하나님이 그들의 군사적 승리를 통해 이 선물을 성취하셨다고 주장한다(신 3:18; 4:1). 하나님이 강한 동풍으로 이집트에 메뚜기 떼를 보내셨을 때(출 10:13), 그분은 어떤 자연법칙도 깨뜨리지 않으셨다. 메뚜기 떼가 이집트를 강타한 것은 출애굽 때만 일어난 사건이 아니었다. 단지 모세가 예고한 직후 가장 심각하고 시의적절한 재앙이 일어났을 뿐이다. 홍해를 가른 사건에 대해서는 이미 앞에서 언급한 바 있다.

인간은 철저히 자연 안에서 행동한다. 예를 들어, 인간은 떨어지는 연필을 붙잡거나 지우개를 들어 올림으로써 중력의 법칙을 '위반'하지 않는다. 또한 어떤 사람의 시력을 회복할 때 의사는 자연법칙을 위반하지 않는다. 소위 창조자인데, 자연 안에서 행동할 능력이 자신의 피조물보다 적어야 할 이유가 무엇인가?[16] 어쨌든 흄의 주장이 작동하기 위해서는 처음부터 본질적으로 이신론이나 무신론을 전제해야만 한다.

오늘날 흄의 주장이 안고 있는 또 다른 문제점은 그가 자연법칙을 보았던 방식이다. 오늘날 과학 철학자들은 자연법칙을 주로 서술적인 방식으로 정의하는 경향이 있다.[17] 다시 말해, 이런 '법칙'은 어떤 일을 일으키기보다는 일어난 일을 설명한다. 패턴에 맞지 않는 어떤 것을 발견할 때, 과학자들은 법칙을 재고하겠지만, 통상 어떤 것이 법칙을 위반했다고는 말하지 않는다. 더 나아가, 자연법칙은 특정한 수준과 특정한 조건 아래서 자연을 기술한다. 자연법칙은 초전도상태나 블랙홀 같은 환경에서는 다르게 작동한다.[18] 특별한 신적 행동이 우리가 익숙해진 조건과는 다른 일련의 조건을 만들지 말아야 하는 이유가 무엇인가?

믿을 만한 목격자가 있는가?

흄은 에세이의 후반부에 훨씬 더 중요한 두 번째 주요 주장을 제시한다. 본질적으로 기적에 대한 믿을 만한 목격자의 증거가 없다고 말한다. 그는 기적이 자연법칙을 위반한 사건이라고 주장하는데, 자연법칙에 대한 그의 이해는 부분적으로 인간의 증언에 근거한다. 다시 말해, 알려진 기존의 인간 경험에 의존한다. 역사 속에서 또한 오늘날 우리가 아는 대부분의 사건에 대한 지식과 마찬가지로, 이례적인 '기적' 사건에 대한 기존의 인간 경험도 대부분 인간의 증언에 의존한다. 따라서 흄은 기적을 옹호하는 목격자의 주장이 신뢰할 수 없다는 사실을 보여 주어야 한다.

흄은 기적을 옹호하는 증언을 신뢰할 수 없다고 주장한다. 균일한 인간의 경험은 기적을 기대하지 않도록 우리를 이끌기 때문이다. 하지만 앞서 설명했듯이, 기적을 실제로 목격했다는 사람이 존재한다는 사실은 기적을 부정하는 인간의 경험이 결코 한결같지 않다는 뜻이다.[19] 기적을 목격했다는 경험은 이미 흄의 시대에도 존재했지만, 그는 그런 경험의 신뢰성을 부정했다. 흄은 이런 기적 증언이 언제나 믿을 수 없는 출처에서 나왔다고 주장했다.

흄은 이와 같이 믿을 수 없는 출처의 표본까지 제시한다. 그가 제시하는 표본 가운데 하나가 이 책에서 나중에(6장) 다룰 블레즈 파스칼의 조카딸 마르그리트 페리에(Marguerite Perrier)의 치유다. 흄은 이 기적이 공개적이고 유기적이며 의료 기록으로 남아 있어서, 성경에 기록된 어떤 기적보다 훨씬 잘 입증되었다고 지적한다. 그렇다면 흄은 페리에의 치유에 어떻게 반응하는가? 그는 실제로 어떤 주장도 제시하지 않는다. 도리어 흄은 기본적으로 이렇게 말한다. "이 기적이 일어날 수 없다는 사실을 알고 있는

데, 왜 다른 진술을 믿으라는 유혹에 넘어가겠는가?"[20]

흄은 어떻게 이렇듯 문서로 기록된 기적을 그냥 일축해 버리고서 아무렇지도 않게 넘어갈 수 있었을까? 그리스도인들 사이의 분열이 흄에게 문을 열어 주었다. 이 치유는 가톨릭 교인이던 얀선파 사이에서 일어났고, 흄은 개신교인들이 가톨릭의 간증을 서슴없이 일축하던 상황에서 글을 쓰고 있었다.[21] 만일 여러분이 이 증언을 일축하고자 한다면, ("당연히 그래야 한다"라고 암시하면서) 흄은 왜 일관성 없이 모든 증언을 일축하지 못하느냐고 말한다. 이런 식의 양자택일의 접근 방식으로 목격자를 대하며 모든 합법적 추론과 역사 기록을 훼손하기보다는, 증거는 사실 페리에의 치유를 뒷받침한다고 인정하는 편이 증거를 다루는 더 건전한 방식이다. 원한다면 우리는 이 치유를 설명하기 위해 초자연적 방법이 아닌 다른 방법을 고안해 낼 수 있겠지만, 단순히 불편한 증거를 일축하는 것은 주장을 제시하는 공정한 방식이 아니다.

흄의 논증은 대체로 충분히 믿을 만한 목격자들의 주장을 일축해 버리는 데 근거한다. 하지만 앞으로 보겠지만, 이런 주장은 오늘날 통하지 않는다. 이제 믿을 만한 목격자가 아주 많이 나타났기 때문이다.

흄은 한결같은 인간의 경험이 기적을 기대하지 말도록 우리를 이끈다고 주장한다. 하지만 목격자들이 기적에 대한 경험을 보고한다면, 어떻게 될까? 그렇다면 인간의 경험이 어떻게 '한결같이' 기적을 반대할 수 있는가? **전형적인** 경험에 속하지 않는 일들이 많이 일어난다. 우리는 그런 이유 때문에 이런 일들이 **언젠가** 일어난다는 사실을 부정하지 않는다. 흄은 기적이, 일어났다고 확인된 적 없는 **종류**의 경험이라고 항변할지 모른다. 하지만 흄의 논증은, 따져 보지도 않은 채 기적이 확인된 적 없다고 그냥 쉽게 단정한다.

당연히 오늘날 이 주제에 대해 글을 쓰는 대다수 철학자들은 기적을 반대하는 흄의 전통적인 주장이 통하지 않는다고 인정한다. 여기에는 옥스퍼드의 철학자 리처드 스윈번(Richard Swinburne)과 더불어 케임브리지와 코넬(Cornell), 옥스퍼드 같은 주요 대학 출판부에서 책을 출간한 저자들도 포함된다.[22] 그 이유는 흄의 주장이 순환적이기 때문이다. 즉 그는 증명하는 척하는 자신의 주장을 전제한다.[23] 이와 같이 흄의 주장은 모든 증거를 검토하기보다 처음부터 기적을 배제해 버릴 수 있다.

'현대'인은 기적을 믿는가?

정부의 예산 낭비를 불평하는 영국의 한 타블로이드판 신문에서는, 기독교 수련회에서 치유된 어떤 목사의 아내가 정부가 주는 혜택을 중단시키는 데 어려움을 겪었다고 지적한다. 그녀는 6년을 휠체어에서 보냈지만, 기도 후에 "휠체어를 접고 진통제 복용을 중단할 수 있게 되었다." 불행하게도, 정부의 컴퓨터는 "그녀가 죽을 때까지 보조금 지불을 중단하도록 프로그램되어 있지 않았다." "기적을 표시하는 버튼"이 없었다.[24]

    몇백 년 동안, 어떤 사람들은 기적이 현대 세계에서 모든 사람이 당연하게 받아들이는 현상과는 다르다는 사실을 지적하면서 기적을 믿는 사람들의 말을 묵살했다. 현대 미국이나 전 세계에 있는 대부분의 사람들이 기적에 대한 믿음을 결코 버리지 않았다는 사실은 결코 고려하지 말라![25] 의견이 다른 사람들의 지성을 묵살할 수만 있다면, 당연히 여러분은 논증을 제시하는 격식을 갖추지 않아도 된다.

    흄의 주장에 영향을 받은 한 학자가 19세기의 신약학자 다비트 프리드리히 슈트라우스(David Friedrich Strauss)였다. 슈트라우스는 일부 정신신체적 회복을 인정했지만, 목격자들이 신약성경에 가끔 보고된 종류의 기적을 증언했을 가능성을 부정했다. 대신, 그는 신약성경에 나오는 기적이 여러 세대를 거치면서 부풀려진 전설이라고 주장했다.

하지만 슈트라우스가 모르는 사실이 있었다. 그에게는 에두아르트 뫼리케(Eduard Mörike)라는 이름의 친구가 있었다. 뫼리케는 척추 질환을 진단받았기 때문에 걷는 데 큰 어려움을 겪을 수밖에 없었다. 그때 뫼리케는 치유 사역으로 유명했던 독일의 루터교 목사 요한 크리스토프 블룸하르트(Johann Christoph Blumhardt)를 방문했다. 곧이어 슈트라우스는 뫼리케가 산에서 하이킹하고 있다는 소식을 들었다. 슈트라우스는 뫼리케가 앓았던 이전의 질환이 정신신체적인 문제라고 일축했지만, 이 사건이 여러 세대를 거치면서 등장한 전설에서 기인했다고 여기지 않았고, 그럴 수도 없었다.[26]

회의주의가 전성기를 구가하던 시절에, 미국 독립전쟁의 영웅이던 이신론자 이선 앨런(Ethan Allen, 1738-1789년)은 「이성, 인간의 유일한 신탁」(*Reason the Only Oracle of Man*)이라는 소논문을 발행했다. 앨런의 명성에도 불구하고, 이 저작은 겨우 200부 정도 팔렸을 것이다.[27] 이 논문에서 앨런은 이렇게 주장한다. "교육과 과학이 우세한 지역에서는 기적이 멈추었다. 하지만 야만적이고 무지한 지역에서는 기적이 여전히 성행하고 있다."[28] 다시 말해, 진정한 현대 교육은 미신적 기적 개념을 배척한다. 역설적이게도, 이선 앨런의 이름을 이은 가장 유명한 후세대 인물 중 하나(안타깝게도 그의 고향 신문의 논란 많은 주장을 받아들인다면, 아마 그의 손자일 것이다)인 이선 앨런(Ethan O. Allen, 1813-1902년)은 효과적인 신유 사역으로 유명했다.[29]

20세기의 저명한 신약학자 중 한 사람인 루돌프 불트만(Rudolf Bultmann)은 전등과 전신기를 사용하는 현대 세계에서 기적과 영에 관한 신약성경의 개념을 받아들이는 사람은 아무도 없다고 주장하면서 기적의 실재를 일축했다.[30] 슈트라우스보다 후대의 인물인 불트만도 블룸하르트의 19세기 치유 사역에 관한 이야기를 전설이라고 일축했다.[31] 하지만 이제 우리는 사건들이 일어나던 바로 그 시점에 블룸하르트에 관한 보고를 입증하는 일기와 편지 등을 확인할 수 있다![32]

역설적이게도, 불트만의 말대로 기적에 반대하는 '현대 세계'는 오늘날 대부분의 인류를 제외해 버린다. 현대 세계에 사는 사람들은 대부분 기적이나 그와 비슷한 현상을 믿는다. 여기에는 정통 유대인과 그리스도인, 이슬람 교인과 더불어 강신술사 및 전통 부족 종교 신봉자들이 포함된다. 한마디로 말해서, 세계 인구의 대다수가 기적을 믿는다.

분명 전 세계 기독교의 대부분은 기적의 실재를 인정한다. 쿠바의 루터교 주교인 이스마엘 라보르데(Ismael Laborde)는 간암에서 기적적으로 치유된 자신의 경험을 나에게 들려주면서, 라틴아메리카에서 기적을 믿지 않는 그리스도인은 찾기 힘들다고 지적한다.[33] 저명한 학자 후스토 곤살레스(Justo González)는 라틴계 교회를 언급하면서, "불트만이 불가능하다고 선언했던 일이 가능할 뿐만 아니라 빈번하게 발생하기도 한다"라고 지적한다.[34] 은퇴한 감리교 감독이자 말레이시아인 학자인 화 융(Hwa Yung)은 초자연적인 현상에 대한 불트만의 관점은 아시아에서 유효하지 않다고 지적하고,[35] 반초자연적인 서구 기독교가 "진짜 일탈"이라고 주장한다.[36] 옥스퍼드 대학교 출판부에서 출간된 전 세계 기독교에 관한 필립 젱킨스(Philip Jenkins)의 저작은 서구권 바깥세상에는 초자연적인 현상에 관한 신념이 존재한다고 강조한다.[37] 예를 들어, 가나의 장로교와 감리교 교회에서는 공식적인 치유 사역을 주최하고, 가끔 즉각적이고 가시적인 공적 치유가 일어났다고 언급한다.[38]

데이비드 흄은 기적을 입증하는 믿을 만한 목격자의 존재를 부정했다.

따라서 우리는 극적인 치유가 얼마나 자주 일어나는지 질문해야 한다. 기적은 많은 사람이 생각하는 것보다 훨씬 자주 일어난다. 다음 장에서 우리는 수백만 명의 사람들이 이례적인 회복을 경험한다는 사실을 시사하는 증거를 살펴볼 것이다.

2부 기적의 목격자

일부 비판자들은 목격자 증언의 가치를 일축하지만, 목격자 증언은 법률과 저널리즘, 사회학, 인류학 그리고 (나 자신의 연구 분야를 언급하자면) 역사 기록학에서 증거의 한 형태로 받아들여진다. 이런 분야 중 어떤 것도 증언을 배제한 채로 존재할 수 없다. 따라서 선험적으로 증언의 가치를 일축하는 사람들은 실제로 지식과 조사의 전체 영역을 일축하는 셈이다. 실제로, 만일 모든 증언을 거부한다면, 누구든 다른 사람이 경험했던 사건에 관한 주장을 받아들일 수 없다. 예를 들어, 나는 외출했다가 돌아온 아내에게 오늘 외투를 입는 게 좋을지 여부를 합리적으로 물어볼 수 없다.

이와 같이 협소한 인식론을 근거로 살아가는 사람은 아무도 없다. 대신 우리는 증언을 비판적으로 **평가한다**. 나중에 의료 기록에 눈을 돌리겠지만, 이 책 2부에서는 여러 목격자의 진술을 조사한다. (목격자 진술은 나중에 실명의 치유, 죽음에서의 회생, 자연 기적 등과 같은 특정 관심사를 다룬 여러 장에서도 나온다. 이곳과 나중에 나오는 여러 진술에는 의료 기록도 포함된다. 의료 검사 보고서에 종종 전후 사정을 설명하는 환자의 이야기, 곧 증언이 기록되는 것과 마찬가지다.) 복음서에 나오는 사례나 의료 기술이 아직 널리 보급되지 않은 세계 여러 지역에서 보고되는 사례와 마찬가지로, 현대 의학 이전의 기적 보고에서 이러한 진술들은 사람들이 무엇을 경험했는지 들여다보는 거의 유일한 창문이다.

4장

기적의 목격자는 많이 있는가?

사역자 켄 피시는 중환자실에서 급성 간부전으로 죽어 가던 한 여성을 위해 기도한 경험을 이야기해 주었다. 그 여성의 심장 모니터는 아주 느리게 뛰고 있었다. 환자는 핏기가 없었고, 마치 이미 죽은 듯 보였다. 환자에게 안수했을 때, 켄 피시는 갑자기 힘이 솟구치는 느낌을 받았다고 한다. 환자의 몸이 흔들리기 시작하면서 심장 모니터는 다시 살아났고, 약 90초 동안 거칠게 울렸다. 그녀는 치유되어 그날 밤 퇴원했고, 지금까지도 건강을 유지하고 있다. 피시는 이것이 자기가 기도할 때 일어난 많은 치유 패턴과 일치한다고 진술한다.[1]

이 책 머리말에서 언급했던 바버라 커미스키(지금은 스나이더)의 치유와 같은 극적인 치유는 많은 개인의 삶에서 날마다 일어나는 사건은 아니다. 그렇기는 하지만, 지구 전체의 범위를 고려할 때, 이런 사건들은 빈번하게 일어나고 있다.

통계: 수백만 명의 목격자들

4대륙의 10개국에서만 실시한 2006년의 퓨 포럼(Pew Forum) 설문 조사 결과를 보면, 이 나라들에서만 약 2억 명의 오순절 교파와 개신교 은사주의자들이 신적 치유를 목격했다고 주장한다. 아마 더 놀라운 사실은, 이들 나라에서 오순절 교파나 개신교 은사주의자들이 **아닌** 약 39퍼센트의 그리스도인들 **역시** 신적 치유를 목격했다고 주장한다는 점이다.[2] 세계 곳곳에서 수억 명의 사람들이 이런 경험을 목격했다고 주장한다.

이런 숫자는 기껏해야 추정치에 불과하다. 그렇기는 하지만, 우리가 **많은** 사람에 대해 이야기하고 있다는 점은 분명해 보인다. 이 모든 보고가 진정성 있는 기적을 다룬다고 주장할 사람은 아무도 없다. 하지만 누구든 이 모든 것을 그냥 외면하면서 기적을 입증하는 믿을 만한 목격자가 전혀 없다고 주장하는 것도 합리적이지 않다. 실제로, '한결같은' 인간의 경험에 근거해 처음부터 이 모든 것을 묵살하거나 혹은 훨씬 개연성 있는 예들을 외면하는 상황을 합리화하기 위해 가장 개연성이 없는 예들 가운데 유리한 예만 골라내는 것은 분명 지적으로 부정직한 태도다.

다른 장소나 시대에 비해 이런 경험이 훨씬 흔하게 일어나는 장소와 시대가 있는 것 같다. 예를 들어, 서구의 어느 연구원은 필리핀의 한 교회에서 인터뷰했던 사람들 중 83퍼센트가 의미 있는 치유를 경험했다는 사실을 발견하고서 깜짝 놀랐다.[3] 그렇기는 하지만, 이런 경험을 드러내는 경향이 낮은 사회에서도 이런 일을 경험한 구성원이 있을 것이다. 또 다른 설문 조사에 따르면, 미국인 3분의 1 이상이 신적 치유를 **목격했거나 경험했**다고 주장한다.[4] 그런데 또 다른 설문 조사는 미국인의 4분의 1 이상(27퍼센트)이 "기적적 치유라고 설명할 수밖에 없는 신체적 치유 그리고 순전히 일상적 과정이나 의학적 치료, 저절로 낫는 몸 자체의 치유 결과가 아닌 신체적 치유를 경험했다"라고 보고한다.[5] 많은 사람은 너무 소심해서 이런 경험을 공개적으로 논의하지 않겠지만, 약 38퍼센트, 곧 1억 명에 가까운 미국인들이 모종의 신적 기적을 경험했다고 믿는다.[6]

목격자인 의사들

사실 또 다른 설문 조사는 미국에 있는 의사 중 거의 4분의 3이 기적을 믿고 있음을 보여 준다. 더 중요한 것은, 설문 조사에 응한 의사 중 절반 이상이 기적을 **목격한 적이 있다**고 표시했다는 점이다.[7]

세 가지 요소가 이 숫자에 설득력을 한층 더해 준다. 먼저, 설문 조사 질문의 전후 문맥에서 성경의 기적을 언급하는데, 대부분의 사람들은 성경의 기적을 상당히 **극적인** 사건이라고 생각한다. 둘째, 의사들이 받은 과학적 훈련은 마땅히 일반적 원인을 먼저 찾도록 유도하기 때문에, 많은 의사들은 하나님이 자연의 일반적 원인을 사용해 기적적 결과를 성취하셨을 가능성이 있는 기적의 사례를 계산에 넣지 않았을 것이다. (동풍이 바다를 갈랐던 전형적인 사례를 기억하라.) 셋째, 기적을 믿는 믿음에 완강하게 반대하는 모든 응답자들은, 어떤 사건이 얼마나 이례적이든 관계없이 그 사건을 기적이라고 해석하지 않았을 것이다.

다른 연구에 따르면, 기도하면서 기적을 경험했다고 믿는 사람들은 대부분 기도했다는 사실을 의사들에게 알리지도 않았다.[8] 따라서 의사들은 자신들이 목격한 많은 회복에 영적 배경이 있다는 점을 항상 인식하는 것도 아니다.

목격자 주장에 대한 조사

어떤 사람들은 기적에 관한 수많은 이야기가 존재하지만, 그런 이야기는 소문과 비슷하다고 트집을 잡는다. 즉 정보가 항상 2차적이라거나 3차적이라는 것이다. 그런 이유로 나는 이야기를 목격자까지 추적하기를 좋아한다. 나는 『오늘날에도 기적이 일어날 수 있는가?』에서 그와 같은 수백 가지 사례를 언급한다.

좀 더 포괄적인 통계를 수집하는 것 말고도, 나는 사람들이 "신적 치유"를 경험했다고 말할 때 어떤 종류의 경험을 염두에 두는지 알고 싶었다. 사람들이 내게 해 준 이야기 가운데는 사마귀가 하룻밤 사이에 사라지거나 어떤 사람이 흔히 저절로 낫는 질병에서 회복되는 경우처럼 덜 극적인 사건들도 있었다. (예를 들어, 간단히 기도하는 동안 중병이 사라졌던 나 자신의 여러 경험을 진술할 수 있다. 34장을 보라.) 하지만 자신들의 경험을 이야기해 준 많은 사람이 훨씬 극적인 사건을 진술했다.

앞서 설명했듯이, 서로 다른 학문 분야에는 서로 다른 접근이 필요하다. 물론 우리는 항상 목격자의 신뢰성을 평가해야 하지만, 목격자 증언은 법과 저널리즘, 사회학, 인류학 그리고 (내 전문 분야인) 역사 기록학에서 증거의 한 형태로 받아들여진다.[9] 거짓을 말하면 무언가 잃을 것이 있는 믿을 만한 사람들이 목격자일 때, 우리는 보통 그들의 증언을 목격하지 않은 사람의 회의론보다 가치 있게 여긴다.

예를 들어, 한 경찰관이 사고를 지켜본 목격자의 증언을 인터뷰할 때 행인 하나가 "그런 일은 일어나지 않았어요!"라고 끼어든다고 해 보자. 경찰관은 행인에게 무엇을 목격했는지 설명해 달라고 요청할 것이다. 만일 행인이 "나는 어떤 일이 일어나는 것도 목격하지 않았어요. 거기 없었거든요. 그래서 그 일이 일어나지 않았다는 걸 아는 거죠!"라고 대답한다면, 이 행인의 접근 방법에 대해 어떻게 생각하겠는가? 아마 그 사람의 의견을 그다지 진지하게 받아들이려 하지는 않을 것이다. 또한 자신들이 거기 있지 않아서 그 사건을 목격하지 않았다는 이유로 어떤 사건이 일어나지 않았다는 주장에 대해서는, 더더욱 진지하게 받아들이지는 않을 것이다.

왜 기적의 경우에는 다르게 받아들여야 하는가? 우리는 기적의 증거를 받아들이기 위해 하나님이 존재한다는 전제를 갖고 시작하지 않아도 된다. 그저 가능성에 대해 열린 사고를 갖기만 하면 된다. 또한 증거가 여러 기적의 진정성을 지지한다면, 다른 기적의 가능성에 대해서도 열린 태도를 가져야 할 이유가 된다. 기적을 옹호하는 모든 주장을 일축하는 사람들은 대개 어떠한 기적의 증거도 본 적이 없다.

어떤 사람들은 이렇게 반대할 것이다. "기적은 우연과 다르다. 세상 곳곳에는 우연의 목격자가 있지만, 기적에는 어떤 목격자도 없기 때문이다." 하지만 이런 반대는 단지 증명한다고 주장하는 바를 전제하고 있을 뿐이다. 앞서 설명했듯이, 수억 명의 사람들이 기적을 경험했다고 보고하고, 그 가운데 상당수는 매우 의미심장하다. 기적을 부정하는 데이비드 흄의 주장은 믿을 만한 목격자가 없다는 점에 근거한다. 하지만 만일 흄이 오늘 우리가 가진 다양한 증언에 접근할 수 있었다면, 감히 이런 주장을 내놓지 않았을 것이라고 나는 믿는다. 적어도 흄은 자신의 주장을 수정했어야 한다. 최초의 형태로 제시된 흄의 주장은 오늘날 통하지 않기 때문이다.

목격자에 대한 무시

오늘날 어떤 사람들은 이렇게 반박한다. "모든 목격자 주장을 신뢰할 수는 없다. 얼마나 많은 사람들이 외계인을 보았다고 주장하는지 생각해 보라."[10] 하지만 이 비유는 매우 공정하지 못하다. 미국에서 외계인을 목격했다고 주장하는 사람들의 최적 추정치는 수천 명에 달하지만,[11] (2008년 퓨 포럼 설문 조사에 따르면) 미국 인구의 약 34퍼센트, 1억 명 이상의 사람들이 신적 치유를 목격했다고 주장한다.[12] 다시 말해, 신적 치유를 목격했다고 주장하는 사람의 숫자는 외계인을 목격했다는 사람보다 거의 1000대 1 이상으로 많다. 외계인 납치를 옹호하기 위해 인용된 대부분의 증거는 최면을 통해 복구된 기억에 근거하는데, 최면은 엉뚱한 기억을 심는 것으로도 유명하다.[13] 신적 치유를 믿는 대다수 사람들은 외계인을 믿지 않는다. 단지 두 그룹과 동의하지 않는다는 이유로 둘을 하나로 묶은 뒤 논증을 생략하는 것은 윤리적으로 미심쩍은 대안이다.[14]

여러 기적 진술을 우연의 일치가 낳은 오판이라고 설명할 사람도 있고, 오진의 결과라고 설명할 사람도 있고, 정신신체적인 질병의 치료라고 설명할 사람도 있다. 처음에 오진하는 경우가 드물지 않고,[15] 정확하게 진단한다고 해서 항상 올바르게 해석되는 것도 아니다. 겉보기에 치유로 보이는 어떤 예는 아드레날린이 촉발한 흥분으로, 장기적 유익은 없다. 어떤 사람들은 의사들이 상시적으로 치료하는 질병의 절반 정도에서 병리적 원인(organic cause)이 발견되지 않는다고 주장한다.[16] 이 수치가 높기는 하지만, 정신적·정서적 요소는 분명 건강에 중요한 영향을 미친다.[17] 하나님은 물리적인 과정을 통해서도, 심리적인 과정을 통해서도 일하실 수 있지만, 회의론자들은 당연히 비물리적인 치료에 대한 주장에 그다지 마음이 움직이지 않는다. 더 나아가 하나님은 우리 몸이 많은 상황에서 자연스럽게 회복될 수 있도록 설계하셨다. 우리가 보았듯이, 하나님은 종종 자연적인 수단을 통해 일하신다(출 14:21에서 바다를 가르는 사건을 다시 기억하라). 게다가 일부 치유 주장은 단지 현실을 부정하려는 시도일 뿐이다. 병원 사역을 위한 홍보나 재정 지원을 얻어 내려는 사기 행각인 경우도 있다.[18]

그렇기는 하지만, 이런 설명은 모든 종류의 기적에 관한 주장을 수월하게 설명하지 못한다. 가끔 우리는 여러 명의 독립적인 목격자를 만난다. 가끔은 오진이 아닌, 분명한 의학적 증거를 만난다. 이런 여러 경우에 회의적인 사람은 이렇게 반응한다. "우리가 그것을 설명할 수 없다는 단순한 사실, 그리고 기도를 병행한 것 같다는 단순한 사실이 하나님이 그 일을 하셨다는 의미는 아니다. 어쩌면 우리가 그저 알지 못하는 여러 가지 자연적인 설명이 존재할 수도 있다." 우리가 알지 못하는 많은 것들이 존재한다는 것은 명백한 사실이다. 하지만 어떤 사람이 기적에 관한 **가능한** 어떤 증거라도 이런 방식으로 일축할 준비를 한 채 증거를 요구하는 것은 애초에 솔직하지 못한 태도 같다. 열린 사고에는 증거를 대하는 열린 자세가 뒤따라야 한다.

더 나아가, 우리는 여러 시간과 장소에서 하나님이 가끔 특별한 방식으로 일하신다는 사실을 보여 주는 기적의 **패턴**을 관찰할 수 있다. 예를 들어, 기도하는 가운데 비의료적 소생을 보고한 나나 내 아내와 가까운 지인들은 거의 전부 예수님의 영광을 드러내기 위해 일하는 기도의 사람들이었다.

기적에 관한 진술이 자연적 수단을 통해 설명되지 않을 때, 흄과 같은 사람들은 기적을 목격한 모든 사람을 정신병 환자나 거짓말쟁이라고 비난하고 기꺼이 묵살한다.[19] 예를 들어, 과거에 회의적인 연구자들은 종종 여성들의 기적에 관한 주장이 그들이 부리는 히스테리의 결과라고 노골적으로 무시했다.[20] 하지만 이런 용어로 모든 기적에 관한 진술을 설명해 내겠다고 마음먹은 사람들은 자신들이 무슨 일을 하고 있는지 명확히 해야 한다. 그들은 기적은 결코 일어날 수 없다는 신념에 지나치게 몰두한 나머지 수백만 명의 사람들을 거짓말쟁이라고 서슴없이 무시한다. 그 이유는, 이들의 주장이 신뢰할 수 없는 것으로 밝혀졌기 때문이 아니라, 단순히 그들이 보고한 경험이 회의론자들의 선험적 전제와 충돌하기 때문이다. 반복하지만, 기적에 관한 모든 주장을 깊이 숙고하지 않은 채 설명하려는 사람들은 중립적인 척하지 않아야 한다.

5장에서 보듯이, 수백만 명의 비그리스도인들이 이례적인 경험을 한 뒤 확신을 갖고 회심했다. 가끔 기적을 경험한 서구 학자들의 견해도 바꾸어 놓았다. 전반적으로 회의적인 예수 세미나(Jesus Seminar)의 창립 멤버인 월터 윙크(Walter Wink)는 한때 자기가 기적을 믿지 않았다고 설명한다. 그러고 나서, 그는 기도한 직후 커다란 자궁 종양이 분명히 사라지는 등 여러 기적을 접했다. 월터 윙크는 자신들이 직접 경험하지 않았다는 이유로 다른 사람들의 증언을 불신하는 사람들은 세상을 이해할 때 불리한 처지에 있다고 지적한다.[21]

흄과 그 비판자들은 기적에 관한 증언을 숙고하는 것이 합리적인지 여부를 놓고 옥신각신 논쟁할 때 가상의 사례를 동원했다. 이 가상의 이야기에서 네덜란드 방문객들은 한 남아시아의 통치자에게 자기 나라에서는 사람들이 돌처럼 단단히 얼어붙은 강 위에서 말을 탈 수 있다고 말했다. 그 통치자는 이 방문객들의 보고가 현실과 매우 어울리지 않았기 때문에 그들이 거짓말쟁이가 틀림없다는 결론을 내렸다. 흄은 남아시아의 통치자가 자신의 지역 현실을 고려해 그들을 불신한 태도가 옳다고 주장했다. 흄의 비판자들은 그 통치자가 자신의 경험에만 실재를 국한했고, 그래서 다른 사람들이 기적을 목격한 경험을 부정했기 때문에 틀렸다고 주장했다.[22] 자기가 가장 익숙한 상황에서 얻어 낸 추정을 항상 모든 상황에 보편적으로 적용할 수는 없다.

목격자는 전부 교육받지 못한 사람들인가?

흄은 기적을 목격한 사람들이 무지하고 교육받지 못한 사람들이라는 고정관념을 형성함으로써 여러 치유 보고를 일축했다.[23] 어떤 사람이 더 이상 시각장애인이나 청각장애인이 아니라는 점을 알아차리는 데 혹은 물이 이제 포도주처럼 보이고 포도주 향이 나고 맛이 난다는 사실을 알아차리는 데 전문적 교육이 필요하지 않다는 사실은 차치하더라도, 이런 편견은 불공정하다. 교육을 받으면 덜 속을 수 있지만, 어떤 종류의 교육은 특별한 주제에 대해 필요 이상으로 회의적인 태도를 갖게 만들 수도 있다.

더 나아가, 사실 기적을 목격한 사람들 중에는 교육받은 사람도 아주 많다. 내가 이 책에서 목격자의 박사 학위를 가끔 언급하는 이유가 그 때문이다. 학위 자체가 목격자를 더 신뢰할 만하게 만드는 것은 아니지만, 이들의 학위는 교육받은 사람들이 자신의 경험을 신적인 사건으로 보지 않는다는 편견에 반론을 제기한다.

여기서 나는 교육 수준이 높은 수많은 사람들이 기적을 목격했다고 증언하는 한 그룹에 초점을 맞춘다. 곧 롤랜드 베이커(Rolland Baker)와 하이디 베이커(Heidi Baker)가 창설한 모잠비크의 아이리스 선교회(Iris Ministries)다. 이 책에 나오는 진술들은 다양한 교파와 신학적 관점을 대변하지만, 그들이 모두 서로를 높게 평가하는 것은 아니다. 하지만 롤랜드와 나는 여러 차례 신학에 대해 토론했고, 내 생각일 뿐이지만, 우리의 신학적 관점은 아주 비슷해 보인다. [롤랜드의 신학적 멘토 중 한 분이 훌륭한 신약학자 고든 피(Gordon Fee)인데, 그는 나의 멘토이기도 했다.] 내가 만난 어떤 사람들은 이 친구들을 비판하면서, 즉흥적이거나 맥락을 벗어나거나 시대에 뒤떨어진 인터넷의 영상 클립을 강조했다.[24] 하지만 나는 이 부부의 진정성과 지성을 인정할 만큼 충분히 그들을 잘 알고 있다.

7개 국어를 구사하는 하이디는 킹스 칼리지 런던(King's College London)에서 신학 박사 학위를 받았고, 롤랜드는 오하이오에 있는 유나이티드 신학교(United Theological Seminary)에서 목회학 박사 학위를 받았다. 그들은 모잠비크에서 약 1만 명의 고아들을 후원하는 사역을 한다. 진정성에 대해 말하자면, 그들은 두루 고난을 겪었고, 자신들이 봉사하는 사람들을 위해 죽음을 무릅썼다. 그들은 또한 청각장애와 시각장애의 즉각적 치유와 죽음으로부터 살아난 회생에 관한 목격자 보고를 제시한다.[25] 십중팔구, 이런 경험은 아무도 기적을 기대하지 않는 비기독교적인 마을에서 일어난다. 대개 그 마을에 있는 많은 사람, 과거에 청각장애, 시각장애를 가졌던 사람들을 직접 아는 사람들이 그리스도를 따르면서 치유는 절정에 이른다.

교육 수준이 높은 외부인들도 이런 기적을 목격했다. 내 친구 웬디 다이흐만(Wendy J. Deichmann)과 앤드루 성 박(Andrew Sung Park)은 둘 다 유나이티드 신학교의 감리교 교수다. 앤드루는 버클리(Berkeley)의 연합신학대학원(Graduate Theological Union)에서 박사 학위를 받았고, 웬디는 드루 대학교(Drew University)에서 박사 학위를 받았다. 그들은 여러 명의 학생들과 함께 모잠비크를 방문했다. 웬디는 실명한 남자의 치유를 포함해 다양한 치유를 목격했다고 보고한다. 그 뒤에 웬디는 더 나아가 "이전에 기독교에 대해 지독하게 적대적이던" 마을 전체가 그리스도를 따르기로 결심하는 광경을 목격했다.[26]

노팅엄 대학(University of Nottingham)에서 박사 학위를 받은 브랜던 워커(Brandon Walker)는 모잠비크에 있는 아이리스 선교회에서 몇 년을 보냈다. 그는 매일 극적인 치유를 목격하지는 않았지만, 자신이 보았던 몇 가지 치유 이야기를 내게 들려주었다. 여기에는 실명 상태에서 치유되고 이로 인해 회심했던 불신자들, 실명 상태와 언어장애에서 모두 치유된 한 소녀 그리고 걷지 못하던 남자들이 즉각 치유되어 걸어갔던 두 번의 사례가 포함되었다. 한 수련회에서 걷지 못하던 한 남성이 친구들에게 실려 왔다. 걷지 못하게 된 뒤로 일을 할 수 없었던 그 남성은 가족들에게 구타당하고 조롱당했다. 브랜던은 가족들을 용서하기 힘들어하는 그를 하나님이 도우셔서, 그가 분노를 내려놓을 수 있게 해 달라고 기도했다. 브랜던과 그의 친구들이 기도하는 동안, 그 남자는 몸을 떨며 10분간 누워 있었다. 나중에 다른 사람들은 그가 일어나도록 도와주었고, 그 뒤에 그는 자기 힘으로 걸어 나갔다.[27]

아이리스 선교회에 초점을 맞추어 박사 학위 논문을 쓴 돈 칸텔(Don Kantel)은 기적을 목격했던 일에 대해 나에게 말했고, 이 여러 사건을 다른 인쇄물에서 회고한다. "태어날 때부터 전혀 듣지 못하던 친구 하나가 갑자기 소리와 단어를 듣고 따라 하자, 마을의 어린아이들은 말로 표현할 수 없는 흥분에 사로잡혔다. 내가 심하게 부러진 한 소년의 팔뚝을 붙들고 기도할 때 나는 그의 팔이 곧게 펴지면서 완전히 치유되는 장면을 보았다."[28] 그는 또한 몇몇 상황에서 예상치 못했지만 분명히 초자연적으로 음식이 불어났다고 보고한다.[29]

5장

그리스도인들만이 기독교적인 치유를 보고하는가?

어떤 사람은 그리스도인들에게 자신의 경험을 기적으로 보도록 이끄는 편향성이 있다고 항변한다. 아마 어떤 경우에는 이 항변이 사실이겠지만, 이 설명은 모든 주장을 포괄할 만큼 충분히 유연하지 않다. 또한 이 항변은 기적을 반대하는 편향성을 가진 사람들이 기적에 대해 훨씬 더 단순한 설명이 있는데도 가능성이 훨씬 희박한 다른 설명을 찾으려고 애쓰면서 기적을 묵살한다는 점을 고려하지 못한다.

사실 기독교의 치유 보고는 그리스도인들에게만 국한된 현상이 아니다. 세계 곳곳에서 수백만 명의 비그리스도인들이 종종 상당한 사회적 압력에도 불구하고, 이례적인 치유의 결과로 수백 년간 내려온 선조들의 신앙을 버리고 예수님의 헌신적인 제자가 되었다. 이 모든 치유가 단순히 (종교인 경우든 다른 경우든) 그들이 기독교인이 되기 전에 했던 경험에서 목격한 일반적이고 지극히 평범한 회복이었다면, 왜 그들은 사회적 배척을 감수하면서까지 익숙한 전통을 떠나 전혀 생소한 신앙을 믿었겠는가?

하나님은 어디서든 행동하실 수 있고, 이 책에 보고된 여러 경험들은 (머리말에 서술된) 바버라 커미스키 스나이더가 했던 경험과 마찬가지로 미국의 주류 상황에서 일어났다. 그렇기는 하지만, 예수님의 메시지가 새로운 영토를 개척하고 있는 전도의 최전선에서 이런 경험들을 가장 **자주** 한다. 이런 상황은 성경의 복음서와 사도행전에서도 마찬가지였다. 바이올라 대학교(Biola University)의 J. P. 모어랜드(Moreland)는 지난 몇십 년간 급속한 복음주의의 성장을 이끈 원인의 70퍼센트 정도는 '표징'이라고 말한다. 즉 그리스도에 관한 메시지에 사람들의 관심을 집중시킨 일종의 신적 행동으로 말미암아 기독교가 성장했다고 지적한다.[1]

한 친구의 목격자 진술

수리남은 네덜란드어를 모국어로 하는 남아메리카의 다문화 국가다. 수리남의 많은 사람은 오랫동안 그리스도인이었지만, 수리남 니케리(Nickerie)의 한 집단에서는 또 다른 신앙이 주류를 이루었고, 몇백 년 동안 기독교의 메시지를 거부했다. 여러 세대 동안, 몇백 명의 그리스도인들만이 그곳에 살았고, 교회들은 같은 성도들을 데려가기 위해 서로 경쟁했다. 2006년에 더글러스 노우드(Douglass Norwood) 박사를 만났을 때, 그는 12년 전에 있었던 자신이 목격했던 사건에 대해 내게 알려 주었고, 자신의 논문에서도 그 경험을 언급했다.[2] 그는 모라비아인 목사였는데, 그곳의 교회 개척자들 가운데 모라비아인들이 있었다. 1994년 11월 노우드가 설교한 뒤, 그곳의 교회들은 분열에 대해 회개하면서 성령을 부어 주시도록 하나님께 부르짖었다.

신자들은 밖으로 나가 이웃들에게 믿음을 전하기 시작했는데, 그리스도인들이 전에 이런 식으로 행동하는 줄을 전혀 몰랐던 이웃들은 깜짝 놀랐다. 그날 밤, 많은 비그리스도인이 교회에 모였는데, 그 가운데 기독교에 몇 사람은 적대적이었다. 아마 칠십 대쯤 되었을 어느 적대적 방문객은 사실상 평생 오른쪽이 마비되어 있었다. 남자는 걷지 못했기 때문에, 그의 친구들은 담요나 깔개 위에 그를 얹어서 노우드 앞에 있는 땅에 내려놓았다.

남자는 탐탁지 않은 표정으로 소리쳤다. "당신의 종교는 쓰레기야! 내 종교도 쓰레기지! 나는 시바와 비슈누를 비롯해 다른 신들에게도 기도했지만, 아무 일도 일어나지 않았어. 이제 내가 **예수**에게 기도하기를 바라는 건가?"

예수라는 이름을 언급했을 때, 그의 마비된 팔이 갑자기 하늘로 올라갔다. 그는 충격에 휩싸여 자기 팔을 응시했다. 그를 위해 기도한 사람은 아무도 없었지만, 그 남자가 예수님의 이름을 언급했을 때, 하나님은 그의 마비된 팔을 치유하셨다. 노우드는 이렇게 보고한다. "그 순간, 그 남자는 벌떡 일어나 내 마이크를 움켜쥐고, '예수님이 나를 위해 무슨 일을 하셨는지 보세요!'라고 소리를 질렀다. 그러더니 이제 치유된 팔을 공중으로 흔들면서 덩실덩실 춤을 추기 시작했다." 다른 방문객들도 거의 그 남자만큼이나 빠르게 회심했다.

이때 시작된 운동은 다음 몇십 년 동안 수만 명의 사람들을 그리스도를 믿는 믿음으로 인도했다. 그들은 대부분 이전에 그리스도와 접촉한 적이 거의 없었다. 최근 몇십 년 동안 니케리에서 일어난 기독교 운동의 엄청난 성장은 잘 알려져 있다.

아시아에서 치유를 통한 회심

중국은 앞서 설명한 퓨 포럼 설문 조사에 포함되지 않았다. 중국은 통계를 얻기 힘들기로 악명 높은 지역이다. 내가 이 단락에서 제시하는 숫자는 단지 일부 관찰자들의 추정치일 뿐이다. 그렇기는 하지만, 이 숫자들 뒤에는 분명 치유의 경험을 통해 확신을 얻은 엄청나게 많은 사람이 존재한다.

예를 들어, 정부가 공인한 교회에서 나온 한 자료는 20세기 후반에 20년 동안 일어난 모든 회심한 기독교인들 가운데 절반이 "치유 경험으로 인해 믿음"을 얻었음을 시사한다.[3] 어느 시골 가정 교회의 경우, 거의 90퍼센트에 가깝다고 추정한다.[4] 정확한 비율이 얼마나 되든, 우리는 치유 덕분에 회심한 **수백만** 명의 사람들에 관해 이야기하는 것이다.[5]

마찬가지로, 네팔 신학대학(Nepal Theological College)의 총장인 발 크리시나 샤르마(Bal Krishna Sharma) 박사는 네팔에서 기독교로 회심한 사람들의 80퍼센트가 치유 사건이나 악령으로부터 해방된 사건으로 회심했다는 이야기를 해 주었다. 1950년의 네팔에는 외부 관찰자들에게 알려진 그리스도인이 전혀 없었다는 점을 기억해야 한다. 그런데 이제 네팔에는 50만 명 이상의 그리스도인들이 있다. 따라서 인구 3,000만 명이 넘지 않는 나라에 있는 많은 수의 회심자들에 관해 이야기하는 셈이다. 샤르마에게는 기적을 믿을 상당히 타당한 이유가 있다. 1997년에 그의 아내가 수술이 불가능한 뇌 결핵에서 아무런 후유증 없이 치유되었기 때문이다. 힌두교 의사는 "당신이 믿는 예수님이 당신을 치유하셨다"라고 말했다.[6]

인도 북동부에 있는 니시(Nishi) 부족 사람들의 대규모 회심은 문서로 잘 정리되어 있다. 한 박사 학위 논문은 이 운동이 어떻게 시작되었는지 설명한다.[7] 어느 정부 관리의 아들이 사망했다. 약도, 제사도 소년에게 도움이 되지 못했지만, 한 약사가 기독교의 하나님, 나사로를 살린 적이 있는 예수님께 기도하라고 권했다. 관리는 자기 아들의 머리에 손을 얹고, 하나님이 아들을 치유해 주신다면 기독교의 하나님을 예배하겠다고 약속했다. 아이가 눈을 뜨고 회복되자, 그 지역에서 수백 명이 회심했다.

게다가 몇몇 비그리스도인들은 다른 신앙이나 사회적 압력 때문에 치유된 뒤에도 그리스도인이 되지 않았기 때문에, 기적에 관한 보고에서 기독교적 편향성이 나타난다는 비난은 더욱 힘을 잃는다.[8] 1981년의 한 설문조사에 따르면, 인도의 첸나이(Chennai)에서 조사된 **비**그리스도인들 가운데 10퍼센트는 누군가 자기들을 위해 예수님의 이름으로 기도했을 때 치유된 적이 있다고 보고했다.[9]

내가 잘 아는 침례교 목회학 박사과정 중이던 학생 이스라엘(Israel) 목사는 한 침례교 신학교에서 내가 가르쳤을 때, 자신이 인도에서 겪은 치유 경험에 대해 이야기해 주었다.[10] 이 대화는 내 두통을 위해 그가 기도해 준 일에서 시작되었다. 빠개질 듯한 두통을 앓던 나를 위해 그가 기도했지만 아무 일도 일어나지 않았다. (물론, 두통은 결국 사라졌다!) "내가 전혀 믿음이 없기 때문이에요." 나는 넋두리했다.

"아닙니다. 여기서는 기도가 통하지 않아요." 그는 안타깝게 여기며 이렇게 단언했다. "내가 인도에서 기도하면 누구나 치유되거든요." 이스라엘 목사는 그리스도께서 자기들을 사랑하신다는 점에 대해 전혀 몰랐던 이 소중하고 절박한 사람들에게 하나님이 특별한 방식으로 다가가셨기 때문에, 인도에서는 치유가 아주 흔하다고 설명했다.

이스라엘 목사의 말에 따르면, 그가 사는 지역사회에서 기도를 받으러 온 환자들을 위한 치유 기도에 하나님이 응답하셨을 때, 6명에서 시작한 그의 교회는 600명까지 성장했다. 거의 전부 비기독교적 배경에서 자란 사람들이었다. 하지만 치유를 경험했던 다른 많은 사람은 예수님께 계속 고마워하면서도, 가문과 문화적 결속 때문에 그리스도인이 되지는 않았다.

트리니티 신학교(Trinity Evangelical Divinity School)에서 목회학 박사과정을 밟는 학생인 사이 안켐(Sai Ankem)은 인도에서 자기 가족들이 예수님을 따르게 된 이야기를 들려주었다.[11] 사이가 일고여덟 살이었을 때, 그리스도인들을 자주 조롱했던 그의 아버지가 사고로 상해를 입었다. 사이의 어머니는 많은 신을 모시는 신전에 방문해, 남편의 생명을 구해 준다면 신들에게 제물을 바치겠다고 약속했다. 아버지가 혼수상태로 한 달을 보낸 뒤, 의사들은 아버지가 더 이상 살 수 없다고 선언했다.

그리스도인이던 한 친척이 사이의 어머니에게 "남편을 반드시 구원해 주실" 예수님을 한번 믿어 보라고 권했다. 사이의 어머니는 예수님을 하층 계급 사람들의 신으로 알았지만, 이제 잃을 것이 아무것도 없었다. 이 신에게 어떻게 기도해야 할지 몰랐던 어머니는 이렇게 외쳤다. "오, 예수님, 당신은 우리 하나님은 아니지만, 제 남편의 생명을 위해 주님께 간청하러 왔습니다. 남편의 생명을 살려 주신다면, 우리 가족은 일평생 주님을 섬기겠습니다!" 중환자실에 있던 사이의 아버지는 그때 예수님이 자기를 만지면서 말씀하시는 것을 경험했고, 아침에 완전히 회복되었다. 엄청난 사회적 반대에도 굴하지 않고, 사이의 가족들은 예수님의 제자가 되었다. 사이는 나중에 자기를 사역자로 부르시는 음성을 직접 들었다.

리타 지트(Rita Jeet)는 힌두교 신들에게 기도하던 피지의 인기 있는 라디오 방송에 출연하는 유명인이었다.[12] 깊은 절망에 빠졌을 때, 지트는 예수님이 정말 계신다면 자기에게 직접 모습을 보여 달라고 기도했고, 그 결과 하늘에서 내려오는 눈부신 한 남자를 보았다. 예수님의 제자가 된 지트는 다양한 기적을 경험하기 시작했다. 지트가 이야기해 준 어떤 기적에는 한 친척의 이중적 치유가 포함되었다. 그 친척은 지트가 어렸을 때 그녀를 학대했지만, 나중에 하반신이 마비되었다. 이제 그리스도인이 된 지트는 그를 용서할 은혜를 구하면서 하나님의 긍휼을 느꼈고, 그를 위해 기도했다. 그 친척은 즉각 치유되었고, 그의 가족들도 예수님의 제자가 되었다. 그 뒤 다른 기적들이 계속 일어났다.

이런 패턴은 아시아에만 국한되지 않는다. 예를 들어, 에티오피아에 있는 루터파[메케네 예수스(Mekane Yesus)]에서 몇십 년 전에 조사한 신자들의 83퍼센트는 치유나 축귀를 경험한 뒤 회심했다는 사실을 말해 주었다.[13] 미국에서도 치유는 회심으로 이어질 수 있다.[14]

그렇다면 이와 같은 치유는 단순히 최근의 유행일 뿐인가? 아니면 치유는 역사에서 다른 시대에도 일어났는가?

6장

치유는 새로운 현상일 뿐인가?

어맨다 포터필드(Amanda Porterfield)는 옥스퍼드 대학 출판사에서 발간한 『기독교 역사의 치유』(*Healing in the History of Christianity*) 서론에서, "내가 기독교를 치유의 종교로 보게 되리라고는" 예상하지 못했다고 인정한다.[1] 6장에서 나는 역사 속에서 치유를 주장한 사례 중에 아주 적은 표본만 추적한다.

기적에 관한 보고는 새로운 발견이나 포스트모던의 유행이 아니다. 기적은 구약성경, 특히 모세와 여호수아, 엘리야, 엘리사의 시대에 등장하지만, 물론 그 시대에만 국한된 것은 아니다. 기적은 신약성경의 지면도 채우고 있다. 대략 사도행전의 5분의 1과 마가복음의 거의 3분의 1에서 기적을 다룬다. 물론 기존 교회에 보낸 바울의 편지는 교회들의 현안에 더 초점을 맞추지만, 바울은 신생 교회를 설립할 때마다 자신의 사역에 기적이 동반되었다고 언급한다(롬 15:19). 바울은 또한 청중이 자신의 기적을 직접 경험했다고 호소하고(고후 12:12), 기적을 행하는 그와 같은 은사가 그들 가운데 계속된다고 호소한다(고전 12:8-10; 갈 3:5). 야고보는 교회 지도자들이 드리는 믿음의 기도에 대한 응답으로 치유가 계속될 것이라고 기대한다(약 5:14-15). 그런데 치유와 기적은 1세기 말에 중단되지 않았다.

2세기와 3세기에 기독교를 비판했던 유대인과 이교도 모두[2] 자신들이 혐오하던 기독교 운동을 통해 치유가 일어난다고 시인했다. 물론 나중에 랍비들은 예수 운동과 신학적으로 결별했고 종종 예수와 그 제자들의 사역을 악한 마법 덕분이라고 설명했지만, 그리스도인들이 기도할 때 특별한 일들이 일어난다는 사실을 그들도 인정했다.[3]

3세기 초에 이집트의 교회 지도자 오리게네스(Origen)는 치유와 축귀를 목격했다고 증언했다.[4] 3세기의 북아프리카 주교 키프리아누스(Cyprian)는 그리스도인들이 세례를 받는 동안 종종 치유가 일어났다고 설명했다.[5] 300년대에 삼위일체론의 선도적 옹호자로 알려진 아프리카 주교 아타나시우스(Athanasius)는 사막의 수도사 안토니우스(Anthony)의 기적적 위업을 칭송했다. 아타나시우스는 직접 와서 축귀의 효력을 보라고 회의론자들을 초청했다.[6] 이 시대에 쓰인 일반 서신들에서도 치유를 보고한다.[7] 물론 중세에 일어난 기적에 관한 많은 보고는 후대의 역사 기록에서 유래하지만, 일부는 목격자에 의존한 동시대의 진술이고,[8] 거기에는 이채로운 죽음에서 살아난 몇몇 회생 보고도 포함된다.[9]

아우구스티누스

유명한 신학자이자 북아프리카의 주교인 아우구스티누스(Augustine, 354-430년)는 한때 기적이 거의 자취를 감추었다고 믿었다. 그 뒤에 아우구스티누스 자신을 비롯해 그와 가까운 지인들이 여러 기적을 경험하자, 그는 생각을 바꾸었다. 아우구스티누스가 경험한 중요한 기적 가운데 하나는 친한 친구인 인노첸시오(Innocent)와 관련이 있었다. 인노첸시오는 심각한 치루에 시달렸는데, 수술로도 치루를 전부 해결하지 못했다.

당시에는 마취가 전혀 불가능했고, 가끔 수술 중에 출혈로 사망하는 사람들도 있었다. 그런데 인노첸시오를 치료했던 의사들은 모두 또 한 번의 수술이 필요하다고 동의했다. 아우구스티누스와 다른 친구들은 인노첸시오의 두 번째 수술 전날 밤 함께 기도했지만, 아우구스티누스는 인노첸시오의 애처로운 통곡 때문에 기도에 집중하지 못하는 상태였다. 아우구스티누스는 하나님께 간청했다. "주님께서 인노첸시오 같은 사람의 기도에 감동하지 않으신다면, 무엇이 주님을 감동시킬 수 있겠습니까?" 다음 날 아침, 아우구스티누스는 인노첸시오가 수술하는 자리에 동행했다. 얼마 전 감은 붕대를 제거한 의사들은 인노첸시오가 완전히 치유되었다는 사실을 발견했다.

기적이 계속되는 현실을 깨달은 뒤, 아우구스티누스는 기적을 문서로 남기는 문제에 대해 매우 진지해졌다. 겨우 2년 동안, 아우구스티누스의 교구는 실명에서 치유되고 장기간 걷지 못하던 장애에서 치유된 사건을 비롯해 죽은 뒤 회생한 기적 등 약 70건의 의미심장한 치유를 직접 목격한 사람들의 기록을 수집했다. 그는 훨씬 오랫동안 기적을 보고한 사례를 수집해 온 다른 치유 센터에는 더 방대한 서류 기록이 있다고 증언했다.[10]

치유로 인한 회심

앞에서 최근 몇십 년간 세계 곳곳에서 많은 사람이 치유를 목격한 뒤 그리스도인이 되었다고 언급했다. 치유에 대한 응답으로 일어난 회심은 수많은 고대의 선례가 있다. 많은 초기 교부들의 보고에 따르면, 많은 다신론자는 치유를 목격했기 때문에 기독교로 회심했다. 예를 들어, 2세기 후반에 오늘날 프랑스 지역의 주교인 이레나이우스(Irenaeus)는 복음서와 사도행전에 나오는 것과 같은 종류의 기적이 자기 시대에 일어나서 많은 사람들을 회심으로 이끌었다고 기술했다.[11] 북아프리카 신학자 테르툴리아누스(Tertullian)는 악한 영적 세력으로부터 구원해 준 그리스도인들에게 감사를 표했던 유명한 이교도들의 이름을 제시하기도 했다.[12] 예일(Yale)의 선도적 역사학자 램지 맥멀렌(Ramsay MacMullen)은 300년대에 기독교로 전향하는 많은 사람의 회심을 이끈 주된 원인이 치유와 구출이었다고 마지못해 결론을 내렸다.[13]

기적은 잉글랜드와 스코틀랜드, 아일랜드, 독일, 페르시아를 비롯한 여러 곳을 복음화했던 최초의 선교사들을 통해 일어났다.[14] 훨씬 최근에도, 예수님의 메시지가 새로운 사람들에게 다가갈 때 치유가 일어났다. 20세기 초 한국에서 일어난 장로교 주도의 부흥 운동이 바로 그런 예다.[15] 1981년까지 350개 이상의 논문을 조사했던 한 논문에 따르면, 저자가 사용할 수 있는 공간보다 훨씬 많은 기적 진술이 새로운 선교 상황에서 일어난다고 보고했다.[16] 치유는 제3세계 전도의 주요한 특징으로 남아 있다.[17]

개신교 대 가톨릭

물론 치유는 역사를 통틀어 (이 책에서 나중에 설명할 몇 가지 예를 포함해) 다양한 방식으로 계속 일어났지만, 성인들의 유물을 둘러싼 가톨릭의 논쟁과 대중의 무비판적 맹신 때문에 선도적인 개신교 종교개혁자들은 처음에 중세 가톨릭의 기적에 반발했다. 특별한 성인이 소유했다가 고인이 된 후 남겨진 유물은 그 사람의 영적 능력을 어느 정도 간직한다고 여겨졌다. 성경의 몇몇 사건[18]과 그 이후의 여러 경험에 기초해, 성인들과 관련이 있는 유물은 교회의 초기 몇 세기 동안 치유의 초점이 되었다.[19] 종교개혁자들은 유물에 반대했지만 회복을 위한 기도는 반대하지 않았다. 예를 들어, 루터는 멜란히톤(Melanchthon)의 회복을 위해 기도했고, 선교 상황과 이례적 시기에 기적이 일어날 가능성을 받아들였다. 루터도 자신의 생애가 끝날 무렵 병자들을 위해 기도하라고 가르쳤다.[20]

하지만 루터는 유물의 남용을 몹시 싫어했다. 이즈음 이윤을 노리는 가짜 유물이 모든 곳에서 유통되고 있었다. (치유의 미명 아래 사람들의 질병을 악용하는 사기꾼들의 착취는 새로운 관행이 아니다.) 사람들은 다양한 유적지에 예수님의 젖니 하나, 그분의 신생아 시절의 탯줄이 있다고 주장했고, 또한— 마지막이지만 그에 못지않게 중요한 것으로—여덟 곳의 유적지에는 예수님이 할례받고 남은 거룩한 포피가 있다고 주장했다.[21] 루터는 원래의 열두 사도 중 18명이 독일에 묻혀 있다고 냉소적으로 풍자했다.[22]

하지만 우리에게 타당한 이유가 있을 때에도, 하나님은 늘 우리가 정한 규칙을 따르지는 않으신다. 블레즈 파스칼은 역사상 가장 탁월한 수학자 중 한 사람이었을 뿐만 아니라 컴퓨터의 앞선 모델인 계산기의 발명자였다. 또한 파스칼은 성령을 강력하게 체험한 헌신적인 그리스도인이었다. 그는 가톨릭교회 아우구스티누스 종단의 구성원인 얀선파(Jansenists)와 공감대를 가졌다. 그의 조카딸 마르그리트 페리에는 오랫동안 눈에 심각한 누공(瘻孔)을 가지고 있어서, 이로 인해 악취가 났다. 그런데 1656년 3월 24일, 페리에는 얀선파 수도원에서 예수님의 가시 면류관에서 나온 것으로 보이는 가시를 만졌다.

이 가시는 **정말** 예수님의 면류관에서 나왔을까? 오늘날 대부분의 사람들은 이것을 개연성이 매우 낮은 주장이라고 여긴다. 그렇기는 하지만, 유물은 페리에의 믿음에 접촉점을 제공해 주었고, 그녀는 즉각적이고 공개적으로 치료되었다. 페리에의 치유 사건은 아주 많은 관심을 불러일으켜서, 프랑스 왕비의 모후는 의사를 보내 그녀를 검사했다. 그 의사는 그녀가 치유되었다고 확증해 주었다.[23]

급진적 계몽주의의 영향을 받기 전, 스코틀랜드 종교개혁자들과 퀘이커교도, 침례교인 등 많은 개신교인들은 계속해서 기적적 치유를 인정하고 경험했다.[24] 하지만 그 이후 세대의 개신교인들은 종종 가톨릭 신자들 가운데 발생한 기적을 거부하던 종교개혁자들의 과도한 반발을 더욱 심화시켰다. 이 과도한 반발은 이신론자들과 데이비드 흄의 기적을 반대하는 논쟁으로 한층 더 증폭되었다.

하지만 하나님은 가끔 신학자들이 작성한 대본을 계속 수정하셨다. 성경에 나오는 것과 비슷한 치유가 일어났을 때, 기적을 믿지 않던 개신교인들은 이런 치유를 간혹 "특별한 섭리"라고 불렀다. 개신교인들은 가톨릭 교인처럼 들리는 어휘를 사용하지 않으려고 조심했기 때문에, 이 명칭은 기적이라는 어휘를 피하는 데 도움이 되었다! 하지만 특별한 섭리는 본질적으로 오늘날 많은 신학자가 특별한 신적 행동이라고 부르는 기적과 같은 것이었다. 이와 같이 섭리와 기적을 구분하는 경계선은 아주 가는 경우가 많았다.[25]

예를 들어, 마리 마야르(Mary Maillard)의 왼쪽 다리는 태어날 때부터 약했다. 그러나 1693년에 마가복음 2:1-12에 나오는 걷지 못하는 한 남자의 치유 기사를 들었을 때, "마리 마야르는 '네가 나았다'라고 말하는 어떤 음성을 들었다고 생각했다." 그녀는 그로 인해 자신이 회복되었음을 깨달았다. 마리는 가톨릭 교인이라기보다는 잉글랜드에 있던 프랑스 위그노 난민이었기 때문에, 영국 개신교인들은 그녀의 치유 사건을 받아들였다. 또한 위그노의 기적들을 상술하던 코튼 매더(Cotton Mather)는 1696년에, 한때 로마 가톨릭의 "배교" 때문에 제한되었던 기적이 이제 새로운 "기적의 시대"를 맞아 갱신되고 있을지 모른다고 추정했다.[26]

1726년 이후 병상에 누워 있던 머시 휠러(Mercy Wheeler)는 주목할 만한 또 다른 사례다. 그해에 휠러는 시력의 상당 부분을 상실했고, 침을 흘려서 단단한 음식을 먹을 수 없었다. 물론 그녀는 1733년에 하나님이 다시 말할 수 있는 능력으로 자기에게 복을 내리셨다고 보고했지만 말이다. 마침내 1743년 5월 25일, 다른 사람들이 함께 기도할 때, 휠러는 하나님의 임재를 느끼며 몸을 떨면서 흔들었고, 말 비슷한 것을 횡설수설 늘어놓았다. 떨림은 휠러의 손에서 시작되었다가 결국 몸 전체를 틀어지게 만들었고, 뒤이어 떨림이 사라졌을 때 휠러는 몇 년 만에 처음으로 힘이 솟는 것을 느꼈다. 그 순간 움직이고 싶은 충동을 느낀 휠러는 일어나서 열여섯 걸음을 걸으며, "나를 치유하신 주 예수님을 찬양하라!"라고 외쳤다. 함께 있던 모든 사람이 깜짝 놀랐다. 설교자는 휠러를 진정시켜 보려고 했지만, 그녀는 몇 차례 더 방 안을 돌아다녔고, 다음 5개월 동안 휠러는 계속해서 차츰 더 멀리 걸었다.[27]

어떤 신학자들은 이 사건을 어떻게 이해해야 할지 확신이 없었다.[28] 야고보서 5:14-15의 말씀대로, 동시대의 개신교인들은 사람들의 치유를 위해 정기적으로 기도하긴 했지만, 즉각적인 기적이 아니라 "섭리적 수단을 통한" 회복을 기대했다.[29] 이것은 우리가 접한 가장 극적인 치유 진술은 결코 아니지만, 이 사건은 분명 18세기의 몇몇 보수적 개신교인들을 휘저어 놓기에 충분했다!

기독교의 치유는…포괄적으로 기독교적이다

이런 진술들은 특정 교파나 운동, 혹은 치유에 관한 특정 사회적·정치적 관점에 국한되지 않는다. 예를 들어, 19세기 독일에서 있었던 가장 두드러진 치유 사역은 3장에서 언급한 바 있는 루터교 목사 요한 크리스토프 블룸하르트의 치유 사역이었다.[30] 다른 선도적 인물들로는 스위스 개신교 신자인 도로테아 트루델(Dorothea Trudel)과 오토 슈토크마이어(Otto Stockmayer)가 있었다.[31] 19세기 초 미국의 감리교 순회 목사들은 치유를 비롯한 다른 초자연적 경험을 보고했다.[32] 19세기 후반에 신적 치유를 지지했던 북아메리카의 선도적 옹호자들에는 침례교도 A. J. 고든[Gordon, 고든 칼리지(Gordon College)와 고든콘웰 신학교(Gordon-Conwell Theological Seminary)는 그의 이름을 땄다]과 얼라이언스 선교회(Christian and Missionary Alliance)의 창설자인 장로교도 A. B. 심슨(Simpson)이 포함된다. 개혁주의 목사 앤드루 머리(Andrew Murray)는 남아프리카의 선도적 옹호자였다.[33] 심슨과 머리 둘 다 중요한 치유를 직접 경험했다고 보고했다.[34]

치유에 관한 가장 인상적이고 일관된 여러 보고는 1920년대에 세계 곳곳의 성공회 주교들로부터 나온다. 이 주교들은 성공회 평신도 제임스 무어 힉슨(James Moore Hickson)의 사역을 통해 일어난 청각장애, 실명, 오그라든 다리의 치유 등 극적인 치유를 목격한 사람들의 증언을 제공했다.[35] 또한 서구의 교파들에서 독립성을 유지했던 존 성(John Sung)의 사역을 통해 20세기 초에 중국에서 많은 극적인 기적이 일어났다.[36]

부분적으로 초기 개신교의 비판 때문에, 가톨릭은 대개 기적을 입증하는 문서 기록을 남기는 데 특히 신중한 태도를 유지했다.[37] 나중에 앙드레 수사(Brother André)가 된 알프레드 베셋(Alfred Bessette)은 몬트리올 근교 출신으로, 19세기 말과 20세기 초에 치유 은사를 받았다. 15년간 일했던 한 동료는 자기가 사실상 매주 기적을 목격했다고 이야기했다. "종종 마비가 치료되었고, 시각장애인, 혹은 들것에 실어 이곳에 데려와야 했던 어떤 사람도 치료되었다." 그곳에 세워진 의료원은 많은 사례가 과장되었거나 정신신체적 치료라고 간주했지만, 관리들이 자연적인 설명을 제시하지 못한 다른 사례도 있었다.[38]

20세기 중반 이탈리아 카푸친(Capuchin)의 수도사 파드레 피오(Padre Pio)의 사역과 관련된 여러 치유는 의료적 증명도 포함한다.[39] 치유와 관련된 다른 많은 사람과 마찬가지로, 파드레 피오 자신은 "나는 기적을 행하지 않았다. 단지 여러분을 위해 기도했을 뿐이다. 주님이 여러분을 치유하셨다"라고 설명했다.[40]

오랫동안 내 학생들은 (내가 그런 신학교들에서 가르쳐 왔기 때문에) 거의 대부분 침례교인과 감리교인, 오순절교인이었고, 그들은 나에게 많은 경험을 들려주었다. 보수적인 장로교 학자인 한 친구는 기도한 직후 "종양 덩어리가 갑자기 완전히 사라진" 사건을 포함해, 기도에 대한 응답으로 자신이 목격했던 두 가지 이례적인 치유 사건을 나에게 들려주었다.[41] 성령의 활동은 한 교파나 분파에 제한되지 않는다(물론 평균적으로 기적은 아마 기적을 위해 더 자주 기도하는 그룹 안에서 훨씬 자주 일어날 테지만 말이다).

하나님이 역사 속에서 행동하시는 이유는 모든 하나님의 백성이 똑같이 올바른 신학을 갖고 있기 때문은 아니다. 복음서에서 예수님의 사역에서와 마찬가지로, 하나님은 그분의 도움이 필요한 많은 사람들에게 긍휼을 보여 주기 위해 또한 그리스도의 나라를 맛보여 주기 위해 행동하신다.

7장

아기들의 사진

6장에서는 교회가 훨씬 젊은 시절이었을 때 일어난 치유를 검토했다. 7장에서는 훨씬 어린아이들의 삶에 관한 여러 진술의 표본을 간략히 제시한다.

거의 모든 사람이 아기들의 사진을 좋아한다. 다음에 나오는 이야기 속 아이들의 사진은 천 마디 말의 가치를 지니고 있지만, 사진을 수록하려면 이 책의 비용이 증가할 것이다. 하지만 나는 아이들의 출생을 둘러싼 사건들에 대해 말로 묘사한 몇 장의 사진을 제공하려 한다. 신적 활동을 의심하는 사람들도 다음에 나오는 이야기의 부모들과 함께 기뻐할 수 있다. 어떤 사람은 몇몇 사례가 (나중 장들에 나오는 여러 진술과 대조적으로) 단지 드문 변칙이라고 여기겠지만, 다음에 나오는 여러 이야기는 순전히 자연적으로 설명하기가 훨씬 까다로워 보인다. 최소한 신생아의 치료를 정신신체적인 결과로 일축하고픈 유혹에 빠지는 사람은 하나도 없어야 한다.[1]

"그리스도인이기 때문이에요!"

말리아 위더홀드(Malia Wiederhold)는 임신 후기에, 일상적 태아 초음파검사를 했다. 거기서 아기의 심장에 종양이 있다는 진단을 받았다.[2] 두 번째 초음파검사를 통해 아기의 심장에 종양이 있음을 확인한 뒤, 의사는 아이가 정신적 장애를 겪고 온종일 여러 차례 발작을 경험할 것이며, 살면서 많은 것을 하지 못할 거라고 경고했다. 말리아의 남편인 제프는 모든 일이 다 잘될 것이라고 말리아를 안심시켰다. 의사는 이렇게 대답했다. "제 말을 이해하지 못한 것 같군요. 모든 상황이 좋지 **않을** 것입니다. 두 분은 이 상황을 대비해야 합니다." 건강 전문의였던 제프는 계속 자기주장을 고집했고, 의사도 마찬가지였다.

부부가 다시 차에 올랐을 때, 제프는 말리아의 손을 잡고 주님이 전에 그녀에게 보여 주셨던 어떤 일을 상기시키면서, 말리아가 다시 확신을 갖도록 도와주었다.

제프는 말리아를 격려했지만, 그녀는 최근의 다른 비극적 일들을 떠올리면서 여전히 의사의 진단에 감정적 동요를 느꼈다. 말리아의 (신부 들러리 중 하나였던) 친한 친구 발레리는 진료가 끝난 뒤 말리아가 전화를 걸어 눈물을 흘리면서 종양이 있음을 알려 주었다고 회고한다.[3] 발레리는 그녀를 위해 기도하기로 약속했고, 곧이어 하나님이 아기를 붙잡고 계심을 느낀다고 고백했다.

부정은 슬픔에 대한 흔한 반응이고, 그 뒤로 몇 주 동안 전문 의료진들은 하나님이 아이를 치유하실 것이라는 생각이 부부의 집착일 뿐이라고 단정했다. 그럼에도 말리아와 제프는 이번에 하나님이 역사하실 것이라고 확신했다. 말리아는 제러마이아라는 이름을 붙인 아이가 태어날 구체적인 날짜까지 감지했다. 28일이었다. 말리아는 26일에 진통을 시작했지만, 제러마이아는 실제로 28일에 태어났다. 힘겨운 출산 과정에서 말리아는 하나님이 종양을 제거하고 있다고 말씀하시는 것을 느꼈지만, 아이를 분만한 뒤에도 계속 의심스러운 마음이 들었다. 심각한 의료적 어려움을 예상했던 의료진은 더 자세한 진단을 위해 아이를 얼른 데려갔다.

긴박했던 몇 분 동안 말리아와 제프는 검사 결과를 기다리면서, 하나님의 평화가 임하고 있음을 계속 느꼈다. 마침내 소아과 심장 전문의가 말문이 막힌 표정으로 돌아와 알렸다. "종양이 사라졌어요."

두 주 간격으로 두 번의 초음파검사를 지켜보았던 조산사가 대꾸했다. "뭐라고요? 내 눈으로 직접 본 걸요!"

"글쎄, 그럼 종양은 어디로 간 거야?" 심장 전문의가 물었다.

조산사는 고개를 가로저었다. "그들이 그리스도인이기 때문이에요!" 조산사는 무심결에 말했다. 물론 모든 그리스도인이 이런 경험을 하는 건 아니지만, 조산사는 하나님이 자기들에게 말씀하셨다는 이 부부의 소신을 알고 있었다.

하나님의 역사는 제러마이아의 출산에서 멈추지 않았다. 말리아의 친구 발레리는 18개월이던 제러마이아를 돌보면서 목격한 한 가지 경험을 언급한다. 엘리베이션 워십(Elevation Worship)의 찬양을 듣고 있던 제러마이아는 "하던 동작을 멈추었어요. 제러마이아는 무릎을 꿇고 머리를 들어 하늘을 바라보면서 하늘을 향해 두 손을 들었습니다. 제러마이아는 하나님을 경배하고 있었어요!"[4]

내가 전달받은 이 사례의 의료 기록은 분명하다.[5] 나는 말리아의 이야기를 들은 후 의료 보고서를 독자적으로 작성했던 내과 의사 데이비드 매캔츠(David McCants)의 소견시도 확보했다. 그는 말리아의 이야기에서 언급했던 심장 종양의 소멸을 확증해 주었다.

말리아의 아들은 심장 횡문근종을 진단받았다. 심장 횡문근종은 초음파검사를 통해 출산 전이나 신생아기 혹은 유아기 초기에 확인할 수 있는 양성 종양이다. 심장 횡문근종은 가끔 정상적인 혈류를 차단함으로써 심각한 심장 부정맥이나 심장 기능 장애를 일으킬 수 있다. 심장 횡문근종은 드물게 치명적인 합병증을 일으킬 수도 있다. 항상 그런 것은 아니지만 심장 횡문근종은 결절성 경화증으로 불리는 별개의 질환과 결합할 경우, 종종 발작과 인지 장애를 일으킨다. 출산에 앞서 말리아를 검사했던 의사가 "모든 상황이 좋지 **않을 것**"이라고 경고했던 이유 중 하나가 바로 그 때문이다. 만의 하나 횡문근종의 자발적 퇴행이 일어난다면, 그것이 일어난다고 알려진 기간은 몇 달에서 몇 년이 걸린다. 그런 이유로 2주 만에 횡문근종이 사라진 사건은 의사들에게는 전혀 예상 밖의 일이었다. 이 주제에 관해 검토하면서, 나는 의학 문헌에서 묘사된 비슷한 사례를 전혀 찾을 수 없었다. 말리아의 이야기에는 설득력이 있고, 그녀와 마찬가지로 나도 이것이 제러마이아를 위해 하나님이 개입하신 사건이라고 믿는다.[6]

"시아라야, 나오너라!"

마누엘(Manuel Hernandez)과 마리아 에르난데스(Maria Hernandez)는 다음 아이의 출생을 기다리는 중이었다. 2002년 마리아가 당뇨병을 진단받은 후, 아이를 더 낳을 가능성은 없어 보였다. 그런데 마침내 2005년 11월에 유산하면서, 그들은 마리아가 아직 임신할 수 있다는 사실을 알게 되었다. 2006년 11월 27일, 열네 시간의 진통 끝에 캘리포니아주 헤메트(Hemet)

에 있는 헤메트 벨리 의료 센터(Hemet Valley Medical Center)에서 시아라의 출산이 시작되었다. 그런데 시아라의 머리만 겨우 나온 채 산도(産道)에 갇히는 돌발 상황이 발생했다. 마누엘은 의료진이 정신없이 움직이기 시작하는 모습을 눈치챘고, 새파랗게 변한 딸의 얼굴을 보았다. 시아라의 목에 눌린 탯줄이 감겨 있었고, 시아라에게는 심장박동이나 호흡이 없었다. 분만이 끝났을 때, 시아라의 아프가 점수는 제로였다. (아프가 점수는 출산 직후 신생아의 생명 징후를 평가하기 위해 의사들이 사용하는 수치다.) 의료진은 코드 블루를 발동했고, 더 많은 의료 인력이 분만실로 몰려왔다. 수석 간호 부장인 애넷 그린우드(Annette Greenwood)도 합류했다.

산부인과 의사 레나토 후달레나(Renato Judalena) 박사와 분만출산과에서 일하는 공인 등록 간호사 베키 고메즈(Becki Gomez)는 무슨 일이 일어나고 있는지 아직 파악하지 못한 마리아를 처음부터 계속 치료하고 있었다. 두 사람은 곧이어 다른 의사 및 나머지 의료진과 합류했고, 시아라를 살리기 위해 21분간 필사적으로 노력했다. 모든 사람이 최선을 다했지만, 그들은 21분 동안 심장박동이나 호흡이나 어떤 생명의 징후도 관찰하지 못했다. 의료진 가운데 신자들은 치료하는 동안 조용히 기도했고, 마누엘과 마리아, 그들의 딸인 체리사는 소리를 내어 기도하고 있었다.

"제로입니다." 모니터를 읽는 간호사의 음성이 몇 차례 들렸다. 결국 간호사가 의사에게 물었다. "이제 중단하실 건가요?"

의사는 허탈하게 한숨을 내쉰 뒤, 오후 2시 59분에 시아라가 사망했다고 선언했다. 아기는 거의 30분 가까이 산소를 호흡하지 못했다. 의료진은 제정신이 아니었고, 담당 분만 간호사인 고메즈는 눈물을 글썽거렸다. 살아나기를 바랐던 아기의 차가운 몸에서 장비를 제거하는 동안, 작은 방을 가득 채웠던 의료진 대부분이 줄지어 방을 나가기 시작했다.

하지만 시아라의 아빠는 갑자기 압도해 오는 어떤 확신을 느꼈다. 마누엘은 포기할 수 없었다. 하나님은 출산 시점까지 마누엘과 마리아 부부를 인도하셨고 이미 너무 많은 일을 행하셨으며, 너무나 선명하게 말씀하셨다. 이 아이를 잃을 수 없었다!

말이 터져 나오면서 기도가 되었다. 교회의 사모인 스탈라는 그때 자기 집에서 기도하고 있었다. 갑자기 스탈라는 "아이가 죽지 않고 살아날 것입니다!"라고 부르짖어야 한다고 느꼈다. 그사이, 마리아는 의료진이 아이의 사망 선고를 하는 말을 어깨 너머로 들었다. 하지만 마리아는 충격을 느끼는 가운데서도 주님의 위로를 느꼈고, "아이가 죽지 않고 살아날 것입니다!"라고 정확하게 부르짖는 스탈라의 모습을 마음속에 떠올렸다. 마리아는 스탈라가 실제로 정확하게 이런 말을 부르짖고 있었다는 사실을 나중에야 알았다.

마누엘은 이제 아이의 시신 위에서 간절히 기도했고, 남아 있던 의료진은 그가 자신의 믿음과 슬픔을 표현할 수 있도록 인내심을 가지고 지켜보았다. 마누엘은 나사로를 암시하면서 외쳤다. "하나님, 여기 있는 모든 사람이 주님이 살아 계시고 주님의 자녀들을 사랑하신다는 사실을 알게 해 주소서. 말하노니, '시아라야, 나오너라!'" 동석했던 다른 그리스도인들은 하나님의 임재를 느꼈고, 마누엘은 방언으로 기도하기 시작했다. 하지만 시신에는 여전히 생기가 없었다.

불편한 침묵이 계속되는 것을 감지한 한 간호사가 아기의 차가운 몸을 엄마의 침대로 옮겼다. 의사가 시아라의 사망을 선언한 뒤 아마 5분 정도 지났을 때였다. "자, 미하(Miha), 깨어나렴."7 마리아가 간청했다. 그러자 돌연 시아라의 가슴이 움직이는 것을 감지했다.

"유감이지만, 그건 우리가 아이에게 주입한 산소가 이제 밖으로 나오는 징후일 뿐이에요." 호흡 치료사가 설명해 주려고 했다.

그런데 직접 위로의 말을 건네기 위해 가까이 오던 후달레나 박사 역시 무언가를 느꼈다. 아이의 심장이 박동하기 시작했다! "믿을 수 없어요! 다시 코드 블루를 발동하세요!" 그가 소리쳤다.

하지만 시아라에게 얼마나 오래 심장박동이 없었는지 고려할 때, 대부분의 의료진은 아이가 생존하더라도 심각한 뇌 손상을 입을 것이라고 확신했다. 처음에 그들은 아이를 더 살리려고 시도해야 할지를 두고 의견이 분분했다. 하지만 아기의 가슴에 분홍색이 번져 가는 모습을 본 수석 간호부장 애넷 그린우드는 아이가 회복되고 있다는 사실을 알았다.

그린우드는 이렇게 진술한다. "20년간 이 일을 했는데, 그렇게 오랜 시간이 지난 뒤 다시 살아난 아기는 본 적이 없습니다. 나는 시아라가 부활했다고 말하고 싶어요. 하나님이 직접 개입하신 사건이었죠."

간호사 고메즈도 동의한다. "시아라는 사망이 선언되었고, 실제로 죽었어요. 그러니 시아라는 부활한 게 분명해요."

후달레나 박사는 이렇게 덧붙인다. "나는 가톨릭 교인입니다. 시아라는 부활했어요. 기적이었죠. 의학적 설명을 넘어서는 사건입니다."

시아라는 생존했을 뿐만 아니라, MRI, EGG 등의 모든 검사 결과는 시아라가 정상임을 보여 주었다. 마침내 태어난 지 11일 후에, 의료진은 부모와 함께 시아라를 집으로 돌려보냈다. 아이에게는 아무 문제도 없었다. 이 이야기가 퍼지면서, 많은 교회는 와서 간증을 전해 달라고 마누엘과 마리아를 초청했고, 그들은 기적의 아이를 함께 데려갔다.

캘리포니아주 샌저신토(San Jacintoa)에 있는 뉴 라이프 오픈 바이블 교회(New Life Open Bible Church)의 피터 에드워즈(Peter Edwards) 목사는 시아라의 가족이 위기를 겪는 동안 그들과 함께 있었다. 몇 해 전, 에드워즈 목사는 이렇게 진술했다. "지금, 우리 교회에서 시아라는 평범하고 활동적인 열 살 소녀입니다."[8]

내가 시아라의 아빠 마누엘을 인터뷰할 즈음에, 시아라는 거의 열네 살이 되었고, 아빠는 시아라가 얼마나 총명한지 자랑스럽게 말했다.[9] 피터 에드워즈 목사가 진행한 인터뷰를 통해, 나는 헤메트 벨리 의료 센터의 장기 근속 의료진인 후달레나 박사와 베키 고메즈, 애넷 그린우드가 진술한 기적에 관한 증언을 시청했다.[10] (종교적 상황에서 죽음으로부터 살아난 뜻밖의 회생에 관한 추가적 진술은 이 책 5장을 보라.)

외로운 생존자

내가 앤서니 와이나이나 은주구나(Anthony Wainaina Njuguna)를 인터뷰했을 때, 그와 그의 아내 에드위나(Edwina)는 시카고 부근의 트리니티 인터내셔널 대학교(Trinity International University)의 박사과정 학생이었다.[11] 그들은 케냐에서 태어난 아들 아디엘(Adiel)의 출생에 관해 말해 주었다. 태어나고 약 한 시간 뒤, 아디엘은 호흡 곤란을 겪기 시작했다. 아이의 호흡이 안정되지 않자, 의사는 점점 더 걱정하면서 더 큰 의료 시설을 찾아보라고 앤서니와 에드위나에게 조언했다.

그 병원에는 신생아 중환자실이 없었고, 앤서니와 에드위나는 더 우수한 병원에 갈 형편이 안 되었기 때문에, 그들은 케냐타 국립병원(Kenyatta National Hospital)으로 아이를 이송했다. 그곳의 신생아 간호 의료진은 전문적이고 세심하게 아기를 치료했지만, 결국 그곳에 온 유아들은 대부분 심각한 상태였다. 이 병원으로 이송된 다음 날 아침, 아디엘의 호흡은 10분 동안 완전히 멈추었다. 의사는 아디엘을 회복시킬 수 있었지만, 산소 결핍으로 인한 뇌 손상은 회복이 불가능할 것이라고 경고했다. 아디엘은 걷지도 말을 하지도 못할 것이다. 기껏해야 허공을 멍하니 응시할 것이다. 그 뒤로 20일 동안, 이 부부는 33명의 유아들이 죽음을 맞는 비극을 목격했다. 그 병실에 있던 유아들은 아디엘을 제외하고 모두 죽었다.

처음에 의사들은 시편을 읽으면서 의식 없는 아이를 위해 기도하는 앤서니 와이나이나에게 안타깝게 고개를 저었지만, 아디엘이 계속 살아 있자 그들은 아이 아버지가 계속 기도하도록 해 주었다. 하지만 그 뒤에 의사들은 심장에서 심각한 문제를 발견했다. 아디엘이 생존하더라도, 6개월 안에 심장 개복수술을 해야 할 상황이었다.

이틀 후에 의사들은 아디엘의 뇌를 검사했다. 의사는 혼란스러운 표정을 지으면서, 가지고 있던 파일을 재차 확인했고, 그런 다음 동료들을 불러 모아 스캔 사진과 차트를 모두 점검했다. 그런 다음 의사들은 간호사를 불러 모아, 그 자료가 엉뚱한 아이의 것이든지 엉뚱한 파일이라고 주장했다. 아디엘의 뇌에는 아무런 이상이 없었던 것이다. 무슨 일이 일어났는지 이해하려고 애쓰던 의료진은 아디엘을 계속해서 자극하고 찔러 댔다. 너무 많이 검사를 해서 그 뒤로 며칠 동안 아디엘은 무언가에 닿으면 계속 몸을 움츠렸다. 퇴원 서류에서 의사들은 어떤 일이 일어났는지 모르겠다고 시인했다.

1개월 차 검사에서, 의사들이 아디엘의 심장을 검사하고 재차 검사하면서 또다시 비슷한 장면이 연출되었다. 아디엘의 심장은 치료되었고, 그는 완전히 건강했다. 9년 뒤, 앤서니와 에드위나는 나에게 아디엘을 소개해 주었는데, 그는 아빠가 자기 이야기를 들려주는 동안 미소를 지었다.

"우리는 이런 일을 기적이라고 부릅니다"

25주 하루 만에 태어났고 몸무게가 680그램이던 가브리엘 네시(Gavriel Nesch)는 신생아 중환자실에 오래 머물렀다.[12] (신생아의 평균 몸무게는 약 3.5킬로그램 정도이고, 신생아의 정상 몸무게는 2.6킬로그램에서 4.4킬로그램가량이다.) 그래서 가브리엘은 상당한 의학적 관심을 받았다. 그렇기는 하지만, 예상했던 한 가지 관심은 불필요한 것으로 확인되었다. 우리는 가브리엘의 사례와 관련된 모든 의료 보고서를 갖고 있는데, 의료 보고서는 9개월 때 가브리엘에게 서혜부 탈장이 있었음을 명확히 보여 준다. 이는 창자의 고리가 사타구니 부위로 내려와 돌출될 위험이 있는 질환이었다. 이 질환은 가끔 위험한 합병증으로 이어지고, 가브리엘의 담당의가 정확히 지적했듯이, 수술을 통해서만 교정할 수 있다. 알려진 예외는 극히 드물고, 조산한 여아 환자들이 이 특별한 경우에 해당했다.

그렇지만 가족들은 하나님이 수술 없이 아이를 도와주시도록 계속 기도했다. 의사는 예정되었던 수술 시간보다 약 45분 뒤에 다시 나타나 사진을 보여 주었다. "여러분은 여기 전에 탈장이 있던 곳에서 흉터 조직을 볼 수 있을 겁니다. 그런데…가브리엘은 저절로 치유된 게 분명해요. 마치 누군가 이미 수술을 한 것 같군요."

"주님이 가브리엘을 치유하셨어요." 가브리엘의 아빠인 엘리엇이 고백했다. 전에 서혜부 탈장은 수술 없이는 사라질 수 없다고 설명했던 의사도 이 점을 인정했다. 가브리엘의 엄마 하모니는 이런 일이 자주 일어나느냐고 간호사에게 물었다. 간호사는 대답했다. "우리는 이런 일을 기적이라고 부릅니다."

종양 치료

몇 년간 임신을 시도했지만 성공하지 못하다가 하나님의 역사로 임신한 엄마의 예는 아주 많다. 예를 들어, 15년간 출산하지 못했다가 기도한 직후 임신한 예다.[13] 또 다른 예는 산드라 리베라(Sandra Rivera)의 예다. 1997년 리베라의 의사들은 임신을 불가능하게 만드는 뇌하수체 종양을 발견했다. 뇌 속에 자리한 종양의 위치 때문에 의사들은 수술 치료를 제외했다. 이 일이 일어난 직후, 리베라는 그리스도께 자신의 삶을 헌신했고 아이를 낳을 것이라는 예언을 받았다. 최초의 진단을 받고 나서 1년 반 후에 진행한 검사 결과, 종양이 자라나고 있음을 확인했다. 그러나 리베라는 하나님이 말씀하셨다는 믿음을 포기하지 않았다. 1997년 밸런타인데이에 리베라의 새로운 검사 결과를 검토하던 의사는 혼란스러워 보였다. 의료 보고서에 따르면, 종양이 있던 자리에 작은 구멍이 남기는 했지만, 종양 자체는 사라지고 없었다. 그 뒤로 리베라는 두 아이를 낳았다.[14]

특별한 돌봄이 필요한 아이의 입양

젊은 시절에 격투기 세계 챔피언 선수였던 제프 더빈(Jeff Durbin)은 「모탈 컴뱃」(Mortal Kombat: Live Tour, 1995)에서 조니 케이지를 연기했고, 「닌자 거북이」(Teenage Mutant Ninja Turtles)에서 미켈란젤로와 도나텔로 역을 맡아 연기했다. 회심한 후, 제프는 이제 애리조나에 있는 아폴로기아 교회(Apologia Church)의 목회자로 사역 중이다. 제프 목사와 그의 아내 캔디는 태아 검사를 통해 특별한 돌봄이 필요한 한 아기를 입양하기로 결정했다. 두 사람을 다 아는 한 친구를 통해 제프의 공개적인 간증에 수복한 뒤, 나

는 제프를 만났다.¹⁵

그들이 입양하기 원했던 남자아이는 모태에 있는 동안 공식적으로 이분척추증을 진단받았다.¹⁶ 아기의 생모는 나머지 임신 기간에 일주일에 한 번 이상 의사를 만나야 했다. 여러 차례의 초음파검사를 통해 아기가 어떤 상태인지 명확해졌다. 아기는 이분척추증의 네 번째 최악의 형태보다 조금 더 나은 상태였다. 아기가 태어난 뒤 의사들은 척추의 노출된 부분을 봉합해야 했다. 그래서 의사들은 아기가 2주 내지 6주 동안 병원에 입원해야 할 것이라고 예상했다. 의사들은 아이에게 있는 척추의 구멍 때문에 아이가 태어난 뒤에도 더빈 부부가 아이를 직접 붙잡지 못할 것이라고 경고했다. "의사들은 또한 초음파에서 확인된 합병증으로 인해 가급적 뇌 지름술을 시행하기로 계획했습니다." 제프가 내게 해 준 말이다.¹⁷

세계 곳곳에 있는 그리스도인들이 이 아기의 온전한 건강 회복을 위해 기도하기는 했지만, 기도에 대한 응답은 기대 이상이었다. 아기 오거스틴은 신생아 중환자실에 있어야 한다고 예상되었지만, 제프와 캔디가 병원에 도착해 아기를 보았을 때, 그들은 누군가 오거스틴을 붙잡고 있는 장면을 보았다. 이런 장면은 가능하지 않을 것으로 여겨졌는데 말이다. 간호사는 미소를 지으면서 포대기를 펼치고 오거스틴을 뒤집었다. 오거스틴의 등은 이미 건강한 상태였다. 제프와 캔디는 깜짝 놀라 말문이 막혔다가 다시 하나님을 찬양하기를 반복했다. 그들은 이 일을 어떻게 이해했을까? 다른 모든 사람처럼, 제프와 캔디는 초음파 결과를 보았다. "이런 일을 어떻게 설명해야 할지 모르겠군요." 간호사가 자진해서 말했다.

간호사의 설명에 따르면, 오거스틴이 태어난 뒤 의료진은 수술 준비를 완료한 상태였다. 그러나 오거스틴이 도착했을 때 그들은 오거스틴을 뒤집으며 말했다. "설명할 수 없는 일이군." 그들은 오거스틴을 계속 검사했지만, 오거스틴에게는 노출된 척추가 전혀 없었다. 30년 이상의 경험을 가진 한 의사는 아이를 다시 뒤집으며 어리둥절한 표정이었다. 의사가 생모에게 말했다. "정상입니다. 배 속에 다른 아이가 있는 건 아니죠?" 한 동료가 "이와 비슷한 일을 본 적이 있나요?"라고 물었을 때, 그는 고개를 가로저었다. "30년 넘게 일했지만, 이런 일은 난생처음 보았습니다."

가시적인 성장

캐슬린 브라툰(Kathleen Bratun)과 마이클 브라툰(Michael Bratun)은 초음파 검사 결과, 출산 전 태아 브리엘에게서 비정상적 성장을 확인했기 때문에 고위험군 의사를 소개받았다.[18] 브리엘의 팔이 너무 짧았기 때문에 의사들은 잠정적으로 심각한 합병증을 초래할 수도 있는 왜소증의 한 형태인 연골 무형성을 의심했다. 20주 무렵에 의사는 낙태를 권유했지만, 캐슬린과 마이클은 모든 인간의 생명은 소중하다는 입장을 고수했다. 그들은 일주일에 세 번, 세 번째는 전신 초음파검사를 통해 태아 모니터링을 시작했고, 기적이 일어나길 계속 기도했다. 의사는 36주에 위험한 태반의 역류 현상 때문에 한 달 빨리 인공적으로 자연분만을 유도하기로 결정했다.

예상과는 반대로, 브리엘은 건강하게 태어났고 혼자 힘으로 호흡할 수 있었다. 하지만 사진과 의료 보고서가 증명하듯이, 브리엘의 위쪽 팔은 여전히 짧았다. 브리엘이 6개월쯤 되었을 때, 소아과 의사는 더 많은 검사를 하자고 요청했다. 합병증 가능성 때문에, 단순 관찰만으로는 충분하지 않았다.

일요일 아침 예배 중에, 자신이 기도할 때 다른 사람들이 치유되는 장면을 본 캐슬린은 새로운 믿음을 갖고 브리엘을 위해 기도했다. 그리고 캐슬린은 명령했다. "예수님의 이름으로 명한다. 팔아, 자라나라!" 캐슬린이 지켜보는 동안 브리엘의 팔이 갑자기 길어졌다. 브리엘의 팔꿈치 끝이 이제 재킷 밖으로 살짝 보였다. 그래서 캐슬린은 간청했다. "주님, 다시 한번 해 주세요." 그러자 팔이 두 번째로 자라나면서, 브리엘의 팔꿈치 전체가 밖으로 나왔다. 며칠 후 캐슬린이 브리엘을 데리고 소아과 의사에게 갔을 때, 의사는 깜짝 놀라며 공식적으로 선언했다. "와, 브리엘의 팔이 길어졌네요! 브리엘은 검사받을 필요가 전혀 없어요."

간 질환

몇 년 간격을 두고 태어난 아이오와주 클린턴(Clinton)의 캐머런 스터츠(Cameron Sturtz)와 케이든 스터츠(Caden Sturtz)는 글리코겐 저장 질환인 IXa를 앓았다. 치료가 불가능하고 희소한 유전적 간 질환이었다. 그 아이들의 경우에는 독특한 특징도 있었다. 아이들의 엄마 코린(Korene)의 전언에 따르면, 캐머런과 케이든은 규칙적으로 특별한 영양을 공급받았지만, 의사는 걱정했다. 아이들의 간은 점점 철분 저장이 불가능해지는 상황이었고, 동맥은 굳고 있었다. 캐머런의 근육은 너무 약해져 가끔 걸을 수도 없었다. 캐머런의 간은 정상 크기보다 다섯 배까지 비대해졌고, 비장은 두 배로 늘어났다. 캐머런의 간 손상은 경화증에 거의 근접했다. 심장 효소가 정상보다 세 배나 높았던 동생 케이든은 훨씬 더 심각한 증세를 보였다. 케이든은 음식을 토할 수밖에 없었기 때문에 영양실조에 걸렸다. 케이든은 매주 응급실을 가야만 했다.

아이들의 아빠 대린(Darin)은 엄마 코린에게 하나님이 아이들을 어떻게 치유하시든 기꺼이 받아들여야 한다고 도전했다. 이생에서든 혹은 아이들을 천국의 집으로 데려가시든 말이다. 코린은 천국의 집으로 데려간다는 대린의 생각에 화를 내며 맞섰다. 하지만 일리노이주 로셸(Rochelle)에서 열린 한 부흥회에서, 마침내 코린은 모든 것을 내려놓았다고 하나님께 고백했다. 하나님이 아이들을 치유하시든 데려가시든, 코린은 하나님을 찬양할 것이다. 그때 코린은 하나님이 이렇게 말씀하신다고 느꼈다. "이제 네가 나를 통제하려는 마음에서 벗어났으니, 가서 아이들을 데려오너라. 내가 오늘 밤 네 아이들을 치유할 것이다." 같은 예배에서 대린과 코린의 큰아이 매디슨(Madison)은 고통받는 사람들을 위해 기도하기 시작했고, 기도하는 동안 뼈가 눈에 띄게 움직이는 것을 보았다. 매디슨은 어린 두 동생에게 손을 얹었고, 두 소년은 모두 하나님이 방금 전 자기들을 치유하셨다고 확신했다. 한 주 뒤, 아이들의 혈액에 대한 의학적 검사를 통해 혈액 수치가 정상임을 확인했다. 아이들의 간과 비장도 이제 정상 크기였다. 캐머런의 치유는 즉각적이고 완벽했다. 케이든의 치유는 동시에 시작되었지만, 몇 가지는 훨씬 점진적인 특징을 보이며 회복되었다.

이 질병은 덜 심각한 경우에, 성인이 되기 전 점차 증상이 사라지기도 한다. 하지만 우리는 이런 일이 두 형제에게 동시에 시작되리라고(또 한 사람의 경우에는 완전히 회복되리라고) 기대하지는 않을 것이다. 또한 두 형제의 경우, 특히 케이든의 경우에 성인이 될 때까지 생존할 것이라는 보장이 없었다. 두 소년이 태어날 때부터 치료 경과를 지켜본 소아과 의사 네루 아가르왈(Neeru Aggarwal) 박사는 이제 온라인의 한 영상 자료에서 이렇게 증언한다. "이것은 기적입니다."[19]

예수께서 출혈을 치유하시다

마가복음 5:25-34에서 예수님은 장기간의 출혈로 고생하던 한 여성을 치유하신다. 인도에 있는 한 신학교를 방문했을 때, 신학생 시암 지반 바부(Syam Jeevan Babu)는 자기 어머니의 경험을 나에게 공유해 주었다. 세 명의 아이들이 모두 죽은 후, 그의 어머니는 몇 년 동안 출혈 때문에 고생했다. 다른 신들에게 간청했는데도, 어머니는 치유되지 않았다. 마침내 시암의 어머니는 예수님께 기도했고, 예수님은 그녀를 치유하신 뒤 사역에 헌신할 한 아들을 주겠다고 약속하셨다. 시암이 바로 그 아들이다.[20]

✷ ✷ ✷

이 사건들은 단순히 유아나 어린아이들의 치유에 관한 여러 보고의 표본일 뿐이다. AIDS 치유[21]나 자궁 안에서의 회생[22]과 같은 여러 보고는 이 사건들보다 한층 더 극적이다. 만약 이 보고들이 특별한 신적 행동의 사례일 가능성을 보여 주기에 충분히 구체적이지 않다고 생각하는 독자들이 있다면, 아마 이 책 3부에 나오는 여러 진술은 더 많이 고려해 볼 만하다.

3부 영상 자료와 의사들의 보고

오늘날 의사들은 치료를 증명하기에 특별히 적절한 자격을 갖춘 전문가들이다. 일어난 치료가 신적인 것인지는 신학적 질문이지만, 치료가 진짜 발생했는지에 관한 여부는 의학적 질문이다. 물론 치료를 증명하기에 다른 이들보다 훨씬 잘 준비된 의사들도 있고, 또 이런 치료를 다른 이들보다 훨씬 흔쾌히 기적이라고 부르는 의사들도 있다. 하지만 의사들의 보고는 한때 어떤 질환이 있던 사람에게 더 이상 그 질환이 없는지 여부를 보여 줄 수 있다. 이 책의 나중 부분에서도 여러 의사들의 보고를 주목하겠지만, 여기서는 의사들의 보고를 이전 장들보다 더 많이 인용한다. (나는 유아의 치유나 뇌 회복처럼 종류별로 사건을 묶는 섹션과 영상 자료 및 의료 보고서에 초점을 맞춘 섹션 사이를 절충하려고 했다. 당연히 몇 가지 중복된 부분이 있고, 몇 가지 진술을 다른 섹션에 두기도 했을 것이다.)

진행하기에 앞서, 나는 일부 비판자들이 심지어 여러 의료 기록에 대해 제기하는 한 가지 반대에 대답해야 한다. 일부 회의론자들은 기적을 믿는 의사들이 작성한 의료 보고서가 편향되었다면서 일축하고 싶어 한다. 하지만 이러한 접근 자체가 편향적인 방식으로 자기에게 유리한 판을 짜는 것이다. 즉 그들의 접근은 기적을 불신하는 사람들, 당연히 회복을 기적으로 규정하기를 주저하는 사람들이 제시하는 증거만 받아들인다. 일반적으로 우리는 이런 식의 논리를 따르지 않는다. 예를 들어, 양심의 자유를 허용하는 나라들은 일반적으로 증인에게 법적 증거를 제시하기 전에 자신의 신념 체계를 부정하라고 요구하지 않는다. 증인들의 신념 체계가 유신론이든, 무신론이든, 혹은 다른 어떤 것이든 상관없다. 대부분의 의료 기록에서, 우리는 실제로 의사들이 개인적으로 어떤 신념을 갖고 있는지 알지 못한다. 물론 가톨릭의 루르드(Lourdes) 성지 같은 몇몇 상황에서 조사자들은 다른 신앙을 가진 전문가나 무신론자인 여러 전문가의 판단을 의도적으로 구하지만 말이다. 의료 기록에서 중요한 쟁점은 의사의 신학적 견해가 아니라 전과 후의 상태에 대한 의학적 검증이다. 3부에서 우리는 "더 확실한" 증거라고 여겨지는 것, 곧 영상 자료와 의사들의 보고를 검토한다. 의사들은 어떻게 말할까?

8장

영상 자료에 치유 상황이 포착된 적이 있는가?

몇 해 전, 휘튼 대학(Wheaton College)에서 기적이라는 주제를 놓고 공개 강연을 했을 때, 그곳에 있던 한 과학 교수는 치유 상황이 왜 한 번도 영상 자료에 포착된 적이 없느냐는 합리적인 질문을 던졌다. 간단하게 대답하자면, 기적이 벌어지는 상황을 포착한 영상 자료가 가끔 있다는 것이다. 그 뒤로 나는 많은 치유 영상 자료를 발견했다. 불행하게도, 진짜인지 확실하지 않은 많은 영상 자료가 온라인에 게시되어 있다. 사기꾼이 치료를 직접 조작할 수 있듯이, 충분한 자금과 기술을 갖춘 부도덕한 장사꾼들이 영상 자료를 조작할 수 있기 때문이다. 하지만 몇몇 경험은 합리적으로 조작될 수 없고, 영상 자료는 가끔 이런 치료를 입증하는 데 도움이 될 수 있다. 8장에서 나는 한 가지 특별한 사례를 집중적으로 훨씬 더 상세히 설명한다.

다리의 감각

한 음주 운전자가 일으킨 끔찍한 자동차 사고에서 부상을 입은 델리아 녹스(Delia Knox)는 신경 손상 때문에 22년 이상 휠체어에 갇혀 있었다.[1] 녹스는 널리 알려진 가수였기 때문에, 이 기간에 그녀의 마비 사실은 대중적 뉴스로 다루어졌다. 지금도 온라인에서 널리 볼 수 있는 많은 신문 기사와 영상 자료에서 이 사실을 확인해 준다. 녹스는 오랫동안 치유를 위해 기도했지만, 10년 뒤에는 희망을 잃어 가기 시작했다. 그녀는 치유 집회를 두려워하게 되었는데, 이런 집회에서는 선의를 품었지만 분명 성급한 목사들이 가끔 녹스가 걷기를 기대하면서 휠체어에서 그녀를 구해 내려고 시도했기 때문이다.

그런데 어느 날 밤, 많은 사람이 모인 한 수련회에서 부흥사 네이선 모리스(Nathan Morris)는 녹스를 위해 기도했다. (모리스가 기도했을 때 다른 사람들도 치유를 경험했다.)[2] 22년간 아무것도 느끼지 못했던 녹스는 갑자기 다리에서 무언가를 느끼기 시작했다. 녹스의 남편과 다른 목사들이 그녀를 도와 부축했을 때, 녹스는 걷기 시작했다. 영상 자료는 이 첫걸음을 포착했다. 인터넷의 비판자들은 녹스가 걷기 위해 부축이 필요했다고 비웃었지만, 이는 22년간 한 번도 움직인 적 없는 두 다리를 녹스가 통제하고 있었다는 사실을 무시하는 처사였다. 녹스의 근육은 여전히 위축되어 있었고, 그래서 녹스는 어떻게 걷는지 다시 배워야 했다.[3]

또 다른 영상 자료는 3주 후 녹스가 교회 예배당으로 당당하게 걸어와, 다른 사람들의 치유를 위해 차분하게 기도할 준비를 하는 모습을 보여 준다. 이제 비판자들은 어떻게 반응했을까? 일부 비판자들은 어떤 사람의 근육이 22년간 위축된 뒤 그렇게 빨리 걸을 수 없었을 것이라고 비웃었다. 이

비판은 이전의 불평과 정반대일 뿐만 아니라 핵심을 놓쳤다. 완고한 회의론자들은 무엇이든 자연적으로 일어날 수 있는 일을 기적이라고 부르려고 하지 않으면서도, 하나님이 자연적으로 일어날 수 없는 어떤 일을 행하실 때는 이와 같은 일이 불가능하다고 부정한다.

22년이 지난 뒤에 마비가 사라진 일을 어떻게 설명할 수 있을까? 녹스는 이제 분명히 걸을 수 있기 때문에, 일부 인터넷의 비판자들은 녹스가 치유되었음을 주장하기 위해 22년간 마비된 것처럼 속였을 뿐이라고 주장했다. 그들은 실제로 어떤 사람이 단순히 나중에 기적이 일어났다고 주장하기 위해 공개적으로 걷지 않은 채 20여 년 이상 견뎠을 것이라고 주장한 셈이다! 이런 식의 회의적 추론은 나에게 한 가지 확신만 더 심어 주었다. 곧 몇몇 강경한 회의론자들은 믿지 않기 위해 어떤 일도 서슴지 않는다는 점이다. 어떤 사람들은 증거를 요구하지만 실제로 어떤 증거를 받아들일 만큼 충분히 마음이 열려 있지는 않다. 나는 회심 이전에 무신론자였지만, 증거가 인도하는 곳이라면 어디든 따라갈 만큼 진리를 충분히 중시했다. 가짜 기적은 존재하지만, 녹스의 기적은 그런 식으로 규정될 수 없다.

델리아 녹스의 친구들

델리아 녹스가 과거에 가진 장애는 문서로 잘 기록된 공적 사실이었다. 하지만 그와 같은 문서에 접근할 방법이 부족했을 때도, 나는 그녀를 알고 있는 사람들을 만났다. 그녀의 오랜 친구 중 하나가 내 친구에게 그 소식을 공유했기 때문에 나는 녹스의 이야기를 처음 들었다. 뉴욕주 로체스터(Rochester)에 있는 노스이스턴 신학교(Northeastern Seminary)의 한 수련회에서 강의하던 무렵에, 나는 더 상세한 내용을 알게 되었다. 내가 그때까지 알던 녹스의 이야기를 언급했을 때, 녹스의 고향인 뉴욕주 버펄로에서 온 밥 타이스(Bob Tice) 목사는 직접 목격한 이야기와 함께 내가 알지 못하던 여러 세부 내용을 전해 주었다.[4] 타이스는 버펄로 도심에서 새로운 교회를 개척하기 전에, 버펄로에 있는 녹스의 고향 교회인 태버내클(Tabernacle)의 목회자로 사역했다. 녹스에게는 장애가 있었기 때문에, 타이스는 종종 그녀가 찬양할 때 연단 위로 올려 주는 일을 도왔다. 타이스는 녹스가 육체적 곤경에 맞서 얼마나 단호하게 노력하는지 보았다.

타이스는 토미 리드(Tommy Reid) 주교와 나를 연결해 주었는데, 당시 여든네 살의 리드 주교는 버펄로에서 녹스가 다니던 태버내클 교회의 전임 목사였다.[5] 최근 수십 년 동안 리드는 버펄로시의 도시 부흥을 앞장서서 도왔다. 나는 다음 두 주 동안 여행을 하고 있었기 때문에 리드와의 전화 통화를 미루었다. 그런데 2016년 7월 8일, 금요일 오후에 당장 전화를 걸어야 한다는 조바심을 느꼈다. 놀랍게도, 리드는 바로 그 순간 녹스와 그녀의 남편이 건너편에 앉아 있다고 설명했다. 그들은 우연히 버펄로를 방문했던 것이다. 그래서 나는 녹스와 직접 이야기를 나눌 수 있었다.

리드 주교는 여러 해 동안 델리아 녹스를 잘 알고 있다고 설명했다. 녹스는 리드에게 작은딸과 같았고, 리드의 친딸은 녹스를 항상 여동생이라고 부른다. 녹스는 종종 리드의 사역팀과 함께 여행하면서, 휠체어에 탄 채 찬양했다. 리드는 어린 시절에 소아마비에서 치유되었고 특별한 기적을 많이 목격했지만, 녹스는 20년 이상 걷지 못했기 때문에, 이제 녹스의 치유는 자기가 직접 경험한 가장 특별한 기적이라고 생각했다. "기적이 일어나기 전에, 녹스는 누군가 다리에 못을 박더라도 느끼지 못했을 것입니다." 리드가 설명했다. 녹스가 남편 레비 녹스(Levy Knox) 주교를 만났을 때, 그녀는 휠체어를 탄 채 리드의 교회에서 찬양하는 중이었다. 리드 주교는 두 사람의 결혼식을 집례하기도 했다.

델리아 녹스는 휠체어를 타고 있었기 때문에, 리드 주교가 녹스와 눈을 마주치려면 무릎을 꿇어야 했다. 기적이 일어난 뒤 녹스가 버펄로로 돌아왔을 때, 리드는 처음으로 그녀와 눈을 마주치던 그날의 감정을 나에게 설명하려고 했다. "녹스의 얼굴을 처음으로 직접 보았던 그 순간을 결코 잊지 못할 겁니다. 녹스는 휠체어에 짐을 싣고 휠체어를 밀면서 비행기에서 걸어 내려왔어요."

나는 6월에 로체스터에서 열린 수련회에서 강의한 적이 있다. 다음번에는 어느 감리교 부흥회에서, 7월에 녹스의 이야기를 다시 언급했다. 내가 알던 이야기를 전했을 때, 거기서 그레고리 헬린스키(Gregory Helinsky)라는 이름의 목사는 10년 동안 버펄로에 있는 토미 리드의 교회에 출석했다고 나에게 알려 주었다.[6]

헬린스키는 그 교회의 음악 사역에 참여했고 녹스의 장애를 알았다. 그는 녹스가 특별히 "보기 드문 목소리를 가진 성령 충만한 하나님의 딸"이라고 생각했다. 녹스는 그 교회에서 자주 찬양했지만, 그녀의 사역은 찬양에서 그치지 않았다. 하나님의 사랑에 대해 이야기할 때, "녹스는 활기차고 유쾌했어요. 할 수만 있었다면…노래만이 아니라 기꺼이 춤도 추었을 겁니다!"

헬린스키가 볼 때마다 매번 녹스는 휠체어에 갇혀 있었다. 몇몇 사람들이 많은 노력을 기울여 녹스를 휠체어에 태우고 연단 위로 밀거나 들어 올렸다. 녹스가 다리를 움직일 수 있다는 징후는 전혀 없었다. "내가 아는 한, 휠체어는 녹스의 일부였어요."

몇 년 후 오하이오로 이사한 뒤, 헬린스키는 휠체어를 버리고 걸을 수 있게 된 한 여성의 영상 자료를 페이스북에서 보았다. 이 여성이 델리아 녹스라는 사실은 분명했다. 너무나 놀라운 일이었기 때문에, 헬린스키는 버펄로에 있는 교회에 여전히 출석하면서 약 20년간 안내자로 봉사하는 장인과 장모에게 전화를 걸었다. "맞아! 하나님의 기적적인 손길 덕분에 델리아는 이제 걸을 수 있게 되었어." 장인과 장모가 그 사실을 확인해 주었다.

훨씬 나중에 뉴욕주에 있는 호턴 대학(Houghton College)에서 초청 강연에 참석했을 때, 그 강의실에 있던 다른 어떤 사람도 녹스를 알았고 그녀의 치유에 대해 직접 증언했다.[7] 물론 그 시점에 추가 인터뷰는 불필요해 보였다!

영적 상황에 대한 뒷이야기

델리아 녹스가 치유되기 오래전, 그녀의 교회를 거쳐 갔던 여러 사역자는 녹스가 언젠가 치유될 것이라고 예언했다. 장애를 가진 모든 사람에게 했던 예언은 아니었지만, 녹스와 관련해서 성령이 주신 일관된 인식이 있었다. 리드 주교는 종종 녹스의 친구들이 대부분 실제로 녹스가 치유될 것이라고 확신한다는 사실을 상기시켰다. 물론 시간이 흐르면서 예언은 희미해졌다. 동생 이니드(Enid)는 "언니가 천국에서 치유될 것이라고 생각했다"라고 설명한다. 그런데 녹스가 치유되기 한 달 전쯤, 어떤 사람이 이니드에게 전화를 걸어 녹스가 치유될 것이라고 다시 뜻밖의 예언을 했고, 이번에 이니드는 이 예언에 대해 다른 느낌을 받았다. 녹스는 현세에 치유될 수도 있을 것이다.[8]

치유되던 그날 밤, 델리아 녹스는 아픈 아기에게 깊은 동정심을 품었다. 녹스는 자신의 치유를 위해 기도하지 않았지만, 아기를 위해 기도했을 때 다리에 느낌이 돌아오기 시작했다. 녹스와 그녀의 남편은 동정심이 기적을 일으키는 데 도움이 되었다고 믿는다. 다리에 느낌이 돌아왔을 때, 녹스에게는 믿음을 가지고 가급적 최선을 다해 두 다리를 움직여 보려고 애쓰는 동시에, 혹시 넘어지더라도 사람들이 어떻게 생각할지 신경 쓰지 않는 겸손함이 필요했다.

믿음의 시험은 22년간의 장애나 예배 중간에 보여 준 믿음의 행동에서 끝나지 않았다. 이제 신경은 기능을 발휘했지만, (머리말에서 기술한) 바버라 커미스키 스나이더의 치유와 대조적으로, 오랫동안 사용하지 않은 녹스의 근육은 여전히 위축되어 있었다. 예배가 끝난 후 집으로 왔을 때, 녹스는 다시 걷지 못했다. 그녀는 교회 일요일 예배에서도 걷지 못했다. 녹스는 믿음 가운데 새로 얻은 운동 능력을 계속 훈련하면서, 정상적으로 걷기에 충분할 정도로 근육의 힘을 길러야 했다. 일단 걸을 수 있게 된 뒤에도, 땅을 딛고 서는 데 익숙하지 않은 녹스의 다리는 처음에 계속 고통스러워했다. 하지만 이내 그녀는 다시 걸었다.

치유되고 나서 몇 주 뒤, 녹스는 고향 교회를 방문하러 갔다. 어머니와 만날 수 있도록 녹스를 인도하면서, 리드 주교는 녹스의 어머니에게 말했다. "녹스가 걷는 모습을 보면 분명 감격스러울 겁니다!" 그날 녹스의 어머니는 20년 만에 처음으로 녹스가 걷는 모습을 보았다. 어머니는 "녹스가 치유될 줄 알았어요. 항상 그럴 거라고 생각했어요"라고 대답했다. 오랫동안 휠체어를 타고 다니는 녹스를 보았던 천여 명의 사람들이 이제 녹스의 고향 교회에 모여 치유를 기뻐했다.

다른 많은 치유의 예들이 영상 자료에 포착되었고,[9] 그중 일부는 기적에 관한 나의 이전 책에서도 언급되었다.[10] 하지만 델리아 녹스는 수십 년간 휠체어를 타고 공개석상에 나타났기 때문에, 그녀의 사례는 특히 눈에 띈다. 앞서 설명했듯이, 융통성 없는 어느 회의론자는 실제로 녹스가 틀림

없이 20년간 장애라고 속였고, 그래서 나중에 치유를 주장할 수 있었다고 온라인에 게시했다. 이것이 강경한 회의론자가 수집할 수 있는 최상의 공적 논증이라면, 회의주의는 살얼음판 위를 걷고 있는 셈이다.

9장

의학적으로 입증된 가톨릭의 치료

부분적으로 중세 후기 기독교의 맹신과 가짜 유물에 대해 개신교에서 대체로 정당한 항변을 제기했던 까닭에, 로마 가톨릭교회에서는 치유 주장을 검증하기 위해 엄격한 규약을 마련하기 시작했다. 가끔 이 규약은 너무 엄격해서 아마 우리가 기적이라고 여겼을 대부분의 사건조차 고려하지 않고 배제할 정도였지만, 이런 접근을 취한 덕분에 이런 조건 아래서 검열을 통과한 기적에 관한 보고는 아주 높은 수준의 확실성을 갖는다. (로마 가톨릭 배경에서 발생한 다른 치료는 이 책의 다른 곳에 나온다. 부분적으로 각 장을 간결하게 유지하기 위해 나는 3부의 다른 치료와 이 장을 분리한다.)

나는 이미 6장에서 1656년에 의학적으로 검증된 파스칼의 조카딸의 치유에 대해 언급했다. 지난 400여 년 동안, 로마 가톨릭교회에서는 성인들을 비롯한 여러 인물과 관련된 1,400건 이상의 기적을 보고했는데, 대개 상당히 많은 증언과 의료 기록이 첨부되었다.[1] 나는 개신교인으로서 이런 치유와 결부된 모든 신학[2](혹은 이 문제에 관해, 이 책에 진술된 다른 많은 치유와 결부된 모든 신학)을 공유하지는 않는다. 하지만 하나님께 직접 드려진 것이든 암묵적으로 드려진 것이든, 하나님이 자녀들의 절박한 외침을 들으신다고 나는 믿는다. (어떤 사람들이 이전 저서에 대한 반응으로 이의를 표명했기 때문에 잠시 이 반론을 언급한다.)

사실, 당시에 상당히 논란이 분분한 측면이 있었는데도, A. B. 심슨 같은 19세기의 저명한 여러 복음주의자도 이와 같은 로마 가톨릭의 기적이 참되다는 사실과 신적 특징을 인정했다. 물론 일부 가톨릭 신학에는 동의하지 않았지만 말이다.[3] (만일 하나님이 신학적으로 정확한 기도에만 응답하신다면, 아마 특정한 신학적 신념을 지닌 소수의 사람들만 치유를 받을 것이다.) 개신교인들도 루르드의 가톨릭 성지에서 치유가 일어났다고 보고했고,[4] 루르드에 관한 중요한 20세기 출판물 중 하나는 루르드에 호의적인 개신교 저자가 썼다.[5]

이와 같은 현상은 그리스도인들에게만 국한되지 않는다. 한 우호적인 무신론 의학 역사학자는 입수 가능한 가톨릭의 의료 기록에 관해 가장 철저한 최고의 연구서를 저술했다. 성인들의 은덕에 의한 것으로 인정된 과거의 치유 사례에 관한 의학적 증거를 검토한 뒤, 이 의학 역사학자는 이 중에 상당수가 기적이었음을 인정하면서, 기적이란 그 시대에 치료 불가능한 질병의 치료라고 정의한다.[6]

가톨릭의 다양한 보고

바티칸의 관련 서류에 있는 백 가지 이상의 사례에서, 의사들은 설명이 불가능한 환자의 회복에 대해 놀랍다고 인정했다.[7] 나는 이 장에 소수의 보고서 표본만 포함한다. 예를 들어, 1824년에 앤 매팅리(Ann Mattingly)는 "'등에 생긴 궤양'으로 7년간 고생했고, 비둘기 알 크기만 한 '종양'을 갖고 있었다." 당시에 앤은 의료적 도움을 받을 수 없는 상황으로 여겨졌지만, 1824년 3월 10일, 워싱턴에서 성만찬을 받은 후 몇 시간 안에 회복되었다. 서른다섯 개의 진술서는 앤의 질병과 회복이 사실임을 확증했다.[8]

두 살 먹은 테리사 베네딕타 매카시(Teresa Benedicta McCarthy)가 1987년 3월 20일, 치사량의 16배에 달하는 타이레놀을 삼켰을 때, 매사추세츠 종합병원(Massachusetts General Hospital)은 간 이식을 받지 않을 경우 테리사는 죽을 것이라고 경고했다. 자신과 같은 이름을 가진 성인의 중보를 요청하는 기도를 며칠간 드린 뒤, 테리사의 간과 신장은 이식 없이 완전히 회복되었다. 테리사의 주치의이자 하버드 의과대학(Harvard Medical School)의 소아과 부교수인 로널드 클라인먼(Ronald Kleinman) 박사는 유대인이었다. 그는 테리사의 치료를 "기적"이라고 인정하면서, 바티칸과 〈CBS 이브닝 뉴스〉(CBS Evening News)와의 1997년 인터뷰에서 이 치료에 대해 보고했다.[9]

북런던 콕포스터스(Cockfosters, North London)에 있는 크라이스트 더 킹(Christ the King) 베네딕투스 수도원 원장인 베네딕트 헤론(Benedict Heron)은 여러 치료 사례를 진술하면서 의사들의 소견을 제시한다. 예를 들어, 척추의 악성종양으로 병상에 누워 있던 한 의사의 경우, 다른 의사들은 나을 희망이 없다며 그의 치료를 포기했다. 그 뒤에 영국의 어느 가톨릭 은사주의 기도 모임에서 온 여성들이 그에게 성유를 바르고 나서 그는 치유되었다. 척추의 악성종양이 이와 같이 많이 진행된 후기 단계에서 저절로 사라졌다는 보고는 없다.[10] 또 다른 사례에서, 헤론의 저서에 관여한 의학 편집자들은 "몇 차례 심장마비를 겪은 후 폐에 액체가 차는 심각한 심부전은 거의 예외 없이 정상 생활이 불가능한 상태를 초래하고 결국 죽음으로 이어진다"라고 설명한다. 그런데 의학 편집자들은 완전히 치유된 한 사례를 보

고한다.[11]

빅터 아그베이보르(Victor Agbeibor)는 의사로, 그의 아내 캐트렐(Catrell)도 마찬가지로 의사다. 그들 부부와 나는 약 30년 전, 듀크 대학교(Duke University)에 다닐 때부터 알고 지내던 사이다. 그들은 초교파 교회에 출석하지만, 몇 년 전 빅터가 가나에서 심하게 아팠을 때, 한때 그의 어머니의 학교 친구였던 어느 가톨릭 은사주의 사제가 빅터를 위해 기도했다. 빅터의 말라리아는 너무 심각해서 용혈빈혈로 악화되었다. 적혈구가 파괴되면서 빅터의 소변은 붉은색으로 변해 갔다. 이런 질병에는 수혈과 같은 의료적 치료가 필요했기 때문에 빅터를 가나의 수도 아크라(Accra)로 이송하려던 참이었다. 가톨릭 사제는 이번 여행은 필요하지 않을 것이라고 말했다. 사제는 빅터에게 무릎을 꿇으라고 당부하면서, 자기가 안수하며 기도하겠다고 설명했다. 사제는 기도한 뒤 "당신의 믿음이 당신을 낫게 했습니다"라고 선언했다. 빅터는 이렇게 진술한다. "즉시 열이 내렸습니다. 다음번에 소변을 봤을 때, 소변은 완전히 깨끗했고요. 약은 전혀 필요 없었습니다."[12]

루르드에서 일어난 여러 극적인 치료

루르드를 찾는 대부분의 순례자는 아프지 않고, 아픈 사람들이 대부분 극적인 치료를 경험하는 것도 아니다. 그렇기는 하지만, 아픈 사람들은 루르드에서 영적·정서적 보살핌과 더불어 의료적 보살핌을 받는데, 이 보살핌은 지상의 삶에서 마지막에 직면한 사람들에게 특히 의미 있다. 한 의사는 이렇게 설명한다. "생체의학은 질병의 말기 단계에 내가 만났던 사람들에게 고통 없는 편안한 죽음만 제공할 수 있다. 생체의학은 사람들에게 자신들의 상황을 받아들이고 스스로 하나님을 만날 준비를 하도록 돕지 못한다."[13]

그런데 루르드에서 극적인 치료가 일어난다. 약 7,000여 건에 달하는 여러 치유에 관한 주장을 어떻게 이해하든, (의료 기록을 볼 수 있는) 일부 주장은 인상적으로 보인다. 1878년에 요하힘 데한트(Joachime Dehant)의 오른쪽 다리에 있던 '괴저성 궤양'의 크기는 30센티미터×15센티미터였고, "뼈까지 침투"한 상태였다. 기차에 같이 탔던 동료들이 악취로 인해 욕지기가 나서 토할 정도로 상태가 심했다. 그런데도 루르드의 연못에서 데한트가 두 번째로 목욕했을 때, 데한트는 두세 시간 안에 치유되었고, 상처의 흔적만 남았다. 조사관들은 루르드의 의사들과 데한트를 10년 이상 치료했던 의사들의 증언뿐만 아니라, 함께 여행했던 동료들과 가족, 고향에서 그녀를 알던 다른 사람들의 증언도 수집했다.[14]

결핵은 오늘날에는 치료 가능한 질병이지만, 결핵 치료가 의료국(Medical Bureau)의 보고서에 등장하는 시대에는 의학적 치료가 불가능한 병이었다.[15] 결핵은 가끔 저절로 완화되기도 하지만, 일부 사례는 이러한 자연적인 증상 완화에서 나타나는 특징에 부합하지 않는 것처럼 보인다. 예를 들어, 마드무아젤 브로스(Mademoiselle Brosse)는 커다란 종기가 나서 죽어 가고 있었지만, 몇 시간 안에 완전히 치유되어 상처는 아물었고, 혼자 힘으로 걷게 되었다.[16]

이와 같은 치료를 순전히 자연적으로 설명할 수 있더라도, 다른 사례들은 분명 이러한 설명을 배제한다. 예를 들어, 1938년 8월 28일, 생후 3년 10개월에 '실명'과 '하지 마비'에서 치료된 프랑시스 파스칼(Francis Pascal)의 경우를 생각해 보자.[17] 파스칼의 시력은 일반인보다는 선명도가 떨어지긴 했지만,[18] 치료되기 전에 완전히 실명 상태였던 이 아이는 이내 활발한 독자와 저자가 되었다.[19] 다른 시각장애인들도 기록으로 확인된 기질적 시신경 위축에서 치료되었고, 그 뒤로 시력을 회복했다.[20] 1954년 10월 10일,

실명 상태와 청각장애, 반신마비에서 치료된 마리 비고(Marie Bigot)도 역시 떠올릴 수 있다.[21]

확인된 신체적 원인으로 인해 일할 수 없었고 병약자라고 여겨지던 거의 실명 상태의 서지 페린(Serge Perrin)은 루르드를 방문해, 1970년 5월 1일에 성유를 발랐다. 페린의 시력은 뜻밖에도 몇 시간 내에 완전히 돌아왔고, 그는 도움 없이 걸을 수 있었다.[22] 의사들은 과거에 겪던 의학적 문제의 흔적이 완전히 사라진 상황을 검증했다. 그 이후에도 건강한 상태가 지속된 점을 고려해, 교회에서는 그의 치료를 기적으로 인정했다.[23]

부어오르고 마비 상태에 있던 팔의 즉각적 치유가 의료 기록으로 확인되면서 대중의 관심을 끌었고, 이 사건은 1954년과 1960년에 프랑스에서 텔레비전으로 방송되었다.[24]

앞서 지적했듯이, 루르드의 기준은 아주 엄격해서 상당수의 진짜 치료까지 의심할 여지없이 배제한다.[25] 루르드의 의료국은 의학 검사자들과 신학자들이 모두 완벽하다고 인정하는 극소한 비율의 치료만 공식적으로 인정한다. 설명할 수 없지만 치료되었다고 주장하는 약 7,000여 건 중에 의료국은 70개, 즉 1퍼센트만 기적으로 승인했다. 승인을 얻지 못한 한 사례를 예로 들면, 어느 감리교인 방문자는 (황반 변성으로 인해) 자연적으로는 치료가 불가능했던 실명 상태였는데, 루르드에서 즉각 치유되어 상당히 호전되었다. 물론 여전히 완벽하게 볼 수는 없었지만 말이다.[26]

루르드의 주님?

한 저널리스트가 기록한 여섯 달 동안(1965년 4월부터 10월까지), 다양한 종교적·비종교적 시각을 갖고 32개국에서 모인 약 1,600명의 의사들이 루르드의 의료국을 방문했고, 거기서 직접 증거를 조사했다.[27] 유아들과 불신자들이 치유되었다는 사실 때문에 이 사례들에서 순전히 정신신체적 설명을 배제하게 된다.[28] 초자연적 설명을 지지하는 데는 신중한 태도를 취하지만, 기도가 정신-신경면역학적, 생화학적 치유를 자극했을 가능성이 있다고 강조하는 다른 관찰자들은 현재의 의학 수준으로는 여전히 이 치료 중 상당수를 설명할 수 없다는 사실을 인정한다.[29]

1902년에, 기적을 믿지 않았지만 자신의 환자들이 루르드에서 치료된 사실을 알게 된 알렉시 카렐(Alexis Carrel)은 조사를 하기로 결심했다. 카렐은 기차에서 죽어 가는 소녀 마리 베일리(Marie Bailly)를 돌보았는데, 그 소녀도 루르드로 여행 중이었다. 복부는 부어 있었고, 복막염에 걸린 베일리는 죽은 듯 창백했고 뼈만 앙상했다. 알렉시 카렐은 베일리가 언제든 죽을 위험에 처해 있다고 믿었다.[30] 루르드에서 베일리는 거의 맥박이 없는 상태에서 들것에 실려 기차에서 내렸다. 그런데 베일리는 치료되었고, '종양'이 눈앞에서 사라지는 현상을 본 의사들은 '혼비백산'했다. 깜짝 놀란 한 의학 관찰자는 이런 심각한 고통이 "여기 기록된 사례처럼 몇 시간 안에 [자연적으로] 치료된 적은 한 번도 없었다"라고 덧붙였다.[31] 당시 카렐은 기적에 관심이 있었기 때문에, 리옹 대학교(University of Lyon)의 의대 교수들은 1905년에 그를 신임하지 않았다. 결국 카렐은 대신 록펠러 연구소(Rockefeller Institute)에 합류해 1912년에 노벨 생리의학상을 받았다. 치유에 관한 카렐의 회고록은 나중에야 발간되었다.[32] 비록 카렐은 초자연적인 설명을 배제했지만, 의학적 치료에 사용할 수 있는 루르드의 요소를 과학이 연구해야 한다고 믿었다.[33]

훨씬 회의적인 접근을 표방하는 한 학자는 "극히 이례적인 여러 치료"가 루르드에서 일어났다고 인정한다. 그는 가톨릭교회의 반대자들과 알렉시 카렐 같은 선도적 의료 과학자들이 데이터에 설득되었다고 언급하면서,³⁴ 과학자들은 이런 치유들이 루르드에서 일어난다고 "만장일치로" 동의한다고 말한다.³⁵ "끔찍하게 손상된 얼굴의 순간적 치유, 그리고 두 살 반인 아이가 걸린 내반족의 즉각적 치유"를 명백한 비정신신체적 치료에 포함했는데, 가톨릭 교인이 아닌 사람들이 그것을 영구적인 치유로 확인해주었다. 더 나아가 그는 말기 암으로 뼈가 썩어 가던 세 살 아이에 관한 뉴스 기사를 인용한다. 치유된 후, 심지어 "여아의 두개골에서 뼈가 다시 자라났다. 그 아이의 담당 의사인 한 개신교인은 '기적'도 별로 강한 단어가 아니라고 말했다."³⁶

그렇지만 이 학자는 이런 사례가 백만 번에 단 한 번 일어나더라도, 충분한 증거를 얻을 수만 있다면 자연적 설명이 가능할 거라고 단언한다.³⁷ 무엇 때문에 이 학자는 자연적 설명이 가능해야 한다고 확신했을까? 그의 확신에는 오직 자연적 설명만이 **항상** 가장 개연성이 높은 설명이라는 완고한 헌신이 반영된 듯하다. 이런 접근에 따르면, 우리는 **어떤** 기적의 증거도 받아들일 수 없다. 기적에 관한 증거를 항상 일축하도록 요구받을 것이기 때문이다. 전제가 결론을 예단하는 셈이다.

당연히 변칙은 발생한다. 또한 어떤 회복을 오늘날 의학적으로 설명할 수 없다고 해서 그 일이 항상 설명할 수 없는 상태일 것이라는 의미도 아니다. 성경 신학은 하나님이 자연적 원인을 통해 일하신다는 사실을 부정하지 않는다. 성경에서 하나님은 대개 **정말** 이렇게 일하신다.³⁸ 더군다나 성경의 관점은 쉽사리 **설명할 수 있는** 회복에 관해서도 하나님의 섭리를 인정한다. 하지만 1부에서 설명했듯이, 기적에 대한 평가는 우리의 논의 저변에 깔린 전제에 의해서도 좌우된다. 누군가 기적에 관한 의학적 증거를 요구한다면, 그런 증거를 충분히 얻을 수 있다. 어떤 사람이 그와 같은 증거를 거부하면서, "나는 하나님이 기적을 일으켰다고 인정하느니, 차라리 거의 불가능한 일이라고 설명하겠다"라고 말한다면, 이는 그 사람이 증거보다 자신의 전제를 더 중시한다는 의미다. 이렇게 많은 사례에서 이런 식의 설명에 의지한다면, 얼마나 더 많은 사례가 그들에게 필요할까?

10장

뇌 회복의 몇 가지 짧은 사례

뇌 회복에 관한 더 상세한 진술은 이 책에서 나중에 나오기 때문에, 10장은 이 책에서 가장 짧은 장 가운데 하나다. 임사 경험에서 돌아온 회복의 증언은 아주 많다. 특히 현재의 과학기술을 고려할 때, 이런 증언은 결코 신자들에게만 국한되지 않는다. 이 여러 사례들은 우리가 다루는 주제와 관련해 다른 사례들보다 훨씬 중요한 의미를 갖는다. 어떤 사람의 심장이 4분 이상 뇌에 피를 공급하지 않았을 때, 영구적 뇌 손상을 예상해야 한다. 그 사람에게 뇌 손상이 거의 혹은 전혀 일어나지 않을 때, 이것은 전무후무한 일이 아니더라도, 이례적인 일로 여겨진다. 신자들은 뇌 손상과 임사 경험을 극복하는 과정에서 우리가 경험한 신적 활동에 대해 하나님께 감사하고, 대개 이와 같은 경험을 기적이라고 정의한다.

이와 같은 사건들은 의학적으로 드문 천우신조인 듯 보이지만, 효과적인 심폐 소생술 등을 통해 상당히 근소한 시간 내에 산소를 뇌에 공급하면, 자연적 회복이 가능하다. 따라서 어떤 독자들은 자신들의 출발 전제가 무엇이냐에 따라 이 장의 여러 표본을 두고 논쟁을 벌일 수도 있다. 만일 이 장에 나오는 진술들을 무시하고 싶은 마음이 생긴다면, 여러분은 사실상의 뇌사에서 회복을 진술하는 11장에서 더 깊은 통찰을 발견할 수 있다. 그 외에도, 이 책 5부(24-31장)에는 죽음에서 살아난 회생에 관한 진술이 나오는데, 그중 대다수에서 죽음은 여기에 언급된 진술들보다 더 오랜 시간 이어졌다.

그렇기는 하지만, 아래의 진술들은 여전히 흥미롭고 대부분 일반적인 예상과는 다르다. 분명 신자들은 이와 같은 사례들을 기적으로 **경험한다**. 예를 들어, 2018년 6월 9일, 아홉 살의 애니 파월(Annie Powell)은 뜨거운 물에 빠졌다. 애니는 거의 10분 동안 산소호흡을 하지 못했다. 애니의 상반신은 대부분 새파랬고, 애니의 눈은 뒤로 돌아갔다. 의료진은 그녀를 살리기 위해 굉장히 수고했고, 애니가 다니는 하나님의성회 교회도 열심히 기도했다. 사고가 있은 지 채 일주일이 지나지 않아 애니는 뇌 손상 없이 병원을 걸어 나왔다.[1] 이 사건은 산소 없이 한 시간 뒤에 회복되는 경우만큼 극적이지 않은 듯 보이지만, 전형적으로 일어나는 결과도 아니다.

과다 복용

2014년 5월 29일, 스물네 살의 디나 카피소(Dina Cafiso)는 헤로인을 과다 복용했다. 어머니 마리아(Maria)는 고개를 떨군 채 움직이지 않는 디나를 발견했고, 디나의 오빠는 911에 전화를 걸었다.[2] 응급 의료팀은 디나의 심장이 10분간 멈추었지만, 응급 의료팀과 병원 인력은 디나를 살리기 위해 계속 애썼다고 보고한다. CT 스캔 사진과 그녀의 굽은 손은 심각한 뇌 손상이 일어났을 가능성을 암시했다.

마리아는 이미 기도의 사람이었지만, 이제 디나에게 한 번 더 기회를 주시도록 절박하게 하나님께 마음을 쏟아 놓기 시작했다. 뒤이어 디나의 열과 폐렴에 관해 힘든 소식이 들려왔지만, 마리아는 계속해서 하나님을 향한 신뢰를 고백했다.

한 주 뒤, 디나는 의학적으로 유도된 혼수상태에서 뇌 손상 없이 깨어났지만, 어머니인 마리아가 발견했을 때 디나가 깔고 누워 있던 왼쪽 팔에는 신경 손상이 남았다. 그런데 디나에게 이 경험은 일종의 경종이었다. 디나는 하나님께 자신의 삶을 헌신했고 브루클린 틴 챌린지(Brooklyn Teen Challenge)를 통해 재활에 들어갔다. 디나는 기도와 치료 과정을 통해 회복되어 왼쪽 팔을 완전히 사용할 수 있었고, 이제 전자 기타를 치면서 예배 인도를 돕고 있다. 내가 마리아 및 디나와 서신을 주고받았을 때, 두 사람 모두 하나님을 향한 감사가 계속 넘쳐났다.

교통사고

2003년 4월 10일, 픽업트럭 하나가 노스캐롤라이나주 애슈빌(Asheville) 부근에서 내털리 엘더스(Natalie Elders)의 차를 들이받았다. MRI 검사 결과, 사고 충격으로 인해 내털리의 뇌간은 거의 완전히 절단되었다. 의사들은 내털리가 깨어난다고 하더라도, 평생 사지 마비 상태가 될 것으로 진단했다. 남편 드웨인(Dewayne)은 많은 사람들에게 기도를 요청했지만, 4월 18일, 성 금요일에 의사는 하나님이 개입하시지 않는다면 내털리는 결코 깨어나지 못할 것이라고 예고했다. 월요일에 생명 유지 장치를 떼어 내야 할지 여부를 결정해야 했다. 내털리는 그 시간이 되기 전, 부활절 일요일 아침에 깨어났다. 두 주 안에 내털리는 재활 센터로 이송되었다. 의사들은

8개월 이상 남은 성탄절이 지날 때까지 내털리가 퇴원할 거라고는 기대하지 않았지만, 내털리는 5월에 퇴원했다. 에드가르도 디에즈(Edgardo Diez) 박사는 전반적인 보살핌이 필요한 상태에 이른 내털리의 상태를 보아 그녀가 비교적 빨리 회복되었다고 언급한다.[3]

밸러리 패터스(Valerie Paters)는 외상성 사고로 부상을 당해 거의 죽을 뻔했다. 적어도 병원의 한 자료에서는 아직 기능하는 밸러리의 남은 장기를 통해 다른 사람들이 도움을 얻도록 생명 유지 장치를 유지해야 한다고 지적했다. 동생 셰릴(Cheryl)이 기도에 힘쓰는 동안 밸러리는 천국에서 예수님과 함께하는 경험을 했다. 밸러리와 셰릴은 이 시기에 독립적으로 몇 가지 영적 경험을 서로 나누었다. 밸러리가 뜻밖에 의식을 회복한 뒤 고통스러운 회복의 과정을 거쳐야 했지만, 거의 죽을 뻔했던 경험을 통해 밸러리는 자기를 향한 예수님의 사랑에 대한 특별하고도 신선한 깨달음을 얻었다.[4]

포기

몇 해 전, PAX TV 프로그램 〈그것은 기적〉(It's a Miracle)에서 아이제이아스 세빌라(Isaias Sevilla)의 사례를 조사하고 보고했다. 말기 암으로 진행되었을 수도 있는 그를 의사들이 성공적으로 치료한 뒤, 아이제이아스의 폐는 갑자기 붕괴되면서 피로 가득 찼다. 그의 몸 전체의 기능이 정지되었다. 아내 실비아(Silvia)는 계속 기도했지만, 결국 의사들은 생명 유지 장치를 떼자고 제안했다. 그날 밤, 실비아는 기도하면서 마지막으로 남편을 방문했다. 그런데 의료 기술자들이 생명 유지 장치를 차단했을 때, 갑자기 커튼 뒤에서 소동이 벌어졌다. 아이제이아스는 마치 아무 일도 없었던 것처럼 깨어나 앉았다. 담당 의사는 누군가 이런 상태에서 이렇게 완전히 회복되는 일을 본 적이 없다고 증언했다. 아이제이아스는 21일 후에 무사히 집으로 돌아왔다.

러닝 백

〈그것은 기적〉이나 다른 전국 방송에 보도된 이야기들과 대조적으로, 가끔 이례적인 회복은 지역 매체 방송에서만 다룬다. 예를 들어, 1월 어느 날 아침에 남부 오하이오에서 두 살배기 맬러카이 레이시그(Malachi Reissig)가 뛰어다니는 동안, 엄마 켈리 레이시그(Kelly Reissig)는 전화로 동생과 수다를 떨면서 아침 식사를 만들고 있었다.[5] 몇 분 동안 아들의 소리가 들리지 않았다는 사실을 깨달은 켈리는 거실에 들어섰고, 겁에 질려 전화기를 바닥에 떨어뜨렸다. 공교롭게도 러닝 머신 줄에 목이 감긴 맬러카이의 몸은 이미 경직되었고, 눈은 움직이지 않는 상태였다.

맬러카이의 아빠 짐(Jim)은 맬러카이가 오하이오주 콜럼버스에 있는 어린이 병원으로 후송되기 직전에 지역 병원에 도착했다. 의사는 맬러카이에게 산소 공급이 거의 10분 정도 끊어졌던 것으로 보인다고 설명했다. 무슨 수를 써서 살려 내더라도, 맬러카이는 아마 식물인간이 될 터였다. 움직임이 없는 아이를 응시하던 짐 레이시그는 털썩 주저앉아, 무릎을 꿇고 하나님께 부르짖기 시작했다. 맬러카이의 몸에 화색이 돌아오기 시작하고 붓기가 눈에 띄게 줄어들었다. 병실에서 그 장면을 본 모든 사람이 깜짝 놀랐다.

그렇다면 오랜 시간이 지난 후 맬러카이는 어떻게 되었을까? 내가 이번 경우에 확인한 (유일한) 자료는 2013년 9월 19일 자의 「칠리코시 거제트」

⟨*Chillicothe Gazette*⟩의 스포츠 지면 기사였다. 이 신문은 당시 열다섯 살에 지역 축구팀의 러닝 백이 된 맬러카이의 어린 시절 이야기를 보도했다.[6]

11장

사실상의 뇌사에서 회복된 사례

10장에서는 기도하는 사람들이 경험한 기적적인 뇌 회복의 여러 짧은 사례를 소개했다. 그 사례들에서는 대개 심장마비 후 의사들이 상당히 신속하게 개입했다. 하지만 뇌의 너무 많은 부분이 죽어서, 현대의 최고 의료 수단을 사용해도 뇌를 되살리는 것이 기술적으로 불가능한 경우도 있다. 이번 장에서는 그런 상태에 있던 한 젊은 남성의 이야기를 소개한다.

영향

몇 해 전, 끔찍한 사고에서 거의 사망했던 열여섯 살의 댈러스 풀럼(Dallas Pullum)의 증언이 〈그것은 기적〉에서 방영되었다. 지역 뉴스 방송국에서 이 이야기를 다루었고, 2002년에 래리 킹(Larry King)은 CNN에서 이 가족의 사연을 인터뷰했다.[1] 또한 〈그것은 기적〉에서는 의료 기록을 공개적으로 보여 주었다. 18년이 지난 뒤, 나는 풀럼의 가족들과 후속 인터뷰를 통해 사고가 일어났던 운명의 날과 뒤이은 몇 주간의 치열한 상황에 대해 들었다.[2] 나는 이 이야기에서 몇 가지 교훈을 얻었는데, 그중 하나가 약속을 지키는 일의 중요성이었다.

사고가 일어나기 몇 주 전, 댈러스와 그의 어머니 레지나(Regina) 두 사람은 모두 밤중에 댈러스의 안전에 대해 조바심을 느끼기 시작했고, 레지나는 댈러스의 안전을 위해 기도하기 시작했다. 사고가 일어나기 이틀 전 밤에, 레지나는 댈러스가 사고를 당하는 꿈을 꾸었다. 댈러스는 자신의 차량 옆에 서 있었는데, 댈러스나 차량은 흠집 하나 없이 멀쩡했다. 댈러스는 양손을 내밀며 말했다. "괜찮아요. 엄마. 집으로 가고 있어요." 이 말이 "예수님과 함께할 집으로 가고 있다"라는 의미로 해석할 수밖에 없는 상황이 곧 벌어질 참이었다.

2000년 4월 7일, 늘 그랬듯이 레지나와 그녀의 남편 스티비(Stevie)는 집을 나서는 댈러스에게 "사랑한다! 조심해"라고 말했다. 그런데 댈러스와 그의 여자 친구 크리스티나(Christina)가 4륜 오토바이를 타고 달리던 중, 그들이 타고 있던 차량은 또 다른 차량과 충돌했다. 크리스티나는 팔이 부러지는 데 그쳤지만, 헬멧을 착용하지 않았던 댈러스는 앞 유리로 돌진하면서 머리와 목이 찢어졌다.

댈러스의 동생 웨인(Wayne)은 이 사고가 일어난 날이 "내 인생에서 가장 무서운 날"이었다고 고백한다. 웨인이 디케이터 종합병원(Decatur General Hospital)에 도착했을 때, 댈러스는 귀와 눈, 입, 목에서 피를 흘렸지만, 아직 의식은 있었고 몹시 괴로워하는 상태였다. "나 곧 괜찮아지겠지?" 댈러스가 간절하게 말했다. "물론이지, 형. 곧 괜찮아질 거야." 웨인은 댈러스를 안심시켰다. "약속할 수 있어?" 댈러스가 다그쳤다. "물론이야, 댈러스. 약속할게." 웨인이 대답했다.

하지만 댈러스는 더 이상 호전되는 것처럼 보이지 않았고, 병원에서는 헌츠빌(Huntsville)에 있는 앨라배마(Alabama)의 주요 외상 센터 중 한 병원으로 그를 이송할 준비를 하고 있었다. 밖에서 어머니와 이야기를 나누는 동안, 웨인은 고백했다. "엄마, 방금 전 절대 하지 않겠다고 했던 일을 했어요. 그동안 댈러스에게 거짓말을 한 적이 없었는데, 방금 전 거짓말을 한 것 같아요."

헌츠빌로 가는 길에 댈러스는 급격히 악화되기 시작했다. 수송 차량에 함께 탔던 아버지의 마음은 내려앉았다. 아버지는 댈러스를 잃을까 봐 두려웠다. 외상 외과 의사 디파크 카티알(Deepak Katyal)의 설명에 따르면, 헌츠빌에 도착하고 나서 약 한 시간 뒤 댈러스는 발작을 일으켰다. 이는 경미해 보이는 머리 부상이 실제로는 경미한 수준이 아니었음을 보여 주는 증거였다. 가족들이 헌츠빌에 도착했을 때, 댈러스의 뇌는 부어 올랐고 그는 의학적으로 유도된 혼수상태에 빠져 있었다. 의사들은 댈러스가 경험하는 것보다 훨씬 낮은 두개내압도 보통 뇌 손상을 일으킨다고 경고했다. 댈러스의 뇌에 충분한 혈액이 공급되지 못했고, 그 뒤 며칠 동안의 CT 촬영 결과를 볼 때 댈러스의 뇌세포는 회복이 불가능한 상태로 죽어 가고 있었다.

댈러스를 잃다

레지나는 이런 상태에 있는 아들을 차마 볼 수 없었지만, 스티비와 웨인은 그와 함께 시간을 보냈다. "댈러스의 손은 차가웠습니다. 죽은 것처럼 보였죠." 웨인의 설명이다. 웨인은 그때 상황에 대한 기억을 전해 주면서 흐느껴 울었고, 침착성을 잃지 않으려고 애썼다. "내가 댈러스에게 했던 마지막 말이 거짓말이라는 사실을 견딜 수가 없었어요." 웨인은 며칠간 잠을 이

룰 수 없었고, 결국 원치 않는 탈진 상태에 빠졌다. 병원 채플에서 "살아오면서 그 어떤 때보다 더 간절히 기도했습니다." 어느 날 하나님께 부르짖을 때, 웨인은 마치 밖에서 들리는 것처럼 또렷한 음성을 마음속으로 들었다. '댈러스는 괜찮을 것이다.' 그 일이 있고 나서, "나는 엄마와 아빠에게 댈러스가 괜찮아질 거라고 말씀드렸어요."

하지만 슬픔을 안고 몸부림치던 부모들은 웨인에게 현실을 직시하라고 충고했다. 의사들이 이미 가족들에게 댈러스의 뇌 스캔 사진을 보여 준 뒤였다. "뇌에서 검게 보이는 부분은 전부 죽어 있습니다." 의사가 설명했다. 정상 뇌의 스캔 사진은 대부분 흰색으로 보였다. 부분적으로 기능하는 뇌의 사진은 그보다 검었다. 심각한 손상을 입은 뇌는 일반적으로 검은색이고, 그 상태가 되면 되돌릴 수 없다. 댈러스의 뇌 사진은 산소가 차단되지 않았던 세 군데의 작은 흰 점만 제외하고 온통 검은색이었다. 댈러스의 뇌간은 기능하지 않았고, 그는 사실상 뇌사였다.[3] 어쨌든 댈러스는 깨어나더라도 식물인간이 될 터였다. 그래서 한 의사는 장기를 기증하라고 가족들을 압박하는 중이었다. 댈러스는 사실상 이미 죽었다. 생명 유지 장치만이 그의 장기를 유지하고 있었다.

어느 날, 몇 명의 의사들이 회의실로 가족들을 불렀다. "댈러스가 죽었다는 사실을 받아들이는 편이 좋을 것 같습니다." 한 의사가 서글픈 어조로 조언했다.

"선생님은 기적을 믿나요?" 웨인이 물었다.

의사는 대답했다. "그럼요, 믿습니다. 하지만 이런 상태에서 기적이 일어나는 건 보지 못했어요. 우리가 지금 보는 것과 같은 부상에서, 그런 일은 의학적으로 불가능합니다."

웨인은 화가 치밀어 오르는 것을 느끼며 되물었다. "그런데도 선생님은 기적을 믿나요?"

의사는 참을성 있게 설명했다. "믿어요. 하지만 이번에 그런 일은 없을 거예요." 의사는 상당한 경험에 근거해 말하고 있었다. 다른 가족들도 사랑하는 이를 위해 기도했지만, 이 단계에서 회복은 죽음에서 다시 살아나는 것과 마찬가지로 사실상 불가능했다.

웨인의 부모들은 웨인이 형의 죽음을 받아들이도록 도와주려고 계속 애쓰면서 말했다. "의사들은 지금 어떤 상황인지 잘 알고 있어."

"아니에요, 이번에는 아니에요." 웨인이 이의를 제기했다. "보통은 의사들을 믿는 게 옳아요. 하지만 내게 다른 것을 말씀하시는 하나님이 의사들의 의견보다 중요해요. 작은 믿음이라도 가지세요."

겨자씨

웨인은 이렇게 고백한다. "나는 성경을 제대로 읽지 않았지만, 겨자씨처럼 작은 믿음도 커다란 산을 움직일 수 있다고 들었어요. 하나님은 내게 형을 치유하겠다고 말씀하셨고, 선하신 주님은 거짓말을 하지 않으세요. 누구라도 겨자씨처럼 작은 믿음을 가질 수 있어요."

하지만 의사들의 폭넓은 외상 경험을 바탕으로, 레지나와 스티비는 댈러스의 생명 유지 장치를 떼는 힘든 결정을 내렸다. 이 소식을 들었을 때, 웨인은 형제나 마찬가지였던 사촌 로널드(Ronald) 곁에 앉았다. "아직 죽을 때가 아니야!" 웨인은 고집을 꺾지 않았다. 로널드도 동의했다. 형제 빌리(Billy)를 잃은 로널드도 빌리가 자기에게 댈러스는 괜찮을 거라고 이야기하는 꿈을 계속 꾼다고 말했다. "너희 어머니에게 이야기해서 이 일을 하지 않도록 설득해야 해. 그렇게 하지 않으면 계속 후회할 거야."

웨인은 어머니 레지나를 주차장으로 데리고 나가 끈질기게 주장했다. "아무도 없는 곳에서 엄마와 해야 할 말이 있어요."

"댈러스는 아직 죽을 준비가 안 됐어요." 웨인은 간청했다. "사람들이 생명 유지 장치를 떼지 못하게 해야 해요." 레지나는 눈물을 흘리면서 의사들이 했던 말을 반복했다. "의사들이 무슨 말을 하는지는 나도 알아요." 웨인도 수긍했다. "하지만 나는 형 없이 살 수 없어요."

결국 뜻을 굽힌 레지나는 웨인이 단지 감정적으로 탈진한 상태라 댈러스를 보내 주려면 시간이 조금 더 필요하다고 느꼈다. "집으로 가서 조금 쉬겠다고 약속하면, 하루 더 시간을 줄게. 하지만 그 뒤에는 너도 의사들의 결정을 받아들여야 한다." 웨인도 수긍했다.

그들은 입원실로 돌아와 댈러스를 돌보는 간호사에게 말했다. "웨인은 아직 형을 보낼 준비가 되지 않았어요. 아마 내일이면 받아들일 거예요." 간호사는 이미 생명 유지 장치를 떼기 위해 가던 의사를 불렀다.

웨인은 병원 건물을 떠나기를 망설였다. "댈러스 형만 남겨 둘 수 없어요."

"너 약속했잖아." 어머니가 약속을 상기시켰다. 가족들이 댈러스와 누렸던 행복한 시간을 기억하고 소중히 간직하기 위해서라도, 레지나는 남편 스티비와 딸과 함께 웨인을 집으로 데려가야 했다. 웨인도 약간이라도 휴식을 취할 시간이 필요했다.

"약속한 거 알아요. 댈러스 형은 내가 약속을 깨지 않기를 바랄 거예요. 하지만 난 그냥 댈러스 형과 함께 있고 싶어요." 그들은 병원에서 약 한 시간가량 떨어진 앨라배마 교외 지역에서 살고 있었다. 웨인은 어머니가 그날 밤 자기를 병원으로 다시 데려오지 않을 줄 알았고, 법적 시각장애인이었던 웨인은 혼자서 병원까지 운전할 수도 없었다.

로널드가 뒤엉킨 난국을 해결했다. 로널드는 병원에서 한 시간 정도 떨어진 지역에 살고 있었지만, 웨인에게 이렇게 말했다. "엄마와 함께 집으로 가서 좀 쉬어. 나중에 다시 병원으로 와야 한다는 느낌이 들면, 내가 태워 줄게." 웨인은 로널드의 약속을 받아 냈고, 그런 다음 어머니 레지나와 함께 집에 돌아왔다. 집에 도착했을 때, 레지나는 댈러스가 지난주 금요일에 학교에 입고 갔던 셔츠 등 그의 옷가지를 골랐다. 장례식에서 댈러스의 관에 함께 묻을 옷들이었다. 스티비는 슬픔에 잠긴 채 장례식장을 예약하고 관을 골랐다.

웨인은 가족들과 함께 시간을 보냈지만, 막 집에 도착한 로널드에게 그날 밤 전화를 걸었다. "정말 병원으로 돌아가야 할 것 같아."

"너 진심이야?" 당황한 사촌이 물었다. 웨인은 로널드가 했던 약속을 상기시켰다. 로널드는 웨인의 요구를 순순히 들어주었다. "좋아, 한 시간 뒤에 보자."

로널드의 차가 멈추었을 때, 레지나가 물었다. "이 밤중에 누가 여기 온 걸까?" 그들을 위로하기 원하는 사람이라면 분명 이렇게 늦은 시간에 오지는 않았을 것이다. 웨인이 병원으로 돌아가려고 한다고 설명했을 때, 레지나는 눈물을 흘리기 시작했다. "너 약속했잖니!"

"나는 약속을 지켰어요. 집에 와서 쉬었잖아요. 이제 돌아가야 해요." 웨인이 대답했다.

새로운 시작

놀라운 일이 병원에서 웨인을 기다리고 있었다. 댈러스가 엿새 동안의 혼수상태에서 벗어나 방금 전 깨어난 것이다. "겉으로 볼 때는 어떤 차이가 있는지 분간할 수 없었지만, 심장 모니터와 모든 수치가 이전보다 훨씬 좋아졌습니다." 웨인은 댈러스의 오른손을 붙잡고 말했다. "내 말을 들을 수 있거든, 손을 쥐어 봐." 댈러스의 손가락이 웨인의 손을 감쌌다.

웨인은 간호사를 불렀다. "단지 무의식적 경련일 뿐이에요." 간호사가 침착하게 설명했다.

"댈러스 형, 아직 떠날 때가 아니라는 사실을 지금 당장 우리한테 보여 줘!" 웨인은 필사적으로 부탁했다.

별안간, 댈러스가 다시 웨인의 손을 여러 번 쥐었다. 간호사는 소리를 질렀다. "세상에! 의사를 데려올게요." 의사는 이 새로운 상황을 어떻게 이해해야 할지 몰랐다. "사진이 있어요. 이 소년은 뇌간이 전혀 기능하지 않아요!" 하지만 댈러스는 제대로 반응하고 있었다. 그의 뇌에 무슨 일인가 일어난 것이다.

웨인은 이 소식이 부모님에게 너무 큰 충격을 주지 않을까 걱정해서 즉시 전화를 걸 수 없었지만, 부모님이 병원으로 돌아왔을 때, 놀라운 소식이 그들을 기다리고 있었다. 댈러스는 어머니의 손을 꽉 쥐었고, 아버지가 자신의 존재를 알렸을 때, 댈러스는 어머니의 손을 놓고 아버지의 손을 쥐었다. 카티알 박사는 텔레비전으로 방영된 〈그것은 기적〉 인터뷰에서 이렇게 설명한다. "당시에 우리는 전혀 믿을 수 없었습니다. 기적이라는 말 이외에, 이 일을 달리 설명할 길은 없습니다."

그런데 댈러스의 회복은 시작에 불과했다. 댈러스는 오른손을 사용할 수 있지만, 왼쪽 몸은 계속 마비 상태였다. 의사들은 아마 왼쪽은 운동 능력을 많이 회복하지 못할 것이라고 예고했지만, 웨인은 고집했다. "선하신 주님은 어떤 일을 시작한 뒤 끝맺지 않으신 적이 없어요." 산소호흡기를 단 댈러스는 말을 할 수 없었지만, 몸짓을 통해 이내 웨인에게 뭔가를 말하고 싶다는 사실을 알렸다.

웨인은 간호사에게 연필과 종이를 달라고 요청했다. "댈러스는 글을 쓰지 못해요." 간호사는 이렇게 설명했지만, 웨인은 고집을 꺾지 않았다. 그래서 간호사는 어깨를 으쓱한 뒤 연필과 종이를 가져다주었다. 댈러스는 즉시 "내가 누구를 치었지? 그 사람들은 괜찮아?"라고 적었다. 댈러스에게는 사고에 대한 기억이 전혀 없었다. "그 사람들은 괜찮아." 웨인은 댈러스를 안심시켰다. 댈러스는 계속 메모를 남겼고, 놀란 직원들은 탄성을 질렀다.

병원에 있는 동안, 웨인은 이런 경우에 기적은 일어나지 않을 거라고 말했던 외상 의사를 우연히 만났다. 의사는 겸손하게 인정했다. "제가 했던 말을 취소합니다. 이제부터 가족들에게 믿음에 대해 말할 때 신중해야겠어요."

하지만 댈러스가 아직 위기를 벗어난 것은 아니었다. 어느 날 댈러스는 열이 41도까지 올랐다. 레지나는 채플로 가서 기도했다. 어머니가 돌아왔을 때, 댈러스의 열은 38도까지 떨어졌다. 그 뒤로 열이 오를 때마다 간호사들은 어머니에게 알려 기도할 수 있게 했다.

댈러스는 전부 합해서 31일간 병원에서 치료를 받았다. 사고 순간이나 혼수상태에 빠졌을 때의 기억은 전혀 없지만, 댈러스는 회복기의 힘든 시기를 또렷이 기억한다. "사람들은 내가 식물인간이 될 거라고 말했고, 나는 걷는 법과 말하는 법을 다시 배워야 했어요." 댈러스의 왼쪽은 회복되었지만, 특히 부러진 대퇴골 때문에 그는 휠체어를 타고 집으로 돌아왔다. 사고로 인해 댈러스의 목구멍은 절단되었고 성대는 마비되었다. 말은 회복되고 있었지만, 다른 사람들은 처음에 그의 말을 제대로 이해하지 못했다. 댈러스는 이 점에 실망했다.

"나는 언어 장애를 고치러 병원에 갔습니다. 그게 너무 싫었거든요." 그의 설명이다. 댈러스는 마음을 다부지게 먹었다. 3개월간 치료를 받은 뒤 그는 어려움 없이 일어설 수 있었다. 6개월이 더 지나자 댈러스는 걷고 있었고, 약 1년 안에 이전의 모든 신체 능력을 완전히 회복했다.

그동안 댈러스는 10학년을 끝마치지 못했지만, 친구들과 나란히 11학년을 시작할 수 있었다. 이듬해에 뇌간 기능이 없던 이 청년은 우등생으로 고등학교를 졸업했다.

회고

외상 센터에 있을 때 댈러스를 방문했던 한 성직자는 가족들에게 댈러스가 죽었다고 안타까운 예고를 했다. 댈러스가 회복되었다는 사실을 부활절 직전에 알았을 때, 그 성직자는 댈러스의 간증을 부활절 설교의 중심으로 삼았다. 이 책을 집필하고 있을 즈음, 댈러스는 서른여섯 살이고, 자기 가족을 두고 있고, 열심히 잔디 관리 사업에 종사하고 있다.

"나는 형이 잠시 예수님과 함께 있었다고 생각해요." 웨인은 나에게 이야기하면서 다시 감정이 격해졌다. 그는 댈러스가 정말 잠시 자기 몸 안에 있지 않았다고 믿는다. "나에게 하나님은 계시지 않다고 말할 수 있는 사람은 아무도 없어요. 예수님은 죽은 사람을 바로 직후에 살리지 않으셨죠. 나는 예수님이 우리 시대에 그렇게 하시는 것을 보았습니다."

웨인은 하나님이 항상 사람들을 치유하시지는 않는다는 사실을 안다. 두 해 전, 웨인은 가장 친한 다른 친구, 그를 병원까지 태워다 준 로널드를 잃었다. "하나님은 왜 가끔 이렇게 역사하시고 다른 사람에게는 다른 방법으로 역사하시는지 모르겠어요. 하나님이 정하신 때는 사람마다 달라요. 하지만 내 생각에, 사람들이 기도할 때 하나님은 가끔 결과를 바꾸세요."

침례교인들과 감리교인들이 댈러스의 회복을 위해 기도하고 있었다. 한 오순절 교파 사촌은 댈러스를 어루만지면서 그를 위해 방언으로 기도했다. "누구의 기도가 댈러스 형을 도와주었다고 할 수 있을까요? 한 사람의 기도였을까요? 잘 모르겠습니다. 하나님이 나를 위해 댈러스 형을 돌려주셨다고 이기적으로 생각하는 때도 있지만, 하나님이 많은 사람을 신자로 만들기 위해 실제로 댈러스 형을 돌려주셨다고 생각해요."

댈러스 자신의 생각을 어떨까? "기적은 매일 일어나지만, 무언가 극적인 일이 벌어질 때면, 그 일은 나와 내 가족만이 아니라 공동체 전체와 학교, 다른 사람들에게 영향을 미칩니다. 나는 선하신 주님이 모든 사람을 위한 증거로 기적을 계획하셨다고 생각합니다."

12장

의학적으로 입증된 20세기의 더 많은 치료

믿음으로 치료된 상황이 의학적으로 입증된 적이 있을까? 그와 같은 증거를 모아 둔 자료 저장소가 따로 있는지 모르겠지만, 나는 많은 표본을 발견할 수 있었다. 사실, 이 장에서 '20세기'의 치료를 따로 다루는 데는 그만한 이유가 있다. 세기별로 자료를 나누는 것은 다소 임의적이지만, 덕분에 이 장의 표본이 너무 길어지지 않게 유지할 수 있다.

예를 들어, 경추 결핵을 확진받은 한 여성은 일어설 수 없었는데 기도 후 치유되었다. 요양원에 그녀를 데려가려고 애쓰던 담당 의사는 "그녀의 몸에 질병의 증거가 전혀 없는 것을 보고 당황했다." 이 여성의 질병은 분명했고, 그녀의 치료는 영구적이었고, 증거는 사실상 반박이 불가능했다. 목격자인 존 화이트(John White)는 이 사건과 그 영속성을 입증할 수 있었는데, 그것은 존이 이 여성을 위해 기도했던 사람이고 의학 박사였을 뿐만 아니라, 또한 나중에 이 여성과 결혼해 여생을 함께 보냈기 때문이다.[1]

스웨덴에서 일어난 치유

아마 남극대륙을 제외하고,[2] 유럽은 신적 치유를 경험했다고 전하는 신자들의 비율이 가장 낮은 대륙이다. 그렇기는 하지만, 치유에 관한 보고는 유럽에도 존재한다. 『기록된 기적』(*Dokumenterade Mirakler*) 7장에서 편집자 마이클 그렌홀름(Micael Grenholm)은 스웨덴의 여러 의료 보고서를 제시한다.[3]

예를 들어, 1985년 한여름에, 신경과 의사인 라스 올로프 론네비(Lars Olof Ronnevi)는 당시 성이 칼손(Karlsson)이던 페르올라 말름(Pär-Ola Malm)이 ALS(근위축 측삭 경화증), 즉 루게릭병에 걸렸다고 진단했다.[4] ALS는 근육의 신경세포를 점차적으로 파괴한다. ALS는 불치병이고 결국 죽음에 이른다. ALS를 진단받은 후 일반적인 평균 수명은 3년이다. 물론 환자의 약 5분의 1은 5년을 살았고, 일부는 10년을 생존했지만 말이다.

가을쯤, 페르올라는 휠체어를 타야 했다. 10월에 페르올라는 2명의 오순절 교파 동료들에게 자기를 위해 기도해 달라고 요청했다. 동료들은 페르올라에게 성유를 붓고 안수하며 기도했다. 다음 날 밤, 1985년 10월 31일에, 페르올라는 예수님이 자기에게 말씀하신다고 느꼈다. "페르올라, 나는 너의 눈물을 보았다. 나는 너를 대신해 십자가를 졌다." 그때 페르올라는 예수님이 십자가를 지고 걸어가시는 모습을 보았고, 따스한 기운이 몸에 흐르는 것을 느꼈다. 아침에 페르올라는 걷기 시작했고, 위축된 근육은 다음 몇 주 동안 다시 힘을 찾기 시작했다.

페르올라가 다음에 신경과 전문의를 방문했을 때, 론네비 박사는 깜짝 놀랐다. 새로운 검사를 실시한 후, 그는 페르올라의 건강을 확인해 주었다. 1986년 4월 3일 날짜가 적힌 진단서[5]에서, 신경과 전문의는 이렇게 기록한다. "우리가 알 수 없는 이유로, 또한 앞에서 이야기한 질병에서 나타나는 거의 예외 없는 예후와 정반대 현상이 나타났다. 질병의 증상은 점차 완화되다가 이제 실제적으로 완전히 사라졌다. 이 사례는 매우 이례적인 것으로 추정된다." 스웨덴 오순절 운동에서 발행하는 신문에서 페르올라를 치료하고 ALS를 연구했던 카롤린스카 병원(Karolinska Hospital)의 또 다른 의사 세바스티안 콘라디(Sebastian Conradi) 박사를 인터뷰했다. 콘라디 박사는 "흥미롭고 매력적인" 이번 사례를 포함해 "의학적으로 설명할 수 없는 많은 일이 있다"라고 설명했다. 페르올라는 여전히 건강하게 살아 있고, 그렌홀름은 2019년에 그를 인터뷰했다.[6]

2003년에, 소피 베리그렌(Sofi Berggren)과 잉엘라 롱크비스트[Ingela Ronquist, 훗날 잉엘라 아미노프(Aminoff)]는 광범위한 피부 질환에서 회복된 한 남성에 관한 대학원 의학 프로젝트 연구서를 집필했다.[7] 1998년 8월 말쯤, 이 남성은 붉고 까칠했던 피부가 마치 불타는 것처럼 느끼기 시작했다. 침대 시트가 "피로 물들었기" 때문에 그는 매일 침대 시트를 갈아야 했다. 1998년 12월, 의료 검사 후 의사는 피부에 림프샘 암이 퍼졌다는 결론을 내렸다. 그때 그 남성의 친구들은 이틀 동안 진행된 24시간 기도를 포함해, 그를 위한 대대적인 기도에 착수했다. 성탄절이 오기 일주일 전에 그 남성은 예수님을 생각하면서 깨어났고, 그 뒤 발진이 전부 사라진 것을 발견하고는 깜짝 놀랐다.

담당 의사는 이 변화가 "나의 개입이나 치료 없이" 일어났다고 인정했다. 하지만 담당 의사는 그동안 시행한 검사에 근거해 최초의 진단은 정확했다고 주장한다. 1999년 3월과 6월에 가진 후속 검진에서 피부 질환이 전혀 재발하지 않았음을 확인했다. 신자들은 이 일을 기적이라고 부를 거라고 인정하면서, 담당 의사는 하룻밤 사이에 회복되는 것은 "과학적으로 설명할 수 없는 일이다"라는 의학적 결론에 만족한다.

영국에서 일어난 치유 기적

영국인 의사 렉스 가드너(Rex Gardner)[8]는 『치유의 기적』(*Healing Miracles*)이라는 책에서, 여러 주 동안 당김(traction)이 필요하다고 여겨진 한 여성을 위해 기도한 직후에 일어난 치유[9]와 심장 질환으로 장애를 입은 어떤 사람의 치유[10] 등 여러 가지 검증된 치유 사례를 보고한다.

더 극적인 예가 있다. 1975년 1월에 북 웨일스(North Wales)의 어느 젊은 수련의는 뇌막염과 수막 알균 폐혈증에 걸려 병원에서 죽어 가고 있었다. 하지만 그녀를 위해 기도하던 사람들은 의학적 소견과 반대로 그녀가 회복될 것이라고 느꼈다. 젊은 수련의의 가슴 엑스레이 사진을 통해 "중간엽이 붕괴된 광범위한 좌측 폐렴"이 처음으로 확인되었다. 그런데 이틀 후 찍은 새로운 엑스레이 사진에서는 "정상 상태의 가슴"이 확인되었다. 수련의는 치유될 것이라고 확신했지만, 안과 의사는 한쪽 눈에 있는 흉터 때문에 "그 눈에 영구적인 실명"이 발생할 것이라고 단언했다.

가끔 환자들의 주장은 심리적 부정의 결과일 수 있지만, 결국 수련의가 옳았음이 입증되었다. 수련의의 눈은 완전히 회복되었는데, 안과 의사는 이에 대해 어떤 설명도 내놓지 못했다. "그녀가 병원에 입원하는 모습을 본 네 명의 컨설턴트들은 여전히 최초의 진단이 옳았음을 확신한다. 그녀는 면허 취득 의사 모임에서 '궁지에서 벗어난 인물'로 통한다."[11]

가드너 박사의 다른 표본 중 하나에서, 한 의사는 매일 고름이 흐르던 한 침례교인 여성의 궤양을 진찰했는데, 궤양이 치료된다고 하더라도 피부 이식이 필요할 것이라고 진단했다. 그런데 기도한 후 다음 날 아침, 궤양은 거의 전부 사라졌다. 일주일 후, 다시 기도하는 동안 그녀의 피부는 완전히 치유되었다. 가드너는 자신이 그녀를 진찰하던 의료진 중 한 명이었고 그 치유 사건을 목격한 사람들도 조사했다고 설명한다.[12] 나는 청각장애 치유에 관한 장(23장)에 넣기 위해, 의료 기록으로 확인되는 한 소녀의 청각장애 치유에 관한 가드너의 진술을 남겨 두려 한다.

가드너는 다른 다양한 사례 연구에 관해 보고한 뒤, 초자연적 전제를 부정하는 설명에 대해 공개적으로 이의를 제기한다. "이 모든 사례 보고서의 증거를 고려할 때, 우리는 하나님이 20세기 후반에도 사람들을 치유하신다는 사실을 받아들여야 한다." 가드너는 이러한 증거를 부인하는 사람들에게 당부한다. "여러분은 어떤 증거를 받아들일 준비가 되었는지 자문해 보라. 만일 '전혀 아니다'라고 대답한다면, 여러분은 논리적인 조사를 포기했다는 사실을 인정하는 편이 나을 것이다."[13]

치유 부흥사

미국에서 일어난 많은 치유 사례들을 이 책의 다른 곳에 소개하지만, 여기서 나는 특별히 다채로운 보고를 인용한다. 의사이며 박사인 리처드 캐스도프(Richard Casdorph)는 자신의 책에서, 다음과 같이 기도한 후 이례적인 치유를 경험한 사례에 대해 엑스레이 검사 결과를 포함해 훨씬 실제적인 의료 기록을 제시한다. 물론 이 가운데 일부는 다른 것에 비해 훨씬 더 "의학적인 설명이 불가능"하지만 말이다.

- 리사 라리오스(Lisa Larios), 우측 골반에 있던 망상 세포 육종에서 치유됨(더 상세한 설명은 14장을 보라).[14]
- 엘프리다 스타우퍼(Elfrieda Stauffer), 중증 장애를 동반한 만성 류마티스 관절염에서 치유됨.[15]

- 마리 로젠버거(Marie Rosenberger), 좌측 측두엽의 악성 뇌종양에서 치유됨.[16]
- 마리온 부르지오(Marion Burgio), 다발 경화증에서 치유됨.[17]
- 마빈 버드(Marvin Bird), 동맥경화 심장병에서 치유됨.[18]
- 레이 잭슨(B. Ray Jackson), 광범위한 뼈 전이를 동반한 신장 암종(콩팥 세포 암종)에서 치유됨.[19]
- 펄 브라이언트(Pearl Bryant), 박사, 류머티즘성 관절염과 뼈 관절염에서 치유됨.[20]
- 앤 솔츠(Anne Soults), 뇌종양에서 치유되었다고 판단됨.[21]
- 폴 트루즈데일(Paul Trousdale), 쇼크를 동반한 대량 위장 출혈에서 즉각 치유됨.[22]
- 들로리스 윈더(Delores Winder), 양쪽 척수시상로 절단술이 필요한 난치성 통증을 동반한 척추 전반의 골다공증에서 치유됨.[23]

캐스도프 박사는 자신의 책에 언급된 진단을 검증하기 위해 적어도 아홉 명의 다른 저명한 의사들과 의학 연구자들에게 자문을 구했다.[24]

    치유가 일어난 영적 배경은 특별한 의미를 갖는다. 여기서 나는 마지막에 언급된 두 가지 사례만 예로 들려고 한다. 1973년 12월에 유명한 사업가 폴 트루즈데일[25]의 대변은 새까맸고, 여러 번 수혈을 받았음에도 혈구 수치는 매우 낮았다. 그런데 트루즈데일이 최근에 출석하기 시작한 교회의 존 힝클(John Hinkle) 목사는 병원에 와서 큰 확신을 품고 그를 위해 기도했다. 트루즈데일의 말에 따르면, 그는 갑자기 반대쪽에 계신 예수님이 그의 다른 쪽 손을 잡고 계신 것을 보았다. 돌연 트루즈데일은 좋아졌다고 느꼈고 집으로 보내 달라고 부탁했다. 병원에서는 당연히 트루즈데일을 검사했다. 그들은 트루즈데일이 더 이상 피를 흘리지 않을 뿐만 아니라, 이전에 출혈이 일어났던 정확한 위치도 찾을 수 없다는 사실을 깨달았다. 트루즈데일은 그리스도께 더 온전히 헌신했다.

그 책의 마지막 사례를 포함해 캐스도프의 다른 몇 가지 사례에서 놀라운 점은, 캐스린 쿨먼(Kathryn Kuhlman)과 그 사례의 관련성이다. 서론을 쓰면서 나는 이 책에서 많은 치유 부흥사들을 다루지 않겠다고 미리 이야기했다. 하지만 쿨먼 주변의 치유 사례에 대해 이전의 출판물에서 의료 기록을 남긴 덕분에, 그녀를 몇 안 되는 예외로 삼았다. 물론 나는 기적 자체에 대해 원래 회의적 시각으로 연구를 시작하지는 않았지만, 쿨먼에 대해서는 회의적인 시각을 견지한 채 연구를 시작했다. 그런데 쿨먼 자신이 인정하듯이, 그녀의 집회에 참석한 많은 관심자들(seekers)은 치유되지 않았지만, 쿨먼의 사역을 통해 의미 있는 치료가 일어났다.

캐스도프의 마지막 장은 들로리스 윈더의 사례를 다룬다. 골다공증과 그로 인해 생긴 참을 수 없는 통증 때문에 윈더는 다섯 번의 척추 수술과 대개 말기 암 환자들을 위해 제공하는 통증 치료를 받았다. 그러나 그 치료는 윈더의 모든 통증을 제어하지 못했다. 약 14년 동안, 윈더는 목발이나 전신 깁스를 했다. 윈더는 죽어 가는 중이었다. 캐스도프는 윈더에 관한 의료 기록이 "2.5센티미터 두께"라고 설명한다.[26] 1975년 8월 30일, 한 친구의 강력한 권고로 윈더는 어느 감리교 성령 수련회에 참석했다. 캐스린 쿨먼이 강당 전면에서 기도하기 시작했을 때, 윈더는 다리에서 불같은 기운을 느끼고 정신이 멍해졌다. 윈더는 척수시상로 절단술을 받은 후 다리의 감각을 느낄 수 없었다. (척수시상로 절단술은 통증을 뇌에 전달하는 척수의 신경로를 제거한다.)

그런데 윈더는 즉각적인 치유가 가능하다고 믿지 않았다. 그래서 쿨먼이 치유 사역을 시작했을 때, 원더는 그곳을 떠나기 위해 돌아섰다. 원더가 떠나려고 했을 때, 그녀에게 무언가 특이한 일이 일어나고 있음을 감지한 한 남성이 다가왔다. 원더는 깁스를 제거해도 자신에게 아무런 문제가 없다는 사실을 깨달았다. 원더에게 다가온 남성은 쿨먼의 의료 고문 중 한 사람인 존스 홉킨스 의과대학(Johns Hopkins medical school)의 리처드 오웰런(Richard Owellen) 박사였다.[27] 놀랍게도 원더는 치유되었을 뿐만 아니라, 통증을 제어하기 위해 의료적으로 차단했던 신경도 이제 정상적인 기능을 발휘했다. 원더는 목발이나 약물, 마비 증상 없이 자신의 삶을 이어 갈 수 있었다.

아마 훨씬 극적인 사례는 일반 취재 기자인 앨런 스프래겟(Allen Spraggett)의 『캐스린 쿨먼』(*Kathryn Kuhlman*)에 나오는 여러 진술일 것이다. 스프래겟은 정통 기독교의 옹호자가 결코 아니다. 그는 치유 사건을 초심리학의 관점에서 설명하려고 시도하면서, 대부분의 다른 치유 부흥사들을 맹렬히 비난했다. 하지만 스프래겟을 비롯해 [쿨먼의 전기 작가 제이미 버킹엄(Jamie Buckingham) 등] 다른 사람들은 쿨먼의 집회에서 일어난 즉각적이고 대중적인 치유에 대해 직접 목격한 의사들의 보고 내용을 인용한다.

캐스도프의 책과 달리 이 진술들은 의료 기록을 재수록하지 않지만, 치유를 직접 목격한 의사들의 증언을 전한다.

- 클리블랜드(Cleveland) 병원의 정규 직원인 세실 타이터스(Cecil Titus) 박사는 기도하는 동안 열 살 아이의 내반족이 즉시 펴지는 장면을 아주 가까운 거리에서 목격했다고 주장했다.[28]
- 제임스 블래컨(James Blackann) 박사는 강직성 질환과 커다란 물혹이 자기 앞에서 사라지는 장면과 관절염으로 걷지 못하던 사람들이 병에

서 치유되는 장면을 목격했다.²⁹
- 쿨먼의 집회에서 "인간의 능력을 넘어서는…치유"를 목격했다는 키트만 아우(Kitman Au) 박사—그는 캘리포니아주 버뱅크(Burbank)의 방사선과 전문의다—의 말이 한 신문에 인용된다.³⁰
- 척추 전문가 마틴 비어리(Martin Biery) 박사는 굳은 척추가 갑자기 온전한 운동 능력을 회복하는 것을 목격했다.³¹
- 존스 홉킨스 대학의 리처드 오웰런 박사는 치유 예배가 진행되던 중 팔에 안겨 있던 자기 자녀의 탈구된 엉덩이가 움직여 완전히 치유되는 장면을 보고 깜짝 놀랐다.³²
- 바이올라 프라이먼(Viola Frymann) 박사는 어린아이들이 마비와 실명에서 치유되는 장면을 목격했다.³³
- E. B. 헨리(Henry) 박사는 가관절과 청력장애에서 치유되었다.³⁴
- 로버트 호이트(Robert Hoyt) 박사는 1969년에 한쪽 눈이 갑자기 낫는 기적적 치유를 목격했다.³⁵
- 훨씬 최근에, 라켈 부르고스(Raquel Burgos) 박사는 의료 기록으로 확인할 수 있는 어린 시절의 치유 경험에 대해 증언했다. 쿨먼의 한 집회에 참석하고 며칠 뒤, 라켈의 짧은 다리는 5센티미터가 자라나 다른 쪽 다리와 균형을 이루었다. 라켈은 정형외과 의사를 계속 만나 왔기 때문에, 자신의 주장을 증명하는 의료 보고서를 갖고 있다고 말한다.³⁶

이 사례들은 의사들에 의해 검증된 치유의 표본일 뿐이다. 다른 여러 표본들은 이후의 여러 장에 나온다. 이 장 첫머리에서 설명했듯이, 치유는 20세기에 끝나지 않았다.

13장

의학적으로 입증된 21세기의 여러 치료

이 장의 사례들이 시사하듯이, 치유는 계속 일어나고 있다. 이 장의 표본에는 불치의 위장 질환 치유(심각한 위 마비)와 이례적인 치유를 목격한 어느 심장 전문의의 다양한 경험 그리고 다른 여러 치유 사례 보고에 관한 요약이 포함된다. 의학적으로 입증된 21세기의 다른 여러 치료는, 시각장애와 청각장애 등의 치유와 관련된 적절한 주제를 다룬 장에 나온다.

위 마비

위 마비에 관한 이번 사례 연구는 의학 저널에 실릴 만큼 아주 특이한 경우였다.[1] 크리스 군더슨(Chris Gunderson)은 생후 2주 차에 상당히 많은 양의 구토를 했다. 병원에서 받은 의료 검사에서는 영양 공급 튜브 삽입이 필요한 위 마비로 진단했다. 위 마비는 위가 제대로 비워지는 것을 방해한다. 의학 기술을 통해 특발성 위 마비의 증상을 치료할 수는 있지만, 위 마비는 일평생 지속되는 불치성 질환이다.[2] 크리스가 11개월이 되었을 때, 의사는 루와이(Roux-en-Y) 가지를 삽입했는데, 이는 위를 비우는 경로를 바꾸기 위한 인공 튜브와 비슷한 의료 기기였다. 그 후 16년 동안 크리스는 부착된 공장 절개 튜브를 통한 영양 공급에 전적으로 의존했다.

"활동적인 아이로 성장하면서, 적하식 영양 공급으로는 필요한 수분과 영양을 얻기 힘들었다"라고 크리스는 회상한다.[3] 크리스의 가족들과 그들이 다니는 교회는 기적이 중단되었다고 믿었기 때문에, 신적 치유는 그들이 고려한 선택지는 아니었다. 그런데 2011년 11월 6일, 가족들은 오리건에 있는 오순절 교회를 방문했다. 강사로 온 브루스 반 나타(Bruce Van Natta)는 생명을 위협하는 복부 질환에서 기적적으로 치유된 적이 있는데, 그의 이야기는 22장에서 다시 다루려고 한다. 반 나타가 설교할 때, 크리스는 복부에서 뭔가 특이한 느낌을 받았는데, 하나님이 그에게 무언가를 하려고 준비시키고 계신다는 사실을 깨달았다. 크리스는 마음속으로, 만일 하나님이 자기를 치유해 주신다면 모든 사람에게 알리겠다고 약속했다.

예배가 끝난 뒤, 크리스는 반 나타와 이야기를 나누었고, 두 사람은 여러 차례 수술했던 공통의 경험 덕분에 유대감을 느꼈다. 반 나타는 함께 기도하자고 가족 전체에게 요청했고, 그들은 둥글게 모였다. 반 나타는 치유할 권위가 자기에게는 전혀 없지만, 예수님의 이름의 권위에 의지해 간구한다고 설명했다. 그는 크리스의 어깨 위에 손을 얹었다.

크리스는 다음에 어떤 일이 일어났는지 나에게 설명해 주었다.[4] 2-3분간 기도하면서, 크리스는 전기와 비슷한 무언가가 오른쪽 어깨에서부터 복부까지 흐르는 것을 느꼈다. 마치 하나님이 그 충격으로 그의 배에 시동을 거시는 것 같았다. 크리스가 몸을 굽히자, 반 나타는 크리스가 괜찮은지 확인했다. 크리스는 별 이상이 없었다. 그래서 반 나타는 아직 기도를 마치지 않았기 때문에 잠시 계속 기도하겠다고 말했다. 기도가 이어지는 동안, 크리스는 복부에서 일종의 '맥박' 혹은 '수축감'을 계속 느꼈다. 모두 합해서 5분에서 7분간 기도한 뒤, 그들은 기도를 마쳤다.

그날 밤, 크리스는 합병증 없이 입으로 첫 음식을 먹었다. 그는 그 뒤 몇 달 동안 계속해서 입으로 음식을 먹었다. 크리스의 위장병 전문의이기도 했던 1차 진료 의사는 이와 같은 증상이 사라진 것에 대해 의학적 설명을 전혀 떠올릴 수 없었지만, 만약 이 상황이 몇 달간 지속된다면 튜브를 영구히 제거할 수 있다고 설명했다. 마침내 이 질환에서 치유되고 나서 넉 달 뒤, 튜브를 제거하는 수술이 시행되었다. 앞에서 언급했듯이, 크리스의 치유는 한 의학 저널에서 사례 연구로 실렸다.[5]

"병에서 치유된 후, 나는 그 어느 때보다 더 많은 에너지를 갖게 되었고, 온갖 다양한 형태의 음식을 먹는 새로운 모험은 더없이 즐거웠습니다." 크리스는 이렇게 증언한다. 6년이 더 지난 뒤에도, 크리스는 여전히 건강하다. 우리가 이야기를 나눈 시점에, 크리스는 중환자실에서 간호사로 2년 6개월간 경력을 쌓은 상태였다. 자신이 겪은 모든 일 덕분에, 크리스는 "내가 받았던 모든 소중한 보살핌에 보답하고, 사람들에게 희망을 주기 위해" 헬스 케어 분야에서 일하기를 원했다.[6]

자연적 치유와 초자연적 치유의 선물

나는 (17장에서 12년 동안 실명 상태에서 치유되었다고 증언하는 글과, 23장에서 실명과 청각장애에서 치유되었다고 증언하는 다른 글 등) 여러 장에서 이와 같이 책으로 출간된 다른 여러 사례를 인용하지만, 분주한 의사들은 의학 저널에 소수의 특별한 사례만 싣는다. 그렇기는 하지만, 의학적 증거와 의사들의 목격자 증언으로 입증된 사례는 아주 많다.

플로리다의 심장 전문의 촌시 크랜들(Chauncey Crandall)은 대부분의 사람이 즉각 치유되는 것은 아니지만, 자신의 의학적 전문 지식에 기도가 더해졌을 때, 과거처럼 의학 경험에만 근거한 치료보다 예상을 훨씬 뛰어넘는 치료가 일어나는 현상을 목격했다고 인정한다. 그는 폐암이 뇌에 전이된 한 남성을 위해 그다지 큰 믿음 없이 기도했다. 그 남성의 모든 종양은 최소한의 치료만 받은 뒤 사라졌다.[7] 크랜들 박사가 기도했던 이마의 종양은 하루 안에 사라졌다.[8] 그가 제시하는 목격자 진술에 따르면, 한 장애인 여성과 남성, 어린이가 모두 기도하는 동안 즉시 나았고, 한 아이의 청각장애가 기도하는 동안 즉시 나았으며,[9] 또한 장기 기능이 정지되어 죽어가던 한 여성이 완전히 회복되었다.[10] 수술이 불가능한 또 다른 여성의 커다란 종양은 기도 후 저절로 사라졌고, 수술이 불가능했던 한 남성의 커다란 폐종양이 기도 후 신속하게 치유되었다. 그는 그 사실을 CT 촬영을 통해 확인했다.[11]

크랜들 박사는 (특히 비서구권 지역에서 일어나는 일이긴 하지만) 청각장애인들이 치유되고 걷지 못하던 사람들이 갑자기 걷는 능력을 회복하는 광경을 보았다.[12] 어느 목요일에, 크랜들이 여러 해 동안 알고 지내던 한 남성이 진료실을 방문했다.[13] 크랜들은 이 남성을 6개월 동안 보지 못했는데, 그 기간에 살을 갉아먹는 자몽 크기의 궤양이 환자의 다리에 생겼다. 상처는 뼈까지 닿으면서 종아리 근육을 갉아먹었다. 치료가 실패함에 따라 다음 주에 다리를 절단할 예정이었다. 가족들은 다른 의사의 의견을 얻기 위해 크랜들 박사에게 왔다. 크랜들 박사의 의견은 다른 의사들과 일치했다. 치료가 불가능한 상처였다. 하지만 크랜들 박사는 기도하려고 했다. 다리의 붕대를 푼 뒤, 크랜들 박사는 상처 안에 손을 넣고 상처가 치유되도록 기도했다. 그런 다음 다리를 붕대로 감으면서 고백했다. "**내가 할 수 있는 일은 다 했습니다. 나머지는 하나님께 달려 있습니다.**" 나흘 뒤 그 남성의 아내가 전화를 걸어, 궤양이 점차 사라지면서 새로운 피부가 생겨나고 있다고 설명했다. 그래도 다리를 절단해야 할지 그 남성의 아내는 궁금해했다. 기적이 분명히 일어나고 있었기 때문에, 크랜들 박사는 그렇게 하지 말라고 조언했다. 다음 주에, 그 남성의 다리는 완전히 건강한 상태로 회복했다.

"이런 일이 저절로 일어날 수 있나요?" 인터뷰 중에 내가 물었다.

"저절로 일어날 수 없지요. 불가능합니다." 크랜들 박사는 의학적으로 너무 순진한 내 질문에 놀란 듯한 목소리로 대답했다.

모든 사람이 치유되는 것은 아니지만, 크랜들 박사는 환자들을 위해 기도를 시작한 뒤 너무 많은 기적을 보았기 때문에 기적의 실재를 의심할 수 없다.[14] 인터뷰를 했던 그해에도, 크랜들 박사는 여러 사례에 관해 계속 기록을 남겼다.[15]

부러진 발목

칼 코셰렐(Carl Cocherell)은 내 친구이자 이전의 동료 학자인 존 피포(John Piippo) 박사가 사역했던 한 침례교 교회에 다닌다. 2006년 3월에, 미주리 주 브랜슨(Branson)에서 열린 영성 수련회가 끝난 뒤, 코셰렐은 차에서 내려 기름을 점검하던 중 예리한 균열을 느꼈다. 그는 베트남 참전 용사였지만, 그와 같은 고통을 한 번도 느껴 본 적이 없었다. 그는 정신을 잃고 말았다. 브랜슨 병원 응급실에서 찍은 엑스레이 사진은 그의 발목이 심각하게 부러졌음을 보여 주었다. 정형외과 의사는 부러진 부위를 고정한 뒤 하룻밤 머물라고 지시했다. 그런데 그날 밤 코셰렐은 발이 부러지지 않았다고 그를 안심시키는 주님의 음성을 들었다고 말한다. 의사는 발에 깁스를 한 뒤 몇 달간 치료를 받아야 한다는 주의를 주면서, 그의 가족 주치의에게 연결해 주었다.

코셰렐의 아내는 그를 미시간으로 다시 데려갔고, 다음 날 가족 주치의는 더 많은 엑스레이를 촬영하기 위해 그를 병원으로 보냈다. 엑스레이 촬영을 마친 후, 의사는 그를 진료실로 불러서 골절도 보이지 않고 골절이 있었던 부위를 알려 주는 조직도 보이지 않는다고 설명했다. "발목이 부러진 적이 없었네요." 의사가 주장했다. 코셰렐은 미주리에서 가져온 엑스레이를 가리켰다. "**저것**은 부러진 발목 사진이 맞군요." 의사도 인정했다. 하지만 지금은 코셰렐에게 골절이 있었다는 흔적이 없었기 때문에, 의사는 즉시 깁스를 제거했다. 코셰렐의 발목은 며칠 동안 시퍼런 멍이 있었지만, 더 이상 아무 문제도 없었다. 그 주일에 코셰렐은 교회에 출석해 목발이나 다른 지지대를 전혀 사용하지 않고, 하나님이 어떻게 자기를 치유하셨는지 간증했다. 코셰렐은 치유 전과 후의 방사선 기록을 내게 주면서 자신의 주장을 뒷받침했다.[16]

더 많은 표본

누가 마땅히 "여호와의 권능을 다 말[할]" 수 있을까?(시 106:2) 요한복음의 저자는 믿음을 이끌어 내기에 충분한 예수님의 대표적 기적만 포함했다고 언급하면서(요 20:30-31), 예수님의 모든 행동을 낱낱이 기록한다면 이 세상이라도 부족하리라고 과장을 섞어 말한다(21:25).[17] 오늘날 예수님의 역사에 대해서도 똑같이 말할 수 있다.

다른 다양한 의사들도 유신론 신앙의 배경에서 일어난 치유 사례에 관

한 보고를 나누어 주었다.[18]

- 데브라 구스만(Debra Gussman) 박사는 연이은 자궁외임신 때문에 환자의 나팔관을 모두 제거했다. 검사를 통해 나팔관이 제거된 점을 확인했는데, 2년 후 환자는 정상적으로 임신해 건강한 아이를 낳았다. 환자는 이 일을 기적이라고 여겼고, 구스만 박사는 "나도 다른 의견을 제시할 수 없다"라고 증언한다.[19]
- 지니 린드퀴스트(Jeannie Lindquist) 박사는 한 환자가 기도를 통해 신부전이 치유되었다고 설명한다.[20]
- 라켈 부르고스 박사는 의료 기록을 통해 확인된 어린 시절 경험한 자신의 치유 사례를 증언한다.[21]
- 신경학자인 앨릭스 에이브러햄(Alex Abraham) 박사는 심각한 간질과 종양, 심부전을 비롯한 다른 중증 질환이 치유되었다고 보고한다.[22]
- 미르타 베네로 보사(Mirtha Venero Boza) 박사는 기도하는 동안 중화상이 치유되는 광경을 본 목격담을 전한다.[23]
- 토니 브릭스(Tonye Briggs) 박사는 기도 후 하룻밤 사이에 커다란 상처가 극적으로 아무는 장면을 본 목격담을 증언한다(22장을 보라).[24]
- 데이비드 자리츠키(David Zaritzky) 박사는 오늘날 불치의 자가면역 질환인 쇼그렌 증후군으로 몇 년 동안 고생하던 한 중년 환자가 치료된 사례를 의료 기록으로 남겼다. 그 여성은 침을 생성하지 못했고 생성할 거라는 기대도 없는 환자였다. 그런데 기도한 뒤, 약물의 도움 없이 환자의 입에서 침이 생성되기 시작했다.[25]
- 듀크 대학교의 정신의학 및 행동과학 명예 교수인 윌리엄 윌슨(William Wilson) 박사는 과거에 "주요 동맥의 혈관 폐색이 75퍼센트"

에 달했던 한 감리교 목사 친구가 세 시간 기도한 후 치유되었다고 설명한다.[26]

- 윌슨은 또한 자기가 기도했을 때 30년 동안 우울증과 천식으로 고생했던 한 간호사가 치유되었다고 보고한다. 그는 또한 다른 여러 진술 가운데 심각한 강직성 척추염이 치유된 사례를 보고한다.[27]

- 윌리엄 스탠디시 리드(William Standish Reed) 박사는 전이된 암이 치료되었다고 보고한다.[28]

- 크리스토퍼 우더드(Christopher Woodard) 박사는 기도한 후 설명할 수 없는 치유가 여러 차례 일어났다고 증언했는데, 그는 이것을 신적 치유라고 믿었다.[29]

- 론다 웰스(Ronda Wells) 박사는 치명적 질병을 앓던 아이가 기도한 후 5분 안에 이례적인 회복을 경험했다고 보고한다.[30]

- 지속적으로 성령의 감동을 느끼던 데이브 워커(Dave Walker) 박사는 살충제를 삼킨 혼수상태의 유아 테사(Tessa)를 위해 기도했다. 그는 기도할 때 거북함을 느꼈지만, 10분 안에 "테사는 눈을 뜨고, 일어나서 목이 마르다고 말했고," "어떤 후유증도 전혀 없이" "즉각적으로 완전히 치유되었다."[31]

- 데이비드 킴벌린(David Kimberlin) 박사는 케이시(Casey)라는 이름을 가진 환자의 설명할 수 없는(물론 점진적인) 회복과 특히 케이시 가족들의 깊은 믿음을 칭송했다. 스캔 결과, 곰팡이가 "[케이시의] 뇌에 17.5센티미터 이상 파고들었다." 그래서 "케이시는 죽었거나 혹은 최소한 심각한 뇌 손상을 입었어야" 했다. 하지만 곰팡이가 그냥 사라졌을 뿐만 아니라 백혈병도 호전되었다. 케이시는 뇌 손상의 징후를 전혀 보이지 않았다.[32]

- 호주의 방사선 전문의 지니 맥퍼슨(Ginney MacPherson)은 마흔 살 때까지 임신할 수 없었다. 그때, 켄 피시가 그녀와 함께 기도했고, 의사의 개입 없이 지니는 곧 임신했다. 아이가 태어난 뒤, 지니는 다시 2년 동안 임신할 수 없었고, 그래서 다시 피시에게 기도를 요청했고, 그 뒤에 쌍둥이를 낳았다.[33]

기적을 판단할 때 가끔 더 많은 요소가 추가되기도 한다. 캐슬린 패럴(Kathleen Farrell) 박사는 폐가 "완전히 액체로 가득 차서" "전혀 반응이 없던" 두 살 아이의 사례를 보고한다. 수영장 수심이 깊은 쪽으로 떨어진 이 아이는 물을 마셨다. 그런데 다음 날 아이는 평소처럼 놀고 있었고, 새로운 엑스레이 검사 결과 "액체의 흔적이 전혀" 나타나지 않았는데, 이는 패럴 박사가 보통 "불가능하다"고 여겼던 빠른 회복이었다.

그런데 패럴 박사는 우리 대부분이 불가능하다고 여기는 이 아이의 회복이 기적임을 확증하는 또 다른 요소가 있다고 전한다. 수영하는 방법도 전혀 몰랐던 아이의 다섯 살 사촌이 아이를 구조한 것이다. 다섯 살배기 사촌은 수영장의 수심이 깊은 쪽 바닥에서 얕은 쪽 수면으로 희생자를 데려왔다. 왜 그렇게 했느냐는 질문을 받았을 때, 다섯 살배기 사촌은 즉각 이렇게 대답했다. "온통 흰 옷을 입은 남자가 그렇게 하라고 말했어요." 나중에 의사들 중에 한 사람은 쓴웃음을 지으며, 다음번에 누군가 수영장에 빠졌을 때 천사들을 의지하지 않으려면 의료진이 수영 강습을 받아야 한다고 제안했다![34]

이와 같은 경험을 전하는 의사들이 반드시 신앙적 편향성을 드러내지는 않는다. 물론 당연히 믿음의 사람들은 대개 이와 같은 사건을 더 기꺼이 기적이라고 인정하지만 말이다. 무신론자인 리처드 웨스트콧(Richard

Westcott) 박사는 『영국 의학 저널』(*British Medical Journal*)에서 한 사건을 진술했고, 10년 후 의료 기적을 다루는 책에 실린 글에서 그 사건에 대해 더 깊이 숙고했다. 그의 환자 짐(Jim)은 전이된 중피종, 즉 석면 노출과 관련된 폐암에 걸린 비종교인이었는데, 중피종은 복부 전반에 퍼져 있었다. 짐이 관광객으로 방문한 그리스 정교회 수도원에서 뜻밖에 한 수녀와 한 사제의 사역을 경험한 후, 짐의 기억은 즉각 회복되기 시작했고, 검사를 통해 종양이 완전히(또한 영구적으로) 사라졌다는 사실이 확인되었다. 의사나 환자나 모두 놀랐다.[35] 웨스트콧 박사는 이렇게 단언한다. "신앙이 없던 한 부부와 무신론자 의사[즉 웨스트콧 자신]는 이런 질문에 맞닥뜨려야만 했다. 만약 이것이 기적이 아니라면, **대체** 무엇이 기적이란 말인가?"[36]

만에 하나 기적이 일어날 때, 기적을 무엇이라고 불러야 하는지에 대해 의사들 사이에 의견 차이가 있다. 독자인 여러분에게 이렇게 질문하고 싶다. **여러분은** 무엇을 기적으로 간주하는가? 나는 여러분이 이 책 이 대목에서 상당수의 기적을 인정했으면 좋겠다. 실명의 치료(16-17장)와 청각장애의 치료(23장), 죽음에서 회생한 경우(24-31장) 등을 진술하는 장에서 더 많은 사례가 나올 것이다.

# 14장

암 치료

나는 이 책에서 암 치료를 간략하게만 다루는데, 그 이유는 암이 가끔 호전되기 때문이고, 또한 의료 기록을 남긴 거의 모든 사례의 환자들이 의학적으로 치료를 받았기 때문이다. (당연히 그래야 한다. 환자의 의학적 관찰을 위해, 유익한 치료를 중단하는 행위는 비윤리적인 일이다.)

    동시에 만일 암이 전이되어 다른 기관으로 퍼졌다면, 대부분의 암이 저절로 치료되는 경우는 매우 드물다.[1] [리사 라리오스와 루르드의 보고, 췌장암 그리고 다음 장에 나오는 루스 린드버그(Ruth Lindberg)와 같은] 다음의 여러 사례들은 [윌리엄 버튼(William Burton)과 같은] 입수할 수 있는 의료 기록이 적은 다른 여러 사례에 비해 훨씬 설득력이 있다. 하지만 이 모든 사례는 오늘날 일어난 수많은 암 치유 보고에 관한 표본에 불과하다.[2] 우리 집에서 모이는 교회 소그룹 모임의 나이 든 어느 친구도 최근에 간증했을 만큼 치유에 관한 증언은 아주 빈번하게 일어난다. 물론 그 친구의 치유는 암의 초기 단계에서 일어난 일이기는 하지만 말이다.[3]

이전 시대의 암

직접 보고 들은 목격자가 전하는 복음서의 치유 보도(마 11:4-5·눅 7:22)에서는 구체적으로 암이 나왔다고 명시하지 않는다. 거기에는 타당한 이유가 있다. 먼저, 체내 암은 대부분 보이지 않는다. 둘째, 고대 갈릴리 사람들은 아마 오늘날 우리가 '암'이라고 명명한 질병의 관점보다는 (피부의 혹이나 걷지 못하는 장애 같은) 증상의 관점에서 더 많이 판단했을 것이다. 물론 암과 관련된 그리스 의학 용어가 존재했지만,[4] 평범한 갈릴리 사람들에게는 알려지지 않았을 가능성이 높다. 셋째, 고대의 뼈를 조사하는 골 고고학자들은 16세기 이전에는 암이 훨씬 덜 흔했다고 주장한다. 오늘날 암은 심장병 다음으로 주요한 사망 원인이다. 많은 의학 역사가들은 고대에는 암이 훨씬 드물었다고 믿는다.[5]

암은 고대에는 암이라는 이름으로 명시되지 않았지만, 20세기 대부분의 기간에 암은 분명 널리 퍼져 있었고 큰 두려움의 대상이었다. 치료된 예는 늘어날 수 있지만, 여기서는 하나만 언급해도 충분하다. 역사가 데이비드 에멧(David Emmett)은 영국인 선교사 윌리엄 버튼에 관한 정보를 나에게 알려 주었다. 다른 기적에 관해 그가 보고한 여러 사례는 내가 기적에 관해 저술한 이전 책에 나왔다. 버튼의 그룹에서 주고받은 서신들을 볼 때, 기적이 일어나지 않는 한 그는 죽었을 것이다. 충분히 그렇게 확신할 수 있다. 콩고에서 봉사하던 버튼은 1944년 2월에 복통 때문에 배를 움켜쥐었다. 바륨 엑스레이 결과, 결장이 심하게 막혀서 노폐물이 역류하고 있다고 버튼은 설명했다. 요하네스버그의 한 병원에서 찍은 추가 엑스레이 사진상으로는 혹이 결장 안에서 급속히 자라고 있었다. 5월에 의사들은 노폐물을 빼내기 위해 맹장 창냄술을 실시했다. 의사들은 버튼의 아내에게 암이 결장 전체에 퍼졌고 최대한으로 보아 6개월 정도 살 수 있다고 전했다. 병원 기록부에는 "버튼 씨는 죽어 가는 상태에서 스스로 퇴원을 결정했다"라는 기록이 남아 있다.

지금까지 남아 있는 서신들은 이러한 진단의 심각성을 보여 주기에 충분하다. 친구들에게 보낸 여러 편지에서, 버튼은 1년 이상 살지 못할 것이라는 의사의 진단을 언급했다. 그렇기는 하지만, 그는 하나님이 콩고 신자들의 기도를 듣고 자신의 사역이 계속되게 하실 것이라는 희망을 표현했다.[6] 그는 몸에서 나오는 "노폐물을 받아 내기 위해…컵과 고무 주머니를 계속 착용했다." 수술을 받고 나서 6개월 뒤, 1945년 1월에 버튼은 사역을 위해 콩고로 돌아갔다. 곧 이은 공적 기도 요청에서는 그가 6월에 죽을 것으로 예상된다고 언급했다.[7] 동료 선교사들은 점점 더 그를 걱정했고, 5월쯤 한 동료는 버튼이 약해지면서 극도의 고통을 느낀다고 언급했던 반면,[8] 또 다른 기도 요청에서는 그가 "매우 쇠약해졌고 말랐다"라고 진술했다.[9]

그런데 그 뒤 얼마 안 되어 버튼은 호전되기 시작했다. 7월에 진단을 받은 뒤 15개월째에 버튼은 장과 방광이 정상적으로 기능하고 있다고 보고했다.[10] 그는 1946년 5월에, 북로디지아(오늘날 잠비아)의 루안샤(Luanshya)에 있는 한 병원에서 다시 검사를 받았다고 보고했다. 이때, "추가 엑스레이 검사에서는 암의 증거가 전혀 나타나지 않았다." 버튼은 요하네스버그의 의사들이 자신의 회복을 기적이라고 여기는 것 같다고 보고했고, 두 개의 엑스레이 사진 표본을 보관했다. 하나는 병이 시작될 때의 사진이고, 하나는 회복된 뒤의 사진이다. 물론 오늘날까지 남아 있는 이 두 장의 엑스레이 사진만으로는, 버튼의 결장이 이전 사진에서는 심각하게 손상되었지만 나중에 찍은 사진에서는 건강하다는 사실 정도밖에는 파악할 수 없다. 하지만 개구(開口)를 만들었다가 폐쇄한 의사들이 정확한 평가를 했다고 봐야 한다. 버튼은 완전히 복귀해 일정을 소화했고, 1971년까지 살면서 콩고에서 수십 년간 효과적인 사역을 펼친 뒤 약 85세에 사망했다. 버튼은 이 시기에도 많은 기적이 일어난다고 보고했는데, 대부분 자신에게 일어난 기적보다 훨씬 신속하게 일어난 경우였다.[11]

전이된 고관절 암

1972년 5월쯤, 열두 살의 리사 라리오스는 더 이상 걷지 못했고, 검사 결과 리사는 암(좀 더 구체적으로, 우측 골반의 그물세포 육종)에 걸려 죽어 가는 중이었다.[12] 의사들이 엉덩이 소켓 종양을 발견했을 때, 한 의사는 종양이 이미 "골반 내부의 부드러운 조직을 침범했다"라고 언급한다.[13] 다수의 의사들이 이 진단을 확인해 주었다. 암이 여기까지 퍼졌기 때문에, 의사들은 리사의 부모에게 엉덩이 아래를 절단하더라도 리사를 살릴 수 없다는 암담한 예고를 전했다. 리사는 6개월 정도만 더 살 수 있을 것으로 예상되었지만, 부모들은 리사에게 그녀의 상태가 말기라는 사실을 아직 알리지 않았다. 대신 그들은 리사가 남은 몇 달의 삶을 즐길 수 있기를 바라면서 다양한 곳으로 여행을 다녔다.

한 이웃 사람이 리사를 치유 집회에 데려가라고 강권했지만, 리사의 어머니 이사벨(Isabel)은 머뭇거렸다. 리사는 아직 자기가 얼마나 아픈지 몰랐다. 만일 부모들이 리사를 그런 집회에 데려간다면, 리사가 두려워하지 않을까? 가족들은 가톨릭 신자였지만, 그들은 기적의 가능성은 고려조차 하지 않았다. 하지만 리사의 아버지 하비에르(Javier)는 잃을 것은 아무것도 없지 않느냐고 넌지시 말했다. 그래서 이사벨은 7월 16일에 리사를 치유 집회에 데려갔다.

치유를 위한 기도 시간에, 목사는 리사가 있는 구역에 앉은 어떤 사람이 암에서 치유되고 있다고 외쳤다. 이사벨은 지금은 암에 걸렸다는 사실을 리사에게 알리기에 좋은 때가 아니라고 생각했다. 그런데 리사는 배 속에서 따뜻한 느낌을 받았다. 리사는 억누를 수 없는 충동을 느끼면서 벌떡 일어섰고, 그런 다음 통로를 걸어 다니기 시작했다. 놀랍게도, 리사는 걸어 다닐 수 있었다. 이사벨은 어안이 벙벙했다. 의사는 리사의 관골에 어떤 압력도 가하지 않아야 한다고 이사벨에게 경고했었다. "리사의 엉덩이는 버터와 같아요." 의사의 설명이었다.

리사는 여전히 암에 걸렸다는 사실을 몰랐다. 하지만 리사는 이제 걸을 수 있었고, 이웃 사람과 함께 무대 위로 걸어 올라갔다. 관골이 전혀 없다는 사실을 알지 못한 목사는 "뛰어라, 얘야!"라고 재촉했고, 리사는 무대 위를 여기저기 뛰어다녔다. 이사벨은 여전히 이 일을 어떻게 이해해야 할지 몰랐고, 자기 딸이 헛된 희망을 품지 않기를 바랐다. 그렇기는 하지만, 그들은 걷는 리사를 데리고 강당을 나왔다. 집에 도착했을 때, 리사는 자전거를 타기 시작했고, 하비에르는 리사가 치유되었다는 사실을 깨달았다. 이사벨은 더 신중한 태도를 유지하면서, 검사 결과를 기다리기로 마음먹었다.

검사 결과가 나오기까지 약간 시간이 걸렸다. 처음에 혼란스러워하던 병원 의사들은 리사에게 가능한 모든 검사를 실시하면서, 점점 더 많은 의사들과 상의했다. 암이 사라졌을 뿐만 아니라 암이 남긴 뼈의 손상도 사라졌다. 저절로 일어날 수 없는 회복이었다. [광범위하게 언급되는 의대 교수 리처드 캐스도프는 앞서 언급된 책『기적: 의사들은 기적을 인정한다!』(The Miracles: A Medical Doctor Says Yes to Miracles!)에서 이 사건이 일어나기 전과 후의 엑스레이를 실었다.] 따라서 리사가 자신이 앓는 질병의 특성을 **알았다고** 하더라도, 리사의 회복이 정신신체적 차원에서만 일어났을 수는 없었다.

캐스도프 박사는 의료 보고서를 면밀하게 검토한 뒤, 리사, 리사의 어머니 이사벨과 함께 리사의 엑스레이를 갖고, 〈마이크 더글러스 쇼〉(The Mike Douglas Show)에 출연하기로 동의했다. 방송에 출연하기 전날 밤 호텔 식당 중 한곳에서 모임을 마친 뒤, 그들은 16층에 있는 방으로 돌아가기로 결정했다. 캐스도프는 리사가 끝까지 계단을 열심히 올라갔다고 증언한다.[14]

캐스도프의 진술은 리사 라리오스의 치유에 관해 상당히 광범위한 세부 사항을 제시하지만, 기도 후에 뼈가 회복된 보고는 리사의 사례에서만 독특하게 일어난 것은 아니다.[15] 예를 들어, 또 다른 보고에 따르면, CT 스캔에서 분명했던 다수의 척추골절이 기도한 직후부터 MRI 기록에서 더 이상 분명하게 나타나지 않았다. 본래 이 문제를 야기한 질병이 의학적으로 먼저 치료되었어야 하는데도 말이다.[16] 또 다른 보고는 종양으로 인해 뼈가 부식되면서 두개골에 2.5센티미터 길이의 구멍이 생긴 네 살 아이에 관한 사례다. 2개월 후 종양이 사라졌을 뿐만 아니라, 뼈가 자라나서 구멍을 완전히 막았다.[17]

췌장암

췌장암은 가장 치명적인 암 중에 하나다. 현대의 발전된 기술에도 불구하고, 암이 확인된 단계에 따라(대개는 늦게 발견된다) 1년 생존율은 20퍼센트이고, 5년 생존율은 7퍼센트에 불과하다. 2003년 7월 2일, 스웨덴 에스킬스투나(Eskilstuna)에 있는 멜라 병원(Mälar Hospital)은 벵트 에릭손(Bengt Eriksson)이 췌장암 4기라고 진단했다. 당시 췌장암 4기의 생존 가능성은 대개 3개월에서 6개월이었다. 에릭손의 췌장 자체에 4센티미터의 종양이 자리 잡았지만, 암은 간으로도 전이되었고 에릭손의 쓸개관을 차단했다. 에릭손의 의사들은 완화 치료를 시작했지만, 그가 성탄절까지 생존하지는

못할 것이라고 예고했다.¹⁸

쓸개관이 막히는 바람에 에릭손의 피부는 노래졌고, 몸에는 가려움으로 인한 발진이 생겼다. 완화 화학요법은 에릭손을 더 고통스럽게 만들었고, 어쨌든 장기적으로 생명을 구할 수 있는 치료법도 아니었기 때문에, 6주 후 에릭손은 더 이상 치료를 받지 않겠다고 거부했다. 에릭손은 지역사회에서 크게 존경받는 리더였기 때문에, 목사와 성직자, 이웃을 비롯한 시의 정치인 등 많은 사람이 그를 위해 기도했다.

에릭손은 또 다른 CT 촬영을 한 후 병원으로 오라는 호출을 받았다. 그는 화학요법 치료를 중단했기 때문에 부어 있다는 말을 들을 거라고 예상하면서 병원에 갔다. 그런데 에릭손의 전언에 따르면, 내과 과장 요한 라우드(Johan Raud)는 불확실한 표정을 지으며 접시를 보여 주었다. 라우드 박사가 설명했다. "이제 암의 흔적은 전혀 없습니다. 벵트, 당신도 알다시피, 우리 의사들도 설명하지 못하는 일이 있어요." 당연히 신학자들도 마찬가지지만, 가끔 두 가지 형태의 담론이 서로를 보완할 수 있다.

에릭손은 의사들이 오진해서 불필요하게 메스꺼운 화학요법을 처방하지 않았는지 의심스러웠지만, 의사들은 최초의 진단은 분명 정확했다고 주장했다. 그를 치료한 의사 중 한 사람은 이 치유를 '기적'이라고 설명했다. 라우드 박사는 의학적 설명은 전혀 불가능하다고 언급했다. 여전히 신비는 남아 있다. 몇 년 후, 에릭손의 큰딸이 암으로 사망했다. 큰딸이 사망한 뒤, 에릭손은 큰딸이 천국에 있다고 확신했지만, 왜 딸은 죽고 자기는 살아났는지 이해할 수 없었다.

비슷한 사례가 또 있다. 1984년에 일흔다섯 살의 존 마르고시안(John Margosian)은 수술이 불가능한 췌장 종양을 진단받았는데, 종양은 하대정맥과 복부 대동맥 주변에서 자라고 있었다. 마르고시안을 처음 진단했던 내분비과 전문의 데니스 코프(Dennis Cope) 박사는 UCLA의 저명한 교수였다. 코프의 설명에 따르면, 의사들은 단지 종양이 더 이상 자라지 못하도록 막기 위해 화학요법과 방사선 요법으로 마르고시안을 치료했다. 그는 3개월 이내에 죽을 것으로 예상되었다.

마르고시안이 사역했던 치노 교도소(Chino Prison)의 수감자들을 포함해 많은 사람이 그를 위해 기도했다. 마르고시안은 처음에 치유되지 못한 채 척수막염에 감염되었고, 이로 인해 죽거나 식물인간이 될 것으로 예상되었다. 하지만 마르고시안은 완전히 회복되었고, 의사들은 종양이 사라졌음을 발견했다. 그는 교도소 사역으로 복귀했고 아흔한 살까지 살았다. 코프 박사는 이것은 "매우 명백한" 기적이라고 단언했다. "그에게 일어난 일에 대해 인간이 설명할 수 있는 길은 없습니다."[19]

4B기의 버킷림프종

브라이언 윌스(Brian Wills)는 성경이 치유에 대해 무엇을 가르치는지 알았고, 종종 치유를 직접 목격한 교회에서 성장했다. 하지만 기적을 믿는 윌스의 확신은 혹독한 시험을 거칠 참이었다. 미주리 대학의 노련한 운동선수였던 윌스는 그 뒤에 리치먼드 대학교(University of Richmond)의 보조 코치가 되었다. 건강의 대명사처럼 보였던 그때, 윌스는 갑작스러운 통증으로 인해 의료 검사를 받지 않을 수 없었다. 1987년 2월 6일, 낙심한 의사는 달갑잖은 소식을 전해야 했다. "브라이언의 복부에 골프공 크기만 한 덩어리가 있었고, 이 덩어리는 버킷림프종으로 진단되었다."[20]

오늘날 버킷림프종의 생존 예후는 상대적으로 높지만, 윌스의 암은 오늘날 보통 진단되는 사례보다 훨씬 더 많이 진행된 상태였고, 빠르게 자라나고 있었다. 윌스의 전언에 따르면, 최초의 진단을 받은 후 며칠 지나지 않아 공격적으로 자라난 종양은 크기가 거의 25센티미터나 될 정도로 자라 있었다. 이것은 단순히 4기가 아니라 4B기 암이었다. 한 전문가는 안타깝게 말했다. "당신을 위해 해 줄 수 있는 일이 없는 것 같아요. 너무 많이 진행되었네요."[21] 윌스는 하나님이 자기를 치유해 주실 거라고 계속 주장했지만, 암은 대부분의 기관으로 전이되었고, 한 의사가 10시간 이상 살지 못할 것이라고 예고했을 때는 윌스도 흔들렸다.[22]

하지만 윌스는 분노를 품었던 어떤 사람을 먼저 용서하라고 하나님이 말씀하신다고 느꼈다. 그 사람을 용서하고 나서 몇 시간 후, 야간 근무 간호사는 윌스의 신장이 다시 작동하기 시작했음을 알아차렸다. 윌스는 계속 호전되었고, 그래서 의사는 그의 몸이 어떻게 반응하는지 보기 위해 예비 투여 화학요법(pre-dose of chemotherapy)을 시도했다. 하나님이 예비 투여를 사용하셨든 아니든, 윌스의 몸 안에 분명 어떤 변화가 일어났다. 2월 20일, 진단을 받은 후 한 달이 지나지 않은 시점에 의사는 혼란스러워 보였다. 방사선과 전문의의 보고서를 보면, 어떤 기관에서도 암의 증거가 전혀 나타나지 않았다. 원래 있던 종양은 완전히 사라졌다. 재발 가능성을 낮추기 위해, 한 의사는 윌스와 다른 환자들에게 강한 실험 요법을 시행했는데, 이 실험에서 윌스만 생존한 것으로 나타났다. 하나님이 이 요법을 통해 역사하셨든, 이 요법과 무관하게 역사하셨든, 아니면 이 요법에도 불구하고 역사하셨든, 윌스는 암에서 치유되었다.

뇌종양

매슈 존(Mathew John)은 생검을 통해 암으로 판명된 6센티미터의 뇌종양을 발견했다고 보고한다. 왼쪽 눈 뒤에서 자라난 이 종양 때문에 결국 왼쪽 눈은 거의 실명 상태에 이르렀다. 1998년 12월 1일, 수술을 통해 종양의 2센티미터는 제거했지만, 나머지 부분은 너무 깊숙이 박혀 있었다. 1개월간 힘겨운 방사선치료를 받고 시력의 일부가 돌아온 뒤, 존은 업무로 복귀했다. 하지만 6개월 후 존은 직장을 그만두고 자기를 향하신 하나님의 다른 부르심에 순종해야 한다고 느꼈다. 존이 성경 훈련을 시작하기 위해 비행기에 탑승할 준비를 하는 동안, 갑자기 그의 시력은 훨씬 온전한 상태로 회복되었다. 물론 그 직후의 MRI 검사 결과, 종양의 4센티미터가 남아 있었지만 말이다. 존은 훈련을 받았고 사역에 참여했고, 또 다른 심각한 건강의 위기를 극복해 나갔다. 그러던 중 2006년 6월, 존은 MRI 검사를 통해 종양이 거의 남아 있지 않다는 사실을 확인했다.[23]

일곱 살의 팀 노웍(Tim Nowak)은 분명한 뇌졸중을 경험한 뒤, CT 촬영을 한 결과, 그의 뇌간에서는 달걀 크기만 한 종양이 발견되었다.[24] 하지만 다음 날, 팀의 아빠 데이브(Dave)는 하나님이 이 문제를 보살피고 계신다는 이상한 확신을 느꼈다. 이어서 시행한 MRI 검사에서는 악성이든 양성이든 종양을 전혀 발견하지 못했고, 의사들은 무엇이 뇌졸중을 일으켰는지 알아내기 위해 애썼다. 며칠 후 한 의사가 데이브에게 털어놓았다. "팀의 보고서를 보았는데, 이건 기적이네요." 하지만 의사는 이렇게 경고했다. "다른 의사들은 이 결과에 수긍하지 않을 겁니다. 의사들은 믿지 않거든요. 의사들은 무언가 잘못된 점을 찾아내려고 할 겁니다." 하지만 엿새 동안 헛된 노력을 기울인 후, 의료진은 팀에게 아무 문제가 없다는 사실을 깨닫고 그를 퇴원시켰다.

노웍의 가족들이 이사한 지역인 와이오밍의 의사는 이전 병원에서 가져온 팀의 40페이지 의료 기록 보고서를 검토했다. 그리스도인 의사는 기적이 일어났다고 단언했다. 그의 새로운 기계는 아직 테스트를 거치지 않았기 때문에, 그는 CT 스캔을 한 번 더 시도해 보자고 제안했다. 팀의 병력을 알지 못했던 방사선과 전문의는 이전에 종양이 있던 자리에서 이번에 선명한 흉터 조직을 찾아냈다. 분명한 뇌졸중을 겪고 10년이 지난 뒤, 팀은 여전히 건강하고 활발하게 지내고 있다.

내 친구 중 몇 사람은 상당히 비슷한 경험을 보고한다. 물론 (수술을 하기에는 너무 위험한 경우도 있어서) 악성을 입증하는 생검은 없지만 말이다. 내 예전 학교의 동료인 캐럴(Carol)은 1998년 가을에 커다란 체리 크기만 한 뇌종양을 진단받았다. 특별 기도 후, 종양은 줄어들기 시작했고, 약 8개월 안에 완전히 사라졌다.[25] 내가 아는 어느 과학 교수도 뇌종양에서 회복된 치유 경험을 글로 나누어 주었다.[26]

우크라이나에서 일어난 4기 암 치유 사례

우크라이나 빈니차(Vinnitsa)의 가나인 목회자 프레더릭 안카이테일러(Frederick Ankai-Taylor)는 신학 훈련을 받았을 뿐만 아니라 구소련에서 훈련받은 의사이기도 하다. 그가 봉사하는 교회에서는 병자들을 위해 기도하곤 하는데, 몇 달에서 1년 뒤에 치유받은 사람들이 기도한 후 어떤 상태의 변화가 있었는지 보여 주는 의학적 검증을 해야 간증할 수 있도록 허락한다.

안카이테일러 목사는 기도해 준 모든 사람이 치유되는 것은 아니라고 인정한다. 그러나 자기 교회에서 간증을 허락하기 전에 제시된 문서를 토대로 검증했던 다양한 치유에 관한 진술을 나에게 제공해 주었다. 그는 종양, 암, 내분비장애, 정신장애를 비롯한 여러 질환이 치유되었다고 보고한다. 예를 들어, 2002년에 안카이테일러는 4기의 전이성 암에 걸린 어느 러시아 여성을 위해 기도했다. 그 여성은 걷지 못하는 상태였지만, 안카이테일러 목사가 그녀를 위해 기도했을 때, 그녀는 완전히 치유되어 걸었다. 그 여성은 10년을 더 살다가 이 질환과 관련 없는 질병으로 사망했다.[27]

미네소타에서 일어난 식도암 치유 사례

미네소타의 루터교 목사 마크 매슈스(Mark Mathews)는 후기 단계의 암에서 회복된 치유 사례에 관해 나에게 많은 진술을 해 주었다. 예를 들어, 빌리 홀미(Billy Halme)는 후기 식도암에 걸렸고, 의사들은 그를 위해 더 이상 할 수 있는 일이 전혀 없다고 말했다. 빌리는 남은 날 동안 삶의 질이 개선되기를 기대하면서 모든 치료를 중단했다. 2016년 4월, 마크가 빌리를 위해 기도했을 때, 빌리와 그의 아내 캐럴(Carol)은 하나님의 능력을 느꼈다. 빌리의 다음 CT 촬영을 통해 곧이어 암이 사라졌음을 확인했다. 2020년 9월 10일, 가장 최근의 CT 촬영에서도 암은 전혀 발견되지 않았다. 그는 두 달 뒤 뇌졸중으로 사망했지만 말이다.[28]

루르드에서 일어난 치유 사례

암이 치유된 사례는 루르드에서도 있었다. 호지킨병에 걸린 게 분명했던 한 환자가 1950년 5월 31일에 치료되었다. 치유된 순례자는 온기를 느꼈고, 그의 몸에서 질병의 흔적이 전부 사라졌다. 이 질병에 관해 내린 최초의 진단에 대해서는 논란의 여지가 있을 수 없다. "최초의 조직 검사물을 여러 차례 철저히 검토했기" 때문이다.[29]

1962년 7월에 여러 번 반복 촬영한 엑스레이 검사를 통해, 이탈리아 병사 비토리오 미켈리(Vittorio Micheli)의 왼쪽 반골반을 육종이 대부분 먹었다는 사실을 확인했다. 조직학과 방사선학을 비롯한 다른 증거들은 명확했다. 11월쯤 "왼쪽 다리는 몇 가닥의 부드러운 조직으로 반구에 연결되었을 뿐, 뼈가 없었다." 당연히 미켈리는 다리를 움직일 수 없었다. 1963년 5월 24일, 루르드를 방문했을 때, 미켈리에게는 여전히 진통제가 필요했고 그는 걷지 못하는 상태였다. 6월 1일, 욕조 안으로 들어간 미켈리는 치유되었음을 느꼈다. 그는 즉시 허기를 느꼈고, 더 이상 진통제가 필요하지 않았다. 물론 의사들이 전에 그의 발에 만들어 준 석고 깁스는 남아 있었지만, 미켈리는 통증 없이 목발을 짚고 걷기 시작했다.[30]

1964년 2월에 의사들이 석고 깁스를 제거했을 때, 미켈리는 여전히 통증 없이 정상적으로 걸었다. 이후의 엑스레이 사진은 "망가졌던 부위의 골격 재건이 꾸준히 진행되고 있음"을 보여 주었다. 저절로 일어날 수 없는 일이었다.[31] 다시 말해, 미켈리의 골반이 재생되고 있었다. 희미한 흉터가 남기는 했지만, 조직의 복원은 외과 수술 후 흔히 환자들에게서 나타나는 호전 징후보다 훨씬 완벽했다.[32] 골암을 치료한 적이 있는 여러 정형외과 의사들에게 자문을 구했더니, "뼈의 악성종양이 저절로 치료된 사례를 접해 본" 사람은 아무도 없었다.[33]

유잉 육종으로 죽어 가던 열두 살의 델리치아 치롤리(Delizia Cirolli)는 1976년 8월에 나흘 동안 루르드를 방문했다. 불행하게도, 어떤 기적도 일어나지 않았고, 시칠리아로 돌아온 뒤 치롤리의 상태는 더 나빠졌다. 하지만 치롤리의 공동체는 그녀를 위해 계속 기도했고, 12월에 그녀는 회복되기 시작했다. 치롤리의 상태는 정상으로 회복된 뒤 그대로 유지되었고, 엑스레이를 통해 뼈가 회복되었음을 확인했다. 최초의 생검에서 채취한 표본에 근거할 때, 복수의 프랑스인 골종양 전문가들은 유잉 육종 진단을 확인해 주었는데, 이 병은 저절로 호전되는 일이 없는 것으로 알려졌다.[34]

　루르드의 순례자 마드모아젤 델로(Mademoiselle Delot)는 암이 퍼지는 상태였고, 의사들은 죽음을 받아들이라고 권했다. 거의 죽음을 앞둔 시점에, 델로는 즉시 치료되었다. 심지어 손상된 기관도 제대로 재생되었다.[35] 마찬가지로, 한 취재 기자는 "폐동맥과 심장 사이에 수술이 불가능한 악성 종양"이 있다는 진단을 받아 치유가 불가능하며 6개월밖에 살날이 남지 않았다는 말을 들은 어느 여성과 진행한 인터뷰에서 확신에 차서 말했다. 그 여성은 루르드 연못에서 두 번째로 목욕하는 동안 치료되었다. 그 여성이 기자에게 알려 준 바에 따르면, 기자가 방문하기 전 6개월 동안 60건의 치료가 보고되었다. 암이 "관골을 대부분" 갉아먹고 있던 한 남자가 즉각 치유된 사례도 있었는데, 그 여성은 온전히 회복된 뼈의 상태를 확실히 증명해 주는 엑스레이 사진을 기자에게 보여 주었다.[36]

※ ※ ※

　오늘날 의사들은 다양한 형태의 암을 치료할 수 있고, 암은 자연적으로 증상이 완화되기도 한다. 자연적 증상 완화는 (암의 종류에 따라) 약 6만 건 중 한 번 정도 일어난다고 추정된다.[37] 하지만 암이 후기 단계에서 전신으로 퍼졌을 때 초기 단계에서보다 훨씬 드물게 치료된다. 그런데 이와 같은 치유에 관한 온갖 진술이 존재할 뿐만 아니라, 우리는 종종 이런 사례들이 특성 그룹에 누적되어 있음을 본다.[38] 위에 나온 이야기들은, 하나님이 일반적인 의학적 예상을 뛰어넘는 방식으로 암을 치유하셨다는 여러 그리스도인의 주장이 어떤 의미를 갖는지 설명하는 데 도움이 된다.

15장

암에서 회복된 의사들

정신과 의사 반다 폴타브스카(Wanda Półtawska)는 나치 강제수용소에 감금되었다가 생존했지만, 결국 1962년에 말기 암으로 죽어 가고 있다는 사실을 알게 되었다. 그녀의 가까운 친구인 담당 의사는 수술하지 않을 경우 남은 삶이 18개월밖에 기대할 수 없다고 말했다. 담당의는 수술을 통해 그녀의 수명을 2-3년 더 연장할 수 있기를 바랐다. 한편, 훗날 교황 요한 바오로 2세(John Paul II)가 되는 폴란드의 주교 카롤 보이티와(Karol Wojtyła)는 네 명의 어린 소녀를 둔 이 어머니를 위해 기도해 달라고 친구 파드레 피오에게 간청했다.

수술에서 종양은 전혀 발견되지 않았다. 초자연적 설명에 마음이 내키지 않았던 폴타브스카 박사는 한동안 자신이 그냥 종양이 저절로 사라진 5퍼센트의 암 환자 가운데 한 명이라고 짐작했다. 그런데 1967년 5월에 폴타브스카는 예고 없이 파드레 피오를 방문했다. 파드레 피오는 그녀가 자신의 정체를 밝히기 전에 알아보았다. "이제 괜찮은가요?" 파드레 피오가 물었다. 1988년에 폴타브스카는 하나님이 은혜를 베풀어 자기를 치유하셨고, 자기가 그것을 깨달을 때까지 인내하셨다고 판단했다.[1]

그런데 나는 이 장에서 가정 주치의인 루스 린드버그의 이야기에 초점을 맞추는데, 이 이야기는 온라인에서 확인할 수 있다.[2] 온라인에서도 볼 수 있는 루스의 블로그에는 시련을 겪는 동안 치유를 구하던 그녀의 감정과 기도가 기록되어 있다. 이어지는 내용은 내가 온라인에서 가져와 축약하고 각색한 루스 자신의 말이다.

암울한 진단

루스는 로욜라 대학교 시카고(Loyola University Chicago)에서 화학을 전공할 때 예수님의 제자가 되었다. 루스와 그녀의 남편은 둘 다 가정 의학 전문의가 되었고, 특별히 가난한 사람들 가운데서 일하기로 선택했다. 그들은 처음에는 테네시의 취약 지역에서, 그 뒤에는 네팔에서 4년간 일했다. 그런데 2013년 10월, 미국으로 돌아왔을 때, 루스는 극심한 복통을 느끼기 시작했다. CT 검사를 통해 복부에서 많은 덩어리와 확장된 림프샘이 발견되었다. 생검을 통해 아주 공격적으로 퍼지고 있는 암을 확인했는데, 종양 전문의는 루스가 생존할 수 있을지 불확실해 보인다고 털어놓았다. 당시 루스는 겨우 서른다섯 살이었다.

한 달간의 집중 화학요법과 기도를 병행한 후, 새로 CT 스캔 검사를 진행했는데 암이 전혀 발견되지 않았다. 그런데 루스가 화학요법을 마치고 나서 몇 달 후, 젊은 여성 사이에서는 드문 자궁내막암(자궁암)이 발견되었다. 이전의 암이 다른 기관에서 다시 나타난 게 분명했다. 2014년 11월 성공적인 수술을 마쳤지만, 암은 2015년 4월에 다시 나타났는데, 이번에는 폐 근처였다. 루스는 비탄에 잠겨서 이렇게 말했다. "이 암은 그냥 사라지지 않을 것이다. 벗어날 수 없었다. 나는 무서웠고, 혼란스러웠고, 하나님께 화가 났다." 이것은 국부 암이 아니라 전이된 암이었다. 더군다나, 암이 뚜렷하게 완화된 후 매번 재발했고, 그때마다 영구적 치료의 가능성은 줄어든다. 루스는 이렇게 회고한다. "나는 의사로서 이번 재발이 앞으로 예후에 어떤 의미가 있는지 알았다. 희망이 사라지고 있었다."

루스와 알고 지내던 한 목사는 의학적 증거에도 불구하고 루스가 치유될 것이라고 확신했다. 가끔 이와 같은 주장은 단지 현재 상황에 대한 부정일 뿐이지만, 그 목사는 계속 자신의 주장을 꺾지 않았다. 루스는 이렇게 고백한다. "나는 지친 상태로 멍하니 앉아 있었지만, 목사님은 희망이 전부 사라진 건 아니라는 사실을 일깨워 주었다. 하나님은 여전히 하나님이셨다." 루스는 혼란을 느끼면서도 믿음을 부여잡고 다시 사람들에게 기도를 요청했다. 그 목사를 비롯한 또 다른 친구가 루스에게 성유를 부으며 기도했고, 하나님이 이미 기도를 들으셨음을 확신한다고 재차 장담했다.

하지만 루스는 맹목적 신앙에 근거한 그들의 판단을 받아들이기에는 화학요법과 자신이 걸린 암의 단계의 일반적 예후에 대해 너무 잘 알았다. 그래서 그녀는 하나님께 조용히 특별한 위로를 간구했다. 며칠 후 루스는 누가복음 11:13에서 하나님이 구하는 이들에게 성령을 주신다는 예수님의 약속을 읽었다. 루스는 성령을 더 뜨겁게 체험하게 해 달라고 마음속 깊이 부르짖었다.

"성령께서 갑자기, 느닷없이 나를 바닥에 넘어뜨리셨다. 외부에 있는 어떤 힘이 등을 눌렀다는 것 말고, 어떤 느낌이었는지 설명하기 힘들다. 전에는 이런 경험을 해 본 적이 한 번도 없었지만, 나는 이것이 하나님께 구했던 표징이라는 사실을 즉각 깨달았다."

암이 사라졌다

한편, 루스의 의사들은 다시 화학요법을 제안했다. 루스는 자신의 경험을 설명하지 않은 채, CT 촬영을 한 번 더 해 보자고 요청했다. 루스는 "(의사들도, 솔직히 나 자신도) 암이 사라졌다는 모종의 가시적 증거가 없다면" 화학요법을 거부할 수 없다고 느꼈다.

그래서 2015년 5월 말에, 루스는 다시 한번 CT 촬영을 했는데 이전의 CT 촬영을 통해 암이 재발된 사실을 확인한 뒤 한 달 반 만이었다. 방사선과 전문의가 아니더라도, 이제 공개적인 보고서로 볼 수 있는 두 장의 스캔 사진에서 명확한 차이를 확인할 수 있다.[3] 암은 사라졌다.

"의사들은 무슨 일이 일어났는지 설명할 수 없었다. 하지만 치료할 것이 전혀 없었기 때문에, 이제 어떤 치료도 필요하지 않다는 데 모두 의견이 일치했다." 뒤이은 후속 CT 촬영에서도 암이 사라진 사실을 확인했다. 루스는 2천 년 전 갈릴리와 유대 전역에서 치유를 행하신 예수님은 "어제나 오늘이나 영원히 동일하시다"라고 강조한다. 2020년에, 루스는 이 책에 있는 몇 가지 사례에 대해 나에게 조언해 주었다.

4부

"눈먼 사람이 보고, 다리 저는 사람이 걸으며, 나병 환자가 깨끗하게 되며, 듣지 못하는 사람이 들으며"

(마 11:5 · 눅 7:22)

예수님은 자신의 사역을 통해 하나님이 어떤 일을 하고 계신지 증거하라고 목격자들에게 요청하셨다. "눈먼 사람이 보고, 다리 저는 사람이 걸으며, 나병 환자가 깨끗하게 되며, 듣지 못하는 사람이 들으며, 죽은 사람이 살아나며, 가난한 사람이 복음을 듣는다"(마 11:5·눅 7:22, 새번역). 왜 우리는 하늘과 땅의 모든 권세를 가진 예수님(마 28:18)이, 이제 자신이 환영받는 곳에서 소극적으로 활동하신다고 가정하는가? 이어지는 여러 장은 예수님이 열거하신 여러 가지 범주의 치료를 다룬다.

16장

눈먼 사람들이 지금도 보는가?

목격자들 이야기

예수님은 자신의 사역을 통해 하나님이 어떤 일을 하고 계신지 증거하라고 목격자들에게 요청하셨다. "가서, 너희가 듣고 본 것을 요한에게 알려라. 눈먼 사람이 보고…"(마 11:4-5·눅 7:22). 예수님에 관한 가장 초기의 복음서 진술과 자료들은 모두 예수님이 실명 상태를 치유하셨다고 증언하는데, 단지 한 번의 사례가 아니라 사건들이 누적되었음을 암시한다.[1] 이와 같은 놀라운 치유는 오늘날에도 계속 보고된다.

이전의 진술들

성경에 기록되지 않은 실명의 치유에 관한 여러 기독교적 진술은 아주 오래되었다. 예를 들어, 아우구스티누스와 암브로시우스(Ambrose)는 386년 6월에 실명이 공공연하게 치유되었다고 언급한다.[2]

이와 같은 진술은 기적에 회의적인 20세기를 포함해 역사를 통틀어 계속된다. 예를 들어, 오늘날 치유가 일어난다는 사실을 전에 의심했던 여러 사람을 포함해 전 세계의 수많은 성공회 주교들은 치유가 일어난 여러 사건을 목격했다고 증언했다. 그중에는 성공회의 평신도인 제임스 무어 힉슨이 기도했을 때 일어난 실명의 치유 사례도 있다. 1921년, 캘커타(Calcutta, 콜카타의 이전 지명)의 한 목격자는 이렇게 보고했다. "나는 시각장애인들이 즉각 눈을 뜨는 광경을 보았다. 한 사람은 노인이었고, 한 사람은 태어날 때부터 실명 상태였던 여섯 살 아이였다."[3] 중국의 한 목사는 이렇게 주장했다. "몇 년 동안 의사들이 성공적으로 치료하지 못했던 어느 병원 전도자의 눈은, 그가 대성당을 떠나기 전에 실제로 치유되었다."[4] 마찬가지로, 복수의 목격자와 보고서는 1949년에 파드레 비오의 사역과 관련해, 눈이 거의 망가졌던 한 시각장애인의 시력이 회복되었다고 인증한다.[5]

반세기 전에 글을 쓰던 한 기자는 회의적 입장에서 다양한 치유 사역자들을 비판했다. 그런데 그 뒤에 그 기자는 어느 장로교 목사가 안수한 뒤 세계교회협의회(World Council of Churches)의 이전 협동 총무인 헨리 스미스 리퍼(Henry Smith Lieper) 박사가 의학적으로 치료할 수 없는 시각장애에서 치유된 과정에 대해 훨씬 우호적으로 언급했다.[6]

실명의 치유는 오늘날에도 드물지 않다. 물론 세계 대부분의 지역에서 치유를 위해 기도해 온 대부분의 시각장애인들이 여전히 실명 상태라는 점은 서글픈 사실이지만 말이다. 나는 백내장 때문에 뿌옇던 눈이 정상 색으로 돌아오는 치유 과정을 본 목격자들이 알려 준 진술을 포함해, 실명이 치유된 수백 가지의 사례 보고를 조사했다.[7]

아프리카에서 일어난 실명의 치유

내 친구 분기샤바쿠 카토(Bungishabaku Katho) 박사는 실명한 어느 여성이 치유되는 사건을 목격한 경험을 나누어 주었다.[8] 카토 박사는 콩고민주공화국(Democratic Republic of Congo)에 있는 샬롬 대학교(Shalom University)의 총장으로, 우리는 종족 간 화해 등 서로 관심을 공유한 여러 쟁점을 논의하기 위해 모임을 갖고 있었다. 그런데 당시에 나는 기적에 관한 첫 번째 책을 쓰고 있었기 때문에, 콩고에서 어떤 목격자 진술이 있는지 물었다. 카토가 속한 콩고의 교파는 기적을 강조하지 않는 것으로 유명한 서구 교파와 제휴하고 있었다.

그렇기는 하지만, 카토 박사는 공유할 만한 흥미로운 진술을 갖고 있었다. 16년 전, 카토 박사와 두 친구들은 아프리카의 전통적인 종교 관습이 지배하던 한 마을에서 그리스도를 전하는 중이었다. 그들의 메시지를 듣던 한 노인은 아내를 위해 기도해 달라고 그들에게 재촉했다. 그 노인은 전통적인 종교 관습도, 서양의 약도 실명한 아내에게 도움이 되지 않았다고 설명했다. "하지만 예수님은 무당 의사보다 훨씬 능력이 크십니다!" 노인이 고백했다. 카토와 친구들은 불편한 눈빛을 교환했다. 그들 중 누구도 이전에 이와 같은 일을 위해 기도한 적이 없었기 때문이다. 하지만 이 상황에 대해 짧게 논의한 뒤, 그들은 이것이 기회라고 결정했다. 그들은 예수님께 영광을 돌리기 위해 왔고, 그래서 이 여성을 치유하심으로써 예수님의 이름에 영광이 돌아가게 해 달라고 기도하기 시작했다.

1분 정도 기도했을 때, 그 여성은 소리치기 시작했다. "눈이 보여요! 눈이 보여요!" 그녀는 60대 초반이었지만, 카토와 친구들이 어안이 벙벙해서 그녀를 지켜보는 가운데, 빙글빙글 춤을 추기 시작했다. 그 여성은 남은 평생 계속 볼 수 있었다. 2014년에 내가 성서학 연구소(Institute of Biblical Research)에서 기적에 관한 전체 강의를 하는 동안 우연히 카토의 이야기를 전했을 때, 뜻밖에도 카토 박사가 또 다른 학자와 함께 걸어 들어왔다. 카토 박사는 거기서 질문하는 모든 사람에게 나의 진술을 확인해 주었다.

기적에 관한 첫 번째 책을 썼을 때, 나는 침례교가 우세한 필라델피아 인근의 초교파 신학교에서 학생들을 가르치던 중이었다. 그 신학교의 미국인 학생 욜란다 매케인(Yolanda McCain)은 2006년 여름에 카메룬에 소재한 신학교의 외국인 학생 폴 모카케(Paul Mokake)를 방문했다. 그곳에 머물던 매케인은 부분적으로 신경계를 제어하는 것으로 알려진 악령을 내쫓는 동안 한 시각장애인 남성의 시력이 회복되는 광경을 목격하고는 깜짝 놀랐다.⁹

나는 지금 웨슬리계와 감리교가 우세한 켄터키의 초교파적 신학교에서 가르친다. 이 학교에서 내가 가르치는 학생 중 하나인 이선 린테무스(Ethan Lintemuth)는 2017년 3월에 여러 친구와 함께 잠비아를 방문해, 마을에 있는 사람들과 대화하며 기도했다. 기적에 관한 영화 한 편을 시청한 뒤, 이선과 그의 친구 중 하나는 왜 자신들은 기적을 한 번도 보지 못했는지 토론하기 시작했다. 그들이 회의적 입장을 드러냈을 때, 모퉁이를 돌아온 한 여성이 자기를 따라오라고 부탁했다. 그 여성은 실명한 눈 때문에 기도를 요청했던 어느 할머니에게로 그들을 인도했다. 이선은 그 뒤에 무슨 일이 있었는지 진술한다.

할머니의 눈은 거의 제 기능을 하지 못하는 것 같았다. 그래서 친구와 나는 할머니를 위해 기도했고, 우리는 무슨 일이 일어났느냐고 물었다. 이 질문에 그들은 "아무 일도 일어나지 않았다"라고 통역해 주었다. 그래서 나는 '자, 이제 점심을 먹으러 갈 시간이군' 하고 생각했지만, 그때 내 친구는 다시 기도하자고 재촉했다. 그래서 다시 기도한 뒤 차도가 있느냐고 물었다. 그러자 그들은 "차도가 있어요!"라고 말했다. 우리는 깜짝 놀랐다. 그래서 우리는 다시 기도했고, 그들은 "할머니는 이제 볼 수 있어요!"라고 환호했다. 할머니의 두 눈을 보았을 때, 그녀의 두 눈은 온전했고 생기로 가득했다. 나는 여전히 미심쩍어하면서 물었다. "내가 입은 셔츠가 무슨 색인가요?" 할머니는 "녹색!"이라고 대답했다. 친구가 다시 물었다. "내가 손가락 몇 개를 들고 있나요?" 그러자 할머니는 "세 개!"라고 대답했다. 역설적으로, 할머니를 위해 기도했던 사람들은 여전히 약간 미심쩍어했지만, 다른 사람들은 하나님이 행하신 일을 놓고 기뻐하고 있었다.[10]

선교사 셸리 홀리스(Shelley Hollis)는 그리스도인이 한 명도 없는 한 모잠비크 마을에서 설교했던 경험을 나에게 알려 주었다.[11] 셸리가 설교하는 동안 군중 뒤에서 소동이 일기 시작했다. 그녀는 계속 설교하다가 한 10대 소녀가 처음으로 듣기 시작했다는 사실을 알았다. 소녀의 어머니는 소녀를 앞으로 데려왔고, 자기 딸이 듣기 시작했다고 간증하기 시작했다. 그들이 간증하는 동안, 셸리의 왼쪽에 있던 한 여성의 실명한 오른쪽 눈이 갑자기 치유되었다. 셸리는 하나님이 사람들을 치유하고 계신다고 선언했고, 아픈 사람들을 데려오라고 청중에게 당부했다. 그 응답으로, 사람들은 마비된 어느 여성을 매트에 실어 데려왔다. 그 뒤에 그 여성은 일어나서 춤을 추기 시작했다! 셸리는 이 사람들이 아직 그리스도인이 아니었다고 강조했다. 물론 그날 밤이 지나기 전 약 500명의 사람들이 그리스도의 제자가 되기로 스스로 헌신했고, 다음 날 교회가 시작되었지만 말이다.

브루스 콜린스(Bruce Collins)는 원래 성공회 교회에 기반을 두었던 새

포도주(New Wine)라고 불리는 국제적·초교파적 부흥 운동 그룹의 리더였다.[12] 브루스는 케냐 서부의 어느 고아 소년에 대해 이야기했는데, 그가 인도하는 그룹은 그곳에서 고아들을 돌본다. 그 소년은 아마 90퍼센트 정도는 실명 상태였을 것이다. 누군가 그를 데리고 다녀야 했고, 소년은 자신의 얼굴 앞에 올린 손가락조차 볼 수 없었다. 약 10분간 기도한 후, 소년은 10미터 떨어진 곳에 있는 열 손가락까지 전부 헤아릴 수 있었다. 10분이 더 지난 뒤, 소년은 30미터 떨어진 곳에서 손가락을 볼 수 있었다. 브루스는 직접 치유를 목격했고, 그날 밤 고아원으로 돌아왔을 때, 처음으로 축구를 하고 있는 소년을 보면서 거의 울 뻔했다.

아프리카 밖에서 일어난 치유 사례

한국인 학자 줄리 마(Julie Ma)는 1975년에 자신과 여러 동료가 필리핀에서 카펭 안달로이(Kapeng Andaloy)라는 이름의 한 여성을 위해 기도했다고 보고한다. 카펭은 오랜 기간 지속된 실명과 난청 문제를 위해 전에 기도한 적이 있었지만, 아무 효과가 없어서 "하나님은 없다"라고 계속 공언했다. 그런데 마침내 카펭은 다시 기도를 허락했고, 이번에는 모든 질환에서 즉시 치유되었다. 이 일이 있은 후로 카펭과 그 마을의 많은 사람이 그리스도인이 되었다.[13]

이와 같은 진술들은 아프리카나 아시아에서만 나오지 않는다. 이어지는 장에서는 의료 기록이 남아 있는 유럽과 북아메리카의 사례를 진술한다. 또한 연합 신학 대학교에서 목회학 박사 학위를 받았고 그곳에서 기독교 치유 목회학 박사과정을 가르친 내 친구 랜디 클라크(Randy Clark)는 브라질 고이아니아(Goiânia)에 사역팀을 데리고 간 뒤 그곳의 한 목회자가 전해 준 이야기를 들려준다.¹⁴ 기도를 요청하는 사람들이 아주 많았기 때문에 개인을 위한 기도를 가급적 빨리 마치라는 지침이 내려왔지만, 랜디팀의 한 여성은 눈에 산성 물질이 들어가 이미 50년 동안이나 실명 상태였던 한 남성을 위해 네 시간 동안 계속 기도했다. "약 0.32센티미터 두께의 흉터 조직이 동공 전체와 각막을 덮고 있어서 그의 눈은 하얀색으로 변했다." 그런데 그날 밤 여섯 명의 사람들이 실명 상태에서 치유되는 동안 이 남성은 치유되지 않았고, 다음 날 선교팀은 미국으로 돌아왔다. 그런데 며칠 후 랜디는 그 지역 목사에게서 감동적인 전화를 받았다. 기도한 뒤 셋째 날 아침에 그 남성이 잠에서 깼을 때 뜻밖에도 "완전히 새로운 눈으로 선명하게 볼 수 있었다." 병원의 의사들은 어떻게 이런 일이 일어났는지 계속 물었고, 목사는 이것이 "우리 도시 역사상 가장 위대한 기적"이라고 고백했다!

[흉터 조직이 사라진 또 다른 사례에는, 시편 103:3의 "그가…네 모든 병을 고치시며"를 읽고 있을 때 망가진 성대 신경이 회복된 듀안 밀러(Duane Miller)의 잘 알려진 치유 사건도 있다. 다만 이 사건은 시력과 관련 없고 일찍이 널리 알려졌기 때문에, 나는 여기서 상세히 설명하지 않겠다. 밀러는 자신을 담당한 비그리스도인 유대인 의사가 흉터 조직이 사라진 사건은 기적 이외에는 달리 설명이 불가능하다고 여겼다고 내게 말했다.]¹⁵

은사주의 가톨릭 교인인 밥 캔턴(Bob Canton)은 최근의 한 저서에서, 자신이 기도할 때 시력을 치유받은 많은 사람에게서 받은 편지를 보여 주었다. 오리건주의 타냐 미셸 아벤다뇨(Tanya Michelle Avendaño)는 왼쪽 눈의 시력을 상실한 채 태어났지만 기도한 뒤에 왼쪽 눈으로 볼 수 있게 되었다고 증언한다. "두 눈으로 볼 수 있으니 이제 세상이 다르게 보이네요!"¹⁶ 6년 동안 티나 살라메(Tina Sallame)는 자기가 출석하는 교회의 목사를 목소리로만 구별할 수 있을 정도로 시력이 약했지만, 기도한 후 티나는 90미터 떨어진 정지 표지판도 볼 수 있었다.¹⁷

하나님의성회 목사 빌 커시(Bill Kirsch)는 신학교 시절부터 나와 친하게 지낸 친구다. 빌은 자라면서 자기 어머니에게 들은 치유에 관한 간증을 나에게 들려주었고, 빌의 어머니 앨리스(Alice)는 친절하게 자신의 경험을 들려주었다. 앨리스가 열두 살이었을 즈음, 안과 의사는 앨리스의 시력이 점차 악화하다가 결국 실명으로 이어질 거라고 경고했다. 약 4년 뒤, 앨리스는 두꺼운 안경을 끼고서도 보는 데 어려움을 겪었다.

한 순회 부흥사가 일리노이주 자이언(Zion)에서 병자들을 위해 예배 중에 기도할 때, 앨리스는 일어나서 기도를 받기 위해 다른 사람들을 따라 나갔다. 그런데 발코니에서 계단을 내려갈 때, 앨리스는 "치유하는 분은 하나님이지 이 부흥사가 아니야"라고 생각했다. 그래도 앨리스는 앞으로 나갔지만, 부흥사는 그녀의 머리에 안수하면서 공언했다. "당신을 위해 기도할 필요가 없습니다. 하나님이 이미 당신의 눈을 고치셨어요." 하지만 집으로 돌아오는 동안, 앨리스의 시력은 전혀 나아지지 않은 것이 분명했다. 그런데 다음 날 아침 앨리스가 일어나서 두꺼운 안경을 썼을 때, 모든 것이 흐릿하게 보였다. 그래서 앨리스는 안경을 벗었고, 안경을 쓰지 않고서 완벽하게 볼 수 있다는 사실을 깨달았다. 앨리스는 사실상 치유된 것이다.[18]

백내장이 사라지다

앞에서 언급했듯이, 목격자들은 여러 사례에서 백내장이 사라졌다고 보고하는데, 이는 의사의 개입 없이는 저절로 일어나지 않는 일이다. 이런 진술 가운데 하나가 감리교 교구 감독인 내 친구 톰 패리시(Tom Parrish)의 진술이다.[19] 그는 당시에 탄자니아의 시골 지역에서 사역하고 있던 오순절 교파의 한 친구 요하나 마싱가(Yohana Masinga)를 방문하던 중이었다. 다른 사람들이 지팡이를 짚고 다니며 눈이 하얀색으로 변한 어느 노인을 앞으로 데리고 왔다. 마싱가는 이 남자를 위해 몇 분 더 기도하기 위해 잠시 멈추었다가 계속해서 다른 사람들을 위해 기도했다. 그러던 가운데 갑자기 소동이 벌어졌다. 실명 상태였던 그 노인은 자기네 말로 소리를 지르면서 뛰어다니기 시작했다. 노인은 톰의 곁을 지나갈 때 잠시 멈추었다. 톰은 백인이라서 눈에 띄었다. 톰은 그 지방의 말을 이해하지 못했지만, 그 노인이 무슨 말을 외치는지 알기 위해 통역하는 친구들의 말을 기다릴 필요가 없었다. 그 남자의 눈은 더 이상 하얗지 않았고, 완전히 정상으로 보였다.

마찬가지로, 필리핀 신학생 체스터 앨런 테서로(Chester Allan Tesoro)는 한 친구가 목회하던 민다나오섬의 한 교회를 방문했는데, 그곳에서는 많은 기적이 보고되고 있었다. 테서로는 눈이 완전히 하얗게 변한 어느 할머니를 보았다. 예배가 끝난 뒤, 테서로는 갑자기 이렇게 외치는 할머니의 소리를 들었다. "눈이 보여요! 눈이 보여요!" 처음에 할머니는 빛만 볼 수 있었지만, 곧 색을 보기 시작했다. 테서로는 아주 가까이 있어서 할머니의 눈이 더 이상 하얗지 않고 갈색이라는 점을 확인했다.[20]

케임브리지 변혁 비즈니스 프로젝트(Cambridge's Transforming Business project)의 기업 연구 책임자인 플린트 매클로글린(Flint McGlaughlin)은 인도 북부에서 눈이 흐릿한 어느 시각장애인 남성을 위해 기도했던 경험을 들려주었다.[21] 함께 동석했던 로빈 실즈(Robin Shields)는 그다음 일어난 일에 대한 플린트의 보고를 별도로 확인해 주었을 뿐만 아니라 나에게 사진도 보여 주었다.[22] 남자는 시력을 회복한 뒤 기쁘게 소리 지르며 빙글빙글 돌았다. 사진을 보면, 그가 얼마나 기뻐했는지 단번에 알 수 있다. 그런데 나중에 그 남자는 자녀들을 보면서 눈물을 흘리기 시작했고, 로빈은 그 이유를 물었다. 남자는 이렇게 대답했다. "나는 항상 아이들의 목소리만 들었을 뿐, 얼굴은 한 번도 보지 못했습니다." 이 치유로 인해 이 남자를 비롯해 다른 많은 사람들이 예수님의 제자가 되었다.

아이리스 선교회의 공동 설립자인 하이디 베이커는 "백내장 때문에 완전히 실명한 눈의 색이 변하면서 건강하게 정상으로 돌아오는 장면"을 처음 보았던 때에 대해 언급한다.[23] 「프뉴마 리뷰」(Pneuma Review)에 싣기 위해 존 래스롭(John Lathrop)과 진행했던 2012년의 한 인터뷰에서, 베이커는 미제(Mieze) 마을에 있던 알베르티나(Albertina)라는 이름의 한 시각장애인 소녀에 대해서도 언급했다. 현지의 마을 주민들과 외국인 방문객들 앞에서 "알베르티나의 눈은 흰색에서 회색으로, 마침내 아름다운 짙은 갈색으로 변했다. 실제로 난생처음 어머니를 보는 알베르티나를 지켜보면서 우리도 흐느꼈다."

롤랜드와 하이디 베이커와 동역했고 그들의 사역에 관해 박사 학위 논문을 썼던 돈 칸텔은 "실명한 눈이 뜨이는 것을 보았다"라고 나에게 말했다.[24] 돈 칸텔은 개발 원조에 관한 한 논문에서 실명한 눈이 치유된 어떤 사례를 진술한다. "나는 실명한 남자에게서 60센티미터쯤 떨어져 있었는데, 남자의 흐릿한 동공이 선명한 본래의 색으로 변하는 장면을 지켜보았다. 그는 갑자기 또렷하게 볼 수 있었다."[25]

✻ ✻ ✻

이들 여러 사례는 나와 같은 연구자들이 의료 기록을 얻기에는 너무 오래전이거나 너무 먼 지역에서 일어났지만, 견실한 의료 기록을 얻을 수 있는 다른 사례들도 있다.

17장

눈먼 사람들이 지금도 보는가?

의사들 이야기

어느 의학 저널에 실린 여성의 이야기로 이 장을 시작하려 한다. 그녀는 12년간 실명 상태였는데, 간절한 기도로 눈을 뜨게 되었다. 그 뒤에 나는 어느 사역자의 믿음이 실린 명령으로 12년간의 실명 상태가 끝난 또 다른 여성에게 시선을 돌린다. 덴마크의 미디어 탐사에서 얻은 뜻밖의 결과를 언급한 뒤, 네 번의 연속 기도가 진행되는 동안 뇌졸중으로 인한 실명 상태가 치유된 사례와 마음의 회복을 구하는 기도 중에 황반 변성으로 인한 실명 상태가 치유된 사례를 간략히 언급한다. 그 외에도 다른 진술들이 이어진다.

12년간의 실명 후에

최근 출간된 어느 의학 저널에는 기도하는 동안 실명이 치유된 사례 연구가 실렸다. 나는 여기서 클라리사 로메즈(Clarissa Romez)와 그녀의 동료들이 의학 저널에 진술한 경험을 간추렸다.[1] 1959년, 열여덟 살에 페이션스(실명이 아니다)[2]는 2-3일 사이에 갑자기 왼쪽 눈의 시력을 상실했다. 약 3개월 후에 환자는 오른쪽 눈에서도 동일한 시력 상실을 경험했다. 검사 결과, 환자의 시력은 이제 양쪽 눈 모두 (0.05 이하인) 0.035였고, 기질적 황반 변성의 증상을 볼 때 전적인 정신신체적 설명이나 심인성 설명은 제외되었다. "안저 검사 결과…양쪽 눈의 중심암점과 연결된 각각의 망막 중심오목에 조밀한 황백색의 위축 영역이 나타났다."[3] 의사들은 페이션스가 심각한 청소년 황반 변성을 겪었다고 진단했는데,[4] 이는 오늘날에도 의학적으로 치료가 불가능한 질환이다.

이 질환은 이후에도 10년간 지속되었다. 1971년 1월 29일에 실시한 한 검사에서는 페이션스의 오른쪽 눈의 시력이 교정했는데도 0.05까지만 "약간 개선되었다"라고 언급했다. 페이션스의 눈의 방향 편차는 시력을 상실한 성인의 경우와 일치했고, 그래서 그녀는 3개월간 점자 읽기와 같은 시각장애인을 위한 훈련에 등록했다.

1972년 8월의 어느 날 저녁, 침례교회의 일원이던 페이션스와 그녀의 남편은 잠자리에 들기 전에 함께 기도하던 중이었다. 물론 그들은 성경에서 일어난 기적에 대해 알았지만, 지인 중에 극적인 치유를 경험한 사람들과 친하지 않았다. 하지만 성령에 압도된 그녀의 남편은 큰 소리로 외치면서 아내를 어루만졌다. "오 하나님! 주님은 오늘 밤에…시력을 회복해 주실 수 있습니다. 주님은 하실 수 있습니다! 주님께서 그렇게 해 주시기를 기도합니다." 눈을 뜬 페이션스는 그 즉시 거의 13년 만에 처음으로 볼 수 있었다.

다음번 의료 기록은 한참 뒤인 1974년 6월에 나온다. 검사 결과, 환자의 시력은 이제 양쪽 눈이 모두 0.2였다. "네 배 이상의 시력 향상"이 이루어졌다. 2001년에 새로운 안경을 쓰려고 준비할 때, 페이션스의 교정시력은 양쪽 모두 0.5였고, 2013년의 또 다른 검사에서도 결과는 동일했다. 페이션스의 눈의 유일한 문제는 일흔두 살인 그 연령의 여성에게는 정상적인 현상이었다. 로메즈는 이렇게 설명한다. "지금까지, 치유된 환자의 시력은 나이와 관련된 흔한 문제만 있을 뿐, 47년간 그대로 유지되었다."[5]

의학 저널에 실린 이 기사에서는 다양하게 제안된 설명을 따져 보며 그 가운데 대부분의 설명이 적절치 않다고 여기면서, 환자 자신의 진술로 마무리된다.

사람들이 이해해야 할 사실이 있다. 내가 완전히 눈먼 시각장애인이었고, 시각장애인 학교에 다녔다는 사실이다. 나는 점자를 읽었고 흰색 지팡이를 들고 걸었다. 남편이나 딸의 얼굴을 [말 그대로] 한 번도 본 적이 없다. 남편이 나를 위해 기도했을 때 나는 실명한 상태였는데, 남편이 기도한 대로, 오랜 세월의 어둠이 사라지고 단번에 완전하게 볼 수 있었다! 기적이었다! 장식장 위에 딸의 사진이 있었다. 귀여운 딸과 남편의 모습을 볼 수 있었다. 복도도, 계단도 볼 수 있었다.

은퇴한 흰색 지팡이

12년이라는 기간 자체에는 특별한 점이 전혀 없지만(막 5:25, 42이 있기는 하지만), 앞에서 이야기한 페이션스가 12년간의 실명 상태에서 치유된 유일한 최근 사례는 아니다.[6] 온타리오주 사니아(Sarnia)의 안드레아 앤더슨(Andrea Anderson)은 평생 여러 가지 건강 문제를 겪었다. 그중 하나가 양쪽 눈에서 두 주 미만 간격으로 갑자기 시작된 실명이었다. 당뇨병과 그로 인한 뇌졸중이 초래한 합병증이었다.[7] 앤더슨은 12년간 실명 상태였다.

2016년 5월 15일, 오순절 일요일 아침에, 앤더슨은 증손녀의 건강을 위해 울면서 기도하는 중이었다. 하지만 앤더슨은 또한 기도할 자격이 자기에게 없다고 느꼈다. 어린 시절에 추행을 경험한 다른 많은 사람과 마찬가지로, 앤더슨은 잘못된 죄책감을 안고 살았다. "주님이 어떻게 나를 사랑하실 수 있겠어요?" 그녀는 하나님께 소리쳤다.

앤더슨은 보통 일요일 저녁 예배에 참석하지 않았지만, 그날 밤에는 무언가에 이끌려 고향 교회인 베델 오순절 교회(Bethel Pentecostal Church) 예배에 참석했다. 테드 셔틀즈워스(Ted Shuttlesworth)라는 이름의 웨스트버지니아의 어느 순회 부흥사가 설교하고 있었다. 부흥사는 앤더슨을 몰랐지만, 그는 잠시 멈추고 앤더슨을 위해 기도해야 한다고 느꼈다. 주님이 인도하시는 가운데 부흥사는 앤더슨이 경험했던 여러 질병을 나열하기 시작했다. 교회의 영상 자료에는 부흥사의 열정적인 명령이 담겨 있다. "얽어매는 영아, 내가 명한다. 떠나라!" 그런 다음 부흥사는 앤더슨에게 "돌아서서 나를 봐요"라고 지시했다.

"글쎄요, 나는 돌아설 수는 있지만, 볼 수는 없답니다." 앤더슨은 이렇게 생각했다. 그런데 몸을 돌렸을 때, 앤더슨은 갑자기 부흥사를 볼 수 있었고, 기뻐서 울기 시작했다. "얼마나 놀랐던지, 턱이 빠질 뻔했어요." 앤더슨이 내게 말했다.

부흥사는 교회 앞쪽으로 앤더슨을 인도했다. 앤더슨은 새로 얻은 시력을 증명하면서 부흥사가 말없이 하는 행동을 전부 따라 했고, 그녀의 시각 장애가 얼마나 심각한지 알고 있던 회중의 교인들은 하나님께 환호하기 시작했다.

물론 이 치유도 중요했지만, 앤더슨은 그날 하나님이 자기를 위해 또 하나의 특별한 기적을 행하셨다고 말한다. 앤더슨이 치유된 뒤, 테드 셔틀

즈워스는 몸을 앞으로 숙이고 또 하나의 메시지를 전했다. "하나님은 당신에게 이 말씀도 전하라고 하셨어요. 하나님은 당신을 사랑하세요. 그 일은 당신 잘못이 아니었어요." 앤더슨은 과거에 겪은 학대 때문에 하나님을 몹시 두려워했다. 그런데 그 순간 하나님의 사랑이 앤더슨을 깊이 어루만졌고, 이제 앤더슨은 하늘 아버지의 사랑을 기뻐한다.

앤더슨이 안과 의사에게 돌아왔을 때, 당연히 의사는 깜짝 놀랐다. "나는 과학자입니다. 그런데 무슨 말을 해야 할지 모르겠군요." 다시 말하지만, 과학 **자체**는 측정이나 데이터를 다루는 것이고, 그래서 그는 당연한 과정을 밟았다. 안과 의사는 이전의 모든 보고서를 검토했고, 다양한 검사를 진행했고, 또 다른 의사의 조언을 구했다. 다음번에 앤더슨을 만났을 때, 안과 의사는 다른 사람들에게 그녀의 이야기를 했다고 말했다. "이건 믿을 수 없는 일이에요. 하지만 믿지 않을 수 없네요!" 그의 설명이다.

다음번에 앤더슨은 팀 깁(Tim Gibb) 목사를 교회 로비에서 보았다. 팀 목사는 그녀가 치유된 것을 축하하면서 "내가 어떻게 보이나요?"라고 장난스럽게 물었다.

"멋지세요." 앤더슨이 대답했다.

당시 열아홉 살이던 팀 목사의 아들, 케이든(Cayden)이 그곳을 지나가고 있었다. "안드레아 말로는 내가 멋지다는구나." 깁 목사가 말했다.

"안드레아를 위해 다시 기도하는 편이 낫겠어요." 케이든이 그를 놀렸다.[8]

앤더슨은 계속 볼 수 있고, 깁 목사는 하나님이 행하신 일의 상징으로 그녀의 낡은 흰색 지팡이를 사무실에 간직하고 있다. 깁 목사가 나에게 말했다. "나는 안드레아를 오랫동안 알고 지냈습니다. 그날 밤 안드레아에게 어떤 기적이 일어났다는 걸 그녀를 아는 모든 사람이 분명히 알았죠."[9]

역효과를 낸 폭로

덴마크의 저널리스트 헨리 니센(Henri Nissen)에 따르면, 덴마크의 TV-2는 나이지리아 태생의 한 순회 부흥사의 치유 능력을 검증하기 위해, 만성적 시력 손상을 겪던 불신자, 로게르 페데르센(Roger Pedersen)을 비밀리에 영입했다. 그 집회에 참석한 많은 사람이 치유를 경험하는 듯 보였지만, 제작자 토마스 브라인홀트(Thomas Breinholt)와 그의 팀은 아마 부흥사가 치유가 일어난 척하기 위해 배우들을 심어 놓았을 것이라고 판단했다. 그들의 계략을 눈치채지 못한 부흥사는 뒤쪽에 앉아 있던 첩자 페데르센을 위해 기도했다. 그런데 그리스도를 영접하라는 요청에 응답했을 때, 페데르센은 자신이 치유된 사실을 깨달았다. 페데르센이 부흥사에게 감사하기 위해 올라갔을 때, 부흥사는 그 대신 예수님께 감사하라고 조언했다. 방송팀은 비록 자신들이 기대한 이야기는 얻지 못했지만, 분명 진짜 이야기를 얻었다! 니센은 페데르센의 치유를 확증하는 시력 검사표를 책에 수록했다.[10]

뇌졸중에 의한 실명

오리건주 올버니(Albany) 출신의 켄트 그로스(Kent Gross)는 뇌졸중으로 인해 4년간 법적 실명 상태였다.[11] 주 정부는 장애 때문에 그로스에게 법적 보조금을 지불했고, 2019년 2월 21일에 나온 시력 검사에서는 그로스를 법적 실명 상태의 시각장애인으로 분명히 명시한다.

    2019년 7월에 리 슈나벨(Lee Schnabel)은 그로스의 교회인 밸리 기독교 센터(Valley Christian Center)에서 설교했고, 슈나벨과 그의 동료들은 그로스의 시력 회복을 위해 함께 기도했다. 첫 번째 기도를 마친 후 그로스의 시력은 어느 정도 개선되었고, 그래서 그들은 다시 기도했다. 기도는 전부 네 번 반복되었고, 기도를 마쳤을 때, 그로스의 시력은 완전히 회복되었다. 안과 의사는 그로스가 새로 얻은 시력에 깜짝 놀랐고, 진료실에서 수석 안과 의사와 함께 기록을 확인해야 했다. 그 뒤에 그로스는 기도하는 동안 치유되었다고 안과 의사에게 밝혔다. 2019년 9월 13일, 그의 눈을 검사한 결과, 그로스는 더 이상 법적 실명 상태의 장애인이 아니었고, 그는 실명으로 인한 지원금을 더 이상 받지 않는다. 그는 지금 오리건주 유진(Eugene)에서 장애인들을 위해 봉사하는 어느 비영리단체에서 일한다.

이전에 직장 생활을 할 때 그로스는 사람들이 큰 소리로 들을 수 있는 자료를 보냈는지 항상 확인해야 했다. 그로스의 치유 사건은 직장에서 더 이상 도움이 필요하지 않아도 되는 큰 차이를 만들어 냈고, 그는 운영 관리자로 승진했다. 그로스는 교회에서 이전에는 소리만 들을 수 있었던 모든 사람을 눈으로 볼 수 있었다. 그는 대중 앞에서 더 이상 흰색 지팡이가 필요하지 않았다. 그로스는 더 큰 확신을 얻었고 훨씬 독립적으로 생활했다. 그로스는 손주들에게 이야기를 읽어 줄 수 있었다. 그가 다니는 교회의 사고방식도 혁명적으로 바뀌었다. 이제 사람들은 전 세계만이 아니라 미국에서도 실제로 치유가 일어난다는 사실을 더 많이 받아들이기 때문이다. 실명 상태가 치유된 그로스의 사례는 리 슈나벨의 사역에서 나타나는 더 광범위한 치유 패턴과도 일치한다.

이와 같은 치유는 한 사역 단체에만 국한되어 일어나지 않는다. 예를 들어, 이 책의 초고를 작성한 뒤, 나는 감리교 목사 캐럴린 무어(Carolyn Moore)를 통해 뇌졸중을 앓은 후 눈이 치유된 사람이 더 있다는 사실을 알게 되었다.[12] 내가 기적에 관한 새로운 책을 쓰고 있다는 점을 알지 못했던 캐럴린은 지나치면서 이 치유를 언급했고, 나는 그 일에 관해 더 깊이 조사했다. 2019년 3월 16일, 캐럴린이 시애틀에서 사역할 때, 셰릴 스크로긴스(Cheryl Scroggins)는 성령의 깊은 어루만짐을 경험했다. 대략 반년 전인 2018년 9월 27일에 일어난 뇌졸중은 스크로긴스의 오른쪽 신체에 전반적으로 악영향을 미쳤는데, 오른쪽 눈의 실명도 그 증상 가운데 하나였다. 스크로긴스의 시력은 개선되지 않았고, 의사는 시력을 다시 회복하지 못할 거라고 경고했다. 그런데 3월 17일, 일요일 아침에 스크로긴스가 깨어났을 때, "눈을 뜨자마자 나는 즉시 손상된 오른쪽 눈으로 명확히 볼 수 있었다." 남편은 정말로 치유가 일어난 것인지 확인하기 위해 한 시간 동안 다양한 방법으로 시력을 검사했다. 그날 아침 스크로긴스는 교회에서 자신의 경험을 간증했다. 그녀가 과거에 시력 손상으로 얼마나 고생했는지 기억하는 온 교회가 함께 기뻐했다. 다음 치료일인 4월 18일의 메모가 모든 상황을 말해 준다. "결코 믿을 수 없는 일이다. 기적이다. 뇌졸중(CVA)에서 완전히 회복되었다."

황반 변성이 개선되다

그레그 스펜서(Greg Spencer)는 마약 전담 법률 집행관으로 15년간 일하면서 심각한 폭력에 노출되었다. 부법의관이기도 했던 스펜서는 교통사고로 사망하거나 피살된 많은 사람의 시신을 보았다. 스펜서는 겉으로는 강인했으나 자신이 목격했던 장면에 깊은 혼란을 느꼈다.

결국 스펜서는 법률 집행관의 일을 포기하고 전국을 누비는 트럭 운전을 시작했지만, 이 새로운 직업은 약 6개월 정도만 할 수 있었다. 스펜서의 시력은 악화하기 시작했고, 의료 전문가들은 그가 회복 불가능한 질환인 황반 변성에 걸렸다고 진단했다. 검사를 통해 눈의 구조를 파악했는데, 망막 중앙에서 영구적인 형태의 반점을 확인했다. 스펜서의 시력은 정상 시력에서 한쪽 눈은 0.1, 다른 쪽은 0.05로 급속히 악화했다. 그는 법적으로 실명 상태였다. 장애에 부닥친 스펜서는 다시 볼 수 있으리라고 기대하지 않은 채, 오리건 시각장애인위원회(Oregon Commission for the Blind)의 도움으로 시각장애인을 위한 본격적인 훈련에 들어갔다.[13]

바로 뒤이어 스펜서는 웬디(Wendy)라는 이름의 신자를 만났는데, 그녀는 스펜서가 그리스도를 믿도록 도왔고 그의 아내가 되었다. 이전에 자신이 목격한 끔찍한 광경의 기억으로 인해 여전히 고통을 겪던 스펜서는 마음의 치유에 집중하는 교회 수련회에 참석했다.[14] 마음의 치유를 위해 기도하는 동안 스펜서는 하나님이 "너는 정결하다"라고 말씀하신다고 느꼈다. 눈을 떴을 때, 스펜서는 하나님이 마음만이 아니라 시력도 회복하셨음을 깨달았다.[15]

함께 있던 두 명의 목격자는 다음에 스펜서에게 무슨 일이 일어났는지 확인해 주었다. 스펜서는 정말 온전히 볼 수 있는지 알아보기 위해 밖으로 뛰어나갔다. 목격자 중 한 사람인 랜디 웹(Randy Webb)은 스펜서가 자기에게 이렇게 말했다고 회고한다. "랜디, 나 치유되었어요!"

"뭐라고요?" 웹이 물었다.

"이제 볼 수 있어요! 볼 수 있다고요!"

웹은 저 멀리 거의 보이지 않는 검은 새 몇 마리를 가리켰다. "저 밖에 있는 새들이 보이나요?" 그가 물었다.

"그럼요. 새들이 **보여요!**" 뒤이어 스펜서는 사방을 둘러보면서 이제 자기가 볼 수 있는 모든 것을 묘사하기 시작했다. 스펜서는 친구들도 읽지 못하는 먼 거리의 자동차 번호판도 읽을 수 있었다. 남은 주말에 스펜서는 자기가 볼 수 있다는 사실이 너무 기뻐서 번호판을 읽으며 여기저기 돌아다녔다. 수련회에서 집으로 돌아오는 길에, 스펜서는 손가락을 가리키면서 계속 "저거 보세요!"라고 말했다. 하지만 스펜서에게 일어난 가장 큰 기적은 마음의 치유였다.

이처럼 기적을 다루는 책을 위해서는 애석한 일이지만, 치유를 경험할 때 사람들은 대개 너무 기뻐서 자신들의 경험을 입증할 어떤 기록도 모아 두지 않는다. 하지만 스펜서는 그런 호사를 누리지 않았다. 그는 이제 장애인 등록을 취소해야 했는데, 의료 기록으로 확인되지 않을 경우 사회보장국(Social Security Administration)은 황반 변성이 그냥 사라졌다는 주장을 받아들일 수 없었기 때문이다. 이런 일은 일어날 수 없었다! 혹시 스펜서가 실명인 척 속였을 수도 있지 않을까?

하지만 여러 전문가는 스펜서를 면밀하게 검사했고, 의료 기록은 분명하다. 치유를 경험하기 전에 그는 법적으로 실명 상태였지만, 그 뒤로 볼 수 있었다. [여러 의료 기록을 확인하고 싶다면 조엘 랜츠(Joel Lantz)의 『정직한 회의론자들을 위한 가교』(Bridges for Honest Skeptics)를 보라. 나는 그 책에서 스펜서의 치유를 목격한 사람들에 관한 정보를 가져왔다.]16 스펜서의 시력이 0.05라고 진단하고 나서 3년 이상 지난 뒤, 똑같은 전문의들은 그가 "현저한 시력 회복"을 경험했다고 인정했는데, 이제 그의 시력은 0.65로 측정되었다. 물론 0.65 시력은 1.0 시력보다는 못하지만, 내 시력보다는 훨씬 좋다.

검사를 마친 후, 사회보장국은 스펜서의 시력이 이제 정상이라는 사실을 인정했다. 즉 그는 (요 9:25처럼) 실명한 적이 있었지만 이제 볼 수 있었다. 스펜서가 치유되고 나서 18년이 지난 지금, 예순한 살의 나이를 고려하면 스펜서의 시력은 정상이다. 물론 모든 일에는 그늘이 있다. 장애인 복지 혜택이 중단되면 다시 일하러 나가야 하니까!

다른 사례들

의사 노니엠 눔베레(Nonyem Numbere)는 남편 제프리(Geoffrey)의 사역에서 일어난 여러 기적을 비롯해 남편의 사역에서 일어난 이야기를 진술한다.[17] 1973년 5월의 한 사례에서, 제프리는 실명한 채 태어난 대여섯 살 소녀를 위해 기도했다. 소녀의 눈은 피부가 두 눈을 덮은 빈 구멍처럼 보였다. 그 소녀와 실명한 한 소년이 모두 치유되었고, 이 치유 사건은 나이지리아 데레(Dere) 마을에 사는 많은 사람들의 회심으로 이어졌다.

우리는 실명이 치유된 더 많은 예를 제시할 수 있다. 조지 오어(George Orr)는 산업재해로 각막에 치료할 수 없는 상처를 입었고, 그 상처로 한쪽 눈은 거의 실명했다.[18] 그래서 펜실베이니아주 정부는 오어의 실명한 눈에 적절한 산재 보상을 제공했다. 그런데 20년 뒤, 치유에 관한 설교를 듣던 중 오어의 눈이 갑자기 치유되었다. 검안사는 흉터 조직이 사라졌다고 확인해 주었다.

앞서 12장에서, 나는 한 수련의의 치명적 질환과 더불어 그로 인해 생긴 눈의 흉터까지 치유된 사례를 책으로 출간한 의사의 진술을 다루었다.[19] 그 의사는 한 교사가 사고로 인해 실명했지만, 안경조차 필요하지 않을 만큼 완전히 치유된 사례도 언급한다.

리네이 푸아리에(Renay Poirier)는 위스콘신주 오클레어(Eau Claire)에 자리한 3,000명의 직원이 일하는 컴퓨터 시설의 전기 기술자였다.[20] 1990년 10월 9일 오전 9시경, 시설의 전기가 나갔다. 전기가 끊긴 동안, 푸아리에는 몇 개의 전선을 연결하라는 요청을 받았다. 그러는 동안, 화구가 폭발하면서 푸아리에는 4.5미터나 튕겨 나가 콘크리트 벽에 부딪혔다. 의식을 회복한 뒤, 푸아리에는 눈의 초점을 맞출 수 없었다. "각막에 여러 상처와 화상을 입었다." 의사는 이렇게 설명했지만, 심각한 영향을 받을 것이라고는 예상하지 않았다.[21] 의사는 푸아리에가 다행히 최소한의 타박상만 입고 생존했다고 보았다. 하지만 의사의 판단은 성급한 낙관론에 불과했다.

푸아리에는 9년 이상 실명 상태였지만, 그는 물리 치료사로서 다른 사람들을 돕는 법을 배웠다. 실명한 상태에서 푸아리에는 하나님의 은혜를 더 깊이 경험했다. 그 뒤 그는 성심병원(Sacred Heart Hospital)에서 일하기 시작했다. 2000년 5월 23일에 사고 후 푸아리에가 보았던 가장 눈부신 빛이 눈으로 쏟아졌다. 뇌졸중에 걸린 걸까? 그는 의심스러웠다. 그런데 푸아리에의 눈에 채플 지붕 꼭대기의 십자가가 보였고, 그 뒤에는 나무다. 자기가 볼 수 있다는 사실을 깨달은 푸아리에는 채플로 뛰어 들어가, 제단 앞에 엎드려 하나님께 큰 소리로 감사드렸다. 그는 그동안 자기를 지지해 준 전임 사제, 에드먼드 클리멕(Edmund Klimek) 신부에게 즉각 자신의 경험을 들려주었다. 이제 푸아리에는 실제로 꽃과 동료들, 세상을 볼 수 있었다. 그는 미세한 인쇄물까지 읽을 수 있었다. 푸아리에를 응원해 주던 상사는 그날 얼른 퇴근하라고 종용했다. "기적이 일어날 경우 그날은 쉰다든가 하는 규정이 직원 관리 책자에 분명히 들어가야 합니다."[22]

그날, 푸아리에는 10년 만에 처음으로 자기 아이들을 보았다. 잠자리에 드는 아이들을 위해 기도하면서 성경 구절 몇 개를 읽어 준 뒤, 푸아리에는 사진을 훑어보면서 그동안 보지 못했던 가정사를 눈으로 직접 확인할 수 있었다. 푸아리에의 이야기는 〈20/20〉, 〈오프라 윈프리 쇼〉(The Oprah Winfrey Show), 〈투데이 쇼〉(Today Show), 〈래리 킹 라이브〉(Larry King Live), CNN, 팍스 TV의 〈그것은 기적〉에 소개되었다.

다른 설명?

물론 불신자는 신자들이 기적이라고 부르는 것에 대해 다른 설명을 제시하려 한다. 1997년 『종교와 건강』(*Journal of Religion and Health*)에 실린 한 글에서 폴 파커(Paul Parker)는 이렇게 기록한다.

> 여동생이 세 살이었을 때, 동생은 우연히 칼 모양의 스페인 유카라는 나뭇잎 속으로 걸어 들어갔다가 한쪽 눈을 찔렸다. 동생의 눈은 비치볼처럼 납작해졌다. 주치의는 동생이 실명했다고 진단했고, 그가 할 수 있는 치료를 했다. 우리 부모님은 기도했고, 교회에도 기도를 요청했다. 여동생은 몇 주 안에 다시 볼 수 있었다. 교회 공동체와 우리 가족들은 기적을 일으키신 하나님을 찬양했다. 의사는 멋쩍어하면서, 자기가 상처에 대해 오진했고 눈은 매우 자연스럽게 치유되었다고 반대 의견을 제시했다.[23]

오진을 하는 경우도 있다. 하지만 우리 중 많은 사람은 이와 같은 많은 사례에서 그보다 훨씬 단순한 설명이 눈앞에 있다는 파커의 의견에 동의할 것이다.

18장

다리 저는 사람이 지금도 걷는가?

반사 교감신경 이상증

사람들은 에마 매킨리(Ema McKinley, 이 장의 주요 인물)도, 말린 클레피스(Marlene Klepees, 다음 장의 인물)도 다시 걸을 수 있으리라고 기대하지 않았다. 그들의 상태는 걷지 못하는 장애에 국한되지 않았다. 일반적인 상황에서 본다면, 두 사례 모두 신체적으로 절망적이었고, 두 번째 사례는 말기였다.

이제 에마 매킨리를 괴롭히던 것과 똑같은 상태에 있던 또 다른 사례에서 간단히 시작해 보자. 1993년 12월 24일, 열네 살의 퍼트리샤 젬바(Patricia Zemba)는 애리조나주 피닉스(Phoenix) 근처에서 승마를 하던 중 부상을 당했다.[1] 이 사건이 있고 난 직후에, 매릴린 웰스(Marilyn Wells) 박사는 자신이 본 가장 심각한 반사 교감신경 이상증(RSD)이 퍼트리샤에게 생겼다고 증언한다. 퍼트리샤의 부모들은 몇 주 동안 회복을 위해 기도했지만, 의사는 퍼트리샤를 시설로 보내야 한다고 주장했다. 의사들은 말기 환자들에게 하듯이 모르핀 펌프를 이식할 계획이었다. 그런데 예정된 수술을 시행하기 전날 밤, 1994년 3월 11일에 가족들의 기도는 놀라운 방법으로 응답되었다.

퍼트리샤가 기도하고 있을 때, 통증이 몸에서 사라지기 시작했고 어떤 음성이 들렸다. "일어나라." 당연히 퍼트리샤는 그 말을 믿거나 몸을 움직이기 두려웠다. 그래서 "하나님, 정말 하나님이시라면, 저에게 더 많은 확증을 보여 주세요"라고 말했다. 그 뒤에 훨씬 더 웅장한 음성이 들렸다. "일어나라." 퍼트리샤가 보기에 불가능한 생각 같았다. 퍼트리샤는 3개월 이상 걷지 못했고 심지어 일어서지도 못했다. 하지만 퍼트리샤는 순종하려고 노력했고, 병원 복도에 발을 내디뎠을 때 통증이 전혀 느껴지지 않았다. 한동안 퍼트리샤는 얼어붙은 채 서 있었다. 이게 정말 가능한 일일까? 그런 다음 퍼트리샤는 복도를 걸어갔다. 퍼트리샤가 걷지 못한다는 사실을 알고 있던 야간 근무 간호사가 달려오면서, 침대 밖으로 나오면 안 된다고 경고했다. 하지만 이제 하나님이 기적을 행하셨다고 확신한 퍼트리샤는 새벽 4시에 가족들과 의사들을 부르기 시작했다. "하나님이 나를 고쳐 주셨어요!"

치유 전과 후의 퍼트리샤의 엑스레이를 비교하던 웰스 박사는 퍼트리샤의 질환으로 생긴 어떤 흔적도 발견할 수 없었다. 웰스 박사가 아는 한, 역사 속에서 반사 교감신경 이상증이 갑자기, 저절로 완화된 사례는 전혀 없었다. 5년 뒤에 가진 어느 인터뷰에서 퍼트리샤는 증상이 전혀 재발하지 않았다고 전했다. 하지만 퍼트리샤는 어렸고, 몇 달 동안만 반사 교감신경 이상증을 앓았다. 오랜 세월 반사 교감신경 이상증을 앓았던 훨씬 나이 많은 사람에게는 어떤 일이 일어났을까?

크리스마스이브에 에마 매킨리에게 일어난 뜻밖의 일

1993년 4월, 작업장에서 일어난 치명적인 사고로 인해 에마 매킨리는 뇌진탕과 심각한 청력 상실, 반사 교감신경 이상증을 겪었다.[2] 1995년 1월쯤, 에마의 장애는 훨씬 더 심각해졌고, 그해에 계속 악화되었다. 에마의 왼쪽 손은 11월에 갈고리처럼 굽어 할퀴기 시작했다. 그녀가 마지막으로 단단한 음식을 먹으면서 온전한 식사를 한 때는 1995년 크리스마스이브였다. 에마는 1996년 2월에 휠체어에 앉게 되었는데 그 뒤로 15년 동안 날마다, 온종일 휠체어에서 보내야 했다. 상반신은 왼쪽으로 틀어졌고, 머리는 한쪽으로 한참 꺾여 있었기 때문에, 건축업자는 에마가 지나갈 수 있도록 집 안의 문을 확장해야 했다. 에마를 수송차에 태우는 것조차 힘들었다. 에마에게는 많은 약이 필요했고, 전적으로 액체 흡입에 의존했다. 에마는 가끔 통증 때문에 몸이 탈진해 잠들 때까지 거의 사흘 동안 계속 깨어 있기도 했다.

2011년 크리스마스이브 이른 아침에, 에마는 집에 혼자 있다가 또 한 번 사고를 겪었다. 휠체어가 넘어지면서, 에마의 뒤틀린 몸은 바닥에서 고통을 느꼈다. 에마는 극도의 고통을 이렇게 묘사한다. "굽은 목이 바닥을 치면서 침대에 부딪쳤을 때, 고통이 밀려왔다. 척추에 불이 가득했다. 굽은 발은 오른쪽 다리 뒤 어딘가에서 꼼짝하지 못했고, 왼쪽 팔은 몸 밑에 끼여 있었다. 보이는 거라고는 얼굴 앞에 놓인 무기력하고 쓸모없어 보이는 커다랗고 뭉툭한 주먹뿐이었다." 움직이려는 사소한 시도조차 "통증을 더 자극했을 뿐"이다.[3] 에마는 이런 자세로 있다가 곧 죽을지도 모른다고 생각했다.

에마는 전화기까지 갈 수도 없었다. 그녀의 말을 듣거나 도와줄 유일한 분은 예수님밖에 없었다. 에마는 여덟 시간 이상 바싹 마른 목으로 예수님의 이름을 계속 외치는 것 외에는 할 수 있는 일이 전혀 없었다.

갑자기 에마는 요란한 바람 소리를 들었고 빛나는 존재가 가까이 온 것을 감지했다. 방이 광채로 빛날 때, 에마는 불붙은 옷을 보았고 자기가 다른 차원으로 들어가고 있는 것은 아닌지 의문스러웠다. 예수님의 얼굴은 너무 밝아서 바라볼 수 없었지만, 그분의 능력이 에마를 휘감았다. 예수님이 영구적으로 굽어 몸 아래서 꼼짝하지 못하는 그녀의 왼쪽 발을 곧게 펴시는 동안, 에마는 뼈가 맞추어지는 소리를 들었다. 그런 다음 예수님은 16년 동안 단단히 고정되어 있던 에마의 손을 펴기 시작하셨다. 살은 벗겨져 붉었고 상처투성이였지만, 에마가 보는 앞에서 살이 치유되었고, 에마는 손가락을 움직일 수 있는 능력을 얻었다. 마침내 예수님은 에마의 목과 척추를 고쳐 주셨고, 뒤이어 그분의 손을 잡으라고 요청하셨다. 예수님의 임재가 그 어떤 것보다 훨씬 중요했지만, 에마가 예수님의 손을 붙잡았을 때, 그분은 에마가 발을 딛고 설 수 있게 해 주셨다.

에마의 근육은 위축되어 있었지만, 분명 예수님은 이제 에마가 걷기를 원하셨다. 그래서 몸이 기우뚱하고 고통스러웠지만, 에마는 걸어 보려고 시도했다. 기본적인 걷기 연습을 마친 뒤, 바람 소리와 예수님의 밝은 임재는 사라졌다. 그래도 에마는 이제 자기 몸이 어떻게 움직이는지 살펴보는 즐거운 실험을 시작했다.

뜻밖의 일이 계속되다

그날 밤, 에마의 아들들과 손자들이 방문할 예정이었다. 여전히 기우뚱했고 몸의 균형을 잡기 위해 훈련하고 있었지만, 에마는 유쾌하게 웃으면서 직접 초에 불을 붙였다. 초인종을 울린 뒤 안으로 들어온 가족들은 빈 휠체어를 보고 어리둥절했다. 혼란에 빠지려던 찰나, 에마가 방 안으로 걸어 들어왔다.

에마의 아들 제이슨(Jason)은 에마를 쳐다보고 다시 바라보다가, 얼어붙고 말았다. 사람들의 입이 떡 벌어졌다. "이게 정말이에요?" 제이슨이 환호성을 질렀다. 그는 멈칫거리며 에마에게 다가갔다. "엄마 맞아요?"

"이리 오렴." 에마가 말했다. 그들은 서로 부둥켜안고 웃음을 터뜨렸다. 에마는 이제 얼굴이 하얗게 질려 역시 아무 말도 하지 못하는 작은 아들 제프(Jeff)에게로 향하더니, 제프도 안아 주었다. 마지막에 에마는 자기가 걷거나 똑바로 서 있는 모습을 한 번도 본 적이 없는 손자들에게로 향했다. 어린 코너(Connor)는 에마의 손을 단단히 붙잡았지만, 열다섯 살의 브레디(Brady)는 망설였다. "할머니, 저 지금 약간 떨려요." 에마는 코너를 안아주면서 긴장을 풀어 주었다. "괜찮다, 얘야. 내 생각엔 지금 우리가 모두 약간 떨고 있는 것 같구나."[4]

코너는 할머니의 손을 덮고 있는 매끄러운 새 피부를 보고 놀랐다. 물론 에마는 여전히 손과 발, 등에서 약간의 통증을 느꼈다. 에마는 약간의 진통제를 계속 사용하겠지만, 이제 에마의 상체는 한쪽으로 거의 90도 굽어 있지 않고 곧게 서 있었다.

에마에게 일어난 뜻밖의 즐거운 일은 이게 끝이 아니었다. 크리스마스 직후인 1월 4일, 에마는 데이비드 벨(David Bell) 박사를 놀라게 만들었다. 깜짝 놀라 얼어붙은 데이비드 박사는 숨을 몰아쉬었다. "에마가 쌍둥이였다고 말해 줘요." 에마가 자신의 경험을 진술했을 때, 데이비드 박사는 함께 기뻐하면서 단어 하나하나를 놓치지 않았다.[5] 몇 주 뒤, 에마는 반사 교감신경 이상증 전문가인 키스 벵스턴(Keith Bengston)을 방문했다. 그는 이미 뉴스를 들었지만, 에마의 경이로운 모습에 놀라움을 표했다. 벵스턴은 에마가 즉각 회복되었다는 사실을 알고 나서는 더욱 놀랐다.[6]

밸런타인데이에, 한 간호사가 에마가 검사실에 있다고 설명해 주었을 때, 에마의 소화기 내과 전문의인 아민드라 아로라(Amindra Arora)는 반발했다. "에마는 그곳에 들어갈 수 없어요. 문을 통과할 수 없다고요!" 검사실에 들어간 아로라는 가만히 서서 움직이지 못했고, 눈을 크게 뜬 채 입을 다물지 못했다. 그는 에마의 얼굴부터 발과 등까지 훑어보았다. "무, 무슨 일이 있었던 거예요? 무슨 일을 한 거예요?" 아로라가 외쳤다.

"척추도 굽어 있었고 손도 펼 수 없었다는 건 선생님도 아시잖아요? 발도 굽었었죠."

"아, 물론, 알지요! 무슨 일을 한 거예요?" 아로라는 에마의 이야기를 듣고 난 뒤 깜짝 놀라며 감사했다.[7] 뜻밖의 일은 그 뒤에도 계속되었다. 2012년에 미네소타주 로체스터(Rochester) 지역 뉴스에서 의료 기록으로 확인된 에마의 이야기를 다루었다.

에마의 책에는 굳어 버린 왼쪽 손과 반사 교감신경 이상증 상처로 뒤덮여 거의 절단된 것이나 다름없던 감염된 다리 등 치유되기 전의 심각한 상태를 보여 주는 사진이 포함되어 있다.[8] 그 책에는 치유된 후 어리둥절해하는 의사들과 간호사들에게 걸어갔을 때 그들이 놀라는 모습을 담은 사진도 있다. 치유되고 나서 몇 달 후에 기록된 한 의료 보고서에서는, 하나님을 보고 느꼈다는 에마의 경험에 대해 "크리스마스이브의 특별한 회복"이라고 설명한다.[9]

19장

다리 저는 사람이 지금도 걷는가?

말린의 뇌성마비

태어날 때 몸무게가 1킬로그램도 채 되지 않았던 미주리주의 말린 클레피스(Marlene Klepees)는 뇌성마비를 갖고 태어났다.[1] 뇌성마비는 아동기에 일어나는 일단의 운동 장애다. 이 질환은 영구적이지만, 심각성의 정도는 다양하다. 곧 분명하게 볼 수 있듯이, 말린의 사례는 심각한 질환이었다.

말린은 열한 살에 그리스도께 헌신했는데, 그때 그녀가 다니던 고등학교의 여러 그리스도인 중에 한 명은 말린에게 손을 내밀어야 한다는 특별한 느낌을 가졌다. 그래서 말린을 YFC(Youth for Christ) 모임에 초대했다. 두 살 때부터 고아였던 말린은 아버지 하나님과의 관계를 기뻐했다. 회심 직후, 말린은 자신이 이해하지 못하는 말로 기도하기 시작했다. 그렇게 기도할 때 하나님이 자기를 안아 주시는 느낌을 받았기 때문이다. 말린은 그때까지 이 경험을 가리키는 성경의 용어도 알지 못했다.

악화하는 상태

말린은 뇌성마비가 자기 인생을 향한 하나님의 뜻이라고 당연히 받아들였고, 거기에 만족했다. 하지만 그 뒤로 몇 년 동안, 상태가 점차 심각해지면서 말린은 이 가정에 의문을 품기 시작했다. 말린은 시력을 대부분 상실했고, 목부터 그 아래로는 사실상 마비 상태였다. 너무 심각한 근육 경련 때문에 발작을 일으킬 때 말린을 보살피려고 애쓰던 사람들의 뼈를 부러뜨린 적도 있었다. 말린은 눈과 입은 어느 정도 통제할 수 있었지만, 몸의 대부분에 대한 통제력을 상실했다. 몸은 쉬지 않고 계속 흔들렸고, 머리는 항상 한쪽으로 굽어 있었다. 말린은 삼키지 못했기 때문에 주체할 수 없이 침을 흘렸다.

말린은 여전히 하나님이 주권적이시라고 믿었지만, 열일곱 살에는 이런 상태가 과연 자기를 위한 하나님의 이상적인 계획인지 의문을 품기 시작했다. 물론 하나님은 우리의 유익을 위해 모든 것을 사용하신다. 심지어 어떤 사람이 악한 의도를 품고 한 일까지 사용하시지만, 하나님은 종종 그 악을 꺾기를 원하신다.

결국 이틀간의 지속적인 경련을 겪은 뒤, 말린은 점차 포기하기에 이르렀다. 말린의 지성은 손상되지 않았지만, 주변 사람들은 그녀를 어떻게 해야 할지 의논하기 시작했다. 의사를 전달하고 싶어 하는 말린의 절박한 시도를 이해하지 못한 사람들은 말린의 뇌가 사실상 죽었다고 엉뚱하게 단정했다. 하지만 말린은 하나님이 자기를 사랑하신다고 확신했고, 자기를 돌보시는 하나님이 번번이 공황 상태를 진정시키셨다고 느꼈다.

다행히 말린은 미네소타주 로체스터에서 평판이 좋은 메이오 클리닉으로 이송되었다. 메이오 클리닉의 의사들은 말린이 실제로 주변 상황을 제대로 인식한다는 사실을 알았다. 불행하게도, 의사들은 말린의 상태와 관련해서 많은 희망을 주지는 않았다. 재활을 시도하고 나서 3개월 뒤에, 의사들은 말린이 종합 요양 시설에 들어가야 한다고 알렸다. 말린은 당시 열아홉 살이었다.

환상

이때쯤, 말린은 결국 하나님께 부아가 났다. 그런데 말린은 오히려 하나님의 진노가 아니라 하늘 아버지의 위로를 느꼈다. 하나님은 환상 속에서 말린이 치유되는 장면과 한 교회 그리고 임박한 날짜를 보여 주셨다. 3월 29일이었다. 말린은 며칠 동안 이 환상을 병원 룸메이트에게 전달하려고 애썼고, 그리스도인이었던 룸메이트는 말린의 말을 믿었다. 그들의 믿음은 말린이 환상 속에서 보았던 바로 그 티셔츠를 선물로 받았을 때 한층 더 고무되었다. 말린은 직원들에게 자기가 치유될 것이라고 말했지만, 아무도 그런 일을 기대하지 않았다. "그럼요, 말린." 직원들은 이렇게 대꾸하곤 했다. 희망은 힘을 줄 수 있지만, 좌절된 희망은 실망을 낳고, 의심할 여지없이 그들은 전에도 희망이 무너지는 장면을 숱하게 목격했다.

3월 28일, 토요일에 말린은 깊은 실망을 느꼈다. 룸메이트는 집으로 돌아갔다. 말린을 교회로 데려갈 사람은 아무도 없었고, 말린은 어떤 지역 교회와도 접촉하지 않는 상태였다. 하나님께 속마음을 털어놓았을 때, 말린은 하나님이 다시 말씀하신다고 느끼면서, 정확한 교회를 보여 주실 것이라는 점을 확신했다. 3월 29일, 일요일 아침에 간호사가 음식을 주기 위해 왔을 때, 말린은 가까스로 입을 열었다. "노란 책." 말린이 완강하게 주장했기 때문에, 간호사는 전화번호부를 가져왔고, 말린은 간호사에게 교회 명부를 펴 달라고 부탁했다. 주님은 교회 명부 중에 그 지역의 오픈 바이블 교회(Open Bible Church)의 이름을 강조하시는 것 같았다. 그래서 말린은 간호사에게 자기를 위해 전화를 걸어 달라고 부탁했다. 병실을 나온 간호사는 혼란을 느끼면서도, 결국 정오 직후에 병실로 돌아가 전화를 건 뒤 말린의 입에 수화기를 대 주었다.

스콧 에머슨(Scott Emerson) 목사가 전화를 받았다. 말린은 그 교회가 치유를 믿느냐고 가까스로 물었다. "그럼요." 목사가 인정했다.

"목사님이 그분이군요." 말린은 확신했다. "나를 찾아와 주세요." 목사가 말린의 말을 이해할 수 있었는지 분명하지 않았다. 그래서 간호사가 다시 전화기를 들었다. "선생님, 선생님이 누구신지, 어디 계신지 모르지만, 이곳으로 와 주시면 좋겠어요." 간호사는 병실 번호를 알려 준 뒤 얼른 전화를 끊었다. 그 뒤에 말린은 참을성 있게 네 시간을 기다렸다. 그런데 에머슨 목사는 병실 번호는 알았지만, 두 병원 중 어디에서 전화를 걸었는지 몰랐고, 환자의 이름조차 몰랐다!

에머슨 목사는 주저하면서 그날 오후에 도착했다. 그는 말린의 상태를 보고 깜짝 놀랐다. 에머슨 목사와 그의 교회는 기적을 믿었지만, 이와 같은 경우를 한 번도 본 적이 없었다. 하지만 말린이 힘들게 자신이 본 환상을 진술하고, 말린의 말을 이해하는 법을 배운 간호사가 그녀의 말을 설명해 주는 동안, 에머슨 목사는 경청했다. 에머슨은 말린이 환상에서 본 목사의 모습과 비슷했고, 교회에 대한 말린의 묘사가 자기 교회의 모습과 일치한다고 인정했다. 하지만 처음에 에머슨 목사는 말린을 저녁 예배에 초대해 달라는 암시를 알아챈 것 같지 않았다.

마침내 한 그리스도인 간호사의 도움으로 병원의 승인을 얻어 냈고, 에머슨 목사는 말린을 교회 저녁 예배에 데려갔다. 그날은 3월 29일 일요일이었고, 약 70명의 교인들이 그곳에 있었다. 에머슨 목사는 성경이 치유에 관해 무엇을 가르치는지 설명했고, 그런 다음 교회 성도들에게 주위로 모이라고 요청했다. "나는 이런 분을 위해 기도한 적이 한 번도 없습니다." 에머슨 목사는 약간 자신감 없는 말을 고백한 뒤, 기도 모임을 인도했다. 기도를 마친 뒤, 에머슨은 말린에게 믿음으로 한번 걸어 보지 않겠느냐고 물었다. 말린은 "믿음으로"가 무슨 뜻인지 몰랐지만, 무엇이든 하나님의 뜻대로 되기를 바랐기 때문에, 그렇게 하겠다는 신음을 냈다. 사람들은 말린을 휠체어에서 나오게 한 뒤 그녀를 일으켜 세웠다.

말린은 이렇게 간증한다. "갑자기 발이 바닥에 닿았고, 처음으로 신발 밑에 바닥이 있다는 것을 느낄 수 있었어요! 나는 다른 사람들의 부축을 받으며 몇 걸음 내디뎠어요. 그때 사람들은 나를 놓았습니다."[2] 말린의 발은 여전히 안쪽으로 향해 있었지만, 걸음을 내디딜 때마다 그녀의 발은 펴지기 시작했다. 교회 안을 돌 때마다 말린은 점점 더 강해지면서 몸을 뜻대로 통제하며 움직이는 법을 더 많이 배웠고, 모두가 함께 기뻐했다. 이제 말린의 눈이 따뜻해졌고, 이번에는 안경을 벗으라고 말씀하시는 하늘 아버지의 음성을 한 번 더 들었다. 말린이 안경을 벗었을 때, 그녀는 시력이 완전히 회복되었다는 사실을 깨달았다. 곧이어 시력은 1.0보다 좋은 것으로 확인되었다.

에머슨 목사는 그날 밤에 굳이 설교할 필요가 없다고 느꼈다. 사람들은 아이스크림을 먹으며 축하하기 위해 밖으로 나갔고, 말린은 처음으로 아이스크림콘을 들고 먹었다. 그곳을 벗어나고 있을 때, 그들은 우연히 메이오 클리닉의 한 직원을 만났다. 직원은 말린의 휠체어가 에머슨 목사의 노란색 폭스바겐 뒤에 튀어나온 모습을 보고, 말린이 이미 죽었다는 의미로 받아들이며 걱정했다. 그런데 뜻밖에 말린의 모습을 본 병원 직원은 깜짝 놀라 물었다. "말린, **정말** 당신 맞아요?" 말린은 자신의 이야기를 들려주었고, 직원은 그 놀라운 소식을 병원의 사람들에게 전해 주었다.

간증

에머슨 목사가 말린을 메이오 클리닉으로 데려왔을 때, 담당 간호사는 걸어 들어오는 말린의 모습을 보고 들고 있던 전화기를 떨어뜨렸다. 말린은 곧이어 자기가 이제 무슨 일을 할 수 있는지 전부 보여 줌으로써 간호사들에게 기쁨을 주기 시작했다. "내일 아침에 당신이 어떤 모습인지 봅시다"라고 고집했던 한 사람만 제외하고, 모든 전문의들이 말린과 함께 기뻐했다. 아내가 재활 부서에서 일했기 때문에, 에머슨 목사는 반복된 실망으로 인한 냉소를 이해했다.

화요일에 의사들은 검사를 진행했고, 말린이 회의실로 걸어 들어갔을 때, 그들은 일어나서 환호하기 시작했다! 말린을 빼고는 누구도 이런 결과를 기대하지 않았지만, 모두가 기뻐했다. 말린의 시력이 궁금했던 어떤 사람이 시력(vision)에 대해 질문했다. 그 질문이 치유되기 전 하나님이 주신 환상(vision)을 가리킨다고 생각한 말린은 자기가 본 환상 이야기를 진술하기 시작했다. 그들은 모두 친절하고 정중하게 경청했고, 마지막에 그리스도인이 분명한 한 의사가 무심결에 외쳤다. "주님을 찬양합니다!"

이 치유는 1981년에 일어났고, 말린은 그 뒤로 거의 40년간 건강을 유지했다. 말린은 자전거를 타면서 꽃집[하늘 향기 꽃집(Heaven's Scent Flowers)]을 운영하며 살아간다. 말린은 다른 사람들을 위해서도 동정심을 품고 기도하는데, 사람들은 종종 치유를 받는다. 의료 기록이 더 잘 남아 있는 사례 중 하나가 삼차 신경통으로 15년간 고생했던 크리스 칼슨(Chris Carlson)

의 사례다.[3] 크리스와 그녀의 남편 데이브(Dave)는 항상 올바른 의사들을 만나도록 기도했지만, 하나님이 직접 크리스를 치유해 주시도록 기도한 적은 없었다. 말린이 기도하자고 제안했을 때, 크리스는 반대했다. "나는 이런 치유 사업을 믿지 않아요."

"괜찮아요." 말린이 대답했다. "나는 여러분을 위해 기도할 수 있어요. 힘든 일은 아니죠." 그녀는 간단히 기도했다.

크리스는 얼얼한 따끔거림이 목에서 시작되는 것을 느꼈지만 무시했다. "즐거운 여행 되세요." 크리스는 헤어지면서 말린에게 말했다. 하지만 따끔거림은 25분간 지속되었고, 따끔거림이 멈추었을 때, 크리스의 통증도 사라졌다. 바로 그날 밤 이후로 영원히 말이다. 전율을 느끼며 자신들의 우선순위를 재조정한 칼슨은 곧 하나님의 부르심에 그들의 삶을 헌신했다.

말린은 나와 인터뷰를 마친 뒤, 나를 위해 은혜로운 기도를 드렸다. "우리 **모두** 하나님께 특별해요." 말린의 조언이다. 말린은 자기에게 치유를 받을 만한 자격이 다른 사람보다 더 많지 않다고 고백한다. 그녀는 치유를 받을 만한 어떤 일도 하지 않았다고 강조한다. 치유는 우리를 위해 예수님이 당하신 고난의 대가로 일어난다. 무엇보다 먼저, 우리는 하늘 아버지가 얼마나 사랑하시는지 깨달아야 한다. 열한 살의 고아를 품어 주셨고, 그 뒤로 말린과 함께하셨던 하늘 아버지 말이다.

20장

다리 저는 사람이 지금도 걷는가?

브라이언의 척추 손상

뉴욕시의 외과 의사이자 기독교 의료 및 치과 협회(Christian Medical and Dental Associations)의 지역 책임자인 매슈 서(Matthew Suh) 박사는 자신이 목격하거나 경험한 여러 치유 사례를 나에게 알려 주었다(그중 몇 가지가 21장에 나온다). 덧붙여 매슈 박사는 자기 친구 브라이언(Bryan)과 메그 라푸(Meg LaPooh)의 이야기를 나에게 말해 주었다. 정말 놀라운 이야기였다.[1]

쓰러진 경찰관

거의 20년 가까이 뉴저지의 경찰관으로 근무하던 브라이언 라푸는 2008년에 새로운 가정을 꾸렸다. 목격자들에 따르면, 브라이언은 크리스마스가 오기 며칠 전, 겨울 폭풍우가 몰아치는 동안 운전자들을 안내하다가 얼음 위에서 미끄러졌다. 그는 "내 목에 억지로 튜브를 끼우고 있는 의사"를 보면서 병원에서 의식을 되찾기까지 기억을 잃었다고 말했다.

의사들은 브라이언의 몸이 마비되지 않도록 예방하기 위해 브라이언의 C4와 C5 척추를 안정화하는 응급 수술을 시행했지만, 오른쪽 몸에는 여전히 마비 증상이 남아 있었다. 나중에 의사들은 브라이언이 더 정확히 브라운세카르증후군을 앓고 있다는 사실을 발견했다. 종종 이 증후군이 발견된 초기 단계에 회복되는 환자들도 있지만, 수년간 장애가 계속되고 난 뒤로는 회복의 희망이 사라진다. 갑작스러운 회복의 희망은 더욱 품을 수 없다.

결국 브라이언의 왼쪽 몸도 기능을 상실하기 시작했고, 반측 후궁 절제술이라는 목 수술을 한 번 더 받아야 했다. 이 수술로 인해 브라이언은 4년 동안 하루 종일 심각한 편두통을 느꼈고, 엄청난 양의 진통제를 먹어야 했다. 이 고통을 몇 년간 겪던 중, 다리 경련을 느낀 브라이언은 침대에서 나와 다리 보조기를 착용할 때 필요한 목발을 잡으려고 손을 뻗었다. 의도와 달리, 브라이언은 균형을 잃고 문에 머리를 부딪쳤다. 브라이언은 다시 목이 부러지면서, 네 시간 동안 피투성이가 되어 바닥에 쓰러져 있었다.

첫 번째 사고는 브라이언이 결혼한 지 1년밖에 지나지 않았을 때 일어났다. 또한 하나님이 자기에게 어울리는 남편을 보내 주시기를 오래 기다려 온 그의 아내 메그는 임신을 한 상태였다. 브라이언의 부상과 고통, 잦은 절망은 메그에게도 상당한 부담이 되었지만, 메그는 계속 믿음을 잘 가꾸어 오면서 브라이언을 고쳐 주실 하나님을 바라보았다. 그러나 그들에게 별다른 도움이 되지 못한 그리스도인들도 있었다. 기도에 대한 응답을 기대했지만, 브라이언의 장애에 변화가 없자, 어떤 사람들은 브라이언을 피하면서 그의 믿음에 의문을 제기하거나 혹은 하나님이 고통을 통해 브라이언에게 무언가 가르쳐 주시려고 한다고 넌지시 지적했다. "나라면 아이들에게 무언가 가르치기 위해 아이들을 죽음 직전까지 몰아가지는 않을 겁니다." 브라이언은 이렇게 쏘아붙였다.

받아들여라

2009년 여름, 메그는 마지막으로 자기와 함께 수련회에 참석해 보자고 브라이언을 설득했다. 펜실베이니아에서 열린 지구촌 각성 수련회였다. 메그는 간절히 부탁하면서, 브라이언이 이 수련회에 참석한다면 생일 선물과 크리스마스 선물, 기념일 선물을 전부 합친 것으로 간주하겠다고 말했다. 브라이언은 수지가 맞는 거래라고 생각했지만, 한편으로는 망설였다. 그동안 브라이언은 너무 많은 사람이 자기를 위해 기도하다가 너무 많이 실망하는 것을 견뎌야 했다. 하지만 브라이언은 아내를 위해 묵묵히 수련회에 참석했다. 그런데 이번에는 무언가 달랐다. 그의 마음속에서 이런 음성이 계속해서 들려왔다. "받아들여라!" 브라이언은 그 음성이 무슨 의미인지 몰랐지만, 마치 격려처럼 느껴졌다.

수련회 둘째 날 저녁 식사를 하면서, 브라이언은 전과 다른 확신을 느꼈다. "나는 오늘 밤 치유될 거야." 브라이언이 메그에게 말했다. 그런데 이어지는 예배 중에, 하나님이 치유하고 계신다는 믿음을 가진 사람들은 손가락의 통증이나 복통처럼 온갖 사소한 질환을 치유해 달라고 요청했다. 사람들은 브라이언의 상태를 **제외한** 모든 질병을 언급하는 것 같았다. 브라이언은 그곳에서 눈에 띄는 문제를 가진 유일한 참석자였다. 어쨌거나 그는 10만 달러나 되는 유용한 마이크로프로세서 유압식 다리 보조기를 착용하고 있었기 때문이다. 하지만 브라이언의 상태를 위해 기도해야 한다고 느낀 사람은 아무도 없었다.

브라이언이 느낀 확신이 실망으로 사그라지면서 새로운 분노가 솟아올랐다. 메스꺼움을 느낀 메그는 화장실로 갔다. 그런데 예배를 마치기 전, 목사는 아직 언급되지 않은 병을 위해 기도하기 원하는 사람이 있다면 누구든 앞으로 나오라고 초청했다. 이 마지막 기회를 놓치지 않기로 결심한 브라이언은 앞으로 나가야 한다고 느꼈다.

환자를 위해 기도하는 법을 배우고 있던 약 스무 명의 젊은 학생들이 예배실 앞에 줄지어 있었다. 몇 사람은 누구를 위해서도 기도하지 않았지만, 브라이언은 자기도 모르게 왼쪽으로, 한 젊은 여성에게 향했다. 나중에 알고 보니 그녀의 이름은 줄리아(Julia)였다. 브라이언의 필요가 무엇인지 명확하지 않다는 듯이, 줄리아는 무엇을 위해 기도해야 하느냐고 물었다. (여기에는 성경의 선례가 있다. 예수님은 마가복음 10:51에서 한 시각장애인 남자에게 똑같은 질문을 던지셨다.) 줄리아 보이토비치[Julia Voytovich, 현재는 오소스칼로(Ososkalo)]는 간호사였고, 자신의 관찰에 근거해 브라이언에게 뇌졸중을 겪은 적이 있느냐고 물었다.[2] 브라이언은 설명했다. "아니요. 나는 척수가 손상되었어요. 그냥 기도해 주세요." 그래서 줄리아가 기도하기 위해 브라이언의 가슴에 손을 얹었을 때, 브라이언은 이렇게 부탁했다. "가슴에 손을 얹을 필요는 없어요. 목에 손을 얹고 기도해 주세요." 그래서 줄리아는 브라이언의 목에 손을 댔고, 그녀가 기도하기 시작했을 때, 브라이언은 목 뒤에서 열기를 느꼈다. 그리고 "그때 정신을 잃었다."

다시 정신이 들었을 때, 브라이언은 바닥에 쓰러져 있었다. 줄리아는 무엇이든 움직일 수 있느냐고 물었다. 브라이언은 항상 굽어 있던 오른손을 보면서, 종종 하던 것처럼 명령했다. "움직여라." 그런데 이번에는 10년 만에 처음으로 손이 움직였다. 처음에는 오른손이 경련을 일으키며 펴지기 시작했다. 브라이언은 혼자 힘으로 제단 계단까지 걸어갔고, 두 명의 청년이 줄리아와 합류하는 모습을 보았다. 한 사람은 그녀의 사촌 피터(Peter)였고, 다른 한 사람은 그들의 친구 루슬란(Ruslan)이었는데, 줄리아는 나중에 루슬란과 결혼했다. "보조기를 벗고 싶어요." 브라이언이 말했다.

"진심인가요?" 청년 중 한 사람이 조심스럽게 물었다.

"그럼요, 진심이에요." 브라이언이 대답했다. 손이 움직이고 있었다. 브라이언은 다리도 똑같이 움직일 수 있다고 믿었다. 이때쯤 메그가 화장실에서 돌아왔고, 하나님이 역사하신다고 확신한 그녀는 이 장면을 영상 자료로 녹화하기 시작했다. 브라이언은 10년 6개월 동안 다리 보조기를 의지했다. 잠자는 동안 보조기를 충전하기 위해 밤에만 보조기를 제거했을 뿐이다.

그런데 2019년 8월 23일, 10년 6개월 동안 오른쪽이 마비되어 있던 쉰두 살의 브라이언 라푸는 걷기 시작했다.

보는 것으로 시작된 믿음

브라이언은 성전 주위를 세 바퀴 돌았는데, 마지막에는 혼자서 돌았다. 그 뒤, 브라이언은 보조기를 차로 가져갔다. 호텔로 운전해 돌아오는 길에, 부부는 무슨 말을 해야 할지 몰라 침묵했다. 그냥 꿈이었을까? 브라이언은 습관적으로 장애인 주차 구역으로 운전할 뻔했지만, 곧이어 혼자 웃었다. "오늘 밤에 일어난 일을 생각해 봐.…앞으로는 절대 안 돼!"

브라이언이 나중에 알게 된 사실이 있다. 6월에 줄리아가 기도하는 동안 굽은 손이 펴지는 환상을 보았다는 것이다. 줄리아와 시러큐스(Syracuse)에서 온 친구들은 예배가 진행되는 동안 라푸 부부 뒤에 앉아 있었다. 브라이언의 손을 보았을 때, 줄리아는 자신이 본 환상이 기억났다. 줄리아가 내게 한 말이다. "우리가 브라이언을 위해 기도하고 있었을 때, 그 환상이 떠올랐어요. 그 덕분에 믿음이 커지면서 치유와 회복을 믿게 되었지요."[3] 줄리아가 브라이언을 위해 기도하기 시작했을 때, 한 남자가 뒤이어 기도를 받기 위해 앞으로 나와 브라이언 뒤에 섰다. 브라이언이 쓰러질 것이라고 생각한 줄리아는 뒤에 있는 남자에게, "이 사람 좀 붙잡아 주셔야 할 것 같아요"라고 말했다. 그 남자는 생각했다. '저 사람은 바닥에 쓰러질 거야. 나는 어깨 부상을 위해 기도를 받으려고 줄을 서 있는데 말이야!' 하지만 브라이언이 쓰러질 때 그 남자는 본능적으로 그를 붙잡은 뒤 조심스럽게 바닥에 눕혔다. 놀랍게도, 그 남자는 자기 어깨도 치유되었다는 사실을 깨달았다. 브라이언과 마찬가지로, 줄리아는 다음 날이 되어서야 그 남성도 치유된 사실을 알았다. "우리가 브라이언을 위해 기도하고 있었기 때문에, 결국 그 남자를 위해 기도했던 건 아니에요. 우리는 다음 날까지 그 사람의 어깨가 치유되었다는 사실도 몰랐거든요!" 줄리아가 내게 말했다.[4]

치유가 일어나기 전 대부분의 기간에 브라이언은 자신의 상태를 영구적인 것으로 받아들여야 한다는 의사들의 지시를 따랐다. 이제 브라이언은 의사들이 자기 말을 믿지 않을까 봐 걱정했다. 하지만 마침내 그는 용기를 내서 진료실을 방문했다. 거기서 브라이언은 간호사가 의사에게 설명하는 말을 우연히 들었다. "브라이언 라푸는 브라운세카르증후군이었는데 회복된 분입니다."

"그는 보조기를 착용해야 해요." 의사는 간호사의 말을 무시하듯 대답했다. 하지만 보조기를 착용하지 않은 브라이언을 진찰하면서 어안이 벙벙해진 의사는 검사를 실시했다. 검사가 4분의 3쯤 진행되었을 때 그는 진료실을 나와 전화를 걸었다. 마침내 의사가 고백했다. "나는 하나님을 믿습니다. 기적의 가능성을 부정하지 않아요. 하지만 이런 일은 한 번도 본 적이 없습니다." 현재 내가 확보한 의사의 보고서는 몇 가지 문제가 남긴 했지만, 브라이언이 "기적적으로 또한 매우 신속하게" "오른쪽 팔과 다리의 기능을 되찾았다"라고 인정한다.[5]

1년 후, 라푸 가족들은 여전히 지난 시절의 트라우마를 해결하고 있다. 하나님은 왜 애초에 사고가 일어나게 하셨을까? 하나님은 왜 치유되기 전에 자기들이 그렇게 오랫동안 고통을 겪게 하셨을까? 하나님은 브라이언이 "받아들이기"를 기다리시면서 일찍 치유를 행하지 않으셨다고 브라이언은 믿는다. 이유가 무엇이든, 브라이언은 받아들였고, 가족들의 정서적 치유 여정도 시작되었다. 환상을 본 어느 젊은 학생이 기도했을 때 일어난 신체의 치유와 함께 이 가족들의 마음을 어루만지는 심오한 치유도 시작되었다.

21장

다리 저는 사람이 지금도 걷는가?

짧은 사례들

이 책 머리말에는 걷지 못하던 사람들이 걷게 된 두 가지 이야기가 나온다. 여기서 나는 몇 가지 이야기를 더 진술한다. 반복하지만, 이 책에 포함한 것보다 훨씬 더 많은 표본 사례가 있다. 내가 전에 쓴 더 방대한 책에는 치유를 목격한 사람들의 수십 개의 주장이 나온다. 물론 증거 측면에서 다른 것에 비해 더 중요한 진술들이 있지만 말이다.[1] 그 이후 다른 책들에서는 추가적인 진술을 제시했다.[2] 예를 들어, 8년 이상 휠체어에 앉아 지내던 친 하(Chinh Ha)는 캘리포니아에서 열린 가톨릭 은사 수련회 중에 갑자기 치유되었다. 그의 아들의 진술에 따르면, 친 하는 그때 자기를 위해 기도해 준 남자를 휠체어에 태우고 밀면서 기쁨을 표현했다.[3] 걷지 못하는 장애에도 다양한 이유가 있다. 이 장의 일부 사례에는 치유받아야 했던 다른 질환도 나온다.

놀라운 사건

즉각적이고 가시적으로 일어나는 치료도 있다. 그렇기는 하지만, 외견상의 모든 치료가 진정한 기적은 아니다. 예를 들어, 사람은 단순히 다리의 위치를 (고의적이든 비고의적이든) 조정함으로써 짧은 다리가 자라난 것처럼 보이게 만들 수 있다. 동시에, 짧은 다리가 실제로 몇 센티미터 자라나서 특수한 신발을 신을 필요가 사라지거나, 심지어 일평생 절뚝거리던 발이 교정된 경우도 있다.[4] 생리적 원리가 무엇이든—근육이 늘어난 것이든, 실제로 뼈가 자라난 것이든—이와 같은 치유는 자주 일어난다.

예를 들어, 내가 가르치는 목회학 석사과정 학생 중 하나인 브랜던 해먼즈(Brandon Hammonds)는 2012년 10월, 오리건주 메드포드(Medford)에서 30대 중후반의 한 여성을 위해 기도했다. 자동차 사고로 인해 그 여성의 다리 하나는 다른 쪽에 비해 약 8센티미터 정도 눈에 띄게 짧았다. 브랜던의 설명에 따르면, 그는 "주님께 다리를 치유해 주시도록 간구했다. 그리고 나뿐 아니라 내 옆에 서 있던 신사(아마 그녀의 남편이겠지만, 확신할 수는 없다)도 내 다리가 자라나서 다른 쪽 다리 길이와 똑같아지는 장면을 목격했다. 그 신사도 나도 모두 깜짝 놀랐다. 이 일이 일어난 직후 그 신사가 '와, 치유되었어요!' 하고 환호하던 장면은 결코 잊지 못할 것이다."[5]

때로는 치유에 대해 신중해야 할 타당한 이유가 있을 때도, 이와 같은 치유가 진정으로 일어났다는 사실이 확인되기도 한다. 한 교수 친구는 다리가 길어지도록 기도하곤 했던 풀러 신학교의 한 동료 교수에 대해 내게 불평했다. 내 친구는 다리가 실제로 자라난 것인지에 대해 회의적 입장을 표명했다. 다리가 정말 자라지 않은 경우도 있고, 교수 친구가 언급한 사례처럼, 단지 일시적인 호전에 그치는 경우도 있고, 어쩌면 상상 속에서 호전되는 경우도 있다. 그런데 2012년에 스위스 선교사 마리아네 좀머(Marianne Sommer)가 내게 해 준 진술에 따르면, 내 친구가 회의적인 태도로 대했던 풀러 신학교의 목사는 열다섯 살 때부터 10년간 마리아네를 괴롭혔던 허리 질환을 위해 기도했다. 그 목사가 기도했을 때, 마리아네와 그녀의 자녀들은 마리아네의 다리가 저절로 길어지는 장면을 보았다. 약 20년이 지났지만, 마리아네는 그때 이후 어떤 허리 질환도 생기지 않았다.[6] (또 다른 시점에 마리아네는 오랜 간질에서도 영구적으로 치유되었다.)[7]

걷지 못하는 장애의 치유는 역사 속에서, 성경이 완성되었기 때문에 이제 치유가 더 이상 일어나지 않는다고 믿는 분파에서도 가끔 계속 일어났다. 가톨릭 사상가들과 달리, 17세기의 일부 보수적인 개신교 사상가들은 자기 시대에 기적이 일어날 것이라고 믿지 않았다. 그런데 그들의 실제 삶에서 기적이 일어났다(예를 들어, 6장에 진술된 머시 휠러의 이야기를 보라).

널리 알려진 20세기 중반의 간증 하나는 열여덟 살 때 농장에서 일어난 사고로 인해 걷지 못하던 윌리엄 데이비드 업쇼(William David Upshaw)의 사례다. 업쇼는 미국 의회에서 민주당 대표로 8년을 보냈고 1932년에 금주당(Prohibition Party)의 대통령 후보였기 때문에, 그의 이야기는 널리 알려져 있다. 1951년, 여든네 살에 그는 한 치유 예배에 참석했다. 업쇼는 66년 동안이나 걷지 못했는데, 그중 7년은 침대에 있었고 59년은 목발을 짚어야 했다. 설교하던 부흥사는 나중에 그 상황에서 자신이 했던 역할을 과장했지만, 업쇼는 거의 평생 시달리던 장애에서 치유되어 교회에 목발을 버렸다고 공개적으로 직접 주장했다. 그 뒤에 업쇼는 미국의 정치 지도자들에게 자신의 간증을 담은 문서를 보냈다.[8]

몽골에서 일어난 기적

의사 매슈 서는 종종 몽골에 있는 사람들을 돕기 위해 의료 선교 여행을 떠난다. 몽골의 한 환자는 14년 전에 고관절이 부러지면서 좌골신경이 손상되었을 것으로 여겨졌다. 그 당시 그 여성을 수술하는 것은 불가능했고, 그 뒤로 그녀는 계속 휠체어에 갇혀 지내야 했다. 서 박사는 그녀를 위해 특별한 방법으로 기도해야겠다고 느꼈고, 그 뒤에 일어서 보라고 요청했다. 그 여성은 처음에는 도움이 필요했지만, 곧 발을 끌면서 천천히 걸을 수 있다는 사실을 알았다.

그 환자가 아주 오랫동안 휠체어에 계속 갇혀 지냈던 것을 고려할 때 이것은 놀라운 일이었다. 하지만 이 정도로는 충분하지 못했다. 서 박사는 다시 기도했고, 이번에 그녀는 다리에서 전기가 흐르는 듯한 자극을 느꼈다. 서 박사는 이 현상을 보고 이런 사실을 깨달았다. 만일 하나님이 그녀의 다리를 치유하시려고 한다면, 그녀의 위축된 근육이 움직일 수 있게 하셔야 할 뿐만 아니라, 손상 가능성이 있는 그녀의 좌골신경까지 치유하셔야 했다. 분명, 하나님은 그녀의 운동신경 기능만이 아니라 감각도 회복하고 계셨다. 이제 그녀는 더 빨리 걷기 시작했다. 나흘 후 서 박사는 그녀가 휠체어를 휠체어가 아닌 보행기로 사용하는 장면을 보았다. 물론 그녀의 근육은 4년간 사용되지 않아서 여전히 위축된 상태였고, 점차 힘을 되찾고 있었을 뿐이지만, 분명 더 이상 마비 증상을 보이지는 않았다. 서 박사는 치유 사진과 그녀가 걷는 영상 자료를 나에게 보내 주었다.

이것은 단발성 사건이 아니다. 다른 상황에서 서 박사는 다리에 운동장애가 있는 사람들을 위해 기도했고 즉각적인 변화를 목격했다. 이런 일은 미국에서도 일어났다. 심각한 고관절 문제를 갖고 있는 60대 초반의 남성을 위해 서 박사가 기도했을 때 일어난 치유도 그중 한 사례다. 서 박사가 기도한 뒤, 그 남성은 달리기 시작했다. 그 남자와 서 박사가 다시 만나 새로운 MRI 검사를 했을 때, 놀랍게도 새로운 연골이 자라난 사실을 확인했다. 가끔 서 박사와 함께 선교 여행에 참여했던 마취과 의사 데이비드 창(David Chang) 역시 그런 치유를 자주 목격했다. 특히 몽고에서 운동장애가 치유되는 경우를 목격했지만, 가끔 미국에서도 그런 치유가 일어났다. 그가 기도해 준 몇몇 사람들에게는 지팡이를 비롯한 다른 보조 기구가 더 이상 필요하지 않았다. 데이비드 창은 또한 만성적 통증이 사라진 사람들의 얼굴에 어떤 표정이 나타났는지 회고한다.[9]

하버드의 훈련된 외과 의사인 서 박사는 몇 해 전만 해도 오늘날 하나님이 이런 방식으로 치유하신다고 믿지 않았다. 그는 자신의 삶에서 영적 부흥을 위해 기도하기 시작했지만, 한 가지 신체적 문제도 겪고 있었다. 몇 달이 지나는 동안, 서 박사의 왼쪽 근육둘레띠가 점점 더 심한 통증을 일으키기 시작했다. 수술을 받는다면 서 박사는 반년 동안 외과 업무에 참여하지 못할 것이다. 하지만 프린스턴 대학교(Princeton University) 졸업생이던 사역자 켄 피시가 성령에 관해 가르치는 것을 들었을 때, 서 박사는 하나님이 자기에게 하시는 말씀을 명확히 들었다. "내가 네 왼쪽 어깨의 통증을 치유해 주겠다." 5초 안에, 피시는 현장에 있는 어떤 사람이 왼쪽 어깨의 통증에서 치유될 거라고 선포했다. 피시는 다른 사람들이 아픈 사람들을 위해 기도하는 법을 배우기를 바랐다. 그래서 약 스무 살가량의 젊은 여성에게 서 박사를 위해 기도하라고 당부했다. 그녀는 어떤 일이 일어날 것이라고 전혀 확신하지 못했지만, 그녀가 기도했을 때 서 박사는 즉시 그리고 영구적으로 치유되었다.[10]

일그러진 발 혹은 부상을 당한 발

저널리스트 팀 스태퍼드(Tim Stafford)는 오랫동안 스태퍼드의 장로교회에 다녔던 제프 무어(Jeff Moore)라는 이름의 한 젊은 남성에 대해 기록한다.[11] 몇 년 동안 제프의 아버지는 매주 제프를 휠체어에 태우고 교회로 데려갔다. 여러 번의 수술을 통해 제프의 발은 교정되었고, 일부 의사들은 추가 수술을 제안했다. 그러나 스탠퍼드 대학교(Stanford University)의 한 의사는 추가 수술이 제프에게 도움이 되지 않을 거라고 예단했다. 제프에게 걷는 것은 너무 고통스러운 일이었다.

걷지 못하는 또 다른 친구의 권유로, 제프는 캘리포니아주 레딩(Redding)에 있는 베델 교회(Bethel Church)를 방문했고, 치유 기도에 참여했다. 제프는 아무 일도 일어나지 않을 거라고 예상했지만, 함께 참석한 친구와 달리 자기 발이 갑자기 나았다는 사실을 깨달았다. 그날 오후, 휠체어 없이 걷던 제프는 깜짝 놀란 부모들에게 "무슨 일이 일어났는지 맞혀 보세요"라며 인사말을 건넸다. 그는 몇 년간 방치해 두었던 스케이트보드에 올라타서 새로 찾은 자유를 만끽했다. 물론 제프의 위축된 다리 근육은 며칠 동안 고통스러웠지만 말이다. 다음 날 제프의 전문대학 급우들은 어떻게 해서 더 이상 휠체어가 필요 없어진 거냐고 질문을 퍼부었다. 물론 제프가 교회에서 치유되었다고 설명했을 때, 몇몇 사람은 회의적인 반응을 보인 것 같았다. 단지 통증이 일시적으로 사라지는 현상을 경험하는 데서 그치지 않고, 제프는 이제 걸을 수 있을 뿐만 아니라 뛸 수도 있다는 사실을 증명했다.

랜디 클라크는 2011년 브라질 상파울로(São Paulo)에서 일어난 사고를 이야기해 준다.[12] 랜디는 오토바이를 타다가 부상을 당한 어떤 사람을 하나님이 치유하길 원하신다고 느꼈다. 아니나 다를까, 그날 저녁 예배에 참석한 스물여덟 살의 한 여성은 목발을 짚고 있었다. 그녀는 15년 전에 오토바이 뒷바퀴에 뒤꿈치가 말려들면서, 근육과 아킬레스건이 찢어지는 사고를 당했다. 그 사고는 수술로도 고칠 수 없는 크고 깊은 상처와 도움 없이 걷지 못하는 장애를 남겼다. 랜디가 기도한 뒤 그녀는 15년 만에 처음으로 도움 없이 걸었고, 상처는 아물기 시작했다. "검은색을 띠었던 괴사된 조직은 분홍색으로 변했고," 예정된 절단 수술은 취소되었다. "몇 년 후, 그녀는 내가 인도하는 한 집회에 참석해 무대 위에서 춤을 추었습니다." 그녀의 영상 자료는 기괴한 상처의 사진과 함께 온라인에서 찾아볼 수 있다.[13]

손상된 척수

랜디는 2003년 8월, 브라질 마나우스(Manaus)로 선교팀을 데려갔을 때 일어난 또 하나의 사고를 언급한다.[14] 랜디가 샘(Sam)이라는 별명을 붙여 준 팀원 중 한 명은 다른 사람의 치유를 위해 한 번도 기도해 본 적이 없었던 데다, 회복 중인 알코올의존자였다. 항공기 연결에 문제가 생기면서, 샘도 48시간 동안 잠을 자지 못했다. 그래서 샘은 두통처럼 기도하기 쉬운 문제를 보내 주시도록 하나님께 간구했다. 불행하게도, 스물다섯 살의 한 남성이 휠체어를 타고 그에게 다가왔다. 경찰관이던 이 남성은 두 달 전 하반신이 마비되는 사고를 당했다. 만취한 남성이 쏜 총탄이 척수를 관통하면서 하반신이 마비되고 말았다. 샘은 그를 위해 기도했지만 아무 일도 일어나지 않았다. 그래서 그가 처음에 가진 약한 믿음마저 사라져 믿음이 전혀 없는 상태가 되었다.

하지만 랜디는 선교팀을 향해, 자신들이 치유할 것이라고 기대하지 말라고 가르쳤다. 치유는 하나님의 일이다. "하지만 나는 여러분이 사람들을 사랑하고, 사람들을 존중하는 마음으로 대하기를 기대합니다." 그래서 샘은 그 남성이 배려받지 못했다고 느끼지 않도록, 약간 더 길게 기도했다. 샘이 기도하다가 잠이 들려고 했던 바로 그때, "젊은 남성은 휠체어에서 뛰어내려 나를 붙잡았고…눈물로 내 셔츠를 적셨다. 그런 다음 그는 휠체어를 밀면서 걸어갔다"라고 샘은 회고한다. 다음 날 선교팀은 그의 간증을 영상 자료에 담았다.

세이크리드 하트 메이저 신학교(Sacred Heart Major Seminary) 교수이자 성서학 학자인 메리 힐리(Mary Healy)는 자신이 강의도 했던 남인도 케랄라(Kerala)의 디바인 리트릿 센터(Divine Retreat Center)에서 치유의 기적이 여러 건 일어났다고 언급한다. 그중 한 가지는 인도 북쪽 끝에서 온 시크교 여성의 사례다. 남편에게 학대당하던 그 여성은 발코니에서 뛰어내리다가 등이 부러지고 말았다. 그녀의 다리는 12년간 마비되어 있었지만, 예수님이 행하신 치유에 대해 들은 뒤 가톨릭 리트릿 센터까지 왔다. 그녀는 그곳에서 "마비 상태에서 즉시 그리고 완전히 치유되었다."[15]

2004년 11월 14일, 트럭 한 대가 저메인 그린(Jermaine Green)의 차를 들이받은 후, 그는 혼수상태에서 신속하게 회복하는 듯 보였지만, 몸의 왼쪽이 마비되었다. 물론 의학적 치료는 여러 환자들이 이 상태를 극복하는 데 도움을 주지만, 그린에게는 도움이 되지 않았다. 그는 회복을 기대하지 않았지만, 무슨 일이 일어나든 하나님을 섬기겠다고 결심했다. 2007년 부활절 일요일에 그린은 기도하면서 교회 예배를 마무리하던 중이었다. 하나님이 역사하고 계신 것을 감지하고 회중에게 하나님을 찬양하자고 요청했을 때, 그린은 휠체어에서 빠져나와 통로를 걷기 시작했다. 그 뒤에야 그린은 빈 휠체어를 보고 무슨 일이 일어났는지 깨달았다. 그린은 여전히 활동

적으로 사역하고 있다.[16]

2000년 6월 19일, 평범한 수술을 하는 동안 의사는 목수인 지미 크레이그(Jimmy Craig)의 척수를 우발적으로 긁고 말았다.[17] 이 사고는 크레이그의 삶을 바꾸어 놓았다. 그는 더 이상 걷지 못하는 하반신 마비 상태가 되었다. 3년 후, 지미의 아들 잭(Zach)은 자기가 다니는 캘리포니아 교회의 예배에 참석하자고 아버지를 재촉했다. 놀랍게도, 초빙 설교자는 23년 전 지미가 직장에서 알았다가 나중에 사역자가 된 동료 마르크 뒤퐁(Marc Dupont)이었다. 크레이그는 뒤퐁을 알았고 그의 정직성을 신뢰했기 때문에 뒤퐁의 기도를 흔쾌히 받아들였다. 즉시 아무 일도 일어나지 않자 크레이그는 약간 실망했지만, 예배가 계속되는 동안 발이 점차 강해지는 것을 느꼈다. 놀랍게도, 그는 일어나서 성전 뒤쪽을 걸어 다니기 시작했다. 이내 모든 사람이 어떤 일이 일어났는지 알았다.

몇 달 후, 2004년 1월에, 크레이그는 진료를 위해 신경외과 의사를 방문했다. 그가 서 있는 모습을 보았을 때, 신경외과 의사는 당혹스러워했다. 의사는 또 다른 MRI 검사를 진행했고, 그 결과 크레이그의 척추는 여전히 걸을 수 없을 만큼 손상되었다는 사실을 확인했다. 크레이그가 진료실에 머물러 있는 동안, 신경외과 의사는 다른 동료들에게 결과를 보여 주었다. "이 환자는 결코 움직일 수 없는 마비 환자네요." 의사들은 이렇게 단정했다.[18] 그때 신경외과 의사는 분명 어떤 장애도 없이 걷고 **있는** 크레이그를 그들에게 소개했다.

이 책에 나오는 여러 사례에 관한 의료 기록은 치유가 일어났다는 사실을 입증한다.[19] 반면에, 크레이그의 경우에 의료 기록은 다른 실증적 증거와 상충되는 상태가 지속되고 있음을 입증한다. 크레이그는 팔다리를 온전히 사용한다.[20]

다리 부상

마리솔 라미레즈(Marisol Ramirez)는 원래 도미니카공화국에서 온 뉴욕의 재택 건강 보조원이었다. 전에도 작은 체구였는데, 몇 달간 스트레스가 많은 직장에서 일한 뒤 마리솔의 몸무게는 36킬로그램이 될 때까지 3분의 1이나 줄어들었다. 이 일 직후, 마리솔은 다리를 다쳤다. 사진에서는 광범위한 멍을 볼 수 있다. 병원에서 퇴원할 때, 마리솔은 쇠약하고 통증도 있는 상태라, 두 명의 응급 구조원이 그녀를 들것에 실어 아파트로 옮겨야 했다. 걸을 때 마리솔은 한 손은 지팡이에 기대고 다른 손은 딸 리네트 필라(Linnette Pilar)를 붙잡아야 했다. 켄 피시는 그녀를 위해 기도한 뒤, 그녀에게 일어서라고 요청했다. 마리솔은 자신이 걸을 수 있으리라고 믿지 않았고 민망하게 넘어지고 싶지 않았지만, 리네트도 한번 일어서 보라고 재촉했다.

마리솔이 일어서려고 했을 때, 그녀는 갑자기 통증을 느끼지 않고 똑바로 섰다. 그 자리에 같이 있던 사람들은 일제히 탄성을 질렀다. 마리솔과 리네트는 울기 시작했지만, 피시는 사람들을 꾸짖었다. "우리가 울기 전에 마리솔에게 걸어 보게 합시다!" 마리솔은 걷기 시작했고, 계속 스페인어로 "오, 하나님, 통증이 전혀 없어요!"라는 말을 반복했다. 마리솔은 아무 문제 없이 걸었다. 리네트는 "이런 일은 본 적이 없었어요"라고 말하면서, 자기 어머니가 그 이후로 계속 잘 걷는다고 설명한다.[21] 걷지 못하던 다른 사람들도 켄의 사역을 통해 치유되었는데, 가장 최근에는 마비된 어느 뇌졸중 환자가 90분간 기도한 뒤, 걸을 뿐 아니라 뛰기도 하는 장면을 영상 자료로 확인할 수 있다.[22]

다발경화증

뉴브런즈윅 대학교(University of New Brunswick)에서 철학과 학과장인 로버트 라머(Robert Larmer) 박사는 기적에 관한 방대한 저서를 출간했다. 또한 아이린 맥도널드(Irene MacDonald)와의 인터뷰를 포함해, 자신이 진행한 여러 인터뷰를 나에게 제공해 주었다.[23] 맥도널드는 다발경화증을 철저히 확인했는데, 그녀의 상태는 급속히 악화하는 중이었다. 한 전문가는 그녀가 오래 살지 못할 것이라고 설명했다. 곧이어 병상에 누운 맥도널드는 통증을 줄이기 위해 열흘마다 척추 주사를 맞아야 했다. 하지만 상태가 계속 악화하는 가운데 어느 금요일 오후에 한 친구는 하나님이 곧 맥도널드를 치유하실 것이라고 장담했다. 자기가 겪어 온 모든 일을 고려할 때, 맥도널드는 이 시점에 주어진 친구의 격려에 당연히 회의적이었다. 그렇지만 어느 날 꾼 꿈과 강해진 힘 덕분에 마음을 추스른 맥도널드는 일요일에 교회에 데려가 달라고 부탁했다.

교회에서 맥도널드를 위해 기도하는 동안, 그녀의 팔과 다리에 갑자기 감각이 돌아왔다. 맥도널드는 즉시 제대로 "몸을 통제했고 충분한 근력을 되찾았다." 비록 오랫동안 침대에 갇혀 있었지만, 맥도널드는 교회에서 걸어 나왔고 병에 걸리기 전의 모든 활동으로 돌아왔다. 25년이 넘었는데도, 어떤 증상도 재발하지 않았다. 라머 박사는 맥도널드를 인터뷰했을 뿐만 아니라 최초의 치유를 목격한 많은 사람들도 잘 알고 있다.[24]

유전 장애

감리교의 지도자인 맥시 더냄(Maxie Dunnam)과 기독교 선교 연합(Christian

and Missionary Alliance)의 데이비드 초트카(David Chotka) 목사가 쓴 최근의 저서 『치유 기도는 하나님의 뜻』(*Healing Prayer Is God's Idea*)에서,[25] 데이비드는 자신의 삶에서 겪은 한 가지 특별한 상황을 이야기한다. 데이비드와 그의 아내 엘리자베스(Elizabeth)는 사역하면서 많은 치유를 목격했지만, 엘리자베스의 근육조직은 유전 장애인 FSH 근육퇴행위축 때문에 점점 악화하는 중이었다. 엘리자베스가 걷기 위해서는 지팡이가 필요했고, 20년간 고통을 겪은 뒤 두 사람은 엘리자베스의 치유를 위한 기도를 포기했다. 그런데 그들의 교회에서 강의하던 한 우간다 주교가 갑자기 강의를 중단하고 FSH 근육퇴행위축의 정확한 증상을 묘사하기 시작했다. "누구든 이런 증상을 가진 사람이 있습니까? 예수님이 방금 전 그 사람을 치유하셨습니다!" 주교는 이렇게 선언했다. 주교가 다시 메시지를 전했을 때, 엘리자베스는 교회에 있는 650명의 사람들 앞에서 30여 년 만에 처음으로, 통증 없이 머리 위로 두 손을 올렸다. 2009년 2월 22일, 오전 11시 42분이었다. 의사는 엘리자베스의 증상이 사라졌다고 인정했다.[26] 증상은 재발하지 않았고, 엘리자베스의 근육조직은 이제 정상적으로 자라고 있다.

운동 회복에 관한 의사들의 진술

의사들은 기도할 때 걷는 능력이 갑자기 회복되었다고 전한다. 한 사례에서, 결혼한 지 얼마 안 된 베로니카 로니(Veronica Lowney)는 사다리에서 떨어지면서 척추가 골절되었다. 의사들은 로니의 마비가 영구적일 것이라고 예상했다.[27] 그런데, 이삼 네메(Issam Nemeh) 박사가 어떤 교회의 치유 예배 중에 로니를 위해 기도했을 때, 그는 하나님이 로니를 치유하고 계신다고 확신했다. 두려움을 느끼는 로니에게, 네메 박사와 그의 아내 캐시

(Kathy)는 걸어 보라고 격려했다. 로니가 걸을 때 교회에 함께 있던 많은 사람이 기적을 목격했고, 로니는 곧바로 집으로 걸어가서 아버지를 깜짝 놀라게 했다. 마비는 영구적으로 사라졌다.

나이지리아에서, 어느 아버지는 한 번도 걸어 본 적 없는 여섯 살 소년을 데리고 와서 기도를 청했다. 이 책 다른 곳에서 인용된 그리스도인 의사 촌시 크랜들 박사는 소년을 위해 기도했고, 그가 다음 사람을 위해 기도하려고 이동할 때, 여섯 살 소년은 **뛰기** 시작했다. 부모들은 땅에 엎드려 눈물을 흘렸고, 마을에서 그들과 함께 왔던 약 스물대여섯 명의 사람들은 환호성을 지르기 시작했다. 마찬가지로, 뇌졸중으로 오른쪽이 마비되어 걷지 못하고 침을 흘리던 한 남성도 크랜들 박사가 기도하는 동안 치유되었다.[28] 또 다른 집회에서, 큰 믿음을 갖고 있었지만 판단력은 부족해 보이던 한 여성은 마비된 자기 아이가 치유되었다고 주장했다. 그 아이의 왼쪽이 계속 마비되어 있는 것을 본 크랜들은 아이의 엄마가 간증하지 못하도록 막았다. 다음 날 크랜들 박사는 아기가 더 이상 마비되지 않은 것을 발견하고는 깜짝 놀랐다.[29]

산티아고데쿠바(Santiago de Cuba)에서 의사인 동시에 침례교 부흥사로 활약하는 미르타 베네로 보자(Mirtha Venero Boza)는 전도 집회 중에 뒤틀린 다리가 즉각 치유되는 장면을 목격했다고 말했다.[30] 나와 서신을 주고받은 플로리다의 의사 테리 스피드 컴튼(Teri Speed Cumpton)의 보고에 따르면, 그녀는 신경이 퇴화하는 중이었고 15년 동안 도움 없이는 걷지 못하던 한 "불치의" 여성을 위해 기도하고 그녀를 격려했다. 근육이 위축되어 있었는데도, 보조기를 벗어던진 그 여성은 걷기 시작했고, 그 뒤에 방을 뛰어다녔고, 영구적으로 치료된 상태를 계속 유지했다고 컴튼 박사는 증언한다.[31]

마이클 맥클리먼드(Michael McClymond) 교수는 다음의 이야기와 그것을 확증하는 의료 기록을 나에게 공유했다.³² 미국의 한 여성은 불치의 진행성 질환 때문에 날마다 대부분의 시간을 침대에 갇혀 지냈다. 2004년 가을, 나이지리아에 있는 친구들이 밤중에 전화를 걸어, 자기들은 그동안 그녀를 위해 기도해 왔고 그녀가 치유되었음을 확신한다고 설명했을 때, 그녀는 친구들의 말을 무시하고 그냥 다시 잠이 들었다. 그런데 다음 날, 놀랍게도 그녀는 건강해져 있었다. 새로운 검사를 통해 치유 사실을 확인했고, 검사에서 발견된 미량의 항체는 처음에 오진했을 가능성도 배제했다.

의사들은 걷지 못하는 다른 종류의 장애에서 회복된 치유 사례도 보고했다. 예를 들어, 노니엠 눔베레 박사는 척추가 골절되었던 헨더슨 점보(Henderson Jumbo)라는 이름의 한 남성이 예배 중에 어떻게 치유되었는지 증언한다. 노니엠 박사는 치유되기 전에 전신 깁스와 두개골 당김을 한 그 남성의 사진을 제공해 주었다.³³

우리는 이런 예들로 이 책 전체를 채울 수 있었지만, 일단은 이 몇 가지 간단한 표본으로 충분하기를 바란다.

22장

나병 환자가 지금도 깨끗하게 되는가?

가시적 치유

마태복음 11:5에서 예수님의 치료 목록 중 세 번째는, 눈먼 사람이 보고 다리 저는 사람이 걷는 것 다음에, 나병 환자가 깨끗하게 되는 사례다. 나는 나병이 대부분 발생하는 곳 부근에 살지 않기 때문에, 내게는 오늘날 치료된 나병에 관해 이 장을 채울 만큼 충분한 이야기가 없다. 어쨌든, 오늘날 우리가 지칭하는 나병(한센병)은 성경에서 "나병"이라고 부르는 대부분의 피부병과는 다르다. 물론 한센병이 발생하면 신체적으로 훨씬 파괴적이다.[1] 하지만 이 장에 포함할 수 있는 현대의 한센병 치유에 관한 진술이 몇 가지밖에 없기 때문에, 다른 종류의 다양한 가시적 기적을 다룰 여지가 생긴다. 곧 무언가 다시 자라거나 사라지는 것이다.

"나병 환자가 깨끗하게 되며"

예수님은 성경에서 "나병"이라고 불리는 다양한 피부 질환을 치유하셨다.

이렇게 함으로써 예수님은 이전의 나병 환자들을 제의적으로 부정하다는 인식으로 소외와 사회적 낙인으로부터도 자유롭게 하셨다. 이 장에서 우리는 통상 육체적으로 훨씬 파괴적인 한센병의 여러 현대적 사례를 조사한다.

박사 학위 취득을 위해 트리니티 신학교에 진학했던 에비 페린바라즈(Ebi Perinbaraj)는 애즈버리에서 내가 가르친 예전의 제자 중 한 사람이다. 그는 한때 동역했던 한 남자의 이야기를 나에게 들려주었다.[2] 바리 말토(Bari Malto)는 마을의 무당이었는데, 한센병에 걸린 뒤 마을 사람들은 그를 내쫓았다. 두 명의 그리스도인이 와서 말토를 위해 기도했고, 그날 밤 두 천사가 꿈속에서 그의 손을 만졌다. 다음 날 깨어났을 때, 말토는 완전히 치유되었다. 말토는 마을로 달려가서 마을 사람들에게 어떤 일이 일어났는지 보여 주었다. 그 결과, 마을 전체가 예수님의 제자가 되었다.

에비는 말토와 친밀하게 일했고, 그 지역의 모든 사람이 그 이야기를 안다고 말했다. 사실, 에비가 거기서 가르칠 때쯤, 그 지방 사람들의 절반은 이미 예수님의 제자가 되었다. 그동안 사망한 것이 분명한 열세 명 사람들이 회생한 것을 포함해 더 많은 여러 치유가 일어났다.

남인도에서 온 제시 제이슨(Jessy Jaison) 교수는 또 다른 한센병이 치료된 사례를 목격했고 그 이야기를 내게 들려주었다.[3] 아버지가 불신자들 가운데서 새로운 교회를 개척하고 있었을 때, 아홉 살이던 제시는 이 사건을 목격했다. 아버지는 높은 사회적 신분에 속했지만, 제시는 아버지가 계급의 경계를 공공연히 뛰어넘어 한센병에 걸린 어떤 남자의 발을 씻기는 장면을 목격했다. 한센병 환자 셀반(Selvan)은 깊은 감동을 받고 눈물을 흘렸다.

이번에 하나님은 셀반의 발만이 아니라 마음도 만지셨다. 다음 날, 셀반이 제시의 집으로 와서 한센병이 사라졌음을 보여 주었을 때, 제시는 그 모습을 보며 깜짝 놀랐다. 셀반의 발의 피부는 아기 피부처럼 보였다. 셀반과 그의 가족, 여러 이웃들도 그리스도를 따르기로 결단했다.

절단된 팔다리는 왜 다시 자라지 않는가?

회의론자들은 흔히 기적이 정말 일어난다면 절단된 팔다리가 다시 자라는 보고가 있어야 한다는 반론을 제기한다. 이러한 반론은 증거의 기준을 상당히 높인다. 성경에도 팔다리가 다시 자라난 사례는 나오지 않기 때문이다. 오늘날에도 팔다리가 다시 자라났다는 진술이 **있지만**, 어떤 이유에서든 이런 진술은 아주 빈번하지는 않다. 아마 어떤 경우 하나님은 그냥 애초에 팔다리가 망가지지 않도록 막아 주신다. 팔다리가 자라났다는 보고를 접한 경우에도, 나는 그 사실을 확증하는 의료 기록을 거의 접하지 못했거나 그런 사례를 목격한 사람과 직접 연락도 거의 취하지 못했다. 한편, 이 장의 뒷부분에 언급하듯이, 갑상샘종과 혹, 백내장 등이 즉각 사라지는 것 같은 가시적 기적은 폭넓게 보고된다.

하지만 절단된 신체가 기적적으로 다시 자라나는 기적에 버금가는 몇 가지 표본이 있다. 문화 간 사역자 짐 요스트(Jim Yost)는 학대당해 팔이 거의 잘리다시피 했던 어느 아시아 여성에 관한 진술을 들려주었다. 동맥이 전부 끊어졌지만, 의사들은 혈액 손실을 겪은 그 여성에게 안정을 찾을 시간을 주기 위해 절단 수술을 다음 날로 미루었다. 그날 밤 짐의 아내는 그 여성을 위해 기도했고, 다음 날 의사는 짐의 아내가 밤사이에 그 여성을 다른 병원으로 데려간 게 분명하다고 주장했다. 뼈와 혈관이 다시 붙어 있었기 때문이다. 병원 직원들은 그 사건을 기적이라고 인정했고, 요스트는 그녀가 겪은 사건을 신실하게 간증하라고 그 여성을 격려했다.[4]

의료 기록이 있는 한 사례에서 다시 자라난 신체는 팔이나 다리보다 훨씬 복잡한 기관이었다. 위스콘신에 사는 서른여섯 살의 디젤 정비사 브루스 반 나타의 이야기다.[5] 어느 날 저녁, 반 나타가 늦게까지 일하고 있었을 때, 차량을 들어 올리는 잭이 부러지고 말았다. 약 23톤 가까이 나가는 트럭에서 15센티미터나 되는 거대한 차축이 그의 복부를 거의 콘크리트 바닥까지 짓눌렀다. 반 나타의 목구멍으로는 피가 솟구쳤다. 반 나타는 곧이어 천사들이 자기 몸을 함께 붙잡고 있는 장면을 보았다. 그곳에 최초로 도착한 구조원들은 그가 약 40분간 사망한 상태였다고 믿었다. 동맥이 잘리는 사고로 출혈이 일어나면 10분 안에 사망하는 게 일반적이다. 어떤 상황에서도 반 나타의 생존은 의학적으로 예상 밖의 일이었다. 제임스 갈로(James Garlow)와 키스 월(Keith Wall)은 이렇게 논평한다. "사실, 전 세계 외상 치료 센터의 사례에 근거한 후속 연구에 따르면, 그는 이러한 부상에서 생존했다고 알려진 **유일한** 사람이다."[6]

반 나타는 생존했지만, 복부 손상은 심각했다. 의사들은 자기들이 할 수 있는 치료는 했지만, 그의 소장은 이미 대부분 죽었거나 죽어 가는 중이라 제거해야 했다. 반 나타의 소장 전체는 121센티미터만 남았는데, 소장의 평균 길이는 600센티미터다. 소장의 중심 부위인 돌창자의 길이는 보통 350센티미터다. 반 나타는 필요한 수술을 받은 후, 왼쪽에 25센티미터의 돌창자만 남겼다.

반 나타는 음식을 제대로 소화하지 못하면서 상태가 악화하기 시작했다. 몸무게는 81.6킬로그램에서 56.7킬로그램까지 줄었다. 이때 뉴욕에 있던 그의 친구 중 한 사람은 비행기를 타고 반 나타를 위해 기도하러 가야 한다는 강한 느낌을 받았다. 반 나타를 직접 만난 친구는 그의 소장을 향해 예수님의 이름으로 "자라라"라고 명령했다. 반 나타는 몸 안에서 전기 충격

비슷한 기운을 느꼈고 그 뒤 치유되었다.

성인의 경우, 소장은 확장될 수는 있지만, 저절로 더 길게 자라지는 못한다. 그런데 한 방사선과 전문의는 반 나타의 소장의 길이가 배 이상 길어졌고 이제 완전히 제 기능을 회복했다고 확증한다. (반 나타에 관한 완전한 의료 기록과 대화는, 조엘 랜츠의 『정직한 회의론자를 위한 가교』를 보라. 온라인에서 무료로 볼 수 있다.)[7] 이보다 훨씬 더 정확히 측정하려면, 실제로 그의 소장을 제거하고 풀어서 살펴보아야 하는데, 이는 당연히 기적의 본래 목적(즉 반 나타의 생존과 회복)에 역행한다. 하지만 이전의 수술과 그 이후의 치유는 충분히 분명해 보인다.

나는 나중에 반 나타와 연락을 취했는데, 그는 몇 년 뒤에도 여전히 건강하다고 확인해 주었다. 나는 또한 그가 크리스 군더슨의 위 마비 치유에 관여했다고 언급한 바 있는데, 크리스 덕분에 나는 이 치유에 관심을 가졌다(13장을 보라).

이것은 특별하고 이례적인 사건이지만, 완전히 독특한 사건은 아니다. 예를 들어 리사 라리오스의 사례(14장)나 루르드에서의 사례(9장)처럼, 망가진 뼈의 회복 같은 다른 치유 진술을 고려해 보라. 목격자들은 다른 사례들도 보고하지만, 나는 종종 이 정도 수준에서 언급할 수밖에 없다. 복수로 검증된 어느 진술에 따르면, 1972년 여름, 서로 다른 사고에서 각각 손가락 하나를 잃은 세 사람이 캘리포니아주 퍼모나(Pomona)에 있는 하나님의성회의 한 대형 교회에 함께 참석했다. 이와 같은 기적을 한 번도 본 적 없는 기도회 인도자들은 깜짝 놀랐다. 몇 분간 기도하는 동안, 그들의 잘린 손가락이 전부, 공개적으로 또한 가시적으로, 관절을 완벽히 갖춘 상태로, 다시 자라났기 때문이다.[8]

갑상샘종이 사라지다

내 주위에는 갑상샘종을 가진 사람이 없었지만, 갑상샘종이 쉽게 발생하는 지역에서 활동하는 친구들은 다수의 커다란 갑상샘종이 사라지는 광경을 목격한다고 증언했다.[9] 잉글랜드 리버풀(Liverpool)에 있는 세인트 멜리투스 대학(St. Mellitus College)의 튜터이자 강사로 활약하는 데이비드 에멧 박사는 1981년 8월, 자이르(지금의 콩고민주공화국)에서 선교사로 보낸 첫날의 이야기를 들려준다. 그는 킨샤사(Kinshasa)의 한 집회에서 다른 여러 선교사들과 합류했는데, 그 집회에서 자크 베르노(Jacques Vernaud)가 설교하곤 했다. 베르노는 이 집회 직후 에멧 박사가 자기 집에 한동안 묵게 해 주었다. 에멧은 이렇게 기록한다. "나는 그날 밤 일어난 수많은 치유의 기적에 깜짝 놀랐다." 그를 가장 놀라게 한 사람은 목 옆에 커다란 갑상샘종을 갖고 자기 옆에 앉아 있던 한 여성이었다. "나는 커다란 갑상샘종이 내 눈앞에서 말 그대로 줄어드는 장면을 보았다."[10]

베르노의 사역과 관련된 증언은 우연한 계기로 더 늘어났다. 아내와 나는 서로 알기 전에 각각 베르노를 알았다. 콩고에서 온 아내는 아버지가 기도했을 때 많은 사람이 치유되었고, 이 패턴은 장인의 친한 친구 자크 베르노가 장인에게 안수했을 때 시작되었다고 진술한다. 나는 베르노의 딸과 같은 대학을 다녔기 때문에 베르노의 가족을 알았다. 베르노의 딸은 아기 때 백혈병으로 죽을 것이라고 예견되었지만 아버지가 기도했을 때 치유되었고,[11] 그녀는 지금도 콩고에서 계속 사역하고 있다.

그 외에, 나는 내 친구 원숙(Wonsuk Ma)과 줄리 마의 한 가지 진술만 언급하겠다. 원숙과 줄리는 두 사람 모두 고등교육을 받은 한국인 그리스도인이다. 두 사람 모두 박사 학위를 받았고, 다년간의 교직 경험을 했으며,

광범위한 연구서를 출간했다. 그들은 많은 치유 사례에 관한 진술을 확보했지만, 여기서 나는 (2010년에, 줄리 자신이 뇌동맥류에서 의학적으로 완전히 뜻밖에 회복된 사건 다음으로)¹² 내가 가장 좋아하는 치유 사례에 관한 진술 하나를 언급한다.

어느 날 원숙과 줄리는 필리핀에서 중독성 갑상샘종으로 죽어 가던 한 여성, 에드나(Edna)를 위해 기도했다. 의사도, 지역의 주술적 관행도 갑상샘종을 치료하지 못했다. 한 해가 지나는 동안 갑상샘종은 더 악화했을 뿐이다. 이미 병원에서 한 차례 소생을 경험했던 에드나는 이제 위태로운 상태였다. 에드나의 가족이 치른 값비싼 혼령 굿 중 어떤 의식도 통하지 않았기 때문에, 가족들은 그리스도인들이 에드나를 위해 기도하도록 허락했다. 줄리 마는 이렇게 전한다. "우리가 기도하는 동안, 에드나는 목에서 무언가를 느꼈고, 침을 삼킬 수 있었다. 이전에는 불가능했던 일이었다. 많은 목격자들이 지켜보는 가운데 에드나의 갑상샘종이 사라졌다." 그 일로 에드나를 비롯한 다른 많은 사람이 예수님의 제자가 되었다.¹³

내가 옥스퍼드 대학교의 이언 램지 센터(Ian Ramsey Centre for Science and Religion)에서 주최한 특별한 신적 행동에 관한 콘퍼런스에 참석해 전체 강의를 (약간 떨면서) 할 때, 나는 이 간증을 집어넣었다. 당시에 마원숙은 옥스퍼드 선교학 센터(Oxford Centre for Mission Studies)에서 오랜 기간 소장으로 일하고 있었다. 나는 그날 오후에 원숙 및 줄리와 함께 길을 걸어가면서, 방금 전 콘퍼런스에서 그들의 이야기를 언급했노라고 말했다. 원숙은 빙그레 웃으며 말했다. "그 한 번의 치유가 멀리 여기까지 이끌네요!"¹⁴

안면 종양

숀(Sean)은 태어날 때부터 오른쪽 눈 밑에 양성종양이 있었다.[15] 네 살 때, 숀의 어머니 조앤 앤드루스(Joan Andrews)는 오하이오주 웨스트레이크(Westlake)에 있는 세인트 버너뎃 가톨릭교회(St. Bernadette Catholic Church)에서 의사 아이샘 네메(Issam Nemeh)가 인도하는 치유 예배에 숀을 데려갔다. 종양은 겉보기에 흉했지만, 수술로 종양을 제거하려면 얼굴을 더 많이 손상할 위험이 있었기 때문에, 클리블랜드의 의사들은 종양을 제거하는 위험성에 대해 경고했다. 네메 박사가 종양을 위해 기도하고 지나갔는데, 조앤은 5분 후 아들을 힐끗 보고 깜짝 놀라 비명을 지르며 외쳤다. "오, 하나님! 없어졌어요! **없어졌다고요!**" 종양은 사라졌다.

화상

나는 쿠바의 한 의사가 나에게 알려 준 목격자 증언을 포함해, 중화상의 즉각적이거나 혹은 거의 즉각적인 치유 사례에 관한 다양한 진술을 제시할 수 있다.[16] 하지만 여기서는 신뢰할 만한 친한 친구가 목격한 한 사례에 집중한다. 대니 매케인(Danny McCain) 박사는 조스 대학교(University of Jos)의 종교학 교수다. 나는 나이지리아에서 세 번의 여름을 대니와 그의 가족들과 함께 보냈다. 치유에 관해 연구하던 나는 대니에게 기적적으로 치유된 의미 있는 사건을 나이지리아에서 목격한 적 있는지 물었다.

대니는 나이지리아에서 일어난 치유 사례 가운데 통증 개선과 같은 주관적 판단이 개입된 치유에 관한 주장을 의심했다고 전했다(우리 가운데 누구도 통증을 좋아하지 않기에). 하지만 그는 미국에서 자라면서 목격했던 극적

인 치유 사례를 나에게 전해 주었다.[17]

대니가 열한 살 혹은 열두 살이었을 때, 당시 갓난아이였던 동생 랜디(Randy)는 가족 욕실로 아장아장 걸어갔다. 지금도 남아 있는 그곳의 욕조는 좌변기보다 낮았다. 가족들은 구식 온수기가 위험할 만큼 뜨거운 물을 배출한다는 사실을 알았지만, 찬물을 섞어 물이 따뜻해지도록 만들어서 온도를 적절하게 조절했다.

불행하게도, 그 순간에 물은 뜨겁기만 했고 랜디는 이런 상황을 이해하기에는 너무 어렸다. 아마 욕조 안에 있는 무언가를 잡기 위해 애쓰려던 상황이었을 것이다. 랜디는 몸이 뒤집히면서 욕조 안에 빠졌고 비명을 지르기 시작했다. 집 안에서 아무리 멀리 있어도 욕실까지 10초나 15초 이상 걸리지는 않는다. 랜디의 비명을 들은 엄마는 욕실로 뛰어들어 욕조 안의 뜨거운 물에서 랜디를 낚아챘다.

너무 심한 화상을 입은 랜디의 피부 일부가 셔츠와 함께 벗겨졌다. 병원 직원들은 랜디를 돕기 위해 자신들이 할 수 있는 일은 거의 없다고 말했고, 랜디는 밤새도록 울었다. 다음 날 아침, 매케인의 교회에서 면회를 온 교인들은 랜디의 가족들과 함께 기도했다. 랜디의 피부는 중화상을 입었지만, 집중 기도를 드리는 동안, 랜디로부터 약 1미터 정도 거리에서 엄마의 흔들의자에 앉아 있던 대니는 동생이 울음을 멈추고 바닥에서 놀고 있다는 점을 알아차렸다. 대니는 깜짝 놀라 랜디를 바라보았다. 랜디의 피부는 이제 분홍빛의 새살이 돋아난 것처럼 보였다. 특히 가장 심하게 화상을 입은 부위의 변화가 두드러졌다. 어머니는 랜디를 검사했고, 랜디의 피부에는 화상을 입었던 어떤 증거도 없었다. 심지어 물집조차 남아 있지 않았다. 대니는 법정에서 선서하고 증언하겠다고 힘주어 말할 정도로 이 경험이 자신의 기억 속에 지워지지 않도록 깊이 각인되었다고 말한다.

살갗의 다른 상처

현재 텍사스에서 의사로 일하는 토니 브릭스(Tonye Briggs)는 어느 부흥사가 환자들을 위해 기도할 때 의과대학 시절의 동료가 경험했던 치유 사례를 내게 알려 주었다.[18] 궤양이 생긴 마틴 오코코레(Martin Okokowre)의 팔은 다음 날 절단할 예정이었지만, 팔이 치유되어 오코코레 자신도 깜짝 놀랐다. 브릭스의 설명에 따르면, 상처는 상당히 깊었고 너비는 10센티미터 이상이었다. 상처에서 계속 진물이 났기 때문에, 매일 밤 붕대를 갈아 주어야 했다. 기도한 뒤, 하룻밤 새 상처는 아물었고 그 자리에 작은 검은 반점 외에 아무것도 남지 않았다. 캠퍼스 전체가 그의 치유 사건을 알게 되어 술렁거렸고, 브릭스는 이 사건을 직접 목격했다. 당시 기도와 연결된 수많은 치유 기적이 일어나면서, 많은 동료들이 감동을 받았다.

플로리다의 심장 전문의 촌시 크랜들 박사는 살을 갉아먹는 자몽 크기의 궤양이 기도 후 열흘 안에 완전히 치유되어 예정된 다리 절단을 피할 수 있었던 사건을 나에게 알려 주었다(이 이야기는 13장에서 더 자세히 설명했다).

살의 회복

1920년대에 많은 지역 목격자들, 특히 성공회 주교들은 성공회 평신도 제임스 무어 힉슨이 기도해 준 사람들에 관해 언급했다. 예를 들어, 한 사례에서 "예배를 드리던 중 오래된 깊은 상처가 기적적으로 새살로 채워진 한 남성"은 이제 "전에 절뚝거리던 발로 자유롭게 걷게" 되었다.[19] 마찬가지로, 뉴질랜드의 한 목격자는 어떤 사람의 "쪼그라든 종아리가 예배하던 열두 시간 안에 채워져 거의 정상이 되었다"라고 증언했다.[20]

20세기 후반에도 비슷한 보고는 계속 이어졌다. 인도네시아의 그리스도인 멜 타리(Mel Tari)와 그의 미국인 아내 노나(Nona)는 『예수님의 온화한 산들바람』(Gentle Breeze of Jesus)이라는 책을 썼다. 이 책에서 멜은 "가늘고 시든 막대기"를 다리에 묶고 있던 한 남성을 위해 기도했다고 전한다. 그 남성의 다리도 뒤틀려 있었고, 다리를 끌면서 생긴 피와 멍으로 뒤덮여 있었다. 멜은 이와 같은 상황을 해결할 믿음이 자기에게는 거의 없었지만, 다음 몇 분 동안 그 남성은 힘을 얻어 걷기 시작하더니, 마침내 그 남성은 집으로 걸어갔다고 고백한다. 멜은 며칠 안에 그 남성의 다리가 완전히 채워졌다고 진술한다. 멜 타리는 2016년에 나에게 이 사례 보고를 확인해 주었다.[21]

이와 같은 극적인 진술은 기적을 전하는 사역자들 사이에서도 드물다. 하지만 성경의 주님이 장차 아이를 낳을 노년의 부모와 산을 움직일 잠재력을 지닌 이들 그리고 구원이 필요한 이들을 격려하실 때, 주님께 불가능한 일은 아무것도 없다(창 18:14; 마 17:20; 막 9:23; 눅 1:37).

23장

듣지 못하는 사람이 지금도 듣는가?

내가 가르치는 학부 수업에는 수어(手語)로 진행하는 프로그램과 많은 청각장애인 학생들이 있다. 하나님은 이 동료들을 있는 모습 그대로 복을 내리셨고, 그들을 통해 역사하셨다. 우리는 대부분 어떤 장애나 신체적 약점을 갖고 있고, 장애나 약점을 우회하는 법을 배운다. 지금까지 언급된 치명적이지 않은 장애를 가진 사람들도 결코 예외가 아니다.

우리는 대부분 여러 한계를 갖고서도 이런저런 방식으로 온전한 삶을 살 수 있음을 안다. 다만, 때때로 특별한 한계가 예상했던 것보다 영구적이 아니라는 사실이 드러날 때, 대부분의 사람들은 그 사실을 기뻐한다. 예를 들어, 2021년 봄에 목회학 석사과정을 밟고 있는 내 학생 중 한 명인 조지프 햄브릭(Joseph Hambrick)은 신약성경 개론 수업을 받으며 2014년에 고향 도시 뉴저지주 뉴어크에서 경험했던 사건을 내게 말해 주었다. 조지프는 기차역에서 다가온 한 청각장애인 할머니에게 그가 쓴 메모를 내밀었다. 할머니의 귀에 손을 얹고 치유를 위해 기도해도 되겠느냐고 묻는 메모였다. 할머니는 승낙의 몸짓을 했고, 기도할 때 "나사렛 예수 그리스도의 이름으로" 할머니의 청력이 회복되도록 명령했다. 조지프가 어떤 떨림을 느꼈을 때, 할머니는 갑자기 들을 수 있게 되었다. "할머니가 내 목소리를 귀로 들을 수 있는지 확인하기 위해" 그들은 열 걸음 떨어진 곳으로 갔다. "할머니가 자리를 옮겼을 때, 우리는 하나님이 기적을 통해 이 나이 든 여성을 치유하셨음을 깨달았다."¹ 이것은 신속한 능력 대결이었지만, 이 장에서 예시하듯이, 이런 일은 한 번의 사건으로 끝나지 않았다.

코 고는 소리마저

2012년에 청력을 상실하기 시작한 마리아 요한손(Maria Johansson)은 결국 입술을 읽어야만 하는 처지에 이르렀다. 그래서 전화로는 대화를 나눌 수 없게 되었다.² 이 상태는 기질적인 것이었고, 의사들은 요한손이 달팽이관 임플란트를 하지 않으면 청력을 완전히 상실할 것이라고 경고했다.

    2016년 8월 21일 주일에, 요한손과 그녀의 가족들은 예배하기 위해 스웨덴 플렌(Flen)에 있는 시온 교회(Sion Assembly)에 갔다. 사람들이 요한손을 위해 기도했을 때, 요한손은 따뜻한 담요가 자기를 덮고 있는 것처럼 느꼈다. 놀랍게도, 요한손은 갑자기 자기가 찬송가를 듣고 있다는 사실을 알아챘다! 다음 날, 그녀는 발밑의 자갈 소리를 들을 수 있었다. 요한손이 자녀들에게 전화를 걸어 수화기로 대화를 나누었을 때, 자녀들은 깜짝 놀랐다. "그날 밤에 나는 도로 위에서 차가 지나가는 소리를 들었어요. 창유리에서 파리가 윙윙대는 소리도 들었고, 남편의 코 고는 소리도 들었답니다. 모든 것이 부드러운 음악 같았어요, 심지어 코 고는 소리마저도요!" 요한손은 이렇게 회고한다.

9월 9일에 요한손은 청능사를 찾아갔다. 검사를 마친 후, 놀란 의사는 이렇게 결론을 내렸다. "이제 청력과 관련된 모든 기능이 정상 범위 안에 있습니다. 내가 전혀 설명할 수 없는 어떤 일이 귀에 일어났어요. 기적이라고 할 수 있죠!" 요한손은 청능사의 마지막 소견을 언급한다. "고음역대 청력은 약간 저하되었지만, 당신의 연령에서는 아주 정상입니다. 아마 앞으로는 귀뚜라미 소리를 듣지 못할 겁니다." 오랫동안 요한손을 봐 왔던 청능사는 눈에 눈물을 글썽이면서, 요한손을 포옹하고 작별 인사를 나누었다.

작가인 마이클 그렌홀름이 직접 인터뷰했을 때, 요한손은 전화로 그의 말을 듣는 데 아무런 어려움을 겪지 않았다. 요한손의 청각장애는 사라졌다. 청능사는 잡지 「다겐」(*Dagen*)에서 요한손이 회복되었다고 확인해 주었고, 그렌홀름의 책 『기록된 기적』은 요한손의 의료 기록을 제시했다.[3]

불가능합니다

렉스 가드너는 『치유의 기적』이라는 책에서 리베카(Rebecca)라는 아홉 살 소녀의 경험을 이야기한다. 리베카는 검사를 통해 심각한 청각 신경 손상이 확인되었고, 그로 인해 청력을 상실하는 중이었다. "청력도와 고막 운동 검사 결과, 리베카의 오른쪽 귀는 70데시벨의 청력 상실과 왼쪽 귀는 40데시벨의 청력 상실을 보였다."[4] 리베카는 1982년 12월 3일에 보청기를 착용하기 시작했지만, 더 이상 보청기를 착용하지 않도록 하나님이 그녀를 치유해 주시도록 하나님께 기도했다. 그런데 학교에서 보청기 한쪽이 망가졌을 때, 리베카는 새 보청기를 구해야 했다. 그래서 리베카는 1983년 3월 8일에 다시 청능사를 만났다.

다음 날 밤, 침실에서 갑자기 뛰쳐나온 리베카는 자기가 들을 수 있다는 사실을 어머니에게 알렸다. 부모들은 그녀를 신중하게 시험해 본 뒤 그 말이 사실임을 확인했다. 하나님께 감사한 뒤, 그들은 컨설턴트에게 전화를 했는데, 그는 당연히 이렇게 대답했다. "믿을 수 없군요. 이런 일은 불가능합니다." 어쨌든 그는 바로 하루 전에 리베카를 검사했던 사람이다. 그런데 1983년 3월 10일, 검사 결과 리베카의 청력은 정상으로 확인되었다.[5] 말문이 막힌 청능사는 보고서에서 이렇게 인정했다. "리베카의 청력은 완전히 정상으로 회복되었다.…이 현상을 전혀 설명할 수 없었지만, 당연히 리베카의 부모와 마찬가지로, 나도 더없이 기뻤다.…양쪽 귀의 감각 상실이 심각한 수준이었는데, 리베카의 청력이 어떻게 정상으로 회복되었는지 어떤 합리적 설명도 생각할 수 없다."[6]

수많은 세계 인구 중에서도 이와 같은 사건은 상당히 드물다. 일부 회의론자들은 손상된 청각 신경이 회복된 다른 몇 가지 드문 사례를 인용하며 이 이야기에 반응한다. 하지만 그들도 청각 신경 손상의 문제가 즉시 해결된 이유가 무엇인지 이해하기 쉬운 생의학적 설명을 내놓지 못한다. 그런데 이전에 한 번도 일어난 적이 없는 치료만 기적으로 받아들인다면, 하나님이 한 번 이상 행하신 모든 기적은 기적에서 제외되고 말 것이다. 드물게 일어나는 예외적 사례의 영적인 배경은 구체적으로 언급되지 않고, 그에 따라 아마 우리는 그 배경을 결코 알 수 없을 것이다. 대개 기적을 경험한 사람들만이 하나님을 절박하게 신뢰하는 상황에서 이런 일이 발생했다는 사실을 안다. 물론 하나님은 가끔 그와 같은 상황이 아닌 경우에도 자비를 보여 주신다. 하지만 이번 사례는 기도를 통해 일어났다.

다양한 사례

2008년 8월, 쉰 살의 노엘 애벗(Noelle Abbott)은 약 30년간 청각장애인으로 살아왔다.[7] 그녀가 아이오와주 에임스(Ames)에서 열린 기도회에 참석했을 때, 에번 매더슨(Evan Matheson) 목사는 청각을 상실한 어떤 사람이 그 기도회에 참석하고 있음을 느꼈다. 매더슨 목사가 노엘을 위해 기도했고, 잠시 후 노엘은 다시 듣기 시작했다. 노엘의 딸 맬러리(Mallory)는 서른네 살이었는데 그녀 역시 거의 청각장애인에 가까웠다. 맬러리는 어머니에게 2009년 3월의 기도회에 자기를 데려가 달라고 부탁했다. 노엘과 마찬가지로, 맬러리도 치유되었다.

인디애나 대학교(Indiana University)의 캔디 군터 브라운(Candy Gunther Brown) 교수는 심각한 청력 상실이 있던 "데이지"(Daisy)가 치유되었음을 확증하는 의료 보고서를 언급한다. 데이지는 30년간 보청기를 착용했고, 그녀의 청력은 더 악화하는 중이었다. 기도하는 동안 데이지는 열기를 느꼈고, 나중에 자기에게 더 이상 보청기가 필요하지 않다는 사실을 깨달았다. 의료 기록은 데이지가 정상적으로 말을 알아들을 수 있었다고 확인해 준다.[8]

워털루 대학교(University of Waterloo)의 공학 교수이자 생체역학 전문가인 웨인 브로드랜드(G. Wayne Brodland) 박사는 의료 기록으로 확인된 점진적 청력 회복에 관한 자신의 이야기를 철학 교수 로버트 라머에게 언급했다. 브로드랜드는 어린 시절에 한쪽 귀에서 상당한 청력 손실을 경험했고, 40대 후반에 청각 신경 퇴화로 인해 기능적 청각장애 상태가 되었다. "신경 손상은 치료되지 않는다"라는 의사의 확신에도 불구하고, 브로드랜드는 치유를 믿는 그룹이 오랫동안 기도해 준 뒤 청력이 개선되기 시작했다고 주장했다. 그런데 검사 결과 브로드랜드의 청력이 실제로 크게 향상되었다는 사실이 확인되어 청능사는 깜짝 놀랐다. 물론 그의 청력이 완벽하지는 않았지만, 브로드랜드는 더 이상 기능적 청각장애인이 아니었다. 검사 결과 훨씬 젊었을 때만큼이나 잘 들을 수 있다는 사실이 확인되었다.[9]

앞서 16장과 21장에서 언급한 랜디 클라크는 2001년 9월, 성령께서 자신이 인도하는 집회에서 청각장애인 구역을 어루만지셨고, 거기 있는 40명의 사람들 중에 여덟 명이 누구도 그들을 위해 기도하지 않았는데도 치유되었다고 전한다.[10] 또 다른 상황에서, 그의 사역팀의 어느 멤버는 하나님이 오른쪽 귀를 치유하신다고 선언했고, 몇 초 후 사역팀의 또 다른 멤버는 왼쪽 귀가 치유되고 있다고 선언했다. 양쪽 귀가 완전히 먼 채로 태어난 어느 브라질 청소년이 집회에 참석했지만, 그녀는 강사의 입술을 읽을 수 있는 자리에 앉아 있지 않았다. 그녀가 오른쪽 귀를 쥐었다가 펴고, 뒤이어 왼쪽 귀를 쥐었다가 폈을 때, 그녀의 귀는 신속하게 치유되었다. 사역팀은 뒤이은 소동을 통해서 자세한 사정을 알게 되었다.[11]

그런데 또 다른 상황에서 랜디는 한쪽 귀가 먼 열네 살 소년을 위해 기도했는데, 그 뒤에 소년이 치유되었다. 소년의 어머니는 랜디가 더 흥분해야 한다고 강조했다. "나는 **사실** 흥분했지만, 청각 장애인이 치유되는 사례를 전에 여러 번 목격했어요." 랜디가 설명했다.

"맞아요. 하지만 청각 신경이 전혀 없어서 듣지 못하던 귀가 치유되는 것을 본 적이 있나요?" 소년의 어머니는, 검사 결과 자기 아들에게는 한쪽 귀에 청각 신경이 없다는 사실이 확인되었다고 설명했다. 두말할 필요도 없이, 랜디는 한층 더 흥분했다.[12]

밥 캔턴은 자신의 책에서 선교 여행 중에 치유되었다고 전하는 사람들의 편지를 공유한다. 말레이시아의 한 여성은 10년간 보청기 없이는 전혀 듣지 못했는데, 밥이 기도한 후 더 이상 보청기가 필요하지 않게 되었다고 이야기한다.[13] 뉴저지 출신의 레비 진닥(Levy Zindac)은 태어날 때부터 듣지 못했던 열일곱 살의 조카가 처음으로 소음을 듣고 깜짝 놀랐다고 증언한다. 조카의 치유는 많은 사람들의 회심으로 이어졌다.[14]

모잠비크에서 일어난 치유 사례

이미 언급했듯이, 가장 극적인 치유는 예수님의 메시지를 전하는 최전선에서 가장 자주 일어난다. 20여 년 전, 롤랜드와 하이디 베이커는 하나님이 특히 깨어진 사람들과 절박한 사람들 가운데서 일하신다는 사실을 깨달았다. 그 당시 모잠비크는 세계에서 가장 가난한 나라였고, 그래서 베이커 가족은 하나님이 일하시는 모습을 보기를 기대하며 그곳으로 이주했다.

하지만 하나님은 대개 우리의 일정표에 따라 일하지 않으신다. 이것을 통해, 하나님이 우리를 사용하실 때 우리는 일어나는 일이 하나님의 일이지 우리의 일이 아님을 깨닫는다. 오랫동안 하이디는 시각장애인과 청각장애인을 위해 기도했지만, 아무도 치유되지 않았다. 그때 갑자기 일주일 동안 서로 다른 상황에서 하이디가 기도해 준 세 명의 시각장애인 여성들이 실명 상태에서 즉각적으로 치유되었다.

오늘날 모잠비크에서 시각장애와 청각장애가 있던 수천 명의 사람들이 치유되었다고 보고한다.[15] 치유된 대부분의 사람들은 비기독교 배경을 갖고 있다. 그들의 마을에는 교회가 없었고, 그들은 예수님에 대해 거의 아는 바가 없었다. 그런데 그들이 이러한 기적적 치유를 경험하고 목격했을 때, 그들뿐 아니라 종종 그들이 사는 마을 전체가 예수님의 제자가 되었다. 내게 소식을 전해 준 한 사람은 자기가 모잠비크에서 이 선교회를 방문한 적이 있다고 말했다. 그녀가 교회가 없는 마을에서 그냥 설교하고 있었을 때, 누구도 그들을 위해 기도하기 전에, 보지 못하고 듣지 못하는 사람들이 자연히 치유되기 시작했다.[16] 하나님은 모잠비크에서 일하고 계셨다!

이런 종류의 보고를 들은 뒤, 캔디 군터 브라운과 의료 전문가들이 포함된 미국의 한 조사팀은 모잠비크를 찾아갔고, 새로운 환경에서 기도 전과 후에 어떤 일이 일어나는지 많은 사람을 검사했다. 「서던 의학 저널」(*Southern Medical Journal*) 2010년 9월 호에 게재된 그들의 보고는 사람들이 시각장애와 청각장애에서 치유되었음을 확인해 준다. 그것은 기록으로 남아 있는 정신신체적 치료나 최면술의 효과를 훨씬 넘는 결과였다.[17]

브라운 교수는 「허핑턴 포스트」(*Huffington Post*)에 실린 자극적인 온라인 기사에서 몇 가지 결과를 요약한다.[18] "11명의 청력 피실험자 중 두 명은 임계값이 50dBHL[가청 데시벨 수준] 이상 감소했다." "태어날 때부터 듣지 못하고 말을 하지 못했다"라고 알려진 또 다른 사람은 처음에 "100dBHL의 소리에도 전혀 반응하지 못했다." 그런데 기도 후에 이 사람은 "60dBHL의 음에 반응하면서, 거칠고 탁한 목소리로 소리를 흉내 냈다. 11명의 시력 피실험자 중 세 명은 0.05나 그 이하[법적 시각장애]에서 0.25나 그 이상으로 개선되었다. 기도하기 전에 마리암(Maryam)은 30센티미터밖에 떨어지지 않은 거리에서도 손가락을 세지 못했다." 중보 기도자들이 마리암을 위해 1분간 기도한 뒤 "마리암은 시력 검사표에서 0.16에 해당하는 줄을 읽을 수 있었다." 다시 말해, 마리암은 기도한 후 시력이 대략 0.0025에서 0.16으로 개선되었다. 이러한 결과를 단지 우연의 일치라고 설명하기에는 너무 의미심장하다.

당연히 인터넷의 비판자들은 모잠비크 시골의 검사 환경이 지닌 한계에 대해 거센 불만을 제기했다. 모잠비크의 시골 환경에 제약이 많은 것은 사실이지만, 브라운은 하버드 대학 출판사에서 주제를 공정하게 다룬 자신의 책 『기도의 시험』(Testing Prayer)의 한 장에서 비판자들에게 대답했다.[19] 브라운은 심각한 시력 상실과 청력 상실 상태에 있던 사람들이 기도한 후 즉각 시력과 청력을 상당히 회복했다고 명확히 진술한다.

내가 추정하기로는, 일부 비판자들이 이토록 명확한 증거에 이의를 제기하려고 했던 이유는 하나밖에 없다. 바로 그들의 세계관은 기적, 특히 기도하는 동안 이례적인 치유가 일어날 수 있다는 가능성을 인정할 수 없기 때문이다. 단지 18세기의 한 철학자가 쓴 논쟁적인 주장을 고수하기 위해 동료 학자들을 거짓말쟁이라고 비난한다면 점점 더 얼토당토않게 어려운 길로 향하고 있다고 보인다.

5부 "죽은 사람이 살아나며"
(마 11:5 · 눅 7:22)

데이비드 흄을 추종하는 한 철학자는 "만약 누군가 죽었다가 다시 살아난 사람이 있다고 한다면," 그를 믿기보다는 불신하는 편이 훨씬 합리적이라고 단언한다.[1] 하지만 흄의 접근 방식처럼, 모든 목격자를 거짓말쟁이나 바보로 취급하는 것이 각각의 여러 사람이 회생했다는 이야기를 설명하는 최선의 방법인지에 의문을 제기할 수 있다.[2]

다른 질병에 대해서는 정신신체적인 것이라고 여길 수 있겠지만, 우리는 보통 어떤 사람이 정신신체적으로 사망했다고 말하지 않는다. 이런 이유로, 오늘날 기도하거나 선교하는 상황에서 다시 살아난 사람이 있다는 수백 건의 회생 보고는 특히 의미심장하다. 다수의 사례 보고를 책으로 출간한 학자들도 있다. 나는 2011년의 책『오늘날에도 기적이 일어날 수 있는가?』에서, 그리고 2015년의 한 학술 논문에서 여러 건의 회생 보고 사례를 인용했다.[3]『오늘날에도 기적이 일어날 수 있는가?』가 출간된 뒤에도, 나는 전 세계 다양한 지역에서 일하는 친구들에게 회생 사건에 관한 진술을 상당히 자주 받았다. 내가 여기에 담은 이야기들은 표본에 불과하다.

물론 이 일들이 항상 일어난다고 주장할 사람은 아무도 없다. 세상 어디에서든, 사망한 사람들의 절대 다수는 계속 사망한 채로 남아 있다. 우리가 몇몇 이례적인 사건들을 기적 혹은 **특별한** 신적 행동이라고 여기는 이유는 바로 그런 사건들이 항상 일어나는 일이 **아니기** 때문이다. 약간 우스갯소리를 하자면, 만약 죽은 사람들이 규칙적으로 다시 살아난다면, 우리는 심각한 인구 과잉 문제에 시달릴 것이고, 1천 살 먹은 사람들(다른 종류의 '밀레니얼 세대')이 사회문제의 대부분이 될지도 모른다. 이와 같은 이야기들을 다시 하는 목적은 이런 일들이 항상 일어난다고 암시하기 위해서가 아니라, 이런 일들도 가끔 일어난다고 지적하기 위해서다. 또한 하나님이 이런 일들을 통해서 우리에게 어떤 메시지를 주고 계심을 지적하기 위해서다. (나는 이 책에서 나중에 이 주제를 다시 다루려 한다.)

이 책에 전부를 담지 못할 정도로 많은 목격자가 회생 보고를 진술해주었다. 나는 최소한 몇 개의 회생 진술을 담으려고 노력하면서, 회생에 관해 다루는 5부를 몇 개의 장으로 나누었다. 곧 초기 역사의 진술(24장)과 아프리카에서 나온 진술(25장), 아시아에서 나온 진술(26장), 서구에서 뉴스거리가 된 진술(27장), 서구에서 뉴스거리가 되지 못한 진술(28장), 회생을 목격한 의사들의 진술(29장), 내가 개인적으로 아는 친구들의 진술(30장) 그리고 우리 가족 안의 진술(31장) 등이다.

24장

죽은 사람이 지금도 살아나는가?

역사 속의 사례들

목격자들이 사망 여부를 검증할 수 있는 발달된 의료 장비를 갖추지 못했을 때, 사망한 줄 알았던 사람들이 나중에 단순히 혼수상태였거나 **실제** 사망하지 않은 것으로 확인될 수도 있다. 이런 경우에 나는 가끔 "명백히"(apparently) 사망했다와 같은 표현을 사용할 것이다. 즉 누가 보더라도 죽었다고 판단했을 거라는 의미다. 그런데 이런 경우에 대부분 시신은 딱딱하게 굳어 싸늘해지고, 호흡이나 맥박, 심장박동의 징후는 전혀 없다. 실제로 이와 같은 경우에 일반적으로 그 사람은 **정말**(fairly) 사망한 것으로 간주된다![1] (나사로를 제외하고, 이것은 성경에 기록된 회생의 경우에도 해당한다.) 특히 이 상태가 아주 오랫동안 지속된다면, 이와 같은 상황에서 갑작스럽게 회복되는 일은 일반적이지 않다.

교부들의 보고

죽은 사람이 살아났다는 신적인 회생에 관한 기록은 새로운 경우가 아니다.[2] 예를 들어, 2세기 초의 주교 콰드라투스(Quadratus)는 예수님이 살려 주신 몇몇 사람이 콰드라투스의 시대까지 살아 있었다고 보고했다.[3] 마찬가지로, 2세기에 기록된 것으로 보이는 한 자료에 따르면, 메소포타미아 아르빌(Arbil)의 최초의 주교는 99년에 시리아인 전도자 아다이(Addai)가 한 남성을 죽음에서 되살리는 장면을 목격한 후 회심했다.[4]

2세기 후반에 오늘날의 프랑스에 해당하는 지역의 교부 이레나이우스(Irenaeus)는, 하나님은 예수님을 엉뚱하게 대변하는 사이비 그리스도인들의 의식(cult)보다 예수님의 참 제자들과 함께하신다고 주장했다. 참된 교회의 여러 지체들과 달리, 의식 숭배자들은 시각장애인이나 중풍병자, 마귀에게 붙들린 사람들을 치료할 수 없다는 것이 이레나이우스의 주장 가운데 하나였다.[5] 또한 이 의식 숭배자들은 예수님이나 사도들과 달리, 물리적으로 죽은 사람들을 살리는 능력도 인정하지 않았다. 그와 대조적으로, 이레나이우스는 진정한 그리스도인들의 기도와 금식을 통해 여러 지역에서 죽은 자들이 종종 살아났다고 주장했다.

> 또한 그들[분파주의자들]은 죽은 자들을 살리지 못했다. 그들은 주님께서 죽은 자들을 살리셨고, 사도들이 기도를 통해 죽은 자들을 살렸고, 또한 필요할 때 형제애로 그런 일이 자주 일어났던 경우와는 너무나 거리가 멀었다. 특정 지역의 교회 전체가 많은 금식과 기도로 [은혜를] 구할 때, 죽은 사람의 영이 돌아왔는데, 이런 현상은 성도들의 기도 응답으로 받은 선물이었다. 하지만 분파주의자들은 이것이 가능하다고 믿지도 않았고, 또한 죽음으로부터의 부활은 자신

들이 선포하는 익숙한 진리일 뿐이라고 [주장한다].[6]

아우구스티누스를 비롯한 고대 교회의 다른 지도자들도 기도를 통해 살아난 회생 사건의 목격자 보고를 인용한다.[7]

중세와 초기 현대의 보고

이와 같은 진술은 역사를 통틀어 계속되었다. 나는 길고 상세하게 설명할 수도 있지만,[8] 여기서는 몇 가지 표본만 제시하겠다. 중세의 그리스도인들은 종종 성인들의 이름을 불렀지만, 궁극적으로 그들은 자신들의 기도가 하나님께 닿기를 소망했다. 중세의 한 진술에 따르면, 이른 오후에 연못에서 익사한 한 소녀는 해가 진 후 얼굴을 수면 아래로 향한 채 발견되었다. "소녀의 얼굴과 몸은…알아볼 수 없을 정도로 심하게 부풀어 있었다." 직접 그 소녀의 시신을 목격한 사람들의 설명에 따르면, 아버지는 소녀의 입을 열고 혀를 다시 집어넣기 위해 칼을 사용해야 했는데, 그 뒤에 입이 다물어지지 않았다. 40명의 사람들이 자정이 될 때까지 함께 기도했다. 다음 날 아침, 소녀의 회복은 다양한 목격자들을 통해 확인되었는데, 당연히 소녀 자신도 그중 하나였다.[9]

마찬가지로, 웨일스인 윌리엄 크레이그(William Cragh)는 교수형으로 몇 시간 동안 매달려 있다가 사망했다. 직접 그를 목격한 사람들은 크레이그의 얼굴이 검게 변했고, 입에는 피가 흥건했고, 검게 부어오른 혀는 밖으로 나와 있었고, 눈은 피가 흐르는 눈구멍에서 튀어나와 있었다고 묘사했다. 다시 말해, 대부분의 참관인들은 크레이그가 정말 사망했다고 여겼을 것이다. 그런데 목격자들은 곁에서 지켜보던 사람들이 기도한 뒤 크레이그

가 다시 살아났다고 주장했다.¹⁰

중세의 목격자들은 곧잘 맹신에 빠졌다는 점을 강조하고 싶어 하는 일부 독자들도 옥스퍼드 특별 회원이자 성공회 목사, 즉 감리교회의 창설자인 존 웨슬리(John Wesley)의 1차 진술을 일축하기는 쉽지 않을 것이다. 존 웨슬리는 1742년 12월 25일에 경험했던 사건을 일기에서 회고한다. 웨슬리에 따르면, 메이릭(Meyrick) 씨라고 불리는 한 남성은 이미 사망한 듯 보였다. 웨슬리와 다른 사람들이 그를 위해 기도하던 바로 그 순간, 메이릭 씨는 눈을 뜨고 웨슬리를 불렀고, 그 뒤에 질병에서 점차 회복되었다. 지금 기준으로는 몇백 년이 지난 진술이기는 하지만, 이것은 그가 체험한 당일에 기록한 목격자 보고다.¹¹ 19세기 독일의 루터교 목사인 요한 크리스토프 블룸하르트의 사역을 둘러싼 직접 목격자의 진술도 있다.¹²

이 사람들은 어느 정도나 죽었다고 할 수 있을까? 다시 말해, 그들은 현대의 기준에서 볼 때 임상적으로 사망했을까? 성경에 나오는 사건을 포함해 이런 보고들 가운데 심박 수를 확인하거나 뇌 활동을 분석한 사례는 하나도 없다. 역사 속에 나온 보고를 다룰 때 우리는 불가피하게 이런 한계에 부딪힌다. 하지만 이런 보고는 대부분 기도와 관련 있고, 일부는 임사체험과 관련 있다. 또한 일부 목격자 진술에서는 당사자의 몸이 부풀어 있었고, 세포 사멸로 인해 시커맸다는 등의 언급이 나온다.

20세기의 보고

20세기 초에 치유가 강조되면서, 죽음에서 살아난 뒤 종종 극적인 회복이 동반되었던 회생 사건에 관한 진술도 급증했다. 이제 우리는 당시에 이 사건들을 보도했던 대중적인 기독교 간행물을 통해서만 이 진술들을 대부분

볼 수 있고, 목격자들은 전부 오래전에 사망했다. 그런데 마이크 핀리(Mike Finley)의 도움으로, 나는 그와 같은 보도 중 하나를 추적하면서 주치의를 포함해 초기 목격자들의 보고까지 확인할 수 있었다. 목격자들의 보고는 지역 신문 기사에서 인용되었는데, 일부는 사건이 일어나고 며칠 안에 발행된 신문들이다.[13]

이 기간에 발행된 덕분에 지금까지 남아 있는 보고는 대부분 미국에서 나왔지만, 다른 지역에서 나온 보고도 있다. 예를 들어, 1930년 9월 7일, 쿠주와(Kuzuwa)라는 이름의 한 여성은 현대 콩고민주공화국의 자기 마을에서 피를 흘리다가 명백히 사망했다. 복음주의 자유교회(Evangelical Free Church)에 소속된 순회 전도자 펠렌도(Pelendo)는 쿠주와를 위해 기도했다. 펠렌도가 "아멘"이라고 고백했을 때, 전하는 바에 따르면 쿠주와도 아멘으로 응답했고, 자기에게 무슨 일이 일어났는지 어리둥절해하면서 일어났다. 이 마을은 그 뒤로 오랫동안 지역 전체에서 이 사건이 일어난 곳으로 유명세를 탔다.[14]

테네시주 멤피스(Memphis)에서, 엘루이즈 조던(Elouise Jordan)은 후두암으로 여러 해 동안 고통을 겪다가 결국 1949년에 사망했다. 엄마가 죽었다는 소식을 들은 엘루이즈의 딸은 예정된 영구차와 조문객을 제시간에 맞이하기 위해 직장을 떠나 엘루이즈의 집에 도착했다. 그런데 그녀는 전혀 예상치 못한 일을 목격했다. 어머니 엘루이즈가 그 무렵 살아 있었을 뿐만 아니라 기뻐하고 있었기 때문이다. 주로 아프리카계 미국인으로 구성된 교파인 그리스도 안에 하나님의 교회(Church of God in Christ)의 창설자 비숍 메이슨(Bishop C. H. Mason) 목사가 엘루이즈의 시신을 놓고 기도했다. 엘루이즈는 이제 살아났을 뿐만 아니라 후두암에서 완전히 치유되었다. 그 후 엘루이즈는 건강하게 33년을 더 살았다. 나는 우리 가족들의 친구였고 듀크 대학교에서 박사과정을 밟았던 동료인 에릭 그뢰(Eric Greaux)를 통해 엘루이즈의 이야기를 처음 알았다. 나는 엘루이즈의 딸과 손녀에게서 더 상세한 설명을 듣고 사진도 받았다.[15]

그런데 이와 같은 진술들은 20세기 중반이 되어서도 중단되지 않았다. 예를 들어, 2010년 8월에 쿠바를 방문하던 동안, 간호사 이리스 릴리아 폰세카 발데스(Iris Lilia Fonseca Valdés)는 자신의 아기가 그 전해에 죽은 적이 있었다고 나에게 말했다. 폰세카 발데스는 아이가 다시 살아날 때까지 약 한 시간 동안 기도했다. 나는 아이가 죽었을 때 현장에 있지 않았지만, 아이가 살아 있다는 사실은 입증할 수 있다. 우리가 이야기를 나누는 동안, 폰세카 발데스는 아이와 함께 있었기 때문이다.[16]

* * *

이어지는 여러 장에서 나는 아프리카와 아시아, 현대 서구에서 죽음에서 회생한 사건에 관한 더 많은 표본과 더불어, 의사들 및 내가 직접 아는 목격자들의 진술을 제시한다.

25장

죽은 사람이 지금도 살아나는가?

아프리카의 사례들

죽음으로부터 회생한 사건에 관한 목격자 진술은 서구보다는 아프리카[1]에서 훨씬 빈번하게 나온다. 특히 아프리카에서는 대개 죽음을 예방하는 의료 기술에 접근할 수 있는 기회가 훨씬 적기 때문이다. 20년 전, 당시 에티오피아 복음주의 교회 연합(Evangelical Churches Fellowship) 총무 아싸예헤근 베르헤(Assayehegn Berhe)는 에티오피아에서 회생은 "평범한 일로 간주된다"라고 보고했다.[2]

카메룬에 있는 가족들의 친구

2013년 카메룬에서 여러 강의를 하고 있었을 때, 나는 자신을 드러내지 않는 겸손한 목사 앙드레 마마지(André Mamadzi)를 만났다.[3] 내가 앙드레 목사를 직접 알게 된 지는 일주일 정도밖에 지나지 않았지만, 존경받는 지인 두 명이 그에게 나를 소개해 주었다. 두 사람 모두 앙드레의 사역에는 신뢰할 만한 치유 진술이 있다고 단언했다. 한 사람은 카메룬 복음주의 신학교(Faculté de Théologie Évangélique du Cameroun)의 총장 다니엘 윤(Daniel Yoon) 박사였고, 다른 한 사람은 그 신학교에서 신약성경을 가르치면서 앙드레 목사와 오랫동안 협력했던 우리 처남 에이메 무쑹가(Aimé Moussounga)였다.[4]

마마지의 진술 가운데는 회생 사건에 관한 진술이 있었다. 올리브(Olive)라는 이름의 여섯 살 소녀가 아침에 사망했고, 의사들은 올리브가 다시 살아날 수 없다고 단언했다. 딸을 도울 수 있는 다른 수단이 전혀 없어 절망하던 부모들은 결국 기도로 유명한 마마지의 교회로 올리브의 시신을 옮겼고, 마마지의 사무실 테이블 위에 올리브를 눕혔다. 주중 기도회를 준비하고 있던 마마지와 조수 새뮤얼(Samuel)은 소녀의 시신을 치워 달라고 부모들에게 부탁했다. 하지만 마음이 무너진 부모들의 눈물을 보자, 마마지는 이 방문객들을 그냥 돌려보내기보다는 최소한 기도라도 해 주는 편이 낫겠다고 결심했다.

"그럴 여유가 없어요." 새뮤얼은 이의를 표했지만, 그들은 기도를 시작했다. 곧 기도 모임을 시작해야 할 시간인 저녁 6시가 되었다. 그래서 마마지는 새뮤얼에게 밖으로 나가 혼자서 기도 모임을 시작하라고 재촉했다. "곧 나갈게요." 새뮤얼은 마마지를 안심시켰다.

계속 기도하던 마마지는 확신이 점차 커지는 것을 느꼈고, 누군가 귀에 대고 말하는 것처럼 명확한 음성을 들었다. "예수님이 나사로에게 어떻게 했는지 기억하느냐? 소녀의 이름을 불러 보아라." 마마지는 소녀의 이름을 잊었지만, 그 음성이 이름을 기억나게 해 주었다. 마마지는 소리쳤다. "올리브." 하지만 아무 일도 일어나지 않았다. 그는 두 번, 세 번 이름을 불렀다. 그가 세 번째로 이름을 불렀을 때, 올리브는 눈을 떴다. 얼마 후, 정말

기도 모임에 참여한 마마지의 모습을 보고 새뮤얼은 겁에 질렸다. 올리브의 부모뿐만 아니라 살아 있는 올리브가 마마지와 함께 손을 잡고 성전 안으로 걸어오고 있었기 때문이다.

내가 앙드레 목사를 인터뷰했던 그때는 올리브가 회생하고 나서 5년이 지난 후였다. 올리브는 여전히 건강했다. 나는 올리브가 회생한 후 부모들이 교회에 출석하느냐고 물었다. "물론이죠!" 앙드레 목사는 크게 웃었다. 한편 통역사가 재미있어하면서 나를 보았다. 통역사도 전에 앙드레 목사가 아닌 다른 사람에게서 똑같은 이야기를 들은 적이 있었다. 통역사는 올리브가 살아서 기도 모임에 걸어 들어오는 모습을 보고 당황했다고 고백한 새뮤얼의 친구였다.

한 의대생의 진술

2017년, 보스턴에서 전에 간호사로 일했던 한 의대생은 고국에서 경험한 회생 사건을 나에게 이야기해 주었다.[5] 나이지리아 남동부 출신인 이페아니추쿠 키네도지(Ifeanyichukwu Chinedozi)는 하나님이 의술을 통해 일하신다는 주장에 반대하지 않는다. 그는 의술이 전 세계 사람들을 이롭게 하는 하나님의 치유 능력의 연장이라고 믿는다. 이페아니와 그의 가족들은 원래 아프리카 전통 종교에 빠져 있었지만, 그가 여덟 살 때 흰옷을 입은 한 노인이 꿈에서 계속 나타났다. 두려워하던 이페아니의 가족들은 그리스도인들의 도움을 얻기 위해 근처 교회로 갔고, 가족 전체가 곧 그리스도인이 되었다.

이페아니는 고등학교 시절에 기독학생회(Fellowship of Christian Students)의 리더였다. 어느 날 설교를 하고 있던 이페아니는 밖에서 울고 있는 한 여성을 알게 되었다. 무슨 문제가 있느냐고 물었을 때, 그녀는 이렇게 말했다. "어머니가 병원에 입원한 지 일주일 되었는데, 사망 선고를 받았어요. 위로를 받기 위해 여기 온 건 아니에요. 나는 하나님이 당신을 통해 우리 어머니를 일으키실 거라고 믿어요." 이페아니는 어리둥절했다. 그는 전에도 성령의 인도 없이 이런 일을 시도한 적이 있지만, 효과는 없었다. 하지만 이페아니는 마치 하나님이 이번에는 그냥 순종하기를 원하신다고 느꼈다. 그래서 그 여자에게 올리브유를 가져오라고 말했다. 그녀가 기름을 가져왔을 때, 이페아니를 비롯해 학교에 있던 다른 그리스도인 리더들은 하나님이 딸의 믿음대로 어머니를 일으켜 주시도록 기도했다. 이페아니는 그 여자에게 올리브유를 다시 돌려주면서 어머니의 시신에 올리브유를 부으라고 당부했다.

사흘 후, 그 여성이 가까이 왔을 때 이페아니는 무슨 말이 나올지 자신이 없었다. 그녀는 이렇게 상황을 전했다. "올리브유를 붓자 어머니가 다시 살아나셨어요." 깜짝 놀란 딸이 비명을 지르자, 다른 사람들이 방으로 뛰어들어왔다.

이페아니와 동료 학생 리더들은 기뻐했고, 가족들은 그 당시 자신들이 준비한 축하 잔치로 그들을 데려갔다. 가족들은 어머니에게 이페아니를 소개하면서 이렇게 설명했다. "이분이 어머니를 죽음에서 깨운 하나님의 사람이에요."

이페아니는 즉각 항변했다. "그렇지 않아요. 침상 곁에서 나를 본 적이라도 있나요? 당신을 일으킨 분은 **예수님**이세요!"

다른 아프리카인의 회생

내가 앞서 14장과 22장에서 언급했던 데이비드 에멧 박사는 콩고민주공화국에서 있었던 한 사건을 회고한다. 1984년경, 데이비드는 근처에서 천둥소리를 들었고, 그 뒤에 얼마 동안 울음과 통곡, 사람들의 기도 소리를 들었다. "키푸시아(Kipushya)의 우리 집과 아주 가까운 곳에서" 한 중학교 학생에게 번개가 내리쳤다. 그 학생은 데이비드도 알고 지낸 지역 교회 장로의 딸이었다. 사람들은 데이비드의 집에서 뒤쪽으로 180미터 정도 떨어진 지역 병원의 산부인과 건물로 시신을 옮겼다. 그 지역의 필수 의료인 역할을 도맡고 있던 간호사 니엠보 루카마(Nyembo Lukama)는 여학생이 사망했다고 선언했다. 그런데 그 지역의 그리스도인들이 장로의 딸을 위해 기도했을 때, 그녀는 다시 살아났다. 데이비드는 울음소리가 기쁨의 외침으로 바뀌는 것을 들었고, 곧이어 내막을 알게 되었다. 그 뒤에 데이비드는 당시 현장에 같이 있던 다른 사람들의 검증을 거쳐 자신의 기억을 확인해 주었다.[6]

이 책 다른 곳에서 나는 회생을 포함한 치유 사례를 통해 다양한 회심이 일어났다고 언급했다. 가끔 사망한 당사자가 회심하는 경우도 있다. 스위딕 카나나(Swidiq Kanana)는 르완다에서 토속적 이슬람교의 이맘이었지만, 하나님이 그를 치유하신 뒤 그는 기독교가 진리라는 확신을 갖기 시작했다. 하지만 회심의 대가는 너무 커서 죽음을 감수해야 할 수도 있었기에, 카나나는 그리스도께 자신을 온전히 헌신하기를 주저했다. 나중에 카나나는 (이전에 치유된 사례와 무관한) 질병을 오래 앓은 뒤 사망했다. 카나나는 자신이 그리스도가 계시지 않는 위험한 영원의 세계를 마주하고 있음을 깨달았다. 다행히 그는 그리스도의 은혜로 구출되어 그리스도 앞에 있었고,

그 뒤에 자기 몸으로 돌아와 장례식이 거행되던 중간에 깨어났다. 카나나는 이제 다시 살아났을 뿐만 아니라 완전히 치유되었다. 자신이 깨달은 바를 숨길 수 없음을 깨달은 카나나는 거의 벌거벗은 상태였지만 자신의 장례식에서 그리스도를 전하기 시작했다. 장례식에 참석했던 그 지역의 어느 성공회 사제가 카나나와 함께 복음을 전했다. 기적이 동반된 그들의 메시지 덕분에 겉모양으로만 무슬림이던 수많은 동료들이 즉각 예수님의 제자가 되었다.[7]

카나나는 이제 성공회 사제이고, 스위딕에서 세드릭(Cedric)으로 개명했다. 노터데임 대학(University of Notre Dame)에서 박사 학위를 받았고 노스웨스트 나자린 대학교(Northwest Nazarene University)에서 학생들을 가르치는 벤저민 피셔(Benjamin Fischer)는 처음에는 카나나의 진술을 믿기 힘들다고 생각했지만, 아프리카에서 안식년을 보내는 동안 카나나의 가족들과 그 지역의 성공회 주교 등 이 이야기에 나오는 사건들을 경험한 많은 사람들을 만났다. 피셔 박사는 나에게 이렇게 말했다. "가장 흥미로운 사건은 키갈리(Kigali)에서 세드릭과 함께 걷다가 무슬림 학교 시절의 사람 몇 명을 만났다는 것이다. 그들은" 나중에 피셔의 도움으로 세드릭이 저술한 "책에 언급된 사건들 때문에 이미 예수님을 믿고 있던 사람들이었다."[8]

나는 30장과 31장에서 아프리카에서 일어난 회생 사건들을 다시 다룰 텐데, 거기서는 당사자의 이야기를 듣기 전부터 내가 알고 있던 사람들에게 일어난 사건들에 대해 진술하려고 한다. 나는 실제로 그들이 죽었다가 살아난 뒤에 그들 중 몇 명을 만났다.

26장

죽은 사람이 지금도 살아나는가?

아시아의 사례들

나는 전 세계에서 일어난 수십여 가지의 회생에 관한 진술을 조사했는데, 그중 상당수는 오늘날 무척 존경받는 제보자에게서 나왔다.[1] 예를 들어, 국제 뉴스 인터뷰에 종종 등장하는 예전의 "바그다드 교구 목사"로 유명한 성공회의 캐논 앤드루 화이트(Andrew White)는 이라크에서 기도를 통해 일어난 회생 사건에 대해 보고한다. 화이트의 교회 여성 몇 명이 죽은 아이를 위해 눈물을 흘리던 어머니를 보고 나서 아기 엄마와 함께 영안실로 가서 몇 분간 기도했을 때, 아이는 다시 살아났다.[2]

캐논 화이트는 2014년 우리 교회를 방문했을 때 좀 더 최근의 사례를 이야기해 주었다.[3] 어떤 남자가 입원한 딸을 방문하기 위해 병원에 갔을 때, 화이트는 그 남자에게 예수님의 이름을 부르라고 당부했다. 그 남자는 무슬림이었지만, 병원에 가는 동안 예수님의 이름을 계속 반복해서 불렀다. 물론 이슬람교 신앙에서 예수님은 위대한 예언자이며 기적을 일으키는 하나님의 일꾼이다. 코란에 나오는 예수님을 잘 모르는 일부 토속적 무슬림들과는 대조적으로, 교육받은 정통 무슬림들은 예수님을 존경한다. 그 남자가 병원에 도착했을 때, 직원들은 그의 딸이 방금 전에 사망했다는 안타까운 소식을 전했다. 절망한 남자는 딸의 시신에 엎드려 계속 눈물을 흘리며 외쳤다. "예수님! 예수님! 예수님!"

딸이 즉시 일어나 앉으며 말했다. "나 배고파요."[4]

"걱정 마세요." 캐논 화이트는 나중에 그 남자를 안심시키며 말했다. "전에도 이런 일을 본 적이 있어요." 과거에 마취과 의사였던 앤드루 화이트는 치유 기적을 의학적으로 또 신학적으로 분별할 충분한 자격을 갖춘 사람이다.

인도네시아의 회생 사례

인도네시아 남술라웨시(South Sulawesi)에서 여러 강의를 하던 2015년의 어느 주간에, 내가 가르치던 학생 두 명은 자신들이 겪은 이야기를 나에게 해 주었다. 코르넬리아 마카니(Kornelia Makani)는 서티모르에서 자기를 돌보던 보모가 살아난 회생 사건에 관해 이야기했고,[5] 시프라 은다우(Sifra Ndawu)는 자신이 겪은 회생 사건에 관해 이야기해 주었다.[6]

여기서 나는 시프라의 경험만 요약하려 한다. 시프라는 자신이 이해하지 못하는 의문이 있었기 때문에 자신의 경험을 나에게 이야기해 주었다. (물론 시프라는 이 이야기의 주요한 대목에서 의식이 없었기 때문에, 여러 가지 세세한 설명을 시프라의 부모와 의사에게서 들었다.) 시프라는 몇 달 동안 몸 전체로 급속히 퍼진 유방암으로 고생했다. 결국 2013년 12월 25일에 병원의 담당 의사 메이드(Made) 박사는 시프라가 사망했고, 다시 살아날 수 없다고 선언했다. 직원들은 장비를 분리하고 시프라의 시신에 천을 덮었다.

시프라를 위해 기도해 온 가족들은 슬펐지만, 이 결과를 하나님의 주권적인 뜻으로 받아들였다. 바로 그때 시프라가 갑자기 움직였다. 시프라의 설명에 따르면, 어떤 사람이 자기를 안고 자기가 아직 임무를 완수하지 못했다고 말했다. "나는 네가 나의 증인이 되기를 원한다. 지금 네가 무엇을 경험하든 그것은 다른 사람들에게 전하는 간증이 될 것이다." 시프라를 죽음에 이르게 했던 암은 이제 사라졌고, 그녀는 살아났다.

우리와 이야기를 나누는 동안, 시프라는 회피나 속임수, 자랑, 불안의 기미를 보이지 않고 시종일관 진지했다. 이번에 시프라는 성경 교사인 나에게 질문을 던졌다. 왜 하나님은 시프라가 암으로 고통받게 하고 부모들이 슬픔을 겪게 하시다가 나중에야 그녀를 살리고 치유하셨을까? 나도 그 이유는 모른다고 인정할 수밖에 없었다. 가끔 우리가 하는 간증에는 비싼 대가가 뒤따른다.

내가 이어지는 이야기들을 진술할 때, 염두에 두어야 할 사항이 있다. 어떤 사람이 6분간 산소를 전혀 호흡하지 못한 채 시간을 보낸 뒤 다시 살아난다고 하더라도, 회복 불가능한 뇌 손상을 입기 시작한다는 것이다. 그런데 이 사례들에서는 뇌 손상이 보고되거나 확인되지 않는다.

극한의 죽음

2005년 5월, 스리랑카 하나님의성회에 속한 목사 노엘 페르난도(Noel Fernando)는 심장마비를 경험했다.[7] 노엘은 치료를 마친 후 집으로 돌아왔지만 한 달 후 또다시 심장마비가 일어났다. 노엘의 아내는 의식을 잃고 쓰러진 상태의 노엘을 발견했다. 노엘은 병원에서 잠깐 의식을 회복했지만, 숨을 쉴 수 없다고 불평했다. 노엘이 다시 의식을 잃은 뒤, 그를 다시 살려

보려는 의사의 대담한 시도는 실패로 돌아갔고, 그 과정에서 갈비뼈 세 개가 부러지고 말았다.⁸ 결국 의사는 노엘에게 인공호흡기를 달아 주고 집으로 갔다.

성경 대학의 다른 목사들과 노엘의 동료들이 그를 위해 기도하러 왔지만, 다른 의사들은 노엘의 심장이 이미 망가졌다고 설명하면서 희망을 전혀 주지 않았다. 노엘의 아내 샨티(Shanthi)는 이렇게 설명한다. "우리는 밖에 서서 눈물을 흘리며 몇 시간 동안 기도했어요. 의사들은 이 모습을 보면서 '안에 있는 환자에게는 호흡이 없어요. 환자를 입원시킨 담당 의사가 오면 인공호흡기를 제거할 겁니다'라고 말했습니다. 의사들은 우리를 향해 돌아가서 장례식에 필요한 준비를 하라고 재촉했어요."

그런데 영안실로 보내는 확인 서류에 서명해야 하는 노엘의 담당 의사가 돌아오지 않았다. 그래서 신자들은 계속 기도했다. 샨티는 이렇게 설명한다. "갑자기 거의 30시간이 지난 뒤 몸에 움직임이 있었습니다. 심장이 뛰기 시작했어요. 이제 희망이 없다고 주장했던 의사들은 깜짝 놀랐지요." 샨티는 계속 덧붙인다. "남편의 말에 따르면, 심장이 멈춘 그 시간에 남편은 하나님의 임재를 느꼈다는 거예요. 하나님이 많은 외국인의 얼굴을 보여 주시면서 그들을 위해 봉사하라고 당부하셨다고 해요. 하나님은 남편을 지금보다 더 강한 증인으로 사용할 계획이라고 말씀하셨어요."

병원에는 사생활이 거의 없기 때문에, 의사들과 간호사들은 물론이고 많은 환자들도 노엘의 죽음을 알았다. 다양한 종교를 믿고 있던 병원의 직원들과 환자들은 모두 이 사건을 기적이라고 인정했다. 어떤 사람은 자신들의 전통을 따라 노엘의 침대 밑에 음식을 제물로 놓기도 했다. 노엘에게 남은 한 가지 문제는 부러진 세 개의 갈비뼈였다.

일반적인 예측과 반대로, 노엘은 뇌 손상을 전혀 입지 않았다. 그는 정기적으로 세 가지 언어를 유창하게 통역했다. 노엘의 간증을 직접 접하기 전에, 나는 노엘이 정기적으로 통역해 준 한 미국인 선교사를 통해 이 일을 알게 되었다. 미국인 선교사는 성경 대학의 모든 사람이 이 이야기를 알고 있다고 증언했다. 몇 년 후 다시 세상을 떠날 때까지, 노엘은 계속해서 다른 사람들을 위해 훌륭한 치유 사역을 수행했다.

인도의 회생 사례

인도에는 죽음에서 살아난 회생 보고의 많은 표본이 있다.[9] 예를 들어, 한 논문에서는 니시(Nishi) 부족 사람들 사이에서 그리스도를 믿는 운동을 일으킨 사건에 대해 언급한다. 어떤 니시 관료의 아들이 죽었을 때, 그는 "기독교의 하나님, 예수"가 나사로를 다시 살렸다는 사실을 알게 되었다. 이 기독교의 하나님께 기도한 뒤, 그의 아들은 살아났다.[10]

인도의 또 다른 지역에서 두 명의 서양인 사회학자는 어떤 목회자가 몇 시간 동안 중보 기도를 한 후 죽었던 여성이 살아난 사건에 대해 지역의 목격자들을 인터뷰했다. 그들 중에는 힌두교 마을의 장로도 있었다. 두 사회학자는 지역 신문에 보도된 또 다른 사건도 조사했다. 한 목회자가 이미 코에 벌레가 생긴 시신을 놓고 30분 동안 기도한 뒤, 소녀가 살아났다. 그 소녀는 자신의 사후 경험에 대해 이야기했다.[11]

뭄바이의 한 목사는 2007년 5월에 열린 한 캠프에서 "우리 청년 하나가 수영장 바닥에서 움직임 없이 누워 있는 한 소년을 발견했다"라고 말했다. 비크람(Vikram)이라는 이름을 가진 이 소년은 리조트를 방문한 어느 힌두교 가족의 식구였다. 그 교회의 성도인 훈련된 간호사 자야(Jaya)는 그 소년에게서 맥박이나 호흡 등 다른 생명의 징후를 감지하지 못했다. 그래서 자야는 중보 기도자인 수니타(Suneeta)와 함께 경삼륜차에 비크람과 그의 아버지를 태우고 의사를 찾아갔다. 첫 번째 의사는 비크람이 이미 죽었다고 말하면서 아무런 도움도 제공하지 않았다. 다른 의사를 찾았을 때, 그 의사는 비크람을 소생시키려고 노력했지만 결국 실패했다. 그리스도인들은 계속 기도했고, 한 시간 반 뒤, 경삼륜차가 돌아오는 동안 비크람은 다시 살아났다. 비크람은 자기가 "예수"라는 이름을 들었을 때 목숨을 건졌다고 설명했다. 깜짝 놀란 비크람의 힌두교인 부모들은, 비크람이 전에 "예수님의 이름을 들어 본 적이 없었어요!"라고 설명했다. 가족들은 그리스도인들과 함께 예배에 참석했다.[12]

희생으로 인해 다른 생명을 구하다

나는 22장에서 제시 제이슨 교수를 언급했다. 어느 한센병 환자의 치유에 관해 나에게 해 주었던 이야기 외에, 제시 교수는 릴람마(Leelamma)라는 이름의 한 여성에 관해서도 이야기했다.[13] 제시가 어렸을 때, 제시의 가족들과 가까이 지내던 한 힌두교인 가족이 예수님의 제자가 되었지만, 그 가족의 어머니 릴람마는 새로운 신앙에 깊이 헌신하지 않았다. 어느 날 독사가 릴람마를 물었고, 독이 퍼지면서 릴람마의 몸은 검푸른 색으로 변하기 시작했다. 지역 주민 중 일부는 자신들이 믿는 신이 유일신인 하나님을 예배하는 릴람마를 심판했다고 믿었고, 그들은 교회 때문에 이런 일이 생겼다고 비난했다. 릴람마의 시신이 집으로 돌아온 뒤, 지역 주민들은 목사를 소환했다. 제시의 아버지이기도 했던 목사는 다시 다른 신자들을 불러 함께 기도하자고 요청했다.

릴람마의 몸은 검게 변해 있었고, 그녀는 이미 거의 죽은 것이나 마찬가지였다. 지역 군인들은 공격할 채비를 갖추고 신자들을 에워쌌다. "이건 당신 잘못이야!" 어떤 사람이 화를 내며 비난했다. "당신이 다시 살려 내야 해!" 제시의 아버지가 몇 분간 기도한 뒤, 모든 사람은 릴람마가 죽었다고 확신했다. 그런 상황에서도, 제시의 아버지는 계속 기도했다. 그런데 몇 분 더 기도한 뒤, 릴람마는 기침을 하기 시작했고 뒤이어 검은 액체를 토해 냈다. 이 일이 있고 나서 릴람마는 건강을 되찾았다. 제시는 릴람마와 그 가족들을 잘 안다. 나중에 릴람마의 아들 레지시(Rejeesh)는 제시의 가족들과 몇 년간 함께 살기도 했다.

중국의 회생 사례

중국에서는 수많은 회생 사례에 관한 이야기가 회자된다. 이전 책에서 언급된 것들을 반복하는 대신,¹⁴ 나는 좀 더 최근에 알려진 일련의 진술들에 대해 간략히 언급하려고 한다. 폴 하타웨이(Paul Hattaway)는 1992년 난양(Nanyang)에서 열여덟 살 먹은 그리스도인이 몇 주 동안 열이 난 뒤 죽었다고 이야기한다. 젊은 여성이 죽고 나서 이틀 후, 그 지역을 지나가던 주치의는 그 집에 조문객이 있는 것을 보았다. 시신을 점검한 뒤 주치의는 사망진단서를 발급했다. 다음 날 장례식이 시작되려고 했을 때, 푸(Fu) 장로가 와서 관을 열어 달라고 요청했다. 사람들이 관을 연 뒤, 푸 장로와 그의 동료들은 세 시간 동안 하나님을 예배했고, 뒤이어 그녀의 회생을 위해 기도하기 시작했을 때, 죽었던 젊은 여성이 살아서 일어났다. "그 뒤에 부모들은 자신들의 딸과 사망진단서를 가지고 허난성과 후베이성 사이의 경계 지역을 돌아다니면서, 예수 그리스도께서 딸을 죽음에서 살리셨다고 간증했다. 여섯 개 마을 전체에서 6,000명이 넘는 사람들이 회개하고 하나님께 돌아왔다."¹⁵ 중국에서 난양 지역은 기독교 신앙의 주요 중심지로 남아 있다.

티머시(Timothy) 형제도 난양 지역의 가난한 농부이자 교회 지도자였다. 1993년에 사람들은 구강암으로 죽어 가던 어느 부유한 공산당 간부를 위해 기도해 달라고 그를 초청했다.¹⁶ 티머시가 공산당 간부에게 접근할 기회를 얻었을 그때, 창(Chang) 씨는 죽고 말았다. 얼떨떨했지만 기도 요청을 존중하려는 마음에서 티머시 형제는 냉동고에 시신을 두고 기도할 수 있게 해 달라고 부탁했다. 티머시 형제가 기도하는 동안, 인부들은 농부의 단순한 믿음에 흥미를 느끼며 그를 지켜보았다. 아무 일도 일어나지 않았지만, 티머시는 성경의 나사로 이야기를 떠올리면서 다음 날 다시 와서 기도하겠다고 약속했다.

티머시가 다시 왔을 때, 스무 명 넘는 사람들이 모여서, 그의 헌신적 태도에 흥미를 느끼면서 웃었다. 티머시는 이렇게 회고한다. "나는 시신에 손을 얹고, 몸을 앞으로 숙이고 속삭였어요. '창 선생, 말을 할 수 없거든, 두 눈을 움직여 보세요. 주 예수 그리스도의 이름으로 명령합니다.' 자세히 보았더니 그의 두 눈이 약간 깜짝이는 것 같았어요!" 하지만 더 이상 아무 일도 일어나지 않았다. 그래서 그는 복음의 메시지를 큰 소리로 기도한 뒤, 다음 날 아침 10시에 다시 와서 마지막으로 한 번 더 기도겠다고 말했다. 티머시 형제가 도착했을 때, 계단과 지하 영안실은 무슨 일이 일어나는지 지켜보려는 직원들로 가득했다. 그가 다시 기도했지만 아무 일도 일어나지 않았고, 그는 장례식장을 떠났다. 그런데 얼마 후 티머시는 소식을 들었다. "내가 떠나고 약 20분 뒤, 창 씨가 갑자기 일어나 앉아서 기침을 하기 시작했다."¹⁷ 소문이 병원에 퍼지면서 많은 사람이 그리스도를 믿게 되었다. 창 씨와 그의 가족들은 신자가 되었고, 그는 여러 해 동안 더 살았다. 하지만 티머시의 설명처럼, 그 부흥의 시기에 기적이 자주 일어나면서 수천 명이 그리스도께 돌아왔다. "기적은 우리가 집중하던 일이 아니었다. 기적은 단지 우리가 전하는 예수님에 관한 메시지가 진리임을 확증하는 증거에 불과했다."[18] 오늘날 난양현에는 300만 명이 넘는 헌신된 그리스도인들이 살고 있는 것으로 추정된다.[19]

안타깝게도, 흄과 같은 서구의 일부 비판자들은 전 세계 다른 지역에서 일어나는 이야기를 폄하한다. 하지만 이러한 경험은 서구에서도 가끔 일어난다.

27장

서구에서 살아난 사람들?

뉴스에 나온 사례들

서구에 있는 사람들은 이처럼 죽은 사람이 살아나는 사건이 "해외"에서만, 즉 자신들이 직접 경험할 수 있는 영역이 아닌 지역에서만 일어나는 것처럼 말한다. 하지만 이런 사건들은 서구에서도 가끔 일어난다. 이 진술 중 몇 가지에는 의사들이 개입되어 있다. 의사들이 개입한 진술에서는 대개 의료 기록을 얻을 수 있기 때문이다. 어떤 진술들은 다른 것에 비해 훨씬 극적이다. 모든 진술은 표본일 뿐이다.

미디어에서 보도한 회생

미디어는 가끔 의사들을 통해 입증된 엄청나게 많은 이야기를 보도한다. 예를 들어, 2012년 영국인 축구 선수 파브리스 무암바(Fabrice Muamba)는 경기 도중 쓰러졌고, 그의 심장은 78분이 지난 뒤에야 다시 뛰기 시작했다. 무암바의 회복은 다시 살아난 뒤 점진적으로 이루어졌지만, 불가능했어야 할 회복이었다. 뇌 손상을 전혀 겪지 않은 무암바는 하나님께 감사드렸고, 하나님이 자기에게 기적을 행하셨다고 간증했다.¹

이러한 일부 보도에는 예수님과 함께 있던 사후 체험이 포함된다. 예를 들어, 텍사스의 십 대 청소년 잭 클레멘츠(Zach Clements)에게 20분간 심장 박동이 없었을 때 의사들은 잭에게 사망을 선고하려고 준비했다. 하지만 잭은 다시 살아났고, 그사이 예수님과 함께 있었다고 자신의 경험을 이야기한다.² 영화 〈하늘이 내린 기적〉(Miracles from Heaven)을 통해 대중적 인기를 누린 유명한 사례 중 하나가 애너벨 빔(Annabel Beam)의 사례다. 애너벨은 자신이 천국을 경험했고 심신을 허약하게 만드는 과거의 만성적 질병에서 치유되었다고 이야기한다.³ 차량 충돌로 사망했던 침례교 목사 돈 파이퍼(Don Piper)의 사례를 다룬 영화도 제작되었다. 물론 돈의 나머지 신체는 점진적으로 회복되었지만, 그는 천국을 직접 경험했고 다른 목사가 기도한 직후에 다시 살아났다.⁴

그분이 나를 많은 물에서 끌어내셨어요

뉴스를 통해 널리 알려진 한 사례는 2015년, 22개월 된 갓난아기 가델 마틴(Gardell Martin)이 100분 이상 심폐 소생술을 받은 뒤 다시 살아난 사건이었다.⁵ 가델은 형제자매들과 함께 놀다가, 불어난 개울물에 빠져 거의 400미터를 떠내려갔다. 30분 정도 시간이 지난 뒤 한 이웃이 가델을 발견했을 때, 가델은 개울에서 얼굴을 바닥 쪽으로 향하고 있었다. 다행히 주위의 물이 불어나면서 가델은 나뭇가지에 걸렸다. 이 경우처럼 차가운 물에 빠진 익사 사고에서 가끔 생존하는 피해자도 있다. 하지만 산소 결핍으로 인해 가델의 혈액 속의 산 수치는 pH 6.5까지 상승했다. 산소가 결핍된 시간이 너무 길었으며, 뇌 손상은 확실해 보였다. 그런데도 결과는 일반적인 예상을 뒤집었다.

가델의 엄마 로즈 마틴(Rose Martin)이 지적하듯이, 가델의 가족과 교회 소그룹이 함께 모여 가델을 위해 기도하던 바로 그 순간에 가델의 심장박동이 돌아왔다. 소아 중환자실에서 몇 시간 동안 가델의 초기 치료를 담당했던 의사 프랭크 마페이(Frank Maffei)는 심장박동이 다시 시작된 뒤 여덟 시간 만에 가델이 의식을 회복하고 질문에 대답했다고 기쁘게 증언한다. 마페이 박사는 흔치 않은 몇 가지 요인들이 합쳐져 아이를 기적적으로 보호했다고 판단했다.[6] 가델이 죽음에서 회생하고 나서 일주일 뒤, CNN 영상 자료에서는 가델이 장난을 치며 뛰어다니는 장면이 나온다. 부모들도 가델의 회복에 깜짝 놀랐다.[7]

돌파구

뉴스로 널리 알려진 또 다른 사례이자[8] 내가 여기서 훨씬 자세히 설명할 사례는 열네 살의 익사 희생자 존 스미스(John Smith)의 사례다. 이 이야기도 2019년 부활절 즈음에 개봉된 메이저급 영화 〈돌파구〉(Breakthrough)로 제작되었다. 조이스 스미스(Joyce Smith)의 저서 『임파서블』(The Impossible)[9]을 바탕으로 제작된 〈돌파구〉는 조이스의 아들 존의 경험을 감동적으로 전한다. 2015년, 존은 차가운 1월의 어느 날, 호수의 얼음 속에 빠졌다. 두 친구가 존을 끌어내리고 했지만, 얼음은 친구들의 발밑에서 깨졌다. 친구들은 겨우 벗어났지만, 존은 그만 깊숙이 빠지고 말았다.

매우 다행스럽게도, 지역의 소방 구조대는 얼음 구조 훈련을 받은 적이 있었다. 그것도 바로 일주일 전에. 하지만 존은 15분간 물속에 있었고, 존의 심장은 그 뒤로 응급 요원들이 심폐 소생술을 하는 동안 43분간이나 멈춰 있었다. 레지던트 의사이자 경험 많은 한 카약 선수는 다른 사건을 언급하는 상황에서 이렇게 설명한다. "일반적으로는 익수 후 5분에서 7분 안에, 그 뒤로 12분에서 14분 사이에 반드시 치명적인 신경 손상이 일어나서" 생존자들은 다양한 장애를 경험하게 된다. "익수 시간이 5분을 넘을 때 온전한 생존은 불가능하다."[10] 계속되는 설명에 따르면, 해마다 50만 건의 익사 사고가 일어나지만 "기적이 일어난 사례"는 드물고, 물속에 4분 이상 있은 뒤 의료 기록을 통해 "거의 정상 기능을 회복한 생존자"로 확인된 사례는 도합 43건에 불과하며, 그것도 전부 존보다 어린 아이들이었다.[11]

앞서 설명했듯이, 차가운 물에서 익사하는 경우는 대개 일반적인 익사 사고보다 훨씬 긴 시간이 지난 뒤에 회생하기도 한다. 그런데 얼음 밑의 수온은 4.5도에 불과했지만, 이 온도는 빙점보다는 높았고, 불행하게도 위에서 설명한 다른 요소들을 고려할 때, 존이 겪은 결과를 일으킬 만큼 **충분히** 차갑지는 않았다.

응급실 의사 켄트 슈터러(Kent Sutterer)와 그의 의료팀은 존을 살리기 위해 과감한 시도를 했지만, 가능한 자원을 전부 소진한 뒤 슈터러 박사는 존의 어머니 조이스에게 이제 죽은 자녀에게 작별 인사를 할 시간을 주었다. 존의 어머니 조이스는 그 대신 절박한 기도를 외쳤다. 바로 그때 심장 모니터가 갑자기 저절로 다시 뛰기 시작했다. 깜짝 놀란 의료팀은 신속한 조치를 취해, 존을 인근에 있는 세인트루이스의 카디널 글레넌 병원(Cardinal Glennon Hospital)으로 이송할 준비를 했다. 슈터러 박사와 그의 동료들은 모두 기도 후 일어난 이 소생 사건을 기적이라고 공개적으로 인정했지만,[12] 슈터러 박사는 존이 계속 살아서 병원에 도착하기 위해서는 또 다른 기적이 필요할 것이라고 믿었다.

존이 살아서 병원에 도착한 뒤, 카디널 글레넌의 전문의들도 존이 그날 밤을 넘길 가망성은 별로 없다고 여겼다. 존은 아직 살아 있기는 했지만, 한 시간 이상 신체는 제대로 작동하지 않았다. 존의 신체 전체를 감염시킨 오염된 물이 폐에 가득 차 있었다. 존은 심장 기능 상실과 간 기능 부전, 급성 췌장염, 허혈성 장 괴사를 겪었다. "모든 기관이 치명적인 기능 상실 상태였다."[13]

익사 사고 전문가인 제러미 개릿(Jeremy Garrett) 박사는 많은 익사 희생자들을 구조했지만, 그들을 혼수상태에서 깨어나게 하지는 못했다. 다른 기관과 마찬가지로, 존의 뇌는 회복되기에는 너무 오랫동안 산소를 공급받지 못했다. "차가운 물에 빠졌다가 믿지 못할 만큼 좋은 결과를 얻은 이야기가 많이 있지만, 여기에는 여러 가지 요소의 특별한 조합이 필요하다. 차가운 물을 제외하고, 존에게는 그 가운데 어떤 요소도 없었다." 개릿 박사의 설명이다. 그뿐 아니라, 앞서 언급했듯이 수온도 존의 몸집 정도 되는 사람에게는 충분히 차갑지 않았다.[14] 존의 뇌 활동은 일부 기본적인 뇌줄기 기능을 제외하고 전무했고, 개릿 박사는 존이 첫날 밤을 넘길 거라고 기대하지 않았고, 존이 첫날 밤을 넘겼을 때에도 다음 날 밤까지 생존할 거라고 기대하지 않았다. 존의 생존은 사실상 불가능했다. "존의 기관과 조직의 손상이 너무 심각했고, 말 그대로 터져 버린 존의 근육세포는 세포의 내용물을 혈류 속에 쏟아 내고 있었다"라고 개릿 박사는 설명한다.[15]

하지만 존의 어머니와 하나님의성회 교회의 제이슨 노블(Jason Noble) 목사는 하나님이 계획을 갖고 계시고 존을 온전히 회복시키실 것이라는 점을 이미 확실히 신뢰하고 있었다. "첫날 밤에 우리는 존을 위해 기도하면서 병실에서 놀라운 여러 가지 기적을 보았다." 제이슨 목사의 설명이다. "그 뒤에 나는 병실을 걸어 나오면서, 존이 병원을 걸어서 퇴원하게 될 것이라고 조이스에게 말했다. 우리는 정확히 언제 어떻게 그렇게 될지 몰랐지만, 하나님은 아셨다. 우리는 의견이 같았고, 그것만으로도 만족스러웠다. 나는 존이 걸어서 퇴원할 것이라는 점을 완전히 확신했다."[16]

개릿 박사의 설명에 따르면, 병원에 도착한 후 이틀 안에 "존은 눈을 뜨기 시작했고," 곧이어 복잡한 질문에 대답할 수 있었다. 병원에 입원하고 나서 16일 뒤에, 존은 농구공을 들고 병원을 걸어 나왔고 곧이어 운동경기에도 복귀했다. 손의 섬세한 움직임을 회복하기 위해 처음에 물리치료를 받기는 했지만, 퇴원하던 시점에 존의 뇌 기능은 "그것 말고는 완전히 정상"이었다.[17]

존의 경험에 감명을 받은 존의 많은 친구가 그리스도께 자신들의 삶을 헌신했다. 존 자신은 처음에는 망설였지만, 시간이 좀 지나 존도 그리스도께 다시 헌신했다. 현재 존은 노스센트럴 대학(North Central University)의 학생이고, 몇 주씩 돌아다니면서 자신의 이야기를 전한다. 처음에 존은 영화 〈돌파구〉가 자신의 이야기를 묘사하는 방식에 불만을 가졌지만, 자라면서 이 영화의 진가를 인정하게 되었고 이제 이 사건이 자신의 삶을 바꾼 결정적 계기였다고 여긴다. 영화 대본에서는 몇 가지 내용이 각색되었지만, 존은 배우 마르셀 루이스(Marcel Ruiz)가 자기를 완벽하게 영화에 담았다고 생각한다. 가장 중요한 사실은, 이제 존은 "[자신에게 일어난 일을] 무엇과도 바꾸지 않을" 것이라고 말한다는 점이다.[18]

존의 치유는 단순히 이례적인 사건처럼 보일 수도 있지만, 이것은 존의 교회에서 일어난 훨씬 다양한 치유 사건들과 부합한다. 즉 이 패턴은 기꺼이 기적을 인정하는 이들에게 어울린다.[19] 제이슨 목사의 사역에서는 다른 여러 가지 극적인 치유가 일어나는데,[20] 기도 응답으로 죽음에서 살아난 것으로 보이는 다른 두세 가지 회생 사건도 여기에 포함된다.[21]

나를 지켜보는 천사들

그뿐 아니라 존의 치유는 기도와 하나님의 인도라는 상황에서 일어났다. 제이슨 노블 목사가 존의 침상에서 기도했을 때, 그는 두 명의 천사를 보았다고 전한다.²² 제이슨 목사는 전체 이야기를 나에게 해 주었다.

> 사고가 일어났던 그날, 우리는 존이 살아나지 못할 가능성이 99퍼센트라는 말을 들었다. 존은 살아난다고 하더라도 식물인간이 될 가능성이 매우 높았다. 존의 모든 기관은 치명적으로 기능을 상실한 상태였고, 뇌와 폐가 가장 많이 손상되었다. 그래서 나는 다른 목사들과 함께 병실로 가서 기도하기 시작했다. 처음에 우리는 하나님이 아담에게 숨을 불어넣어 생명을 주셨듯이, 존의 폐에 숨을 불어넣어 주시도록 기도했다.
>
> 바로 그 순간, 나는 주위를 둘러보면서 병실에서 두 명의 천사가 바닥부터 천장까지 서 있는 모습을 마음의 눈으로 보았다. 나는 4년 전에도 워싱턴주 포트앤절리스(Port Angeles)에서 두 명의 똑같은 천사를 본 적이 있다. 당시에 나는 겨우 15분 정도만 살 수 있을 것 같은 85세의 할머니를 위해 기도해 달라는 요청을 받고 중환자실에 있었다. 할머니는 자신의 삶을 예수님께 드린 적이 없었다. 나는 몸을 숙여 할머니의 귀에 입을 대고 말했다. "할머니는 지금 영원의 세계로 들어가는 입구에 있습니다. 이제 할머니의 생명을 예수님께 드리고 예수님을 믿기로 결단해야 할 시간입니다. 그렇게 하고 싶다면, 제 손을 꼭 쥐세요." 할머니는 동의했다. 할머니가 내 손을 꼭 쥐었을 때 나는 주위를 둘러보았는데, 할머니의 병실에서도 두 명의 똑같은 천사를 보았다. 그 후 15분 안에 나는 할머니의 잿빛 몸에 발끝부터 머리끝까지 화색이 돌아오는 장면을 보았다. 할머니는 한 시간 안에 깨어났다. 할머니는 깨어나면서 "내 삶을 주님께 드렸

어요"라고 말했다. 다음 날, 할머니는 치유되어 귀가했다.

내가 두 명의 천사를 본 다음에 존을 보았을 때, 존은 눈을 떴다. 존은 인공호흡기보다 더 자주 호흡했고, 존의 어깨가 침대에서 들썩거렸다. 바로 그 순간, 하나님은 결정적으로 존에게 새로운 생명을 불어넣으시는 것 같았다. 뒤이어 우리는 계속해서 하나님이 존의 뇌를 회복하고 "재창조"해 주시도록 기도했다. 나는 마음의 눈으로 오색찬란한 색이 하늘에서 존의 머리 위로 내려오는 장면을 보았다. 마치 전기가 존의 뇌를 다시 하나로 연결하는 것 같았다. 우리는 기도한 뒤 병실 안에서 하나님의 능력과 임재를 느낄 수 있었다. 존은 다시 눈을 떴고, 존의 어깨가 침대에서 들썩거렸다. 나는 존의 눈을 보았는데 생명이 돌아와 있었다.

그 사고는 월요일에 일어났다. 그 주 금요일에, 우리는 한 여성의 전화를 받았는데, 그녀는 "월요일 밤에 존의 병실에 천사들이 있었나요?"라고 물었다. 우리가 그렇다고 대답하자, 그녀는 "나도 병실에서 천사들을 보았어요. 내가 열다섯 살에 죽어 가고 있었을 때 병실에서 보았던 것과 똑같은 천사들이었어요"라고 말했다. 그녀는 이때 쉰여섯 살이었다.[23]

나는 도를 넘었다고 보이는 회의주의에 대해 회의적이다(물론 나는 그들도 관대하게 대하려고 하지만). 나의 이런 태도를 너그러이 봐주면 좋겠다.

28장

서구에서 살아난 사람들?

뉴스가 되지 못한 사례들

회생 사건은 대부분 뉴스가 되지 못한다. 응급실 전문가와 의사들은 환자들을 자주 소생시키기 때문에, 환자나 상황이 주목할 만한 가치가 있거나 결과가 특별히 이례적인 사례들만 뉴스로서 가치가 있다고 여긴다. 다음에 나오는 여러 사례는 다른 사례보다 훨씬 이례적이다. 예상보다 훨씬 좋은 결과가 나타난 사례도 있고, 특별한 신적 활동이 아니라면 불가능해 보이는 사례도 있다.

교회 안에서 일어난 사망 사건

나는 2016년 7월에 한 감리교 수련회에서 치유에 대해 강의하던 중 연합감리교의 목사인 샬럿 프리젠랜돌프(Charlotte Pridgen-Randolph)를 만났다. 샬럿 목사와 그녀의 남편 라베르뉴 랜돌프(Lavergne Randolph)는 뉴잉글랜드에 있는 샬럿의 교회에서 일어난 놀라운 사건을 나에게 이야기해 주었다. 일부 뉴잉글랜드 사람들은 뉴잉글랜드의 교회들이 영적으로 죽었다고 농담하지만, 이 사건은 교회 안에서 일어난 명백한 물리적 죽음이었다.[1]

샬럿 목사에 대해 우리가 알아야 할 사실이 있다. 샬럿 목사는 목회 사역으로 부름받았다고 깨닫기 전에 공인 간호사로 일했다. "나는 집중 치료와 정신과 간호, 행정 분야에서 경력을 쌓았다. 물리적 죽음이 무엇인지 안다. 나는 생사의 갈림길에 있는 사람들을 돌보면서 4년을 보냈다." 샬럿 목사의 설명이다.

2011년 어느 일요일에, 회중이 서서 성경을 낭독하면서 약 한 시간 동안 있었고, 그 뒤 샬럿 목사는 일요일 아침 예배를 마쳤다. 그런데 교회 성도 중 E이라는 이름을 가진 나이 든 미망인 안내 위원은 자기 자리에 남아 있었다. 샬럿 목사가 E 부인에게 다가갔을 때 목격한 장면을 나에게 이야기해 주었다. "E 부인은 잿빛이었고, 시신에서 나타나는 푸른색 원이 입술 주위에 형성되어 있었다. 손을 만져 보았더니 차가웠다." 샬럿 목사는 E 부인의 맥박을 잡을 수 없었다. 아무 말도 하지 못한 채, 샬럿 목사는 주위에 서 있는 사람들을 쳐다보며 외쳤다. "911에 전화를 하세요."

샬럿 목사는 작은 소리로 계속 기도했다. "주님, 이렇게 데려가지는 마세요. 곧 성탄절입니다. 제발 성전에서 그녀를 데려가지 마세요!" 죽음이 감히 성전을 침범했다는 사실에 화가 난 샬럿 목사는 하나님께 부르짖기 시작했다. 샬럿 목사는 구급차가 오고 있으니 입구를 막지 말고 얼른 성전을 떠나라고 모든 사람에게 부탁했다.

하지만 구급차가 오기까지 20분이 걸렸다. 그사이, 샬럿 목사는 E 부인의 맥박을 다시 재기 위해 경동맥과 상완을 모두 눌러 보았다. 여전히 맥박이 없는 상태였다. 계속 작은 소리로 기도했지만 몸을 눕히는 편이 더 낫겠다고 판단한 샬럿 목사는 E 부인의 두 다리를 교차시킨 뒤 다리를 부드럽게 들어 올렸다.

그런데 갑자기 E 부인이 똑바로 일어나더니 힘주어 말했다. "나는 괜찮아요! 나는 괜찮아요!"

주위에 서 있던 성도들은 샬럿 목사를 보았고, 샬럿 목사는 성도들과 E 부인을 번갈아 바라보았다. E 부인의 얼굴은 여전히 분필처럼 창백하고, 입술 주위의 선명한 푸른색 선은 산소가 부족한 상태임을 암시했다. 샬럿 목사가 그녀에게 충고했다. "다행이네요. 그냥 편히 계세요."

바로 그때 응급 의료 요원들이 들이닥쳤다. "왜 우리에게 전화를 하셨나요?" 누군가 물었다. 그들이 E 부인을 바라보았을 때, E 부인은 여전히 자기는 괜찮다고 강조하고 있었다. "좋아요, 괜찮다고 느낀다면, 굳이 병원에 갈 필요는 없습니다."

"절대 안 돼요." 이전에 간호사였던 샬럿 목사는 무심결에 이렇게 말했다. "여러분은 E 부인을 병원으로 데려가야 해요! 입술 주위의 푸른색 선은 무슨 일인가 일어났다는 걸 암시해요. 깨끗이 치료해야 합니다." 샬럿 목사는 그들과 함께 병원으로 갔고, E 부인은 약 두 시간 동안 응급실에 머물렀다. 그들은 검사하면서, E 부인에게 걸어 보고, 한 다리로 서 보고, 어떤 일이 있었는지 설명해 보라고 말했다. E 부인은 할 말이 없었기 때문에, 그냥 계속 샬럿 목사를 바라보면서 눈을 찡긋했다.

결국 샬럿 목사는 E 부인을 집으로 데려왔다. 사람들이 집으로 데려온 뒤, E 부인은 설명했다. "나는 죽은 남편을 보았는데, 아직 내 때가 안 되었다고 남편에게 말했어요." 그런 다음 다시 눈을 찡긋하면서 덧붙였다. "나는 성전에 있을 때 언제나 내가 가장 살아 있다고 느낍니다."

샬럿 목사는 이렇게 회고한다. "집으로 돌아오는 길에, 나는 차 안에서 감정을 주체하지 못하고 눈물을 흘렸어요. 나는 하나님이 방금 전 어떤 일을 행하셨는지 조금도 의심하지 않습니다. 나는 제정신이 아니었어요. 그동안 나는 세상의 다른 지역에서 사람들이 하나님을 경험하듯이, 뉴잉글랜드에서도 하나님의 존재를 드러내시도록 하나님께 부르짖어 왔어요. 그런데 내가 지켜보는 가운데 그 일이 이렇게 극적으로 일어날 줄은 생각도 하지 못했어요."

E 부인은 지금도 샬럿 목사의 교회에 출석한다. E 부인은 약해졌고, 성인이 된 자녀들이 주 경계선 밖에서 살고 있기 때문에, 교회 가족 하나가 E 부인을 보살피고 있다. 그녀는 지금도 기쁨으로 제단에 촛불을 켜고, 성전에 들어오는 모든 사람을 사랑의 포옹으로 맞이한다.

간호사가 교회에 나오다

2011년 2월 14일, 월요일 저녁에 제프 뷰캐넌(Jeff Buchanan)에게 심정지가 일어난 뒤, 의료 전문가들은 20회나 전기 충격을 가했다.[2] 90분 동안 정상적인 심장박동이 없었고 거의 15분간 뇌에 산소가 주입되지 않았기 때문에, 제프는 생존하더라도 식물인간이 되리라고 예상되었다. 그렇기는 하지만, 의료진은 최선을 다해 수고했고 뇌 손상을 줄이기 위해 몸을 차갑게 유지했다. 오클라호마 심장 병원(Oklahoma Heart Hospital)의 간호사 돈 페인(Don Payne)은 제프의 가족들과 친구들이 담대한 믿음으로 기도하는 모습에 놀랐다. 제프의 심장은 수요일 저녁에 다시 멈추었지만, 안정을 찾은 후 의료팀은 의학적으로 유도된 혼수상태에서 그가 의식을 찾게 하려고 시도했다. 그의 아내인 에리카(Erica)가 말을 걸었을 때 제프는 대답했고, 다른 테스트를 시작하던 간호사들은 제프의 대답을 듣고 기뻐했다.

직원들이 목요일에 인공호흡기를 제거했을 때, 제프는 인공호흡기 없이 호흡했다. CT 촬영 결과 뇌 손상은 전혀 없었다. 병원에서는 3월 2일, 한바탕 죽음의 소동이 있고 나서 16일 후에 그를 집으로 돌려보냈다. 간호사 돈 페인은 나중에 제프의 교회에 출석했다.

물론 결과는 예상 밖으로 긍정적이었지만, 하나님은 E 부인과 마찬가지로 제프의 사례에서 노련한 의료 인력을 통해 일하셨다. 의료 기술을 활용하기 훨씬 힘든 다른 서구 환경에서는 어떤 일들이 일어났을까?

동부 유럽의 회생 사례

서구의 한 사례 진술은 내 친구 롭 스타너(Rob Starner)의 장인인 폴란드인 목사 유제프 발루친스키(Józef Bałuczyński)에게서 나왔다.[3] 시간과 상황, 이용 가능한 의료 지원의 한계로 인해 이 사례에 대한 의료 기록을 얻을 수는 없었지만, 박해받는 소수자의 일원으로서 오랜 세월 발루친스키가 보여 준 신실한 증언과 내가 알고 있는 그의 가족 이야기는 이 진술의 신뢰성을 뒷받침한다.

나치 강제 노동 수용소에서 강제 노역에 시달리던 발루친스키는 제2차 세계대전에서 생존했지만, 화농성 폐렴에 감염되고 말았다. 그는 폐렴에서 잠시 회복되었지만, 크라쿠프(Kraków)에 있는 성 나사로 병원(St. Lazarus's Hospital)에 머물다가 다시 화농성 폐렴에 무릎을 꿇고 말았다. 발루친스키는 그곳에서 마비 상태에 빠졌고, 곧이어 몸 밖에서 자기 몸을 보았다. 그 뒤에 발루친스키는 예수님의 임재를 경험했는데, 그는 이보다 더 아름다운 경험을 해 본 적이 없었다. 하지만 그는 얼른 자기 몸으로 돌아왔고, 나사로라는 이름에 어울리는 병원으로 다시 돌아왔다. 침상에 있던 간호사는 발루친스키의 심장박동과 호흡이 한동안 멈추었다고 언급하면서 무슨 일이 있었느냐고 그에게 물었다.

발루친스키는 분명히 회복되었고, 그 이후 공산주의자들이 종교를 탄압하던 폴란드에서 몇십 년간 계속 목사로 사역했다. 나는 이 신실한 목회자가 2015년에—이 경험을 겪고 나서 거의 70년 후에—나에게 써 준 친절한 메모를 소중히 간직하고 있다.

회생으로 인한 회심

좀 더 최근에 동유럽에서 일어난 훨씬 상세한 어느 사례가 찰리(Charlie)와 플로렌티나 마다(Florentina Mada)의 감동적인 책 『회생』(Raised!)에 나온다![4] 나는 이 부부와 길게 인터뷰했다. 이 부부의 삶에서 하나님이 행하신 일에 관해 그들이 느낀 감동에는 전염성이 있다.

그들의 이야기는 1991년 8월 6일에 시작된다. 루마니아에 살면서 아직 신자가 아니었던 마다 부부는 야외에 설치된 관 속에 빠진 생후 16개월 된 하나밖에 없는 아들 마리우스(Marius)를 발견했다. 많은 목격자 앞에서 숨이 끊긴 마리우스를 물 밖으로 건져 낸 뒤 급히 병원으로 데려갔지만, 병원 직원들은 마리우스에게서 어떤 생명의 징후도 발견하지 못했다. 심장박동이나 반사작용을 보지 못했기 때문에, 직원들은 의료적 도움을 주지 않았다. 그렇기는 하지만, 직원들은 절망적인 부모들이 아들의 시신 옆에서 슬픔을 이겨 낼 수 있게 해 주었다. 하지만 마리아 코만(Maria Coman) 박사가 병원에서 계속 말했듯이, 찰리와 플로렌티나는 점차 하나님만이 기적을 일으키실 수 있음을 깨달았다.

일곱 시간 후, 찰리가 다른 사람에게 친절을 베풀던 그 순간, 부풀어 올라 잿빛이 된 차가운 몸에 갑자기 생기가 돌면서 마리우스는 온전히 회복되었다. 여러 목격자도 자신들이 본 일을 입증하는 진술서를 작성해 주었다. 사후 퇴원 확인서는 숨이 끊어진 마리우스의 상태가 4단계 혼수상태였음을 시사하지만, 당시 루마니아에서는 회복의 가망성이 전혀 없는 뇌사 역시 이 단계에 포함되었다.[5] 다시 호흡을 시작하기 전 마리우스는 기술적으로 언어 표현을 명확히 할 수 없었다. 목격자들의 일치된 진술에 따르면, 의사들은 사망한 아이에게 맥박이나 호흡, 눈이나 근육의 반응이 전혀 없다고 판단했다.

이 사건이 시작될 때 온 가족은 새로운 믿음의 길에 들어섰고, 가족들이 헌신적인 그리스도의 제자가 되면서 이 사건은 마무리되었다. 이것은 가족들이 경험한 마지막 기적도 아니었다. 마리우스는 나중에 엉덩이가 낫는 뜻밖의 치유를 경험했고, 부모들은 이 사건과 관련된 의료 기록을 나에게 보내 주었다. 나는 여러 가지 세부 내용에 대해 그들과 장시간 인터뷰를 진행했다. 마리우스는 지금 건장한 청년이 되었다.

우리는 이와 같은 진술을 더 많이 언급할 수 있지만,[6] 나는 여러분이 핵심을 간파했기를 바란다. 뜻밖의 회생은 많은 사람이 짐작하는 것보다 훨씬 자주 일어난다. 다만 의사들은 무엇을 예상해야 하는지 대다수 사람들보다 훨씬 잘 알고 있다. 의사들 가운데 회생을 목격한 사람들이 있는가?

29장

회생을 목격한 의사들

나는 믿음으로 기도하는 상황에서 의사들이 회생을 목격했다는 진술을 받았고, 많은 의사들은 수년 동안 이와 같은 회생 사건의 관찰 결과를 책으로 출간했다.[1] 당연히 의사들의 관찰이 가능했던 상황은 내가 진술해 온 많은 사건들과 달리 의사들의 개입이 전제되어 있다. 의사들의 개입 없이 소생했다고 내가 진술한 사건들은 대부분 의사들의 개입이 불가능한 상황에서 일어났다. 의사가 현장에 있었는데 의료적으로 개입하지 않는다면 무책임한 행동이라고 할 수 있다. 우리는 일반적으로 자신이 할 수 있는 일을 하면서 불가능한 일을 하나님께 의탁한다. 그러나 27장에 언급된 존 스미스와 같은 사례에서, 여러 의사들(27장의 경우에는 슈터러 박사와 개릿 박사)은 최선을 다한 치료를 통해 얻는 것보다 훨씬 더 좋은 결과가 나왔다고 보고한다.

책으로 출간된 사례

최근 의사들이 저술한 한 사례 모음집에서는 이례적인 회생에 관한 의사들의 증언이 30페이지에 걸쳐 나온다.[2] 물론 모든 표본이 동일한 타당성을 갖고 있는 것은 아니다. 편집자는 "[환자들이] 사망 선언을 받거나 뇌사 상태라는 진단을 받은 후 기적은 시작되었다"라고 설명한다.[3] 나는 여기서 이런 진술 중 하나를 요약하겠다.

마이클 플라이셔(Michael Fleischer) 박사는 양수가 임산부의 혈류로 새나가는 양수 색전증에 걸린 한 환자가 겪은 치명적 경험을 진술한다. 의사들은 루비(Ruby)라는 이름의 젊은 엄마 환자를 살리기 위해 최선을 다했지만, 맥박이 전혀 없는 상태에서 45분이 지난 후, 의사들은 가족들에게 수술실로 들어가 작별 인사를 해도 좋다고 허락했다. 루비를 데려가시지 말라고 하나님께 요청하는 가족들의 뜨거운 간구에 "가슴이 미어진" 플라이셔 박사도 가족들과 같은 마음으로 조용히 기도했다.

그 뒤에, 더 많은 회생 시도가 무의미하다는 사실을 깨달은 의료팀은 흉부 압박을 중단했다. 심장 모니터는 "모호한 형태의 전기 활동을 포착했지만, 진정한 심장박동은 아니었다." 플라이셔 박사는 이렇게 설명을 덧붙인다. "그때 불가능한 일이 일어났다.…무슨 이유에선지, 루비의 심장이 그때 정상적인 리듬을 따라 저절로 뛰기 시작했다. 그에 못지않은 불가능한 일이 일어나면서 루비의 혈압도 갑자기 정상이 되었다."

하지만 심장박동 없이 이미 45분이나 지났기 때문에, 루비는 분명 뇌 손상을 비롯한 다른 장기 부전을 겪을 터였다. 그런데 루비를 되살리려는 시도를 멈춘 직후, 루비는 눈을 뜨고 하늘을 가리켰다. 다음 날, 플라이셔 박사는 루비에게 무슨 일이 있었는지 설명해 줄 수 있었다. 뇌는 물론이고 루비의 기관은 어떤 손상도 입지 않았다. 심지어 심폐 소생술을 하는 동안 갈비뼈를 "심하게 압박했는데도" 루비의 갈비뼈가 부러지지도 않았고 가슴에 멍이 들지도 않았다. 플라이셔는 "모든 통계나 교과서의 이론과 반대로, 사흘 후 루비는 건강한 갓난아이와 가족들의 손을 잡고 집으로 돌아갔다"라고 설명한다.

또 다른 책에서 데이브 워커(Dave Walker) 박사는 심폐 소생술이 시작되기 전 이미 20분 이상 숨이 끊어졌던 네 살 소년 앤드루(Andrew)의 사례를 이야기해 준다.⁴ 이것은 익사 사고이기는 했지만, 차가운 물에서 일어난 익사 사고는 아니었다. 워커 박사의 의료팀이 앤드루의 심장을 다시 뛰게 한 뒤에도, 확장된 동공은 빛에 반응하지 않았고 그의 몸은 경직되기 시작했으며, "머리는 심각한 뇌 손상을 당한 자세로 뒤로 젖혀졌다."⁵ 뇌에 얼마나 오랫동안 산소가 공급되지 않았는지 알고 있던 워커 박사는 앤드루의 뇌가 다시 살아날 수 없다고 생각했다.

앤드루의 부모들은 친구들을 모아 기도했다. 워커 박사도 기도했지만, 일반적으로 예상되는 의료 지식을 갖고 있었기 때문에, 그다지 큰 확신을 갖고 기도하지는 않았다. 그런데 이튿날 앤드루를 보았을 때, 앤드루는 워커 박사와 대화를 나눌 수 있었다. 그다음 날 앤드루는 똑바로 앉아서 장난감을 갖고 놀고 있었다. 의사들은 앤드루의 흉부 감염을 치료했지만, 앤드루는 뇌 손상을 전혀 입지 않았다. 이 일을 겪으면서 기도 응답으로 하나님이 어떤 일을 하실 수 있는지에 대해 워커 박사의 이해 수준은 크게 변화했다.

예수의 이름으로!

머빈 아스카바노(Mervin Ascabano) 박사는 필리핀에서 1차 진료소를 책임진 지역 보건 공무원이었다.[6] 그의 말에 따르면, 2009년 1월 7일, 시장을 만나고 있을 때 시장의 비서가 숨을 몰아쉬며 갑자기 들이닥쳤다. "진료소에 응급 상황이 발생했어요." 비서가 전했다. 아스카바노 박사는 진료소를 향해 달려가던 중에도 아비규환의 소리를 들을 수 있었고, 황급히 달려가면서 이미 명백히 사망한 어느 환자를 발견했다. 환자는 경직된 상태로 "바닥에" 쓰러져 있었고, "눈을 반쯤 뜨고, 피부는 회색빛으로 변해 있었고, 얼굴 전체에 침을 흘린 채 움직임이 없는 상태였다."

이 시설은 단순한 외래 진료소였기 때문에, 소생을 돕는 장비가 없었고, 구급차도 이용할 수 없었다. 환자에게는 심장박동이나 맥박이 없었고, 이미 2-3분간 아무 반응이 없었다고 한다. 또한 환자의 몸은 싸늘하게 식었는데, 이는 2-3분도 적게 잡은 시간임을 시사한다. 환자를 부둥켜안고 눈물을 흘리고 있던 환자의 동료가 길을 내주지 않았기 때문에, 환자를 침대에 눕히는 데 1분이 더 소요되었다. 아스카바노가 필사적으로 심폐 소생술을 시도하려고 했을 때, 조산사는 환자의 바지에 이미 소변이 흥건했다고 설명했다. 조산사가 보기에, 환자는 이미 너무 멀리 갔기 때문에 의료 장비 없이 다시 살아날 수 없었다.

이 시점에 아스카바노 박사는 흉부를 압박하면서 "예수의 이름으로!"라고 외치기 시작했다. 세 번째 소리칠 때, 심폐 소생술을 시작하고 나서 약 30초 후에, 그리고 환자의 맥박과 심장박동이 중단되고 나서 약 5분 후에, "환자는…액체를 내뱉기 시작했고, 팔과 피부에는 화색이 돌기 시작했다." 놀랍게도, "뒤이어 환자는 눈을 뜨고 일어나려고 했다." 그래서 담당 의사는 환자를 반듯이 눕혀야 했다. 간호사와 조산사가 환자와 함께 병원에 갔지만, 아스카바노 박사의 전언에 따르면, "환자는 이미 아무 일도 없었다는 듯 자유롭게 움직이고 있었다! 또한 그들이 병원에 도착했을 때, 환자의 생체 신호는 전부 정상이었기 때문에 입원하지 못할 뻔했다! 환자의 혈압과 맥박 수, 호흡수, 심박 수는 모두 정상이었다."

물론 이 정도 시간 안에 특히 심폐 소생술을 통한 회생은 가능하다. 하지만 이렇게 온전하게, 특히 즉각적으로 회복된 사례는 이례적이다. 이와 같은 상황에서 환자는 보통 상당 기간을 병원에서 보내야 한다. 그렇게 해도 생존 확률은 일반적으로 "보고된 문헌에 근거할 때 대략 5-10퍼센트이고, 그때에도 대개 심각한 신경 장애와 신체장애를 동반"하게 된다.[7] 대개 의료 장비 없이 심장을 다시 뛰게 하려면 부드러운 흉부 압박보다 훨씬 강한 충격이 필요하고, 흔히 뼈가 부러지는 결과를 낳는다. 아스카바노 박사의 30초 심폐 소생술만으로는 아마 충분하지 않았을 것이다. 또한 이런 경우에 후속 검사에서는 환자의 여러 기관에 몇 분간 산소가 공급되지 않았음을 확인하게 된다. 그런데 약 5분간 맥박과 호흡이 없었던 이 여자 환자에게서는 산소가 공급되지 않았다는 어떤 징후도 나타나지 않았다.[8] 아스카바노 박사 자신은 기적이 일어났다고 깊이 확신했기 때문에, 이 사건을 통해 그는 사람들을 돕는 또 다른 직업을 갖겠다는 확신을 얻었다. 결국 그는 목회자가 되었다.

나는 듀크 대학교에서부터 나의 오랜 친구였으며 지금은 응급실 의사로 일하는 아서 윌리엄스(Arthur Williams)에게 이 경험에 대해 문의했다. 그는 납득이 간다고 대답했다. 윌리엄스는 종종 환자들을 위해 기도하는데 즉각적인 결과를 경험하기도 한다. 그런데 윌리엄스는 자기 팀이 어떤 환자를 소생시키기 위해 오래 수고했지만 아무 소용이 없었던 상황에 대해서도 진술했다. 그들은 결국 포기하지 않을 수 없었다. 의료팀의 얼굴은 땀에 젖었고 실망스러운 마음이 들었다. 그런데 환자의 머리 위로 시트를 씌우려던 바로 그 순간, 갑자기 "모니터가 울리기 시작했고 환자의 심장은 기적적으로 뛰기 시작했다." "이와 같은 경우가 많이 있지만, 하나님이 얼마나 [위대하신지] 또한 기적이 지금도 얼마나 널리 퍼져 있는지 알아듣는 사람은 없다."9

아스카바노 박사가 경험한 것과 같은 사례는 전형적인 경우는 아니지만, 사실 회복이 불가능한 뇌 손상은 심장박동 없이 5-6분 이내에 시작되지 않을 수도 있다. 진료소에서 일어난 아스카바노 박사의 경험은 확신을 주기에 충분했지만, 일부 독자들은 추가적인 진술을 원할 것이다. 다행히 의사들은 상당히 더 긴 시간이 지난 후 일어난 이례적인 회생 사건을 보고한다.

두 번째 기회

나는 이미 촌시 크랜들 박사의 몇 가지 간증을 언급했지만, 가장 큰 관심을 끈 것은 다음에 이어지는 진술이다. 2006년 초가을 어느 날, 한 플로리다 응급실 의사들은 미국 심장 협회(American Heart Association)의 프로토콜에 따라 제프 마킨(Jeff Markin)을 다시 살리기 위해 거의 40분간 애를 썼다. 일곱 번이나 전기 충격을 가했는데도, 마킨을 다시 살릴 수 없었다. 심장 전문의인 크랜들 박사는 마킨이 소생 불가능하다고 판단했고, 마킨은 오전 8시 직후에 사망 선고를 받았다.

크랜들은 소견서를 작성한 뒤 회진하기 위해 돌아가려고 했다. 간호사들이 시신을 영안실로 보내기 위해 준비하던 바로 그때, 크랜들은 시신으로 돌아가라고 속삭이는 성령의 특별한 인도를 감지했다. 확장된 마킨의 눈은 움직임이 없었고, 얼굴과 팔다리는 청색증으로 검게 변한 상태였다. 마킨은 의심할 여지없이 사망했다. 크랜들은 그날 큰 확신을 느끼지 못했지만, 성령의 인도에 순종했다.

크랜들 박사는 하나님이 마킨을 다시 살리셔서 주님을 알 수 있는 두 번째 기회를 주시도록 큰 소리로 기도했다. 그때 크랜들 박사는 응급실 의사인 동료를 향해 마킨에게 한 번 더 전기 충격을 가해 보라고 재촉했다. 동료 의사는 마킨이 소생할 수 없다는 점에 동의했던 사실을 떠올리며 멈칫했지만, 존경의 마음으로 크랜들의 요청을 받아들여 마킨에게 전기 충격을 가했다. 갑자기 모니터의 평평한 선이 정상적인 심장박동으로 변했다. 심장이 잠깐 멈추었을 때에도 이런 일은 일반적으로 일어나지 않는다. "심장 전문의로서 20여 년 동안, 나는 심장박동이 그렇게 완전하고 갑자기 회복되는 장면은 본 적이 없다."[10] 크랜들의 설명이다. 아무 도움 없이 마킨은 즉각 호흡을 시작했고, 몇 분 안에 팔다리를 움직이면서 말을 하기 시작했다.

공기가 없는 상태에서 6분만 지나도 회복할 수 없는 뇌 손상을 입지만, 마킨은 뇌 손상도, 다른 기관의 문제도 없었다. 이런 일이 일어난 후 마킨은 크랜들 박사를 정기적으로 방문했고, 그는 정말 주님을 알게 되었다. 크랜들 박사는 나중에 마킨이 그리스도인이 되어 세례를 받을 때 함께 찍은 사진을 나에게 보내 주기도 했다.

저널리스트들은 목격자들을 인터뷰했고 의료 기록을 검토했다. 그들의 보도는 널리 퍼졌다.[11] 심장 전문의로서 크랜들은 높은 명성을 얻은 상황이었다. 논쟁에 휘말릴 여지가 있는 회생을 주장함으로써 미심쩍은 유명세를 얻어 자신의 명성을 위험에 빠뜨리고 싶은 생각은 추호도 없었다.[12] (나도 공감한다. 기적에 관한 연구 때문에 회의적인 동료 학자들은 나의 연구에 대해 더 관심을 보이기보다는 덜 관심을 보이는 경향이 있음을 나도 충분히 인지한다. 내가 목소리를 높이는 이유는 오직 확신 때문이지, 분명 편익을 얻을 수 있기 때문은 아니다.) 그렇기는 하지만, 이 경험은 더 많은 기적을 위해 기도하라고 크랜들을 격려했다. 그는 그 뒤로 특별한 결과를 더 많이 보았고, 그중에 몇 가지는 지역 텔레비전에 방영된 환자들의 인터뷰에서 알려졌다. 일부는 13장에서 언급되었다.

의사들 자신이 회생한 적이 있는가?

2008년 10월 24일, 숀 조지(Sean George) 박사는 웨스턴오스트레일리아주에서 운영하던 의료 클리닉을 나와 집으로 가기 위해 운전하고 있었다.[13] 캘굴리(Kalgoorlie)의 집에서 약 48킬로미터 떨어진 곳에서, 그는 갑자기 가슴에 통증을 느끼기 시작했다. 캘굴리 병원(Kalgoorlie Hospital)의 고문 의사인 숀은 어떤 위험의 가능성이 있는지 알고 있었다. 물론 서른아홉 살의 숀은 분명 심장마비를 일으키기에는 너무 젊다고 여겼지만 말이다. 숀은 (차에 동승하고 있던) 인턴을 대동하고서, 친구인 라오(Rao) 박사가 운영하던 지역 클리닉에 들어가 신체를 검사했다. 라오 박사가 점심을 먹는 동안 간호사들이 심전도 검사를 실시했고, 검사를 통해 조지 박사는 실제로 심장마비를 겪고 있음이 확인되었다.

이 진단을 받고 나서 11분 후, 숀이 완전한 심장마비를 일으키는 동안 의료진과 숀의 인턴은 숀을 다시 살리기 위해 필사적으로 노력했다. 하지만 숀 자신이 지적하듯이, "뇌에 3분간 혈액 공급이 중단되었을 때 뇌세포는 죽기 시작하고, 20분 후에는 다른 기관이 완전히 죽는다." 그렇기 때문에 의료진은 대개 30분 뒤에 포기한다. 숀의 친구들은 거의 55분 동안 숀을 다시 살리기 위해 수고했지만 허사가 되고 말았다. 그들은 55분 동안 약 4,000번의 흉부 압박을 실시했고, 복부에 화상 흔적을 남기는 전기 충격을 13번이나 가했다.

숀의 상태를 통보받은 그의 아내 셰리 제이컵(Sherry Jacob)—그녀도 의료 전문인이다—과 캘굴리 병원의 응급실 의사들이 클리닉에 도착했다. 숀의 몸은 이제 싸늘했다. 이때쯤 숀은 이미 한 시간 25분 동안 사망해 있었다. 캘굴리에서 온 동료들은 상황이 어떤지 판단했다. 수석 의사는 셰리에게 들어가서 남편과 작별 인사를 나누라고 조심스럽게 조언했다. 하지만 셰리는 예상과 달리 작별 인사를 하는 대신 숀의 손을 잡은 뒤 두 사람이 함께할 수 있는 시간을 조금만 더 허락해 달라고 하나님께 짧은 기도를 드렸다. "숀은 이제 서른아홉 살이고, 저는 이제 겨우 서른여덟 살입니다. 우리에게는 열 살짜리 아이도 있습니다. 기적을 베풀어 주세요!" 셰리는 부르짖었다. 그때 갑자기 숀의 심장이 뛰기 시작했다.

물론 셰리의 진심 어린 기도에 감동했지만, 숀의 동료 중 한 사람은 움찔하며 생각했다. "최악의 일이 벌어지고 말았군. 이제 셰리는 조만간 남편의 생명 유지 장치를 언제 떼어 내야 할지 결정해야 할 거야." 예상치 못한 우박 폭풍으로 인해 퍼스(Perth)까지 가는 응급 비행기는 도착이 지연되었지만, 그곳의 의사들은 마침내 막힌 동맥을 뚫을 수 있었다. 그렇기는 하지만, 현장에 있던 스티브 던지(Steve Dunjie)와 다른 의사들이 증언하듯이, 숀의 생존은 불확실해 보였다. 나중에 대중에게 공개된 의료 기록이 명확히 보여 주듯이, 숀은 이미 급성 심부전과 간 부전을 앓고 있었고, 의사들은 숀이 회복 불가능한 뇌 손상을 입었을 거라고 확신했다.

그런데 사흘 후, 숀은 뇌 기능을 완전히 회복한 상태로 깨어나 말을 하기 시작했다. 그는 기억 상실을 겪지 않았고, 자신의 의료 차트를 읽기 시작했다. 두 주 후 숀은 병원에서 퇴원했고, 세 달 안에 완전히 업무로 복귀했다. 캘굴리 병원의 컨설턴트 의사, 프라빈 술야 셰티(Pravin Sulya Shetty)는 이렇게 말했다. "당신의 모든 신체 기관은 이제 더 이상 도움이 필요하지 않은 상태입니다. 사흘 동안 혼수상태에 있었는데도, 당신의 뇌 기능은 손상되지 않았어요. 나는 이것이 의학적 관점에서 설명할 수 없는 일이라고 말하지 않을 수 없습니다." 숀의 죽음을 목격했던 의사들 가운데 세 사람은 그리스도인이었지만, 다른 두 명은 힌두교인이었고 한 명은 무슬림이었다. 그들은 모두 자신들의 동료가 기적을 경험했다고 인정한다.

자신의 경험이 얼마나 중요한지 깨달은 숀은 최초의 제세동기 로그 기록을 포함해 의료 기록을 보관했다. 나중에 숀은 이 특별한 회복에 관한 증언 및 여러 글과 더불어 상세 자료와 의료 기록을 누구나 볼 수 있도록 자신의 웹사이트에 올려놓았다.[14] 숀은 현재 캘굴리 헬스 캠퍼스(Kalgoorlie Health Campus, 이전의 캘굴리 병원)의 일반 의학과 과장이다.

※ ※ ※

임상 조건에서 한 시간 이상 사망했다가 기도한 뒤 갑자기 심장이 뛰기 시작한다. 그런데 뇌 손상은 전혀 입지 않았다. 조지 박사와 같은 사례에는 주목할 만한 점이 있지 않은가? 임상 조건이 어디에서나 가능하지는 않지만, 기도 후 발생한 이와 같은 소생 사건은 색다른 일이 아니다. 진술의 신빙성에 잃을 것이 큰 신뢰할 만한 목격자들(즉 목격자들에게 요구하는 흄의 주요한 기준 가운데 하나에 부합하는 사람들)은 세계 곳곳에서 이와 같은 사건들이 일어난다고 보고한다. 또한 대개 이러한 사건들은 이 장에서 기술한 대부분의 경우와 달리, 회복 과정에서 의료 기술의 도움을 얻지 못하는 상황에서도 일어난다.

30장

죽었던 친구들 혹은 죽었던 이들을 만난 친구들

문서 기록을 읽는 것과 신뢰하는 친구들의 진술을 듣는 것은 별개의 문제다. 2021년 초에 접어든 현재까지, 나는 회생을 직접 목격했거나 회생을 위해 기도한 적이 없다. 하지만 나는 이런 일을 목격하거나 기도한 사람들을 많이 알고 있다. 이상하지만, 만일 내가 친구들에게 치유에 관해 묻지 않았다면, 대개 이런 진술들을 듣지 못했을 것이다. 우리 모두에게는 이야기해야 할 다른 현안들이 더 많기 때문이다. 가끔 우리는 자신이 목격했거나 경험한 과거의 기적을 기념하는 일을 잊기도 한다.

그런데 나는 곧이어 많은 친구가 해 줄 이런 경험에 관한 이야기를 알고 있다는 사실을 알았다. 처음 만난 사람들의 증언을 여기에 더 많이 포함할 수도 있었지만, 이런 사람들의 증언은 제외했다. 나는 여기서 증언을 듣기 **전**에 우리가 서로 알았던 가까운 가족들의 친지나 친구, 동료들에게만 초점을 맞춘다. 이런 식으로 증언을 제한하면 불확실하거나 관심에 굶주린 목격자들을 걸러 낼 수 있다. 또한 이 원칙은 이 장의 증언들이 표본에 불과함을 시사한다. 이 증언들은 전 세계 그리스도인들이 경험하는 영역에서 작은 부분에 불과한 우리 가족의 지인들에게서 넘쳐 나는 진술일 뿐이다.

나는 다양한 지역에서 나온 이야기를 진술하겠지만, 아프리카에서 나온 치유 사례에 치중되어 있다. 그 이유는 내가 미국 밖에서 지낸 대부분의 시간을 아프리카에서 보냈기 때문이다. (미국에서는 대부분의 시간을 책상에 머물러 있어야 했다!) 미국의 경우, 일반적으로 사람들을 소생시킬 때 사용하는 의료 수단은 대부분의 아프리카 지역보다 훨씬 더 많고, 비응급 요원들이 시신에 접근할 기회는 훨씬 적게 주어지는 경향이 있다.

학자들의 논의

다수 세계(Majority World, 서구권을 제외한 나머지 지역－옮긴이)에서 일어난 기적에 관한 연구 결과에 흥분한 나는 2009년에 한 학자들의 모임에서 그중 일부를 공유했다. 그 모임은 다양한 종교적 관점을 가진 학자들의 모임이었기 때문에, 나는 이 경험들을 기적이라고 부르지 않았다. 이 경험들을 진지하게 받아들인다면 복음서에 나오는 기적에 관한 보도를 훨씬 공감하면서 듣는 데 도움이 될 것이라고 진술했다. 당연히 상당한 논쟁이 벌어졌다. 그러나 아마도 더 놀라운 점은, 훌륭한 학자라면 당연히 그렇듯, 이 문제의 모든 측면에 대해 모든 사람이 서로 존중하는 태도를 유지했다는 사실이다.

그런데 몇 분간 토론이 오간 후, 지금 미국에서 가르치고 있는 아요데지 아데우야(J. Ayodeji Adewuya) 교수가 일어나서 기적 문제와 관련해 자신의 견해에 영향을 준 한 가지 경험을 설명했다. 1981년 1월 1일, 나이지리아에서 아요 교수의 아들은 태어나면서부터 사망 선고를 받았다. 함께 있던 사람들이 모여서 아기를 위해서 기도했는데 30분 동안 기도한 후 아기는 숨을 쉬기 시작했다. 아기는 뇌 손상을 입지 않았고, 아요가 이 모임에서 이야기를 나누던 그 시점에 아요의 아들은 런던 대학(University of London)에서 과학 석사 학위를 취득했다. 나는 아요를 잘 알고 있고, 그의 진술에 고마움을 표한다.

나아지리아의 친구들

나는 직접 기적을 목격한 사람들의 보고는 가장 비중 있게 다루고, 그중에서도 목격자의 신뢰성을 내가 직접 보증할 수 있는 사람들이 이야기해 준 보고를 가장 비중 있게 다룬다. 놀라운 사실은, 나와 가까운 많은 친구들과 가족들에게도 회생 사건의 진술이 있다는 점이다.

나이지리아에서 처음 세 번의 여름을 지내던 동안, 나는 카프로(Capro)라고 불리는 나이지리아의 어느 선교 단체와 협력했다. 그곳에서 일하던 내 친구 중 하나가 옥스퍼드 선교학 센터에서 박사 학위를 받은 카프로의 연구 책임자 레오 바와(Leo Bawa)였다. 기적에 관한 학술서를 쓰기 위해 연구를 진행할 때, 나는 우연히 레오에게 기적을 본 적이 있느냐고 물었다.

레오와 나는 이전에 이 주제에 관해 한 번도 토론한 적이 없었고, 그는 처음에 대답할 때는 이야기해 줄 만한 내용이 별로 없다며 양해를 구했다. 나중에 레오는 일곱 페이지에 달하는 여러 진술을 전달해 주었는데, 거기에는 자신이 연구하고 있던 아다마와(Adamawa)주의 한 마을에서 사망한 아이와 관련된 진술이 포함되어 있었다. 레오가 묵고 있던 숙소의 이웃들은 레오에게 아이를 데려왔다. 처음에는 당황했지만, 레오는 아이를 위해 몇 시간 기도했다. 레오의 설명에 따르면, 나중에 아이는 살아났고, 레오는 살아난 아이를 부모에게 돌려주었다.

티머시 올로나데(Timothy Olonade)는 세 번의 여름을 나이지리아에 머물면서 내가 알게 된 또 다른 친구이자 카프로 선교회의 리더였다. 나는 그의 목에 커다란 켈로이드 흉터가 있는 것을 보았지만, 어떻게 흉터가 생겼는지에 관해서는 물어본 적이 없었다. 그런데 나중에 둘 다를 아는 한 의사 친구[1]와 둘 다를 아는 또 다른 친구[2]가 내게 티머시의 이야기를 들려주었다. 그래서 나는 직접 티머시와 후속 인터뷰를 진행했다.[3] 1985년 12월, 어느 금요일에 티머시는 자동차 타이어 두 개에 펑크가 난 것을 발견했다. 그래서 택시를 타고 다음 도시로 이동하기로 결정했다. 오후 6시경, 티머시가 유일한 승객으로 탑승했던 택시는 픽업트럭과 정면으로 충돌했다.

이것이 그날 티머시가 기억하는 마지막 사건이었기 때문에, 나중에 다른 사람들이 그를 대신해서 다음과 같은 상세한 설명을 보충해 주었다. 택시 운전사와 트럭에 탔던 한 사람은 다리를 잃었고, 두 사람이 생명을 잃었는데, 그중 한 사람이 티머시였다. 경찰이 연락을 받고 사고 현장에 도착했을 시각이 오후 9시 40분이었다. 경찰은 티머시에게 맥박이나 심장박동이 전혀 없었다고 확신했다. 그들은 10시 30분경에 병원에 도착했고, 의사들이 서둘러 티머시를 영안실로 보내는 동안, 장례식을 준비해야 한다는 전갈을 부모들에게 보냈다.

그런데 새벽 2시나 3시경에, 영안실에 더 많은 공간을 확보하려던 어느 직원은 티머시가 움직이는 것을 발견했다.[4] 직원의 동료들은 티머시가 사망했다고 확신했기 때문에, 처음에 동료들은 그 직원이 환각을 본 것이라고 비웃었다. 티머시의 피부에 묻은 피는 굳어 있었다. 의료진은 바늘로 티머시를 찔렀고, 그로 인해 생긴 흔적 몇 개는 지금까지도 팔에 남아 있다. 하지만 티머시의 맥박이 분당 24회로 뛰고 있다는 사실을 발견한 직원들은 그를 즉각 병원으로 돌려보냈다.

티머시가 자기 이름을 대는 대신 성경 구절을 암송하기 시작했을 때, 담당 의사는 티머시가 식물인간이 될 것이라고 단정한 뒤 그의 목숨을 구하려고 애쓰는 것이 무의미하다고 생각했다. 그런데 대학 병원은 훨씬 유용한 도움을 주었다. 여러 해 동안 미국에서 실습한 외과 교수인 아데케예(Adekeye) 박사가 거기서 티머시를 치료했다. 나중에 그는 티머시가 생존한 이유가 무엇인지 의학적으로 설명할 방법이 없다고 진술했다. 물론 티머시의 온전한 회복은 즉각 일어나지 않았지만, 엑스레이를 통해 턱에 있는 골절을 제외한 두개골의 골절은 신속하게 치유되었음이 곧 확인되었다. 젊은 의사들에게는 전혀 납득이 가지 않는 일이었다. 아데케예 교수는 젊은 의사들에게 "내가 말했듯이, 이것은 의학적 설명을 넘어서는 일이다"라고 지적했다. 이 사건의 오류를 입증하려고 했던 한 기독교 신문사 기자는 오히려 진정성을 확신하게 되었다.

그 뒤로 티머시는 나이지리아 선교 운동에서 중요한 사역을 담당해 왔다. 지금 그는 성공회 선임 사제이고, 나이지리아 조스 성공회 관구(Anglican Province of Jos)의 지구촌 선교부 리더다.

콩고의 한 서양인 간호사

아프리카 시골에서 일어난 치유 사례의 경우, 대개 의료 기록을 얻지 못한다. 사실 사람들이 대개 고통을 겪는 이유는 바로 적절한 의료적 도움에 접근할 기회가 없기 때문이다. 그렇기는 하지만, 간혹 아프리카에도 회생을 입증하는 의료 기록이 존재한다.[5] 의료 인력의 증언은 약간 더 많다.

아내의 친한 친구 중 한 사람이자 미국에서 우리를 방문한 적이 있는 세라 스피어(Sarah Speer)는 콩고공화국의 선교 병원에서 일하는 캐나다인 간호사나.[6] 세라는 지연 분만으로 고생하다가 결국 분만에 실패한 한 엄마를 치료한 일을 들려주었다. 아이의 팔은 밖으로 나왔지만, 산모는 아이를 분만할 수 없었고, 세라가 일하던 병원까지 열 시간 동안 험한 흙길로 이동해 왔다. 산모의 생명을 구하기 위해 노력하던 의료팀은 자궁을 터뜨려 아기를 떼어 내야만 했다. 그런데 태아가 심장박동이나 호흡 없이 사망한 사실을 확인한 의료진은 산모를 살리기 위한 수술을 계속 진행했다.

한편, 훨씬 끈질긴 간호사 한 명은 아이를 포기하지 않고 남편이 기도하는 동안 아이에게 매달렸다. 아이를 떼어 내고 나서 20분 후, 그동안 호흡의 징후를 전혀 보이지 않던 아이가 갑자기 울음을 터뜨렸다. 세라는 의료팀 전체가 "하나님이 기적을 행하셨다고 생각했다"라고 전한다.

콩고에 있는 콩고인 친구들

아내는 콩고공화국 출신이기 때문에, 나는 콩고에서 일어난 회생 사건을 알고 있는 가족의 친구들을 인터뷰할 수 있었다. 이 이야기들은 아내가 속한 콩고공화국의 주류 개신교 교파에서 나온 사례이고, 복음주의 교회의 전 대표 파트리스 은수아미(Patrice Nsouami) 박사의 아들의 회생 사건도 여기에 포함된다.[7] 나는 이 이야기들을 전부 진술하기보다는 몇 가지에 초점을 맞추려고 한다.

2020년에 작고한 나의 처남 에마뉘엘 무쑹가(Emmanuel Moussounga)는 고등교육을 받았다. 프랑스에서 박사 학위를 취득한 처남은 콩고공화국에 있는 브라자빌 대학(University of Brazzaville)에서 존경받는 화학 교수가 되어 많은 박사과정 학생들을 지도했고 최첨단 과학 연구서를 출간했다. 처남이 다니던 교회의 집사 (그 지역에서는 마마 잔으로 알려진) 잔 마비알라(Jeanne Mabiala)가 사망했다고 여겨진 한 여성을 위해 기도한 후 그 여자가 다시 살아났을 때, 처남은 그 현장에 함께 있었다. 처갓집의 가족들은 마마 잔을 잘 안다. 마마 잔은 1990년대에 내전이 일어났을 때 처가 가족들의 동료 난민 중 한 사람이었고 능력 있는 기도로 유명했다. 에마뉘엘은 마마 잔뿐만 아니라 명백히 회생한 여성도 알고 있었다.

내가 마마 잔을 인터뷰했을 때, 그녀는 세 가지 회생 사례의 경험을 이야기해 주었다. 나는 2011년에 출간된 『오늘날에도 기적이 일어날 수 있는가?』에서 이 진술들을 실었기 때문에,[8] 여기서는 그중 하나만 상세히 진술하려고 한다.[9]

세계보건기구(World Health Organization)에서 조산사로 훈련받았던 마마 잔은 콩고공화국에서 내전이 일어났을 때 여러 아이들의 분만을 도왔다. 전쟁이 시작될 무렵, 플로레(Flore)라는 한 젊은 여성에게 산기가 있었는데, 그녀는 자궁에서 몇 시간 전에 명백히 사망한 아이를 출산했다. 아기의 몸은 창백했고, 목에 탯줄이 감겨 있었다. 개신교인인 엄마와 가톨릭교인인 엄마의 친구는 눈물을 흘리고 있었지만, 마마 잔은 기도에 힘을 쏟으라고 그들을 재촉해야 한다고 느꼈다. 곧이어 여자아이는 눈을 뜨고 입을 벌렸고, 마마 잔이 쓰다듬기 시작하자 울음을 터뜨렸다.

한편, 목수인 플로레의 아버지는 관을 준비하기 위해 멀리 갔다. 병원으로 돌아온 플로레의 아버지는 어안이 벙벙했다. 아기가 멀쩡했기 때문이다. "이 아기는 천 배의 은혜다!" 아버지가 외쳤다. 플로레와 가족들은 여자아이의 이름을 밀 그라스(Mille Grace, 천 배의 은혜)라고 지었다. 이 아이는 지금 학교에 다니고 있다.

필리핀에서 회생한 침례교인

나는 아프리카에서 나온 사례를 더 많이 싣기는 했지만, 이런 이야기는 아프리카에만 국한되어 나오지 않는다.[10]

예를 들어, 일레인 파넬로(Elaine Panelo)는 필리핀에서 살고 있다.[11] 일레인이 일하는 신학교에서 내가 강의할 때 강의 일정 조정에 도움을 준 것을 계기로 그녀를 알게 되었다. 기적에 관한 첫 번째 책을 쓰기 위해 조사하던 중이었기 때문에, 나는 학생들 중에 누군가 기적을 목격한 사람이 있느냐고 물었다. 많은 학생이 자신들이 경험한 사례를 이야기해 주었다. 무언가 말하는 걸 두려워하던 일레인은 주저했다. 자신의 경험을 나누었다가 출석하던 교회에서 추방된 적이 있었기 때문이다. 하지만 일레인의 이야기를 아는 친한 친구의 권유로, 그녀는 조심스럽게 자기 이야기를 나에게 해 주었다.

치료되지 않는 간암에 걸려 2년간 고생한 뒤, 1984년에 병원으로 옮겨진 일레인은 사망 선고를 받고 영안실로 옮겨졌다. 일레인의 친구가 다니던 침례교회의 목사가 한 시간 45분 뒤에 그녀를 위해 기도했을 때, 일레인은 돌연 의식을 되찾았다. 나는 일레인이 사망했는데도 침례교 목사가 그녀를 위해 기도한 이유가 무엇이냐고 물었다.

일레인은 이렇게 대답했다. "나도 몰라요. 나는 다시 살아난 직후에 기도했다는 말을 들었거든요. 내가 사망했었다는 점을 잊지 마세요!"

"그렇군요. 미안해요!" 나는 사과했다.

일레인의 부풀어 오른 복부도 정상 크기로 돌아왔고, 이후의 검사를 통해 암 자체가 사라졌다는 사실이 확인되었다. 일레인의 완벽한 치유는 죽음이 임박했음을 알려 준 바로 그 의사의 회심으로 이어졌다. 35년 이상 지난 후, 일레인은 여전히 건강하게 지내며, 우리는 정기적으로 연락을 주고받는다.

인도네시아에서 온 이웃

애즈베리 신학교로 자리를 옮긴 뒤, 인도네시아에서 온 겸손한 기도의 사람 유수프 헤르만(Yusuf Herman)과 한동안 가장 가까운 이웃으로 지냈다.[12] 유수프와 함께 기도하기를 좋아했던 옆집 이웃은 유수프가 전해 준 이야기에 대해 물어보라고 나에게 재촉했다. 그 뒤에 유수프는 자신의 이야기를 들려주었을 뿐만 아니라 자기 친구 도밍구스(Dominggus)를 인터뷰할 수 있도록 도와주었다. 도밍구스는 누가 보더라도 사망한 동안 천국을 경험한 사람이었다. 나는 인도네시아 자카르타의 저녁 뉴스에 나온 영상 자료를 시청했는데, 도밍구스의 시신은 피범벅이 되어 누워 있었고, 잘린 목은 크게 벌어져 있었다. 나는 도밍구스가 당연히 사망했을 것이라고 짐작한 보건 요원들이 부주의하게 그의 시신을 차량으로 운반하는 장면을 보았다.

도밍구스의 말에 따르면, 병원의 의사들이 그를 영안실로 보낼 준비를 할 때 그는 간신히 "나는 살아 있어요"라고 소리를 질렀다. 누구나 상상할 수 있듯이, 어쨌든 그가 말을 할 수 있었다는 사실에 의사들은 깜짝 놀랐지만, 의사들은 즉각 의무적으로 도밍구스를 치료하기 시작했다. 특히 목을 봉합할 때는 세심한 의학적 치료가 필요했지만, 도밍구스는 완전히 회복되었다. 어쩌면 성경에서 절뚝거렸던 야곱과 마찬가지로(창 32:31), 도밍구스는 지금도 이때의 경험을 증명하는 목의 상처를 갖고 있다.

신약학 동료

이와 같은 진술은 다수 세계에 있는 친구들에게만 국한되어 나오지 않는다. 내가 특별히 잘 아는 이 책의 제보자 중 한 사람은 이스턴 대학(Eastern University) 파머 신학교(Palmer Theological Seminary)의 예전 동료인 데버라 왓슨(Deborah Watson) 교수다.[13] 데버라는 박사과정에서 더럼 대학교(Durham University)의 유명한 학자 제임스 던(James Dunn)과 존 바클레이(John Barclay)와 함께 연구했고, 데버라와 나는 겨울 학기 집중 헬라어 수업을 포함해 여러 수업을 공동으로 가르쳤다. (나는 아주 심한 올빼미형 인간이기 때문에, 이른 아침에 시작되는 이 수업은 내게 고통스러운 기억으로 남아 있다.)

데버라는 미국 북동부에서 자라났고, 아버지는 그 지역의 침례교 목사였다. 데버라는 자기 이야기를 나에게 들려준 뒤 자신의 아버지와 나를 연결해 주었고, 데버라의 아버지는 더 상세한 내막을 알려 주었다. 45년 전, 데버라의 여동생 글로리아(Gloria)가 어린 아기였을 때, 글로리아는 높은 곳에서 딱딱한 화장실 바닥으로 떨어지면서 뒤통수를 부딪혔다. 글로리아는 움직이지 않았고, 아버지 제임스(James)가 가까운 의사의 진료실로 급히 데려가기 위해 글로리아를 들어 올리려고 했을 때, 아버지의 손에서 글로리아의 두개골 뒤쪽이 으스러지고 있는 것처럼 느껴졌다. 아버지가 움직이지 않는 글로리아를 진료실로 옮기고 의사에게 두개골에 대해 설명하는 동안에도 그런 느낌은 계속되었다.

그런데 5분가량 지난 뒤, 의사는 어리둥절한 표정으로 두개골 어디가 으스러졌다고 느끼느냐고 제임스 목사에게 물었다. 제임스는 다시 글로리아의 뒤통수를 만졌는데, 이제 뒤통수는 단단한 느낌이었다. 데버라는 글로리아가 "금방 좋아졌고," 그 뒤로 후유증이 없었다고 설명한다.

학생들의 간증

내가 가르쳤던 신학교의 여러 학생들도 회생이라고 여긴 각자의 경험을 나에게 이야기해 주었다.[14] 한 사례에서, 애즈베리의 어느 학생의 장인은 사고를 당해 맥박이 없었는데 학생이 기도한 후 맥박을 회복했다.[15] 또 다른 사례에서는, 애즈베리에서 박사 학위 과정을 밟고 있던 말라가시(Malagasy) 루터교회의 어느 지도자는 자기와 아내가 기도한 뒤 한 아이가 회생해 완전히 회복되었고, 그로 인해 광범위한 회심으로 이어졌을 뿐만 아니라 애초에 그 아기를 살해했던 범인들의 자백까지 끌어냈다고 진술했다.[16] 또 다른 사례에서, 애즈베리 목회학 석사과정을 밟던 어느 학생은 약 40-50미터 높이에서 떨어져 죽은 한 친구가 기도한 뒤 다시 살아나는 회생 사례를 직접 목격했다고 이야기한다.[17]

내가 필라델피아 바로 외곽에 있던 파머 신학교에서 가르치던 무렵, 학생 중 하나인 마르구프타 벨뷰(Margufta Bellevue)는 언젠가 아이티의 포르토프랭스(Port-au-Prince)에서 겪은 자신의 경험을 무심코 언급했다. 마르구프타의 어머니는 유아였던 마르구프타가 1979년에 죽음에서 회생했다고 마르구프타에게 말했다. 그 뒤에 마르구프타는 나의 요청에 따라 더 상세한 내용을 설명해 주었는데, 그 내용을 직접 인용해 보겠다.

내가 한 살 때 고열에 시달린 적이 있다. 의사는 내가 살지 못할 거라고 엄마에게 말했다. 몇 시간이 지나지 않아 의사는 내가 죽었다고 선언했고, 사람들은 나를 영안실로 데려가려고 했지만, 엄마는 받아들이려 하지 않았다. 엄마는 생명 없는 나의 몸을 안고, 당시에 나이 든 성도들이 밤낮으로 기도하던 교회로 갔다. 성도들은 나를 내려놓고 몇 시간 동안 기도하면서, 하나님이 함께하시면 불가능한 일은 아무것도 없다고 계속 찬양했다. 중보 기도자 중 한 사람이 숨을 깊이 들이마신 후 나에게 숨을 불어넣었다. 몇 초 후, 재채기를 하면서 눈을 뜬 나는 울음을 터뜨렸다. 사망 선고를 받고 다섯 시간 이상 지난 후, 하나님은 나를 다시 살리셨다.[18]

다시 한번 말하지만, 죽은 사람들은 대부분 회생하지 못한다. 하지만 마르구프타가 섬기는 이들을 포함해, 오늘날 많은 사람은 그녀가 회생했다는 사실에 감사한다.

31장

우리 가족 중에 살아난 사람들

의료적 도움을 받았을 때든 받지 않았을 때든, 나는 회생 사건이 일어날 때 현장에 있던 적이 없었다. 하지만 30장에서 회생 사건의 현장에 있던 친구들에 대해 언급했다. 나는 이런 증언들을 가까운 친지와 확대가족들에게서도 들었다. 곧 우리 처가 식구들이 해 준 증언, 곧 우리 장모의 증언을 다루려 한다.

사돈네 사돈

내가 인터뷰했던 알베르(Albert)와 쥘리앤 비쑤에쑤에(Julienne Bissouessoue) 부부는 아내의 가족들과 가까운 친구들이었다.[1] 처남이 두 사람의 딸과 결혼했기 때문에, 나중에 그들은 실제로 친척이 되었다. 그래서 나는 그들이 사돈네 사돈이라고 농담을 했다. 잔 마비알라와 마찬가지로, 알베르는 처남 에마뉘엘 무쑹가네 교회 집사였다. 나는 잔 마비알라만큼 그를 잘 알지 못했지만, 알베르는 자신이 경험한 여러 사례를 알려 줌으로써 개인적으로 우리를 도와주었다.

알베르의 진술에 따르면, 1980년대에 콩고공화국 북부에 있는 에툼비(Etoumbi) 마을의 학교 조사관으로 일하던 어느 날, 그는 오후 3시경 많은 사람이 자기 집에 모인 광경을 보았다. 사람들은 약 여덟 시간 전에 사망한 다섯 살짜리 소녀의 시신을 옮겨 왔다. 친척들은 소녀가 다시 살아나기를 바라면서 여섯 명의 지역 무당에게 돈을 지불했다. 귀신들에게 제사를 바쳤고 소녀의 귀와 코, 입에 피가 묻어 있었지만, 소녀는 다시 살아나지 못했다. 절망에 빠진 가족들은 이제 기독교의 하나님께 의탁할 준비가 되어 있었다.

"여러분은 왜 마지막이 되어서야 기독교의 하나님께 의탁하려고 합니까?" 알베르는 그들을 꾸짖었다. "여러분은 다른 모든 귀신을 버리고 한 분이신 참 창조주를 따라야 합니다." 알베르는 평소 기도하던 장소로 소녀를 옮겼다. 알베르의 말에 따르면, 30분간 기도한 뒤, "예수님은 이 작은 소녀를 살려 주심으로써 나를 통해 에툼비에서 첫 번째 기적을 행하셨다." 많은 마을 주민들이 예수님의 제자가 되면서, 조상들이 믿던 많은 종교 관행을 버렸다.

나중에 지역 병원장의 딸이 죽었을 때, 그 아이를 다시 살리려는 모든 시도가 실패했다. 이전의 회생 사건을 알고 있던 사람들이 알베르를 찾아왔지만, 그는 마을을 벗어나 다른 곳에 있는 학교들을 조사 중이었다. 알베르의 어린 자녀 중 하나가 알베르 대신 가겠다고 동의했지만, 당연히 두려웠던 알베르의 딸은 자신이 이런 상황에 준비되어 있지 않다고 판단했다. 그런데 이때쯤 그들은 알베르의 아내 쥘리앤을 데려갔다.

쥘리앤은 나사로에 관한 찬송을 부른 뒤 사람들과 함께 기도회를 인도했다. 기도를 마쳤을 때, "소녀는 눈을 뜨고 움직였다." 소녀가 다시 살아난 뒤, 그들은 아이의 다른 나머지 질환도 의료적으로 치료할 수 있었다. 한편, 쥘리앤 자신은 방금 전 일어난 일에 깜짝 놀랐다. 주님은 용기가 필요했던 그 순간에 쥘리앤에게 용기를 주셨다. 알베르나 쥘리앤이 죽은 사람들을 위해 기도한 것은 이렇게 두 번이 전부였다. 이것은 바로 하나님이 그 시간과 장소에서 원하신 아주 특별한 일이었다.

나는 단 한 번 비쑤에쑤 부부를 직접 만났고, 언어와 지리상의 장벽으로 인해, 그 뒤에는 주로 처남을 통해 그들과 소통했다. 그런데 나는 사돈네 사돈의 이야기보다 훨씬 가까운 가족의 이야기를 알게 되었다.

아내의 친정 가족들

하나님은 콩고 복음주의 교회의 집사인 장인에게 치유 기도의 은사를 주셨다. 장인의 기도는 단순 명료했는데도, 장인이 기도할 때 많은 사람이 치유되었다. 사실 아내와 처남도 장인의 기도로 즉각 치유되었다. 한때 뇌 수막염으로 죽어 가고 있었고 밤을 넘길 수 있으리라고 기대되지 않았던 막내 처제도 장인의 기도를 통해 치유되었다. 콩고에 머무는 동안, 나는 장인이 자기들을 위해 기도할 때 치유되었다고 증언하는 사람들을 만났.

그런데 다음에 이 사건이 일어났을 때 장인은 철도를 놓는 일 때문에 마을 밖에 있다. 나는 이 이야기를 아내에게서 처음 들었지만, 콩고를 방문해 그 지역에서 마담 자크(Madame Jacques)로 알려진 목격자 앙투아네트 말롬베(Antoinette Malombé)를 직접 인터뷰했을 때에야 상세한 내막을 알 수 있었다.[2] 딸 테레즈 마그누아(Thérèse Magnouha)가 두 살이었을 때, 마담 자크는 어느 날 이웃들에게 음식을 가져다주었다. 집으로 돌아온 마담 자크는 딸이 뱀에게 물린 것을 보았다. 그 지역의 뱀은 대부분 치명적인 독사였기 때문에 마담 자크는 겁에 질렸다. 마그누아는 숨을 쉬지 않았고, 그 마을에서는 의료적 도움을 전혀 받을 수 없었다.

아이를 도울 수 있는 다른 방법이 없었던 마담 자크는 숨이 끊어진 아이를 등에 끈으로 동여맨 뒤, 가족의 친구 코코 응고마 모이즈(Coco Ngoma Moïse)가 사역하던 근처 마을로 달려갔다. 코코 모이즈는 그때 다시 숨을 쉬기 시작한 테레즈를 위해 기도했다. 다음 날 테레즈는 마치 아무 일도 없었다는 듯이 건강하게 놀았다.³

나는 전에 이 이야기를 아내에게서 들었지만, 아내도 테레즈가 얼마나 오래 죽어 있었는지와 같은 자세한 사정은 몰랐다. 그래서 나는 마담 자크에게 테레즈가 얼마나 오래 숨을 쉬지 않았는지 물었다. 마담 자크는 전에는 이런 질문을 생각해 본 적이 없는 것 같았다. 아마 마담 자크는 이 질문이 나에게 왜 중요한지 이해하지 못했을 것이다. 나는 마담 자크가 첫 번째 마을에서 중간에 있는 언덕을 넘어 두 번째 마을까지 가는 데 얼마나 시간이 걸리는지 계산하는 모습을 지켜보았다. "세 시간 정도네요." 이렇게 결론을 내린 마담 자크의 말에 나는 경악을 금치 못했다. 세 시간은 다른 여러 사례 보고에 비하면 짧지만, 그렇게 오랫동안 숨이 끊어졌다가 살아난 회생 이야기를 나와 아주 가까운 사람에게서 들은 것은 이번이 처음이었다.

여러분도 알겠지만, 마담 자크(앙투아네트 말룸베)는 우리 장모이고, 테레즈는 아내의 큰언니다. 이것은 우리 가족 안에서, 그것도 죽음에서 단지 몇 분 후가 아니라 몇 시간이 지난 후 살아난 회생 이야기다. 앞서 설명했듯이, 산소가 전혀 공급되지 않은 채 6분이 지나면 환자가 살아난다손 치더라도, 회복 불가능한 뇌 손상이 시작된다. 하지만 테레즈는 뇌 손상을 전혀 입지 않았다. 사실 콩고를 방문하던 당시, 아내와 나는 이웃 나라에서 석사 학위를 마쳐 가던 테레즈를 재정적으로 돕고 있었다. 아내의 큰언니는 지금 콩고에서 다시 사역을 하고 있다.

장모를 의심하려는 건 아니었지만, 우리는 다른 증인인 코코 모이즈에게서 이 이야기를 확인했다.[4]

우연의 일치?

우연은 종종 일어나지만, 일부 회의론자들은 우연이 무제한에 가까운 힘을 가졌다고 여긴다. 사망했다고 오진할 확률은 얼마나 될까? 이런 오진 사례는 정기적으로 뉴스거리가 된다. 이런 오진 중 일부는 의학 문헌에서 가끔 나사로 증후군(Lazarus syndrome)이라고 부르는, 극히 드물고 설명 불가능한 현상일 수 있다. 물론 이런 사례들 중 일부에서는 약물이 투입되고, 일부는(혹은 잠정적으로 전부가) 특별한 신적 행동의 결과일 수도 있다. 어쨌든 회의론자들은 기도하는 동안 회생 사건이 일어났다는 진술을 듣고 나서, 회생을 위해 기도한 특정 시점과 어떤 사람이 사망했다고 오진한 시점이 **우연히** 일치했을 뿐이라고 주장할 수도 있다.

하지만 이와 같은 우연이 자주 일어난다고 기대할 수는 없다. 우리가 엄청나게 많은 사람을 성급하게 매장하지 않는다면 말이다. 하지만 만약의 경우를 대비해, 나는 여러 제보자들에게 사람들의 회생을 위해 얼마나 자주 기도했느냐고 질문했다. 결국, 명백히 사망한 시신을 놓고 수천 번 기도한다면, 한두 번 이런 행운을 얻는 것도 가능할 것이다. 비쑤에쑤에 부부는 어떤 사람의 회생을 위해 단 두 번 기도했고, 두 번 모두 회생 사건이 일어났다. 레오 바와는 단 두 번 기도했고—다른 한 번은 가장 친한 친구를 위한 기도였다—그들 중 한 명이 회생했다. 이것은 확률과 무슨 관련이 있을까? 많은 회생 사례들이 기도로 잘 알려진 그룹에서 그토록 자주 일어나고, 어떤 사람이 회생하게 해 달라는 기도와 연결되어 일어나는 이유는 무엇일까?

사람들이 성급하게 사망 선고를 받는 일은 얼마나 자주 일어날까? 내가 진술한 것 같은 이례적인 회생을 목격한 경험 많은 응급실 의사들은 실습 기간에는 이와 비슷한 일을 한 번도 본 적이 없다고 설명한다. 이런 식으로 상당한 시간이 지난 후 회생한 사례가 서구에서 드문 것과 마찬가지로, 아프리카의 의사들 가운데서도 드물다. 그렇다면 근거 있는 추정치를 제시하려고 할 경우, 가족이 사망했다는 오진 판정을 받은 사람을 알고 있을 확률은 얼마나 될까? 1982년부터 2017년까지 16개국에서 38건이 (상당수는 제대로 된 기록이 없지만) 나사로 증후군의 사례로 보고되었고, 따라서 일반적으로 1년에 1건보다 약간 많다. 이 35년 동안 (다른 15개국을 고려하지 않고) 미국에서**만** 8,000만 명 이상이 사망했다. 따라서 나사로 증후군으로 보고된 사례는 사망자 200만 명당 1건에 훨씬 못 미친다. 만일 (후하게 쳐서) 의료적 도움 없이 회생 사건이 일어날 때마다 평균 10명의 사람들이 그 사건을 직접 목격한다고 계산한다면, 20만 명당 1명이 이러한 회생 사건의 목격자라고 계산할 수 있다. 분명 아주 후하게 계산한 수치지만, 만일 아내와 내가 둘 다 아는 상당히 가까운 친구가 1,000명이라고 계산한다면(턱없이 과도한 추정치다; 실제 숫자는 10분의 1에 훨씬 가까울 것이다), 여기서 우리가 회생 사례의 목격자를 알고 있을 확률은 200분의 1 정도다. 하지만 논증을 위해, 좀 더 후하게 100분의 1의 확률이라고 계산해 보자.

그런데 아내와 내게는 세 개 대륙에서 (이 짧은 책에서 전부 진술하지 않은) 이런 희귀한 현상을 목격하거나 이런 현상을 직접 경험한 상당히 친한 친구 **10명**이 있다. 이 숫자는 내가 진술을 듣기 전부터 친구였던 사람들만 헤아린 것이다. 이것이 단순히 자연발생적 우연일 확률은 $100^{10} = 10^{20} =$ 100,000,000,000,000,000,000분의 1 혹은 1해분의 1이라고 할 수 있다. 하지만 이 친구들 중 몇 사람은, 명백한 사망 상태가 몇 시간 지속되었더라도 실제보다 짧은 시간으로 진단될 수도 있는 지역에 살고 있다. 따라서 이런 현상을 목격하거나 경험한 친한 친구들이 있을 확률은 **정말로** 후하게 계산해서 (100분의 1이 아니라) 그냥 10분의 1이라고 할 수 있다. 우리 가족에게 10명의 친구가 있기 때문에 확률이 훨씬 낮아지긴 하지만, 여전히 10^{10}분의 1일, 즉 10,000,000,000분의 1 혹은 그냥 100억 분의 1이다. (비교하기 위해 언급하자면, 이 글을 쓰고 있는 지금 세계 인구는 약 80억에 불과하다.) 그런데도 과연 나는 그냥 우연히, 아무 관련 없는 이유로 기적에 관한 책을 쓰게 되었을까?[5]

설령 우연이라고 하더라도, 이것은 하나의 우연이 아니라 수많은 우연이 축적된 우연의 집합체다! 100억 번에 한 번 일어나는 어떤 사건이 우연일 수 있을까? 물론이다. 하지만 만일 100억분의 1의 확률로 일어날 수 있는 일이란 것이 회의론자들이 제시하는 최상의 설명이라면, 그들은 자신들의 설명이 아주 개연성이 높다고 주장해서는 안 된다. 나는 훨씬 단순한 설명이 존재한다고 믿는다. 특히 한 분이신 참 하나님이 존재한다고 이미 알고 있는 사람들에게는 더욱 그렇다.

6부 자연 기적

이 책에 나오는 진술들은 주로 치유에 초점을 맞추고 있고, 치유는 복음서와 사도행전에서도 나오는 기적 진술의 대부분을 차지한다. 하지만 하나님의 활동은 인간의 신체에만 국한되지 않는다. 성경의 진술들이 예시하듯이, 하나님은 가끔 다른 자연 영역에서도 활동하신다. 즉 하나님은 자기 백성들을 보호하시고(예, 막 4:38-39), 그들에게 먹을 것을 공급하시며(6:41-44), 그들에게 사명을 성취할 능력을 주시고, 혹은 그냥 자신을 계시하신다(6:48-50).

6부에서는 현대에 일어난 여러 가지 자연 기적을 진술한다. 여기에는 19세기와 20세기에 나온 훨씬 개괄적인 진술(32장)과 더불어, 내가 직접 알고 있는 목격자들의 여러 진술(33장)도 포함된다.

32장

자연 기적은 지금도 일어나는가?

죽음에서 살아난 회생 사건을 정신신체적 현상이라고 부를 수 없듯이, 폭풍을 정신신체적 현상이라고 여길 사람은 아무도 없다. 폭풍을 잠재우고, 물을 포도주로 가꾸고, 물 위를 걷는 것은 일반적으로 그런 용어로는 설명되지 않는다!

물론 하나님이 언제나 가장 극적인 방법으로 우리를 보호하시는 것은 아니다. 누가복음 8:24-25에서 예수님은 폭풍을 잠재우셨다. 대조적으로, 사도행전 27장에서는 폭풍이 계속되었다. 그러나 하나님은 바울과 함께 배에 탔던 승객 276명이 전부 생존하게 함으로써 다른 방식으로 자신의 능력을 증명하셨다. 그렇기는 하지만, 우리는 여러 가지 자연 기적의 극적인 진술을 확보했다.[1]

폭풍을 일으키거나 잠재운 19세기의 사건

W. J. 데이비스(Davis) 선교사가 1840년대에 아프리카에서 회중 기도를 하고 난 후 가뭄이 끝났을 때, "[지금까지 알려진] 최초의 반투(Bantu) 교회"가 시작되었다.[2]

독일의 루터교 목사인 요한 크리스토프 블룸하르트의 교회를 찾아갔던 한 방문객은 블룸하르트 목사에게 잠시 짜증이 났다고 진술한다. 회중 가운데 있는 농부들의 필요를 염려하던 블룸하르트는 예배를 잠시 중단하고 임박한 우박 폭풍을 멈추어 주시도록 하나님께 기도했다. 방문객은 "날이 순식간에 환해졌고 몇 분 안에 푸른 하늘과 밝은 햇살을 받으면서" 짜증이 놀라움으로 변했다고 증언한다.[3] 블룸하르트의 사역에 관한 이와 같은 진술들은 사건이 일어난 당시에 기록된 편지와 잡지를 통해 입증된다.

조지 뮐러(George Müller)나 허드슨 테일러(Hudson Taylor) 같은 19세기의 다른 인물들 및 그들과 관련된 사람들도 기상 기적이라고 여길 만한 경험을 했다고 보고한다.[4] 역사가 폴 킹(Paul King)은 일차 자료들을 인용한다. 조지 뮐러가 1857년 11월 20일에 기록한 일기를 보면, 인부들은 난방을 공급하기 위해 영국 브리스틀(Bristol)의 고아원에 있는 보일러를 수리해야 했다. 그 말은 안타깝지만, 보일러를 고칠 때까지 아이들에게 난방을 공급하지 못한다는 의미이기도 했다. 11월 말과 12월에 브리스틀의 밤 기온은 섭씨 4도까지 떨어질 수 있다. 날씨가 너무 추웠기 때문에, 뮐러는 날씨가 따뜻해지도록 기도했고, 보일러가 다시 난방을 할 수 있게 될 때까지 따뜻한 날씨는 계속되었다.[5] 비슷한 일은 또 있다. "1865년에 허리케인 강풍으로 고아원이 파손되어 지붕에 20개의 구멍이 뚫렸다." 그래서 뮐러와 동료들은 하나님께 그들을 보호해 주시도록 기도했는데, 지붕 수리가 완료

될 때까지 "바람과 비가 멈추었다."⁶

영국인 중국 선교사 허드슨 테일러도 비슷한 경험을 했다. 1853년에 허드슨 테일러가 승선한 배가 위험한 바위를 향해 달려가자 그는 기도했다. 그러자 갑자기 바람의 방향이 바뀌면서 배는 난파를 피할 수 있었다. 항해 후반에는 순풍이 불지 않았고, 해류는 배를 암초가 있는 방향으로 몰아가고 있었다. 테일러는 짧게 기도한 뒤 선장에게 돛을 올리라고 당부했다. 놀랍게도 바람이 불어왔고, "몇 분 안에 그들은 거의 7노트 속도로 바다를 헤쳐 나갔다."⁷

폭풍을 일으킨 20세기의 사건

앞에서 언급한 바 있는 중국의 전도자 존 성과 달리, 워치만 니(Watchman Nee, 1903-1972년)는 주로 기적으로 유명한 편은 아니었다. (워치만 니나 다른 기적에 관한 진술을 인용한다고 해서, 내가 모든 주제에 관한 그들의 관점이나 관행을 지지한다는 의미는 아니다.) 그렇기는 하지만, 『좌행참』(Sit, Walk, Stand)에서 워치만 니는 20세기 초에 경험한 자연 기적을 진술한다.⁸ 니와 여섯 명의 친구들은 메이화(Mei-hwa) 마을에서 그리스도를 전하고 있었는데, 반대자들이 그들을 조롱했다. 지역의 토속 신은 신의 축제일에 결코 비가 내리지 않을 것이라고 장담했는데, 286년간 축제일에 비가 내리지 않았다. 니의 동료 중 한 사람인 열정적인 청년 리궈칭(Li Kuo-ching)은 올해에는 축제일에 비가 내릴 것이라고 말했다.

리궈칭이 워치만 니와 다른 동료들에게 이 영적 싸움에 대해 알렸을 때, 그들은 겁에 질렸다. 토속 신이 능력이 없다고 하더라도, 마을 사람 절반은 날씨 예측에 아주 능숙한 어부들이었다. 예정된 축제일에 비가 내리지 않으면, 아무도 그들의 설교를 듣지 않을 것이다. 한편, 어쨌든 아무도 설교를 듣지 않았기 때문에, 일곱 명의 신자들은 실제로 예정된 축제일에 하나님이 비를 내리실 것이라고 확신하며 기도했다.

예정된 축제일은 여느 때와 다름없이 시작되었지만, 몇 년 만에 엄청난 폭풍우가 몰아쳤고, 비 때문에 거리가 이내 물에 잠겼다. 신상을 옮기던 마을의 장로들은 비틀대면서 상처를 입었고 신상에는 흠집이 생겼다. 이 뜻밖의 사건 앞에서 지역의 무속인들은 점을 쳐서 자기들이 이번에는 날을 잘못 잡았다고 인정했다. 그래서 며칠 뒤에 축제를 다시 거행하기로 결정했다. 이제 하나님이 행동하실 거라고 확신한 니와 그의 동료들은 이번에는 다시 잡은 축제일에도 비가 내릴 것이라고 단언했다. 날씨는 다음 며칠 동안 맑았지만, 행렬을 진행하기로 새로 정했던 그날 그 시간이 되자, 다시 억수같이 비가 쏟아져 내렸다. 메이화의 많은 사람은 예수님의 제자가 되었다.

20세기 초에도, 콩고인 전도자 펠렌도는 콩고민주공화국의 몬동고(Mondongo)에서 마을 사람들이 자신의 북을 가져갔을 때 명백한 자연 기적을 경험했다.[9] 이것은 펠렌도가 하나님의 메시지를 들으라고 사람들을 부를 때 사용한 북이었지만, 어느 날 밤 지역 주민들은 춤과 술 파티에 북을 사용하려고 했다. 펠렌도는 이렇게 북을 모욕하면 하나님이 벌을 내리실 거라고 경고했다. 그들이 축제를 진행하고 있을 때, 난데없이 번개가 내리치면서 몇몇 집과 다른 북들은 불에 탔지만 펠렌도의 북은 무사했다. 그 이후로 마을 사람들은 펠렌도의 메시지에 귀를 기울였다.

폭풍을 일으키거나 잠재운 현대의 사건

인도네시아 자카르타를 처음 방문하던 동안 망가풀 사갈라(Mangapul Sagala) 목사는 몇 가지 자연 기적에 관한 진술을 나에게 들려주었다. 예를 들어, 언젠가 사갈라 목사와 동료들이 우기에 경기장에서 전도 집회를 열려고 계획했을 때, 구름이 하늘을 뒤덮었다. 사갈라 박사와 동료들은 무릎을 꿇고 기도하면서, 자기들에게 기적이 필요하다고 고백했다. 비가 내린다면 사람들은 오지 않을 것이다. 설교를 시작하기 직전에 비가 멈추면서 하늘이 개었다. 달빛이 경기장을 환하게 비추었다. 전도 집회가 끝난 후, 사갈라와 동료들이 집으로 돌아가는 동안 다시 비가 쏟아졌다.[10]

반기독교적인 급진적 이데올로기에서 얼마 전 그리스도께 돌아온 회심자인 인도의 사이 크리슈나 고마탐(Sai Krishna Gomatam)은 그가 사는 지역에서 일주일간 열리는 기독학생회(InterVarsity) 리더 캠프에 참석하기를 원했다.[11] 지역사회에 속한 다른 사람들로부터 사회적 압력을 받은 사이 크리슈나의 어머니는 이 리더 캠프가 기독교 신앙을 주로 다루기 때문에 캠프 참석을 허락하지 않았다. 사이 크리슈나가 간곡히 사정했지만, 어머니는 "네가 믿는 하나님이 오늘 비를 내리지 않는다면 캠프에 참석할 수 없다"라고 고집을 부렸다. 5월은 그 지역에 비가 내리지 않는 시기였다. 그렇기는 하지만, 사이 크리슈나는 "하나님은 무슨 일이든 하실 수 있어요"라고 대답했다. 바로 그날 폭우가 쏟아졌고, 그는 기독학생회 캠프에 참석했다. 나는 사이 크리슈나가 트리니티 국제대학(Trinity International University)에서 박사과정 학생이었을 무렵 그를 알게 되었는데, 그 대학에서 나는 이 책을 연구하는 중이었다.

미국에서 (이미 16장과 21장, 23장에서 언급한) 랜디 클라크는 열아홉 살에 자신이 겪은 경험을 나에게 들려주었다. 그는 다른 세 명의 침례교인 친구들과 캠프를 진행하고 있었는데, 스물네 살가량이던 한 사람만 제외하고 모두 십 대였다. "[우리는] 여름 내내 마을에 있는 3,000가구를 전부 돌아다녔다. 내 고향 일리노이주 매클레인즈버러(McLeansboro)에서 천막 집회를 진행할 때, 끔찍한 폭풍이 몰아쳤다. 우리는 폭풍이 우리에게 영향을 미치지 않게 해 달라고 열심히 기도했다. 비는 우리 주변 사방에 내렸지만, 텐트 위에는 내리지 않았다. 우리는 천막 위에 떠 있는 별을 볼 수 있었다."[12]

기독교 선교 얼라이언스 교회의 데이비드 초트카(David Chotka)는 고든콘웰 신학교에서 목회학 박사 학위를 받았다. 2007년 9월 2일, 초트카는 우간다에 있는 5만 명의 사람들을 위해 사역하던 팀의 일원이었는데, 그들 중 상당수는 인근의 나라에서 온 난민들이었다. 폭풍 구름이 무대 위를 맴돌기 시작하면서 빗방울이 떨어지기 시작했다. 전기 장비가 고장 나고 군중은 흩어질 참이었다. 데이비드는 폭풍을 향해 목이 터지도록 "주 예수 그리스도의 이름으로" 떠나라고 명령해야 한다고 확신했다. 한편, 동료인 리사 플런킷(Lisa Plunket)을 포함해 다른 사람들도 중보 기도를 하고 있었다. 폭풍은 물러갔지만, 20분 후에 다시 돌아올 조짐을 보였다. 데이비드와 동료들은 다음 세 시간 동안 다섯 번 기도했고, 다섯 번 모두 폭풍은 물러갔다. 그동안 다른 곳의 하늘과 대조적으로 집회 장소 바로 위의 공간은 계속 화창한 날씨였다. 그날 밤, 한 우간다 목사가 설교한 뒤 3,000명의 사람들이 자신의 삶을 그리스도께 헌신했고, 비는 그들의 헌신을 꺾지 못했다.[13] 이 사역에 참여했던 다른 두 목격자, 프레드 하틀리(Fred Hartley)와 마이클 플런킷(Michael Plunket)도 이 사건을 확인해 주었다.[14] 마이클 플런킷도 자신의 논문에서 이 사건에 대해 썼다.[15]

불어난 음식

물론 (복음서에서도) 치유 주장보다 훨씬 드물기는 하지만, 음식이 불어난 이야기도 계속 등장한다. 일반적으로 5,000명이나 4,000명이 음식을 먹었던 복음서와 같은 규모는 아니다. 하지만 현재까지 알려진 법칙에 근거해 자연적으로 일어날 수 없는 어떤 일이 단지 규모를 축소한다고 해서 일어날 가능성이 더 높아지는 것은 아니다.[16] 음식이 불어난 사례에 관한 진술들은 이전에도,[17] 또한 좀 더 최근에도[18] 나온다. 예를 들어, 초기 예수 운동(Jesus People movement)에서 이런 진술들이 등장한다.[19]

캐런 슈미드갤(Karen Schmidgall)의 진술에 따르면, 1968년 초 슈미드갤의 새 교회는 일리노이주 네이퍼빌(Naperville)에 있는 지역사회 주민들을 포트럭(potluck)에 초대했다. 지역사회에서 많은 사람이 참여했지만, 안타깝게도 음식을 가져온 사람은 슈미드갤밖에 없었다. 그것도 여섯 명이 먹을 정도의 양이었다. 하지만 사람들은 서로 먼저 대접했고, 마지막에 한 번 더 식사를 할 만큼 충분한 음식이 남은 것을 보고 슈미드갤은 깜짝 놀랐다. 그 뒤로 몇 해 동안 슈미드갤과 남편 밥(Bob) 목사는 하나님이 공급해 주신 이 사건을 기억하면서 큰 힘을 얻었고, 교회의 출석 인원은 급기야 약 7,000명까지 늘어났다.[20]

가톨릭 은사주의 신약학자인 메리 힐리는 친구인 부치 머피(Butch Murphy)의 증언을 이야기해 주었다. 부치 머피는 멕시코시티에서 경제적으로 가난한 주민들을 위해 음식을 나누어 주는 사역에 참여했을 때 집계된 음식의 공급량이 증가한 사실을 목격했다.[21] 마찬가지로, 신약학자 그랜트 레마르콴드(Grant LeMarquand)가 아프리카의 뿔(Horn of Africa) 지역의 성공회 주교로 사역하던 무렵, 2016년 1월 30일에 100여 명의 난민들이 에티오피아 감벨라(Gambella)에 있는 성공회 센터에 임시로 피신했다. 이 손님들에게 음식을 제공하기 위해 동분서주하던 레마르콘드와 동료들에게는 대략 12명이 먹을 정도의 빵과 땅콩버터 과자 몇 개만 있었다. 하지만 그들은 계속 음식을 나누어 주었고, 모든 사람이 만족할 때까지 여러 가지 도움을 제공했다. 그랜트는 이렇게 말했다. "기이한 일이었습니다. 우리는 음식이 불어나는 장면을 보지 못했지만, 음식은 그냥 바닥이 나지 않는 것 같았어요. 음식이 불어나는 기적이 일어난 게 분명합니다."[22]

모잠비크에서 고아와 난민을 비롯해 절박한 어려움 가운데 있는 사람들을 위해 봉사하는 롤랜드와 하이디 베이커는 가난한 사람들 가운데서 음식이 불어나는 것을 여러 번 목격했다고 증언한다.[23] 그곳에서 사역하던 초기에 두 사람은 엄청나게 많은 거리의 아이들을 받아들였다. 그들이 기도와 예배를 포기하지 않겠다고 결단했을 때 위기가 발생했고, 결국 몇몇 적대적인 관리들은 그들을 건물에서 추방했고, 찬양을 부르려는 아이들을 때리기 시작했다. 이제 집을 잃은 아이들 100여 명이 베이커 부부를 따라 그들이 사무실로 사용하던 주거용 아파트까지 걸어왔다. 그곳은 예전에 사용하던 건물에서 24킬로미터나 떨어져 있었다. 거기에는 모든 사람이 머물 만큼 충분한 공간은 없었지만, 베이커 부부는 차마 아이들을 외면할 수도 없었다.

몇몇 아이들은 하나님이 언제나 우리의 필요를 채워 주신다는 하이디의 말을 하이디에게 상기시켰다. 가끔 아이들에게 했던 말이 돌아와 우리에게 도전을 준다. 베이커 부부는 어떻게 이 모든 아이들을 먹일 수 있을까? 다른 건 고사하고, 자기 가족들이라도 먹일 수 있을까? 두 사람의 친딸 크리스털린(Crystalyn)은 배가 고파 울기 시작했다. 베이커 가족이 음식을 먹은 지도 며칠이나 지났다. 바로 그때, 미국 대사관에서 일하던 어떤 사람이 롤랜드와 하이디, 두 자녀가 먹기에 충분한 칠리와 쌀을 가지고 방문했다. 하이디는 문을 열고, 북적대는 아이들을 파티오에서 바라보며 설명했다. "우리는 대가족이에요."

자애로운 대사관 직원은 기가 막혔다. 음식은 네 사람이 먹을 양밖에 안 되었다! 하지만 하이디는 대사관 직원에게 기도를 부탁했고, 그런 다음 플라스틱 접시에 음식을 나누어 주기 시작했다. 기진맥진한 하이디는, 만일 하나님이 이 일을 통해 역사하지 않으신다면 어떻게 해야 할지 후속 대책을 세우지 못했다. 하이디는 그냥 평소에 하듯이, 모든 아이들에게 충분한 음식을 나누어 주었다. "그런데 모든 아이들이 먹었고, 직원들도 먹었고, 내 친구도 먹었을 뿐만 아니라 우리 네 가족도 먹었다. 모두가 충분히 먹었다."[24] 네 명의 음식을 가령 열 명까지 늘리는 일이라면 상상력이나 과장이 가미되었다고 해명할 수도 있다. 하지만 그 정도 분량을 백 명까지 늘릴 수 있을까? 이것은 명백한 기적이었다.

베이커 부부의 선교 사역에 동참했던 브랜던 워커 박사는 음식의 양이 불어났던 목격자 경험을 이야기해 주었다.[25] 베이커 부부의 사역에 관해 논문을 썼던 돈 칸텔도 마찬가지였다.[26] 4장에서 언급한 에세이에서 칸텔은 모잠비크 북부에서 약 2만 명의 주민들이 사는 마을 "미제(Mieze)에서 선하신 하나님은 초자연적인 방법으로 적어도 네 번 음식을 불어나게 하셨다"라고 설명한다. 칸텔은 이 중에 세 번, 하나님이 모여 있는 아이들의 숫자에 알맞게 음식이 불어나게 하시는 현장을 목격했다. 칸텔은 왜 하나님이 이런 특정 상황에서는 일하시면서 절박한 필요가 널린 전 지역에서 항상 일하지는 않으시는지 이해할 수 없었다. 이 책을 저술하는 동안에도 절망적인 난민 위기가 계속되는 가운데, 롤랜드는 나에게 이런 서신도 보냈다. "우리는 이미 하나님이 비상식량 꾸러미가 불어나게 하시는 광경을 보았다. 언젠가 우리에게 약 500개의 꾸러미가 있었는데, 꾸러미를 받은 사람은 1,000명이 넘었다.…어찌된 영문인지 알 수 없다!"²⁷ 만일 여러분이 더 많은 음식 꾸러미를 기부해야 한다고 사람들을 설득하고 있다면, 여러분은 이런 이야기를 지어내지는 않을 것이다! (나는 전에 난민 생활을 경험한 아내의 남편으로서 우리가 난민들을 위해 최선을 다해 기부해야 한다는 말을 덧붙이지 않을 수 없다. 반복하지만, 하나님은 보통 이미 우리에게 주신 자연적인 수단을 통해 일하신다.)

비를 구하는 기도

성경을 보면, 하나님은 두드러진 설교자들뿐만 아니라, 요셉과 다니엘, 느헤미야와 같이 공적 행정 분야에서 하나님의 목적을 위해 일하는 종, 브살렐과 같은 예술가, 또한 다윗과 같은 전사도 일으키셨다. 케냐인 찰스 뮬리(Charles Mully)는 오늘날 대부분 버림받은 수천 명의 어린아이들을 돌보면서 자신의 과거 사업 기술을 활용해 지역사회에서 가장 궁핍한 사람들을 위해 봉사한다. 그의 생애에 관한 다큐멘터리 〈뮬리〉(Mully)를 시청한 사람들은 생명을 위협하는 가뭄 기간에 어디에 새 우물을 파야 하는지 하나님이 보여 주셨던 일을 기억할 터이다. 하나님이 말씀하셨다는 뮬리의 판단 말고는 그곳에서 물이 발견될 것이라고 믿을 만한 이유가 전혀 없었다. 하지만 그는 암반이라도 뚫어야 한다고 주장했다. 아니나 다를까, 그가 말한 곳에서 지역사회 전체에 공급하고도 남을 물을 발견했다.²⁸

그런데 이와 같은 사건은 아프리카에만 국한되어 일어나지 않는다. 부동산 개발업자인 리처드 홀콤(Richard Holcomb)은 마른 땅에 비가 내리기를 기도했던 경험을 나에게 들려주었다.²⁹ (물이 없으면 당연히 아무것도 자라지 않는다.) 1994년에 홀콤은 텍사스에서 마른 개울을 포함해 612만 평의 땅을 구입했다. 홀콤의 계산에 따르면, 그곳에 건설하고 있던 댐에서 물을 공급하려면 약 127밀리미터의 비가 내려 개울과 호수를 채워야 했다. 홀콤은 기도 중에 그날을 구체적으로 지정하라는 하나님의 요청을 감지했다. 그때는 7월이었고, 그래서 홀콤은 9월 21일까지 비가 내리게 해 달라고 기도했다. "9월 19일 밤과 9월 20일 아침에, 120-150밀리미터의 비가 내렸고, 새로운 댐의 건설로 만들어진 호수들이 전부 채워졌다."

나중에 가뭄으로 산간 지역이 피해를 입었을 때, 2002년 6월 1일에 홀콤은 다시 6월과 7월에 적어도 435밀리미터의 비가 내리도록 기도하라는 하나님의 인도를 감지했다. 6월과 7월은 보통 1년 중 가장 건조하고 가장 무더운 두 달이다. 그런데 교회 전체가 그와 함께 기도에 동참했고, 사람들이 함께 기도했을 때 거의 매일 밤 비가 내렸다. "미국 농무부는 6월에 131밀리미터와 7월에 484밀리미터의 비가 내렸다고 기록했다." 홀콤의 설명에 따르면, 그 지역에서 기록을 남기기 시작한 1931년 이후, "그해 7월의 강수량은 7월 한 달 동안 내린 **역대** 최고의 강수량이었다."

인도네시아의 자연 기적

1960년대에 인도네시아에서 일어난 서티모르 부흥 운동 기간에, 독일인 학자 쿠르트 코흐(Kurt Koch)는 그곳에서 극적인 기적이 일어난다는 보고를 들었다.[30] 물론 그는 하나님이 기적을 행하실 수 있다고 믿었지만, 물이 포도주로 바뀌는 정도의 기적이 현대에 일어날 가능성에 대해서는 회의적이었다. 그러나 기적에 관해 조사해 보기로 결심한 코흐는 부흥 운동의 절정기에 인도네시아까지 직접 여행했다. 코흐는 은사 운동에 대해 불편함을 느꼈지만, 서티모르에서 그는 자신이 구체적으로 개혁주의 기독교인이라는 사실을 깨달았다. 놀랍게도, 코흐는 물이 포도주로 바뀌는 상황을 여러 차례 목격했다. 그 뒤에 코흐는 서구에서 이런 사건들을 진술할 때 회의론자들에 맞서 자신의 평판을 지키기 위해 다른 여러 목격자들의 보고를 수집했다.

어떤 사람들은 전도하는 상황에서 물 위를 걸었다고 보고했다.[31] 이런 보고가 물이 많은 나라인 인도네시아에서 나오는 것은 당연하다. 2014년에 나는 멜 타리를 인터뷰했는데, 그는 1970년대에 최근의 인도네시아 부흥 운동에 대해 유명한 두 권의 책을 저술했다.[32] 타리는 자신이 직접 경험한 이야기들을 가장 잘 알았지만, 유명인을 숭배하는 미국인의 경향을 고려해 필요 이상으로 자신에 대한 언급을 피하려고 노력했다. (나도 이런 상황을 이해한다. 나도 이전의 여러 책에서 나 자신에 관해 너무 많이 말하지 않기 위해 3인칭을 사용해 익명으로 내 이야기를 전했다.) 타리는 기적은 선한 것이고 기적에 흥분하는 일은 당연하다고 인정하지만, 그는 우리의 시선이 예수님께 맞춰져야 한다고 강조했다. 기적은 대부분 예수님에 대해 아무것도 모르는 일단의 사람들에게 예수님을 전하기 위해 신자들이 모든 것을 걸 때 일어났다.

"물 위를 걸을 때, 내가 물 위를 걷고 있다는 사실을 깨닫지 못한 게 아쉬워요!" 타리는 환하게 웃으며 설명했다. 언젠가 전도팀이 물 위를 걸었을 때, 그는 일고여덟 명으로 구성된 팀의 일원이었다. 36번 팀에는 타리의 누이가 포함되어 있었고 매부가 그 팀의 리더였다. 계절상 우기였지만, 주님은 걸어서 이삼일 걸리는 특정 지역에서 예수님에 관한 메시지를 전하라고 지시하셨다. 하지만 그들이 미나강(Noel Mina)에 도착했을 때, 물이 너무 불어나서 건널 수 없었다. 우기에 미나강의 폭은 그들이 도착한 지점에서 90미터 이상으로 넓어지고, 물은 깊고 물살은 위험할 정도로 거세진다.

강물이 이렇게 불어날 때, 바다로 흘러 들어가는 물살에 휩쓸린 나무와 바위, 물소가 강을 떠내려오기도 한다.

그래서 전도팀은 물이 빠질 때까지 기다릴 계획이었지만, 기도하는 동안 성령께서는 지금 물을 건너라고 말씀하셨다. 한편, 지역의 그리스도인들과 다신교도들은 물을 건너려는 일은 꿈도 꾸지 말라고 경고했다. 그래서 그들은 이 문제를 놓고 논의하기 시작했다. 약간 주저하다가, 그 그룹에서 종종 가장 용감하게 앞장서는 회원인 타리의 사촌 중 하나가 물속에 발을 디뎠다. 물이 발목에 미치지 못하는 것을 본 타리의 사촌은 몇 걸음 더 앞으로 나가서 다른 사람들에게 자기를 따라오라고 권했다. 동료들은 깊이가 9미터 정도는 되었어야 마땅한 강 한복판에서도 물이 무릎 이상으로 차오르지 않은 것을 보자, 강을 건너는 대열에 합류했다. 분명 그들이 건너고 있던 곳의 수심은 짐작했던 것만큼 깊지 않았고, 주님은 그냥 그 사실을 알고 물을 건너라고 지시하셨던 것이다.

그들은 더 이상 이 일에 대해 신경 쓰지 않고 강 건너편으로 이동해, 대부분의 주민이 다신론을 믿는 마을에서 복음을 전했다. 결과는 놀라웠다. 예를 들어, 장례식에 초대된 전도팀은 이틀 전에 사망해 부패가 진행되던 중인 한 남자의 시신 주위에 모여야 한다고 느꼈다. 그들이 찬양하는 동안 사망했던 남자는 다시 살아났다. 두말할 필요 없이, 그 지역에서 수천 명의 사람들이 그리스도인이 되었다.

강을 건너고 나서 약 한 달 뒤 돌아오는 길에, 그들은 강 옆에 있는 마을에 도착했다. 그곳에서 타리의 친척 중 한 사람인 그 지역의 목사가 "당신들은 물 위를 걸었다"라고 알려 주었다. 그들은 무슨 말을 하고 있느냐고 물었다. "당신들이 강을 건너가는 장면을 본 뒤, 우리는 아마 물이 이제 우리 생각보다 얕은 것 같다고 짐작했어요. 그래서 우리 마을에서 몇 사람이 당신들이 통과했던 그 길을 따라서 강을 건너려고 해 보았지만, 한두 걸음 내디딘 후 물에 빠질 뻔했거든요." 전도팀이 강을 건넜을 때 물의 깊이는 여전히 7.5미터에서 9미터에 달했다.

"사람들은 '물 위를 걸을 때 기분이 어땠느냐?'라고 물어요. 나는 사람들에게 나도 모른다고 말하죠. 물 위를 걸을 때 우리는 무엇을 하고 있는지 몰랐거든요. 하나님이 강바닥을 높이셨는지 혹은 강 표면을 낮추셨는지 혹은 다른 무슨 일을 하셨는지 우리는 몰랐어요." 타리는 확고했다. 그들은 기적을 구하지 않았고, 단지 주님을 따르려고 했을 뿐이다.

내가 인도네시아에 있었을 때, 크리스틴 캘빈(Christin Kalvin) 박사는 우연히 얼마 전 물 위를 걸었던 자신의 이야기를 나에게 들려주었다.[33] 2014년 12월 26일에, 캘빈은 토라자(Toraja)의 비투앙(Bittuang)에서 성탄절 예배에 참석해 설교했다. 석 달 전 캘빈이 기도한 뒤 마비된 사람이 걷는 광경을 본 불신자 동료 몇 사람이 예배에 함께 참석했다. 하지만 폭우가 쏟아지고 있었고, 지역 주민들은 그들이 여섯 시간이나 걸려 돌아가는 길에 건너야 할 강이 이미 범람했다고 경고했다. 하지만 이미 날이 어두웠고 다음 날 다른 곳에서 설교 약속이 있었기 때문에, 캘빈은 원래대로 나가기로 결정했다.

강에 도착했을 때, 캘빈의 동료들은 가슴까지 차오르는 물속을 걸어갔다. 그들은 하류로 휩쓸리지 않도록 서로 팔짱을 껴야 한다는 사실을 알았다. 캘빈은 정숙한 여성이 남자들과 팔짱을 끼는 것은 지역의 관습에 어긋난다는 사실을 알았기 때문에, 다른 사람들과 떨어져서, 혼자 강을 건너겠다고 결심했다. 캘빈은 예배에 참석했다가 이제 강을 건너지 못해 강가에서 기다리는 그 지역 신자들의 기분을 언짢게 하고 싶지 않았다.

캘빈은 지역의 신자들과 함께 물살이 잠잠해지기를 기도했다. 하지만 지역의 신자들은 강을 건너지 말라고 캘빈에게 강력히 권했다. 강이 범람할 때는 물속에 악어와 뱀도 출몰한다. 하지만 팀의 나머지 사람들도 이제 강을 건넜기 때문에, 캘빈은 다른 선택의 여지가 없다고 생각했다. 캘빈은 기도에서 자신이 요청한 대로 이제 물살이 잠잠해진 것을 보았고, 그래서 강 속에 발을 디뎠다. 물은 아주 얕은 것 같았고, 마침내 캘빈은 강을 건넜다. 이때 반대편에 있던 팀원들은 캘빈이 물 위를 걸었다는 사실을 알려 주었다. (그들 중 한 사람은 사진도 찍었다. 물론 어둠 속에서 사진은 잘 나오지 않았지만 말이다.) 그때 또 다른 신자도 캘빈을 뒤따라 강을 건넜다. 불신자였던 캘빈의 동료들은 그날 밤 그리스도인이 되었다.

33장

자연 기적의 목격자를 알고 있는가?

나는 32장에 언급된 여러 기적의 목격자들과 어느 정도 친분을 맺고 있지만, 여기서는 내가 상당히 잘 알지만 대개 다른 사람들에게는 알려지지 않은 사람들에게 초점을 맞춘다. 다시 말해, 이 장의 진술들은 가까운 지인들에게서 나온 것이라서, 우연일 가능성은 낮고 제3자의 보고는 제외된다.

기폭제가 된 사건

신시내티의 헤브루 유니온 대학(Hebrew Union College)에서 박사 학위를 받은 이매뉴얼 이탭슨(Emmanuel Itapson)은 파머 신학교에서 몇 년간 나의 동료였고, 우리 부부의 결혼식에서 들러리를 서기도 했다. 이매뉴얼은 자라면서 나이지리아의 교회 개척자였던 아버지 아나나 이탭(Anana Itap)의 사역을 지켜보았고, 자신이 목격한 다양한 기적에 관한 진술들을 나에게 알려 주었다. 그중 하나가 다음에 나오는 이야기다.

이탭과 그의 가족들은 새로운 지역 공동체로 막 이사를 마친 참이었다. 새로운 거처의 지붕을 얹고 있었던 이탭이 지붕을 완성하려면 나흘 정도가 더 필요했다. 마을의 몇몇 주민들은 마을에 나타나 선교 사역을 하는 이탭을 비웃으면서, 지금은 우기라서 지붕을 세우기 전에 이탭이 했던 모든 일이 수포로 돌아갈 것이라고 조롱했다. 안타깝게도, 자제력을 잃은 이탭은 이렇게 선언했다. "우리 집에 지붕을 얹을 때까지 이 마을에 비가 한 방울도 내리지 않을 것이다!" 비판하던 사람들은 그를 비웃으며 지나갔고, 자신이 한 일이 어떤 의미인지 깨달은 이탭은 하나님 앞에 엎드렸다. "내가 무슨 짓을 한 거야!" 실의에 빠진 이탭은 소리쳤다.

그런데 그 뒤로 나흘 동안 마을 주변 사방에는 비가 내리는데도 그 마을은 계속 건조했다. 이 사건이 있고 난 뒤 그 마을에서는 한 사람만 제외하고 모두 그리스도인이 되었고, 지금까지도 주민들은 이 사건이 마을 전체의 회심을 낳은 기폭제가 되었다고 진술한다.[1]

거대한 우박 폭풍이 멈추다

내 밑에서 박사과정을 밟던 뛰어난 학생이었다가 지금은 박사가 된 케빈 버(Kevin Burr)도 그리스도의교회(Church of Christ) 목사였다. 그리스도의교회는 오순절 성향이 없는 것으로 유명했고, 케빈도 마찬가지였다. 그런데 2006년 4월 초의 어느 날, 케빈과 몇몇 친구들은 세 대의 차량을 타고 하딩 대학(Harding University)으로 가고 있었다. 그들은 아칸소주 오거스타(Augusta) 근처에서 큰 우박 폭풍을 만났다. 다음의 진술은 케빈의 증언과 현장에 함께 있던 네 친구들의 독자적인 증언을 바탕으로 이루어졌다.[2]

녹색으로 물든 하늘에서 토네이도가 몰아닥칠 기미가 엿보였다. 완두

콩 크기만 한 얼음이 앞 유리를 두드리기 시작했을 때, 케빈은 우측 갓길에 차를 세웠다. 우박이 점점 커지다가 야구공만 한 크기가 되었을 때, 우박은 땅에서 튀어 올랐다. 우박 하나가 케빈의 2005년형 포드 레인저를 쳐서 움푹 들어가게 만들었는데, 폭풍이 끝났을 때 포드 레인저는 3,200달러(약 420만 원) 상당의 우박 피해를 입었다. 우박은 그 모임의 또 다른 멤버인 브리짓 린지(Bridget Lindsay)가 몰던 차량의 앞 유리도 산산조각 냈다. 린지와 다른 목격자들은 당시에 떨어진 우박 중에는 야구공만 한 크기도 있었다고 이구동성으로 지적했다. 린지는 "살면서 본 가장 엄청난 우박"이었다고 말했다.

다행히 여행자 일행은 자갈길로 이동해 임시 창고 혹은 트랙터 보관소 같은 곳에 도착했다. 학생들은 거기서 야구공 크기의 우박이 밖에서 수평으로 날아다니는 광경을 보고 겁에 질려 숨을 곳을 찾았다. F2나 F3급 토네이도에 맞먹는 강풍이었다.[3] 케빈은 기도해야 한다고 소리를 질렀고, 친구들은 옹기종기 모여 눈을 감았다. 바람이 요란한 소리를 내고 있었기 때문에, 케빈은 다른 친구들이 들을 수 있도록 간결한 기도를 외쳐야 했다. "아멘"으로 기도를 마치자마자, 바람이 잦아들면서 갑자기 해가 나타났다. 하늘을 쳐다보던 케빈의 친구들은 이제 동쪽 지평선에 걸쳐 있는 무지개를 보았다. 그들 중 몇 사람은 난생처음 무지개가 지평선 한쪽 끝에서 반대쪽 끝까지 걸쳐 있는 광경을 보았다. 당시 하딩 대학의 사진사였던 조너선 린지(Jonathan Lindsay)는 무지개의 스냅 사진을 찍었는데, 골프공 크기의 우박이 아직도 곳곳에 흩어져 있는 모습을 사진에서도 확인할 수 있다.[4]

교회 티셔츠

내 수업을 듣고 있던 애즈베리 신학교의 구약학 박사과정을 밟던 학생 브라이언 쇼키(Brian Shockey)는 1999년 1월의 경험을 공유했다.[5] 브라이언이 호주에서 공부하고 있을 무렵 1월 17일부터 피지에 일주일간 머물렀다. 다음 날 그는 배를 타고 작은 섬으로 여행을 떠났다. 브라이언은 일기예보를 확인하지 않았고, 최고 시속이 185킬로미터(115mph)에 달하는 사이클론 다니(Dani, 1월 15-22일)의 일부가 피지에 접근하고 있다는 사실을 알지 못했다.

특히 브라이언은 논문을 막 끝냈기 때문에, 그때의 경험을 브라이언의 말로 직접 들어 보는 편이 낫겠다.

해운 회사에서는 매일 시간표에 따라 본섬의 나디(Nadi)에서 작은 섬까지 배를 운항했다. 작은 섬까지는 쉽고 간단한 여행이 될 것이라고 예상했다. 우리는 항해를 시작하고 약 30분 후에 폭풍을 만났다. 거대한 파도와 억수 같은 비, 강한 바람으로 인해 바다는 매우 위험했다. 선장은 선원 한 명을 보내 배 꼭대기에 올라가서 파도를 감시하게 했다. 한 번은 매우 거칠게 몰아치는 폭풍으로 인해 배가 심하게 움직이면서 선장이 앉는 의자가 바닥으로 떨어져 부서지고 말았다.

브라이언을 비롯한 승객들은 배가 가라앉지 않을까 두려워하기 시작했다. 브라이언은 이렇게 말을 잇는다. "그때, 선장은 교회 티셔츠를 입고 배 뒤편에 앉아 있는 한 젊은 여성을 가리켰다. 선장은 그녀에게 앞으로 나오라고 손짓한 뒤, 자기 옆에 있는 바닥을 가리키면서, 기도하라고 지시했다.

그녀가 기도를 시작하자마자, 바다는 잠잠해지고 비가 멈추었다. 우리는 더 이상 어떤 문제도 겪지 않고 작은 섬까지 여행을 계속했다." 해가 나오면서 그들은 안전하게 목적지에 도착했다. 물론 그간의 경험으로 인해 여전히 극도로 긴장한 상태였지만 말이다.

작은 섬에 상륙한 뒤, 선장은 즉시 배를 본섬으로 돌려보냈다. 그 배는 며칠 동안 본섬으로 떠나는 마지막 배였고, 브라이언과 동료 여행객들은 그 주간에 오도 가도 못 했다. 마침내 본섬으로 돌아왔을 때, 그들은 사이클론 다니의 바람이 섬을 강타하지 않았지만, 다니의 바깥쪽 대역은 폭우 때문에 홍수가 났다는 사실을 알았다.

이 이야기의 교훈 중 하나는 밖에 나가기 전에 일기예보를 확인해야 한다는 것이다. 그런데 이 이야기에는 더 중요한 교훈이 있다. 기도하라는 요청을 받아들일 준비가 되어 있지 않다면, 교회 티셔츠를 입지 말라는 것이다.

선교사와 기적, 기계

내가 이전에 쓴 책에는 발이 묶여 뜻밖의 차량 도움이 필요했던 선교사들의 여러 이야기가 담겨 있었다.[6] 좀 더 최근에 나는 친구이자 동료인 성경 교수 스콧 엘링턴(Scott Ellington)이 메인 라디에이터 호스가 터진 후 멕시코 사막의 고속도로 위에서 가족들과 함께 오도 가도 못 하고 발이 묶인 적이 있었다는 사실을 알게 되었다. 스콧의 설명에 따르면, "우리에게는 예비 물품이 있었지만 라디에이터를 다시 채울 만큼 물이 충분하지 않았다." 그래서 가족들은 기도했다. 그곳 소노란 사막(Sonoran Desert)에서 갑자기 쏟아진 폭풍우가 차의 엔진을 식혀 줌으로써 그들은 10-11킬로미터를 더 가

서 라디에이터에 채울 물을 얻을 수 있었고, 그 뒤에 비가 멈추었다.[7]

유진(Eugene)과 샌디 토머스(Sandy Thomas)는 콩고공화국의 장기 선교사였고, 내 아내 메딘(Médine)과 긴밀하게 협력하는 사이였다. 그들은 우리 부부가 처음 교제할 때 도움을 주었고, 세상을 떠날 때까지 우리를 한 가족처럼 대해 주었다. 두 사람은 은사주의자가 아니었지만, 사람들이 믿어 주지 않을 것 같다는 점을 우려해 자신들이 경험한 여러 가지 초자연적 사건들을 미국에서 진술하기를 꺼렸다. (미국에서 그리스도인들에게 일정 부분 후원을 얻을 때, 이런 경우 심각한 상황이 빚어질 수도 있다.)

샌디는 1970년대에 건축 프로젝트에 필요한 벽돌 수천 개를 구울 때 일어난 사건에 대해 설명했다. 벽돌을 굽는 사흘 동안 비를 맞지 않게 해야 한다. 뜨거울 때 벽돌이 비에 젖으면 폭발하기 때문이다. 당시는 우기였기 때문에, 선교사들은 벽돌을 보호하기 위해 지붕을 세웠다. 그런데 이번에는 지붕이 불에 타서, 약한 벽돌들을 굽는 동안 비가 내리지 않도록 기도하는 것 외에는 다른 대안이 없었다. 실제로는 한 시간 이상이나 비가 내렸다. 그런데 비는 벽돌 가마 양옆에만 내렸을 뿐, 가마 자체에는 물이 떨어지지 않았다. 토머스 부부의 아들은 비를 맞으며 뛰어다녔고, 인부들은 자기들이 눈으로 보고 있는 상황을 믿지 못했다고 샌디는 전했다.[8]

또 한 번은 샌디와 유진이 중앙아프리카공화국의 방기(Bangui)에서 배를 타고 돌아오는데, 40마력의 선외 모터가 목적지에서 240킬로미터쯤 떨어진 곳에 이르렀을 때 타 버렸다. 숨이 막힐 만큼 뜨거운 태양 아래서 샌디는 기도해야 한다고 재촉했다. 남편은 모터를 열고 아내에게 불에 타 버린 부분을 보여 주면서 말했다. "나는 대체로 하나님을 신뢰해요. 하지만 이번에는 기도하고 싶다면 당신이 기도를 인도하세요."

샌디는 하나님이 도와주실 거라고 확신하며 기도한 뒤, 모터에 매단 로프를 물에 넣었다가 당겨야 한다고 주장했다. "자, 우리가 손해 볼 건 전혀 없어요." 유진은 순순히 받아들이면서, 로프를 물에 넣었다가 당겼다. 그러자 갑자기 모터가 다시 움직였다. "어떻게 해서 모터가 작동하는지 모르겠지만, 천만다행이네요!" 유진도 고개를 끄덕였다. 모터는 여행 마지막까지 그들을 태우고 다니다가 목적지 해안에서 약 15미터 떨어진 곳에서 멈춘 뒤 다시 움직이지 않았다. 모터를 검사한 성경 학교 학생들은 모터가 안에서부터 타 버렸다고 지적했다. 따라서 이런 상태에서라면 그들은 돌아올 수 없었다. 그런데도 타 버린 모터는 작동했다.

나는 다양한 상황에서 움직이지 않는 차량을 위해 기도하고 하나님이 그 기도에 응답하셨을 때 그 현장에 있었다. 하나님이 인간의 몸과 같이 복잡한 것을 치유하실 수 있다면, 그분은 훨씬 더 간단한 기계의 문제를 더 잘 고치실 수 있지 않을까? 이것은 우리 가족에게도 기쁜 소식이었다. 콩고에서 전쟁이 일어났을 때 망가진 자동차가 잠시 움직이게 됨으로써 처남인 에마뉘엘 무쑹가 박사는 생명을 구할 수 있었기 때문이다.[9]

믿음의 착공

애즈베리 신학교에서 박사과정을 밟던 학생이었을 때, 시브라지 마헨드라(Shivraj Mahendra)는 사건이 일어나고 거의 3년 반이 지난 후 우리 집에서 다음과 같은 이야기를 들려주었다.[10] 비기독교적 분위기가 강한 배경에서 자라난 시브라지는 그리스도께 회심하고 10년 이상 지난 뒤, 자기가 태어난 [인도 중부 차티스가르(Chhattisgarh)에 있는] 텔가라(Telgara) 마을에 사는 그리스도인 삼촌을 방문하던 중이었다. 가족 휴가 중이었던 시브라지는 그곳에서 이삼일 정도만 묵을 예정이었다. 그런데 다음 날, 기도의 사람이 왔다는 소문이 마을에 돌았다.

2012년 12월 26일 이른 아침에, 한 힌두인 남자가 시브라지의 삼촌 집의 문을 두드렸고 긴급한 사안을 위해 기도를 부탁했다. 일주일 내내 예닐곱 명의 인부들이 물을 얻기 위해 구멍을 뚫으려고 했지만, 그 지역의 땅은 예상보다 훨씬 단단해서 구멍을 뚫지 못했다. "땅은 어디서나 바위 같았다. 착정기는 몇 미터밖에 내려가지 못하고 멈춘다." 마을의 여러 신이 방해한다고 믿었던 인부들은 그 마을에서 유일한 기독교 가정인 삼촌에게 기도를 요청하기로 결정했다. 아마 그리스도인들이 기도하면 이 문제를 해결할 수 있을 거라고 생각한 듯했다.

방문객들은 시브라지가 자기들과 함께 가서 새로 땅을 파려고 준비하던 장소에서 기도해 주기를 원했다. 시브라지는 감히 거절하지 못하고 마지못해 인부들과 동행했다. 만약에 하나님이 착공기를 작동하지 않으신다면 어떡할까? 착공기가 작동하지 않는다면 어떤 일이 일어날까? 회심하기 전에 시브라지는 그리스도인과 교제하던 친척을 핍박하는 일에 힘을 보탰고, 회심한 뒤에는 과거에 알고 지내던 일부 공격적인 친구들을 피해 다녀야 했다. 그리스도인인 자신의 기도가 응답되지 않을 경우, 시브라지는 그런 공격적인 방침에 공감하는 일부 마을 사람들이 자기에게 화풀이를 하지 않을까 걱정했다.

착공기가 놓인 들판에 도착했을 때, 소심해진 시브라지는 먼저 조용히 기도했다. "주님, 주님은 여기서 어떤 일이 일어나고 있는지 아십니다. 주님의 이름을 위해 이 문제를 해결해 주시기만을 간구합니다." 그런 다음 시브라지는 짧지만 큰 소리로 공중 기도를 드렸다. "존귀하신 예수 그리스도시여, 주님은 땅과 물을 다스리는 주님이십니다. 땅은 주님의 것이고, 주님은 무엇이든 하실 수 있습니다. 이 사람들이 주님의 도움을 바라고 있으니,

물을 허락하소서. 주님의 이름으로 이 일이 이루어지게 하소서."

"아멘"으로 기도를 마친 시브라지는 컵에 물을 조금 담아 표시된 자리에 뿌렸다. 성경에서 엘리야가 불로 응답하시도록 하나님께 간구하기 전에 제단에 물을 뿌렸던 것과 비슷했다. 시브라지는 자신의 단순한 믿음의 시험대인 거대한 착공기를 힐끗 바라보며 제안했다. "좋습니다. 이제 기계를 작동해 보세요." 그런 다음 시브라지는 가능한 한 빨리 다시 삼촌의 집으로 달려갔다.

한 시간쯤 지난 뒤, 인부들은 다시 문 앞에 나타났고, 시브라지는 조심스럽게 문을 열었다.

"물이 나와요. 당신의 하나님은 위대합니다!" 그들이 외쳤다. 물론 그들은 전에도 서너 곳을 파려고 시도했지만, 시브라지가 기도한 직후 물을 발견했고, 구멍을 깊이 팔 필요조차 없었다. 인부들과 삼촌의 가족, 이웃들이 모두 목격자였다. 시브라지도 크게 안도했다.

동료들과 학생들, 나 자신

아요 아데우야 교수가 공개적으로 진술한 목격담에 따르면, 무속인과 대치하던 한 동료는 예상했던 비가 그날 내리지 않고 이튿날 오후 4시에 내릴 거라고 선포했는데, 실제로 그대로 이루어졌다.[11] 내가 가르친 카메룬 학생 폴 모카케는 자연 기적을 목격한 다수의 진술을 공유해 주었다. 그중에는 그리스도를 전하기 위해 복음을 거부하는 지역에 다가갔을 때 전도팀 앞에서 폭우가 물러갔던 자연 기적도 있었다.[12] 내가 가르쳤던 학생 중 한 사람인 벤저민 아하노누(Benjamin Ahanonu)는 필라델피아에서 학부생 시절에 친구들과 함께 전도 활동을 계획한 적이 있다. 그런데 마침 그날 비가 쏟아졌다. 그들이 기도했을 때, 그 도시에서 정확히 그들이 있던 지역에만 비가 멈추면서 봉사 활동을 할 수 있었다. 비그리스도인이었던 어떤 목격자도 그 점에 깜짝 놀랐다. 이 사건이 일어났을 때 현장에 있던 벤저민의 친구 한 사람도 내게 이 사건을 확인해 주었다.[13]

애즈베리 신학교에서 루터교 박사과정을 밟던 인도네시아 북수마트라 출신 학생인 데임 시만준탁(Dame Simanjuntak)은 다른 종교를 가진 친구들과 함께 해변에 있을 때 일어난 일을 이야기해 주었다. 소규모 토네이도 같은 현상이 바다에서 그들을 향해 다가오는 것 같았다. 그래서 데임의 친구들은 피신처를 찾아 흩어졌다. 다른 사람들이 덮개를 쓰고 지켜보는 동안, 데임은 토네이도를 향해 손을 들고 2분 정도 기도했고, 그 뒤에 토네이도는 구름 속으로 흐지부지 사라졌다.[14]

내가 학생들과 동료들을 너무 많이 신뢰한다고 비난하는 사람이 없도록, 이제 나 자신이 직접 참여해 목격했던 상황을 진술해 보겠다.

당시에 나는 노스캐롤라이나주 솔즈베리(Salisbury)에 있는 리빙스턴 대학(Livingstone College)과 연계된 후드 신학교(Hood Seminary)에서 학생들을 가르치는 중이었다.[15] 역사적으로 또 다른 아프리카계 미국인 대학, 그린즈버러(Greensboro)에 있는 노스캐롤라이나 A&T 주립대학(North Carolina A&T State University)의 캠퍼스 선교 단체에서 온 여러 학생들은 그날 리빙스턴 대학의 캠퍼스 선교 단체 학생들의 선교 활동을 돕기 위해 학교를 방문 중이었다. 하지만 선교 활동은 위축되는 듯 보였다. 폭우가 이미 몇 시간째 계속되었을 뿐만 아니라, 거의 온종일 폭우가 계속될 것이라는 예고가 있었기 때문이다. 다른 대학에서 온 2학년 생물학과 학생 하나가 비가 그치기를 구하는 기도회를 인도했다. 우리가 "아멘"이라고 말하자마자 폭우가 누그러지면서 빗방울이 되었고, 뒤이어 마치 욕실 수도꼭지를 잠갔을 때처럼 비가 멈추었다. 몇 분 안에 하늘은 맑아졌고, 그 하루의 나머지 시간 내내 해가 비쳤다. 그런데 이것은 단순히 가물가물한 기억이 아니다. 이 일이 일어난 그날, 내가 일기장에 이 사건을 기록했기 때문이다.[16] 그렇다, 가끔은 나같이 내성적인 학자도 무언가를 직접 목격했다.

7부 하나님 나라의 신비

하나님은 우리가 사는 세상에서 계속 일하신다. 나는 하나님의 활동을 직접 경험했다. 하지만 질병과 죄, 죽음은 이 세상에 남아 있다. 하나님 나라가 "이미"(already) 임했다는 표식은 "아직 이루어지지 않은"(not yet) 완성을 향한 소망에 자양분을 공급한다. 하나님께 불가능한 일은 없다. 하지만 죄와 그 영향이 사라지는 온전한 회복의 때에는 회개하지 않는 죄인들도 사라질 것이기 때문에, 완성과 더불어 지연도 하나님의 자비로운 행동이 될 것이다. "이미"와 "아직" 사이를 살아가는 우리에게는 아직 보이지 않는 것에 대한 믿음이 필요하다(고후 5:7). 이 말은 기적, 곧 신학자들이 명명한 "특별한 신적 행동"이 특별한 것으로 남아 있다는 의미다. 완성에 이를 때까지, 고난과 죽음은 여전히 이 세상에 존재한다.

34장

직접 목격자?

우주는 영적 근시안을 가진 사람들이 깨닫기에는 너무 큰 기적이다. 한편, 하나님은 많은 사람이 너무 사소하다고 여기는 여러 가지 작은 일들 속에서도 일하신다. 우리가 무엇을 깨닫느냐는 우리가 어떤 안경을 쓰고 있느냐에 따라 결정된다. 이미 어느 정도 믿음을 가진 사람들만이 이런 더 작은 행동을 인식할 수 있기 때문에, 나는 이 책에서 그런 작은 행동을 언급하는 것이 적절한지를 놓고 고민했다.

하지만 어떤 독자들은 역사와 문학이 전문 분야인 일개 학자는 기적에 관한 책을 쓸 자격이 없다고 여길 수도 있다. 물론 (고등학교 시절에 전공한 언론학과 더불어) 나의 조사 기술은 요긴했지만, 나도 이런 비판에 어느 정도 타당성이 있다고 인정한다. 어떤 측면에서, 나는 조사를 수행하는 외부 관찰자다. 사실 기적에 관해 진술하기에 훨씬 적절한 자격을 갖춘 사람들이 있다. 특별한 사역을 감당하는 데 필요한 은사와 지역적 특성 때문에 나보다 훨씬 많은 기적을 보는 사람들도 있고, 의사들(혹은 기상학자들)은 기적

보고를 평가하기에 훨씬 적절한 자격을 갖추고 있다. 어떻게 건강과 치유를 촉진하는지 실제적인 통찰을 갖고 있다는 점에서 나보다 훨씬 적합한 자격을 갖춘 사람들이 분명 많이 있다. 나는 연구자로서 그런 사람들에게서 배우려고 노력한다.

나는 이런 사람들의 목소리가 담긴 더 많은 문서 자료를 환영할 뿐만 아니라 더 나아가 그런 자료를 요청한다. 하지만 더 적절한 자격을 갖추었다고 생각되는 사람들은 이와 같은 책을 쓸 기회를 얻지 못했고, 그들이 책을 썼을 때도, 대개 이런 종류의 책을 읽지 않는 사람들은 다른 이유로 내 책을 읽는다. 나는 틈새를 메우기 위해 이 책을 쓰지만, 기적에 관한 책의 모든 틈새를 메우기 위해 이 책을 쓰는 것은 아니다.

이 장의 나머지 내용과 관련해 더 중요한 사실이 있다. 내가 직접 인터뷰했거나 알고 있는 목격자들의 진술을 인용할 때에도, 어떤 사람들은 이 내용이 나에게 이차적이고, 따라서 독자들에게는 삼차적이라고 항의할 것이다. 따라서 왜 기적은 서구에서 덜 일어나는 듯 보이느냐는 흔한 질문으로 시선을 돌리기 전에, 내가 직접 경험한(따라서 독자들에게 삼차적이기보다는 이차적인) 훨씬 이례적인 몇 가지 간단한 표본을 제시하려고 한다. 나는 이 경험들이 논쟁의 여지가 없는 증거를 요구하는 엄밀한 과학적 기준에 부합한다고 생각하지 않는다. 하지만 이 경험들은 적어도 내가 왜 기적 보고를 진지하게 받아들여 심사숙고하는 게 타당하다고 여기는지에 대해, 회의론자들에게 설명하는 데 도움이 된다. 그리고 그 근거는 다름 아닌 나 자신의 경험이다. 나는 적어도 이 점에 관한 한, 사회과학 연구자들이 일컫는 소위 참여형 관찰자다.

기적에 관한 첫 번째 저서를 저술하기 전까지, 나는 대부분의 다른 사람들과 마찬가지로 의료 기록을 수집하겠다고 생각해 본 적이 없었다. 따라서 나의 개인적인 예들은, 이 책에 언급된 여러 사례와 달리 증거로서의 가치는 제한적이다. 그렇더라도 이 장의 예들은 내가 직접 경험한 것이고, 어디엔가 전부 기록해 둘 공간이 있었다면, 이 책을 쓴 저자 주변에서 일어난 우연한 사건들이 엄청나게 많이 축적된 것처럼 보일지도 모른다.

개별적 사례들은 대부분 언급할 가치가 없는 듯 보일 수도 있다. 예를 들어, 의사가 대장에서 허혈 결장염을 임시로 진단했을 때다. 그날 밤 우리 소그룹은 나를 위해 기도했다. 다음 날 찍은 긴급 CT 촬영 결과, 나는 완전히 정상이었다.[1] 그리스도인이었던 담당 의사는 자기가 오진을 했거나 하나님이 나를 치유하셨거나 둘 중 하나라고 말했다.[2] 이와 같은 예가 많이 있지만, 이런 예들을 상세히 설명할 이유는 별로 없다. 실제로 오진은 발생하고, 또한 창조 세계 안에 두신 하나님의 선물을 통해 우리 몸은 종종 저절로 치유되기도 하기 때문이다.

신체의 복

그런데 무신론자에서 예수님의 제자가 된 뒤, 나는 전에 기도하지 않았을 때는 일어나지 않았던 여러 가지 일들이 회심하고 난 뒤 기도할 때 일어났다는 사실을 깨달았다. 여기서는 특히 그리스도인의 삶의 초기에 초점을 맞춘다. 그 이유는 무신론에서 최근 전향한 회심자로서 그 시절에 겪은 일들이 내게 더없는 충격과 인상을 남겼기 때문이다. 그리스도인으로서 처음 두어 해 동안, 나는 큰 소리로 종종 기도했고, 그래서 기도하기 위해 한적한 곳을 찾아야 했다. 여름에는 대개 숲속에서 기도했기 때문에 팔은 모기에 물린 자국으로 도배되었다. 나는 모기를 무시하려고 애쓰면서 계속 기도했고, 내 기억으로 30분 뒤에 보았더니 모기에게 물린 자국은 사라지고 없었다. 그리스도인이 되기 전에는 모기에게 한두 번 물린 뒤에도 이런 일은 일어나지 않았는데, 이제는 어김없이 일어났다.

이 초기 시절에 나는 두 번 독감에 걸렸다. 전에는 독감에 걸리면 언제나 열과 함께 구토로 이어졌다. 나는 구토가 정말 싫었다. 그래서 소화불량이 반대쪽 방향으로 자연스럽게 흘러 나가게 해 달라고 기도했다. 어린 그리스도인으로서 이 두 번의 경우에, 예수님의 이름으로 독감을 꾸짖을 믿음이 생겼을 때 입 밖으로 쏟아 낼 준비를 하고 변기 위로 몸을 구부렸다. 그런데 갑자기 더 이상 아프지 않았을 뿐만 아니라, 올라오던 것이 전부 사라졌고 전혀 토하지 않았다. 사실, 나는 40년 가까이 다시 토하지 않았다. (다만 지금도 종종 소화불량을 겪는다!)

내 발목은 항상 위만큼 약했고, 어느 크로스컨트리 시즌에 발목을 삐었는데, 그 뒤에 발뒤꿈치가 눈에 띄게 부어올랐다. 나는 그 주 내내 다리를 절었다. 그래서 다음번 경주에서 구릉성 지형을 실망스럽게 달리는 내 모습을 본 코치는 나에게 다리를 절면서 통과하더라도 경주를 마치기만 하라고 다그쳤다. 출발 총성이 울렸을 때 나는 하나님이 치유를 선언하셨음을 느꼈고, 그 경기는 내가 1위를 차지한 유일한 경주가 되었다.

아마 약한 발목은 태어날 때 발이 안쪽으로 굽어 있어서 한동안 발 보호대를 착용했기 때문인 듯하다. 그런데 스물두세 살쯤 되었을 때, 한 번은 발목이 부러진 듯이 보였다. 내가 "보였다"라고 말하는 이유는, 당시 나는 무일푼의 대학원생이었고 의사를 찾아갈 형편이 되지 않았기 때문이다. 물론 부기는 가라앉았고, 점차 다시 걸을 수 있었지만, 발목을 제대로 치료하지 못했다. 몇 달 후 나는 눈에 띄게 절뚝거리는 일 없이 걸을 수 있었지만, 달리려고 할 때면 불과 몇 미터 못 가서 견딜 수 없는 고통을 느꼈고, 결국 다시 절뚝거리게 되었다. 그리고 이런 상태가 2년간 지속되었다.

2년 후, 발목은 여전히 더 이상 나아지지 않았고, 나는 여전히 무일푼의 대학원생이었다. 그런데 여름에 뉴욕시 거리에서 봉사 사역을 한 뒤, 믿음이 아주 강해졌다고 느꼈다. 지금 발목을 위해 기도하면 하나님이 발목을 치유하실 것이라는 확신이 들었다. 만일 하나님이 발목을 치유해 주신다면, 이 복을 당연한 것으로 여기지 않고 규칙적으로 운동하겠다고 하나님께 약속했다. 그 순간, 나는 하나님이 나를 치유하셨다고 느꼈다. 그래서 즉시 발목을 시험해 보았다. 이튿날 나는 여러 층으로 된 건물 안에 있었다. 그래서 더 용기를 내서 여섯 층을 달려 올라갔는데, 그렇게 달려 올라갈 수 있어서 감사했다. 나는 규칙적이고 활기 넘치는 운동을 다시 시작했고, 규칙적인 운동으로 당연히 다시 몸 전체의 건강도 좋아졌다.

　　물론 나는 다른 치유도 목격했다. 내가 그리스도인이 되고 나서 첫해에, 한 부흥사가 허리에 문제가 있는 교회의 어떤 지인을 위해 기도한 일이 있다. 부흥사는 단지 그 남자의 한쪽 다리 아래서 움직이지 않는 손을 잡기만 했는데도, 다리가 갑자기 5센티미터가량 눈에 띄게 자라나면서 그 남자의 허리가 회복되었다. 부흥사는 또한 보청기를 의지해야만 들을 수 있던 우리 교회의 한 여성을 위해 기도했다. 이 여성은 나중에 나와 대화를 나누면서 이렇게 탄식했다. "들을 수 있으면 좋겠어요." 그런데 그 뒤에 나는 그녀가 보청기 착용을 잊었다는 사실을 알았다.

　　내가 주위 사람들을 위해 함께 기도할 때, 그들도 종종 치유되었다. (이는 오직 하나님이 예수님의 이름으로 드려진 기도를 들으시기 때문에 가능한 일이다. **모든 사람**이 치유를 경험해야 한다고 생각하는 독자들이 있다. 맞다, 따분한 학자도 가끔은 치유를 경험한다. 나는 이런 사실에 독자들이 만족할 수 있도록 두세 가지 예만 언급하려 한다.) 신앙생활을 시작한 초기에, 내가 기도했을 때 귀의 낭종이 즉각 사라졌다. 한 친구와 내가 신장이 쇠약해지던 한 여성을 위해 기도한 뒤, 의사는 이제 그녀의 신장이 다시 제 기능을 발휘하고 있다고 진단했다.

대학 시절, 여름 방학 중에 어떤 노인 아파트를 관리하고 있었을 때, 메이블 쿠퍼(Mabel Cooper)라는 한 주민이 그동안 자기가 피를 토해 왔고 의사는 폐암에 걸렸다고 생각한다고 말했다. 점심시간에 나는 메이블의 아파트에 들러 그녀를 위해 기도했고, 그리스도를 믿도록 인도했고, 무의식 중에 담배를 끊으라고 격려했다. "의사도 담배를 끊으라고 말했어요." 메이블은 내 충고를 놀라워하는 것 같았다. 메이블은 더 이상 피를 토하지 않았고, 의사는 어쨌든 그녀가 괜찮은 게 분명하다고 판단했다. 메이블은 다음 15년간 계속 그 아파트에서 살았다. 나중에 그 아파트에서 위층에 살던 우리 할머니는 쿠퍼 부인이 매우 친절한 여성이라고 말했다.[3]

이와 비슷한 다른 많은 예도 언급할 수 있지만, 이것들은 사실 다른 사람들의 경험이다. 더군다나 나는 하나님이 내 모든 질병을 없애셨다고 결코 주장하지 않는다. 나는 주의력 결핍 과잉 행동 장애를 겪고 있고, 근시에다 종종 소화 장애 문제를 겪으며, 종종 (간혹 소화불량과 관련 있고, 간혹 글쓰기 일정과 관련 있는) 수면 장애 등을 겪는다. 나는 내가 겪는 남성 탈모에 대해서는 훨씬 편하게 농담을 한다. 무엇보다 예순 살이 된 나는 스무 살 때만큼 빨리 달리지 못한다.

건강을 넘어서

그런데 회심 후 가장 큰 변화는 영적인 것이었다. 이런 영적 경험은 이 책이 다루는 훨씬 좁은 주제에 딱 들어맞는 것은 아니다. 이 책에 그와 같은 여러 영적 경험을 포함한다면, 책을 상당히 간결하게 유지하려는 계획은 실패했을 것이다. 그렇지만 내가 겪은 영적 사건들은 하나님과 관련된 이례적인 경험을 중요하게 여기도록 도와준다.

무신론에서 회심하고 이틀 후, 나는 하나님의 임재에 크게 압도되어 내가 모르는 언어로 하나님을 찬양하기 시작했다. 밖으로 말이 흘러나오자, 나는 구문을 해독하려고 애쓰면서 열심히 귀 기울였다. 나는 이런 경험을 가리키는 용어가 성경에 있다는 사실을 전혀 몰랐다.[4] 다만 나는 이전에 알던 어떤 것과도 다른 강렬하고 황홀한 기쁨을 경험하고 있었다. 그리스도인이 된 지 이틀밖에 안 된 나는 전에는 성경에서 이런 경험에 대해 읽거나 들어 본 적이 없었다.

나는 회심 이전에는 경험해 보지 못했던 매우 생소한 방식으로 하나님의 임재를 계속 경험했다. 내가 들은 하나님의 음성은 감정이 개입될 때는 매우 주관적일 수 있지만(배우자를 찾고 있었을 때 하나님의 음성은 퍽 모호하게 들렸다), 다른 경우에는 훨씬 정확한 경향을 보인다. 여기서는 하나님의 음성을 들었던 나 자신의 경험을 서술하기보다는 다른 사람의 경험을 진술하겠다. 내가 작가라는 사실을 몰랐던 에티오피아의 어떤 기도의 사람은, 그때까지 나 자신조차 미처 몰랐던(혹은 당시에 믿지 않던) 출간될 두 권의 책에 관해 정확한 정보를 예언했다.[5]

행운이라고 설명할 수도 있겠지만, 내 삶에서 매우 자주 일어나서 단지 행운으로 설명하기에는 잘 들어맞지 않는 여러 가지 경험을 했다. 예를 들어, 대학 시절에 성경의 요점을 새 신자에게 설명해 주려고 했지만, 새 신자는 마음이 산만했다. 대학생 룸메이트가 우리를 자동차로 태워 주는 동안 예상치 못한 폭풍우가 몰아치고 있었기 때문이다. 앞 유리 와이퍼가 작동하지 않았기 때문에 우리는 앞 유리 너머를 거의 볼 수 없었고, 룸메이트는 우리가 일방통행로를 지정 속도로 달리고 있지만 반대 방향으로 달리고 있다는 사실을 문득 깨달았다. 산만한 분위기에 짜증이 난 나는 무의식

중에 처음으로 앞 유리 와이퍼를 향해 "예수님의 이름으로" 움직이라고 명령했다. 와이퍼는 즉시 움직이기 시작했고, 새 신자인 친구는 깜짝 놀라 소리를 지르기 시작했다. 새 신자는 움직이는 와이퍼 때문에 마음이 산만해졌고, 결국 나는 성경 공부를 마무리하지 못했다. 망가졌던 자동차가 기도 후 움직이거나, 나를 쫓아오던 개들이 예수님의 이름으로 명령한 뒤 물러나는 등 항상 주님을 위해 일하는 상황에서 여러 사건이 일어났다.

하나님의 공급하심은 이 책의 초점이 아니고, 하나님은 화폐 위조 사업에 관여하지 않으신다. 그렇지만 하나님의 공급은 내 삶에서 믿음을 굳건히 하는 데 도움을 준 또 다른 영역이다. 이런 사건들이 없었다면, 이 책이나 서른두 권의 다른 책들은 탄생하지 못했을 것이다. 불신자의 시각에서 볼 때, 나의 경험은 이런 측면에서 생존자의 우연한 이야기에 불과할 수도 있다. 하지만 나의 경험은 적어도 내가 신적 활동을 믿는 이유에 관해 불신자들이 공감할 수 있도록 도와준다.

1991년에 나는 듀크 대학교 박사과정에 입학했지만, 학비는 지원받지 못했다. 당시에 나의 임시직은 끝나 가는 중이었고, 어느 시점엔가 내 재산은 말 그대로 1달러까지 바닥이 났다. 그때 내 상황을 몰랐던 어떤 사람이 나에게 돈을 조금 주고 싶다고 느끼면서 방문을 두드렸다. 그 덕분에 나는 음식을 살 수 있었다. 그 뒤에, 듀크 대학교에 전화를 걸어 입학할 수 없는 형편이라고 설명하려 했다. 그런데 그 전날, 석사과정을 이수할 때 학비를 대 준 적이 없었고 아직 내 상황을 몰랐던 가족 하나가 박사과정을 후원하겠다고 제안했다. 나는 그녀의 제안을 거절하려고 했지만, 소용이 없었다. 이 제안이 하루만 늦게 왔더라도, 나는 그해에 박사 학위 과정을 시작할 수 없었을 것이다. 물론 다른 사람들도 뜻밖의 돈을 얻지만, 이 경험은 나에게 특별한 의미가 있었다. 이 경험은 나를 학자의 길에 들어서게 해 주었고 이후의 내 삶을 형성했다.

박사과정 마지막 해에, 나는 박사과정을 마친 뒤 필요한 일자리를 찾으면서 100개 혹은 200개 학교에 성실하게 지원서를 보냈다. 나는 (대부분 빈자리가 없던) 이 학교들이나 실제로 공고를 냈던 학교의 일자리에도 채용되지 못했다. 당시에 많은 종교 학과들이 문을 닫았고, 심지어 경험 많은 여러 교수도 일자리를 찾는 중이었다. (오늘날에도 서구 세계에서는 신약학의 일자리를 얻기 위해 교수들이 매우 치열하게 경쟁한다.)

박사 학위를 마친 뒤 여름을 지내는 동안, 가을에 교수직을 얻지 못할 것이라는 사실이 점차 분명해졌다. 나는 기도하면서 용기를 잃지 않으려고 애썼지만, 어느 날 밤 이듬해에 먹고살기 위해 얼마나 많은 돈이 필요한지 계산한 뒤, 절망에 빠지고 말았다. 숙박하는 데 넓은 공간은 필요하지 않았지만, 패스트푸드점이나 비숙련 관리 업무로는 내 연구 파일을 보관할 만큼 넓은 원룸조차 마련하지 못할 수도 있었다. (당시는 플래시드라이브에 몇 기가바이트의 데이터를 저장할 수 있는 시절이 아니었다.)

다음 날 IVP(InterVarsity Press)의 편집자에게서 전화가 왔다. IVP에서 내가 제안한 『성경 배경 주석』(*Bible Background Commentary*)에 흥미가 있다고 말했다. 반가운 소식이었지만, 기운을 북돋우기에는 역부족이었다. '길거리에서 살아야 한다면, 어떻게 주석을 쓸 수 있을까?' 나는 이렇게 생각했다. 박사과정의 마지막 해에 썼던 이전의 두 책은 출간된 뒤에야 저작권료를 받았고, 이 정도 저작권료로는 분명 먹고살기에 충분하지 않았다. 그런데 편집자는 이어서 IVP에서 선금을 지불하기로 결정했다고 말했다. 바로 전날 밤에 계산한 금액이었다. 나는 정신이 멍해졌다. 그해에 나는 신약성경의 문화적 배경을 해설하는 주석을 저술했고, 다음 해에 교수직을 얻었다.

나는 이와 비슷한 경험을 많이 했는데, 이 경험들은 그 자체로는 우연의 일치라고 설명할 수도 있다. 하지만 이 경험들을 한데 모으면, 내가 왜 오늘날 학자로 일할 수 있게 되었는지 이유를 설명하는 데 도움이 된다. 이 경험들은 하나님이 내 삶에 적극적으로 관여하셨다고 믿게 하는 상당히 빈번한 개인적 경험의 표본일 뿐이다.

물론 나는 이 모든 사건에서 하나님의 손길을 보지만, 이 사건들은 전형적인 기적의 정의에 부합하지 않을 수 있다. 나는 이 사건들이 모든 사람에게 적용되는 모델이라고 생각하지 않는다. 하지만 이 사건들은 그 시점에 나의 필요와 일치하는 하나님의 더 큰 목적에 부합한다. 내가 이 사건들과 다른 이야기들을 이 장에 포함한 이유는 회의론자들을 설득하기 위해서가 아니라 나 자신의 마음을 설명하기 위해서다. 나는 하나님이 세상에서 일하신다고 확신한다. 무엇보다 내가 그것을 경험했다고 믿기 때문이다.

35장

왜 서구에서 더 많은 기적을 보지 못하는가?

서구에 있는 그리스도인들은 종종 우리가 왜 서구에서 더 많은 기적을 보지 못하느냐고 묻는다. 이 책을 여기까지 읽었다면, 여러분도 알다시피 대부분의 사람이 기적이라고 부를 만한 사건들은 서구에서도 일어난다. 예를 들어, 이전 여러 장에 나온 크리스 군더슨과 말린 클레피스, 브라이언 라푸, 에마 매킨리, 그레그 스펜서, 브루스 반 나타의 예를 생각해 보자. 물론 미국에서 일어나는 기적은 미국 밖에서 일어나는 기적보다 **훨씬 적다**. 미국의 인구는 세계 인구의 5퍼센트에 불과하기 때문이다. 북아메리카의 전체 인구는 세계 인구의 약 8퍼센트를 차지한다.

하지만 몇 가지 다른 요인도 존재한다. 예를 들어, 서구에서 기적이 일어날 때, 우리는 초자연적인 것을 인정하지 않는 사고방식 때문에 다른 설명을 붙잡으려고 한다. 그래서 기적은 종종 우리 눈에 띄지 않게 된다. 결국 기적은 우리에게 의미가 별로 없기 때문에, 기적이 일어날 가능성도 낮아진다(막 6:5-6). 또한 기적은 다른 여러 곳에 비해 대개 서구에서 그 필요성이 훨씬 떨어진다. 하나님이 이미 우리에게 주신 선물에 더 많이 감사하는 마음을 갖는다면, 하나님이 우리에게 마련해 주신 더 많은 것들에도 마음이 열리기 시작할 것이다.

일반 섭리와 특별 섭리

칼(Karl) 신부가 완전히 심정지를 일으켰을 때, 그는 우연히 병원을 방문하던 중이었다. 칼 신부가 탄 승강기 역시 우연히 심장 치료실이 있던 층에서 멈추었고, 덕분에 칼 신부는 승강기를 타려던 숙련된 심장 전문의 발 앞에 쓰러졌다. 다른 곳에서 쓰러졌다면, 칼 신부는 회생하기 전에 회복 불가능한 뇌 손상을 입었을지 모른다. 그런데 이렇게 해서, 사랑받는 칼 신부는 의사들이 뜻밖의 기적 같은 행운이라고 여기는 사건에서 의학적으로 다시 살아났다.[1]

가끔 우리는 하나님이 (혹은 우리가) 단순히 '자연적인' 일과 반대되는 **초자연적인** 일을 하실 수 있음을 증명하기 위해 기적을 보고 싶어 한다. 물론 예수님은 어려움에 처한 사람들을 치유하기 위해 권위를 사용하셨지만, 가급적 오랫동안 자신의 정체를 대중에게 알리지 않으셨다. 성경 구절까지 인용하면서(시 91:11-12) 성전 꼭대기에서 뛰어내려 예수님의 능력을 드러내 보이라고 한 마귀의 요구를 예수님은 거절하셨다(마 4:5-7·눅 4:9-12). 하나님이 이미 행하신 일을 무시한 뒤에, 단지 우리가 원하는 것을 얻기 위해 하나님께 자신을 증명해 보라고 요청한다면, 이런 행동은 믿음 없이 하나님을 시험하는 것이다(시 78:18-20; 요 6:26, 30-31).

하나님은 단지 우리를 즐겁게 하거나 과시하기 위해서가 아니라, 다른 길이 전혀 없을 때 특별히 초자연적인 방법을 통해 공급해 주신다. (나는 언젠가 물 위를 걸을 수 있도록 훈련하기 위해 얼어붙은 웅덩이를 밟았더니 얼음이 깨지고 말았다는 농담을 가끔 한다.) 자연적인 수단이 존재할 때, 하나님은 대개 자연적인 수단을 통해 일하신다. 광야에는 이스라엘을 위한 잡화점이 전혀 없었기 때문에, 하나님은 40년 동안 만나를 공급해 주셨다. 하지만 이스라엘 백성이 그 땅의 열매를 먹을 수 있게 된 뒤에는 만나가 멈추었다(수 5:12).

예수님은 일용할 양식을 위해 기도하라고 가르치셨다(마 6:11 · 눅 11:3). 하지만 우리가 밖으로 나가서 생계를 꾸리는 것은 불신앙이 아니다(살전 4:11-12; 살후 3:6-12). 자연적인 방법으로는 충분한 음식을 구할 수 없었을 때, 예수님은 수천 명의 사람을 먹이기 위해 음식을 몇 배로 늘리셨다. 하지만 나중에 예수님은 제자들에게 남은 조각을 모으라고 말씀하셨다(요 6:12). 필요할 때 예수님은 기적을 행하여 군중을 먹이셨지만, 제자들의 다음 몇 끼 식사에는 새로운 기적이 필요하지 않았다.

일용할 양식을 위해 기도한다는 이유로 제자들이 남은 음식을 버렸다면 얼마나 어리석은 일이었겠는가? 음식을 얻는 자연적인 수단보다 자연적인 치료 수단을 더 무시할 필요는 없지 않을까? 하나님이 가끔 기적을 행하신다고 해서 하나님이 매번 기적을 행하신다고 기대해야 한다는 의미는 아니다. 성경에서는 물론이고 오늘날의 진정성 있는 기적에 관한 진술을 살펴볼 때, 하나님은 종종 우리를 놀라게 하기를 좋아하신다. 시편 91:11-12이 하나님의 보호를 언급한다고 해서 우리가 성전 높은 곳에서 뛰어내려야 한다는 의미는 아니다.

의학과 기적

이른바 자연적인 수단과 초자연적인 수단이 반드시 상충하는 것은 아니고,

두 가지 수단은 종종 함께 사용할 수 있다. 그래서 여호수아는 하나님께 보냄받았지만(수 8:1-2) 하나님이 주신(8:2) 군사 전략을 사용했다(8:4-9). 하나님은 이스라엘 백성들을 적대시하는 사람들을 격파하셨지만(시 135:10-12; 136:17-22), 이스라엘 백성들은 하나님이 그들을 행동해야 할 책임에서 면제해 주시기보다는 자신들을 통해 이 일을 하실 것이라고 이해했다(예, 민 21:21-25, 33-35). 대개 우리 몸이 자연적으로 회복되는 과정은 하나님이 훨씬 극적으로 행동하실 때와 다를 바 없는 하나님의 선물이다. 하나님이 의사를 통해 우리를 치료하실 때, 이것은 하나님이 의사 없이 치료하실 때와 다를 바 없는 기도 응답이다. 예수님은 먼저 감사하신 뒤에, 5,000명의 사람들을 먹이기 위해 음식을 몇 배로 늘리셨다. 우리는 이것을 기적이라고 부른다. 하지만 예수님이 제자들에게 남은 조각을 모으라고 말씀하셨을 때, 이것은 제자들의 다음번 식사를 위한 준비였고, 제자들은 그 식사에서도 감사했을 것이다(딤전 4:3-5).

하나님이 의학과 사람의 몸에 관해 배울 길을 사람에게 주셨기 때문에, 비록 불완전하긴 하지만 일반적으로 오늘날 우리는 과거보다 훨씬 더 나은 건강과 긴 수명을 누리게 되었다. (앞에서 언급했듯이, 신앙은 과학 탐구 분야에서 많은 현대 과학 창시자들의 길잡이가 되었다. 믿음과 과학 사이에 존재하는 가설상의 역사적 전쟁은 확실한 역사가 아닌 거짓 선전에 근거한다.)[2] 하나님은 이런 수단들을 자연 안에 제공하셨고, 이런 수단들에 접근할 수 있는 사회는 그렇지 못한 사회에 비해 사망률이 훨씬 낮다. 하나님이 종종 후자의 사회에서 예외적인 기적을 일으키실 때도 마찬가지다. 고대 의학은 현대의 실증적 의학만큼 유용하지 못했지만, 예언자들은 자신들이 가진 것을 사용할 수 있었다. 이사야는 히스기야의 종기에 무화과 습포제를 붙였다(사 38:21). 바울은 디모데에게 위를 위해 포도주를 약간씩 마시라고 권고했다(딤전 5:23).

이런 권고가 율법주의적 거짓 교사들의 기분을 상하게 할 수 있었는데도 말이다(4:3-4).

바티칸은 "오직 믿음에만 의지하기 위해" 의학적 도움을 기피한 사람들이 내놓는 치유 주장을 거부한다.³ 마찬가지로 대부분의 개신교인도 실증적 의학을 존중한다. 사역 초기에 나를 지도했던 오순절 교회 개척자인 에버렛 쿡(Everett Cook)은 하나님이 수십 년간 자기 가족을 위한 기도에 어떻게 응답하셨는지 많은 이야기를 들려주었다. 그런데 언젠가 에버렛은 코에 혹이 난 어느 그리스도인과 얼마 전 만났던 일에 대해서도 들려주었다.

"의사를 만나는 게 좋겠어요." 에버렛이 경고했다.

"나는 치유되었어요!" 그 남자가 주장했다. 충분히 고집을 부리면, 하나님이 치유를 일으켜 주실 거라고 믿는 듯 보였다.

에버렛이 다음에 남자를 만났을 때, 혹은 더 커졌다. "정말 의사를 만나야 해요." 에버렛이 강권했다.

"아니에요. 나는 치유되었어요. 하나님 감사합니다!" 남자는 고집을 부렸다.

에버렛이 남자를 세 번째 보았을 때, 혹은 상당히 커진 상태였다. 이번에는 그 남자도 인정했다. "어쩌면 병원에 **가야만** 할 것 같아요."

내게 이 이야기를 들려준 에버렛의 요점은, 하나님은 치유하시지만 우리가 상식을 사용하기를 기대하신다는 점이다. "하나님은 내게 직업과 건강보험을 주셨고, 그래서 의사에게 갈 수 있어요. 이것은 직접적인 치유나 다름없는 하나님의 복입니다." 그의 설명이었다.

아내를 포함해 대부분의 아프리카 친구들은 아프리카에서의 삶이 기적이라고 주장하면서 이렇게 역설한다. "서구에 사는 여러분에게는 의학 기술이 있고, 이것은 하나님의 선물입니다." 하나님은 우리의 즐거움을 위해 기적을 일으키지 않으신다. 사람들이 사용할 수 있을 때 대개 하나님은 이미 창조한 자연적인 수단을 통해 일하신다. 그렇다, 아프리카에서는 많은 기적이 일어난다. 하지만 아프리카 여러 곳의 출산 중 사망률은 여전히 서구의 병원보다 열 배나 높다.

사람들에게 기적이 절박하게 필요할 때, 혹은 그리스도의 사랑에 관한 기쁜 소식을 전하기 위해 특별한 방법으로 사람들의 주의를 끄실 때, 하나님은 대개 극적인 표적을 행하신다. 기적을 목격한 아프리카 그리스도인들은 종종 이렇게 말한다. "여러분에게는 아프리카만큼 많은 기적이 필요하지 않아요. 의료 체계가 더 잘 작동하거든요!"

의사들은 대부분 당연히 의과대학에서 진 빚을 갚을 수 있게 해 주는 지역으로 몰린다. 어떤 사람들은 세계 의사 중 2퍼센트만이 세상에서 두 번째로 인구가 많은 대륙인 아프리카에서 일한다고 추산하는데, 인구 1만 명당 의사는 한 명꼴이다. 여러 기적이 일어나는데도 불구하고, 아프리카의 부적절한 건강관리 때문에 매해 약 20만 명의 여성이 출산 중에 사망하고, 태어난 아이들 중 약 9퍼센트는 채 다섯 살이 되기 전에 사망한다. 지구촌에서 매해 건강관리에 들어가는 수천조 원 중 거의 대부분이 훨씬 부유한 나라에서 사용된다. 우리가 복음서에서 예수님이 관심을 보이신 부분에 관심을 갖는다면, 우리는 더 많이 필요한 지역에서 더 광범위한 의료 복지를 제공하기 위해 애써야 하고, 그런 지역에서 일하기로 결심한 의사와 간호사를 비롯한 의료 복지 종사자들에게 도덕적, 경제적 지원을 제공하기 위해 애써야 한다. 기적은 결코 세상의 문제를 해결하는 만병통치약이 아니다. 마치 우리가 더 이상 할 수 있는 일이 없다는 듯이 행동해서는 안 된다. 사실 기적은 하나님이 사람들의 건강에 얼마나 관심을 갖고 계신지 보여 주고, 우리도 사람들의 건강에 관심을 가져야 한다는 사실을 보여 준다.

앞에서 하이디 베이커와 「프뉴마 리뷰」의 인터뷰를 언급했다. 그 인터뷰 말미에서 하이디는 이렇게 설명한다. "나는 일요일마다 많은 사람들, 휠체어에만 앉아 있어야 하는 사람들을 안아 줍니다. 많은 시각장애인이 치유되는 광경을 보지만, 우리에게는 치유되지 않은 시각장애인을 위한 집도 있습니다. 우리는 시각장애인을 위한 가내 산업도 운영합니다. 이 모든 것은 하나님을 위한 일이고, 하나님의 사랑을 다른 사람들에게 나누어 주기 위한 일입니다. 초자연적인 기적이 일어나지 않을 때도, 사랑은 하나님의 뜻을 성취합니다. 사랑이 가장 큰 기적입니다."

기적은 이 세상의 모든 문제를 해결하지 못하고, 그런 의도로 일어나는 것도 아니다. 기적은 더 나은 미래의 맛보기이고, 하나님이 무엇에 관심을 두시는지 보여 준다. 예수님은 기적을 통해 병자들을 치유하셨고, 악령에게 시달리는 사람들을 구출하셨고, 굶주린 이들을 먹이셨고, 생명을 위협하는 폭풍에서 제자들을 보호하셨다. 하나님은 사람들의 건강과 굶주림, 안전에 관심을 두신다. 이 말은, 하나님의 관심사에 관심을 갖는 사람들은 하나님이 기적을 행하지 **않으실** 때에도, 무엇이든 우리가 자유롭게 동원할 수 있는 자연적 수단을 사용해 동일한 필요를 충족시켜야 한다는 뜻이다.

표적 대 치유의 은사

이전에 쓴 방대한 분량의 책과 마찬가지로, 이 책에서 나는 '기적'이라는 용어를 사용한다. 오늘날 사람들이 이 용어에 익숙하기 때문이다. 하지만 대개 '기적'으로 번역된 성경의 용어는 '권능을 보여 주는 행동'에 더 가까운 의미를 가지는데, 흔히 성경 여러 군데에서는 '표적'이나 '기사'라고 불린다.[4] 엄밀히 말해서, 이 책에 나오는 대다수의 예는 대부분의 사람들에게 일상적인 복보다는 이례적인 표적을 의미한다.

하지만 하나님의 선물이 되기 위해 어떤 것이 이례적이어야 할 필요는 없다. 바울이 치유의 은사를 언급하거나(고전 12:9) 야고보가 기도에 대한 응답으로 치유를 언급할 때(약 5:14-16), 이 본문들은 치유가 반드시 극적이어야 한다고 명시하지 않는다. 하나님이 점진적으로, 조용히, 혹은 의료 장비와 기술 혹은 건강한 생활 방식을 통해 우리를 치유하신다면, 여전히 하나님은 기도에 응답하고 계신 셈이다. 의심할 여지없이, 가끔 치유와 표적의 차이는 역할의 문제인 동시에 정도의 문제일 수 있다.

그런데 고린도전서와 야고보서에서 치유의 주된 목적은 신자들을 돕기 위한 것이다. 반면에, 성경에서 표적의 주된 목적은 하나님의 메시지로 사람들의 이목을 끌고, 또한 볼 수 있는 눈을 가진 사람들을 초대해 하나님의 메시지를 믿게 하기 위함이다. 하나님은 표적과 기사로 은혜의 메시지를 증거하실 수 있고(행 14:3), 초기 그리스도인들은 하나님이 치유와 표적, 기사와 함께 메시지를 전할 용기를 종들에게 계속 주시도록 기도했다(행 4:29-30; 4:9-10, 13과 비교하라).

신약성경에서 일어난 표적은 대부분 치유 사건이다. 다른 치유와 마찬가지로, 표적은 치유된 사람들에게 유익을 준다. 그런데 표적은 또한 사람들의 이목을 끌고 표적 너머에 있는 것을 가리킨다. 예수님은 표적이 약속된 미래의 나라를 가리킨다고 말씀하신다. 다른 형태의 치료는 덜 두드러질 것이다.

하나님은 한 지역이나 한 영역에서 새로운 지평을 여실 때 불신자들의 이목을 끌기 위해 종종 기적을 행하신다(롬 15:18-19). 앞서 나는 이 책에서 한센병 환자의 치유와 그 이후의 기적이 어떻게 전체 그룹의 상당히 많은 사람을 움직여 그리스도를 따르게 했는지 에비 페린바라즈의 증언을 언급했다. 다만 이 사건들이 일어나고 난 뒤에 극적인 기적은 덜 흔해졌고, 새로운 회심자들 가운데 필요한 주요한 은사는 가르침의 은사였다. 몽골에서 몇 년을 보낸 또 다른 친구도 몽골의 교회와 관련해 동일한 주장을 내놓았다. 표적은 기독교 운동의 탄생에 도움이 되었지만, 일단 교회가 시작된 뒤에 표적은 줄어들었다.

그리스도에 관한 기쁜 소식이 모잠비크에서 계속 새로운 마을에 닿을 때, 기적은 계속 일어난다. 아마 부분적인 이유는 새로운 마을마다 새로운 지평이 계속 열리기 때문일 것이다. 하나님은 복음을 거부하는 사람들이 하나님의 자비에 마음을 열게 하기 위해 극적인 일을 행하신다. 특히 이와 같은 표적에 깊은 인상을 받는 그룹 가운데서, 즉 이런 표적들이 사람들의 이목을 끌고 선포된 메시지를 확증하는 곳에서 이런 일이 일어난다. [때로 이것은 선교학자들이 언급하는 이른바 "능력 대결"(power encounter)의 형태를 취하는데, 이때 하나님은 가끔 성경에서 나오듯, 하나님의 능력이 그 지역 종교 권력자들의 능력보다 훨씬 크다는 사실을 보여 주신다. 예, 출 7:11, 22; 8:7, 18-19; 9:11; 왕상 18:24-39; 행 8:9-11; 13:6-12.)]

그렇다고 해서 표적이 적게 나타나는 곳에서는 하나님이 일하시지 않는다는 말은 아니다. 간혹 하나님의 일이 단순히 덜 극적이라고 해서 덜 실제적이다는 말은 아니다. 물론 그렇다고 해서 하나님이 다른 곳에서 **결코** 표적을 행하지 않으신다는 말도 아니다. 단지 극적인 하나님의 일이 더 많이 일어나지 않아도 상관없다는 의미일 뿐이다. 우리는 드라마 자체를 위해 드라마를 찾지는 않는다. 우리는 그리스도께 영광을 돌리기 위해 표적을 구한다. 그렇기는 하지만, 오늘날 서구에서도 복음화율이 낮은 지역이나 탈기독교적인 영역에서 표적은 여전히 사람들의 이목을 끌 것이다.

36장

영적인 요소와 기적

기적은 가끔 특별한 부흥의 시기에 번성한다. 부흥의 시기를 항상 예측할 수 있는 것은 아니지만, 부흥은 대개 하나님의 성령을 부어 주시도록 기도한 뒤에 온다. 대개 자유롭게 하시는 주 예수님의 메시지에 관심을 끌기 위해 새로운 지평을 여는 전도 상황에서 표적도 자주 나타난다. 또한 기적은 기적을 바라는 믿음이 더 많은 곳에서 두드러지게 나타나는 경향이 있다. 물론 우리는 우리의 믿음이 아니라 그리스도를 신뢰해야 한다는 점을 기억해야 하지만 말이다. 이 모든 요소는 가끔 서로 맞물려 있다. 하지만 인도네시아와 모잠비크에서 일어난 것과 같은 몇몇 부흥 운동 지도자들이 강조하듯이, 기적은 기적을 구하는 사람들이 아니라 예수님과 그분의 목적을 구하는 사람들을 따라다닌다.[1]

특별한 부흥의 시기

하나님은 다양한 시기에 다양한 방법을 통해 일하기를 택하신다. 그것은 때로 이런 변화가 하나님 백성의 영적 상태와 조화를 이루기 때문이며, 때로는 하나님이 그냥 다르게 일하기로 선택하셨기 때문이기도 하다. 그래서 우리는 하나님의 주권적 지혜를 신뢰하는 법을 배운다.

신실한 아브라함의 시대에 하나님은 롯을 구출하기 위해 천사들을 보내시고(창 19:7-11), 이삭 대신 제물로 바칠 양을 준비하신다(22:12-13). 이와 대조적으로, 영적으로 어둡고 혼란한 사사 시대에는 입다의 딸을 대신하는 양도 등장하지 않고(삿 11:34-40) 레위인의 첩을 구하는 천사도 등장하지 않는다(19:25-28). 하나님은 계속되는 사건의 일상적 과정에 개입하지 않으신다. 이와 같은 이야기는 우리가 사는 세계의 주변에서 매일 일어나는 표현하기 힘든 수많은 비극적 현실과 일치하고, 가능한 모든 일상적 수단을 동원해 정의를 위해 일하라는 임무를 우리에게 부여한다. 외세에 압제당하던 시기에 기드온은 출애굽 때 일어난 모든 기적이 어디에 있느냐고 의문을 제기한다. 그에게는 그렇게 말할 충분한 이유가 있다(삿 6:13). 하나님은 이어서 기드온에게 커다란 승리를 주시지만, 불기둥이나 물이 갈라지는 일도 전혀 일어나지 않는다.

가끔 하나님은 다른 방식으로 일하신다. 거기에는 단지 다양한 사람들을 통해 다양한 방식으로 자신을 계시하시려는 하나님의 선택이 반영되어 있다(마 11:18-19·눅 7:33-34; 롬 12:4-8과 비교하라). 세례 요한은 예수님이 불로 세례를 주실 것이라고 기대했고, 성경에 따르면 예수님은 어느 날 그렇게 하실 것이다. 그런데 예수님이 사람들을 치유할 뿐 불을 쏟지 않으신다는 말을 들었을 때, 요한은 예수님의 정체를 의심했다. 우리가 기대하는 방식대로 예수님이 행동하지 않으실 때, 우리도 요한처럼 그분에게 걸려 넘어지는 유혹에 빠질 것이다(마 11:6·눅 7:23).

출애굽의 첫 번째 재앙은 물이 피로 바뀌는 것이었다. 예수님의 첫 번째 표적은 물이 포도주로 바뀌는 것이었다. 출애굽의 마지막 재앙은 장자의 죽음이었다. 요한복음에서 십자가에 이르기 전에 예수님의 마지막 표적은 나사로의 회생이었다. 하나님은 새로운 방법으로 행동하기로 결정하셨다.

출애굽 시기에 일어난 모세의 기적은 강력한 제국의 위상을 떨어뜨렸을 뿐만 아니라, 요셉을 통해 얻은 과거의 번영까지 거두어 갔다.[2] 복음서와 사도행전에서는 많은 기적이 훨씬 소규모로 일어났다. 기적은 로마제국을 무너뜨리지 않았다. 하지만 다음 수세기 동안 기꺼이 가난한 자들을 돌보고, 병자들을 위해 기도하며 그들을 돌보고, 순교자의 죽음을 받아들인 그리스도인들의 인정 많고 신실한 증거를 통해 로마제국은 대부분 회심했다. 마침내 황제 자신이 그리스도인이 되었다고 선언했다! 하나님은 훨씬 드러나지 않는 방법을 통해 일하셨지만, 새 언약의 영광은 이전 언약의 영광과 비교할 수 없을 만큼 크다(고후 3:7-11). 옛 언약의 영광은 명확했지만 죽음을 가져왔다. 그 반면, 새 언약의 영광은 예수님의 십자가와 사도들의 고난 속에서 부활의 능력을 바라보는 믿음의 눈을 통해서만 볼 수 있었다. 그런데도 새 언약의 영광은 생명을 가져온다(고후 2:15-16; 3:6).

하나님은 어떤 상자 안에도 갇히지 않으신다. 우리 생각에 부합하는 일을 하시든 아니든, 하나님은 우리의 신뢰를 받기에 합당하시다. 하나님의 계획에 대해서 더 큰 그림을 볼 수 있을 때, 우리는 오직 영원의 빛 안에서 여러 세부 내용을 이해할 것이다. 하지만 볼 수 있는 눈을 가진 이들에게, 하나님은 이미 우리 세계 안에서 일하신다. 또한 하나님은 성령이 부어지기를 바라는 기도, 이례적인 일들이 훨씬 일상적으로 일어나는 부흥의 시기가 오기를 구하는 기도를 반기신다(예컨대, 눅 11:13; 행 4:29-31을 보라; 행 1:14과 2:1-4을 비교하라). 부흥의 결과는 상당히 다양하지만, 치유는 대개 부흥의 결과 중 하나다.[3]

부흥이나 성령의 기름 부으심의 역사는 대개 우리가 가장 예상하지 못한 방식으로 온다. 일련의 환상을 본 뒤, 이탈리아 성령 봉헌회(Oblates of the Holy Spirit) 설립자인 엘레나 구에라(Elena Guerra)는 교황 레오 13세(Leo XIII)에게 성령을 새롭게 강조해야 한다고 개인적으로 촉구했다.[4] 그래서 19세기 말엽에 가톨릭은 성령의 기름 부음의 역사가 일어나도록 기도하게 된다. 급진적 복음주의자, 즉 성결을 강조하면서 세계 복음화를 위해 하나님의 치유와 능력이 나타나도록 기도하던 그리스도인들도 마찬가지였다.[5] [A. J. 고든(Gordon)과 A. B. 심프슨(Simpson)을 비롯한 다른 사람들도 이 초교파적, 전 세계적 복음주의 운동의 일부였다.]

1901년 1월 1일, 교황 레오는 20세기를 성령께 바쳤다. (시간대의 차이를 고려할 때) 거의 같은 날에, 성결교 복음주의자 애그니스 오즈먼드(Agnes Osmond)는 작은 캔자스 성경 학교에서 방언으로 예배하기 시작했다. 이것은 1906년 아주사 거리 부흥(Azusa Street Revival)으로 이어진 운동의 출발점이었는데, 아주사 부흥 운동은 그 이후 약 5억 명의 사람들에게 영향을 주었다(다양한 부흥 운동에 대해 뒤에서 더 많이 다룬다). 하나님은 초기에 기도하던 많은 사람이 예상하지 못했던 곳에서, 예상하지 못했던 방식으로 기도에 응답하기 시작하셨다.

겸손

주님은 사람이 감동받는 것에 감동받지 않으신다(삼상 16:7; 눅 16:15).

- 시편 34:18 "여호와는 마음이 상한 자를 가까이하시고 중심으로 통회하는 자를 구원하시는도다."
- 시편 138:6 "여호와께서는 높이 계셔도 낮은 자를 굽어살피시며…."
- 이사야 57:15 "지극히 존귀하[신]…이가 이와 같이 말씀하시되 내가…통회하고 마음이 겸손한 자와 함께 있나니…."
- 하박국 2:4 "보라 그의 마음은 교만하며 그 속에서 정직하지 못하나 의인은 그의 믿음으로 말미암아 살리라."
- 마 23:12 · 눅 14:11; 18:14 "누구든지 자기를 높이는 자는 낮아지고 누구든지 자기를 낮추는 자는 높아지리라."
- 고린도전서 1:28-29 "하나님께서 세상의 천한 것들과 멸시받는 것들과 없는 것들을 택하사 있는 것들을 폐하려 하시나니 이는 아무 육체도 하나님 앞에서 자랑하지 못하게 하려 하심이라."
- 야고보서 4:6-7 "그러나 더욱 큰 은혜를 주시나니 그러므로 일렀으되 하나님이 교만한 자를 물리치시고 겸손한 자에게 은혜를 주신다 하였느니라 그런즉 너희는 하나님께 복종할지어다."
- 베드로전서 5:5-6 "젊은 자들아 이와 같이 장로들에게 순종하고 다 서로 겸손으로 허리를 동이라 하나님은 교만한 자를 대적하시되 겸손한 자들에게는 은혜를 주시느니라 그러므로 하나님의 능하신 손 아래에서 겸손하라 때가 되면 너희를 높이시리라."

기적은 기적에 감사하지 않는 이들이 아니라, 특히 겸손한 자들 가운데서 일어나는 경향이 높다. 겸손이란 하나님이 누구시고, 그에 상응해 우리가 누구인지를 아는 것이다. 겸손은 주님을 경외하는 데서 나온다(잠 15:33과 비교하라).

예수님이 가시적이고 극적으로 치유하시든 아니면 훨씬 조용하고 근원적으로 치유하시든, 예수님의 치유는 그분의 마음, 곧 긍휼의 표현이다(마 14:14; 15:32; 막 8:2; 눅 7:13-15). 전염성 바이러스에 관해 귀중한 과학적 지식을 갖기 훨씬 이전에도, 병들거나 아픈 사람들을 피하려는 인간의 일반적인 경향은 널리 퍼져 있었다(욥 6:21; 시 38:11). 그런데 이 점에서 예수님은 문화에 역행하는 행동을 하셨다. 예수님은 힘 있는 사람들의 호의를 얻기 위해 그 사회의 힘 있는 사람들과 사귀지 않으셨다. 예수님은 평범한 사람들과 심지어 멸시받던 사람들을 제자로 초대하셨고, 가장 힘없는 사람들을 치유하셨다. 종교 엘리트들은 정결법과 관련해 예수님이 해이하다고 생각했을지 모르지만, 예수님은 제의적으로 부정한 사람들을 만져 그들을 치유하시고, 또한 이렇게 함으로써 그들을 정결하게 하셨다(막 1:41; 5:41). 예수님이 돌아가시기 전에도, 마태는 예수님이 우리의 질병을 짊어지셨다고 말한다(마 8:17). 예수님이 가장 작은 자들을 섬기심으로써 이미 십자가로 가는 길이 시작되었기 때문이다. 우리는 예수님이 우리에게 주시는 모든 치유나 다른 모든 선물이 그분의 모든 것을 바친 대가로 주어졌음을 기억해야 한다.

현대사에서 대부분의 부흥 운동은 가난한 자들과 소외된 자들 가운데서, 혹은 아직 자기 방식에 굳어지지 않은 청년들 사이에서 시작되었다.[6] 예를 들어, 20세기에 처음 10년 동안 분출된 여러 가지 다양한 부흥 운동을 생각해 보자. 1904-1905년의 웨일스(Welsh) 부흥 운동에서 가장 먼저 영향받은 많은 이들은 근면한 석탄 광부들이었다. 이 부흥 운동의 소식은 다른 지역의 영적 굶주림을 부채질했다.7 1905년에, 젊은 과부와 고아들을 받아들인 판디타 라마바이(Pandita Ramabai)가 이끈 인도의 무티 선교회(Mukti Mission)에서 또 다른 중요한 부흥 운동이 터져 나왔다.8 1906년 노예로 태어난 부모를 둔 아프리카계 미국 성결교 설교자인 윌리엄 시모어(William Seymour)가 주도하던 아주사 거리 선교회(Azusa Street Mission)에서 로스앤젤레스의 부흥 운동이 터져 나왔다.9 몇 년 안에 이 부흥 운동은 전 세계로 확산되기 시작했다. 우리는 소외된 사람들 가운데서 시작된 부흥 운동의 예를 더 많이 들 수 있다. 예를 들어, 20세기 막바지에 중국의 억압받는 그리스도인들과 모잠비크의 고아들 가운데서 일어난 부흥 운동을 언급할 수 있다.10

이들 부흥 운동 가운데 엘리트층이 주도해 일어난 부흥 운동은 하나도 없다. 특권층 가운데서 몇몇 부흥 운동이 일어났지만, 이들 부흥 운동은 때로 고난의 여파 속에서 일어났거나 다가올 더 큰 고난을 준비하는 움직임이기도 했다. 웨일스 부흥 운동이 제1차 세계 대전의 전조가 되었듯, 1850년대 기업인들의 부흥 운동은 미국 남북전쟁의 끔찍한 고난에 앞서 일어났다.

몇몇 부흥 운동은 애즈베리 대학의 두 가지 주요한 부흥 운동11 혹은 이른바 건초더미 기도회(Haystack Prayer Meeting)12와 함께 시작된 선교 운동처럼 대학생들 사이에서 시작되었다. 하지만 이들 부흥 운동은 대부분 하나님께 간절히 매달리는 사람들 가운데서 시작되었다. 단지 하나님을 더 많이 경험하면 좋겠다고 생각한 사람들이 아니라, 부흥을 경험하지 않고는 살 수 없다고 생각하던 이들이었다. 나이지리아의 성서 유니온(Scripture Union)에서 학생들과 함께 시작된 나이지리아 부흥 운동은 1960년대의 참

혹한 나이지리아 내전이 끝난 뒤에 시작되었다.[13]

비천하고 마음이 상한 자들을 가까이하시는 하나님은 간절히 매달리는 사람들 가운데서 자신을 가장 자주 보여 주신다. 하지만 그때도 대개 하나님은 우리가 별로 예상하지 않는 방법으로 자신을 보여 주신다. 자연법칙은 하나님이 세우신 자연의 과정을 예견하겠지만, 하나님이 사람들에게 역사하시는 방식을 알려 주지 않는다. 다만 정의와 긍휼에 부합하는 하나님의 본성과 우리의 때가 아닌 하나님의 때에 자신의 목적을 실현하는 하나님의 인내는 시종일관 유지된다.

믿느냐 믿지 않느냐

서구에서 기적을 더 적게 보는 또 다른 이유는 흄 학파의 회의주의가 서구에서 우리의 사고에 너무 많은 영향을 미쳤기 때문이다. 맹신을 막기 위해 약간의 회의주의는 필요하지만(잠 14:15을 보라), 믿음의 대상이 믿을 만한 것으로 입증될 때까지 우리는 회의주의에 대해서도 의심을 품어야 한다. 다시 말해, 우리 중에 하나님을 아는 이들은 사람들이 제시하는, 검증되지 않은 모든 주장을 믿을 필요는 없다. 하지만 우리는 분명 처음부터 하나님이 가끔 예상된 자연의 과정을 초월해 행동하신다고 믿을 수 있다.

복음서는 믿음과 치유를 아주 빈번하게 연결한다(마 8:10, 13; 9:2, 6-7, 22, 28-29; 15:28; 막 2:5, 11-12; 5:34, 36; 9:23-24; 10:52; 눅 5:20, 24-25; 7:9; 8:48, 50; 17:19; 18:42; 요 4:50; 11:40; 다음의 막 16:17-18; 행 3:16; 14:9과도 비교하라). 마찬가지로, 복음서는 다른 많은 기도 응답과 믿음을 연결한다(마 14:28-31; 21:21-22; 막 11:23-24; 눅 17:6; 다음의 막 16:17-18과도 비교하라). 가끔 치유가 일어나지 않는 상황은 불신의 문화(마 13:58; 막 6:5-6; 눅 9:41)나 예수님의 대리인에 대

한 불신(마 17:20; 다음의 막 9:29; 눅 9:41과 비교하라)이 반영된 결과일 수 있다. 예수님은 종종 여전히 믿음이 부족한 제자들을 꾸짖으셨다. 그것은 제자들이 예수님을 신뢰하기에 충분히 많은 기적을 이미 보았기 때문이다(막 4:40; 눅 8:25; 12:28; 다음의 17:5과도 비교하라). 이는 특히 마태복음의 두드러진 핵심 주제다(마 6:30; 8:26; 14:31; 16:8; 17:20).

우리가 믿음의 본질을 오해하고 있을 때, 예수님이 신적 행동과 믿음을 자주 결부시키신다는 사실 때문에 우리는 난감함을 느낄 수 있다. 믿음이란 단지 꾸며 낸 믿음(make-believe), 즉 어떤 일이 일어날 때까지 아주 간절히 바라는 문제라고 받아들이는 사람들도 있다. 하지만 이것은 성경이 가르치는 믿음의 의미가 아니다. 성경의 믿음은 신뢰할 만하다고 여기는 어떤 사람을 향한 신뢰다. 이 신뢰는 이윽고 계속되는 관계의 일부로 자라난다.

때로 믿음은 모름지기 이런 느낌이어야 한다는 우리의 생각과 다를 수 있다. 물론 믿음은 평온하게 표현될 때도 있지만(이런 일이 일어날 때 분명 고맙지만), 성경은 종종 믿음을 장애물 앞에서 우리가 내리는 의지의 결단이라고 묘사한다. 성경에서 믿음은 가끔 절박한 행동, 곧 예수님만이 유일한 희망이라는 확신에 의해 이끌리는 행동으로 표현된다. 성경은 혈우병에 걸린 여성이 예수님을 만지기 위해 군중 속으로 들어가야 했다고 서술한다. 이 행동은 그녀와 같은 질병에 걸린 사람이 다른 사람을 만질 수 없다는 규정에 어긋났지만, 그녀는 절박했다. 예수님만이 그녀를 도우실 수 있었기 때문이다(막 5:27-29).

예수님께 친구를 데려가기 위해 이웃의 지붕을 뜯어낼 정도로 절박한 사람들도 있었다. 예수님은 그들의 결단을 믿음이라고 부르신다(막 2:5; 아마 그들은 나중에 지붕 고치는 일을 도왔을 거라고 예상되지만). 수로보니게 여인은 예수님이 간청을 들어주실 때까지 포기하지 않고 간청했다(막 7:26-30). 예수님은 그녀의 끈기와 겸손을 믿음이라고 칭하신다(마 15:28). 예수님은 수로보니게 여인이 반대를 이겨 내고 자신의 형편을 아뢰도록 허락하신다. 하나님이 끈질기게 중보 기도하는 아브라함과 모세, 대담한 어느 과부를 환대하셨듯이 말이다(창 18:23-32; 출 32:11-14; 34:9; 눅 18:1-8). 가끔 "노"라는 응답은 "예스"라는 응답이 떨어질 때까지 인내하면서 믿음을 보이라는 초대다. 확고한 믿음에 굳게 서서, 싸워 보지도 않은 채 그냥 포기하기보다 예수님의 이름을 계속 부르는 편이 성경적인 자세다.

하지만 기도 응답이 "노"이고 그게 끝일 때는 어떻게 되는가?[14] 이것이 겟세마네에서 자신의 아들에게 주신 아버지 하나님의 응답이었다. 우리는 주기도로 기도할 때 치유와 회복을 담고 있는 하나님 나라의 가치를 생각하면서, "[아버지의] 뜻이 이루어지이다"라고 기도한다(마 6:10). 하지만 예수님이 "뜻이 이루어지이다"라고 기도하셨을 때, 자신을 향한 아버지의 뜻은 더 원대한 선을 위해 필요한 십자가를 지시는 것이었다(마 26:42). 창조주에 대한 우리의 반역은 너무 심각해서 십자가가 아닌 다른 것으로는 치료할 수 없었다. 하지만 이 경우에도 하나님의 궁극적인 대답은 부활을 통한 "예스"였다(히 5:7-9). 우리가 현재에 어떤 고난을 겪고 있든, 예수님의 부활, 이 과거의 확실한 사건은 어느 날엔가 하나님이 우리 몸을 변화시키실 때 그분과 함께 영생을 누릴 것이라는 약속이다. 우리는 하나님의 능력이 질병이나 악령을 이길 때 기뻐하지만, 우리가 기뻐할 가장 큰 이유는 예수님과 함께 누리는 영생이다(눅 10:20).

신실하신 분을 믿는 믿음

믿음은 하나님이 신뢰할 만한 분이시라는 인정이 핵심이다. 하지만 기적이 전부 우리의 믿음에서 시작되는 것은 아니다. 하나님은 가끔 우리를 초보적 믿음으로 초대하기 위해 표적을 행하신다(출 4:8-9). 물론 이 믿음은 꺾이지 않고 제자도로 성숙해야 하지만 말이다(민 14:11). 초보적 믿음(과 더불어 표적을 거부하는 이들의 강고한 적개심)은 종종 표적이 있고 난 **뒤에 온다**(특히 요한복음에서, 1:50; 2:11, 23; 4:39, 48, 53; 7:31; 11:15, 42, 45, 48; 12:11; 14:29; 16:30; 20:30-31; 다음의 9:35-38; 10:25; 행 13:12과도 비교하라). 따라서 하나님은 우리의 믿음에 **제한받지** 않으신다. 분명 떨기나무를 불붙게 만든 것은 모세의 믿음이 아니었다(출 3:2). 하나님이 행동하신 이유는 자기 백성의 고난을 보셨기 때문이다(출 2:23-25). 하나님이 오늘날 자녀들의 신음을 들으시듯(롬 8:23), 하나님은 이스라엘 백성들의 신음도 들으셨다(출 2:23-24). 예수님의 사역 자체가 하나님의 주도권 속에 있었다. 하나님이 아들을 "보내셨다"(막 12:6; 요 3:17; 롬 8:3; 갈 4:4). 하나님은 우리의 삶에서 주도권을 행사하셨다.

예수님의 일부 기적 기사에서는 믿음을 언급하지 않는다(마 8:14-15; 14:14; 막 1:30-31; 눅 7:12-15; 13:11-13; 요 5:6-9; 9:4-7). 더 중요한 사실은, 가끔 일부 가담자들에게 많은 믿음이 **없었는데도** 예수님이 행동하신다는 점이다(마 8:26; 14:17, 26; 16:8-10; 막 4:40; 6:49; 8:4, 17-21; 9:24, 26; 눅 2:9; 5:4-9; 8:25; 11:14-15; 특히 눅 1:20).

하나님은 마술사가 아니시기 때문에 믿음은 중요하다. 하나님은 우리를 자신과의 관계로 초대하시고, 우리가 친밀하게 성장해 하나님을 더 신뢰할수록, 하나님은 우리가 하나님의 선물을 남용하지 않을 거라고 더 신뢰하실 수 있다. 이것은 **사실**에 대한 믿음(하나님이 우리에게 무언가를 주실 것이라는 사실에 대한 믿음)이라기보다는 **인격**에 대한 믿음(의지할 만한 분을 의지하는 것, 믿을 만한 분을 믿는 것, 신뢰할 만한 분을 신뢰하는 것)에 더 가깝다. 데이비드 킴벌린 박사는, 케이시라는 환자의 기적적 회복에 감사하던 중 하나님이 케이시를 치유하지 **않으시더라도** 결국 천국에서 케이시와 재회할 것이라는 가족들의 확신에 특별히 감동받았다고 증언한다(13장을 보라).[15] 시프라 은다우가 죽었다는 사실을 깨닫고 슬퍼하던 부모들이 하나님께 그녀를 맡겨 드렸을 때, 시프라는 다시 살아났다(26장을 보라). 그런데 이 책에 보고된 다른 여러 사례에서, 하나님은 어떤 사람이 기도를 중단하지 않겠다고 결단했을 때 행동하셨고, 이러한 끈기를 믿음이라고 여기셨다. 믿음은 우리가 그냥 되풀이할 수 있는 일련의 행동 공식 안에 포함되지 않는다. 믿음이 그런 것이라면 마술일 것이다. 믿음은 하나님과의 **관계**다.

광야에서 이스라엘이 봉착한 문제는 사람들이 믿는다는 느낌을 만들어 낼 수 없다는 것이 아니었다. 이스라엘의 문제는 하나님이 계속 신실함을 친히 보여 주셨는데도 그들이 불성실하게 행동한다는 것이었다.

꾸며 내지 않은 믿음

우리는 종종 꾸며 낸 믿음으로 본말을 뒤집는다. 믿음이 있으면 하나님을 일하시게 만들 수 있다는 듯, 우리는 결국 일종의 마술 공식처럼 우리 자신의 믿음을 신봉한다. 나는 이것을 여러 해 전에 힘들게 배웠다. 당시에 나는 상당히 어린 그리스도인이었는데, 충분한 믿음을 갖는다면 항상 치유될 것이라고 생각했다. 대학에 다니던 어느 날, 나는 기침을 너무 많이 하다가 수업 중에 의식을 잃었다. 간호사와 한 동료가 나를 방으로 옮긴 뒤, 반드시 의사를 만나야 한다고 말했다. 나는 기도하면서 (그 당시 잘못된 신학에 근거해) 하나님이 나를 직접 치유하셔야 한다고 항의했다. 그런데 나는 하나님이 이렇게 말씀하신다고 느꼈다. "내가 만일 의사를 통해 치유하기 **원한다면** 어떻게 하겠느냐?" 나는 침대에 누워 순순히 받아들였다. "알겠습니다. 주님. 하지만 저에게는 의사에게 갈 돈이 없습니다. 그러니 주님께서 저를 치유하시거나 의사에게 갈 돈을 주셔야 합니다." 그때 하나님은 나를 치유하셨다.

하지만 아직 교훈을 제대로 배운 건 아니었다. 나는 대학에서 이듬해에 다른 질병이 야기한 혈액 손실 때문에 의식을 잃었다. 이번에 나는 돈이 없다고 항변했는데도 의사에게 실려 갔다. 의사는 출혈 문제를 진단했고(그 뒤로 나는 저혈압 때문에 훨씬 쉽게 의식을 잃는다는 사실을 알게 되었다), 청구서는 부모님께 발송되었다. 부끄러웠다. 아직 그리스도인이 아니던 부모님께, 내가 사람들을 위해 기도할 때 하나님이 종종 그들을 치유하신다고 말한 적이 있었기 때문이다. 그런데 나는 이제 의사가 필요한 처지였다!

나는 육체적으로는 훨씬 나아졌지만, 감정적으로는 짜증이 났다. 당시에 나는 노숙인들에게 음식을 나누어 주는 거리 선교를 돕고 있었다. 나는 선교회 다락방에서 기도하면서 철없는 말로 하나님께 항의했는데, 지금 떠올리면 몸서리치는 말이었다. "하나님, 어떻게 이런 일이 저에게 일어나게 하실 수 있습니까? 하나님이 저를 사랑하신다고 생각했는데 말이죠!" 돌연 나는 하나님의 음성을 아주 또렷하게 들었다. "이런 일이 일어난 것은 내가 너를 사랑하기 **때문이다.**" 정곡을 정확히 찌르는 말이었기 때문에, 하나님은 더 이상 말씀하실 필요가 없었다. 나는 두어 해 전에 하나님과 친밀한 관계를 시작했지만, 마치 하나님을, 나를 위해 일하게 하는 공식처럼 대하기 시작했고, 그러면서 하나님과의 관계는 생기를 잃었다. 하나님은 내 공식에 좌우되지 않으신다. 하나님은 나의 창조주시다. 또한 나는 무엇이 내게 가장 필요한지 잊고 있었다. 곧 나를 창조한 목적인 하나님과의 친밀감 말이다. "고난당한 것이 내게 유익이라 이로 말미암아 내가 주의 율례들을 배우게 되었나이다"(시 119:71; 다음의 119:67, 75도 보라).

자라나는 겨자씨

가끔 우리는 하나님을 신뢰하라는 성경의 초청을 두려워한다. 우리에게 충분한 믿음이 없다고 생각하기 때문이다. 하지만 하나님은 겨자씨만 한 믿음, 가장 작은 분량의 믿음으로도 산을 움직일 수 있다고 말씀하셨다(막 11:23). 우리는 자신의 믿음이 얼마나 크냐에 초점을 맞추지 말고, 우리가 믿는 하나님이 얼마나 크시냐에 초점을 맞추어야 한다. 그게 성경적 믿음의 핵심이다. 하나님을 신뢰한다는 것은 무모한 도약이 아니다. 하나님에 대한 신뢰는 빛으로 들어가는 발걸음, 정말 의지할 만한 분이신 하나님을 의지하겠다는 의도적인 선택이다. 진실을 **외면하고**(in spite) 믿는 것이 아니라, 하나님이 진실하고 믿을 만하시다고 **인정하는** 것이다.

어떤 사람이 유명한 믿음의 선교사 허드슨 테일러를 아주 위대한 인물이라고 소개한 적이 있다. 테일러는 일어나 말하면서, 이 소개를 바로잡았다. "하나님은 틀림없이 자신이 사용하기에 충분히 작고 충분히 약한 사람을 찾고 계셨습니다. 따라서 모든 영광은 그분의 것입니다."[16] 우리는 영적으로 너무 작은 존재라 하나님이 우리의 음성을 들으실 수 없다고 생각하지 않아야 한다. 성경은 하나님이 교만한 자들을 멀리하시고 상한 자들과 낮은 자들을 가장 가까이하신다고 말한다. 진정한 믿음은 우리가 하나님을 의지해야 한다는 사실을 깨닫고 그분이 절대적으로 신뢰할 수 있는 분임을 인정하는 것이다.

서구에 사는 우리는 의학 기술과 같은 선물에 대해 하나님께 감사드리는 동시에, 기회가 주어질 때 믿음의 영적 근육을 사용하기 시작해야 한다. 믿음이란 이런 다른 선물들을 **통해서** 일하실 뿐만 아니라 그런 조건을 넘어 일하시는 하나님을 신뢰하는 것이다. 믿음이란 하나님이 무언가를 약속하셨다고 믿을 만한 충분한 이유가 있을 때, 불가능한 일을 행하실 하나님을 신뢰한다는 의미다(마 17:20; 막 9:23; 11:23). 또한 믿음은 우리가 기도하는 특정한 기적이 일어나든 일어나지 않든, 하나님이 여전히 신뢰할 만한 분이시라는 의미다.

존 윔버(John Wimber)나 하이디 베이커처럼 치유 사역으로 유명한 사람들은 처음 몇 달 동안 치유를 위해 뜨겁게 기도했는데 아무도 치유되지 않았다. 그렇지만 그들은 하나님이 치유를 위해 계속 기도하기 원하신다는 굳건한 신뢰를 바탕으로 포기하기를 거부하고 매달렸다. 마침내 그들은 돌파를 경험했고, 그 뒤로 정기적으로 치유를 목격했다. 하이디 베이커의 경우, 갑자기 일주일 안에 세 명의 여성이 실명 상태에서 치유되는 상황을 보았다.

환자들을 위한 기도에 익숙한 대부분의 사역자들도, 특히 큰 그룹을 이룬 사람들을 위해 기도할 때 10퍼센트 미만의 사람들이 치유되는 것을 본다. 반면에 어떤 사람들은 이 영역에서 하나님을 신뢰하는 특별한 은사를 경험하거나 발전시키면서 (특히 특수한 상황에서) 훨씬 높은 비율의 사람들이 치유되는 장면을 보는 듯하다. 모든 사람이 동일한 치유의 은사나 영적 최전선에서 일하는 동일한 부르심을 받는 것은 아니다. 하지만 모든 신자는 예수님 안에서 다른 사람들에게 나누어 줄 영적 은사를 갖고 있다. 그리고 그 바탕에 하나님이 자기들을 통해 이 일을 하실 것이라는 신뢰가 있다(롬 12:3-8, 특히 12:3, 6의 믿음). 우리는 모두 기도하면서 다른 사람들과 연합할 수 있다.

실망을 이겨 내고, 지금도 기적이 일어날 수 있다고 하나님을 신뢰하기 위해서는 믿음이 필요하다. 기적은 가끔 일어나기 때문이다! 하지만 누군가 얼마나 많이 기도하든, 가끔은 기적이 일어나지 않는다.

37장

치유가 일시적일 때

인생의 어두운 면 가운데 하나는 우리가 결국 죽는다는 것이다. 물론 모든 생명은 어쨌든 궁극적으로 선물이지만 말이다. 이생이 영원하지 않다는 이유만으로도, 이생에서 일어나는 어떤 치유도 영원하지 않다. 죽음에서 소생한 사람들도 마찬가지다. 예수님은 나사로를 살리셨지만, 나사로는 더 이상 우리 가운데 있지 않다. 2세기 초에 콰드라투스는 예수님이 살리신 어떤 사람이 자기 시대까지 살았다고 언급했다. 하지만 우리는 그들이 그 뒤로 계속 살아 있다는 말을 듣지 못했다. 온전한 육체에 대한 우리의 소망은 궁극적으로 부활하신 주님이 돌아오실 때 일어날 몸의 부활이다. 현재의 치유는 단지 그 미래의 약속에 대한 맛보기일 뿐이다.

오늘의 치유는 영구적인 건강을 보장하지 않는다. 물론 치유된 사람들 가운데 일부는 건강과 장수를 누리지만 말이다. 가끔 암이나 영양실조, 오염된 물, 최초의 문제를 일으킨 또 다른 원인은 계속 남는다. 가끔 질병을 일으킨 유전적 소인이 계속 남아서, 몇 년 후 그 사람은 다시 치료나 치유가 필요한 똑같은 문제를 경험할 수도 있다.

그렇기는 하지만, 일시적 완화도 복이다. C. S. 루이스(Lewis)는 1956년에 혼인 신고식(civil ceremony)을 하고 조이 데이비드먼(Joy Davidman)과 결혼했다. 그래서 그녀는 영국에 머물 수 있었다. 하지만 성경적 근거가 있었음에도, 지역의 주교는 이혼 경력이 있었던 데이비드먼과 루이스의 교회 결혼을 허락하지 않았다. 그래서 1957년 3월 21일, 온몸에 암이 퍼져 데이비드먼이 쓰러졌을 때, 두 사람은 따로 살고 있었다. 의학적 검사 결과, 데이비드먼은 유방암에 걸렸을 뿐만 아니라, "그녀의 뼈는 암으로 가득했다."[1] 데이비드먼은 겨우 몇 주밖에 살지 못할 것으로 예상되었다.

치유 기도로 유명했던 성공회 사제 피터 바이드(Peter Bide)는 데이비드먼에게 성유를 붓고 기독교 결혼 의식을 거행했다. 데이비드먼이 빠르게 회복되어 질병의 흔적 없이 온전한 건강을 되찾았을 때 의사들은 깜짝 놀랐다. 데이비드먼과 루이스는 루이스의 인생에서 가장 행복한 3년을 누렸다. 그런데 1960년 봄에 갑자기 암이 재발했고, 7월에 데이비드먼은 사망했다. 결국 루이스는 사랑을 지키려는 이성적 보호막을 내려놓았고 슬픔으로 산산이 부서졌다.[2] 결혼의 복은 다른 모든 복과 마찬가지로 일시적이다. 그럼에도 결혼은 여전히 우리에게 주어진 삶에서 누려야 할 선물이다. 돌이켜 보면, 데이비드먼의 병세 호전은 두 사람 모두에게 주는 선물이었다. 하지만 일시적인 호전은 기껏해야 우리가 기다리는 완전한 치유의 그림자이고 흔적에 불과했다.

장기간 지속되는 치유

일부 회의론자들은 치유를 증명하는 의료 기록을 요구하는 한편, 치유가 오랫동안 지속되었음을 입증하라고 연구자들에게 요구하기도 한다. 가끔 이 두 가지 조건을 모두 충족시키기는 어려울 수도 있다. 병원에서는 대개 오래된 의료 기록을 보관하지 않고, 환자들은 자신이 치유되었을 때 대개 의료 기록을 얻으려는 생각조차 하지 않기 때문이다. 물론 캔디 군터 브라운이 전한 "조지"(George)와 같은 사례도 있다. 의학적으로 치료 불가능한 뇌종양에서 오직 기도를 통해 치유된 조지는, 10년 이상 지난 뒤 검사를 받았을 때 분명 계속 치유된 상태를 유지했다.[3]

수십 년에 걸쳐 치유의 결과를 추적하기는 훨씬 힘들지만, 이런 조사가 가끔 이루어지기도 한다. 예를 들어, 오래된 신문 기사와 기독교 출판물에서 읽었던 치료의 장기적 결과에 대해 호기심을 가진 역사가 웨인 워너(Wayne Warner)는 치유되었다고 주장한 몇몇 사람을 추적하기로 결심했다.[4] 그런 치료 중 하나가 어린 시절에 무도병에서 즉각 치유되었던 루이스 로머(Louis Romer)의 사례였다. 워너는 여든 살이 된 로머를 찾았고, 로머는 치유가 계속 유지되고 있다고 확인해 주었다.[5] 1917년에 지독한 폐결핵에서 치유되고 나서 61년이 지난 뒤에도 벤저민 덴튼(Benjamin Denton)은 치유된 상태를 계속 유지했다.[6] 이와 같은 장기적인 치료를 받은 예는 더 늘어날 수 있겠지만, 검증할 수 있을 만큼 충분히 오래전에 치유된 사람들 가운데 대다수는 이 책에 진술을 소개하고 있다.

장기간의 연장

가끔 리포트를 작성하면서 마감 기일을 일주일 연장해 달라고 요청하는 학생들이 있기는 하지만, 9년간 연장해 달라고 요청한 학생은 아직 없었다. 물론 가끔 하나님이 기도를 통해 허락하신 설명 불가능한 병의 차도가 오랜 세월 증상 호전으로 이어지기도 한다.

한 사례는 최근에 한 저널 논문으로 실릴 만큼 중요했다. 파킨슨병은 운동 능력과 인지능력이 점진적으로 함께 악화하는 신경 퇴행성 질환이다. 말기 단계에서, 진행 경과가 특히 갑자기 역전된 사례는 그동안 알려진 적이 없는데, 네덜란드에서 말기 파킨슨병의 한 사례에서 이런 일이 일어났다. 연구를 진행한 공동 저자 중 한 사람은 환자를 치료한 경험이 있는 의사였다. 암스테르담 대학교 의료 센터(Amsterdam University Medical Centre)의 의료 평가팀은 빠르게 진행되던 말기 파킨슨병에 걸린 한 여성의 "놀라운" 사례를 보고한다.

간호사인 동시에 심리 치료사였던 콜리엔(Corlien)이라는 환자는 만성 관절염으로 인해 일하기가 힘들었다. 콜리엔은 이제 기적은 중단되었다고 믿는 중단주의(cessationist) 개혁교회 배경에서 성장했지만, 2006년에 절박한 심정으로, 치유 예배에 참석해 보자는 친구들의 초청을 받아들였다. 놀랍게도, 콜리엔은 치유되었다. 하지만 콜리엔은 다른 질환을 경험했고, 예상 밖으로 치료 가능한 유방암이 재발하는 등 더 많은 질환을 앓게 되었다. 물론 모든 질환이 의학적으로 치료 가능하다고 판명된 것은 아니었다.

2009년 9월에 오른쪽 신체의 전반적인 경직과 더불어 오른손으로 글을 쓸 때 어려움을 겪은 뒤, 콜리엔은 신경과 의사를 방문했다. 신경과 의사는 파킨슨병을 진단했는데, 이 병은 콜리엔의 어머니와 할아버지도 괴롭힌 질병이었다. 2012년 초에, 콜리엔은 얼굴 표정과 언어 능력을 대부분 상실했고, 약물 치료를 받은 때에도 짧은 거리만 걸을 수 있었다. 떨림과 경직으로 인해 몸의 움직임을 전혀 통제하기 힘들었기 때문에, 콜리엔은 점차 휠체어를 사용해야 했다. 남편이 콜리엔을 돌봐야 했고, 콜리엔은 임박한 죽음을 예견했다.

그 뒤 2012년 4월 6일에, 콜리엔은 단순히 마지막 부활절을 교회에서 가족들과 보내기를 바라면서 부활절 수련회에 참석했다. 그런데 예배 막바지에 강사 목사는 갑자기 환자들을 위해 기도하자고 요청했다. 콜리엔이 모르는 어떤 사람이 콜리엔을 위해 기도하기 시작했을 때, 그녀는 뜨거운 구름이 자기를 덮는 것을 느꼈다. 그물 비슷한 것이 뇌를 감고 있는 느낌이 사라지면서, 휠체어에서 일어난 콜리엔은 자신이 더 이상 장애인이 아님을 깨달았다.

콜리엔은 즉각 90퍼센트 정도 치유되었다. 이는 정상적인 생활로 돌아오기에 충분한 치유였다. 남아 있던 몇 가지 증상도 점차 좋아지기 시작했다. 그동안 콜리엔을 돌봐 왔던 남편은 다음 달에 놀라운 장면을 목격했다. 콜리엔은 이제 자신을 스스로 돌볼 수 있었다. 기도하고 12일이 지난 후 신경과 의사와 상담했을 때, 의사는 콜리엔의 상태 호전에 깜짝 놀랐다. 플라시보 효과에서 원인을 찾기에는 너무 급작스럽고 극적인 변화였다. 이 경험은 콜리엔의 기독교 세계관에 어울리기는 했지만, 그녀에게도 역시 큰 충격을 주었다. 증상들은 점점 호전되다가 사라져서 재발하지 않았고, 콜리엔은 온전한 능력을 회복해 전문 직업과 일상생활로 돌아왔다.

2015년쯤, 식별 가능한 파킨슨병의 흔적이 거의 남아 있지 않았기 때문에, 의사들은 전에 오진한 것은 아닌지 의심했지만, 추가 검사는 오진의 가능성을 배제했다. 연구를 진행한 저자들은 "임상 경과는 이례적이었고, 영상 연구 데이터 및 이 질병에 대한 일반적 이해와 상충한다"라고 설명한다. 그들이 발견한 유일한 비교 사례는 프랑스와 세네갈 가톨릭 신자들이 중보 기도 후 회복된 어느 프랑스 수녀의 치료였다.

콜리엔이 치유를 경험하고 약 9년 후, 파킨슨병의 증상이 다시 나타나기 시작했고, 콜리엔은 반대쪽 유방암을 포함해 다른 신체적 문제를 계속 경험했다. 이 책을 저술할 때쯤, 콜리엔의 파킨슨병 징후에 관한 의학적 결과는 불확실하다. 그렇지만 파킨슨병에서 갑자기 회복되어 몇 년간 새로운 능력을 얻었던 경험을 통해 콜리엔은 하나님의 사랑과 신실하심을 새롭게 깨달았다. 이로 인해 콜리엔은 다른 모든 것을 균형 있는 시각으로 바라본다.[7]

두 번째 기회

치유가 항상 오랜 기간 지속되는 것은 아니다. 치유는 불멸을 선사하지 못하고, 모든 증상 완화가 영구적이지도 않다. 이따금 최초의 치유가 의사의 치료 없이 일어났음을 입증하는 의료 기록을 얻을 때가 있다. 바로 치유된 사람이 의사의 진단을 받았지만 치료를 거절했을 때다. 일반적인 상황에서 이용 가능한 효과적인 치료를 거부하는 것은 어리석은 행동이다. 수명을 연장해 주시는 하나님의 자비는 다른 수단을 통한 치유를 거부하도록 가르치시기 위함이 아니다. 때로 놀라운 회복을 경험했던 사람도 나중에 동일한 질병에 무릎을 꿇는다.

내 친구이자 역사가인 킴벌리 어빈 알렉산더(Kimberly Ervin Alexander)는 테리 쇼크(Terry Schalk)의 암과 치유에 관한 진술을 나에게 들려주었다. 1996년에 쇼크의 목 옆에 암 덩어리가 생겨났다. 쇼크의 비호지킨 림프종은 치료 가능했지만, 의학적으로 장기간의 치료를 예상하지 않았다. 혹을 제외하면 쇼크는 안정을 유지하는 듯 보였다. 그는 다른 사람이 의사의 치료를 받는 것이 문제라고 여기지 않았지만, 자신은 오직 기도에만 의지하기로 결심했다.

그런데 1999년 어느 주에, 쇼크는 갑자기 목이 너무 많이 부어 음식을 먹을 수 없었다. 9월 말쯤에 목의 종양은 크기가 두 배 이상 커졌고, 전체에 퍼지기 시작했다. 알렉산더는 끔찍한 상태를 담은 수많은 생생한 사진을 나에게 보여 주었다. 분명 암은 전이되었고, 이제 쇼크는 숨이 계속 막히는 것처럼 느꼈다. 어느 날, 쇼크는 몸 곳곳에 있는 구멍에서 피를 흘리기 시작했다. 직장에서 돌아온 아내는 피투성이가 된 쇼크를 발견했다. 멜론 크기의 종양이 배에 생겼다. 견딜 수 없는 통증이 밀려 왔다. 쇼크는 성경적인 이유로 자살을 고려하지 않았지만, 왜 일부 암 환자들이 자살을 시도하는지 충분히 이해했다. 의식을 잃은 후, 가족들은 쇼크를 병원으로 데려갔고, 검사 결과 그의 몸에, 특히 폐에 암이 가득한 것으로 확인되었다. 쇼크는 10월 내내 생명 유지 장치를 부착했다. 쇼크의 신장은 기능을 멈추었고, 의사들은 날마다 생존 시간이 두 시간 정도 남았다고 말했다. 의사들의 말이 틀렸음을 증명하는 것도 즐겁지가 않았다.

결국 10월 31일에, 의사는 진통제를 주입하고 쇼크를 호스피스 치료실로 보냈다. 그런데 두 주 후 암은 사라지기 시작했고, 쇼크는 걸을 수 있게 되었다. 두 달이 더 지난 뒤, 최초의 덩어리만 남았고, 마침내 그것마저 사라졌다. 쇼크는 놀라운 회복을 경험했고, 2000년 초부터 시작해 몇 년간 성공적인 사역을 수행했다. 나는 "질병이 활동하는 증거"가 전혀 없고 "훌륭한" 예후라고 설명하는 2004년 8월 24일의 의료 보고서 사본을 갖고 있다. 의사의 치료 없이 완화된 이 사례는 의료 기록을 통해 확인된다.

그런데 2006년에 암이 재발했고, 이번에 쇼크는 곧 사망했다. 덤으로 얻은 몇 년간의 사역은 복이었지만, 그 복은 영원하지 않았다.

비슷하게, 1977년에 의사들은 대학 교수 밥 네프(Bob Neff)가 악성 흑색종에 걸렸다고 진단했다. 네프는 의학 치료를 반대하지 않았지만, 예수님만 의지하는 것이 하나님의 뜻이라고 느꼈고, 이후 6년 동안 네프는 어떤 치료를 받지도 않고 어떤 약도 먹지 않았다. 처음 몇 달이 지난 후, 네프는 몸 전체에서 통증을 느끼기 시작했고, 몇 년간 악전고투했다. 물론 네프는 결국 의사의 개입 없이 치유되었음을 깨달았다.[8]

30년 이상이 지난 2012년 1월에, 네프의 집에서 몇 집 떨어진 곳에 내가 살고 있다는 사실을 알았다. 나는 눈길을 터벅터벅 걸어서 네프의 집 지하실에서 모인 집회에 참석했다. 수년간 네프와 접촉한 다양한 사람들은 네프의 사역을 통해 자기들이 어떻게 치유되었는지 증언했다. 네프는 얼마 전 흑색종이 재발했지만, 믿음으로 다시 흑색종과 싸울 것이라고 설명했다.

그런데 이번에 네프는 사망했다. 어떤 사람들은 30년간 흑색종이 그의 몸 안에 잠복한 상태였다고 주장할지 모른다. 물론 이런 일은 드물지만 말이다. 나는 네프가 흑색종이 발생할 수 있는 어떤 기질적 성향이 비슷한 조건에서 재발했다고 생각하는 쪽으로 기운다. 아무튼 네프는 결국 몇십 년 전에 극복한 동일한 질병으로 사망했다. 물론 그동안 네프는 다른 사람들을 도우면서 보람 있는 30년을 보냈지만 말이다.

이와 같은 재발은 법칙이라기보다는 예외인 것 같다. 5년 후 재발하지 않은 암은 대개 치료된 것으로 간주된다. 하지만 우리가 무엇에서 치유되었든, 어떤 의미로 치유는 일시적이다. 현세에 모든 인간의 생명은 사형선고 아래 있기 때문이다. 유한한 존재는 영원한 생명을 선사하는 무한한 존재를 떠나서는 영원히 살 수 없다. 그렇지만 성경은 치유를 하나님 나라의 표본이라고 묘사한다. 현세에서 이와 같은 표적은 다가오는 더 큰 미래, 곧 질병과 슬픔, 죽음이 더 이상 존재하지 않을 그때의 맛보기다.

38장

기적이 일어나지 않을 때

이 책은 고난의 문제를 다루지 않지만, 고난의 문제는 기적의 그림자 속에서 끈질기게 이어진다. 이 장은 기적을 입증하는 증거를 제시하지 않는다. 단지 악은 현재의 세계에서 계속되지만, 성경은 그 앞에서 신자들에게 소망을 준다는 점을 인정할 뿐이다. 서구에서도 대부분의 사람들에게는 고난의 현실을 입증하는 추가 증거가 필요하지 않다. 물론 가끔은 고난의 현실에 더 많은 주의를 기울일 필요가 있지만 말이다.

치유와 관련해 내가 인터뷰했던 많은 사람은 큰 믿음의 소유자들이었다. 물론 시련을 겪는 전체 기간에 절대적인 확신을 가진 사람은 몇 명밖에 없었지만 말이다. 어떤 사람들은 자신들의 믿음을 넘어선 하나님의 행동에 깜짝 놀랐다. 대개 치유되기 전에 믿음을 고백했던 사람들은 특히 치유하시는 하나님을 신뢰했다. 여러 가지 다른 일이 일어나는 경우에도, 그들은 어떤 일이 일어나든 그저 하나님을 신뢰했다. 모두가 치유를 하나님의 사랑의 행동으로 경험했고, 자신들이 치유를 경험한 것은 치유되지 않은 사람들보다 더 자격이 있었기 때문은 아니라는 점에 거의 모두가 동의했다.[1] 내가 인터뷰 한 몇몇 사람들은 누구든 이생에서 치유될 **수 있다**고 믿음으로 고백했다. 치유는 훨씬 드물 것이라고 예상한 사람도 있었다. 하지만 이 생에서 모두가 **치유되는** 것은 아니라고 모두가 인정하고, 내가 인터뷰한 사람 중에는 치유되지 않은 사람들에게 무언가 영적으로 부족한 면이 있다고 가르친 사람은 아무도 없었다.[2]

질병과 죽음은 이 세상의 자연스러운 일부이고, 직접적이든 간접적이든 하나님이 달리 행동하지 **않으실** 때, 우리는 종종 질병과 죽음의 영향력을 경험한다.

나빌

내가 아는 사람 중에 나빌 쿠레시(Nabeel Qureshi)만큼 하나님 나라를 위해 큰 잠재력을 가진 젊은이는 거의 없었다.[3] 또한 내가 아는 사람 중에 나빌만큼 배우는 데 열정적이고 열의를 가진 사람은 거의 없었다. 우리가 학술 대회에서 만났을 때, 나빌은 나를 비롯한 다른 친구들에게 여러 가지 질문을 던지면서, 최대한 모든 지식을 소화했다. 나빌은 아주 겸손해서, 그를 가르치고 있던 우리 대부분보다 하나님이 그에게 허락하신 청중이 훨씬 광범위하다는 사실을 깨닫지 못했다. 나빌은 자신이 경험한 꿈이나 환상과 더불어 친구 데이비드 우드(David Wood)의 지속적인 설득과 증언을 통해 회심했다. 나빌은 또한 기적과 복음서의 신뢰성 등 내가 발견한 것에 대해 이야기할 때 열심히 귀 기울여 들었다.

나빌이 위암 4기라는 사실을 알았을 때, 그의 건강은 내 기도 제목에서 가장 중요한 우선순위가 되었다. 의사인 나빌 자신도 알고 있었듯이, 위암 4기인 사람의 5년 생존율은 약 25명 중 한 명꼴이었고, 환자들은 대부분 첫해를 넘기지 못했다. 비록 우리는 그의 상황에서 어떤 일이 일어날지 보장할 수는 없었지만, 나를 비롯한 여러 사람이 나빌에게 치유 이야기를 들려주었다. 그럼에도 하나님이 왜 우리 친구를 치유하지 **않으셨는지 논리적으로** 이해하기는 힘든 것 같았다. 치유를 위해 기도할 때 종종 하나님이 응답하셨던 다양한 친구들이 전화로 혹은 심지어 먼 길을 여행해 방문한 뒤 나빌을 위해 기도했다. 그들은 나빌과 그의 젊은 아내와 딸에 대해 동정심을 가졌을 뿐만 아니라, 나빌이 하나님 나라를 위해 할 수 있는 일에 대한 비전도 갖고 있었다. 이렇게 기도하는 동안 나빌은 종종 무언가를 느꼈고, 가끔 일시적으로 증상이 호전되는 경험을 했다. 나빌은 온전한 치유를 경험하지 못했지만, 하나님이 기도를 듣고 계신다는 점은 분명했다.

텍사스에서 열린 한 수련회에서 나는 나빌 및 또 다른 친구 알렉스 블라고예비치(Alex Blagojevic)와 함께 저녁 식사를 했다. 알렉스는 나빌의 치유를 위해 매주 하루를 금식할 만큼 헌신적이었다. 저녁 식사 후 나는 나빌을 위해 기도했고, 그는 다시 성령의 역사를 느끼면서 약간의 차도를 경험했다. 우리가 산책을 나갔을 때, 나빌은 다시 치유에 관해 질문하면서, 다른 사람들이 자기에게 전해 준 고무적인 징조를 공유했다. 나도 이런 징조가 기대감을 키운다는 데 동의했고, 나 역시 그런 기대를 가지고 기도하고 있었다. 하지만 나는 또한 어떤 이유에서든 치유가 이생에서 항상 일어나는 것은 아니라고 인정했다. 나는 나빌이 공유해 준 내용에 고무되었지만, 다른 사람들이 그에게 했던 말에 더 큰 확신을 심어 주지는 못했다.

내가 기도하던 위암 4기의 또 다른 친구는 (결국 성공적인) 실험적 치료를 받고 있었고, 나빌도 그 치료를 시도할 수 있다는 가능성에 호기심을 느꼈다. 하지만 우리는 그 치료가 나빌에게 가능할지 확신하지 못했다. 나빌에게는 동일한 보험과 그 치료를 사용할 권한이 없었다. 나빌은 유한한 삶의 막바지에 끔찍한 고통을 겪었다. 휴스턴(Houston)의 허리케인이 그의 이웃을 덮쳤고, 나빌의 목에 있던 튜브가 느슨해지면서 병원에 있던 어떤 사람도 돌볼 수 없을 만큼 많은 양의 출혈이 발생했다. 나빌은 자신이 죽어간다는 사실을 깨달았다.

참으로 성경적인 기도도 아니고 나도 그렇게 기도하지 않았어야 했지만(아내도 나의 행동을 기뻐하지 않았다), 나는 심지어 하나님께 나빌보다 나를 먼저 데려가시라고 기도했다. 내가 보기에, 나는 이미 한 사람의 삶에서 충분할 정도로 많은 것을 성취했지만, 나빌에게는 앞으로도 풍성한 사역을 할 수 있는 많은 세월이 남아 있었다. 각양각색의 치유 신학을 가진 수천 명의 그리스도인들이 (또한 때로 무슬림들이) 나빌을 위해 기도하고 있었다. 기도와 믿음, 금식이 이생에서 어떤 사람의 육체적 치유를 보장한다면, 나빌은 분명 치유를 경험했을 것이다. 하지만 2017년 9월 17일, 위암을 진단받은 후 채 1년이 지나지 않아 서른네 살의 나이에 내 친구는 죽고 말았다.

나빌이 짧은 생애 동안 감동시킨 사람들은 우리 중 대다수가 긴 생애를 살아가며 감동시킨 사람보다 훨씬 많았다. 하나님은 한 사람의 생의 가치를 그 길이로 측정하지 않으신다. 결국 예수님도 서른 살 즈음에 지상의 사명을 완수하셨다(눅 3:23). 나는 나빌이 죽은 뒤 기도하면서, 언젠가 우리가 이 일을 이해할 거라고 하나님이 말씀하신다고 확신했다. 지금은 내 이해력의 한계를 넘어서지만, 나는 하나님이 나보다 훨씬 더 많이 알고 이해하신다고 믿는다.

이 책을 집필하던 초기에, 하나님 나라를 위해 매우 고귀한 열정을 바치며 희생했던 내 친구 브리타니 뷰캐넌 더글러스(Brittany Buchanan Douglas)는 병으로 세상을 떠났다. 이 책을 편집하는 동안, 크로아티아에

사는 활동적인 루마니아인 학자이자 신학교 학장인 내 친구 코넬리우 콘스탄티니아누(Corneliu Constantineanu)는 코로나바이러스감염증-19에 걸려 세상을 떠났고, 사랑하는 삼촌 듀에인 하이(Duane High)도 마찬가지였다. 최근 몇 년 동안 이전에 가르치던 학생이자 기도의 사람인 카리타 클라크(Caritha Clarke)와 마찬가지로, 다른 여러 경건한 친구들이 질병으로 세상을 떠났다. 내가 방금 전 언급한 사람들의 부고 소식을 듣기 전까지 그들이 병에 걸렸다는 사실을 몰랐지만, 나는 하나님을 향한 그들의 사랑에 존경심을 가졌다. 나와 친했던 두 학생은 2019년 자동차 사고에서 생존했지만, 또 다른 학생인 애런 니커슨(Aaron Nickerson)은 생존하지 못했다. 그리고 이 책의 초고를 출판사에 넘기던 그날, 콩고인으로 내 처남이자 동정심 많은 친구였던 에마뉘엘 무쏭가는 갑자기 아무런 설명 없이 죽었고, 그 뒤에 소생하지 못했다. 이생에서 치유된 사람들이 그렇지 않은 사람들보다 우월한 것은 아니다. 조만간 우리는 모두 주님을 만날 것이고, 가장 중요한 점은 우리가 이미 그분을 구주로 맞이했다는 사실이다.

치유의 다른 신비로운 면

한 저널 기사에서는 이렇게 냉정하게 논평한다. "외적인 효과가 전혀 나타나지 않는 경우부터 의학적으로 호전되리라고 예상하지 않았던 상태가 현저하게 호전된 경우까지 기도의 효과는 매우 다양하다."[4]

예수님의 이름으로 무엇을 구하든 받을 것이라고 예수님이 말씀하실 때(요 14:13-14; 16:23-27), "예수님의 이름으로"는 간구에 자격을 부여한다. 예수님의 이름으로 행동한다는 것은 예수님께 이끌려 그분의 대리인으로 행동한다는 뜻이다(다음과 비교하라. 14:11-12, 15-18; 15:7; 요일 5:14). 따라서 예수님이 "구하라 그리하면 너희에게 주실 것이요"라고 간결하게 약속하실 때, 여기에는 과장의 요소가 있다(마 7:7-11·눅 11:11-13). 하나님 나라(마 7:13-14)와 성령(눅 11:13)이라는 문맥상의 목적어는 분명하지만, 가끔 하나님의 더 큰 계획은 우리가 구상하는 세부 내용과 다르다. 바울은 예수님께 "가시"를 없애 달라고 세 번 간청했는데(민 33:55을 상기시키는 고후 12:7-8), 나는 여기에 적어도 박해가 포함된다고 믿는다(고후 12:10).[5] 그런데 바울의 삶에서 예수님의 더 큰 목적은, 가시에 동반된 복을 바울이 계속 유지할 수 있도록 가시 또한 계속 유지한다는 의미였다(고후 12:9; 다음과 비교하라. 12:1, 7; 시 119:67, 71, 75과도).

하나님의 뜻 안에서 기도한다는 말은 우리가 뛰고 있거나 응원하는 팀이 최선을 다할 것이라는 뜻이지 우리가 좋아하는 팀이 우승할 것이라는 뜻은 아니다. 내가 듀크 대학교 졸업생이기 때문에 하나님이 듀크 대학교가 올해 전국 대회에서 우승을 거머쥐게 하실 거라고 확신하며 기도할 수 있다는 뜻은 아니다. [그들이 "푸른 악마"(Blue Devils)라고 불리지 않더라도 마찬가지일 것이다. 그들이 승리할 때 나는 여전히 기뻐한다.]

야고보와 요한이 "**무엇이든지** 우리가 구하는 바"를 해 주시도록 요청할 때(막 10:35), 예수님은 먼저 "너희에게 **무엇**을 하여 주기를 원하느냐?"라고 물으신다(10:36). 그들의 요청은 다른 사람을 희생시키면서 자신들의 유익을 구하는 것이었고(10:37), 그래서 예수님은 섬김에 관한 교훈으로 그들을 바로잡으신다(10:38-45). 바디매오의 경우는 이와 대조적이다. 예수님은 시각장애인 바디매오에게 무엇을 해 주기 바라느냐고 물으신다. 바디매오는 시력을 회복해 달라고 예수님께 간청하고, 예수님은 그의 시력을 회복해 주신다(10:51-52). 야고보와 요한의 간청과 달리, 치유를 위한 간청은 다른 사람을 희생시키지 않는다. 하나님의 치유 능력에는 제한이 없다. 그렇지만 절대적으로 신뢰할 만한 분을 향한 진정한 신뢰는 특정한 결과를 성취하는지 여부에 따라 영향을 받지 않는다. 그것은 우리의 열망이 아무리 고상하더라도 마찬가지다.

나는 29장에서 촌시 크랜들 박사가 제프 마킨을 위해 기도했을 때 하나님이 그를 어떻게 일으키셨는지 이야기했다. 그런데 뒷이야기가 중요하다. 크랜들이 마킨을 일으켜 주시도록 하나님께 기도하기 전에, 크랜들은 친아들 채드(Chad)를 일으켜 주시도록 하나님께 기도했다. 몇 년간 기도했는데도 불구하고 채드는 백혈병으로 죽었다. 크랜들은 하나님이 아들을 일으켜 주시도록 한 시간 반 동안 단호하게 기도했지만, 채드는 여전히 죽은 채로 있었다. 크랜들은 그 순간 용기를 잃을 것인지 아니면 무슨 일이 있어도 하나님을 계속 신뢰할 것인지 결정해야 했다. 크랜들은 계속 신뢰하기로 결심했고, 나중에 하나님이 마킨을 위해 기도하도록 마음을 움직이셨을 때, 크랜들은 준비가 되어 있었다.[6]

마찬가지로 선교 상황에서 레오 바와가 몇 시간 기도하던 아이가 살아났다(30장을 보라). 하지만 레오가 가장 친한 친구를 위해 기도했을 때, 그 친구는 살아나지 못했다.

화상을 입었던 아기 동생의 피부가 치유되었다고 증언한 대니 매케인(22장을 보라)은 또한 맏아들 너새니얼(Nathaniel)이 생후 4개월에 척수막염에 감염되었다고 나에게 진술했다. 많은 사람이 너새니얼을 위해 기도했지만, 아이는 닷새 후에 죽었다. 하나님은 왜 한 아이는 극적으로 치유하시고 다른 아이는 죽게 하셨는가? 대니는 욥을 인용하면서 대답한다. "주신 이도 여호와시요 거두신 이도 여호와시오니 여호와의 이름이 찬송을 받으실 지니이다."[7]

나는 앤서니 와이나이나 은주구나의 아들 아디엘이 어떻게 기적적으로 치유되었는지 진술했다(7장을 보라). 하지만 그때 같은 신생아 집중 치료실에 있던 다른 영아들은 모두 죽었다. 앤서니도 인정하듯이, 분명 그 가운데 많은 아이에게도 그들을 위해 기도하던 가족들이 있었다. 성경을 보면, 하나님은 마태복음 2:14에서 헤롯의 학살이 일어나기 전에 예수님의 가족을 멀리 보내심으로써 불의에 맞서 장기적인 목적이 훼손되지 않도록 보호하셨다. 하지만 하나님은 남자아이들에 대한 헤롯의 잔인한 살해를 막으시기보다는 남자아이들의 희생을 슬퍼하셨다(2:16-18).

많은 문화에서 많은 사람이 자녀를 원하지만, 아내의 아프리카 문화 같은 일부 문화에서 여성들은 대개 아이 낳는 것을 자기 정체성의 한 부분으로 느낀다. 하나님은 [우리 부부가 쓴 『불가능한 사랑』의 몇몇 대목에서 진술했듯이] 생명을 위협하는 많은 상황에서 우리 아들 데이비드를 보호하셨고, 딸 케렌(Keren)이 우리와 함께 살게 해 달라는 수년간의 기도에 응답하셨다. 가족들이 있다는 사실은 우리에게 말로 표현할 수 없을 만큼 큰 기쁨을 준다. 하지만 우리 부부의 친자식을 낳는 것과 관련해, 우리는 일곱 번의 유산을 연거푸 겪었다. 우리가 주님을 확고하게 믿었다는 생각에는 추호의 의심도 없다. 노년에 접어든 사라와 엘리사벳에게 자녀를 주신 하나님은 우리에게도 똑같이 하실 수 있었다. 하지만 이제 오랜 세월이 지나 버린 이 일곱 번의 유산 중 하나라도 이생에서 바뀔 것이라고 생각할 사람은 아무도 없다. 아내는 자기를 많은 자녀의 어머니라고 설명한다. 아이들은 대부분 이미 천국에 있지만 말이다.

하지만 우리가 낙심하거나 기진맥진했을 때도 하나님은 우리의 신뢰를 받으시기에 합당한 분이다. 하나님을 믿는 믿음은 하나님이 우리가 요청하는 특정한 일을 **하실 것**이라는 믿음을 넘어선다.

호스피스 돌봄 센터에서 일하는 사람들은 기적보다 죽음을 더 자주 본다. 서구의 암 병동에서 일하는 사람들은 기적을 보기보다는 기적을 위한 기도를 더 자주 본다. 아마도 서구에서 기적을 위한 기도가 기적보다 더 많은 한 가지 이유는, 하나님이 치유하셔야 할 많은 사람을 의료 수단을 통해 치료하시기 때문일 것이다. 하지만 이런 환경에서 일하는 많은 그리스도인이 그렇게 많은 고통을 목격한 뒤 기적에 대해 냉소적인 태도를 품게 되더라도, 나는 그들을 비난하지 않을 것이다. 이른바 기적은 여전히 법칙이라기보다는 예외다.

그렇기는 하지만, 이런 예외들은 우리 모두에게 미래의 소망을 가리키기 때문에 우리 모두를 위한 선물이다. 기적은 우리에게 부활 생명에 대한 하나님의 약속을 상기시킨다.

39장

성경은 치유되지 않는 것에 대해 무엇이라고 말하는가?

제국 전역에 재앙과 박해가 동시에 몰아닥친 3세기 초에, 북아프리카의 주교 키프리아누스는 순교 전에 이렇게 기록했다.

> 어떤 사람들은 이 질병의 파괴력이 이교도들과 똑같이 우리 편 사람들을 공격한다는 사실에 불안을 느낀다. 마치 그리스도인들이 이러한 목적을 위해, 즉 질병에 걸리지 않고 현세와 이 세상을 누리기 위해 믿고 있다는 듯이 말이다. 또한 우리가 여기서 모든 역경을 겪으면서 미래의 기쁨을 약속받은 사람이 아니라는 듯이 말이다.…어떤 사람들은 이 유한성이 다른 사람들과 마찬가지로 우리에게도 동일하다는 사실에 불안을 느낀다. 그런데…이 부패할 것이 부패하지 않을 것을 입고, 이 유한한 것이 무한한 것을 받을 때까지…육체의 약점은 모든 인간과 마찬가지로 우리에게도 동일하다.[1]

가뭄과 고난은 모두에게 동일하지만(다음과 비교하라. 마 5:45; 눅 13:2-5; 롬

8:35-36), "가뭄과 고난은 우리에게 죽음이 아니라 훈련이다. 이 훈련은 강인함의 영광에 마음을 쏟게 한다. 이 훈련은 죽음을 무시함으로써 면류관을 준비한다."[2] 죽음은 유한한 상태에서 살아가는 모든 사람에게 동일하게 임하지만, 그리스도의 원수들은 두 번째 죽음을 당할 운명인 반면, "의인들은 원기를 회복하는 곳으로 부름받는다." 죽음은 그리스도인들이 더 많은 고난에서 벗어나도록 해 주고, 그들을 영광으로 데려간다.[3] 키프리아누스의 지도하에, 그리스도인들은 생명의 위협을 무릅쓰고 고난당하는 그리스도인들만이 아니라 자기들을 박해하던 이들까지 건강을 되찾도록 간호했다. 환자를 보살피는 그리스도인들의 섬김은 훗날 병원의 선구자와 같은 역할을 했다.[4]

19세기 후반에 특히 존 알렉산더 도위(John Alexander Dowie)는 충분한 믿음을 갖고 있다면 사람들은 **항상** 치유될 것이라는 사상을 고취시켰다.[5] 도위는 말도 안 되는 믿음과 영적 은사를 소유한 사람이었고, 죽어 가던 많은 사람이 그의 사역을 통해 극적으로 치유되었다. 동시에 치유의 은사와 가르침의 은사는 별개의 은사다. 도위는 의학에 반대했고,[6] 의학을 반대하는 도위의 가르침을 따르다가 여러 사람이 죽었다.[7] 말라리아를 예방하는 약을 복용하기를 꺼려 하던 초기의 많은 얼라이언스와 오순절 선교사들이 사망했다. 결국 생존자들은 약을 복용하고 살아남은 선교사들이 약을 복용하지 않고 죽은 선교사들보다 훨씬 유용하다는 결정을 내렸다.[8] 미심쩍은 가르침을 전수하기 전에, 도위의 생각은 더 심각하게 변질되었다. 도위는 자기가 마지막 때의 엘리야라고 선언했고, 그가 세운 교회는 너무 강압적으로 변한 도위를 해임했다.

생명이 죽음을 끝낼 때까지 죽음은 유한한 생명을 끝낸다

생물학적 생명의 모든 순간은 선물이다. 하지만 특별한 신적 행동이 없다면, 피조성, 유한성과 생물의 물질적 특성 때문에 이 생명은 궁극적으로 죽음을 동반한다. 성경을 보면, 인류를 향한 하나님의 계획은 영생이었지만, 이 계획은 하나님과 서로에게 맞서는 인간의 저항으로 인해 훼손되었음을 확인할 수 있다. 하나님은 친히 가장 큰 희생을 치르시면서, 기꺼이 받아들이는 이들을 위한 더 좋은 선물로 영생을 누릴 수 있게 하셨다.

성경은 당연히 우리에게 가장 필요한 것을 떠오르게 하는 단서를 강조한다. 곧 하나님이 이 시대에 우리를 특별히 보살피신다는 사실을 보여 주는 기적을 강조한다. 하지만 이 현시대의 삶과 관련해, 어떤 사람들은 계속 아프고 죽은 사람들은 대부분 살아나지 않는다고 성경이 말해 주지 않더라도, 우리는 일상의 경험을 통해 그것을 안다. 사실 치유되지 않는 질병이나 죽음을 언급할 때, 성경은 이것이 자연의 일반적 과정이라고 당연히 여기는 것 같다(예, 왕하 4:1; 13:14). 성경은 이 시대에 죽음이 사라지지 않는다고 당연히 여긴다. 창세기 5:5, 8, 11, 14, 20, 27의 다양한 족보에서 에녹만 제외하고 "그는…죽었더라"라는 문구가 반복된다는 점을 숙고해 보라.

그리스도인들에게 다른 그리스도인의 죽음에 대해 언급할 때, 바울은 결코 그들이 이 시대에 살아나야 한다고 말하지 않는다.[9] 그 대신 바울은 장차 올 궁극적 부활에 초점을 맞춘다(예, 고전 15:6; 살전 4:13-14을 보라). 죽음은 여전히 원수이지만(고전 15:26), 우리의 유한성이 불멸을 입을 때까지 죽음은 유한한 상태의 일부로 남아 있다(고전 15:53-54; 고후 4:16-5:5).

선한 사람들이나 악한 사람들이 모두 이생에서 고난을 겪고 복을 받는다(전 9:1-3; 마 5:45). 하나님이 모든 그리스도인을 치유하신다면 사람들은 대부분 그리스도인이 되겠지만, 하나님과 진실하고 성숙하고 검증된 관계를 맺지는 못할 것이다. 어떤 사람들은 이렇듯 곳곳에 나타나는 치유마저, 그리스도인들이 신뢰해야 할 주님보다는 기독교적 관행 속에 내재된 어떤 요소 때문에 자연히 발생한 것이라고 설명할지 모르겠다.[10] 예수님이 우리의 인성과 고난에 동참하셨듯이(예. 히 2:14), 다른 사람의 고난에 동참하는 그리스도인들은 더 나은 위치에서 고난을 겪는 사람에게 말할 수 있다(고후 1:4). 그리스도인들은 다른 사람들보다 더 낫지 않다. 우리는 단지 자기를 찾는 이들에게 기꺼이 은혜를 베푸시는 자애로운 하나님을 알 뿐이다.

35장에서 나는 초기 오순절 부흥 운동을 겪은 교회 개척 사역자 에버렛 쿡에 관해 언급했다. 그는 대개 하나님의 음성을 정확하게 감지했다. 어느 날 쿡은 나에게 자기가 1년만 더 살 것이라고 털어놓았다. 나는 아니라고 말했지만, 그는 이렇게 대답했다. "아닙니다. 주님은 이 일을 준비하라고 말씀하셨어요." 그해에 쿡은 암을 진단받았다. 쿡의 아내는 그의 기력이 쇠약해지는 동안 쿡의 곁을 지켰다. 쿡의 아내가 전하는 바에 따르면, 놀랍게도 쿡에게는 고통이 전혀 없었는데, 이것은 그냥 쿡을 본향으로 데려가는 주님의 방법이었다. 쿡의 아내는 쿡이 죽을 때 영이 몸을 떠나는 장면을 보았다고 말했다.

하나님이 암과 같이 끔찍한 것을 사용하실 수 있다고 동의하든 동의하지 않든, 주님이 세우신 계획에는 우리의 마지막 귀향이 포함되어 있다(다음과 비교하라. 신 31:14; 34:4-5; 삼상 26:10; 왕상 2:1). 주님 자신의 사명에서도 마찬가지였다(마 26:18; 막 14:36; 요 12:27; 13:1; 18:11). 하나님은 이 땅에서 하나님의 계획에 상당한 융통성을 발휘하시지만(사 38:1-22), 예수님의 제자들은 우리의 생명이 사랑하는 아버지의 손안에 있다고 계속 확신할 수 있다(마 10:28-31·눅 12:4-7).

성경은 그리스도께서 귀환해 우리의 몸이 그분의 몸과 같이 될 때만 불멸의 몸을 얻을 것이라고 약속한다(빌 3:20-21; 살전 4:15-17). 조지 뮐러나 허드슨 테일러처럼 19세기의 유명한 믿음의 영웅들 가운데 지금까지 살아 있는 사람은 아무도 없다. 최초의 사도들 가운데도, 그들의 믿음이 얼마나 크든 관계없이, 지금까지 살아 있는 사람은 아무도 없다. 하나님이 (우리가 무한히 죄를 계속 짓지 않도록) 우리의 유익을 위해 죄에 빠진 인류를 생명나무에서 차단하신 이후로, 죽음은 우리 삶의 일부가 되었다. 예수님의 부활은 더 나은 미래를 약속하지만, 예수님이 귀환하실 때까지 모든 치유는, 죽음에서 살아난 소생까지도, 기껏해야 일시적일 뿐이다.

지금까지 예수님만이 **영원한** 삶으로 부활하셨는데, 이는 하나님이 언젠가 우리에게도 똑같은 일을 하실 것임을 보여 주는 첫 열매이며 증거다. (하나님은 **예수님의** 부활을 입증하는 수많은 증거, 특히 부활의 증거에 자기 생명을 걸 준비가 된 수많은 증인을 주셨다.)[11] 따라서 성경은 예수님이 우리를 돕기 위해 오셨다는 데 초점을 맞추지만, 또한 우리가 고난과 죽음이 가득한 세상에서 살고 있음을 이미 알고 있다고 전제한다.

성경에서 치유가 일어나지 않았을 때

또 선지자 엘리사 때에 이스라엘에 많은 나병 환자가 있었으되 그중의 한 사람도 깨끗함을 얻지 못하고 오직 수리아 사람 나아만뿐이었느니라(눅 4:27).

잔치를 베풀거든 차라리 가난한 자들과 몸 불편한 자들과 저는 자들과 맹인들을 청하라(눅 14:13).

예수님은 엘리사 시대에 많은 사람이 나병에 걸렸다는 사실을 아셨다. 나아만이 치유되고 나서 두 장 뒤에, 네 명의 이스라엘 나병 환자들이 사마리아 성문에 있었기 때문이다(왕하 7:3). 하나님은 기적을 통해 엘리사의 예언을 성취하셨음을 알리는 데 그들을 사용하셨지만(7:9-10), 그들은 여전히 나병 환자로 남았다.

성경에서 다윗은 나이가 들면서 육체적으로 점점 쇠약해졌다. 실제로 젊은 시절에 야심만만했던 이 일부다처 왕은 수행원들이 몸을 따뜻하게 하기 위해 데려온 젊은 여성들과 친밀한 관계를 맺지 않았다(왕상 1:1-4). 모세와 대조적으로, 예언자 아히야는 노년에 육체적으로 실명 상태였다. 하지만 영적인 눈이 밝았던 아히야는 방금 전에 누가 문에 왔는지 알 수 있었다(왕상 14:6-14). 우리는 성경의 지나가는 짧은 언급에서 예언자 엘리사가 병으로 죽었다는 사실을 알게 된다(왕하 13:14). 물론 엘리사의 뼈는 하나님의 능력으로 충만해서 그의 뼈 위에 던져진 시신은 다시 살아났지만 말이다(왕하 13:21). 분명 엘리사의 병은 그의 삶에서 나타난 하나님의 능력에 대한 부정적 평가가 아니다.

사도 바울은 몸의 질병이나 연약함 때문에 갈라디아인들에게 복음을 전했다고 말한다(갈 4:13). 이 경험은 배고픔과 갈증, 여행, 예수님으로 인한 투옥뿐만 아니라 가끔 질병으로까지 이어지는 상황에 맞닥뜨렸던 예수님의 사역자들의 경험과 일치한다(마 25:35-36의 가장 그럴듯한 의미).[12]

에바브로디도가 힘든 항해 후 병에 걸려 죽을 지경에 이르렀을 때, 바울은 "우리는 그의 건강을 보장한다"라고 말하지 않았다. 바울은 그 대신 "하나님이 그를 긍휼히 여기셨다"라고 기뻐한다(빌 2:27). 에바브로디도는 하나님의 은혜로 회복되었던 것이다. 바울은 아픈 드로비모를 밀레도에 남겨두었고(딤후 4:20), 어떤 해명을 내놓아야 할 필요성을 느끼지 않는다. 또한 소화불량으로 어려움을 겪는 디모데에게 더 건강한 방법을 사용하라고 권면할 때, 바울은 치유를 위한 (더 많은?) 기도를 권하지 않는 이유를 제시하지 않는다(딤전 5:23).

하나님은 자주 치유하시지만, 가끔 우리는 단기간이나 장기간 계속 아프다. 그렇다고 해서 우리의 믿음이 무언가 잘못되었다는 의미는 아니다. 성경은 치유되지 않는 것(non-healing)보다는 치유에 대해 훨씬 더 많이 말한다. 우리가 항상 치유되기 때문이 아니라, 치유를 믿기 위해서는 대다수 사람의 믿음에 격려가 필요하기 때문이다. 질병을 믿으라는 격려는 우리에게 그다지 필요하지 않다.

하나님 나라의 맛보기인 표적

2014년 빈야드 학자 협회(Society of Vineyard Scholars) 연례 회의에서 강의를 해 달라는 요청을 받은 일이 이 책을 쓴 계기 중 하나였다. 주최 측은 기적이 왜 자주 일어나지 않는지 등 "고난과 하나님 나라"에 관해 말해 달라고 요청했다. 이전에 나는 종종 이 문제를 놓고 씨름하면서 간단히 강의했는데, 이제 모든 설명을 한곳에 모아야 했다.

지금 우리는 하나님 나라의 모든 양상을 누리지는 못한다. 지금 우리에게 있는 것은 맛보기다. 앞에서 나는 사람들이 죽은 자들로부터 살아나고 있다는 캐논 앤드루 화이트의 간증을 언급했다. 그런데 이라크에 있는 캐논 화이트의 교회 성도 중 1,000여 명이 살해되었다. 많은 수는 무분별한 폭력이나 파벌 간의 폭력으로 살해되었고 대부분은 그리스도인이라는 이유로 살해되었다. 『불속의 믿음』(*Faith under Fire*)에서 캐논 화이트가 지적하듯이, "그리스도께서 부활하신 때부터 그분이 재림하실 때까지, 하나님 나라는 어둠의 나라와 나란히 공존한다."**13** (다음과 비교하라. 마 13:29-30, 47-49; 롬 9:22-23).

헤롯의 감옥에서 임박한 죽음에 맞닥뜨리고 있던 세례 요한은 예수님이 사람들을 치유하신다는 소식을 듣는다. 이것은 분명 이전 예언자들의 활동을 닮은 하나님의 일이지만, 하나님이 오실 분에 관해 요한에게 보여 주신 것은 아니었다. 요한은 하나님 나라를 가져오는 분이 성령과 불로 세례를 베풀 것이라고 기대했지만(마 3:11·눅 3:16), 요한은 불에 대해서는 듣지 못했다. 그래서 요한은 예수님께 메신저를 보내 그분이 정말 요한이 본래 생각했던 오실 분이신지 아니면 자기가 잘못 생각한 것인지 묻는다(마 11:2-3·눅 7:18-20).

요한의 메신저들은 치유를 목격하고, 예수님은 그들의 목격자 경험을 자신의 메시지의 한 부분으로 삼으신다. 즉 "맹인이 보며, 못 걷는 사람이 걸으며, 나병 환자가 깨끗함을 받으며, 못 듣는 자가 들으며, 죽은 자가 살아나며, 가난한 자에게 복음이 전파된다"(마 11:5·눅 7:21). 예수님은 이 표현을 사용하면서 요한의 성경 지식에 호소한다. 다가오는 회복의 때, 하나님 나라의 때에는 이런 복이 나타날 것이다. 즉 "맹인의 눈이 밝을 것이며, 못 듣는 사람의 귀가 열릴 것이며 그때에 저는 자는 사슴같이 뛸 것이며"(사 35:5-6), "여호와께서…기름을 부으사 가난한 자에게 아름다운 소식을" 전할 것이다(사 61:1).

하나님 나라의 충만함은 기대하던 치유와 회복을 하나님의 백성에게 또한 진정 모든 피조물에게 가져다줄 것이다(사 35:1-2, 10; 61:4, 11; 65:17-19). 물론 그사이에도 예수님은 **하나님 나라**의 일을 하신다. 권리를 박탈당한 자들을 치유하고 그들에게 기쁜 소식을 전하는 것은 하나님 나라의 진정한 맛보기다. 예수님은 "그렇소, 요한. 내가 **바로** 하나님 나라를 가져오는 자요"라고 말씀하신다. 하지만 모든 것에는 자신만의 때가 있다. 하나님 나라는 거대한 관목이나 나무처럼 등장하기 전에 먼저 작은 씨앗처럼 등장한다(마 13:31-32·막 4:31-32·눅 13:19).¹⁴ 하나님 나라는 천국 잔치가 되기 전에 먼저 감추어진 누룩처럼 등장한다(마 13:33·눅 13:21).

마찬가지로, 예수님은 곤궁한 사람들이 악한 영들에게서 벗어나게 하는 자신의 광범위한 구원 사역은 하나님 나라가 이미 그들에게 임했음을 의미한다고 반대자들에게 경고하셨다(마 12:28·눅 11:20). 하나님 나라는 세상에 침투했고, 사탄은 그 나라를 대체할 수 없다. 물론 사탄은 최종적으로 제거될 때까지 계속 격노하지만 말이다(계 12:12).

제2차 세계대전 이후, 학자들은 이런 하나님 나라의 '이미'(already)와 '아직 아닌'(not yet)의 특징을 공격 개시일(D-Day)과 전승 기념일(V-E Day)의 차이에 비교하기 시작했다. 노르망디 침공이 성공한 뒤(D-Day), 전쟁의 결과는 명확했다. 나치 정권의 패배는 시간문제에 불과했다. 하지만 전투는 계속되었고, 나치 정권의 최종 붕괴(V-E Day)까지 군인들은 계속 사망했다. 우리도 영적 공격 개시일과 최종 전승 기념일 사이에서 살고 있고, 전투는 계속되지만, 이제 결과를 온전히 알고 있다.

우리는 아직 하나님 나라의 충만함 속에 있지 않다. 물론 현재에 하나님 나라의 목적을 추구하면서 이 세상의 악에 맞서 일할 때, 우리는 하나님 나라를 위해 분투하지만 말이다. 그렇기는 하지만, 현재에 일어나는 하나님 나라의 일은 하나님이 그분의 약속을 잊지 않으셨음을 일깨워 준다. 델리아 녹스의 동생 이니드가 녹스의 치유에 대해 증언하듯이(8장을 보라), 22년간 장애를 겪은 뒤, 이니드는 델리아가 천국에서만 치유될 것이라고 생각했다. 그런데 델리아가 치유된 후, 이니드는 이 기적이 지상에 임한 천국의 일부라고 여긴다.¹⁵

우리는 개인적으로 우리가 원하는 모든 기적을 받지 못하겠지만, 다른 사람의 기적도 나머지 우리 모두를 위한 선물이다. 모든 기적은 약속하신 하나님이 미래를 신뢰하라고 우리 모두에게 주시는 격려다. 그때 하나님은 광야에서 시내가 흐르게 하고(사 35:6), 하늘과 땅을 새롭게 하실 것이다(사 65:17; 계 21:1). 그날에는 더 이상 전쟁이 없을 것이다(사 2:4; 미 4:3). 더 이상 질병도, 더 이상 고통도, 더 이상 죽음도 없을 것이고, 주님은 모든 눈물을 닦아 주실 것이다(사 25:8; 49:10; 계 7:16-17). 사실 이 약속들은 성경 마지막의 여러 구절에서 울려 퍼진다. 주 하나님이 우리 가운데 충만하게 거하실 것이기 때문에, "모든 눈물을 그 눈에서 닦아 주시니 다시는 사망이 없고 애통하는 것이나 곡하는 것이나 아픈 것이 다시 있지 아니하리니 처음 것들이 다 지나갔음이러라"(계 21:4). 하나님이 이 세상에서 행하시는 기적은 맛보기에 지나지 않는다. 즉 현재의 고난 속에서 용기를 주고 하나님의 약속이 완성될 것이라는 기대를 불러일으키는 증거다.

대가

생명은 선물이다. 우리가 호흡하는 공기는 선물이다. 이것들은 첫 번째 창조의 선물이다. 하나님은 이 가운데 어떤 것도 우리에게 빚지지 않으셨다. 우리의 존재 자체가 하나님이 주신 선물이다. 하지만 새 창조의 선물은 더 크고, 현재의 구원은 그 선물의 맛보기일 뿐이다. 우리가 지금 치유와 같은 어떤 복을 맛보기로 경험하고 있든, 또한 우리가 미래에 대해 새로운 창조와 같은 어떤 선물을 기대하든, 하나님은 그것을 우리에게 주기 위해 무언가를 지불하신다. 따라서 우리는 감사해야 한다.

예수님은 이사야 53:4-5에 있는 종의 사명을 성취하셨다. "그는 실로 우리의 질고를 지고 우리의 슬픔을 당하였거늘…그가 채찍에 맞으므로 우리는 나음을 받았도다." 예언자들은 종종 질병을 영적 질환을 가리키는 은유적 언어로 사용하고, 이것은 분명 예수님의 사명에서 무엇보다 중요했다(벧전 2:24). 그런데 이사야서에서 말하는 더 큰 회복의 문맥에는 육체의 회복도 포함된다(예, 사 35:5-6). 그래서 마태복음 8:17에서는 사역하시는 동안 사람들의 육체를 치유하신 예수님께 이사야 53장을 적용한다. 이생에서 치유와 같은 선물을 받을 때, 또한 궁극적으로 다가올 세상의 영광을 받을 때, 이 모든 선물을 우리에게 주시기 위해 예수님이 모든 것을 대가로 치르셨음을 기억해야 한다. 우리의 궁극적 행복은 예수님께 그만큼 중요하다.

표적은 예수를 가리킨다

성경에서 표적은 사람을 회심시키지 못한다. 가끔 표적은 믿음의 반대자들을 더 분노하게 만들기도 한다. 표적은 그 대신 사람들의 관심을 끌어 메시지를 듣게 만든다. 이 책에 보고된 표적들은 여러분의 관심을 끌었을 것이다. 이 책의 표적들은 하나님이 우리가 원하는 모든 기적을 행하실 것이라고 보장하지 않는다. 하지만 표적은 하나님께 신실한 이들에게 더 이상 고난이나 불의, 갈등이 없는 경이로운 미래를 약속한다. 또한 표적은 우리에게 그런 미래의 삶을 살 수 있게 하시는 분을 가리킨다.

예수님의 제자 일흔두 명이 첫 선교 여행에서 돌아와 병자들을 치유하고 마귀를 내쫓을 수 있었다고 흥분했을 때(눅 10:17), 예수님은 이런 권위를 지닌 대리인으로 제자들을 임명했다고 인정하셨다(10:18-19). 하지만 예수님은 또한 그들의 생각을 바로잡으셨다. "그러나 귀신들이 너희에게 항복하는 것으로 기뻐하지 말고 너희 이름이 하늘에 기록된 것으로 기뻐하라"(10:20).

요한복음은 예수님이 부활하시기 전에 일어났던 일곱 가지 표적을 보도한다. 요한복음 본론 부분의 절정에서 요한은 이렇게 말한다. "예수께서 제자들 앞에서 이 책에 기록되지 아니한 다른 표적도 많이 행하셨으나 오직 이것을 기록함은 너희로 예수께서 하나님의 아들 그리스도이심을 믿게 하려 함이요 또 너희로 믿고 그 이름을 힘입어 생명을 얻게 하려 함이니라"(요 20:30-31).

성경이 약속하는 영생을 나누어 주는 삶을 시작하고 싶다면, 예수님은 우리에게 그 길을 알려 주신다. 하나님은 세상을 이렇게 사랑하셨다. 즉 하나님은 하나뿐인 독자를 십자가 위에서 주셨다. 이 희생 덕분에 누구든 예수님을 의지하는 자는 멸망하지 않을 것이다. 오히려 그들은 다가오는 세계의 생명을 경험할 것이다(내가 풀어쓴 요 3:16). 하나님과 그런 관계를 시작하고 싶다면 그저 요청하기만 하면 된다. 하나님은 그런 관계를 허락하실 것이다.

아마 이 책을 읽기로 결심한 사람들은 대부분 이미 하나님과 관계를 맺었을 것이다. 요한복음의 메시지를 최초로 들은 청중도 대부분 마찬가지였다. 그들에게 요한이 기록한 표적은 그들의 믿음을 강화하고 격려하기 위한 도구였을 뿐이다. 이 책을 읽기 시작했을 때 여러분의 믿음이 어디서 출발했든, 이제 여러분의 믿음이 더 강해졌기를 기도한다.

물론 이 책은 기적에 관한 내용이지만, 복음서는 기적보다 더 심오한 메시지를 우리에게 전해 준다. 기적은 우리를 향한 하나님의 사랑의 표식이고 미래의 맛보기다. 하지만 복음서는 또한 십자가의 메시지를 진술한다. 예수님의 첫 제자들은 기적에 대해 흥분했지만, 그들은 십자가 때문에 겁을 먹었다. 하지만 궁극적으로 십자가는 어둠이나 불의, 고뇌가 얼마나 깊든, 하나님이 우리의 고통 앞에서 침묵하시는 것 같을 때도, 하나님이 그곳에서, 실은 특별히 그곳에서 일하신다는 사실을 보여 준다. 빈 무덤은 십자가가 최종 결론이 아니라고 선언하기 때문이다.

40장

이 책을 마무리하며

나는 치유를 위한 기도와 관련해 대체로 큰 믿음을 소유한 사람이 아니었다. 나의 공적인 영적 은사는 특히 교회에 유용한 학문 연구를 제공하는 것, 즉 가르치는 은사의 형태와 관련이 있다. 나는 성령의 인도를 따르려고 노력하지만, 치유와 관련해 많이 성장해야 했다.

예를 들어, 한 번은 대학 시절에 기도하는 동안 캠퍼스에 있는 특정 기숙사 복도로 걸어가서 거기서 만나는 어떤 사람의 치유를 위해 기도해야 한다고 느꼈다. (이곳은 기독교 대학이었기 때문에 원칙적으로 이런 일은 논쟁을 야기할 행동이 아니었다.) 기숙사 복도에 도착했을 때, 한 사람만 걸어오고 있었다. 그래서 나는 그를 붙잡고 무엇인가 치유되어야 할 곳이 없느냐고 물었다.

"맞아요, 허리가 많이 아파요." 그가 인정했다. "이미 사람들에게 기도를 부탁했지만, 아무 일도 일어나지 않았어요. 하지만 자, 치유를 위해 기도하고 싶다면, 그렇게 해 주세요."

기도를 시작했을 때, 갑자기 나는 그의 치유를 위해 어떻게 기도해야 하는지 모른다는 사실을 깨달았다. 내가 받은 유일한 지시는 그곳에서 만날 어떤 사람의 치유를 위해 기도해야 한다는 사실뿐이었다. 나는 특별한 믿음이나 기름부음을 느끼지 못했다. 기도를 시작했지만, 시간이 길어지고 기도가 바닥날 경우 어떻게 해야 할지도 몰랐다. 그래서 나는 시간을 끌면서, 아무렇게나 생각나는 말로 기도했다.

그런데 기도를 시작하고 몇 분 후 그 청년은 몸을 곧게 펴고 소리를 지르기 시작했다. "나았어요! 허리가 나았어요!"

나는 말문이 막힌 채 그를 쳐다보았다. 나는 하나님께 항변하고 싶었다. "잠깐만요, 하나님! 나는 아직 준비가 안 되었어요!"

하나님이 기도에 응답하시기 위해 우리에게 특별한 치유의 은사가 필요한 것은 아니다(물론 치유의 은사는 좋은 것이지만). 내가 온갖 치유에 관한 증언을 들었고 여러 번 치유를 경험했기 때문에, 여러분은 내가 기적에 놀라지 않을 거라고 생각할 것이다. 하지만 나는 우리를 위해 행동하시는 하나님의 관대한 이적에 거듭해서 깜짝 놀란다. 하나님은 치유자이시고, 치유의 모든 공은 하나님이 받으신다.

이 책은 오늘날 전 세계에서 보고된 수억 개의 기적에 관한 주장 가운데 몇 가지 표본만 담고 있고, 많은 기적은 내가 이 책에 제시한 그런 종류의 진술들과 비슷하다.

나는 여기서 부분적으로는 나와 가까운 사람들의 이야기에, 또한 (대다수 경우에) 수백 개의 다른 이야기를 담고 있는 학술서인 『오늘날에도 기적이 일어날 수 있는가?』에 나오지 않은 이야기에 초점을 맞추었다. 여기서 처음으로 등장하는 이야기들은 특히 당사자와 내가 직접 인터뷰한 내용이나 신뢰할 만한 양질의 증거를 제시하는 연구에 근거해 있다.

나는 다음의 논문과 장에서도 훨씬 학문적인 수준에서 이 문제 가운데 몇 가지를 다루었다. "A Reassessment of Hume's Case against Miracles in Light of Testimony from the Majority World Today," *Perspectives in Religious Studies* 38 (2011년 가을, 3호): pp. 289-310; "Miracle Reports: Perspectives, Analogies, Explanations," in *Hermeneutik der frühchristlichen Wundererzählungen: Historiche, literarische und rezeptionsästhetische Aspekte*, ed. Bernd Kollmann and Ruben Zimmermann, WUNT 339 (Tübingen: Mohr Siebeck, 2014), pp. 53-65; "'The Dead Are Raised' (Matt. 11:5·Luke 7:22): Resuscitation Accounts in the Gospels and Eyewitness Testimony," *Bulletin for Biblical Research* 25 (2015년 1호): pp. 55-79; "Miracle Reports and the Argument from Analogy," *Bulletin for Biblical Research* 25 (2015년 4호): pp. 475-495; 또한 "Luke's Acts, Miracles, and Historiography," in *Faszination der Wunder Jesu und der Apostel: Die Debatte um frühschristliche Wundererzählungen geht weiter*, ed. Ruben Zimmermann (Göttingen: Vandenhoeck & Ruprecht, 2019), pp. 31-48. 나는 성경의 기적 신학을 다룬 에세이, "Miracles," in *The Oxford Encyclopedia of Bible and Theology*, ed. Samuel E. Balentine, 2 vols. (New York: Oxford University Press, 2015), 2:101-107와 "Miracles," in *Dictionary of Christianity and Science*, ed. Paul Copan et al. (Grand Rapids: Zondervan, 2016), pp. 443-449에서 다른 여러 핵심 연구들을 인용한다.

내가 이 주제에 관해 좀 더 대중적 수준에서 쓴 논문들은 『캐털리스트』 (*Catalyst: Contemporary Evangelical Perspectives for United Methodist Seminarians*) 와 『카리스마』(*Charisma*), 「크리스채너티 투데이」, 〈굿 뉴스〉, 「허핑턴포스트」, 「슬레이트」(*Slate*) 등에 나온다. 이 주제에 관해 강연하던 시기에 나는 옥스퍼드 대학교와 더불어 안식교, 미국 침례교, 하나님의성회, 가톨릭, 은사주의,

복음주의 자유교회, 자유 감리교회(Free Methodist), 초교파, 미셔너리 교회(Missionary Church), 오순절, 개혁교회, 남침례교, 연합 감리교, 연합 교회, 빈야드, 웨슬리안, 일반 학문 연구소의 학술 포럼에서 이 주제에 관해 초빙 강의를 했다.

리 스트로벨도 『기적인가 우연인가』라는 책 4-6장에서 나를 인터뷰했다.[1] 나와 마찬가지로, 리는 책을 끝마치면서 이생에서 기적이 일어나지 않을 때라는 주제를 다루었다. 기적은 표적, 하나님이 약속을 잊지 않으셨다는 단서다. 기적은 일시적이지만, 우리에게 영원한 소망을 가리킨다. 예수님이 통치하기 위해 오실 것이고, 그때 예수님은 우리 눈에서 모든 눈물을 씻어 주실 것이다. 고난의 문제에 대한 공식적 해결은 여전히 미래의 것으로 남아 있다. 하지만 하나님은 누구든 기꺼이 자기를 신뢰하는 이들에게 확신을 주기에 충분한 미래의 전조를 지금 우리에게 주셨다.

부록 A

기도는 상황을 악화시켰는가?

　모든 학자들이 인정하듯이, 모든 증거가 동등한 비중을 갖는 것은 아니다. 통제된 연구는 과학에서 이상이지만, 역사학 등 다른 여러 학문 분야에서 이런 연구는 불가능하다. 모든 기적은 단회적 사건이기 때문에, 대개 통제된 연구보다는 사례 연구 혹은 최소한 이 부록에서 언급된 연구가 훨씬 적합하다.

　또한 사례 연구는 가끔 설득력 있는 증거를 제시한다. 완벽한 증거를 얻기 위해서는 기존에 존재하는 완벽한 기록과 모든 관련자들의 자발적인 협력이 모두 필요한데, 대개 (적어도 나는) 이런 완벽한 증거를 확보할 수 없었기 때문에, 때로 그물을 훨씬 넓게 던졌다. 그런데 상당히 강력해 보이는 의학적 증거를 확보한 때도 있고, 제법 빈틈없는 증거를 확보한 때도 있다. 예를 들어, 루르드의 의료국에서 검증된 사례와 국제 의학 연구소(Global Medical Research Institute)에서 확인된 사례들은 완벽한 의료 기록을 갖춘 치유에만 국한되고, 대개 자연적으로 치료되지 않았다고 알려진 질병에 관심을 둔다.

기도하지 않았기를 바라다

그런데 기도는 상황을 더 **악화시킨다**고 암시하는 연구 결과가 나온다면 어떤 일이 일어날까? 심장병 환자를 위한 기도를 조사한 한 방대한 연구는 원거리 중보 기도를 받은 환자들이 수술 후 더 나아지기보다는 실제로 **더 악화했다**는 사실을 발견했다. 맞다, 제대로 읽었다. 환자들은 더 악화했다. 상이한 연구 결과를 기대했던 연구 설계자들은, 원거리 중보 기도는 수술 결과에 어느 쪽으로도 영향을 주지 않는다고 결론을 내렸다.

그렇지만 이 연구의 대조군에 속한 많은 사람에게는 아마 그들을 위해 기도하는 친척이나 친구들이 있었을 것이라는 사실이 널리 지적되었다. 그들이야말로 순전히 연구를 위해 모집된 사람들보다 훨씬 헌신적인 중보 기도자들이었다. 게다가 기독교적 관점에서 볼 때, 이 연구 설계에는 심각한 결함이 있었다. 중보 기도자로 모집된 사람들은 대부분 치유를 믿는 기도로 잘 알려진 그룹에 속한 정통 그리스도인이 아니었다. 이 연구의 '개신교' 대표자들은 유니티(Unity) 교회, 19세기에 시작된 신사고 운동(New Thought movement)에 속해 있었다. 유니티 교회는 자선을 베풀어 용기를 북돋우고 선한 일을 많이 하지만, 이 운동의 신념은 전통적 개신교와 다르다. 유니티 교회의 웹사이트에 따르면, 회원들은 "모든 사람이 하나님의 표현이고, 우리의 생각에 창조적 힘이 있다고 믿는다."[1] 유니티에 속한 많은 중보 기도자들에게 기도는 "자기 외부에 있는 인격적 신에게 드리는 간청이 아니라…지성에 내재된 신적이고 인간적인 능력을 발휘하는 것이다."[2]

한때 일부 비판자들이 기도의 가치를 완전히 반박했다고 주장하는 근거가 되었던 이 방대하고 값비싼 연구[3]는 다양한 종교 그룹 사이에 어떠한 차이도 없다는 미심쩍은 전제에 근거한다.

하나님 시험하기?

이 연구는 또한 다른 면에서도 본질적으로 엉뚱하게 구상되었다. 이 연구의 바탕에는 환자들과 가까운 이들의 절박한 간청보다는 멀리 있는 탄원자들의 일반적인 기도를 아주 조금이라도 더 선호하시는 하나님이 기도 연구의 배우로 참여해[4] 단지 자신을 시험하는 사람들에게 자신을 증명하실 거라는 전제가 깔려 있었다.

일반적인 조사 틀을 고려할 때, 이것은 실현 가능한 유일한 조사 설계였을 것이다. 연구가 시작되기 전에 주요 참가자들로부터 상세한 동의를 얻지 못했다는 주의 사항은 논외로 치더라도 말이다. 이 연구를 설계한 학자들의 정직성이나 지성을 과소평가하기 위해 이렇게 주장하는 것은 아니다. 하지만 우리의 인식론적 전제는 연구하는 주제와 일치해야 한다. 특수한 형태의 통제된 연구에 유용한 실험의 설계가 현실의 역사에서는 작동하지 않을 것이다. 이와 마찬가지로, 이 실험의 여러 설계 방식은 하나님이 자신을 계시하실 것이라는 성경의 선언과도 일치하지 않는다.

가끔 하나님은 사람이 하나님께 제기하는 질문에 대답하신다. 예수님의 죽음으로 인해 환멸에 빠진 제자 도마는, 부활하신 그리스도를 직접 만나지 못한다면 다른 사람들의 부활 증언을 믿지 않겠다고 거부했다(요 20:25). 하지만 도마는 신자들의 공동체를 포기하지 않았고, 예수님은 도마가 신자들과 함께 있을 때 나타나셨다(20:26). 예수님은 자기 친구이자 제자가 던진 이 요청을 들어주셨던 반면, 나머지 우리에게는 보지 않고 믿으라고 요청하신다(20:29-31). 인간 목격자와 하나님의 성령 둘 다의 신뢰할 만한 증언이 우리에게 있기 때문이다(15:26-27). 하나님이 기드온에게 과격한 임무를 맡기셨을 때(삿 6:14, 25; 7:2-9), 하나님은 기드온에게 확증을 주셨다(6:17-18, 36-40). 다만, 재차 언급하지만, 기드온에게는 선행하는 증거가 많이 부족했기 때문에(6:13), 기드온이 요청하지 않았는데도 한 가지 표적이 주어졌다(7:10-15). 하나님은 언제나 이런 방식으로 일하실 것이라고 전혀 보장하지 않으신다.

2000년 전, 일부 학자들은 예수님이 이미 행하시는 표적을 무시하면서 더 받아들이기 쉬운 표적, 더 '화려하고' 어쩌면 우주적인 표적을 보여 달라고 개인적으로 요청했다. 복음서 저자들은 이 학자들이 예수님을 "시험하기" 위해 이렇게 했다고 경고한다. 이런 상황에서 예수님은 "이 세대에 표적을 주지 않겠다"라고 대답하셨다(마 12:38-39; 16:1, 4; 막 8:11-12; 눅 11:16, 29-30). 하나님이 주시는 표적을 거부하고 우리 기준에 따라 표적을 요구하는 것은 하나님을 시험하는 행위이고, 하나님은 이렇게 시험하는 자들에게 굴복하지 않으신다(시 78:18-20).[5] 하나님은 자신을 시험하는 이들에게서 표적을 가리신다(다음과 비교하라. 신 29:29; 사 45:15). 서구에서 가시적 표적이 훨씬 적은 한 가지 요인은 바로 이런 불신 때문일 것이다. 자신들의 기준에 맞추어 증거를 제공해야 할 **의무**가 하나님께 있다고 주장하는 이들은 세상의 중심에 있는 하나님의 자비를 약함과 실수라고 오판한다. 우리가 해야 할 일은, 우리 자신의 맞춤형 기대에 부합하는 조건을 요구하는 소비자처럼 행동하는 것이 아니라, 하나님이 주겠다고 약속하신 곳에서 표적을 찾는 것이다.

예수님은 그 시대 학자들의 요구를 거절하신 뒤 계속 병자들을 치유하셨다. 예수님은 여전히 그들의 필요를 보살피셨고, 비천한 이들 가운데 나타나는 알아차리기 힘든 은근한 표적까지 기꺼이 받아들이는 이들에게 하느님 나라를 계시하셨다. 예수님의 표적은 마음이 열려 있고 충분히 겸손하게 그분을 따르면서 자신들의 고유한 상황에서 치유를 증언하는 이들을 위해 일어났다. 예수님은 우리의 명령대로 따르거나 우리의 시험에 굴복하지 않으시지만, 예수님이 주시는 표적에 이끌려 더 깊이 들어가 더 많이 배우려고 하는 이들을 계속 도와주신다.

부록 B

흄의 몇 가지 다른 주장

기적에 관한 흄의 에세이에는 많은 부수적 논점이 있다. 여기서 나는 그중에 두 가지를 다룬다. 곧 기적에 관한 보고가 "무지하고 야만적인" 사람들에게서만 나온다는 흄의 불평과 다양한 종교의 기적 보고는 서로 상쇄한다는 개념이다.

흄의 자문화 중심주의

첫 번째 주장은 오늘날 기적을 믿지 않는 이들에게도 혼란을 준다. 흄은 목격자의 후보군을 줄이려고 시도하면서 비백인, 비서구인 목격자의 모든 증언을 일축한다. 이 편견은 불행하게도 흄의 특징인데, 그의 다른 여러 저술도 인종주의와 반유대주의를 드러낸다. 흄은 비백인 민족들이 어떠한 발명품이나 예술 작품 등을 만들었다는 사실을 부정하는 데까지 나아간다. 흄은 자기 시대의 노예무역을 지지한다. 그는 한 자메이카인의 시를 폄하하

면서 그를 앵무새에 비교한다.¹

물론 오늘날 기적을 부정하는 학자들은 대부분 감히 이러한 비난을 언급하지 않겠지만, 나는 이렇듯 비서구인의 증언에 대해 편견을 가진 사람들을 여럿 만났다. 그들은 비서구권 사회의 목격자들은 대다수 서구인들보다 질병과 죽음을 더 가까이 두고 살아가지만, 이들이 대개 기적의 흔적을 더 명확히 인식한다는 사실은 신경 쓰지 않는다.

그렇지만 서구에 사는 많은 사람도 기적을 믿고 있고 기적을 목격했다고 주장한다. 3장과 4장에서 언급했듯이, 여론 조사에 따르면 미국에 있는 대다수 사람은 기적을 믿고, 제법 많은 소수는 기적을 직접 목격했다고 주장한다.² 또한 앞서 언급했듯이, 미국에 있는 의사 중 거의 4분의 3은 기적을 믿는다. 물론 그들이 받은 과학적 훈련 덕분에 그들은 당연히 일반적 원인을 먼저 찾지만 말이다. (이는 적절한 행동이다. 물론 성경 자체에서 하나님은 기적적 결과를 성취하기 위해 십중팔구 자연 안에 있는 일반적 원인의 몇 가지 조합을 사용하시지만 말이다. 홍해를 건널 때를 기억하라.) 설문 조사에 응한 대다수 의사는 기적을 보았다고 보고한다. 그렇다면 대체 누가 "무지하고 야만적인" 사람들만 기적을 믿는다고 말하는가?

종교 간의 경쟁?

다른 종교들에서 일어난 기적에 관한 흄의 주장에도 문제가 많다. 흄의 실책은 (전부는 아니더라도) 다수의 종교에서 기적을 주장한다고 언급하는 데 있지 않다. 영적 치유는 비기독교적 종교 상황에서도 발생한다. (기적에 관한 나의 전작을 실제로 *읽지* 않은 채 비판했던 몇몇 비평가들의 불평과 반대로, 나는 전작에 이 주제에 관한 섹션을 포함했다.)³

흄의 주장과 반대로, 사실 기적에 관한 모든 종교의 주장은 근본적으로 서로 상쇄하지 않는다. 우선, 모든 종교가 똑같이 이렇게 주장하는 것은 아니다. 물론 이런 주장은 전통적 종교에서 두드러지지만 말이다.[4]

둘째, 진정한 초자연적 활동이 모든 종교에서 나타난다고 하더라도, 초자연적 요소를 거부하는 흄의 접근은 약화될 것이다. 이 종교들은 이 상황이 제기하는 질문들에 제각각 대답하겠지만, 그렇다고 해서 초자연적 활동을 지지하는 모든 종교의 주장이 **거짓**임을 입증하지는 못한다.

셋째, 하나님이 그리스도인들의 기도에만 관심을 갖거나 응답하시는 것은 아니다. 기독교적 관점에서 글을 쓰는 그리스도인으로서, 나는 우리 가족의 예를 제시할 수 있다. 아내의 양친은 그리스도인이 되기 전에 또한 기독교가 자신들의 나라에서 퍼지기 전에 아프리카의 전통 종교를 믿으며 성장했다. 장모님이 소녀였을 때, 통나무를 타고 강을 건너다가 미끄러지면서 물에 빠졌다. 물속에 빠지면서 장모님은 어떤 손이 자기를 들어 다시 통나무 위에 올려놓았다고 느꼈다. 장모님은 어떤 강한 영이 자기를 보호했다고 생각했다. 그리스도인이 되었을 때, 장모님은 자기 목숨을 구하여 언젠가 하나님을 위해 살 기회를 주신 분이 하나님이셨음을 깨달았다. 마찬가지로, 1980년대에 팔레스타인인들 속에서 몇 년을 보낸 한 친구는 많은 무슬림 팔레스타인인들이 예언자 이싸(Isa), 즉 예수님의 이름으로 기도한다고 나에게 말했다. 그렇게 기도할 때 하나님이 종종 치유하신다는 사실을 깨달았기 때문이다. 하나님이 자기 아들을 명예롭게 하기 위해 그들에게 손을 내밀고 계신다는 것이 내 친구의 생각이었다. (쿠란은 이미 예수님을 처녀 몸에서 출생한 예언자이자 기적을 행하는 사역자로 인정한다.)

넷째, 한 분이신 하나님을 믿는다고 해서 다른 영적 세력이 세상에서 활동한다는 사실을 부정하지 않는다. 예수님의 기적은 대체로 치유와 구원, 보호, 공급과 같이 하나님의 긍휼을 보여 주는 호의적인 표식이었다. 반면에, 많은 문화에서 사람들은 저주를 내리려고 애쓰는데,[5] 이는 성경에서 명확한 선례를 찾을 수 없는 관행이다.[6] 다시 말해, 그리스도인들은 하나님의 활동 외에 다른 영적 세력의 활동도 인정할 수 있다.

주술사 덕분에 회심하다

나는 기적의 사례를 다룬 2011년의 책에서 능력 대결에 대해 훨씬 광범위하게 다루었다.[7] 나는 여기서 그 책에 포함되지 않았지만, 관련 있는 한 가지 예만 언급하겠다. 에티오피아에서 온 파실 월데마리암(Fasil Woldemariam)은 내가 지도하는 박사과정 학생 가운데 한 명이다. 의사가 동생의 병을 치료하지 못했을 때, 파실의 친어머니는 유명한 주술사(파실이 사용한 표현)에게 아이를 데려갔다. 어머니는 치료를 위해 돈을 전부 사용했지만, 아들은 회복되지 않았다. 화가 난 어머니는 주술사에게 공개적으로 맞섰고, 주술사의 여러 용품을 발로 찼다.

결국 분노한 주술사는 파실의 어머니를 저주하면서 이렇게 선언했다. "당신은 월요일에 죽을 것이다." 파실의 어머니는 겁이 났지만, 그때 주술사 자신이 자주 아픈 이유에 대해 했던 말을 떠올렸다. "나는 오순절 교인들이 기도할 때 아프다." 주술사는 이렇게 탄식했다. 그래서 파실의 어머니는 얼른 오순절 교회에 등록했다. 그녀는 월요일에 죽지 않았을 뿐만 아니라, 지금도 그리스도의 제자로 살고 있다.[8]

나는 부록 C에서 거짓 표적에 대해 다룬다.

부록 C
거짓 표적

서구의 상황에서, 이 책이 중요하게 다루는 핵심 질문은 하나님이 우리 세계에서 역사하시느냐의 여부다. 에티오피아와 인도, 인도네시아, 나이지리아 등 내가 강의했던 세상의 다른 여러 지역에서, 명백한 기적에 관한 핵심 질문은 하나님의 역사를 어떻게 다른 영적 세력의 역사와 구별하느냐다.[1] (나와 다른 사람들이 다른 곳에서 조사한 사기와 오판 등의 사례는 논외로 하겠다.)[2]

성경의 기사는 적대적인 영적 능력이 신적인 표적을 모방할 수 있다고 당연하게 생각한다. 물론 다른 영적 능력은 갈등이 일어날 때 하나님의 대리인에게 굴복하지만 말이다.[3] 이와 같은 대결은 바로의 마술사(출 7:11, 22; 8:7, 18-19; 9:11)와 엘루마 바예수(행 13:6-12) 그리고 마술사 시몬(행 8:5-24)에게서 다른 형태로 나타난다.

예수님과 그분의 첫 제자들 이외에, 일부 다른 유대인도 자신들이 무엇을 다루고 있는지 전부 다 정확히 알지 못한 채(행 19:15-16) 축귀를 시행했다(마 12:27·눅 11:19; 행 19:13-14). 물론 성경은 이 사례들에 대해 충분히 설명하지 않지만, 아마 영들은 사람들을 예속시키기 위해 가끔 기존의 마술 체계와 협력하는 것 같다(마 12:43-45·눅 12:23-26). 하지만 그 시대의 전형적 축귀사들과 달리, 예수님에게는 주술 문구나 의식이 전혀 필요하지 않았고 단순한 명령으로 영들을 내쫓으셨다(마 8:16).**4**

또한 성경은 표적을 행하는 거짓 예언자들에 대해 언급한다(마 24:24; 막 13:22; 살후 2:9; 계 13:13). 고대 이스라엘에서 예언자를 포함한 영적 지도자들은 종종 비행을 저질렀고, 비행에도 불구하고 축복을 전하면서 자신들의 메시지를 날조했다(렘 23:11-30). (그렇기는 하지만, 예언자 예레미야는 가짜 예언자 때문에 참 예언자가 가치를 잃는 것은 아니라고 조심스럽게 강조한다. 23:28을 보라.) 몇몇 예언자들은 그냥 사람들이 듣기 원하는 말을 했다(렘 6:14; 8:11; 딤후 4:3-4). 그와 같은 거짓 예언자들은 대개 교회 밖에 있지만(계 16:13), 신자들 가운데 나타나서 신자들을 속일 수도 있다(마 7:15; 24:11, 24; 벧후 2:1; 요일 4:1).

성경은 부분적으로 예언자들의 메시지에 근거해 그들의 말을 분별하라고 하나님의 백성들에게 요구한다(계 13:11과 비교하라). 만에 하나, 예컨대, 가짜 신들에게로 우리를 부른다면(신 13:1-5), 혹은 어떤 영이 예수님이 메시아이심을 부정하거나(요일 2:22), 그분이 육체로 오셨음을 부인하거나(요일 4:2-3), 그분이 저주받을 것이라고 주장한다면(고전 12:3), 그들은 (설령 그들의 예언이 정확한 것으로 밝혀진다고 하더라도) 거짓 예언자다. 만에 하나 비행을 부추기면서(계 2:14), 은혜를 마음껏 죄를 범하는 구실로 악용한다면(유 1:4), 그들은 거짓 예언자다.

기적에 관한 책에서, 예언자들의 은사가 아니라 그들의 **열매**, 다시 말해 그들이 하나님께 순종하는지 여부로(마 7:17-19) 예언자들을 인정해야 한다는 예수님의 가르침을 기억할 필요가 있다(7:16, 20). 일부 자칭 예언자들은 자신들의 이익을 위해 하나님의 백성을 착취한다(미 3:11; 벧후 2:1-3).

게하시는 엘리사의 진정한 대리인이었지만, 이익을 얻기 위해 미래의 소명을 희생했다(왕하 5:26-27). [사실, 예언자들은 헌물에 의존할 수 있었지만(예, 삼상 9:7-8) 너무 빈번하게 이용당했던 초기 그리스도인들은 만일 예언자가 돈을 요구한다면 그들은 거짓 예언자라는 규칙을 신속하게 승인했다!]⁵

일부 예언자들은 하나님의 종으로 훌륭하게 출발했다가 길을 잃는다(삼상 10:9-10; 15:17-19; 행 20:28-30). 하나님께 불순종하는 어떤 사람은 삼손처럼 여전히 한동안 기름부음의 흔적을 가질 수 있지만(삿 16:1-3), 삼손은 결국 이 복을 상실하고 끔찍한 대가를 치르고 난 뒤에야 복을 되찾았다(삿 16:17-31). 가끔 성령께서 누군가를 사용하시는 이유는 단지 어떤 곳에 있는 사람들 가운데 그분이 강하게 역사하기 때문이다(삼상 19:20-24). 내 아내는 콩고에 있던 한 남성에 관해 이야기해 준 적이 있다. 그의 예언은 아주 정확했지만, 그 뒤에 부정확해지기 시작했고, 결국 일꾼으로 고용한 젊은 여성들을 성적으로 착취하고 있던 사실이 드러나고 말았다. 겉모양만 갖춘 기독교 지도자가 예수님의 이름으로 예언하고, 귀신을 내쫓고, 기적을 행하지만, 예수님을 따르지 않을 때 그들은 낙오자가 될 수도 있다(마 7:21-23). 애석하게도, 우리 세대는 몇몇 유능한 사역자들의 도덕적 실패가 항상 진정한 회개로 이어지지 않는 것을 목격했다. 우리가 어떤 사람을 지나치게 높은 지위에 두었던 탓에 그 사람이 지금까지 타락했을 수도 있다.

예언자들이 누구를 진정으로 높이느냐가 한 가지 중요한 기준이 될 수 있다. 육체로 오신 그리스도, 다시 말해 복음서의 그리스도인가? 아니면 그들 자신인가? 거짓 교사들은 사람들이 목자장이신 예수 그리스도를 따르기보다는 자기들을 따라오기를 구한다(행 20:29-30).⁶ 기적이 일어날 때, 하나님의 종들은 오직 그리스도의 명예를 겸손히 구해야 한다(행 3:12; 14:14-17; 다음과도 비교하라. 창 41:16; 단 2:28-30).

주

감사의 말

1 Craig S. Keener, *Miracles: The Credibility of the New Testament Accounts*, 2 vols. (Grand Rapids: Baker Academic, 2011), 이후에는 *Miracles* (2011)로 표기함. 『오늘날에도 기적이 일어날 수 있는가?』(새물결플러스).
2 Craig S. Keener, "'The Dead Are Raised' (Matthew 11:5·Luke 7:22): Resuscitation Accounts in the Gospels and Eyewitness Testimony," *Bulletin for Biblical Research* 25 (2015년 1호): pp. 55-79.

머리말   일어나 걸으라

1 지금은 물리학 박사인 내 동생 Christopher Keener도 내가 설명하려고 하는 사건을 목격했다. 물론 당시 10대 중반이던 동생은 나보다 훨씬 덜 상세하게 기억하고 있지만 말이다(개인 서신, 2009년 1월 30일; 2009년 2월 8일).
2 이어지는 내용은 대부분 다음의 자료에서 가져왔다. Barbara Cummiskey Snyder, 전화 인터뷰, 2015년 12월 5일; 개인 서신, 2015년 12월 13일; 2016년 7월 11일; 2020년 1월 16일. Barbara에 관한 정보를 알려 주고(2015년 11월 21일) 최초로 연결해 준(2015년 11월 26일) Dwight Crowell에게 감사한다. Barbara와의 영상 자료 인터뷰는 "Lee Strobel: *The Case for Miracles*," 유튜브 영상 자료, Woodlands Church and Kerry Shook이 게시함, 2018년 3월 26일, 38:05을 보라. https://www.youtube.com/watch?v=y3VSIWHZtOI (2020년 8월 31일에 접속함), 26:25에서 시작된다.
3 Harold P. Adolph with Mark D. Williams, *Today's Decisions, Tomorrow's Destiny* (Spooner, WI: White Birch Printing, 1999), pp. 48-49.
4 Scott Kolbaba, *Physicians' Untold Stories: Miraculous Experiences Doctors Are Hesitant to Share with Their Patients, or Anyone!* (North Charleston, SC: CreateSpace, 2016), p. 115.
5 Barbara Cummiskey Snyder, 개인 서신, 2020년 1월 16일.
6 Kolbaba, *Physicians' Untold Stories*, p. 121.
7 Adolph, *Today's Decisions*, p. 49.
8 Barbara Cummiskey Snyder, 전화 인터뷰, 2015년 12월 5일; 개인 서신, 2015년 12월 13일; 2016년 7월 11일; 2020년 1월 16일.
9 Kolbaba, *Physicians' Untold Stories*, p. 122.
10 Adolph, *Today's Decisions*, p. 49.
11 Richard Tison, 전화 인터뷰, 2019년 6월 8일; 개인 서신, 2019년 7월 23일.
12 개인 서신, 2015년 12월 6일.
13 전화 인터뷰, 2016년 12월 10일. Kolbaba 박사는 이 프로젝트를 위해 여러 사례에 관한 여러 가지 지침을 계속 제시해 주었다.

서론   기적 연구, 지난번 책과 새로운 책

1 Craig S. Keener, *Miracles: The Credibility of the New Testament Accounts*, 2 vols. (Grand

Rapids: Baker Academic, 2011). 『오늘날에도 기적이 일어날 수 있는가?』(새물결플러스).
2 책을 읽지 않은 채 내 아내가 콩고공화국(Congo-Brazzaville) 출신이라는 인터뷰만 본 어느 온라인 비판자는 콩고 민주공화국(Congo-Kinshasa)에 대한 자문화 중심적 공격을 감행하면서, 거기서 사람들이 어린이 마녀 사냥을 자행한다고 말했다. 내 아내가 속한 그룹은 사람들에게 해를 가하기보다는 생명을 구하려고 애쓴다는 사실 외에도, 잘못된 정보에 근거한 공격은 별개의 나라인 두 개의 콩고를 혼동했다.
3 Craig S. Keener and Medine Moussounga Keener, *Impossible Love: The True Story of an African Civil War, Miracles, and Love against All Odds* (Bloomington, MN: Chosen Books, 2016).
4 Lee Strobel, *The Case for Miracles: A Journalist Investigates Evidence for the Supernatural* (Grand Rapids: Zondervan, 2018). 『기적인가 우연인가』(두란노).
5 특히 다음의 예를 보라. J. P. Moreland, *A Simple Guide to Experience Miracles* (Grand Rapids: Zondervan, 2021); Eric Metaxas, *Miracles: What They Are, Why They Happen, and How They Can Change Your Life* (New York: Dutton/Penguin, 2014). 복음서에 나오는 예수님의 기적을 학문적으로 다루는 책의 예로는 다음을 보라. David Wenham and Craig Blomberg, eds., *The Miracles of Jesus* (Sheffield, UK: JSOT Press, 1986); Graham H. Twelftree, *Jesus the Miracle Worker: A Historical and Theological Study* (Downers Grove, IL: InterVarsity, 1999); Wendy J. Cotter, *The Christ of the Miracle Stories: Portrait through Encounter* (Grand Rapids: Baker Academic, 2010); Vern S. Poythress, *The Miracles of Jesus* (Wheaton: Crossway, 2016); Luke Timothy Johnson, *Miracles: God's Presence and Power in Creation* (Louisville: Westminster John Knox, 2018), pp. 167-273; Metropolitan Hilarion Alfeyev, *The Miracles of Jesus*, trans. Nicholas Kotar (Yonkers, NY: St. Vladimir's Seminary Press, 2020).
6 (치유된 사람들의 사진과 함께) 다음에 있는 치유 진술의 예를 보라. 시각장애(pp. 124-125, p. 222, 262, pp. 286-289, 322-323)와 청각장애(p. 181, 228, pp. 312-313), 낫적혈구빈혈(pp. 324-325)의 치유 등 다음에서 알려 준 청각장애의 치유 사례도 보라. Daniel Kolenda, "Miracles—Deaf Muslim Finds Jesus," 유튜브 영상 자료, 2017년 6월 12일, 5:19, https://www.youtube.com/watch?v=SI5C9v_IJ1s; 다음에서 회생 사례가 입증되었다. Daniel Kolenda, "Miracles — Risen from the Dead," 유튜브 영상 자료, 2017년 6월 8일, 5:23, https://www.youtube.com/watch?v=vqmT9by86cA. 나는 빈야드 사역자 Ken Fish(2020년 1월 22일)와 나사렛(Nazarene) 사역자 Dan Bohi(2020년 1월 24일)를 포함해, 수많은 치유 사건을 진술하는 여러 사역자들을 인터뷰했다.
7 Keener, *Miracles* (2011), 1:242-249를 보라. 『오늘날에도 기적이 일어날 수 있는가?』(새물결플러스).

1장   어쨌든, 기적이란 대체 무엇인가?

1 몇 가지 표본적 접근의 예로는 다음을 보라. Robert A. Larmer, *Water into Wine? An Investigation of the Concept of Miracle* (Kingston, ON: McGill-Queen's University Press, 1988), pp. 5-15; Richard Swinburne, "Introduction," in *Miracles*, ed. Richard Swinburne (New York: Macmillan, 1989), pp. 2-10; J. Houston, *Reported Miracles: A Critique of Hume* (Cambridge: Cambridge University Press, 1994), pp. 103-104; Richard L. Purtill, "On Defining Miracles," *Philosophia Christi* 3 (2, 2001): pp. 37-39.
2 특히 Paul Gwynne, *Special Divine Action: Key Issues in the Contemporary Debate (1965-1995)* (Rome: Gregorian University Press, 1996)를 보라.
3 3장의 주에서 Epictetus와 다른 사람들에 대한 언급을 보라.
4 다음에 있는 논의의 예들과 비교하라. *Intelligent Design: William A. Dembski and Michael Ruse in Dialogue*, ed. Robert B. Stewart (Minneapolis: Fortress, 2007); John Polkinghorne and Nicholas Beale, *Questions of Truth: Fifty-One Responses to Questions about God, Science, and Belief* (Louisville: Westminster John Knox, 2009), p. 13, pp. 44-45, 99-116; Alister E. McGrath, *A Fine-Tuned Universe* (Louisville: Westminster John Knox, 2009) 특히 pp. 111-126

(생물이 기능하는 데 필요한 화학의 미세 조정은 pp. 127-142를 보라) 『정교하게 조율된 우주』(IVP); Michael Peterson and Michael Ruse, *Science, Evolution, and Religion: A Debate about Atheism and Theism* (New York: Oxford University Press, 2017), pp. 62-65; Jason Waller, *Cosmological Fine-Tuning Arguments: What (If Anything) Should We Infer from the Fine-Tuning of Our Universe for Life?* (New York: Routledge, 2019); Stephen C. Meyer, *Return of the God Hypothesis: Three Scientific Discoveries That Reveal the Mind behind the Universe* (New York: HarperOne, 2021).

5 무신론자 Quentin Smith는 이 점을 달갑지 않게 여기지만 존중하는 태도로 설명한다. *Philo* 4 (2, Fall/Winter 2001): pp. 195-215.

6 다음에 있는 논의를 보라. John Leslie, *Universes* (New York: Routledge & Kegan Paul, 1989); Paul Davies, *The Mind of God: The Scientific Basis for a Rational World* (New York: Simon & Schuster, 1992), p. 220; Polkinghorne and Beale, *Questions of Truth*, p. 13. 논리의 경제성 원리(economy-of-logic principle)는 '오캄의 면도날'(Ockham's razor)이라고 불린다.

7 Brian Miller (물리학 박사, Duke University), 개인 서신, 2020년 3월 28일; Meyer, *Return of the God Hypothesis*, 16-18장 (특히 16장; pp. 326-347). 『하나님 존재 가설의 귀환』(부흥과개혁사).

8 Veritas Forum, "[Official] Miracles: Is Belief in the Supernatural Irrational? With John Lennox at Harvard," 유튜브 영상 자료, 2012년 3월 10일, 1:23:35를 보라. https://www.youtube.com/watch?v=2Kz4OgXsN1w (2020년 1월 26일에 접속함).

9 DNA에 대한 다양한 기독교적 접근은 다음을 보라. Francis Collins, *The Language of God: A Scientist Presents Evidence for Belief* (New York: Simon & Schuster, 2008), 『신의 언어』(김영사); Fazale Rana, *The Cell's Design: How Chemistry Reveals the Creator's Artistry* (Grand Rapids: Baker Books, 2008); Stephen C. Meyer, *Signature in the Cell: DNA and the Evidence for Intelligent Design* (New York: HarperOne, 2009), 『세포 속의 시그니처』(겨울나무); Thomas Woodward and James P. Gills, *The Mysterious Epigenome: What Lies beyond DNA* (Grand Rapids: Kregel, 2011). [인간 게놈 프로젝트(Human Genome Project)를 이끌었고 템플턴상을 수상했던 Francis Collins는 Obama와 Trump, Biden 대통령 밑에서 미국 국립 보건원(US National Institutes of Health) 연구 소장으로 봉사했다.]

10 물론 다양한 방식으로 적용될 수 있지만, 원리는 전 11:6; 마 13:47-48; 막 4:4-8을 비교하라. 일부 불필요해 보이는 요소들은 단지 발전하는 창조 세계와 스스로 번식하는 생명을 만드신 하나님의 설계를 반영하는 것일 수 있다.

11 *Improbable Planet: How Earth Became Humanity's Home* (Grand Rapids: Baker Books, 2016)에서, 그리스도인 천체 물리학자 Hugh Ross는 생명의 형성을 위해 필요한 원재료를 공급하기 위해 우주 안에 엄청난 양의 물질이 필요했다고 주장한다(pp. 24-25). 그의 설계 논증은 *Creator and the Cosmos: How the Latest Scientific Discoveries Reveal God*, 4th ed. (Covina, CA: RTB Press, 2018)를 보라.

12 Ambrose, *Concerning the Mysteries* 1.3과 비교하라. "만일 하나님이 모든 탄원자의 기도를 변함 없이 동등하게 경청하신다면, 하나님은 우리에게 자유의지보다는 모종의 필연성에 따라 행동하는 듯 보였을 것이다"[*Mark*, ed. Thomas C. Oden and Christopher A. Hall, Ancient Christian Commentary on Scripture, New Testament 2 (Downers Grove, IL: InterVarsity, 1998), 96].

13 나는 다음과 같은 다른 여러 책에서 나 자신의 전문 분야인 역사적 증거를 다루었다. *The Historical Jesus of the Gospels* (Grand Rapids: Eerdmans, 2009); *Acts: An Exegetical Commentary*, 4 vols. (Grand Rapids: Baker Academic, 2012-2015), 1:51-422; *Christobiography: Memories, History, and the Reliability of the Gospels* (Grand Rapids: Eerdmans, 2019); *Acts*, New Cambridge Bible Commentary (Cambridge: Cambridge University Press, 2020), pp. 1-51.

2장   왜 어떤 사람들은 기적이 일어나지 않는다고 전제하는가?   세계관

1 존중하며 대화를 주고받는 제법 안전한 공간도 있다. 예를 들어, 나는 2012년에 있었던 Justin Brier-

ley의 라디오 쇼 *Unbelievable?*에(또한 그날 그로기 상태인 나에게 보여 준 친절에 대해), (2014년 7월, 특별한 신적 행동에 관한 콘퍼런스를 개최한) 옥스퍼드 대학교의 Ian Ramsey Centre for Science and Religion에, 또한 2021년 2월 4일의 Atheist and Christian Book Club에 감사한다.

2   이것은 사실상 유신론적 틈새의 신 주장에 대한 무신론적 등가물 역할을 할 수 있다. 일부 비판자들은 그 대신 신의 활동을 배제한 영적 인간이 내뿜는 초능력(psychic force)에 호소했다. [예컨대 다음과 비교하라. Robert H. Thouless, "Miracles and Psychical Research," *Theology* 72 (1969): pp. 253-258; Hugh Montefiore, *The Miracles of Jesus* (London: SPCK, 2005); 가설적으로, Caryle Hirschberg and Marc Ian Barasch, *Remarkable Recovery: What Extraordinary Healings Tell Us about Getting Well and Staying Well* (New York: Riverhead, 1995), p. 144]. 물론 이 가설은 훨씬 더 통제 가능하고 예측 가능한 결과를 만들어야 한다.

3   Jacalyn Duffin, *Medical Miracles: Doctors, Saints, and Healing in the Modern World* (Oxford: Oxford University Press, 2009), p. 189 (113, pp. 132-134, 186-187과도 비교하라).

4   예수님은 신적 증거를 왜곡해 마음에 진리를 받아들이지 못하게 만드는 사람들은 용서받지 못할 죄를 범하고 있다고 묘사하신다(마 12:28, 32; 막 3:29-30). 물론 이후에 회개하는 사람들은, 자신들이 그렇게까지 멀리 가지 않았음을 논리적으로 증명한다.

5   이 회의론에 대해 또한 신자들이 성경적 세계관을 다시 받아들이는 것이 얼마나 중요한지에 대해, Luke Timothy Johnson, *Miracles: God's Presence and Power in Creation* (Louisville: Westminster John Knox, 2018), 특히 pp. 46-64, p. 286를 보라. Craig S. Keener, *Spirit Hermeneutics: Reading Scripture in Light of Pentecost* (Grand Rapids: Eerdmans, 2016), pp. 153-204, 특히 pp. 200-204도 고려하라. 『성경 해석학』(새물결플러스).

6   바로는 재앙 중 일부를 단지 이집트 생태계의 확장으로 여겼을 수도 있다. 특히 Terence E. Fretheim, "The Plagues as Ecological Signs of Historical Disaster," *Journal of Biblical Literature* 110 (1991): pp. 385-396를 보라. 다양한 관점에서, 예컨대, 다음을 보라. Robert R. Stieglitz, "Ancient Records and the Exodus Plagues," *Biblical Archaeology Review* 13 (1987년 6호): pp. 46-49; Ziony Zevit, "Three Ways to Look at the Ten Plagues," *Bible Review* 6 (1990년 3호): pp. 16-23, p. 42, 44; H. M. Duncan Hoyt, "The Plagues of Egypt: What Killed the Animals and the Firstborn?," *Medical Journal of Australia* 158 (1993): pp. 706-708; Colin Humphreys, *The Miracles of Exodus: A Scientist's Discovery of the Extraordinary Natural Causes of the Biblical Stories* (New York: HarperSanFrancisco, 2004). 마지막 참고 자료에 대해 Craig Bartholomew에게 감사한다.

7   물론 외부자의(외적) 접근은 내부자의(토착적) 관점에 따른 묘사를 넘어서서 비교 가능한 수단을 제공하지만, 외부자의 접근은 발견적으로(heuristically) 사용되는 편이 가장 좋다. 즉 인류학 초기 단계에서 그랬듯이, 수집된 데이터의 귀납적 조사를 통해 나타나는 패턴에 충분히 민감하지 못한 채 해석자의 틀에 맞추어 결과를 분류하는 구조를 데이터에 부과하기보다는 이렇게 사용하는 편이 가장 좋다.

8   Amy K. Hall, "Why Science Does Not Disprove Miracles," *Stand to Reason*, 2018년 6월 28일, https://www.str.org/w/why-science-does-not-disprove-miracles#.Wz4MTn4nZPM (2020년 5월 16일에 접속함).

9   유용한 자료는 Ian H. Hutchinson, *Can a Scientist Believe in Miracles? An MIT Professor Answers Questions on God and Science* (Downers Grove, IL: InterVarsity, 2018)를 보라. Hutchinson은 MIT에서 원자력 과학과 공학 교수다.

10 과학과 종교 사이의 전쟁이라는 잘못된 내러티브를 폭로하는 논의는, 예컨대 Ronald L. Numbers, ed., *Galileo Goes to Jail and Other Myths about Science and Religion* (Cambridge, MA: Harvard University Press, 2009)을 보라. 『과학과 종교는 적인가 동지인가』(뜨인돌). 철학적 차원에 대해서는 예컨대, Alvin Plantinga, *Where the Conflict Really Lies: Science, Religion, and Naturalism* (New York: Oxford University Press, 2012)을 보라.

11 John Polkinghorne, *Quarks, Chaos, and Christianity: Questions to Science and Religion*, 2nd ed. (New York: Crossroad, 2006), 100. 『쿼크, 카오스, 그리스도교』(비아).

12 역사 속의 어떤 신적 행동을 논할 가능성과 관련해, 특히 Brad S. Gregory, "The Other Confessional History: On Secular Bias in the Study of Religion," *History and Theory*, 특별 주제, 45 (2006년

12월 4일): pp. 132-149를 보라.
13 예컨대, *Acts: An Exegetical Commentary*, 4 vols. (Grand Rapids: Baker Academic, 2012-2015), pp. 1:539-541, 780-783, 880-882에 있는 나의 논평과 비교하라. Keener, *Gift and Giver: The Holy Spirit for Today* (Grand Rapids: Baker Academic, 2001), pp. 89-112와 (2020년 후기에서) pp. 212-214에서 더 집중적으로 다루었다. 『현대를 위한 성령론』(새물결플러스). "Are Spiritual Gifts for Today?," *Strangers to Fire: When Tradition Trumps Scripture*, ed. Robert W. Graves (Tulsa: Empowered Life, 2014), pp. 135-162에서 반복해 다루었다.

3장 왜 어떤 사람들은 기적이 일어나지 않는다고 전제하는가? 데이비드 흄

1 David Hume, *Of Miracles* (La Salle, IL: Open Court, 1985)를 보라. 『기적에 관하여』(책세상). 더 상세한 문헌 자료는 Keener, *Miracles* (2011), pp. 1:107-208을 보라. 『오늘날에도 기적이 일어날 수 있는가?』(새물결플러스).
2 Stanley Jaki, *Miracles and Physics* (Front Royal, VA: Christendom, 1989), p. 23.
3 다음의 예를 보라. Richard Price, "*Four Dissertations*: Dissertation IV, 'On the Importance of Christianity and the Nature of Historical Evidence, and Miracles,'" *Hume's Abject Failure: The Argument against Miracles*, by John Earman (Oxford: Oxford University Press, 2000), pp. 157-176; J. B. Mozley, *Eight Lectures on Miracles Preached before the University of Oxford in the Year M.DCCC.LXV, on the Foundation of the Late Rev. John Bampton*, 3rd ed. (New York: Scribner, Welford, 1872), p. 130; William Sanday, "Miracles and the Supernatural Character of the Gospels," *Expository Times* 14 (1902-1903): pp. 62-66 (65); A. E. Taylor, *David Hume and the Miraculous* (Cambridge: Cambridge University Press, 1927). 추가로 다음을 보라. John Stewart Lawton, *Miracles and Revelation* (New York: Association Press, 1960), pp. 62-80. Robert M. Burns, *The Great Debate on Miracles: From Joseph Glanvill to David Hume* (Lewisburg, PA: Bucknell University Press, 1981), pp. 176-246, esp. p. 181; Colin Brown, *Miracles and the Critical Mind* (Grand Rapids: Eerdmans, 1984), pp. 89-91, 144-46; William Lane Craig, *Reasonable Faith: Christian Truth and Apologetics*, rev. ed. (Wheaton: Crossway, 1994), pp. 134-138.
4 다음을 보라. John Earman, "Bayes, Hume, and Miracles," *Faith and Philosophy* 10 (3, 1993): pp. 293-310 (305); Earman, *Hume's Abject Failure*, pp. 24-25; Earman, "Bayes, Hume, Price, and Miracles," in *Bayes's Theorem*, ed. Richard Swinburne (Oxford: Oxford University Press, 2005), pp. 91-109; Philip Dawid and Donald Gillies, "A Bayesian Analysis of Hume's Argument concerning Miracles," *Philosophical Quarterly* 39 (1989): pp. 57-65 (58); Barry Gower, "David Hume and the Probability of Miracles," *Hume Studies* 16 (1990년 4월, 1호): pp. 17-32 (17-18); Elliott Sober, "A Modest Proposal," *Philosophy and Phenomenological Research* 68 (2004년 3월, 2호): pp. 487-494 (487). 다음도 보라. Timothy McGrew, "The Argument from Miracles: A Cumulative Case for the Resurrection of Jesus of Nazareth," *The Blackwell Companion to Natural Theology*, ed. J. P. Moreland and William Lane Craig (Malden, MA: Blackwell, 2009), pp. 593-662; McGrew, "Miracles," *The Stanford Encyclopedia of Philosophy* (2019년 봄호), http://plato.stanford.edu/entries/miracles/ (2020년 9월 12일에 접속함).
5 Earman, *Hume's Abject Failure*, 25; Dorothy Coleman, "Baconian Probability and Hume's Theory of Testimony," *Hume Studies* 27 (2001년 11월, 2호): pp. 195-226 (196).
6 Charles Babbage, *The Ninth Bridgewater Treatise: A Fragment* (London: John Murray, 1837), 특히 pp. 118-132 (133-142와 비교하라). 다음도 보라. John King-Farlow, "Historical Insights on Miracles: Babbage, Hume, Aquinas," *International Journal for Philosophy of Religion* 13 (1982년, 4호): pp. 209-218 (p. 209, pp. 212-214); Michael R. Licona, *The Resurrection of Jesus: A New Historiographical Approach* (Downers Grove, IL: IVP Academic, 2010), pp. 149-150.
7 신적 설계 개념은 이미 가장 오래된 고대 철학자들 가운데서 등장하는데(예컨대, Diodorus Siculus

12.20.2; Cicero, *On the Nature of the Gods* 2.32.81-82; 2.54.133-2.61.153; *Tusculan Disputations* 1.13.30; Cornutus, *Greek Theology* 20, §37.4), 소크라테스(Xenophon, *Memorabilia* 1.4.5-6; 4.3.12-13), 플라톤과 아리스토텔레스[Helen King, *Greek and Roman Medicine* (London: Bristol Classical Press, 2001), 54; Vivian Nutton, *Ancient Medicine*, 2nd ed. (New York: Routledge, 2013), p. 117, pp. 240-241], 또한 특히 스토아학파(예컨대, Epictetus, *Discourses* 1.6.7, 10; 1.16.8)가 포함된다. 에피쿠로스학파 같은 비판자들은 소수였다(Dio Chrysostom, *Orations* 12.36-37). 성경도 신적 계획을 전제한다. 말씀을 통해 창조 세계를 만들거나 지혜로 창조 세계를 설계하신 하나님에 대해서는 예컨대 다음을 보라. 창 1:3-29; 시 33:6-9; 119:90-91; 148:5-6; 잠 8:22-31; 요 1:3; 다음과 비교하라. 시 147:15.

8 John Hedley Brooke, "Science and Theology in the Enlightenment," in *Religion and Science: History, Method, Dialogue*, ed. W. Mark Richardson and Wesley J. Wildman (New York: Routledge, 1996), pp. 7-27 (9). 다음도 보라. *Science and Religion: Some Historical Perspectives* (New York: Cambridge University Press, 1991), p. 118; John C. Sharp, "Miracles and the 'Laws of Nature,'" *Scottish Bulletin of Evangelical Theology* 6 (1988): pp. 1-19 (11); James E. Force, "The Breakdown of the Newtonian Synthesis of Science and Religion: Hume, Newton, and the Royal Society," *Essays on the Context, Nature, and Influence of Isaac Newton's Theology*, ed. James E. Force and Richard H. Popkin (Dordrecht: Kluwer Academic, 1990), pp. 143-163 (146-50); Lorraine Daston, "Marvelous Facts and Miraculous Evidence in Early Modern Europe," *Critical Inquiry* 18 (1991년 가을): pp. 93-124 (p. 113; 다음도 고려하라. 114-123); Stephen C. Meyer, *Return of the God Hypothesis: Three Scientific Discoveries That Reveal the Mind behind the Universe* (New York: HarperOne, 2021), pp. 19-49.

9 John Polkinghorne, *Quarks, Chaos, and Christianity: Questions to Science and Religion*, 2nd ed. (New York: Crossroad, 2006), p. 100. 『쿼크, 카오스, 그리스도교』(비아); Polkinghorne, *The Way the World Is: The Christian Perspective of a Scientist* (Louisville: Westminster John Knox, 2007), p. 56; Polkinghorne, *Quantum Physics and Theology: An Unexpected Kinship* (New Haven: Yale University Press, 2007), 34. 『양자물리학 그리고 기독교신학』(연세대학교출판부).

10 다음의 예를 보라. Ivan Tolstoy, *James Clerk Maxwell: A Biography* (Chicago: University of Chicago Press, 1981); Linda McMurry Edwards, *George Washington Carver, Scientist and Symbol* (New York: Oxford University Press, 1982); David Lindberg and Ronald Numbers, eds., *God and Nature: Historical Essays on the Encounter between Christianity and Science* (Berkeley: University of California Press, 1986); Charles Hummel, *The Galileo Connection* (Downers Grove, IL: InterVarsity, 1986); Brooke, *Science and Religion*; Ian G. Barbour, *Religion and Science: Historical and Contemporary Issues* (San Francisco: HarperSanFrancisco, 1997), pp. 24-29, 64-65; John Hedley Brooke with Geoffrey Cantor, *Reconstructing Nature: The Engagement of Science and Religion* (Edinburgh: T&T Clark, 1998); David N. Livingstone, D. G. Hart, and Mark A. Noll, eds., *Evangelicals and Science in Historical Perspective* (New York: Oxford University Press, 1999); Dava Sobel, *Galileo's Daughter* (New York: Bloomsbury, 1999); Nancy K. Frankenberry, *The Faith of Scientists in Their Words* (Princeton: Princeton University Press, 2008); David Lindberg, *The Beginnings of Western Science*, 2nd ed. (Chicago: University of Chicago Press, 2008); Ronald L. Numbers, ed., *Galileo Goes to Jail and Other Myths about Science and Religion* (Cambridge, MA: Harvard University Press, 2009); Michael C. W. Hunter, *Boyle: Between God and Science* (New Haven: Yale University Press, 2010); Frank A. J. L. James, *Michael Faraday: A Very Short Introduction* (New York: Oxford University Press, 2010); Matthew Stanley, *Huxley's Church and Maxwell's Demon*(Chicago: University of Chicago Press, 2015).

11 John William Draper, *History of the Conflict between Religion and Science* (London: Henry S. King, 1875); and Andrew Dickson White, *A History of the Warfare of Science with Theology in Christendom*, 2 vols. (New York: D. Appleton and Company, 1896). Keith Thomson,

"Introduction," *The Religion and Science Debate: Why Does It Continue?*, ed. Harold W. Attridge (New Haven: Yale University Press, 2009), pp. 1-3, 6-7에서 이루어진 논의를 살펴보라; Ronald L. Numbers, "Aggressors, Victims, and Peacemakers: Historical Actors in the Drama of Science and Religion," Attridge, *Religion and Science Debate*, pp. 31-33; Numbers, *Galileo Goes to Jail and Other Myths*, passim; Brooke, *Science and Religion*, pp. 34-36; most recently and forcefully, Derrick Peterson, *Flat Earth and Fake Footnotes: The Strange Tale of How the Conflict of Science and Christianity Was Written into History* (Eugene, OR: Cascade Books, 2020).

12 특히 Burns, *Great Debate on Miracles*, 특히 pp. 70-95, p. 141에서 다루는 철저한 논의를 보라. 이 책은 Burns의 프린스턴 대학교 박사 학위 논문에 근거했다.

13 일부 초기 이신론자들은 이것도 부정하지 않았다(Burns, *Great Debate on Miracles*, p. 83; 다음도 보라. p. 247).

14 Burns, *Great Debate on Miracles*, p. 12, 19, pp. 47-69.

15 다음을 보라. David Johnson, *Hume, Holism, and Miracles* (Ithaca, NY: Cornell University Press, 1999), p. 19; J. Kellenberger, "Miracles," *International Journal for Philosophy of Religion* 10 (1979년, 3호): pp. 145-163 (149); Brown, *Miracles and the Critical Mind*, p. 243; Robert A. Larmer, *Water into Wine? An Investigation of the Concept of Miracle* (Kingston, ON: McGill-Queen's University Press, 1988), p. 37; Terence L. Nichols, "Miracles in Science and Theology," *Zygon* 37 (2002년, 3호): pp. 703-715 (703-704).

16 다음을 보라. Paul Gwynne, *Special Divine Action: Key Issues in the Contemporary Debate (1965-1995)* (Rome: Gregorian University Press, 1996), pp. 184-187; William P. Alston, "Divine and Human Action," *Divine and Human Action: Essays in the Metaphysics of Theism*, ed. Thomas V. Morris (Ithaca, NY: Cornell University Press, 1988), pp. 257-280; Brian Hebblethwaite and Edward Henderson, eds., *Divine Action: Studies Inspired by the Philosophical Theology of Austin Farrer* (Edinburgh: T&T Clark, 1990); Arthur Peacocke, "The Incarnation of the Informing Self-Expressive Word of God," *Religion and Science: History, Method, Dialogue*, ed. W. Mark Richardson and Wesley J. Wildman (New York: Routledge, 1996), pp. 321-339 (332); C. Stephen Evans, *The Historical Christ and the Jesus of Faith: The Incarnational Narrative as History* (Oxford: Clarendon, 1996), pp. 145-146.

17 Peter Byrne, "Miracles and the Philosophy of Science," *Heythrop Journal* 19 (1978): pp. 162-170 (165-166); John A. Cramer, "Miracles and David Hume," *Perspectives on Science and Christian Faith* 40 (1988년 9월, 3호): pp. 129-137 (136-137); Gwynne, *Special Divine Action*, p. 172. 『신의 활동방식』(위즈앤비즈); Nichols, "Miracles in Science and Theology," p. 705.

18 Nichols, "Miracles in Science and Theology," p. 705.

19 다음을 보라. Francis J. Beckwith, *David Hume's Argument against Miracles: A Critical Analysis* (Lanham, MD: University Press of America, 1989), pp. 28-32; Evans, *Historical Christ*, p. 154; Rodney D. Holder, "Hume on Miracles: Bayesian Interpretation, Multiple Testimony, and the Existence of God," *British Journal for the Philosophy of Science* 49 (1998년 3월, 1호): pp. 49-65 (57); Larmer, *Water into Wine?*, p. 36.

20 다음을 보라. Hume, *Of Miracles*, pp. 44-48; Brown, *Miracles and the Critical Mind*, p. 71; Richard Swinburne, *The Concept of Miracle* (London: Macmillan, 1970), p. 16; Beckwith, *David Hume's Argument against Miracles*, p. 51. 흄은 좀 더 수월한 얀선파를 표적으로 두고 위그노파에 관한 이신론적 주장을 수정했다(Burns, *Great Debate on Miracles*, pp. 74-75).

21 Burns, *Great Debate on Miracles*, p. 174.

22 다음의 예를 보라. Swinburne, *Concept of Miracle*; J. Houston, *Reported Miracles: A Critique of Hume* (Cambridge: Cambridge University Press, 1994); Johnson, *Hume, Holism, and Miracles*; Earman, *Hume's Abject Failure*. 다음과도 비교하라. Beckwith, *David Hume's Argument against Miracles*; Robert A. Larmer, "C. S. Lewis's Critique of Hume's 'Of Miracles,'"

Faith and Philosophy 25 (2008년, 2호): pp. 154-171; Larmer, "Interpreting Hume on Miracles," *Religious Studies* 45 (2009년, 3호): pp. 325-338.

23 다음의 예를 보라. C. S. Lewis, *Miracles: A Preliminary Study* (New York: Macmillan, 1948), p. 102 (종종 이런 취지로 인용됨) 『기적』(홍성사); Taylor, *David Hume and the Miraculous*, p. 15; Johnson, *Hume, Holism, and Miracles*, pp. 18-19; Larmer, "C. S. Lewis's Critique," pp. 163-164, p. 167; Rick Kennedy, "Miracles in the Dock: A Critique of the Historical Profession's Special Treatment of Alleged Spiritual Events," *Fides et Historia* 26 (1994년, 2호): pp. 7-22 (17-18); Evans, *Historical Christ*, pp. 153-154.

24 Luke Salkeld, "We Don't Do Miracles: Power of Prayer Helps Woman to Walk Again…Yet Officials Refuse to Stop Her Benefits," *Daily Mail*, 2007년 12월 11일, M5. Andrew Wilson은 나에게 이 기사를 알려 주었다.

25 유럽 중부와 동부의 평균은 약 60퍼센트다. 라틴아메리카에서는 91퍼센트, 사하라사막 이남에서는 74퍼센트, 미국에서는 79퍼센트다. Travis Mitchell, "3. Religious Beliefs," in *Religious Belief and National Belonging in Central and Eastern Europe*, Pew Research Center, 2017년 5월 10일, https://www.pewforum.org/2017/05/10/religious-beliefs/를 보라(2020년 1월 27일에 접속함). 다음에 있는 이전의 통계와 비교하라. *After Heaven: Spirituality in America since the 1950s* (Berkeley: University of California Press, 1998), p. 122; Kenneth L. Woodward, *The Book of Miracles: The Meaning of the Miracle Stories in Christianity, Judaism, Buddhism, Hinduism, and Islam* (New York: Simon & Schuster, 2000), p. 21; Judith L. Johnson and Nathan D. Butzen, "Intercessory Prayer, Group Psychology, and Medical Healing," *Medical and Therapeutic Events, vol. 2 of Miracles: God, Science, and Psychology in the Paranormal*, ed. J. Harold Ellens (Westport, CT: Praeger, 2008), pp. 249-261 (249).

26 Dieter Ising, *Johann Christoph Blumhardt, Life and Work: A New Biography*, trans. Monty Ledford (Eugene, OR: Cascade Books, 2009), pp. 222-223 (93-94과 비교하라). 독일의 신약학자 Rainer Riesner는 Blumhardt의 아들 Christoph가 기도를 통해 치유된 사건에 관한 자기 가족 안에 입으로 전해지던 이야기를 나에게 알려 주었다(개인 서신, 2020년 8월 14일). 역설적으로, Strauss는 초자연적 주제에 무척 관심이 많았던 것으로 밝혀졌다. Thomas Fabisiak, *The "Nocturnal Side of Science" in David Friedrich Strauss's "Life of Jesus Critically Examined,"* Emory Studies in Early Christianity 17 (Atlanta: SBL Press, 2015)를 보라.

27 Henry F. May, *The Enlightenment in America* (New York: Oxford University Press, 1976), p. 123; Mark David Hall, "Were Any of the Founders Deists?," *The Wiley Blackwell Companion to Religion and Politics in the U.S.*, ed. Barbara A. McGraw (Malden, MA: Wiley & Sons, 2016), pp. 51-63 (52).

28 Ethan Allen, *Reason the Only Oracle of Man; or, A Compendious System of Natural Religion* (New York: G. W. and A. J. Matsell; Philadelphia: Wm. Sinclair, 1836; orig. 1784), p. 46.

29 예컨대, Kimberly Ervin Alexander, *Pentecostal Healing: Models in Theology and Practice* (Blandford Forum, UK: Deo, 2006), p. 15를 보라. Allen에 관한 연구서의 저자이기도 한 역사가 J. D. King은 "1903년에 나온 그의 고향의 부고"가 이렇게 주장한다고 설명한다(개인 서신, 2020년 7월 22일). 이 부고는 *Springfield Republican* (1903년 1월)의 부고를 William T. MacArthur, *Ethan O. Allen* [Philadelphia: Parlor Evangelist, n.d. (아마 1920년대)], pp. 18-19에 재수록한 것이지만, King은 연관성에 대해 학자들 사이에 의견이 분분하다고 설명한다. 추가로 Ethan Otis Allen, *Faith Healing*, ed. J. D. King (Lee's Summit, MO: Christos, 2020)를 보라. 역사가 Glenn W. Gohr의 설명에 따르면, 연대는 유효하겠지만, Ethan O. Allen의 아버지의 이름은 이전 시대의 Ethan의 자녀 중 하나의 이름과 다르다(개인 서신, 2020년 7월 23일).

30 Rudolf Bultmann, *New Testament Mythology and Other Basic Writings*, ed. Schubert Ogden (Philadelphia: Fortress, 1984), p. 4 (추가로, pp. 5-9를 보라).

31 Ronald A. N. Kydd, *Healing through the Centuries: Models for Understanding* (Peabody, MA: Hendrickson, 1998), 42n40를 보라. 우호적인 것으로, 다음과 비교하라. Karl Barth, *Letters*

1961-1968, trans. Geoffrey W. Bromiley (Grand Rapids: Eerdmans, 1981), p. 251; Ising, *Blumhardt*, p. 420; 다른 사람들은 Karl Barth, *Church Dogmatics*, vol. 4.3, *The Doctrine of Reconciliation* (Edinburgh: T&T Clark, 1961), 165ff를 인용한다. Jürgen Moltmann, "The Blessing of Hope: The Theology of Hope and the Full Gospel of Life," *Journal of Pentecostal Theology* 13 (2005년, 2호): pp. 147-161 (149)도 주목하라.

32 Ising, *Blumhardt*에서 방대한 문헌을 보라.
33 Ismael Laborde Figueras, 인터뷰, 2010년 8월 7-8일.
34 Justo L. Gonzalez, *Acts: The Gospel of the Spirit* (Maryknoll, NY: Orbis Books, 2001), pp. 84-85.
35 Hwa Yung, *Mangoes or Bananas? The Quest for an Authentic Asian Christian Theology; Biblical Theology in an Asian Context*, 2nd ed. (Oxford: Regnum, 2014), p. 6; 또한 개인 서신, 2014년 9월 22일.
36 Hwa Yung, "A 21st Century Reformation: Recover the Supernatural," *Christianity Today*, 2010년 9월 2일, https://www.christianitytoday.com/ct/2010/september/yung.html.
37 Philip Jenkins, *The Next Christendom: The Coming of Global Christianity* (New York: Oxford University Press, 2002); Jenkins, "Reading the Bible in the Global South," *International Bulletin of Mission Research* 30 (2006년 4월, 2호): pp. 67-73. 다음에 있는 예와도 비교하라. Mark A. Noll and Carolyn Nystrom, *Clouds of Witnesses: Christian Voices from Africa and Asia* (Downers Grove, IL: IVP Books, 2011), p. 30, pp. 74-75, 158-159, p. 172, 192, 219, pp. 224-225.
38 Cephas Omenyo, *Pentecost outside Pentecostalism: A Study of the Development of Charismatic Renewal in the Mainline Church in Ghana* (Zoetermeer, Netherlands: Uitgeverij Boekencentrum, 2002); Omenyo, "New Wine in an Old Bottle? Charismatic Healing in the Mainline Churches in Ghana," *Global Pentecostal and Charismatic Healing*, ed. Candy Gunther Brown (Oxford: Oxford University Press, 2011), 특히 pp. 242-245; Mark R. Gornik, *Word Made Global: Stories of African Christianity in New York City* (Grand Rapids: Eerdmans, 2011), p. 76.

4장   기적의 목격자는 많이 있는가?

1 Ken Fish, 전화 인터뷰, 2020년 1월 22일. 그는 2021년 5월 31일에 쓴 개인 서신에서 자신의 팀이 사흘 전인 5월 28일에 그녀를 위해 기도한 직후 치유되어 걷기 시작한 어느 마비된 여성의 영상 자료를 나에게 보내 주었다.
2 이 통계 수치로 해석된 자료는, 특히 "Spirit and Power: A Ten-Country Survey of Pentecostals," Pew Research Center, 2006년 10월 5일, https://www.pewforum.org/2006/10/05/spirit-and-power/#executive-summary (2020년 1월 27일에 접속함)를 보라.
3 Christiaan Rudolph De Wet, "Signs and Wonders in Church Growth" (석사 논문, Fuller School of World Mission, 1981년 12월), pp. 119-121.
4 Pew Forum on Religion & Public Life US Religious Landscape Survey, 2007년 5월; 예컨대 https://www.reuters.com/article/us-usa-divinehealing-life/a-third-of-americans-report-divine-healing-pew-idUSN2042499020080623를 보라.
5 "Most Americans Believe in Supernatural Healing," Barna Research poll, 2016년 9월 29일에 발표됨, https://www.barna.com/research/americans-believe-supernatural-healing/.
6 Lee Strobel, *The Case for Miracles: A Journalist Investigates Evidence for the Supernatural* (Grand Rapids: Zondervan, 2018), p. 30. Strobel이 의뢰한 Barna 설문 조사를 인용함. 『기적인가 우연인가』(두란노).
7 "Science or Miracle? Holiday Season Survey Reveals Physicians' Views of Faith, Prayer and Miracles," *Business Wire*, 2004년 12월 20일, https://web.archive.org/web/20201111190541/

https://www.businesswire.com/news/home/20041220005244/en/Science-Miracle- Holiday-Season-Survey-Reveals-Physicians (2020년 1월 27일에 접속함)를 보라.
8 Margaret M. Poloma, *The Assemblies of God at the Crossroads: Charisma and Institutional Dilemmas* (Knoxville: University of Tennessee Press, 1989), 57; Jacalyn Duffin, *Medical Miracles: Doctors, Saints, and Healing in the Modern World* (Oxford: Oxford University Press, 2009), p. 131.
9 예컨대, 다음을 보라. Karl R. Popper, *Conjectures and Refutations: The Growth of Scientific Knowledge*, 3rd rev. ed. (London: Routledge & Kegan Paul, 1969), p. 21; Robert Wuthnow, "Teaching and Religion in Sociology," in *Religion, Scholarship, Higher Education: Perspectives, Models, and Future Prospects*, ed. Andrea Sterk (Notre Dame, IN: University of Notre Dame Press, 2001), pp. 184-192 (187); Richard L. Gorsuch, "On the Limits of Scientific Investigation: Miracles and Intercessory Prayer," in *Religious and Spiritual Events*, vol. 1 of *Miracles: God, Science, and Psychology in the Paranormal*, ed. J. Harold Ellens (Westport, CT: Praeger, 2008), pp. 280-299 (284-285); Michael R. Licona, *The Resurrection of Jesus: A New Historiographical Approach* (Downers Grove, IL: IVP Academic, 2010), 171n119. 다음에서 Hume에 대한 비판도 보라. George I. Mavrodes, "David Hume and the Probability of Miracles," *International Journal for Philosophy of Religion* 43 (1998년 3호): pp. 167-182 (168); John Earman, *Hume's Abject Failure: The Argument against Miracles* (Oxford: Oxford University Press, 2000), p. 33. 구체적으로 과학에서의 목격자 증언은 다음과 비교하라. Stanley Jaki, "Miracles and Physics," *Asbury Theological Journal* 42 (1987년 1호): pp. 5-42; Keith Ward, "Miracles and Testimony," *Religious Studies* 21 (1985년): pp. 131-145 (133). 핵심 기억이 비록 불완전하지만 대체로 충분하다는 논의는 Craig S. Keener, *Christobiography: Memories, History, and the Reliability of the Gospels* (Grand Rapids: Eerdmans, 2019), pp. 365-501에서 언급된 자료를 보라.
10 물론 공식적으로 나는 (천사와 악마를 믿는 기독교적 신념을 제외하고) 지적인 외계 생명체를 확증하는 설득력 있는 근거를 발견하지 못했지만, 충분한 증거가 뒷받침된다면 그와 같은 믿음도 비합리적인 것은 아니다. 사실 Carl Sagan과 Francis Crick 같은 유명한 세속적 과학자들은 종종 다른 세계로부터의 생명체 유입(panspermia)을 주장하거나 외계 생명체의 표식을 찾아 우주를 탐사한다. 지적 외계인에 의해 설계되었다고 상정하는 Richard Dawkins의 가설에 대해, Stephen C. Meyer, *Return of the God Hypothesis: Three Scientific Discoveries That Reveal the Mind behind the Universe* (New York: HarperOne, 2021), pp. 264-265에 있는 논평과 비교하라.
11 Stuart Appelle, Steven Jay Lynn, and Leonard Newman, "Alien Abduction Experiences," in *Varieties of Anomalous Experience: Examining the Scientific Evidence*, ed. Etzel Cardena, Steven Jay Lynn, and Stanley Krippner (Washington, DC: American Psychological Association, 2000), pp. 253-282 (255-256, 특히 p. 256).
12 Pew Forum on Religion & Public Life US Religious Landscape Survey, 2007년 5월.
13 Roger Walsh, *The World of Shamanism: New Views of an Ancient Tradition* (Woodbury, MN: Llewellyn, 2007), p. 169.
14 미신적 신념은 종교적으로 헌신된 사람들 가운데 덜 일반적인 것 같다[James McClenon, *Wondrous Events: Foundations of Religious Belief* (Philadelphia: University of Pennsylvania Press, 1994), p. 21; 다음도 고려하라. Andrew M. Greeley, *The Sociology of the Paranormal: A Reconnaissance* (Beverly Hills, CA: Sage, 1975), 15]. 또한 외계인이 지구를 방문했다고 믿는 미국인의 22퍼센트(Appelle, Lynn, and Newman, "Alien Abduction Experiences," p. 258) 대부분이 신이 일으키는 기적을 믿는 사람들과 겹친다고 하더라도—물론 그럴 개연성은 매우 낮지만—아마 미국 인구의 절반(약 1억 5천만 명)은 기적을 믿으면서도 외계인은 믿지 않는 사람들일 것이다.
15 예컨대, Harold Remus, *Jesus as Healer* (Cambridge: Cambridge University Press, 1997), p. 109를 보라. 『치유자 예수님』(가톨릭대학출판부).
16 다음을 보라. Remus, *Jesus as Healer*, p. 109, 『치유자 예수님』(가톨릭대학출판부); Herbert Ben-

son with Marg Stark, *Timeless Healing: The Power and Biology of Belief* (New York: Scribner, 1996), p. 49.
17 정신신체적 치료에 대해서는 예컨대 다음을 보라. Morton T. Kelsey, *Healing and Christianity in Ancient Thought and Modern Times* (New York: Harper & Row, 1973), 243-277; Louis Rose, *Faith Healing*, ed. Bryan Morgan, rev. ed. (Baltimore: Penguin, 1971), pp. 119-134, p. 176. 다음에 나오는 설문 조사에 의하면, 치유를 위해 기도하는 모든 사람은 정신신체적 치료를 허용한다. A. Tilley, "A Phenomenology of the Christian Healer's Experience" (박사 학위 논문, Fuller Graduate School of Psychology, 1989), p. 565. 정서가 면역 체계와 건강에 미치는 영향은 다음을 보라. Bernie S. Siegel, *Law, Medicine, and Miracles: Lessons Learned about Self-Healing from a Surgeon's Experience with Exceptional Patients* (New York: Harper & Row, 1986), 특히 pp. 65-124 (물론 그는 치료 비율을 과장하겠지만); Daniel E. Fountain, *God, Medicine, and Miracles: The Spiritual Factor in Healing* (Wheaton: Harold Shaw, 1999), pp. 71-82; Sidney M. Greenfield, *Spirits with Scalpels: The Culturalbiology of Religious Healing in Brazil* (Walnut Creek, CA: Left Coast Press, 2008), p. 18, 180, 201; 또한 Esther M. Sternberg, *Healing Spaces: The Science of Place and Well-Being* (Cambridge, MA: Harvard University Press, 2009), pp. 169-180, 198-199, 다음에서 인용됨. Bernard François, Esther M. Sternberg, and Elizabeth Fee, "The Lourdes Medical Cures Revisited," *Journal of the History of Medicine and Allied Sciences* 69 (2014년 1월 1일): pp. 135-162. 종교적 배경에서, Harold G. Koenig, *Medicine, Religion, and Health: Where Science and Spirituality Meet* (West Conshohocken, PA: Templeton Foundation Press, 2008), pp. 82-95를 보라. 그런데 일부 기독교적 치유는 치유된 사람들이 치유를 기대하지 않은 상황에서 일어난다(Randy Clark, *Eyewitness to Miracles: Watching the Gospel Come to Life* [Nashville: Nelson, 2018], p. 122).
18 조작된 미신 경험은, 예컨대 Matthew Tompkins, "The Two Illusions That Tricked Arthur Conan Doyle," *BBC Future*, 2019년 8월 29일, https://www.bbc.com/future/article/20190828-the-two-bizarre-hoaxes-that-tricked-arthur-conan-doyle를 보라.
19 David Hume, *Of Miracles* (La Salle, IL: Open Court, 1985), p. 27, 29, 32, 34, pp. 36-39, p. 43, pp. 52-55 (특히 p. 38)는 그들이 전부 거짓말쟁이 혹은 기만당한 바보라고 여긴다. 『기적에 관하여』 (책세상). John A. Cramer, "Miracles and David Hume," *Perspectives on Science and Christian Faith* 40 (1988년 9월 3일): pp. 129-137 (136-137)의 주장과 비교하라. 개연성이 낮다고 추정되는 모든 정보와 관련해 이렇듯 선험적인 의심을 품는다면 일상적인 의사소통은 약화될 것이다. George Schlesinger, "The Credibility of Extraordinary Events," *Analysis* 51 (1991): pp. 120-126 (121)를 보라. Ruth Weintraub, "The Credibility of Miracles," *Philosophical Studies* 82 (1996): pp. 359-375 (360)도 이 입장을 따른다.
20 Duffin, *Medical Miracles*, pp. 132-135 (90, 97-99과 비교하라)를 보라. "믿음 치유"에 대한 초기 근본주의의 비판도 믿음 치유를 여성의 "히스테리"와 결부시켰다(James Opp, *The Lord for the Body: Religion, Medicine, and Protestant Faith Healing in Canada, 1880-1930* [Montreal: McGillQueen's University Press, 2005], p. 168; Craig Keener, *Miracles* [2011], 1:400-401]. 『오늘날에도 기적이 일어날 수 있는가?』(새물결플러스). 히스테리에 대한 성차별적 진단의 역사는 Donald Capps, *Jesus the Village Psychiatrist* (Louisville: Westminster John Knox, 2008), pp. 15-22, 111-112를 보라. 여성의 약점에 대한 19세기의 예상은 Heather D. Curtis, *Faith in the Great Physician: Suffering and Divine Healing in American Culture, 1860-1900* (Baltimore: Johns Hopkins University Press, 2007), pp. 38-50를 보라.
21 Walter Wink, "Write What You See," *Fourth R* 7 (1994년 5월 3일): pp. 3-9 (4, 6).
22 Hume, *Of Miracles*, p. 29, 『기적에 관하여』(책세상); Lloyd F. Bitzer, "The 'Indian Prince' in Miracle Arguments of Hume and His Predecessors and Early Critics," *Philosophy and Rhetoric* 31 (1998년 3호): pp. 175-230; Michael J. McClymond, *Familiar Stranger: An Introduction to Jesus of Nazareth* (Grand Rapids: Eerdmans, 2004), p. 83; A. E. Taylor, *David Hume and the Miraculous* (Cambridge: Cambridge University Press, 1927), pp. 8-10; Robert A. Larmer, *Wa-*

ter into Wine? An Investigation of the Concept of Miracle (Kingston, ON: McGill-Queen's University Press, 1988), p. 39; Earman, Hume's Abject Failure, pp. 34-35.
23 Hume, Of Miracles, p. 34. 『기적에 관하여』(책세상).
24 즉 우리 중에 많은 사람처럼 그들도 신학적으로 성장했다. 우리는 대부분 우리가 시작한 곳 너머에 배울 것이 더 많이 있다는 사실을 인정한다.
25 예컨대, Rolland Baker and Heidi Baker, Always Enough: God's Miraculous Provision among the Poorest Children on Earth (Bloomington, MN: Chosen Books, 2007). 저널리스트 Tim Stafford는 모잠비크를 방문했을 때 목격자들로부터 그와 같은 많은 보고를 들었다[Stafford, Miracles: A Journalist Looks at Modern-Day Experiences of God's Power (Minneapolis: Bethany House, 2012), pp. 151-159].
26 Wendy J. Deichmann, "Lessons from Mozambique," Good News Magazine, 2015년 1월, 20-22, https://goodnewsmag.org/2014/12/lessons-from-mozambique/; 개인 서신에서 가져온 보충 정보, 2016년 5월 27일.
27 개인 서신, 2011년 12월 9일; 2016년 5월 27일, 30일.
28 Don Kantel, "Development Aid as Power Evangelism: The Mieze Model," in Supernatural Missions: The Impact of the Supernatural on World Missions, ed. Randy Clark (Mechanicsburg, PA: Global Awakening, 2012), p. 375.
29 Kantel, "Development Aid," pp. 370-373, 377-381; 개인 서신, 2016년 5월 28일.

5장   그리스도인들만이 기독교적 치유를 보고하는가?

1 J. P. Moreland, Kingdom Triangle: Recover the Christian Mind, Renovate the Soul, Restore the Spirit's Power (Grand Rapids: Zondervan, 2007), pp. 166-167. 이전의 예는 Christiaan Rudolph De Wet, "Signs and Wonders in Church Growth" (석사 논문, Fuller School of World Mission, 1981년 12월)를 보라. 이들 자료 이후의 여러 예는, 예컨대 다음을 보라. Jerry Trousdale, Miraculous Movements (Nashville: Nelson, 2012), p. 13, 135, 160, 173; Tim Stafford, Miracles: A Journalist Looks at Modern-Day Experiences of God's Power (Minneapolis: Bethany House, 2012), pp. 148-160.
2 Douglass Paul Norwood, "A Reconciliation Colloquium for Church Leaders in Suriname" (목회학 박사 프로젝트, Assemblies of God Theological Seminary, 2001), pp. 24-26; 인터뷰, Philadelphia, 2006년 6월 6일; 인터뷰, Wynnewood, PA, 2009년 1월 14일; 개인 서신의 추가적인 세부 사항, 2016년 7월 15, 19, 20, 22일.
3 Claudia Währisch-Oblau, "God Can Make Us Healthy Through and Through: On Prayers for the Sick and the Interpretation of Healing Experiences in Christian Churches in China and African Immigrant Congregations in Germany," International Review of Mission 90 (p. 356, 357, 2001년 1-3월): pp. 87-102 (92-93); Gotthard Oblau, "Divine Healing and the Growth of Practical Christianity in China," in Global Pentecostal and Charismatic Healing, ed. Candy Gunther Brown (Oxford: Oxford University Press, 2011), pp. 307-327 (313).
4 Edmond Tang, "'Yellers' and Healers—entecostalism and the Study of Grassroots Christianity in China," in Asian and Pentecostal: The Charismatic Face of Christianity in Asia, ed. Allan Anderson and Edmond Tang (Oxford: Regnum, 2005), pp. 467-486 (481). 다음과도 비교하라. Oblau, "Divine Healing," p. 313; David Aikman, Jesus in Beijing: How Christianity Is Transforming China and Changing the Global Pentecostal and Charismatic Healing, pp. 3-26 (14). 좀 더 일반적인 논의는 Gotthard Oblau, "Pentecostal by Default? Contemporary Christianity in China," in Anderson and Tang, Asian and Pentecostal, pp. 411-436 (414)를 보라.
5 중국을 비롯한 다른 나라들의 수치는 애석하게도 이 책에서 실제보다 적게 표시된다. 더 큰 숫자는 나의 Miracles (2011)에 나오지만, 그 가운데 너무 많은 것을 재인용하고 싶지는 않다. 『오늘날에도 기적이 일어날 수 있는가?』(새물결플러스).

6 인터뷰, Bangalore, India, 2016년 1월 13일.
7 R. R. Cunville, "The Evangelization of Northeast India" (박사 학위, Fuller Theological Seminary, 1975), pp. 156-157, De Wet, "Signs and Wonders," pp. 110-111에서 인용되었다.
8 많은 비그리스도인이 오로지 치유받기 위해 교회에 왔다가 남지 않는 현상은 Michael Bergunder, "Miracle Healing and Exorcism in South Indian Pentecostalism," in Brown, *Global Pentecostal and Charismatic Healing*, pp. 287-305 (298)를 보라; 요 6:26과 비교하라.
9 Michael Bergunder, *The South Indian Pentecostal Movement in the Twentieth Century* (Grand Rapids: Eerdmans, 2008), p. 233.
10 S. Israel, 메모를 남긴 개인적 대화, Wynnewood, PA, 1997년 11월 2일; 1998년 5월 6일. 인도에서 나온 다른 진술들은 그 수가 늘어날 수 있다. 예컨대, 당시 신학생이던 Manohar James, 인터뷰, Nicholasville, KY, 2011년 9월 4일.
11 Sai Ankem, 2020년 2월 8일, 인터뷰에 뒤이은 그의 서면 증언(나는 그 내용을 축약했지만, 어떤 곳에서는 글자 그대로 옮겼다).
12 전화 인터뷰, 2019년 4월 15일; 개인 서신, 2019년 4월 21, 25일; 2020년 4월 30일.
13 Donald A. McGavran, "Divine Healing and Church Growth," in *Signs and Wonders Today: The Story of Fuller Theological Seminary's Remarkable Course on Spiritual Power*, ed. C. Peter Wagner, rev. ed. (Altamonte Springs, FL: Creation House, 1987), pp. 71-78 (75).
14 다양한 학생들도 자기 가족들이 미국에서 이런 방식으로 그리스도인이 되었다고 나에게 말했다. 예컨대, Marilyn P. Turner, "Spiritual Autobiography" (Virginia Union University, 2011년 1월); Nathaniel Dean, 개인 서신, 2013년 12월 12일(자기 인척들과 관련해).

6장   치유는 새로운 현상일 뿐인가?

1 Amanda Porterfield, *Healing in the History of Christianity* (Oxford: Oxford University Press, 2005), p. 3.
2 나는 '이교도'라는 단어를 (가끔 경멸조의) 현대적인 의미가 아니라, 로마제국 후기에 이방인 다신교도들에게 – 종종 자기 호칭으로도 – 적용했던 의미로 사용한다.
3 예컨대, 다음을 보라. *t. Hullin* 2:22-23; *b. Sanhedrin 43a; y. Abodah Zarah* 2:2, §3; Ephraim E. Urbach, *The Sages: Their Concepts and Beliefs*, trans. Israel Abrahams, 2nd ed., 2 vols. (Jerusalem: Magnes Press, 1979), 1:115-116; R. Travers Herford, *Christianity in Talmud and Midrash* (Clifton, NJ: Reference Book Publishers, 1966), pp. 103-111, 115-117; Ray A. Pritz, *Nazarene Jewish Christianity: From the End of the New Testament Period until Its Disappearance in the Fourth Century* (Jerusalem: Hebrew University; Leiden: Brill, 1988), pp. 96-97; Roland Deines, "Religious Practices and Religious Movements in Galilee: 100 BCE-200 CE," in *Life, Culture, and Society*, vol. 1 of *Galilee in the Late Second Temple and Mishnaic Periods*, ed. David A. Fiensy and James Riley Strange (Minneapolis: Fortress, 2014), pp. 78-111 (100).
4 Origen, *Against Celsus* 1.46, 67, in Morton T. Kelsey, *Healing and Christianity in Ancient Thought and Modern Times* (New York: Harper & Row, 1973), p. 136.
5 Reginald Maxwell Woolley, *Exorcism and the Healing of the Sick* (London: SPCK, 1932), pp. 29-30. 다음과 비교하라. Kelsey, *Healing and Christianity*, p. 151; Kilian McDonnell and George T. Montague, *Christian Initiation and Baptism in the Holy Spirit: Evidence from the First Eight Centuries* (Collegeville, MN: Liturgical Press, 1991), p. 314.
6 Athanasius, *On the Incarnation* 48.3, 다음에서 인용됨, Woolley, *Exorcism and the Healing of the Sick*, p. 47. 이런 보고들은 다음에서 검토된 "황제 기적" 같은 종류의 이야기와 다르다. H. A. Drake, *A Century of Miracles: Christians, Pagans, Jews, and the Supernatural, 312-410* (New York: Oxford University Press, 2017).
7 다음을 보라. R. J. S. Barrett-Lennard, *Christian Healing after the New Testament: Some Approaches*

to Illness in the Second, Third, and Fourth Centuries (Lanham, MD: University Press of America, 1994), pp. 44-86, 277-323; Gerard Godron, "Healings in Coptic Literature," in The Coptic Encyclopedia, ed. Aziz S. Atiya, 8 vols. (New York: Macmillan, 1991), 4:1212-1213.

8 다음에서 Gregory의 여러 진술을 보라. Raymond Van Dam, Saints and Their Miracles in Late Antique Gaul (Princeton: Princeton University Press, 1993), p. 70; Amanda Porterfield, Healing in the History of Christianity (New York: Oxford University Press, 2005), pp. 67-69; 다음과 비교하라. Andrew Cain, "Miracles, Martyrs, and Arians: Gregory of Tours' Sources for His Account of the Vandal Kingdom," Vigiliae Christianae 59 (2005년 4호): pp. 412-437.

9 Bilinda Straight, Miracles and Extraordinary Experience in Northern Kenya (Philadelphia: University of Pennsylvania Press, 2007), pp. 135-137.

10 Confessions 9.4.12와 특히 City of God 22.8를 보라. 『고백록』(대한기독교서회), 『하나님의 도성』(CH북스). 이것은 종종 논평의 대상이 된다. 예컨대, Nathan M. Herum, "Augustine's Theology of the Miraculous" (석사 논문, Beeson Divinity School, 2009).

11 Barrett-Lennard, Christian Healing, pp. 89-135를 보라.

12 Tertullian, To Scapula 4, in Kelsey, Healing and Christianity, pp. 136-137. Tertullian에게서 축귀에 관한 더 상세한 논의는, Woolley, Exorcism and the Healing of the Sick, pp. 20-21를 보라 (다음을 인용함, Idolatry 11; To His Wife 2.5; The Crown 11; The Shows 26; Prescription against Heretics 41). Woolley, Exorcism and the Healing of the Sick, p. 21과 Kelsey, Healing and Christianity, p. 150은 Acts of S. Eugenia pp. 10-11에서 Eugenia가 어떻게 악마를 내쫓았는지 전한다고 설명한다. Minucius Felix, Octavius 27에서도 그리스도인들이 악마를 내쫓는다고 설명한다.

13 Ramsay MacMullen, Christianizing the Roman Empire (New Haven: Yale University Press, 1984), pp. 61-62. 다음도 보라. W. H. C. Frend, The Rise of Christianity (Philadelphia: Fortress, 1984), pp. 566-567; Frend, "The Place of Miracles in the Conversion of the Ancient World to Christianity," in Signs, Wonders, Miracles: Representations of Divine Power in the Life of the Church; Papers Read at the 2003 Summer Meeting and the 2004 Winter Meeting of the Ecclesiastical History Society, ed. Kate Cooper and Jeremy Gregory (Rochester: Boydell & Brewer, for the Ecclesiastical History Society, 2005), pp. 11-21.

14 예컨대, 다음를 보라. Kenneth Scott Latourette, A History of Christianity (San Francisco: HarperSan-Francisco, 1975), 1:344; Ian Finlay, Columba (London: Victor Gollancz, 1979), 173; William Young, "Miracles in Church History," Churchman p. 102 (1988년 2호): pp. 102-121 (115).

15 Sean C. Kim, "Reenchanted: Divine Healing in Korean Protestantism," in Global Pentecostal and Charismatic Healing, ed. Candy Gunther Brown (Oxford: Oxford University Press, 2011), pp. 267-285 (268-274); Mark Shaw, Global Awakening: How 20th-Century Revivals Triggered a Christian Revolution (Downers Grove, IL: IVP Academic, 2010), pp. 44-45. 다음도 참조하라. Young-hoon Lee, The Holy Spirit Movement in Korea: Its Historical and Theological Development (Eugene, OR: Wipf & Stock, 2009), pp. 41-47, p. 111, 113, 134.

16 Christiaan Rudolph De Wet, "Signs and Wonders in Church Growth" (석사 논문, Fuller School of World Mission, 1981년 12월), p. 92.

17 예컨대, Hwa Yung, "The Integrity of Mission in the Light of the Gospel: Bearing the Witness of the Spirit," Mission Studies 24 (2007): pp. 169-188 (173-175)를 보라.

18 왕하 13:21과 비교하라. 그 인물이 살아 있는 동안 다른 사건들이 일어났다. 눅 6:19; 8:46; 행 5:15; 19:12.

19 이것은, 예컨대 Chrysostom과 Augustine에게서 반영되어 있다. Ramsay MacMullen, The Second Church: Popular Christianity A.D. 200-400 (Atlanta: Society of Biblical Literature, 2009), p. 29, 65, 90, 108를 보라. Ambrose는 목격자라고 주장한다(90). 유물 일반에 대해, James Bentley, Restless Bones: The Story of Relics (London: Constable & Company, 1985)를 보라.

20 O. Föller, "Martin Luther on Miracles, Healing, Prophecy, and Tongues," *Studia Historiae Ecclesiasticae* 31 (2005년 10월 2일): pp. 333-351 (342-346).
21 Bentley, *Restless Bones*, pp. 133-134, 138-142.
22 Bentley, *Restless Bones*, p. 177.
23 Colin Brown, *Miracles and the Critical Mind* (Grand Rapids: Eerdmans, 1984), pp. 39-40; B. Robert Kreiser, *Miracles, Convulsions, and Ecclesiastical Politics in Early Eighteenth-Century Paris* (Princeton: Princeton University Press, 1978), pp. 70-71.
24 예컨대, 다음을 보라. Rex Gardner, *Healing Miracles: A Doctor Investigates* (London: Darton, Longman & Todd, 1986), pp. 81-89; Kelsey, *Healing and Christianity*, pp. 234-235; Rosemary Moore, "Late Seventeenth-Century Quakerism and the Miraculous: A New Look at George Fox's 'Book of Miracles,'" in Cooper and Gregory, *Signs, Wonders, Miracles*, pp. 335-344 (335). 이전의 진술은, William Young, "Miracles in Church History," *Churchman* 102 (1988년 2호): pp. 102-121 (115-116)를 보라.
25 Thomas S. Kidd, "The Healing of Mercy Wheeler: Illness and Miracles among Early American Evangelicals," *William and Mary Quarterly* 63 (2006년 1월 1일): pp. 149-170 (149-150, 157, 161). 청교도들은 초자연주의를 반대하는 사람들이 아니었기에, 우연히 만들어지는 것은 전혀 없고 하나님은 세세한 일상생활 속에서 또한 역사 속에서 활동하신다고 믿었다.
26 Kidd, "Healing of Mercy Wheeler," p. 162에서 인용됨.
27 Kidd, "Healing of Mercy Wheeler," p. 152, pp. 155-157, 169-170; Thomas S. Kidd, *The Great Awakening: The Roots of Evangelical Christianity in Colonial America* (New Haven: Yale University Press, 2007), p. 163.
28 Kidd, "Healing of Mercy Wheeler," p. 161, 163, 170.
29 Kidd, "Healing of Mercy Wheeler," pp. 157-158. 그들은 **성경의** 여러 기적에 예외를 두기는 했지만, 하나님이 자신들의 시대에 자연을 **통해** 일하실 것이라고 기대했다.
30 Dieter Ising, *Johann Christoph Blumhardt, Life and Work: A New Biography*, trans. Monty Ledford (Eugene, OR: Cascade Books, 2009)를 보라.
31 Marcus Dods, "Jesus as Healer," *Biblical World* 15 (1900): pp. 169-177 (174); A. J. Gordon, "The Ministry of Healing," in *Healing: The Three Great Classics on Divine Healing*, ed. Jonathan L. Graf (Camp Hill, PA: Christian Publications, 1992), pp. 119-282 (213-219); Robert Bruce Mullin, *Miracles and the Modern Religious Imagination* (New Haven: Yale University Press, 1996), p. 89; Ronald A. N. Kydd, *Healing through the Centuries: Models for Understanding* (Peabody, MA: Hendrickson, 1998), pp. 142-153.
32 Rimi Xhemajli, *The Supernatural and the Circuit Riders: The Rise of Early American Methodism* (Eugene, OR: Pickwick, 2021)를 보라.
33 Gordon과 Murray, Simpson에 대해서는, 간략하게 Graf, *Healing*을 보라.
34 19세기와 20세기 초의 치유는, 예컨대 다음도 보라. James Robinson, *Divine Healing: The Formative Years, 1830-1890* (Eugene, OR: Pickwick, 2011); Robinson, *Divine Healing: The Years of Expansion, 1906-1930* (Eugene, OR: Pickwick, 2014); Paul Gale Chappell, "The Divine Healing Movement in America" (박사 논문, Drew University Graduate School, 1983); Mullin, *Miracles and the Modern Religious Imagination*; Jonathan R. Baer, "Perfectly Empowered Bodies: Divine Healing in Modernizing America" (박사 논문, Yale University, 2002); James Opp, *The Lord for the Body: Religion, Medicine, and Protestant Faith Healing in Canada, 1880-1930* (Montreal: McGill-Queen's University Press, 2005); Kimberly Ervin Alexander, *Pentecostal Healing: Models in Theology and Practice* (Blandford Forum, UK: Deo, 2006); Heather D. Curtis, *Faith in the Great Physician: Suffering and Divine Healing in American Culture, 1860-1900* (Baltimore: Johns Hopkins University Press, 2007). 또한 다음에서 훨씬 광범위하고 훨씬 대중적인 설문 조사를 보라. J. D. King, *Regeneration: A Complete History of Healing in the Christian Church*, 3 vols. (Lee's Summit, MO: Christos, 2017). 간략한 진술

은 Tony Cooke, *Miracles and the Supernatural throughout Church History* (Shippensburg, PA: Harrison, 2020)를 보라.

35 James Moore Hickson, *Heal the Sick*, 2nd ed. (London: Methuen, 1924)를 보라. 이 책에는 그의 집회에 참석했던 다양한 성공회 주교들의 증언 서신이 들어 있다. 다음에 있는 논의를 참조하라. Stuart Mews, "The Revival of Spiritual Healing in the Church of England, 1920-1926," in *The Church and Healing: Papers Read at the Twentieth Summer Meeting and the Twenty-First Winter Meeting of the Ecclesiastical History Society*, ed. W. J. Sheils (Oxford: Blackwell, 1982), pp. 299-331.

36 예컨대, 다음을 보라. Shang-chieh Song, *The Diaries of John Sung: An Autobiography*, trans. Stephen L. Sheng (Brighton, MI: Luke H. Sheng, Stephen L. Sheng, 1995); Song, *The Diary of John Sung: Extracts from His Journals and Notes*, ed. Levi Sung (Singapore: Armour, 2011); Ka-Tong Lim, "The Life and Ministry of John Sung: Sowing Seeds of Vibrant Christianity in Asian Soil" (박사 논문, Asbury Theological Seminary, 2009); Lim, *The Life and Ministry of John Sung* (Singapore: Armour, 2011).

37 특히 Jacalyn Duffin, *Medical Miracles: Doctors, Saints, and Healing in the Modern World* (Oxford: Oxford University Press, 2009)를 보라. 또한 다음에 있는 논의를 보라. Shelley McKellar, "Making a Case for Medical Miracles," *Canadian Medical Association Journal* 182 (2010년 6호): pp. 595-596, https://doi.org/10.1503/cmaj.091943; Ruth Cranston, *The Miracle of Lourdes: Updated and Expanded Edition by the Medical Bureau of Lourdes* (New York: Image Books, 1988).

38 Will Oursler, *The Healing Power of Faith* (New York: Hawthorn, 1957), pp. 78-82.

39 C. Bernard Ruffin, *Padre Pio: The True Story*, 3rd rev. ed. (Huntington, IN: Our Sunday Visitor, 2018), pp. 371-390. 의학적 증명이 동반된 치유에는 자궁 질환(p. 378)과 심장병(pp. 378-379), 심각한 요붕증(pp. 380-381), 걷지 못하는 장애(pp. 382-383)가 포함된다.

40 Ruffin, *Padre Pio*, p. 383 (384도 보라)에서 인용됨.

41 Dan Doriani, 개인 서신, 2013년 1월 1일; 2016년 6월 1일.

7장   아기들의 사진

1 이 진술들은 단지 표본일 뿐이다. 아기 기적의 또 다른 진술은 Dean Merrill, *Miracle Invasion: Amazing True Stories of the Holy Spirit's Gifts at Work Today* (Savage, MN: BroadStreet, 2018), pp. 56-63에서 Houston 출신의 Evangelina Garza의 증언을 보라.

2 Malia Wiederhold, 전화 인터뷰, 2020년 2월 15일; 개인 서신, 2020년 2월 17, 20일; 2020년 4월 27일; 2020년 6월 20일. Malia에게 나를 언급해 준 데 대해 Ken Fish에게 감사한다.

3 Valerie Fillar, 개인 서신, 2020년 4월 27일.

4 Valerie Fillar, 개인 서신, 2020년 4월 27일.

5 2020년 2월 20일에 받음.

6 의료 컨설턴트 David McCants, 개인 서신, 2020년 2월 20일.

7 "mi hija"의 단축형인 Mija는 "내 딸"을 뜻하는 애칭이다.

8 Peter Edwards, "Miracle at Hemet Hospital: Baby Resurrected," *Message of the Open Bible*, 2007년 3월, 7; Edwards, 개인 서신, 2020년 5월 22일; Manuel Hernandez Jr., "A Father's Inspirational Prayer," *Guideposts*, 2007년 12월 1일, https://www.guideposts.org/faith-and-prayer/prayer-stories/answered-prayers/a-fathers-inspirational-prayer (2020년 6월 12일에 접속함); Merrill, *Miracle Invasion*, pp. 147-150. 이런 연결을 맺어 준 Dean Merrill과 Peter Edwards에게 감사한다.

9 Manuel Hernandez Jr., 전화 인터뷰, 2020년 5월 22일; 개인 서신, 2020년 6월 11, 15일.

10 2020년 6월 12일에 받은 플래시 드라이브의 영상 자료. 이 영상 자료들은 이제 온라인에서 볼 수 있다. "Baby Siara Miracle Testimony," 네 개의 유튜브 영상 자료 (특히 3부를 보라), Blue Magic에 의해

게시됨, 2020년 6월 19일: "1부," 19:58, https://www.youtube.com/watch?v=f0oAb4jRIec; "2부," 18:37, https://www.youtube.com/watch?v=d9WnHFpUopI; "3부," 18:37, https://www.youtube.com/watch?v=nW75BuWMhLg; "4부," 4:06, https://www.youtube.com/watch?v=Q-vgyYhl_sE.

11 Anthony Wainaina Njuguna, 인터뷰, Deerfield, IL, 2020년 2월 17일; 덧붙여 (2020년 5월 18일을 포함해) 이후의 서신. Anthony와 Edwina는 인터뷰 전날 저녁(2월 16일)에 나에게 Adiel을 소개해 주었다.

12 Elliott Nesch, 개인 서신과 의료 기록, 2020년 2월 6일, 덧붙여 2017년 12월 7일에 기록된 Elliott의 이전 보고서.

13 Fred Ankai-Taylor, WhatsApp 인터뷰, 2020년 8월 31일.

14 Daniel Fazzina, *Divine Intervention: 50 True Stories of God's Miracles Today* (Lake Mary, FL: Charisma House, 2014), pp. 176-179. Fazzina는 Sandra의 의료 기록을 p. 222에 포함했다.

15 Jeff Durbin, 2020년 4월 23일. Jeff와의 연결을 촉진해 준 Julio Rodriguez에게 감사한다.

16 개인 서신, 2020년 8월 9일과 2021년 3월 5일에서, Jeff Durbin은 2019년 11월 21일자의 Phoenix 산부인과 병원의 자료를 포함해, 몇 가지 뒷받침하는 의료 문서를 나에게 제공해 주었다.

17 Jeff Durbin, 개인 서신, 2020년 10월 17일.

18 의료 기록, 2020년 2월 23일; Kathleen Bratun, 인터뷰, 2020년 2월 25일; 개신 서신과 추가적 기록, 2020년 2월 29일.

19 나는 다음 두 자료에서 가져왔다. 다수의 사진과 Madison의 증언도 담고 있는 Korene Sturtz, *A Mother's Prayer and God's Miraculous Answer* (n.p.: Worldwide Publishing Group, 2015), 또한 여러 의학적 검사를 보여 주는 Christian Broadcasting Network, "Miraculous Cure for Incurable Deadly Disease," *The 700 Club*, 유튜브 영상 자료, 2018년 3월 23일, 6:52, https://www.youtube.com/watch?v=OHN6jJxMrTw (2020년 7월 14일에 접속함).

20 Syam Jeevan Babu, 인터뷰, 2016년 1월 15일, Dehradun, India. Shivraj Mahendra도 나에게 한 가지 진술을 공유했다(인터뷰, Wilmore, KY, 2016년 4월 8일, 약 6년 전의 경험에 대해).

21 Kelley Nikondeha, *Adopted: The Sacrament of Belonging in a Fractured World* (Grand Rapids: Eerdmans, 2017), p. 60, pp. 88-92를 보라. Emma라는 이름의 한 아기는 검사 결과 HIV 양성이었고 AIDS로 악화하는 중이었지만, 그 뒤에 입양을 위해 Emma를 미국으로 데려오려고 했던 바로 그 시점에 치유되었다. 물론 첫 번째 검사가 엄마의 항체로 인한 거짓 양성이었다는 자연주의적 설명도 가능하지만, 이 치유는 입양모가 하나님이 자기에게 말씀하셨다고 느꼈던 점과 일치했고, 정확히 필요했던 시점에 검사 상태의 변화가 일어났다. Daniel Kolenda, *Impact Africa: Demonstrations of the Real Power of Jesus Christ Today* (Orlando, FL: Christ for All Nations, 2015), pp. 134-135도 보라. 한 남성은 자기가 AIDS로 죽어 가는 중이었는데, 기도한 뒤 재검사했더니 HIV 음성이었다고 보고한다(음성 검사 결과가 나온다).

22 Robert Canton, *Miracles Never Ending* (Stockton, CA: Aimazing Publishing & Marcom, 2015), pp. 238-239를 보라. Canton의 책에 재수록된 한 편지는, 저자의 며느리의 초음파 영상을 비롯한 다른 검사에서 4개월 된 태아가 사망했음을 보여 주었지만, 회복을 위해 기도한 다음 날, 예정된 임신중절수술 직전에 심장박동이 감지되었고, 5개월 뒤에 건강한 여아가 태어났다고 주장한다. 은퇴한 Ohio의 병리학자인 Narciso Albarracin은 *Miracles Never Ending*에 대해 호의적으로 논평한다.

8장 영상 자료에 치유 상황이 포착된 적이 있는가?

1 치유를 보여 주는 온라인 영상 자료는 아주 많다. 치유의 시작부터 그 이후의 장면을 담은 특히 완벽한 간증은 "Paralytic Woman Bound to Wheelchair for 22 Years—Healed by Jesus Christ! Caught on Tape!," 유튜브 영상 자료, Jon George에 의해 게시됨, 2013년 3월 19일, 43:34, https://www.youtube.com/watch?v=8qqONI5WMTs를 보라.

2 예컨대, 2011년 5월, John Kilpatrick과 Nathan Morris가 인도하는 Mobile, Alabama의 베이 부흥(Bay Revival)과 관련된 Ohio의 한 집회에서 시력이 회복된 예를 주목하라. "Blind Girl Begins to

See @ Bay Revival, Ohio," 유튜브 영상 자료, Bay Revival에 의해 게시됨, 2011년 5월 24일, 3:30, https://www.youtube.com/watch?v=MaSd9Me6ZO8 (2020년 1월 20일에 접속함).
3   달리 설명할 수 없는 치유를 포함해, 이것은 치유에서 흔한 일이다. 예컨대, 다음을 보라. Maura Poston Zagrans, *Miracles Every Day: The Story of One Physician's Inspiring Faith and the Healing Power of Prayer* (New York: Doubleday, 2010), p. 124; Caryle Hirschberg and Marc Ian Barasch, *Remarkable Recovery: What Extraordinary Healings Tell Us about Getting Well and Staying Well* (New York: Riverhead, 1995), pp. 113-115. Ruth Cranston, *The Miracle of Lourdes: Updated and Expanded Edition by the Medical Bureau of Lourdes* (New York: Image Books, 1988), p. 136과도 비교하라.
4   Bob Tice, 인터뷰, Rochester, NY, 2016년 6월 21일; 개인 서신, 2016년 6월 24일; 2020년 2월 14일; 2020년 8월 5일.
5   Tommy Reid, 전화 대화와 인터뷰, 2016년 7월 8-9일; 2016년 8월 29일; 추가 전화 인터뷰, 2020년 2월 27일.
6   Gregory Helsinki, 대화, 2016년 7월 22일; 개인 서신, 2016년 7월 31일.
7   Marguerita Cooley, 대화, 2017년 11월 10일.
8   Enid Mojica-McGinnis, 전화 인터뷰, 2020년 8월 5일.
9   예컨대, Robby Dawkins의 영상 자료와 Todd White의 여러 영상 자료를 보라. "Todd White—God Restores Eyes at a Basketball Game (Anyone Can Represent Well)," *Lifestyle Christianity*, 유튜브 영상 자료, 2017년 5월 19일, 11:15, https://www.youtube.com/watch?v=YzqaZH-fak0k; "Todd White—Radical Healing of Ears in Jesus' Name," *Lifestyle Christianity*, 유튜브 영상 자료, 2016년 6월 3일, 6:36, https://www.youtube.com/watch?v=VDKLYFYc40Q; "Todd White—Poor Vision Restored While Touring at Capernaum," *Lifestyle Christianity*, 유튜브 영상 자료, 2018년 4월 16일, 3:29, https://www.youtube.com/watch?v=x8QTPbl4f44. Pete Cabrera Jr., "Get Up and Walk Out of That Wheel Chair in Jesus Name," Royal Family International School of Ministry, School of Identity and Lifestyle, 유튜브 영상 자료, 2016년 5월 17일, 4:14, https://www.youtube.com/watch?v=2e1woYu1HbU도 보라. 장기간의 실명 치유, 구급 의료원이 사망했다고 선언한 뒤 기도를 통해 살아난 한 어린 소녀의 소생 그리고 다른 여러 건강 문제의 치유에 관한 증언 등 신뢰할 만한 영상 자료에 관한 증언은 신뢰할 만한 영상 자료에서 보여 주는 치유보다 훨씬 더 많다. 예컨대, 다음을 보라. "Eyewitness to Miracles," Global Awakening, 2020년 6월 10일에 접속함, https://globalawakening.com/eyewitnesstomiracles. 청각장애와 걷지 못하는 장애의 치유에 관한 증언은 Damian Stayne and Cor et Lumen Christi Community, "Healing Miracles—Hearing Aids, Walking Frame and Wheelchair," 유튜브 영상 자료, 2016년 11월 17일, 2:11, https://www.youtube.com/watch?v=ijKDln0zEHE를 보라(2020년 7월 21일에 접속함).
10 한 가지 예, 곧 학생 Jonathan Pollard의 치유만 여기서 언급한다. 나는 영상 자료를 시청했고, 2010년 5월 15-16, 19-20, 22일; 2010년 7월 16, 22일에 이루어진 개인 서신으로 보완했다. 또한 여러 의료 기록도 받았다. 이 사건은 나와 아내의 친구, Lauren Mason도 확인해 주는데, 그녀 역시 이 사건을 목격했다(Lauren Mason, 개인 서신, 2010년 5월 3, 5-6, 8일; 인터뷰, 2010년 6월 3일).

9장   의학적으로 입증된 가톨릭의 치료

1   Jacalyn Duffin, *Medical Miracles: Doctors, Saints, and Healing in the Modern World* (Oxford: Oxford University Press, 2009), P. 7를 보라.
2   또한 나는 [예컨대, Albert E. Graham, *Compendium of the Miraculous* (Charlotte: TAN Books, 2013), pp. 43-64에 나오는] 모든 성모 발현(apparition)과 결부된 모든 신학도 공유하지 않는다. 하지만 가톨릭 교인들도 개신교인들처럼 두 가지를 인정한다. 먼저, 예수님 안에서 나타난 하나님의 자기 계시는 예수님이 재림하시기 이전에 주어지는 최종적인 공적 계시다. 물론 계시는 그 명확성에서 발전 대상이지만 말이다(Graham, *Compendium*, pp. 13-14; 참조. Peter Toon, *The Development of Doctrine in the Church* (Grand Rapids: Eerdmans, 1979; Eugene, OR: Wipf &

Stock, 2017), pp. 1-16]. 둘째, 사적 계시는 유용하지만, 성경에 있는 공적 계시와는 다르다[Michael O'Neill, *Exploring the Miraculous* (Huntington, IN: Our Sunday Visitor, 2015), p. 21; 다음과 비교하라. p. 31].
3   Robert Bruce Mullin, *Miracles and the Modern Religious Imagination* (New Haven: Yale University Press, 1996), p. 100; 다음과 비교하라. p. 181, 206, 219.
4   Benedict Heron, *Channels of Healing Prayer* (Notre Dame, IN: Ave Maria, 1992), pp. 142-143.
5   Ruth Cranston, *The Miracle of Lourdes: Updated and Expanded Edition by the Medical Bureau of Lourdes* (New York: Image Books, 1988). Christopher J. Wilson, "Modern Miracles as the Foundation for a Renewal Apologetic" (박사 논문, Regent University School of Divinity, 2017), pp. 141-159에 있는 더 간략한 논의와 비교하라. 일반적으로, 루르드의 기적에 대한 개방적인 태도는 종교적 정서와 긍정적인 상관관계가 있고, 심리적 결핍과는 상관관계가 있을 수 없다[Anne Schienle et al., "Belief in the Miracles of Lourdes: A Voxel-Based Morphometry Study," *Brain and Behavior* 10 (2020년 1호): e01481, https://doi.org/10.1002/brb3.1481].
6   Duffin, *Medical Miracles*, 특히 p. 8, pp. 113-143를 보라.
7   Duffin, *Medical Miracles*, pp. 142-143.
8   Mullin, *Miracles and the Modern Religious Imagination*, p. 117.
9   Kenneth L. Woodward, *The Book of Miracles: The Meaning of the Miracle Stories in Christianity, Judaism, Buddhism, Hinduism, and Islam* (New York: Simon & Schuster, 2000), p. 370; Duffin, *Medical Miracles*, p. 139.
10 Heron, *Channels of Healing Prayer*, pp. 123-124.
11 Heron, *Channels of Healing Prayer*, p. 142. 오늘날 다른 가톨릭 치유 사역에서 나온 증언은 대부분 이 책 다른 곳에서 조사하지 않지만, 다음을 보라. "Testimonies," Cor et Lumen Christi Community, 2021년 3월 2일에 접속함, http://www.coretlumenchristi.org/testimonies.php; "Healing Testimonies," Miracle Healing Ministry, 2021년 3월 2일에 접속함, http://www.miracle-healing-ministry.org/healings.html; "New Testimonies," Robert Canton Ministries, 2021년 3월 2일에 접속함, http://www.robertcantonministries.org/testimonies.html.
12 Victor Agbeibor, 전화 인터뷰, 2020년 8월 30일.
13 Travis Jon Dichoso, "Lourdes: A Uniquely Catholic Approach to Medicine," *The Linacre Quarterly* 82 (2015년, 1호): pp. 8-12, https://doi.org/10.1179/2050854914Y.0000000034. Dichoso는 여기서 긍정적인 영적 경험을 강조한다.
14 Terence L. Nichols, "Miracles in Science and Theology," *Zygon* p. 37 (2002년, 3호): pp. 707-708. 다음도 보라. Cranston, *Miracle of Lourdes*, p. 39. 상당수의 치료는 "예컨대, 흉터나 약간 달라진 뼈의 위치 등 원래 질병이 존재했음을 보여 주는 약간의 흔적"을 남긴다(Cranston, *Miracle of Lourdes*, 119). 창 32:25, 31-32; 레 13:23, 28과 비교하라. 흉터가 상처 부위에 남았지만, 의학적으로 불치라고 여기던 골절상과 더 하얀 새로운 뼈 조직이 연결된 (Pierre De Rudder의) 또 다른 사례도 주목하라[Will Oursler, *The Healing Power of Faith* (New York: Hawthorn, 1957), p. 71. 28명의 의사들이 이 치료를 검증하는 데 관여했다고 p. 72에서 설명한다]. 그런데 한 진술에서, 어떤 의사는 흉터를 하나라도 발견한다면 이 치료를 기적이라고 받아들이지 않겠지만, 흉터를 하나도 발견하지 못했다고 시인한다(Duffin, *Medical Miracles*, p. 137).
15 Jim Garner, "Spontaneous Regressions: Scientific Documentation as a Basis for the Declaration of Miracles," *Canadian Medical Association Journal* 111 (1974년 12월 7일): pp. 1254-1263 (1259). 1948년까지 확인된 치료 사례의 거의 절반이 결핵과 관련되었는데, 그 부분적인 이유는 결핵이 흔했고 당시에 결핵은 정말 치료 가능한 질병이 아니라서 많은 순례자들이 루르드로 향했기 때문이다(Cranston, *Miracle of Lourdes*, p. 281). 결핵이 치유된 사례들은 훨씬 최근에도 루르드에서 인증되었다(pp. 284-285, 292-293, 300-302).
16 Cranston, *Miracle of Lourdes*, pp. 180-184 (깜짝 놀란 불가지론 의사의 보고도 포함해, pp. 182-183). 1948년 10월 8일에 치료된 Jeanne Fretel의 사례(pp. 209-216, p. 269)도 주목할 만하다.
17 이 치료는 1949년에 기적으로 인정되었다[Patrick Marnham, *Lourdes: A Modern Pilgrimage*

(New York: Coward, McCann & Geoghegan, 1981), p. 189]. 파스칼 및 그의 가족들과 Cranston 의 인터뷰를 담고 있는 Cranston, *Miracle of Lourdes*, pp. 233-239도 보라.
18 D. J. West, *Eleven Lourdes Miracles* (London: Gerald Duckworth, 1957), p. 6.
19 Cranston, *Miracle of Lourdes*, pp. 236-237.
20 Cranston, *Miracle of Lourdes*, pp. 42-44, 227-233.
21 Marnham, *Lourdes*, p. 190 (Bigot에 관한 더 많은 설명은 pp. 192-194를 보라; Cranston, *Miracle of Lourdes*, pp. 293-295). Bigot는 치료 직전과 직후에 우연히 사진에 포착되었다(Cranston, *Miracle of Lourdes*, p. 295).
22 Marnham, *Lourdes*, p. 197; Cranston, *Miracle of Lourdes*, pp. 307-308.
23 Marnham, *Lourdes*, pp. 197-198.
24 *Miracle of Lourdes*, pp. 295-296.
25 예컨대, F. A. Gasquet, "The Catholic Church and the Lourdes Cures," *British Medical Journal* 2 (1910년 8월 20일): pp. 465-467 (466), https://doi.org/10.1136/bmj.2.2590.465를 보라. Gasquet 의 설명에 따르면, 통상 치료는 사실상 즉각적이어야 한다.
26 Heron, *Channels of Healing Prayer*, pp. 142-143. 순례자들이 경험했다고 믿는 치료 가운데 소수만 이 의료국에 보고된다[Bernard François, Esther M. Sternberg, and Elizabeth Fee, "The Lourdes Medical Cures Revisited," *Journal of the History of Medicine and Allied Sciences* 69 (2014년 1월, 1호): pp. 135-162를 보라 (https://www.ncbi.nlm.nih.gov/pmc/articles/PMC3854941/, 2020년 6월 11일에 접속함), Ruth Harris, *Lourdes: Body and Spirit in the Secular Age* (New York: Penguin, 1999)를 인용함; 또한 Bernard François와의 개인적 대화].
27 Allen Spraggett, *Kathryn Kuhlman: The Woman Who Believes in Miracles* (Cleveland: World, 1970), pp. 31-32.
28 Spraggett, *Kathryn Kuhlman*, 32 (p. 165에 있는 불신자들의 치유 및 p. 171에 있는 유아들의 치유 사례와 함께, Kuhlman의 집회와도 비교하라). (치료될 때까지) 초자연적인 것을 부정했던 이들과 중설 공간에 있던 무슬림과 유대인도 치유에 포함된다(Garner, "Spontaneous Regressions," 1257).
29 François, Sternberg, and Fee, "Lourdes Medical Cures Revisited." 이전의 치료는 *Annales de Notre-Dame de Lourdes* (1868-1944)에 나온다. 1920년대 이후의 치료는 잠재적인 기능 장애를 배제한다. 이런 기능 장애는 애초에 소수였지만 말이다. 더 나은 기록은 1928년 이후에 보존되었고, 1947년 이후로 더 엄격한 검증 방법이 사용되었다. *Bulletin du Bureau des Constatations Medicales de Lourdes*에 발표된 최근의 여러 치료에는 호지킨병과 다발경화증, 좌골신경통의 치료가 포함 된다(François, Sternberg, and Fee, "Lourdes Medical Cures Revisited"). 검증에 대한 여러 요구 는 거의 자격을 얻기 불가능할 정도로 엄격해졌다. 원래 18세기에 확립된 Lambertini 추기경의 기준 은 오늘날 검증된 많은 치료를 받아들이기에는 너무 협소하다. 특히 치료 경력이 있는 사례를 일축한 다면, 오늘날 질병의 의료 기록이 있는 거의 모든 사람을 배제할 것이기 때문이다.
30 Oursler, *Healing Power of Faith*, p. 72; Nichols, "Miracles in Science and Theology," p. 706.
31 Nichols, "Miracles in Science and Theology," p. 706.
32 Nichols, "Miracles in Science and Theology," p. 707; Cranston, *Miracle of Lourdes*, p. 35.
33 Carrel의 출판물 및 François, Sternberg, and Fee, "Lourdes Medical Cures Revisited"의 결론에 인용된 한 편지.
34 Malcolm L. Diamond, "Miracles," *Religious Studies* 9 (1973년, 3호): pp. 307-324 (311-312).
35 Diamond, "Miracles," p. 313.
36 Diamond, "Miracles," p. 312. 루르드에서 어린이의 치료에 대해서는 Cranston, *Miracle of Lourdes*, pp. 227-246를 보라.
37 Diamond, "Miracles," pp. 314-315, p. 323.
38 하나님은 극히 이례적인 경우에도 자연적 원인을 통해 일하실 수 있다. 하지만 극히 이례적인 사례의 원인을 수호하는 지적 존재와 무관한 자연적 요인에서만 찾는다면, 이 책의 한 문단을 문자들이 우연 히 모인 것으로 설명하는 것과 비슷해 보인다.

10장   뇌 회복의 몇 가지 짧은 사례

1. Dan Van Veen, "From Tragic Death to Miraculous Life," Assemblies of God, 2020년 5월 5일, https://news.ag.org/en/Features/From-Tragic-Death-to-Miraculous-Life (2020년 5월 19일에 접속함).
2. Dina Cafiso, 개인 서신, 2020년 3월 4, 12, 17일; Maria Cafiso, 개인 서신, 2020년 3월 16일, 사고 시점부터 기록한 일기에서 가져온 메모와 함께; 의료 기록(2014년 6월 11일, 10분간의 완전한 심장 마비를 포함하고 있는 퇴원 요약지). Dina Cafiso의 교수 Bryan Darrell이 나에게 그녀를 언급했다.
3. CBN 인터뷰에는 Diez 박사를 비롯한 다른 사람들이 포함된다. Christian Broadcasting Network, "Natalie's Easter Miracle," The 700 Club, 유튜브 영상 자료, 2011년 4월 21일, 4:12, https://www.youtube.com/watch?v=dohEP8L35sY (2020년 7월 15일에 접속함).
4. Valerie Paters and Cheryl Schuelke, with Kay Farish, *Heaven Is a Breath Away: An Unexpected Journey to Heaven and Back* (New York: Morgan James, 2015). Christian Broadcasting Network, "Woman Comes Back to Life with a Message," *The 700 Club*, 유튜브 영상 자료, 2018년 4월 17일, 7:24, https://www.youtube.com/watch?v=zOjxlv_jj_E에서 요약도 보라.
5. A. J. Atkinson, "The Miracle Continues: Chillicothe's Reissig Overcomes Adversity to Play Sport," *Chillicothe Gazette*, 2013년 9월 19일, 1-2B (스포츠 섹션).
6. Malachi Reissig의 이름은 온라인에서 Chillicothe 우등생 명단에도 등장한다.

11장   사실상의 뇌사에서 회복된 사례

1. CNN, "Real-Life Miracles and Unexplained Events," *Larry King Live*, 2002년 6월 11일, http://transcripts.cnn.com/TRANSCRIPTS/0206/11/lkl.00.html (2020년 4월 10일 접속함)에 있는 녹취록.
2. Regina Pullum, 전화 인터뷰, 2020년 5월 20일; Wayne Pullum, 전화 인터뷰, 2020년 5월 20일; Dallas Pullum, 전화 인터뷰, 2020년 5월 22일.
3. (이제 DVD로 확인할 수 있는) *It's a Miracle*에서 보여 준 스캔 이미지는 병원에서 받은 실제 이미지다. Dallas는 *It's a Miracle*에서 자신의 사례를 조사했을 때, 처음으로 스캔을 보고 의사들이 그것에 대해 토론하는 것을 들었다고 말했다. 이 사례와 관련해, David McCants 박사는 나에게 뇌사는 심정지에 의한 사망과 의학적으로나 법적으로 구별될 수 없는 것으로 간주된다고 조언했다(2020년 8월 9일). *Miracles* (2011), 1:354-355에서 나는 복수로 검증된 또 다른 주목할 만한 뇌 회복, 곧 칠레의 침례교 목사 Margarita Campos의 회복을 언급했다. 나의 학생인 Alberto Bonilla-Giovanetti는 나중에 Margarita가 계속 건강하다고 증언했다(개인 서신, 2018년 9월 19, 24일).

12장   의학적으로 입증된 20세기의 더 많은 치료

1. John White, "Young Lady, Old Hag," in *Power Encounters among Christians in the Western World*, ed. Kevin Springer (San Francisco: Harper & Row, 1988), pp. 69-86 (72-73). 치료된 여성은 Loretta White, "Laying Aside Regrets," in Springer, *Power Encounters*, pp. 175-185 (177)에서 같은 이야기를 진술한다.
2. 남극 대륙에는 영구 거주민이 없다. 내가 아는 한, 이 주제에 관해 남극에 사는 몇 안 되는 1년 거주민의 의견은 조사된 적이 없다.
3. Micael Grenholm, *Dokumenterade Mirakler: Vetenskap, Helande och Guds Existens* (Örebro, Sweden: Sjöbergs, 2019), pp. 121-140. 영어라는 점만 제외하고, 나는 많은 점에서 Grenholm의 진술을 단어 그대로 따른다.
4. Grenholm, *Dokumenterade Mirakler*, pp. 135-137.
5. Grenholm, *Dokumenterade Mirakler*에서 이 문서는 그림 7.3에 재수록되어 있다.
6. Grenholm, *Dokumenterade Mirakler*, note 46; 개인 서신, 2020년 5월 19일. Pär-Ola와 그의 아내는 출판 기념회에 참여했고, 관련 영상 자료에 등장한다. Micael Grenholm, "Bokrelease för Do-

kumenterade Mirakler," 유튜브 영상 자료, 2019년 5월 31일, 1:05:14, https://www.youtube.com/watch?v=T8Hzdi4q0iI, 특히 16:20-30:10.

7 Sofi Berggren and Ingela Ronquist, "Gudomligt Helande" (대학원 의학 프로젝트 연구, Sahlgrenska akademin, Johan Holmdahl과 Lennart Thörn이 지도함, 2003), Grenholm, *Dokumenterade Mirakler*, pp. 126-128에서 다루어짐.

8 이 책 뒷장에서는 Gardner를 이렇게 소개한다. "Royal College of Obstetricians and Gynaecologists와 Association of Surgeons in East Africa의 펠로(Fellow)다. 그는 University of Newcastle-upon-Tyne의 심사 위원(Examiner)으로, North of England Obstetric and Gynaecological Society의 부대표(Vice-President)이자 Newcastle and Northern Counties Medical Society의 대표로 봉사했다." Rex Gardner, *Healing Miracles: A Doctor Investigates* (London: Darton, Longman & Todd, 1986)를 보라.

9 Gardner, *Healing Miracles*, p. 77 (많은 목격자들을 언급하며). 이 이야기는 Rex Gardner, "Miracles of Healing in Anglo-Celtic Northumbria as Recorded by the Venerable Bede and His Contemporaries: A Reappraisal in the Light of Twentieth-Century Experience," *British Medical Journal* 287 (1983년 12월 24-31일): 1927-1933 (1931)에서도 보고된다.

10 Gardner, *Healing Miracles*, pp. 104-106 (부분적으로 기도를 통해, 부분적으로 루르드에서).

11 Gardner, *Healing Miracles*, pp. 20-21; Gardner, "Miracles of Healing," 1929.

12 Gardner, "Miracles of Healing," 1932.

13 Gardner, *Healing Miracles*, p. 165.

14 H. Richard Casdorph, *The Miracles: A Medical Doctor Says Yes to Miracles!* (Plainfield, NJ: Logos, 1976), pp. 25-33; Casdorph, *Real Miracles: Indisputable Evidence That God Heals* (Gainesville, FL: Bridge-Logos, 2003), pp. 21-32.

15 Casdorph, *Miracles*, pp. 37-45; Casdorph, *Real Miracles*, pp. 34-47.

16 Casdorph, *Miracles*, pp. 49-57; Casdorph, *Real Miracles*, pp. 44-61.

17 Casdorph, *Miracles*, pp. 61-72; Casdorph, *Real Miracles*, pp. 63-80.

18 Casdorph, *Miracles*, pp. 77-86; Casdorph, *Real Miracles*, pp. 83-97.

19 Casdorph, *Miracles*, pp. 91-100; Casdorph, *Real Miracles*, pp. 98-113.

20 Casdorph, *Miracles*, pp. 105-116; Casdorph, *Real Miracles*, pp. 115-133.

21 Casdorph, *Miracles*, pp. 121-132; Casdorph, *Real Miracles*, pp. 134-152.

22 Casdorph, *Miracles*, pp. 137-143; Casdorph, *Real Miracles*, pp. 154-164.

23 Casdorph, *Miracles*, pp. 147-157; Casdorph, *Real Miracles*, pp. 165-180. Delores Winder with Bill Keith, *Surprised by Healing* (Shippensburg, PA: Destiny Image, 2009). 영상 자료 증언은 다음을 보라. "The Greatest Healing-Miracle of the 20th Century," 유튜브 영상 자료, Ian Francis가 게시함, 2018년 3월 16일, 24:17, https://www.youtube.com/watch?v=mz_xkcxbEtQ (2020년 8월 7일에 접속함)도 보라.

24 그들의 이름은 Casdorph, *Miracles*, pp. 9-10; Casdorph, *Real Miracles*, pp. 10-11에서 언급된다.

25 나중에 1990년에 사망한 Trousdale은 Southern California에 25,000채 이상의 집을 지었다고 전해진다.

26 Casdorph, *Real Miracles*, p. 171.

27 Owellen과 Kuhlman에 관해, Eleanor Blau, "Evangelist Draws the Sick and Anguished," *New York Times*, 1972년 10월 20일, p. 45; Gary Settle, "Kathryn Kuhlman, Evangelist and Faith Healer, Dies in Tulsa," *New York Times*, 1976년 2월 22일, p. 48도 보라.

28 Jamie Buckingham, *Daughter of Destiny: Kathryn Kuhlman…Her Story* (Plainfield, NJ: Logos, 1976), p. 185. Allen Spraggett[*Kathryn Kuhlman: The Woman Who Believes in Miracles* (Cleveland: World, 1970), 120]은 이 즉각적 치유를 직접 목격했다고 증언한 Titus 박사를 인터뷰했다.

29 Spraggett, *Kathryn Kuhlman*, pp. 59-60, p. 64, pp. 111-112.

30 Buckingham, *Daughter of Destiny*, p. 185에서 언급됨.

31 Buckingham, *Daughter of Destiny*, p. 187; Spraggett, *Kathryn Kuhlman*, pp. 6-7도 보라.
32 Buckingham, *Daughter of Destiny*, p. 185. Owellen 박사의 증언은 Candy Gunther Brown, "Healing Words: Narratives of Spiritual Healing and Kathryn Kuhlman's Uses of Print Culture, 1947-1976," in *Religion and the Culture of Print in Modern America*, ed. Charles L. Cohen and Paul S. Boyer (Madison: University of Wisconsin Press, 2008), pp. 271-297 (278) 에도 나온다.
33 Buckingham, *Daughter of Destiny*, pp. 187-188; Spraggett, *Kathryn Kuhlman*, pp. 12-13과 비교하라.
34 Buckingham, *Daughter of Destiny*, pp. 185-187 (의사의 편지를 인용했다).
35 Buckingham, *Daughter of Destiny*, pp. 188-189; Spraggett, *Kathryn Kuhlman*, pp. 58-61과 비교하라.
36 Russ Llewellyn, "Religious and Spiritual Miracle Events in Real-Life Experience," in *Religious and Spiritual Events*, vol. 1 of *Miracles: God, Science, and Psychology in the Paranormal*, ed. J. Harold Ellens (Westport, CT: Praeger, 2008), pp. 241-263 (255), Burgos 박사와 자신의 인터뷰를 인용했다.

13장   의학적으로 입증된 21세기의 여러 치료

1 Clarissa Romez, David Zaritzky, and Joshua W. Brown, "Case Report of Gastroparesis Healing: 16 Years of a Chronic Syndrome Resolved after Proximal Intercessory Prayer," *Complementary Therapies in Medicine* 43 (2019): pp. 289-294. 달리 설명이 붙은 곳을 제외하고, 나는 의학 저널의 보고를 그대로 따른다.
2 예외는 바이러스 감염 후의 위 마비이지만, 이것은 통상 2년 안에 해결되는데, 위 마비의 훨씬 일반적인 형태인 이번 경우와 날카로운 대조를 이룬다.
3 Romez, Zaritzky, and Brown, "Case Report," p. 293.
4 전화 인터뷰, 2020년 4월 27일.
5 Romez, Zaritzky, and Brown, "Case Report."
6 전화 인터뷰, 2020년 4월 27일. Chris의 이야기는 Bruce Van Natta, *A Miraculous Life: True Stories of Supernatural Encounters with God* (Lake Mary, FL: Charisma House, 2013), pp. 177-179에도 나온다.
7 전화 인터뷰, 2010년 5월 30일; Chauncey W. Crandall IV, *Raising the Dead: A Doctor Encounters the Miraculous* (New York: FaithWords, 2010), pp. 50-52.
8 전화 인터뷰, 2010년 5월 30일.
9 Crandall, *Raising the Dead*, p. 39, pp. 152-153.
10 Crandall 박사는 전화 인터뷰, 2010년 5월 30일에서 상세한 내용을 제공했다.
11 Crandall, *Raising the Dead*, pp. 176-178, 181-182.
12 전화 인터뷰, 2010년 5월 28일.
13 전화 인터뷰, 2010년 5월 28일. 이 진술은 Crandall, *Raising the Dead*, p. 171에도 나온다.
14 전화 인터뷰, 2010년 5월 30일. 5월 28일의 인터뷰에서 Crandall 박사는 분명한 기적이 매일 일어나지는 않지만, 충분히 자주 일어난다고 지적했다.
15 전화 인터뷰, 2010년 5월 30일. 우리가 인터뷰를 할 즈음에도, Jeff Markin 등 치료를 경험했던 Crandall 박사의 환자들과의 인터뷰를 담은 영상 자료 클립을 여전히 온라인에서 볼 수 있었다. Jeff Markin과 Chauncey Crandall을 함께 검색하면 여전히 그 이후의 다른 다양한 영상 자료 진술에 접근할 수 있다.
16 Carl Cocherell, 전화 인터뷰, 2009년 5월 2일. 이 인터뷰에서 Cocherell은 다른 치유도 받았다고 설명했다. 두 장소가 관련 있기 때문에, 그의 치유된 발목에 관한 의료 기록을 얻기까지 상당한 시간이 걸렸고, 2009년 6월 17일에 받았다. John Piippo도 Cocherell의 진술을 뒷받침한다(개인 서신, 2009년 6월 15일; 2009년 6월 18일).

17 고대 비유의 과장에 대해서는 Craig S. Keener, *The Gospel of John: A Commentary* (Grand Rapids: Baker Academic, 2003), 2:1241-1242를 보라.

18 Michael O'Neill을 인터뷰하면서, Oz 박사는 자연적 설명이 없는 종교적 상황의 치료를 언급한다("Is God behind Miraculous Cures That Have No Earthly Explanation?," Oz 박사 웹사이트, 2020년 7월 15일에 접속함, https://www.doctoroz.com/episode/god-behind-miraculous-cures-have-no-earthly-explanation).

19 Debra Gussman, "The Impossible Pregnancy," in *Miracles We Have Seen: America's Leading Physicians Share Stories They Can't Forget*, ed. Harley A. Rotbart (Deerfield Beach, FL: Health Communications, 2016), pp. 265-267.

20 Russ Llewellyn, "Religious and Spiritual Miracle Events in Real-Life Experience," in *Religious and Spiritual Events*, vol. 1 of *Miracles: God, Science, and Psychology in the Paranormal*, ed. J. Harold Ellens (Westport, CT: Praeger, 2008), p. 255, 여자 환자와 자신의 인터뷰를 인용하면서.

21 다시 Llewellyn, "Religious and Spiritual Miracle Events," 255, Llewellyn은 John T. Dearborn 박사가 보고한 "기적적" 결과(259)와 자신의 치유 사례(260)도 언급한다.

22 인터뷰, Irving, TX, 2009년 10월 29일.

23 Mirtha Venero Boza, 인터뷰, Santiago de Cuba, 2010년 8월 6일.

24 Tonye Briggs, 전화 인터뷰, 2009년 12월 14, 16일.

25 2005년 6월부터 2009년 2월까지의 기록, David Zaritzky 박사의 호의로 내가 소유함(2009년 5월에 보냄). 타액 복원의 다른 사례들은 Keener, *Miracles* (2011), 1:282, 2:716에 나온다. 『오늘날에도 기적이 일어날 수 있는가?』(새물결플러스). 물론 침샘은 방사선 치료 후 점차 회복될 수 있다는 점을 언급해야 한다.

26 William P. Wilson, "How Religious or Spiritual Miracle Events Happen Today," in Ellens, *Religious and Spiritual Events*, pp. 264-279 (269-270) (X-ray 증거는 이 단계에서의 치유를 확증했다고 전하면서). 그의 친구의 전언에 따르면, 동석했던 비그리스도인 의사는 이것을 기적이라고 인정했다.

27 Wilson, "How Religious or Spiritual Miracle Events Happen Today," pp. 270-273.

28 William Standish Reed, *Surgery of the Soul* (Old Tappan, NJ: Revell, 1969; Spire, 1973), p. 35, pp. 43-48, 52-53.

29 Christopher Woodard, *A Doctor's Faith Holds Fast* (London: Max Parrish, 1955), 특히 pp. 63-99 사이의 여러 곳에 나오는 여러 사례.

30 Ronda Wells, 개인 서신, 2019년 5월 28-29일. 지속적 태아 순환은 즉시 해결될 수 있지만, 이 아이는 "인공호흡기를 착용하고 나서 며칠 뒤에도 돌아가지 않았고 예후는 암울했다." 이제 아이는 "분홍색으로 변했고 눈을 떴으며" 간호사는 신속하게 산소를 줄였다(Wells, 개인 서신, 2020년 1월 30일).

31 Dave Walker, *God in the ICU: The Inspirational Biography of a Praying Doctor* (Sun Valley, South Africa: Tricycle, 2011), pp. 63-66.

32 David Kimberlin, "Whatever the Outcome, It Will Be Okay," in Rotbart, *Miracles We Have Seen*, pp. 80-81.

33 Ginney MacPherson, FaceTime 인터뷰, 2020년 8월 26일. MacPherson의 남편이자 Melbourne의 성공회 목사인 Peter도 인터뷰를 도와주었다. Ginney MacPherson은 Ken Fish가 기도한 뒤 일어난 불임의 치유 사례에 관한 더 광범위한 배경을 언급한다.

34 Kathleen Farrell, "The Man All Dressed in White," in Rotbart, *Miracles We Have Seen*, pp. 169-170.

35 Richard Westcott, "A Vacation Like No Other," in Rotbart, *Miracles We Have Seen*, pp. 57-60, "Can Miracles Happen?," *British Medical Journal* 325 (2002년 9월 7일, 7363호): p. 553, https://doi.org/10.1136/bmj.325.7363.553에 있는 자신의 이전 보고를 다시 논하면서. 예수님의 기적을 다루는 오늘날 동방정교회의 정통한 한 가지 접근 방식에 관해서는 Metropolitan Hilarion Alfeyev, *The Miracles of Jesus*, vol. 3 of *Jesus Christ: His Life and Teaching* (Yonkers, NY:

St. Vladimir's Seminary Press, 2020)을 보라.
36 Westcott, "Vacation Like No Other," p. 59.

14장   암 치료

1 기도한 뒤 4기 암의 증상 완화를 포함해 암이 차도를 보였다고 설명하는 ELCA 목사 Mark Mathews도, 신적 기원의 가능성을 마음 놓고 언급하지 못하는 사람들도 치유된 후 종종 이런 설명을 제시한다고 주장한다(개인 서신, 2021년 1월 1일).
2 가끔 계시의 말씀을 들은 직후 불치의 전이암이 나은 치유 사례에 대해서는, 예컨대 Robert Canton, *Miracles Never Ending* (Stockton, CA: Aimazing Publishing & Marcom, 2015), pp. 85-88, 115-117를 보라; pp. 120-121, p. 125와 비교하라.
3 내가 가진 완전한 의료 기록을 보면, 그동안 치료받지 않은 기존의 심각한 암이 최초로 실시한 생체검사 후 사라진 것이 분명하다. 하지만 생체검사는 종종 국부적 종양을 전부 제거하기 때문에, 나는 여기서 자세히 설명할 만큼 이 사건이 충분히 자연적으로 "설명할 수 없는" 사건이라고 여기지 않았다.
4 Mirko D. Grmek, *Diseases in the Ancient Greek World*, trans. Mireille Muellner and Leonard Muellner (Baltimore: Johns Hopkins University Press, 1989), p. 6를 보라.
5 모두가 동의하지는 않겠지만, Grmek(*Diseases in the Ancient Greek World*, pp. 71-72)은 더 나아가, 현대 서구에서 발생한 사망 원인 가운데 20퍼센트 이상이 암인 사실과 대조적으로, 고대 세계에서 암은 사망자 "1,000명당 1명 미만"을 차지한다고 주장하기도 한다(pp. 151, 350과 비교하라). 사망률이 높은 이유가 고대 세계의 낮은 화학적 오염이나 일반적으로 더 짧은 수명, 혹은 다른 요인과 더 깊은 관련이 있는지를 두고 여전히 논란이 오간다. Vivian Nutton [*Ancient Medicine*, 2nd ed. (New York: Routledge, 2013), p. 23]도 유방암을 제외하고 암은 드물다고 본다.
6 1944년 8월 17일 Edith Myerscough에게 보낸 편지; 1944년 9월 4일 Edith Myerscough에게 보낸 Cyril Yesson의 편지에서 언급된 내용. David Emmett은 내가 인용문으로 뽑은 W. F. P. Burton, *Signs Following* (Luton, UK: Assemblies of God Publishing House, 1949)에 접근할 기회를 포함해, 여기 언급된 모든 정보를 나에게 제공했다. Burton 전반에 대해, 이제 David Emmett, *W. F. P. Burton (1886-1971): A Pentecostal Pioneer's Missional Vision for Congo* (Leiden: Brill, 2021)를 보라.
7 *Redemption Tidings* 21 (1945년 2월 16일 4호): p. 5.
8 *Redemption Tidings* 21 (1945년 6월 22일 13호): p. 7.
9 *Congo Evangelistic Mission Report* 112 (1945년 5월): p. 896.
10 *Redemption Tidings* 21 (1945년 9월 28일, 20호): p. 6; *Congo Evangelistic Mission Report* 114 (1945년 9월): p. 912.
11 Burton 자신의 이야기를 알기 전에, 나는 Burton이 다른 사람들에 관해 알려 주었던 여러 진술을 나의 *Miracles* (2011), 1:329, 418, 551에서 언급했다. 『오늘날에도 기적이 일어날 수 있는가?』(새물결플러스).
12 H. Richard Casdorph, *The Miracles: A Medical Doctor Says Yes to Miracles!* (Plainfield, NJ: Logos, 1976), pp. 25-33; Casdorph, *Real Miracles: Indisputable Evidence That God Heals* (Gainesville, FL: Bridge-Logos, 2003), pp. 21-32. 영상 자료 간증은 "Lisa Larios's Testimony," 원래 *I Believe in Miracles*, vol. 13, *Testimonies*, Kathryn Kuhlman Foundation (2002)에서 가져옴, 유튜브 영상 자료로 볼 수 있음, 2015년 3월 1일, 22:37, https://www.youtube.com/watch?v=K-ofEHt_xy_U(2020년 1월 29일에 접속함)을 보라. Casdorph 박사 자신의 간증은 "July 16th Miracle via Kathryn Kuhlman: 'Run Lisa, Run!!,'" YouTube video, Ian Francis가 게시함, 2017년 7월 17일, 6:56, https://www.youtube.com/watch?v=s-BnQza6ONQ (2020년 8월 7일에 접속함)을 보라.
13 Casdorph, *Real Miracles*, p. 17.
14 Casdorph, *Real Miracles*, pp. 18-20.
15 C. Bernard Ruffin, *Padre Pio: The True Story*, 3rd rev. ed. (Huntington, IN: Our Sunday Visitor, 2018), pp. 454-455에서 골육종의 치유와 더불어 뼈 회복을 입증한다고 보고된 X-rays의 사례와도 비교하라.

16 James L. Garlow and Keith Wall, *Real Life, Real Miracles: True Stories That Will Help You Believe* (Minneapolis: Bethany House, 2012), pp. 206-208; p. 238에서 극적으로 신속하게 이루어진 뼈 치유와 비교하라.
17 Garlow and Wall, *Real Life, Real Miracles*, pp. 243-245.
18 번역된 형태이기는 하지만, 내가 여기서 거의 그대로 인용하는 Micael Grenholm의 *Dokumenterade Mirakler: Vetenskap, Helande och Guds Existens* (Örebro, Sweden: Sjöbergs, 2019)에 나오는 그림 7.2a와 7.2b, 7.2c에서 관련 의료 기록을 가져왔다. 추가적 설명은 2020년 1월 29일 날짜의 Grenholm의 개인 서신에서 가져왔다. 말기 췌장암이 치유된 또 다른 보고는 Randy Clark, *Eyewitness to Miracles: Watching the Gospel Come to Life* (Nashville: Nelson, 2018), pp. 30-32를 보라. 치유된 남성 Tony Ellis는 마침내 환자들을 위해 스스로 기도하기 시작했다.
19 Harold J. Sala, *What You Need to Know about Healing: A Physical and Spiritual Guide* (Nashville: B&H, 2013), pp. 106-108, 여기에는 2011년 2월 14일 자 Cope 박사의 개인 서신과 더불어 John Margosian의 가족들의 서신이 포함된다. Sala는 다른 극적인 암 치유를, 예컨대 pp. 149-150(또한 35-38, 50, 129-133, 147-148의 다양한 극적 치유)에서 언급하면서, Charles Swindoll, *Flying Closer to the Flame* (Dallas: Word, 1993), pp. 198-200에 보고된 암 치유도 언급한다. David Chotka도 전이된 말기 췌장암이 치유된 자신의 목회적 경험에 대해, 당시 근간 예정이던 Maxie Dunnam과의 공동 저서[*Healing Prayer Is God's Idea* (Amazon, 2021)]의 일부를 나에게 공유했다.
20 Brian Wills, *10 Hours to Live: A True Story of Healing and Supernatural Living* (New Kensington, PA: Whitaker House, 2010), p. 19. *The 700 Club*의 한 프로그램은 Wills의 사례에 친숙한 여러 의사의 일부 의료 기록과 인터뷰를 보여 준다. "Brian Wills' Testimony of Healing on The 700 Club," 유튜브 영상 자료, Healing4Nations이 게시함, 2012년 11월 16일, 6:46, https://www.youtube.com/watch?v=hIsndQ_aglk (2020년 5월 12일에 접속함).
21 Wills, *10 Hours to Live*, p. 22.
22 Wills, *10 Hours to Live*, p. 27.
23 Daniel Fazzina, *Divine Intervention: 50 True Stories of God's Miracles Today* (Lake Mary, FL: Charisma House, 2014), pp. 150-153. 부분적으로 John의 담당 의사의 인터뷰에 근거한 (Fazzinan의 책 p. 221에서 제시된) 2007년의 어느 의학 보고서에서도, 뇌하수체 종양을 제거하기 위해 John의 왼쪽 이마에 개두술을 시행했는데 훨씬 최근의 MRI에서는 뇌하수체 종양이 없었다고 보고한다.
24 Garlow and Wall, *Real Life, Real Miracles*, pp. 176-182.
25 개인적 대화, 2010년 5월 22일; 후속 개인 서신, 2010년 5월 22, 26일; 2010년 6월 7, 9일; 2020년 6월 26일. 나는 Carol의 요청에 따라 성을 밝히지 않았다. Carol은 즉각적으로 회복되지는 않았고 생체검사는 종양이 악성이었는지에 대해 결론을 내리지 못했다. 그러나 양성 뇌종양도 "보통은 사라지지 않는다"(Nicole Matthews 박사, 개인 서신, 2010년 5월 25일).
26 Candy Gunther Brown, *Testing Prayer: Science and Healing* (Cambridge, MA: Harvard University Press, 2012), pp. 254-255는 그의 이야기를 공유한다(당시 차별을 우려해 가명을 사용했다).
27 Fred Ankai-Taylor, WhatsApp 인터뷰, 2020년 8월 31일. 둘 다를 아는 소중한 친구이자 의사인 Victor Agbeibor가 Ankai-Taylor 목사를 나에게 언급해 주었다.
28 Mark J. Mathews, 개인 서신, 2021년 1월 1, 2, 5, 6일; Carol Halme, 개인 서신, 2021년 3월 3, 5일. 이 ELCA 목사는 나에게 공유하기에는 너무나 특이한 다른 여러 이례적 사건들과 더불어, "서른대여섯 가지 치유 사건"에 관여했다(Mark Mathews, 개인 서신, 2021년 3월 8일).
29 Patrick Marnham, *Lourdes: A Modern Pilgrimage* (New York: Coward, McCann & Geoghegan, 1981), p. 191; Ruth Cranston, *The Miracle of Lourdes: Updated and Expanded Edition by the Medical Bureau of Lourdes* (New York: Image Books, 1988), pp. 289-290도 보라.
30 Barbara A. Neilan, "The Miraculous Cure of a Sarcoma of the Pelvis: Cure of Vittorio Micheli at Lourdes," *Linacre Quarterly* p. 80 (2003년 3호): pp. 277-281 (277-278). 나는 이 자료를 Joseph Bergeron 박사에게 빚지고 있다. Neilan은 *Journal of Orthopedic Surgery*에서 이 사례의 보고서도 언급한다.

31 Marnham, *Lourdes*, pp. 195-196 (Micheli의 자료 일체가 pp. 198-216에 나온다).
32 Neilan, "Miraculous Cure," p. 279.
33 Jim Garner, "Spontaneous Regressions: Scientific Documentation as a Basis for the Declaration of Miracles," *Canadian Medical Association Journal* 111 (1974년 12월 7일): p. 1259. Neilan, "Miraculous Cure," p. 280도 보라; Cranston, *Miracle of Lourdes*, p. 306과 비교하라.
34 S. J. Dowling, "Lourdes Cures and Their Medical Assessment," *Journal of the Royal Society of Medicine* p. 77 (8, 1984): pp. 634-638, https://doi.org/10.1177/014107688407700803; Cranston, *Miracle of Lourdes*, p. 311.
35 Cranston, *Miracle of Lourdes*, pp. 127-129.
36 Allen Spraggett, *Kathryn Kuhlman: The Woman Who Believes in Miracles* (Cleveland: World, 1970), pp. 29-30. 말기 인후암의 치유 보고는 Ruffin, *Padre Pio*, p. 377를 보라.
37 J. Harold Ellens, "Biblical Miracles and Psychological Process: Jesus as Psychotherapist," in *Religious and Spiritual Events*, vol. 1 of *Miracles: God, Science, and Psychology in the Paranormal*, ed. J. Harold Ellens (Westport, CT: Praeger, 2008), pp. 1-14 (11). 더 높은 비율은, Patrick McNamara and Reka Szent-Imrey, "What We Can Learn from Miraculous Healings and Cures," in Ellens, *Religious and Spiritual Events*, pp. 208-220 (209)와 비교하라. 더 낮은 비율은 Jeanne Lenzer, "Citizen, Heal Thyself," *Discover: Science, Technology, and the Future* 28 (2007년 9월, 9호): pp. 54-59, p. 73과 비교하라.
38 Ken Fish는 자신의 사역 중 특별한 시기에 자신과 동료들이 기도했던 수백 명의 4기(0-4 범위에서) 암 환자 중 대다수(그는 99퍼센트 이상으로 추산했다)가 치유되는 것을 보았다고 내게 알려 주었다(전화 인터뷰, 2020년 1월 22일).

15장 암에서 회복된 의사들

1 C. Bernard Ruffin, *Padre Pio: The True Story*, 3rd rev. ed. (Huntington, IN: Our Sunday Visitor, 2018), pp. 434-436.
2 Ruth Lindberg, "The Story of My Healing," *Ruth Lindberg* (블로그), 2021년 3월 2일에 접속함. http://ruthlindberg.com/the-story-of-my-healing/를 보라.
3 앞서 언급했듯이, 이 스캔 사진은 Lindberg, "Story of My Healing"에서도 볼 수 있다.

16장 눈먼 사람들이 지금도 보는가? 목격자들 이야기

1 예컨대, 막 8:22-26; 10:46-52; 마 11:5 · 눅 7:22; 마 12:22; 15:30-31; 21:14; 눅 7:21; 요 9:7.
2 Augustine, *Confessions* 9.7.16. 『고백록』(대한기독교서회). Nathan M. Herum, "Augustine's Theology of the Miraculous" (박사 학위, Beeson Divinity School, 2009), pp. 43-45도 보라.
3 James Moore Hickson, *Heal the Sick*, 2nd ed. (London: Methuen, 1924), pp. 65-66에서 인용됨; 정보 제공자는 다른 사례도 들었지만 아직 조사하지 못했다고 설명한다.
4 Hickson, *Heal the Sick*, p. 76.
5 C. Bernard Ruffin, *Padre Pio: The True Story*, 3rd rev. ed. (Huntington, IN: Our Sunday Visitor, 2018), pp. 372-375에서 의미 있는 증거를 인용한다. pp. 376-377에 나오는 또 다른 시력 향상의 사례도 보라.
6 Allen Spraggett, *Kathryn Kuhlman: The Woman Who Believes in Miracles* (Cleveland: World, 1970), p. 26.
7 Keener, *Miracles* (2011), 1:510-523를 보라. 『오늘날에도 기적이 일어날 수 있는가?』(새물결플러스). 이후에 발간된 실명의 치유에 관한 진술은 예컨대, Colin Dye, *The God Who Heals: Hope for a Hurting World* (Weybridge, UK: New Wine, 2013), p. 27; Randy Clark, *Eyewitness to Miracles: Watching the Gospel Come to Life* (Nashville: Nelson, 2018), pp. 3-9.
8 Bungishabaku Katho, 인터뷰, Wynnewood, PA, 2009년 3월 12일.

9 우리 가족의 친한 친구가 된 Yolanda는 2006년에 이 진술을 구두로 보고했고, 2008년 10월 3일에 나에게 글로 확인해 주었다. Paul Mokake는 2009년 5월 13일에 나에게 이 이야기를 재확인해 주었다.
10 Ethan Lintemuth, 개인 서신, 2019년 2월 24일; 2019년 3월 11일; 2019년 5월 5일. 내가 나이지리아에서 강의했을 때 한 학생도 자기가 기도해 준 어떤 사람의 실명 치유에 대해, 전과 후에 찍은 그 사람의 사진과 함께 사례를 알려 주었다(2013년 5월 29일).
11 Shelley Hollis, 전화 인터뷰, 2009년 1월 10일.
12 Bruce Collins, 전화 인터뷰, 2009년 4월 11일.
13 Julie C. Ma, *Mission Possible: The Biblical Strategy for Reaching the Lost*, 2nd ed. (Oxford: Regnum, 2016), pp. 80-81.
14 Clark, *Eyewitness to Miracles*, pp. 7-9. Clark는 브라질 Fortaleza에서 시신경이 끊어진 채 태어난 한 남성에게 일어난 시력의 회복을 보고한다[Randy Clark and Mary Healy, *The Spiritual Gifts Handbook: Using Your Gifts to Build the Kingdom* (Bloomington, MN: Chosen Books, 2018), p. 163].
15 전화 인터뷰, 2021년 3월 27일; 더 상세한 내용은 Lee Strobel, *The Case for Miracles: A Journalist Investigates Evidence for the Supernatural* (Grand Rapids: Zondervan, 2018), pp. 18-19, p. 26를 보라.
16 Robert Canton, *Miracles Never Ending* (Stockton, CA: Aimazing Publishing & Marcom, 2015), pp. 147-148; 태어날 때부터 실명한 눈의 치유에 대한 다른 주장은 p. 168, 195를 보라.
17 Canton, *Miracles Never Ending*, p. 143. 시력과 관련된 다른 증언은 Canton의 pp. 135-148, p. 196, 248를 보라; Daniel Kolenda, *Impact Africa: Demonstrations of the Real Power of Jesus Christ Today* (Orlando: Christ for All Nations, 2015), p. 61, 86, 94, 106, 116, 120, pp. 124-125, p. 145, 157, 222, 226, 262, pp. 285-289, p. 298, pp. 322-323; Damian Stayne, *Lord, Renew Your Wonders: Spiritual Gifts for Today* (Frederick, MD: The Word Among Us Press, 2017), p. 105, 123.
18 Alice Kirsch, 개인 서신, 2012년 4월 12, 14일.
19 Tom Parrish, 인터뷰, Birmingham, AL, 2014년 2월 5일; 개인 서신, 2014년 2월 8일.
20 Chester Allan Tesoro, 인터뷰, 필리핀, Baguio, 2009년 1월 30일.
21 Flint McGlaughlin, 개인 서신, 2009년 2월 6-7일.
22 Robin Shields, 개인 서신(사진과 함께), 2009년 2월 7-8일.
23 Rolland Baker and Heidi Baker, *Always Enough: God's Miraculous Provision among the Poorest Children on Earth* (Bloomington, MN: Chosen Books, 2003), p. 76 (pp. 171-173에서 그러한 다른 사건을 언급하면서). 대부분의 연구는 수술이 백내장의 유일한 선택지임을 보여 준다 (Nicole Matthews 박사, 개인 서신, 2009년 4월 1일).
24 개인 서신, 2016년 5월 28일. 박사 논문은 Donald R. Kantel, "The 'Toronto Blessing' Revival and Its Continuing Impact on Mission in Mozambique" (목회학 박사, Regent University, 2007)이다.
25 Don Kantel, *Supernatural Missions: The Impact of the Supernatural on World Missions*, "Development Aid as Power Evangelism: The Mieze Model," ed. Randy Clark (Mechanicsburg, PA: Global Awakening, 2012), p. 375.

17장 눈먼 사람들이 지금도 보는가? 의사들 이야기

1 Clarissa Romez et al., "Case Report of Instantaneous Resolution of Juvenile Macular Degeneration Blindness after Proximal Intercessory Prayer," *Explore: The Journal of Science and Healing* 17 (2021년 1-2월, 1호): pp. 79-83, https://doi.org/10.1016/j.explore.2020.02.011.
2 개인 정보 보호 협약에 따라, 저널에서는 환자의 이름을 밝히지 않는다.
3 Romez et al., "Case Report of Instantaneous Resolution," p. 2.
4 이 사례에서, 이것은 스타르가르트병의 극단적 형태였다(Romez et al., "Case Report of Instantane-

ous Resolution," 3).
5. Romez et al., "Case Report of Instantaneous Resolution," p. 3.
6. Mary Healy, *The Gospel of Mark*, Catholic Commentary on Sacred Scripture (Grand Rapids: Baker Academic, 2008), p. 108에 진술된 12년간의 마비 후 치유 사례도 주목하라.
7. Andrea Anderson, 전화 인터뷰, 2020년 6월 24일; 2020년 7월 17일; 2020년 8월 5일. 나는 이 이야기를 Dean Merrill, *Miracle Invasion: Amazing True Stories of the Holy Spirit's Gifts at Work Today* (Savage, MN: BroadStreet, 2018), pp. 27-29에서 이 사례를 처음 알게 되었다. 영상 자료는 온라인에서 볼 수 있다. "Andrea's Testimony 'Healed of Blindness,'" Vimeo 영상 자료, Bethel Sarnia가 게시함, 2020년 5월 13일에 접속함, 5:53, https://vimeo.com/196310250. Dean Merrill은 Elvira Higgins에 관한 진술에서, 당뇨로 인한 설명에서 치유된 또 다른 사례도 보고한다(Merrill, *Miracle Invasion*, pp. 100-102).
8. Andrea Anderson, 전화 인터뷰, 2020년 8월 5일; Tim Gibb, 개인 서신, 2020년 8월 5일; Cayden Gibb, 개인 서신, 2020년 11월 24일.
9. Tim Gibb, 개인 서신, 2020년 6월 22일.
10. Henri Nissen, *The God of Miracles: A Danish Journalist Examines Healings in the Ministry of Charles Ndifon* (Copenhagen: Scandinavia Publishing House, 2003), pp. 7-9, 23-30. 이 책은 다음과 같은 다른 많은 치유를 진술한다. Charles Ndifon이 기도했을 때 자신이 치유되었다는 사실에 극히 놀랐던 이란의 한 망명자, Mariam Ghias의 치유(pp. 89-92, 텔레비전 인터뷰를 언급하면서), 다른 설명의 사례들(p. 106, pp. 121-122, p. 204), 치유되어 회심한 한 무신론 간질 환자(p. 115), 또한 청각장애(p. 140, 151). Dragos Bratasanu 박사는 내가 이 자료에 주목하게 했다.
11. Lee Schnabel, 개인 서신, 2020년 1월 29일, 눈 검사 사본 및 Kent Gross의 간증 링크와 함께. Lee Schnabel, "Men Legally Blind Has Vision Restored to 95% in Albany, OR," 유튜브 영상 자료, 2019년 7월 7일, 1:00, https://www.youtube.com/watch?v=wKDKzf9h5kA (2020년 1월 29일; 2021년 5월 20일에 접속함). 또한 Lee Schnabel, "Video Healing Testimonies," Capaz: Capacitación interactive de discípulos, 2021년 3월 2일에 접속함, https://capaz.info/healing-testimonies/에서 Gross의 더 긴 간증도 보라; Kent Gross, 개인 서신, 2020년 12월 19일.
12. Carolyn Moore, 줌 인터뷰, 2020년 12월 15일; 개인 서신, 2020년 12월 15일; Carolyn Moore가 12월 15일에 나에게 보내 준 Cheryl Scroggins의 증언 영상 자료; Cheryl Scroggins, 개인 서신, 2021년 1월 4일.
13. 의료 보고서에는 다음과 같은 것이 포함되어 있다. 안과 망막전위도검사 보고서와 골드만 시야계 측정 다이어그램(Goldmann perimetry visual fields ophthalmic diagram)(1999년 5월 20일); Richard G. Weleber 박사가 Bradley Seely 박사에게 보낸 사례 설명(1999년 5월 31일); 검안사 John Boyer가 오리건 시각장애인 위원회의 Linda Mock에게 보낸 보고서(1999년 6월 23일); 오리건 시각장애인 위원회의 Patrick McDonnell이 작성한 사례 설명(1999년 11월 3일) 등이다. Greg Spencer의 증언 (의료 기록과 함께)은 온라인으로 https://youtu.be/i7WJeyEomhs에 나온다(2021년 3월 23일에 접속함).
14. "Cleansing the Mind," Men's Retreat, 2002년 4월 19-21일.
15. 의료 보고서에는 Jon Burpee, 박사의 보고서(2002년 5월 3일)도 포함된다. 사회 보장국의 통지서 (2003년 6월 12일)도 보라. 이 이야기에 대해 Terrell Clemmons, "Jesus of Testimony," *Right Angles* (블로그), 2014년 2월 27일, https://terrellclemmons.com/2014/02/27/jesus-of-testimony/도 보라. Elliott과 Ethan Nesch가 *Jesus of Testimony* 영상 자료를 위해 나를 인터뷰했을 때 이 사례를 처음 알게 되었다.
16. Joel Lantz, 개인 서신, 2014년 11월 1-2, 4일; 2015년 1월 16일; Lantz, *Bridges for Honest Skeptics*, 3rd ed. (n.p.: Joel Lantz, 2016), pp. 616-667, https://www.obooko.com/free-philosophy-books/bridges-for-honest-skeptics-lantz에서 무료로 볼 수 있음.
17. Nonyem E. Numbere, *A Man and a Vision: A Biography of Apostle Geoffrey D. Numbere* (Diobu, Nigeria: Greater Evangelism Publications, 2008), p. 121 (186, pp. 189-190, 210와 비교하라); Nonyem E. Numbere, 개인 서신, 2010년 1월 6, 13일. 우리 둘 다를 아는 친구 Danny Mc-

Cain이 우리를 소개했다(개인 서신, 2009년 7월 11일).
18 Wayne E. Warner, *Kathryn Kuhlman: The Woman behind the Miracles* (Ann Arbor, MI: Servant, 1993), pp. 132-134; Allen Spraggett, *Kathryn Kuhlman: The Woman Who Believes in Miracles* (Cleveland: World, 1970), pp. 71-75, p. 137.
19 Rex Gardner, *Healing Miracles: A Doctor Investigates* (London: Darton, Longman & Todd, 1986), pp. 20-21; Gardner, "Miracles of Healing in Anglo-Celtic Northumbria as Recorded by the Venerable Bede and His Contemporaries: A Reappraisal in the Light of Twentieth-Century Experience," *British Medical Journal* 287 (1983년 12월 24-31일): p. 1929.
20 Renay Poirier with Jane A. G. Kise, *I Once Was Blind: The Miracle of How Renay Poirier Regained His Sight* (Allen, TX: SunCreek Books, 2003). 안타깝게도, 치유되고 나서 몇 년 후, 한 뉴스 기사에 따르면 Poirier는 외설적 행동을 한 혐의로 기소되었다. 다만 Poirier가 이 사건에 앞서 설명했듯이, 그는 (혹은 다른 누구라도) 치유를 받을 만한 자격을 갖추지 못했다. 치유는 하나님의 선물이었다.
21 Poirier, *I Once Was Blind*, p. 19; 상처에 대해서는 pp. 13-20를 보라.
22 Poirier, *I Once Was Blind*, p. 196; 기적에 대해서는 pp. 192-200를 보라.
23 Paul P. Parker, "Suffering, Prayer, and Miracles," *Journal of Religion and Health* 36 (1997년 3호): pp. 205-219 (216). 찔린 눈에 관한 또 다른 치유 사례는, Jacalyn Duffin, *Medical Miracles: Doctors, Saints, and Healing in the Modern World* (Oxford: Oxford University Press, 2009), p. 64를 보라.

18장 다리 저는 사람이 지금도 걷는가? 반사 교감신경 이상증

1 나는 "God's Voice"(1998년에 방영된 성탄절 *It's a Miracle* 에피소드)와 1996년 9월 20일에 방영된 *Unsolved Mysteries* 시리즈의 한 에피소드를 조합하여 이 이야기를 진술한다.
2 Ema McKinley with Cheryl Ricker, *Rush of Heaven: One Woman's Miraculous Encounter with Jesus* (Grand Rapids: Zondervan, 2014). 나는 이 이야기를 Daniel Fazzina, *Divine Intervention: 50 True Stories of God's Miracles Today* (Lake Mary, FL: Charisma House, 2014), pp. 211-214에서 처음으로 알게 되었다. McKinley와 그녀를 알았던 이들의 영상 자료 증언과 더불어 사진은 다음을 보라. Christian Broadcasting Network, "A Christmas Eve Miracle Restores a Crippled Life," *The 700 Club*, 유튜브 영상 자료, 2012년 12월 25일, 6:40, https://www.youtube.com/watch?v=htMhEUv9aGQ (2020년 7월 14일에 접속함).
3 McKinley, *Rush of Heaven*, p. 198.
4 McKinley, *Rush of Heaven*, p. 206.
5 McKinley, *Rush of Heaven*, pp. 217-218.
6 McKinley, *Rush of Heaven*, pp. 219-220.
7 McKinley, *Rush of Heaven*, p. 221.
8 McKinley, *Rush of Heaven*, 사진 갤러리 (p. 96 이후).
9 Mayo Clinic의 의료 보고서는 Fazzina, *Divine Intervention*, p. 223에 나온다. 전체 보고서는 (재조판된 형태이긴 하지만) McKinley, *Rush of Heaven*, pp. 243-265에 나온다.

19장 다리 저는 사람이 지금도 걷는가? 말린의 뇌성마비

1 Dean Merrill, *Miracle Invasion: Amazing True Stories of the Holy Spirit's Gifts at Work Today* (Savage, MN: BroadStreet, 2018), pp. 67-73; Marlene Klepees, 전화 인터뷰, 2020년 6월 16일. Marlene의 간증은 Christian Broadcasting Network, "Woman Healed of Cerebral Palsy through Vision," *The 700 Club*, 유튜브 영상 자료, 2010년 3월 25일, 5:24, https://www.youtube.com/watch?v=z4TN2uxS7DA (2020년 5월 13일에 접속함)에서 온라인으로도 볼 수 있다. 이 영상 자료는 또한 여러 의료 기록도 보여 준다. 다른 세부 사항은 *It's Supernatural!* (https://www.

youtube.com/watch?v=4bsKnpOYMUs, 2021년 3월 23일 접속함)에서 Sid Roth와 Marlene의 인터뷰에 나온다. 나는 전에 Marlene을 인터뷰했고 그녀의 의사의 진술을 읽었던 Randall Bach의 자문도 구했다(개인 서신, 2020년 5월 22일). 이 인터뷰는 "Healing—Full Klepees Interview," Vimeo 영상 자료, Open Bible Churches에서 게시함, 2021년 3월 2일에 접속함, 29:16, https://vimeo.com/208727554에서 (그녀의 간증 뒤에) 볼 수 있다. 약간 요약된 문서 형태로는 "Miraculously Healed of Cerebral Palsy: An Interview with Marlene Klepees and Scott Emerson," *Message of the Open Bible*, 2017년 3월, pp. 4-7를 보라.
2 Merrill, *Miracle Invasion*, p. 71.
3 Christian Broadcasting Network, "Healed from 'Suicide Disease' with a Touch and a Prayer," *The 700 Club*, 2020년 7월 23일에 접속함, https://www1.cbn.com/healed-suicide-disease-touch-and-prayer를 보라.

20장   다리 저는 사람이 지금도 걷는가? 브라이언의 척추 손상

1 Matthew Suh, FaceTime 인터뷰, 2020년 8월 26일; Bryan과 Meg LaPooh, FaceTime 인터뷰, 2020년 8월 29일; Ken Fish, 문자 메시지, 2020년 8월 26일; Bryan의 치유 영상 자료와 그의 감동적인 영상 자료 증언[영상 자료 증언은 "Miraculous Healing from God," 유튜브 영상 자료, Memorable Moments에서 게시됨, 2019년 9월 11일, 27:34, https://www.youtube.com/watch?v=vYM-MYbkKz0U&feature=youtu.be(2020년 8월 27일에 접속함)에서 볼 수 있다], Bryan과 Meg LaPooh가 보내 줌, 2020년 8월 27일; Eric Metaxas의 인터뷰, "Ken Fish and Bryan La Pooh, Kingdom Fire Ministries," *The Eric Metaxas Radio Show*, 유튜브 영상 자료, 2019년 11월 7일, 1:06:35, https://www.youtube.com/watch?v=Z9UX2oGzdJc&feature=emb_logo&ab_channel=TheEricMetaxasRadioShow (2020년 8월 30일에 접속함); Julia Voytovich Ososkalo, 개인 서신, 2020년 10월 1일, Bryan이 처음으로 걷는 아이폰의 첨부 영상 자료를 포함했다.
2 Julia Ososkalo, 개인 서신, 2020년 10월 1일.
3 Julia Ososkalo, 개인 서신, 2020년 10월 1일.
4 Julia Ososkalo, 개인 서신, 2020년 10월 3일.
5 2020년 6월 18일, 의료 보고서, 2018년 5월 10일과 2019년 2월 14일의 치유 전 보고서와 함께 2020년 9월 1일에 나에게 보내 주었다.

21장   다리 저는 사람이 지금도 걷는가? 짧은 사례들

1 Keener, *Miracles* (2011), 특히 1:523-536를 보라. 『오늘날에도 기적이 일어날 수 있는가?』(새물결플러스).
2 예컨대, 연합 복음주의 교회(United Evangelical Churches) 의장인 Robert Fort는 16년간 왼쪽이 마비되었던 한 남성이 치유되어 교회를 뛰어다닌 사건을 보고한다[Dean Merrill, *Miracle Invasion: Amazing True Stories of the Holy Spirit's Gifts at Work Today* (Savage, MN: BroadStreet, 2018), pp. 139-141]; Bruce Van Natta, *A Miraculous Life: True Stories of Supernatural Encounters with God* (Lake Mary, FL: Charisma House, 2013), pp. 117-119에서는 2009년 8월에 온두라스에서 자기가 기도해 준 어느 마비된 여성이 완전히 치유되었다고 진술한다(pp. 144-145에 있는 발 치유 사례와도 비교하라). 다수의 목격자 진술은 다음을 보라. Daniel Kolenda, *Impact Africa: Demonstrations of the Real Power of Jesus Christ Today* (Orlando, FL: Christ for All Nations, 2015), p. 78, 82, 101, 110, 132, 168, 170, 186, 190, 331, 336, 342 (41, 45, 172, 196, 237, 248, 290의 마비); Randy Clark, *Eyewitness to Miracles: Watching the Gospel Come to Life* (Nashville: Nelson, 2018), pp. 10-23; Robert Canton, *Miracles Never Ending* (Stockton, CA: Aimazing Publishing & Marcom, 2015), pp. 174-197; Damian Stayne, *Lord, Renew Your Wonders: Spiritual Gifts for Today* (Frederick, MD: The Word Among Us Press, 2017), p. 105, 123.
3 Canton, *Miracles Never Ending*, pp. 194-195에 있는 Vince Nguyen의 편지.

4 다리가 며칠에 걸쳐 15센티미터 자람으로써, 성인이 되어 처음으로 도움 없이 걸을 수 있었던 사건에 관한 목격자 진술은 Francis MacNutt, *The Power to Heal* (Notre Dame, IN: Ave Maria, 1977), pp. 51-54를 보라.
5 Brandon Hammonds, 2020년 11월 2일에 박사과정 세미나에서 알려 주었다. 후속 개인 서신, 2020년 11월 13일.
6 Marianne Sommer, 인터뷰, Bouaké, Côte d'Ivoire, 2012년 7월 23-24일; 개인 서신, 2012년 10월 19일. Dwight Haymon, *When Lambs Become Lions* (Atlanta: Lifegate, 2013), pp. 11-12도 보라.
7 Marianne Sommer, 인터뷰, Bouaké, Côte d'Ivoire, 2012년 7월 24일; 개인 서신, 2012년 10월 19일, 여러 의료 기록과 함께 보내 주었다.
8 C. Douglas Weaver, *The Healer-Prophet: William Marrion Branham; A Study of the Prophetic in American Pentecostalism* (Macon, GA: Mercer University Press, 2000), p. 57를 보라. David Edwin Harrell Jr., *All Things Are Possible: The Healing and Charismatic Revivals in Modern America* (Bloomington: Indiana University Press, 1975), p. 35와 비교하라. 설교자(Branham)의 과장은 "Congressman Upshaw," Believe the Sign, 2020년 3월 24일에 마지막으로 수정이 이루어졌다. http://en.believethesign.com/index.php/Congressman_Upshaw를 보라.
9 David Chang, FaceTime 인터뷰, 2020년 8월 30일.
10 Matthew Suh, FaceTime 인터뷰, 2020년 8월 26일 (2020년 8월 29일에 보낸 설명이 첨부된 영상 자료). Suh 박사의 치유는 Ken Fish, 개인 서신, 2020년 8월 23일에서도 설명된다.
11 Tim Stafford, *Miracles: A Journalist Looks at Modern-Day Experiences of God's Power* (Minneapolis: Bethany House, 2012), pp. 11-19, 24-27, 30-32, 214-215.
12 Clark, *Eyewitness to Miracles*, pp. 10-12. Randy는 pp. 12-14에 나오는 취소된 절단 수술과 비슷한 경험을 진술한다. 또 다른 극적인 치유 상황은 Randy Clark and Mary Healy, *The Spiritual Gifts Handbook: Using Your Gifts to Build the Kingdom* (Bloomington, MN: Chosen Books, 2018), p. 162를 보라. 막 잘린 엄지손가락 힘줄이 기도 후 하루 안에 치유되어 예정된 수술이 취소된 사건은 Stayne의 *Lord, Renew Your Wonders*, p. 130를 보라.
13 "Eyewitness to Miracles," Global Awakening, 2020년 6월 10일에 접속함, https://globalawakening.com/eyewitnesstomiracles에서 볼 수 있다.
14 Clark, *Eyewitness to Miracles*, pp. 19-21; 여러 추가적 세부 사항이 앞의 미주에서 언급된 영상 자료 "Eyewitness to Miracles"에 나온다.
15 Mary Healy, *The Gospel of Mark*, Catholic Commentary on Sacred Scripture (Grand Rapids: Baker Academic, 2008), p. 108; 2020년 6월 11일의 개인 서신으로 세부 내용을 보완했다; 2020년 7월 1일.
16 가까운 목격자들의 보고를 포함해 Green의 이야기는 Christian Broadcasting Network, "Jermaine Green Walks after Being Paralyzed (2 Years in Wheelchair)," 유튜브 영상 자료, Michelle Wilson Media에서 게시함, 2019년 4월 25일, 5:35, https://www.youtube.com/watch?v=wvf-xWedRSc (2020년 7월 15일에 접속함).
17 James L. Garlow and Keith Wall, *Miracles Are for Real: What Happens When Heaven Touches Earth* (Minneapolis: Bethany House, 2011), pp. 190-196.
18 Garlow and Wall, *Miracles Are for Real*, p. 191.
19 예를 들어, 그녀의 회복은 즉각적이거나 (내가 인터뷰한 시점처럼) 완전하지는 않았지만, 온전한 의료 보고서는 워싱턴주 Spokane에 사는 Diane M. Young의 외상성(또한 대개 치명적인) 척추 손상과 이례적으로 긍정적인 회복을 확인해 준다(전화 인터뷰, 2014년 12월 21일, 열여섯 건의 검증된 의료 기록과 함께 제공했다). Young은 20년간 의료 마사지 치료사로 일했고, 그래서 의료 기록을 어떻게 얻는지 알았다.
20 계속되는 기질적 질환에도 불구하고 온전한 기능적 치료가 일어난 다른 여러 사례도 있다. 예컨대, Ruth Cranston, *The Miracle of Lourdes: Updated and Expanded Edition by the Medical Bureau of Lourdes* (New York: Image Books, 1988), p. 136; Caryle Hirschberg and Marc Ian Barasch, *Remarkable Recovery: What Extraordinary Healings Tell Us about Getting*

Well and Staying Well (New York: Riverhead, 1995), pp. 113-115; Stayne, *Lord, Renew Your Wonders*, p. 130를 보라. Sarah Norwood의 부러진 목에 관한 진술도 주목하라: Douglass Norwood, 인터뷰, Philadelphia, 2006년 6월 6일 [Keener, *Miracles* (2011), 1:438에서]. 또 다른 사례에서, Ronald Coyne은 빈 안와를 통해 보는 것 같았다. 마술사들이 어떻게 이와 같이 시력을 그럴듯하게 위조할 수 있는지 Martin Ward가 나에게 설득력 있게 보여 준 뒤(2019년 2월 20일), 나는 Coyne이 안내 밑에 살짝 개봉된 구멍을 통해 안대로 가린 다른 눈을 통해 보고 있다고 판단했다. 그런데 Joseph Bergeron 박사는, Coyne을 직접 검사했고 눈을 어떻게 가리는지 아는 안과의사 Elizabeth Vaughan의 대단히 긍정적인 결론을 고려해 보라고 나에게 도전했다(개인 서신, 2020년 8월 20일). Gypsy Hogan, "'The Man with the Miracle Eye' Uses His Power to Spread Word of God," *Oklahoman*, 1982년 5월 16일, https://oklahoman.com/article/1983808/the-man-with-the-miracle-eye-uses-his-power-to-spread-word-of-god을 보라.
21 Linnette Pilar, FaceTime 인터뷰, 2020년 8월 27일; Ken Fish, 전화 인터뷰, 2020년 8월 23일; Matt Bennett, 개인 서신, 2020년 8월 26일에도 목격자의 치유 사례를 확인했다.
22 Ken Fish, 개인 서신과 영상 자료, 2021년 3월 31일; Fish와 두 명의 동역자의 유튜브 라이브 토론, 2021년 4월 21일.
23 Robert A. Larmer, *The Legitimacy of Miracle* (Lanham, MD: Lexington Books, 2013), pp. 200-202; Larmer, 개인 서신, 2009년 8월 4일.
24 다발경화증의 다른 치유도 보고된다. 예컨대, Dustin Hedrick, *A Warrior's Battle* (Olin, NC: DHM Publishing, 2016), 7-8장, 특히 pp. 85-86, 107-112(p. 110의 사진을 포함해)를 보라.
25 *Healing Prayer Is God's Idea: Embracing God's Invitation to Intercede* (Amazon, 2021). 여러 추가적 치유 진술이 담긴 개인 서신을 보내 준 David Chotka(2021년 2월 27일)와 Maxie Dunnam(2021년 2월 24, 26일)에게 감사한다.
26 David는 Elizabeth가 "지난 3년간 FSH 근육퇴행위축 증상에서 벗어났다"라는 점을 입증하는, 2013년 1월 16일의 의사 메모를 나에게 보냈다(2021년 3월 4일).
27 Maura Poston Zagrans, *Miracles Every Day: The Story of One Physician's Inspiring Faith and the Healing Power of Prayer* (New York: Doubleday, 2010), pp. 144-145.
28 Chauncey W. Crandall IV, *Raising the Dead: A Doctor Encounters the Miraculous* (New York: FaithWords, 2010), p. 152.
29 Crandall, *Raising the Dead*, p. 155.
30 Mirtha Venero Boza, 인터뷰, Santiago de Cuba, 2010년 8월 6일. 치유 전에 의사들은 다리가 너무 굽었기 때문에 다리를 고정시켰다.
31 Teri Speed, *The Incurables: Unlock Healing for Spirit, Mind, and Body* (Lake Mary, FL: Creation House, 2007), pp. 17-23 (Speed는 의사이자 목격자다).
32 Michael McClymond, 개인 서신, 미발간 원고와 전화로 이루어진 대화, 2011년 1월 3일; 2011년 1월 5일에 나에게 보내 준 (Mayo Clinic의 상세한 검사 결과를 포함해) 전과 후의 방대한 의료 기록.
33 Nonyem E. Numbere, *A Man and a Vision: A Biography of Apostle Geoffrey D. Numbere* (Diobu, Nigeria: Greater Evangelism Publications, 2008), p. 415; Numbere, 개인 서신(사진을 포함해), 2010년 1월 6, 13일.

22장   나병 환자가 지금도 깨끗하게 되는가? 가시적 치유

1 예를 들어, 몰로카이섬의 Damien 신부와 Paul Brand 박사, Ruth Pfau 박사를 비롯한 다른 많은 사람이 오늘날 치료한 나병은 한센병이다. 고대의 피부병과 나병에 관한 논의는 예컨대, Mirko D. Grmek, *Diseases in the Ancient Greek World*, trans. Mireille Muellner and Leonard Muellner (Baltimore: Johns Hopkins University Press, 1989), pp. 157-171을 보라; 특히, 훨씬 최근의 연구인 Vivian Nutton, *Ancient Medicine*, 2nd ed. (New York: Routledge, 2013), 29-30; Laura M. Zucconi, *Ancient Medicine: From Mesopotamia to Rome* (Grand Rapids: Eerdmans, 2019), p. 48, pp. 137-138; Matthew Thiessen, *Jesus and the Forces of Death: The Gospels' Portrayal of*

Ritual Impurity within First-Century Judaism (Grand Rapids: Baker Academic, 2020), pp. 44-50.
2   Ebenezer Peter Perinbaraj, 인터뷰, Wilmore, KY, 2012년 12월 25일; 2014년 5월 10일; 개인 서신, 2014년 5월 11, 14일.
3   인터뷰, Wilmore, KY, 2016년 4월 22일; 개인 서신, 2016년 4월 24일.
4   Yost는 Steve Addison의 팟캐스트(https://content.blubrry.com/movements/230-Jims_Story.mp3?fbclid=IwAR2oyVCHJOtySf-rxlwGyaePT5NqKRb-8pj-FQMwK6Teq3Xt_0asf5Btmx4)에서 (내가 많이 압축한) 이 이야기를 들려주었는데, 나는 2020년 9월 6일에 이 팟캐스트를 들었다. Addison의 도움으로 나는 2020년 9월 7일에 Yost의 진술을 보완했다. 또한 우리 두 사람을 다 아는 동료로부터 그가 신뢰할 만한 이야기를 들려준 사실을 확인했다.
5   2014년 9월 26일, Joel Lantz와 Bruce Van Natta에게서 받은 의료 기록. Bruce Van Natta, 개인 서신, 2014년 9월 29일. 다음에서 (물론 나는 나중에야 발견했지만) 이전에 발간된 진술도 보라. James L. Garlow and Keith Wall, *Real Life, Real Miracles: True Stories That Will Help You Believe* (Minneapolis: Bethany House, 2012), pp. 48-56; Bruce Van Natta, *A Miraculous Life: True Stories of Supernatural Encounters with God* (Lake Mary, FL: Charisma House, 2013), pp. 47-56.
6   Garlow and Wall, *Real Life, Real Miracles*, p. 53. Garlow와 Wall 자신은 (11톤으로 추정되는) 스쿨버스에 치인 여섯 살 소년에 관한 진술도 포함한다. 그 소년은 "병원에 8일간 입원한 뒤…깁스나 붕대를 많이 감지 않은 채 퇴원했고," 뼈의 치유가 "너무 빨라서 의사의 다음번 진료에서는 골절을 감지하기가 어려웠다"(p. 238).
7   Joel Lantz, *Bridges for Honest Skeptics*, 3rd ed. (n.p.: Joel Lantz, 2016), pp. 55-68, https://www.obooko.com/free-philosophy-books/bridges-for-honest-skeptics-lantz와 다른 사이트에서 무료로 볼 수 있다.
8   Karsten Harns(개인 서신, 2021년 5월 3일)는 당시 Joe Jordan 목사를 돕고 있던 자신의 멘토 중 한 사람이 (지금은 작고한) Bob Reid의 녹음된 오디오 진술과 서면 진술을 둘 다 내게 보내 주었다. Bob은 또한 "History of Faith Tech Ministries," https://www.youtube.com/watch?app=desktop&v=tCt94OcmcSI&noapp=1 (2021년 5월 6일 접속함)의 48-53분 부근에서 이 경험을 진술한다. 이 진술의 진정성은 Bob의 아내인, Karen Reid(개인 서신, 2021년 5월 5일)가 확인해 주었다. 대략 3-3.6미터 떨어진 곳에서 지켜본 Bob의 아들, Ted Reid도 이 사건을 목격했고, 확인해 주었다(개인 서신, 2021년 5월 6일). 각각의 사례에서 손톱의 자리는 이미 만들어져 있었지만, 손톱의 형성은 몇 주에 걸쳐 훨씬 점진적으로 이루어졌다. Bob은 나중에 이 사건이 자신의 믿음에 어떤 도전을 주었는지 설명했다.
9   갑상샘종이 사라진 몇 가지 목격자 진술은 내가 2011년에 쓴 책에 나온다. *Miracles*, 1:269-272, 319, 2:745-746 (1:296n216, 307n301, 401, 406n403, 406n413, 407n414, 416-417, 423, 531, 2:650과도 비교하라). 『오늘날에도 기적이 일어날 수 있는가?』(새물결플러스). 좀 더 최근의 진술은 예컨대, Don Schulze, *A Life of Miracles* (Carol Stream, IL: Tyndale, 2014), pp. 172-174를 보라. 다양한 혹이 가시적으로 사라진 보고의 예로는 다음을 보라. Robert Canton, *Miracles Never Ending* (Stockton, CA: Aimazing Publishing & Marcom, 2015), p. 103, 195, 251; Damian Stayne, *Lord, Renew Your Wonders: Spiritual Gifts for Today* (Frederick, MD: The Word Among Us Press, 2017), p. 105, 117.
10 David Neil Emmett, 개인 서신, 2020년 5월 16일; 2020년 5월 18일; 2021년 5월 21일.
11 Jacques Vernaud의 딸 Liliane은 아마 1980년경에 이 진술을 나에게 공유했을 것이다. Jacques Vernaud는 개인 서신, 2005년 8월 29일에서 확인해 주었고, 나는 2008년 7월 23일, Kinshasa에서 그들과 함께 만났다.
12 Dean Merrill, *50 Pentecostal and Charismatic Leaders Every Christian Should Know* (Bloomington, MN: Chosen Books, 2020), 46장을 보라. 뇌동맥류가 파열된 사람들 가운데 소수만이 온전히 회복되는데, 이 회복은 이례적이었다. 그런데 내가 이 사례를 좋아하는 이유는 내가 Wonsuk과 Julie의 친구이기 때문이다. 2011년 5월 1일, 코스타리카에서 심각한 뇌동맥류가 치유된 또 다

른 보고는 Michael O'Neill, *Exploring the Miraculous* (Huntington, IN: Our Sunday Visitor, 2015), p. 81를 보라.
13 Julie C. Ma, *Mission Possible: The Biblical Strategy for Reaching the Lost*, 2nd ed. (Oxford: Regnum, 2016), pp. 81-82. 증상 묘사에 근거해 내가 말할 수 있는 사실은, 중독성 갑상샘종이 아마 갑상샘암과 관련되었을 것이라는 점이다.
14 이 대화는 2014년 7월 15일에 이루어졌다.
15 Maura Poston Zagrans, *Miracles Every Day: The Story of One Physician's Inspiring Faith and the Healing Power of Prayer* (New York: Doubleday, 2010), p. 100, 217. 좀 더 최근의 사례 보고로는 다음과 같은 예가 있다. Tracy Wujak, "5 Guys and a Faith Healer: After Dismal Diagnoses, They Believe in Miracles," ABC Detroit, 2019년 5월 17일, https://www.wxyz.com/news/5-guys-and-a-faith-healer-after-dismal-diagnoses-they-believe-in-miracles (2020년 3월 5일에 접속함)을 보라.
16 Mirtha Venero Boza, 인터뷰, Santiago de Cuba, 2010년 8월 6일.
17 개인 서신, 2009년 6월 1일; 2009년 7월 11일; 2010년 9월 21-22, 27일; 인터뷰, Wilmore, KY, 2011년 7월 17일; 2014년 11월 24, 30일.
18 Tonye Briggs, 전화 인터뷰, 2009년 12월 14, 16일, Nonyem E. Numbere, *A Man and a Vision: A Biography of Apostle Geoffrey D. Numbere* (Diobu, Nigeria: Greater Evangelism Publications, 2008), pp. 246-247에 있는 진술에 대해 목격자가 확인해 주었다.
19 James Moore Hickson, *Heal the Sick*, 2nd ed. (London: Methuen, 1924), p. 85.
20 Hickson, *Heal the Sick*, p. 218.
21 개인 서신, 2016년 5월 26일.

23장 듣지 못하는 사람이 지금도 듣는가?

1 Joseph Hambrick, 2021년 3월 1일 수업에서 공유함; 2021년 3월 10일, 나에게 글로 확인해 주었다.
2 Micael Grenholm, *Dokumenterade Mirakler: Vetenskap, Helande och Guds Existens* (Örebro, Sweden: Sjöbergs, 2019), pp. 122-124. 스웨덴어 대신 영어를 사용하는 점만 빼고, 나는 이 모든 내용에서 Grenholm의 진술을 그대로 따른다.
3 Grenholm의 그림 7.1은 증거를 보여 준다. 5월에 Johansson의 오른쪽 귀는 저주파에서 50데시벨(dB), 왼쪽 귀는 60데시벨까지 감소했다. 대조적으로, 9월에 청능사는 "고음역에서 곡선이 80-90데시벨까지 감소하면서, 기저부에서 1kHz까지 정상 값"을 보인다고 보도한다. 평균 청력 손실은 5월에 61/)89였고 9월에 21/41이었다.
4 Rex Gardner, *Healing Miracles: A Doctor Investigates* (London: Darton, Longman & Todd, 1986), p. 202 (전체 진술은 pp. 202-205). 나의 이전 책에 포함되지 않은 청각장애의 치유에 관한 다른 여러 보고의 예로는 다음을 보라. Colin Dye, *The God Who Heals: Hope for a Hurting World* (Weybridge, UK: New Wine, 2013), pp. 22-23; Bruce Van Natta, *A Miraculous Life: True Stories of Supernatural Encounters with God* (Lake Mary, FL: Charisma House, 2013), pp. 141-142; Don Schulze, *A Life of Miracles* (Carol Stream, IL: Tyndale, 2014), pp. 173-174.
5 Gardner, *Healing Miracles*, p. 204. Gardner는 여러 의학 보고서를 언급하면서, 자기가 검사 결과를 점검했는데 꼼꼼하고 정확했다고 주장한다.
6 Gardner, *Healing Miracles*, p. 205 (원저자의 강조).
7 James L. Garlow and Keith Wall, *Real Life, Real Miracles: True Stories That Will Help You Believe* (Minneapolis: Bethany House, 2012), pp. 79-84.
8 Candy Gunther Brown, "Testing Prayer: Can Science Prove the Healing Power of Prayer?," *Huffington Post*, 2012년 3월 2일, https://www.huffpost.com/entry/testing-prayer-science-of-healing_b_1299915.
9 Wayne Brodland는 2007년 10월 13일, Robert Larmer의 요청에 따라 이 진술을 기록했다. 나는 여기서 (Robert A. Larmer가 Craig Keener에게 보낸 미발간 원고와 함께 개인 서신, 2009년 8월 4일

에 나오는) 진술을 (열한 개 문단에서 한 문단으로) 많이 압축했다.
10 Randy Clark, *Eyewitness to Miracles: Watching the Gospel Come to Life* (Nashville: Nelson, 2018), pp. 53-54. Clark는 청각 신경이 없던 어떤 사람의 치유(pp. 52-53)를 포함해 다른 치유 사례(pp. 52-57)도 진술한다.
11 Randy Clark and Mary Healy, *The Spiritual Gifts Handbook: Using Your Gifts to Build the Kingdom* (Bloomington, MN: Chosen Books, 2018), pp. 163-164.
12 Clark and Healy, *Spiritual Gifts Handbook*, p. 161.
13 Robert Canton, *Miracles Never Ending* (Stockton, CA: Aimazing Publishing & Marcom, 2015), pp. 152-153.
14 Canton, *Miracles Never Ending*, pp. 164-165 (청각장애 치유에 대한 추가 보고는 다음을 보라. pp. 151-169, p. 196, 248); Damian Stayne, *Lord, Renew Your Wonders: Spiritual Gifts for Today* (Frederick, MD: The Word Among Us Press, 2017), p. 105, 108; Daniel Kolenda, *Impact Africa: Demonstrations of the Real Power of Jesus Christ Today* (Orlando: Christ for All Nations, 2015), p. 32, 47, 54, 93, 126, 137, 181, 185, 192, 210, 220, 228, 236, 259, 270, 272, pp. 312-313, p. 320, 328, 332.
15 청각장애의 사례는 다음을 보라. Rolland Baker and Heidi Baker, *Always Enough: God's Miraculous Provision among the Poorest Children on Earth* (Bloomington, MN: Chosen Books, 2003), p. 157, 169, 173; Baker and Baker, *Expecting Miracles: True Stories of God's Supernatural Power and How You Can Experience It* (Bloomington, MN: Chosen Books, 2007), pp. 7-8, p. 39, 43, 78, 108, 114, 163, 172, 180, 183, pp. 192-193; Guy Chevreau, *Turnings: The Kingdom of God and the Western World* (Tonbridge, Kent, UK: Sovereign World, 2004), p. 142. 시각장애의 사례는 다음을 보라. Baker and Baker, *Always Enough*, p. 145, 169, 174, 182 (또한 실명으로 인해 희뿌연 눈이 치유되는 동안 색이 변했던 건에 관한 추가 진술은 p. 76, pp. 171-173; Baker and Baker, *Expecting Miracles*, 189); Baker and Baker, *Expecting Miracles*, p. 8, pp. 39-40, p. 68, 78 (여러 번), p. 108, 113, 159, 160, 192, 193 (부분적 치유); Chevreau, *Turnings*, p. 19, pp. 166-167 (부분적 손상). 청각장애와 시각장애를 모두 가진 사람들의 치유는, Chevreau, *Turnings*, p. 145, 174, 182를 보라.
16 Shelley Hollis, 전화 인터뷰, 2009년 1월 10일. 나는 다른 치유와 관련해 인터뷰를 하던 중 그녀가 모잠비크에서 시간을 보냈다는 사실을 알았다.
17 Candy Gunther Brown, Stephen C. Mory, Rebecca Williams, and Michael J. McClymond, "Study of the Therapeutic Effects of Proximal Intercessory Prayer (STEPP) on Auditory and Visual Impairments in Rural Mozambique," *Southern Medical Journal* 103 (2010년 9월, 9호): pp. 864-869.
18 Brown, "Testing Prayer." Brown, *Testing Prayer: Science and Healing* (Cambridge, MA: Harvard University Press, 2012), p. 207, 219도 보라.
19 Brown, *Testing Prayer*, pp. 207-209, 214-220, 223-230를 보라.

5부   "죽은 사람이 살아나며"(마 11:5 · 눅 7:22)

1 Jordan Howard Sobel, "On the Evidence of Testimony for Miracles: A Bayesian Interpretation of David Hume's Analysis," *Philosophical Quarterly* 37 (1987): pp. 166-186 (186).
2 *Of Miracles* (La Salle, IL: Open Court, 1985), p. 27, 29, 32, 34, pp. 36-39, p. 43, pp. 52-55에서 Hume이 사용한 표현을 보라. 『기적에 관하여』(책세상).
3 Keener, *Miracles* (2011), 특히 1:536-579. 『오늘날에도 기적이 일어날 수 있는가?』(새물결플러스). 추가적인 세부 사항 및 자료와 함께, Keener, "'The Dead Are Raised': Resuscitation Accounts in the Gospels and Eyewitness Testimony," *Bulletin for Biblical Research* 25 (1, 2015): pp. 55-79.

24장　죽은 사람이 지금도 살아나는가? 역사 속의 사례들

1 나는 이 어구를 익살스럽게 사용하지만, 죽음의 정의와 관련한 진지한 질문이 존재한다. 예컨대, 다음을 보라. M. Pabst Battin, Leslie Francis, and Bruce M. Landesman, *Death, Dying and the Ending of Life* (Burlington, VT: Ashgate, 2007); Robert D. Truog et al., eds., *Defining Death: Organ Transplantation and the Fifty-Year Legacy of the Harvard Report on Brain Death*, Hastings Center Special Report (Hoboken, NJ: Wiley, 2018).
2 (물론 좀 더 최근의 증언들은 일반적으로 훨씬 엄정하게 검증되었지만) 역사를 통틀어 특히 방대한 증언 모음은 Albert J. Hebert, *Raised from the Dead: True Stories of 400 Resurrection Miracles* (Rockford, IL: TAN Books, 1986)를 보라.
3 Eusebius, *Ecclesiastical History* 4.3.1-2에서, 연대가 주후 70-130년이라고 주장하는 Craig A. Evans, *Jesus and His World: The Archaeological Evidence* (Louisville: Westminster John Knox, 2012), pp. 7-8에서도 인용되었다.
4 William Young, "Miracles in Church History," *Churchman* p. 102 (2, 1988): pp. 102-121 (110).
5 Irenaeus, *Against Heresies* 2.31.2.
6 *Ante-Nicene Fathers: Translations of the Writings of the Fathers down to A.D. 325*, ed. A. Roberts and J. Donaldson, rev. A. Cleveland Coxe, 10 vols. (Grand Rapids: Eerdmans, 1975), 1:407의 번역.
7 Augustine, *City of God* 22.8. 『하나님의 도성』(CH북스).
8 Keener, *Miracles* (2011), 1:543-550를 보라. 『오늘날에도 기적이 일어날 수 있는가?』(새물결플러스).
9 Bilinda Straight, *Miracles and Extraordinary Experience in Northern Kenya* (Philadelphia: University of Pennsylvania Press, 2007), pp. 136-137.
10 Straight, *Miracles*, p. 137.
11 다음과 비교하라. Thomas S. Kidd, "The Healing of Mercy Wheeler: Illness and Miracles among Early American Evangelicals," *William and Mary Quarterly* 63 (2006년 1월, 1호): p. 159; Stephen Tomkins, *John Wesley: A Biography* (Grand Rapids: Eerdmans, 2003), p. 106.
12 Dieter Ising, *Johann Christoph Blumhardt, Life and Work: A New Biography*, trans. Monty Ledford (Eugene, OR: Cascade Books, 2009), p. 207, 219를 보라.
13 Mike Finley, 개인 서신, 2010년 10월 10, 22일. 1907년 6월 11일과 7월 7일 사이에 *Wichita Eagle*에 실린 열두 개 기사를 주목하라. 기독교 자료에는 다음이 포함된다. Frank McCluney, "Correspondence," *Nazarene Messenger* 12 (1907년 7월 11일, 2호): pp. 3-4; "Raised from the Dead," *The Apostolic Faith* 1 (1907년 6월, 9호): p. 4.
14 Alpha E. Anderson, *Pelendo: God's Prophet in the Congo* (Chicago: Moody, 1964), pp. 69-70. David Neil Emmett, *W. F. P. Burton (1886-1971): A Pentecostal Pioneer's Missional Vision for Congo* (Leiden: Brill, 2021)에서 대략 이 시기에 콩고에서 일어난 다양한 치유 보고와도 비교하라.
15 Eric Greaux, 개인 서신, 2009년 8월 27-28일; Barachias Irons, 개인 서신, 2009년 8월 27일; 2009년 9월 13일; 2010년 1월 19일; 2010년 1월 21일.
16 Iris Lilia Fonseca Valdés, 인터뷰, Havana, Cuba, 2010년 8월 11일. 쿠바에서 나온 더 많은 진술은 Carlos Alamino, *In the Footsteps of God's Call: A Cuban Pastor's Journey*, trans. Osmany Espinosa Hernández, ed. David Peck and Brian Stewart (Mountlake Terrace, WA: Original Media Publishers, 2008), pp. 63-65를 보라. 나는 다음의 자료를 통해 라틴아메리카 다른 곳에서 나온 진술들을 수집했다. Arlene M. Sánchez Walsh, *Latino Pentecostal Identity: Evangelical Faith, Self, and Society* (New York: Columbia University Press, 2003), pp. 43-44; R. Andrew Chesnut, *Born Again in Brazil: The Pentecostal Boom and the Pathogens of Poverty* (New Brunswick, NJ: Rutgers University Press, 1997), p. 86; Sheila Heneise, 인터뷰, Ardmore, PA, 2009년 4월 5일; Rebecca Pierce Bomann, "The Salve of Divine Healing: Essential Rituals for Survival among Working-Class Pentecostals in Bogotá, Colombia," in *Global Pentecostal and Charismatic Healing*, ed. Candy Gunther Brown (Oxford: Oxford University Press,

2011), pp. 187-205 (195-196); David Pytches, *Come Holy Spirit: Learning How to Minister in Power* (London: Hodder & Stoughton, 1985), p. 245; Rex Gardner, *Healing Miracles: A Doctor Investigates* (London: Darton, Longman & Todd, 1986), pp. 139-140.

25장   죽은 사람이 지금도 살아나는가? 아프리카의 사례들

1 예컨대, Daniel Kolenda, *Impact Africa: Demonstrations of the Real Power of Jesus Christ Today* (Orlando: Christ for All Nations, 2015), p. 36, pp. 150-151. Kolenda는 또한 개인 서신에서 이런 진술 가운데 하나를 나에게 직접 알려 주었다.
2 Luis Bush and Beverly Pegues, *The Move of the Holy Spirit in the 10/40 Window*, ed. Jane Rumph (Seattle: YWAM, 1999), p. 52. 추측건대 이 말은 이런 일이 항상 일어난다는 의미가 아니라, 이런 일이 널리 알려져 있다는 의미일 것이다(Tadesse Woldetsadik, 개인 서신, 2009년 11월 1일).
3 André Mamadzi, 인터뷰, Yaoundé, Cameroon, 2013년 1월 17일.
4 안타깝게도, 이 이야기에 등장하는 사역자 중 한 사람은 나중에 개인의 도덕적 실패에 휘말렸다고 전해진다. 불행한 일이지만, 대다수 아프리카의 목회적, 학문적 환경에서는 이러한 실패를 방지하기 위해 가끔 서구에서 작동하는 안전장치가 마련되어 있지 않다. 그렇기는 하지만, Aimé는 많은 치유 사건들이 진정으로 일어난 사실이라는 단호한 입장을 고수한다(개인 서신, 2020년 5월 18일). 대조적으로, Aimé는 증언하는 동안, 과장했을 수 있다고 의심되는 다른 사람과는 내가 접촉하지 않도록 했다.
5 Ifeanyichukwu Chinedozi, 인터뷰, Lynnfield, MA, 2017년 11월 22일; 개인 서신, 2018년 2월 24일. Ifeanyi는 다른 목격자들의 희생 진술도 확보했다. 나이지리아에서 나온 다른 진술들은 색다른 것이 아니다. 예컨대, E. G. Ojo, "The Healing Miracles of Jesus Christ and Its Relevance to the Contemporary Situation in Nigerian Churches," *Religion, Medicine, and Healing*, ed. Gbola Aderibigbe and Deji Ayegboyin (Lagos: Nigerian Association for the Study of Religions and Education, 1995), p. 48; William Young, "Miracles in Church History," *Churchman* 102 (2, 1988): pp. 102-121 (117); Nonyem E. Numbere, *A Man and a Vision: A Biography of Apostle Geoffrey D. Numbere* (Diobu, Nigeria: Greater Evangelism Publications, 2008), pp. 136-137, 140-142.
6 David Neil Emmett, 개인 서신, 2020년 5월 18일; May 19, 2020년 5월 19일 (Claude Kapenga와 Ngoy Kilumba이 확인해 주었다고 언급했다).
7 Cedric Kanana with Benjamin Fischer, *Dying in Islam, Rising with Christ: Encountering Jesus beyond the Grave* (Nampa, ID: Pembroke Street, 2018), 특히 pp. 93-100. 2020년 2월 18일, 나는 Cedric Kanana와 나눈 개인 서신에서 추가적인 설명을 받았다.
8 Benjamin Fischer, 개인 서신, 2020년 2월 16일.

26장   죽은 사람이 지금도 살아나는가? 아시아의 사례들

1 이전 책 *Miracles* (2011)를 탈고한 뒤 수많은 사례들이 나의 관심을 끌었다. 『오늘날에도 기적이 일어날 수 있는가?』(새물결플러스). 여기에는 Jerry Trousdale, *Miraculous Movements* (Nashville: Nelson, 2012), pp. 136-139; Paul Hattaway, *Henan: Inside the Greatest Christian Revival in History* (Manchester, UK: Piquant, 2021), pp. 243-244이 포함된다. 내가 "무척 존경받는다"라고 언급한 이유는, 무언가 잃을 것이 있는 사람들 가운데 기적을 목격한, 존경할 만한 사람이 없다고 흄이 주장했기 때문이다. 나는 그들의 정직성을 대체로 입증할 수 있는 사람들의 진술이나 그들을 알고 있는 다른 사람들을 통해 검증될 수 있는 진술을 선호한다. 모든 기적 주장이 액면 그대로 받아들일 만한 것은 아니기 때문이다. Craig S. Keener, "Do the Dead Still Rise?," *Christianity Today*, 2019년 6월, pp. 46-50를 보라.
2 Andrew White, *Faith under Fire: What the Middle East Conflict Has Taught Me about God* (Oxford: Monarch, 2011), p. 44, 84. Canon White는 William Wilberforce 상을 받았다(Timothy C. Morgan and Kate Tracy, "Andrew White: Being Jesus in the Kill Zone," *Christianity*

Today, 2014년 5월 6일, https://www.christianitytoday.com/ct/2014/may-web-only/andrew-white-being-jesus-in-kill-zone.html).

3   White는 2014년 3월 22일에 우리 교회에서 말했다. 이 진술은 이제 Andrew White, *Glory Zone in the War Zone: Miracles, Signs, and Wonders in the Middle East* (Shippensburg, PA: Destiny Image, 2020), pp. 126-127에서 "여덟 가지의 극적인 부활" 중 하나로 보고된다(p. 124).

4   비슷한 반응이 다른 여러 회생 진술에서도 나온다. 예, Surprise Sithole with David Wimbish, *Voice in the Night* (Bloomington, MN: Chosen Books, 2012), p. 73에서 "나 배고파요." 막 5:43과 비교하라.

5   인터뷰, Makassar, Indonesia, 2015년 4월 1일.

6   인터뷰, Makassar, Indonesia, 2015년 4월 2일.

7   Shelley Hollis, 전화 인터뷰, 2009년 1월 10일; 개인 서신, 2009년 11월 6, 8일; 2010년 4월 23일. 나는 가족들을 알고 있는 Chrissokumar Hendry 교수의 도움을 얻어, 2019년 10월 7일에 Noel의 아내 Shanthi Fernando에게서 더 상세한 설명을 받았다. Shelley는 또한 자기 딸이 Noel의 천국 경험에 대해 Noel과 장시간 인터뷰를 했다고 설명했다. 덧붙여, James D. Hernando, "Pneumatological Function in the Narrative of Acts: Drawing Foundational Insight for a Pentecostal Missiology," in *Trajectories in the Book of Acts: Essays in Honor of John Wesley Wyckoff*, ed. Paul Alexander, Jordan Daniel May, and Robert G. Reid (Eugene, OR: Wipf & Stock, 2010), pp. 241-276 (272n81)에서는 이 회생 사건에 대한 Mark Hollis의 설명을 언급한다.

8   어떤 사람을 다시 살리기 위한 치열한 노력은 당연히 갈비뼈가 부러지는 위험을 감수할 만한 가치가 있다. 죽은 사람에게는 갈비뼈가 별로 필요하지 않을 것이기 때문이다!

9   예컨대, Willie Soans, 개인 서신, 2010년 11월 3일; Luis Bush and Beverly Pegues, *The Move of the Holy Spirit in the 10/40 Window*, ed. Jane Rumph (Seattle: YWAM, 1999), pp. 57-58, p. 59, 60 (세 가지 진술); Jon Thollander, *He Saw a Man Named Mathews: A Brief Testimony of Thomas and Mary Mathews, Pioneer Missionaries to Rajasthan* (Udaipur, Rajasthan, India: Native Missionary Movement, Cross & Crown, 2000), p. 88.

10 상당히 길게 다룬 Christiaan Rudolph De Wet, "Signs and Wonders in Church Growth" (석사 논문, Fuller School of World Mission, 1981년 12월), pp. 110-111를 보라. R. R. Cunville, "The Evangelization of Northeast India" (선교학 박사, Fuller Theological Seminary, 1975), pp. 156-157.

11 Donald E. Miller and Tetsunao Yamamori, *Global Pentecostalism: The New Face of Christian Social Engagement* (Berkeley: University of California Press, 2007), pp. 151-152.

12 Willie Soans, 개인 서신, 이 사건이 있고 난 후 Vikram의 몸과 가족들을 찍은 사진과 함께, Ivan Satyavrata와 Jacob Mathew를 통해 2010년 11월 3일에 나에게 전달되었다.

13 인터뷰, 2016년 4월 22일; 개인 서신, 2016년 4월 24일.

14 Keener, *Miracles* (2011), 1:566-567. 『오늘날에도 기적이 일어날 수 있는가?』(새물결플러스).

15 Hattaway, *Henan*, pp. 235-236, p. 236에서 인용되었다. 그의 동료들은 Hattaway가 다른 두 가지 회생 사건도 목격했다고 언급했다. 다른 회생 진술은 p. 265에 나온다. 이 자료에 관심을 갖게 해 준 John Lathrop에게 감사한다.

16 Hattaway, *Henan*, pp. 242-243.

17 Hattaway, *Henan*, p. 244.

18 Hattaway, *Henan*, pp. 244-245.

19 Hattaway, *Henan*, p. 245.

27장   서구에서 살아난 사람들? 뉴스에 나온 사례들

1   예컨대, 다음을 보라. "Fabrice Muamba Tells of His Miraculous Recovery," *The Telegraph*, 2012년 4월 22일, https://www.telegraph.co.uk/sport/football/teams/bolton-wanderers/9219191/Fabrice-Muamba-tells-of-his-miraculous-recovery.html; Richard Dewsbury,

"Fabrice Muamba Says God Saved His Life after Cardiac Arrest on Pitch," *New Life Publishing*, 2016년 5월 29일, https://www.newlifepublishing.co.uk/latest-articles/tbg/fabrice-muamba-cardiac-arrest-god-saved-my-life-says-former-bolton-footballer/.

2 "Teen Whose Heart Stopped for 20 Minutes Says He Saw Jesus," Newsmax, 2015년 5월 15일, https://www.newsmax.com/health/people/zack-clements-heart-stopped-jesus/2015/05/15/id/644913/; "Teen Whose Heart Stopped for 20 Minutes Says He Saw Jesus," Fox 10 Phoenix, 2015년 5월 16일, https://www.fox10phoenix.com/news/teen-whose-heart-stopped-for-20-minutes-says-he-saw-jesus.

3 Christy Wilson Beam, *Miracles from Heaven: A Little Girl, Her Journey to Heaven, and Her Amazing Story of Healing* (New York: Hachette, 2016).

4 예컨대, Don Piper with Cecil Murphey, *Ninety Minutes in Heaven: A True Story of Death and Life* (Grand Rapids: Revell, 2004), pp. 13–20, p. 37, pp. 42–45를 보라.

5 예컨대, Michael Rubincam, "Pennsylvania Toddler Survives Near-Drowning after 101 Minutes of CPR," NBC10 Philadelphia, 2015년 3월 20일, https://www.nbcphiladelphia.com/news/national-international/toddler-survives-cpr-pennsylvania-icy-creek/132703/. 다음도 보라. Tim Pedley, "Miracle Toddler Who Fell in Stream Brought Back to Life after 101 Minutes of CPR," *Mirror*, 2015년 3월 21일, https://www.mirror.co.uk/news/world-news/miracle-toddler-who-fell-stream-5377435; Josie Ensor, "Drowned Toddler Brought Back to Life after 101 Minutes of CPR," *The Telegraph*, 2015년 3월 20일, https://www.telegraph.co.uk/news/worldnews/northamerica/usa/11487010/Drowned-toddler-brought-back-to-life-after-101-minutes-of-CPR.html; "Toddler Survives Near Drowning, 101 Minutes of CPR," *CBS News*, 2015년 3월 20일, https://www.cbsnews.com/news/toddler-survives-near-drowning-101-minutes-of -cpr/ ("Pennsylvania Toddler Survives Near-Drowning after 101 Minutes of CPR," *Chicago Tribune*, 2015년 3월 19일, https://www.chicagotribune.com/nation-world/chi-toddler-revived-after-near-drowning-20150319-story.html에도 나옴); Derek Burnett, "Dead for an Hour and 41 Minutes: The Incredible Rescue of Baby Gardell," *Healthy*, July 30, 2020년 7월 30일, https://www.rd.com/true-stories/survival/rescue-baby-stream/ (전부 2020년 2월 17일에 접속함).

6 Frank Maffei and Richard L. Lambert, "A Spirit of Calm, an Aura of Awe," in *Miracles We Have Seen: America's Leading Physicians Share Stories They Can't Forget*, ed. Harley A. Rotbart (Deerfield Beach, FL: Health Communications, 2016), pp. 93–100, 특히 pp. 98–99.

7 "Toddler Revived after 101 Minutes of CPR," CNN 영상 자료, 17, 2020년 2월 17일에 접속함, 2:09, https://www.cnn.com/videos/tv/2015/03/20/lead-pkg-darlington-toddler-revived-after-near-drowning.cnn을 보라.

8 예컨대, "Teen Who Fell in Icy Pond Makes 'Miraculous' Recovery," *5 on Your Side* (KSDK), 2015년 2월 4일, https://www.ksdk.com/article/news/teen-who-fell-in-icy-pond-makes-miraculous-recovery/211167177; Kay Quinn, "Mom Prays, Dead Son Comes Back to Life," *USA Today*, 2015년 2월 4일, https://www.usatoday.com/story/news/2015/02/04/inspiration-nation-mom-prays-son-back-to-life/22883985/. "SSM Health Cardinal Glennon Children's Hospital—John Smith," SSM Health Cardinal Glennon Children's Foundation, 유튜브 영상 자료, 2015년 11월 16일, 5:12, https://www.youtube.com/watch?v=pAnloqg4W4c도 보라.

9 Joyce Smith with Ginger Kolbaba, *The Impossible: The Miraculous Story of a Mother's Faith and Her Child's Resurrection* (New York: FaithWords, 2017). Dean Merrill, *Miracle Invasion: Amazing True Stories of the Holy Spirit's Gifts at Work Today* (Savage, MN: BroadStreet, 2018), pp. 13–18에서 간결한 진술도 보라. 익사 후 회복에 관한 다른 진술들도 아주 많다: 예컨대, 10분간 호흡이 없다가 회복된 Annie Powell의 진술; Dan Van Veen, "From Tragic Death to Miraculous Life," Assemblies of God, 2020년 5월 5일, https://news.ag.org/en/Features/From-Tragic-Death-to-Miraculous-Life를 보라.

10 Ryan Moore, "An Analytical Look at Survivable Submersion Times," *Site Zed*, 2013년 3월 19일.
11 Moore, "Analytical Look"에서 인용되었듯이, 존이 익사했던 온도에서 온전히 회복된 사례로는, M. J. Tipton and F. S. Golden, "A Proposed Decision-Making Guide for the Search, Rescue and Resuscitation of Submersion (Head Under) Victims Based on Expert Opinion," Resuscitation 82 (2011): pp. 819-824에서 두 가지 사례만 나온다.
12 Sutterer 박사의 편지는 Smith, *The Impossible*, appendix B (pp. 241-243)에 재수록되어 있고, "나는 기적을 목격하는 특권을 누렸다"라는 고백이 담겨 있다. Sutterer 박사는 또한 미디어 보도와 John의 회복에 대한 공적인 감사 예배에서 자신의 소견을 되풀이했다. 명확하게 표현된 Jeremy Garrett, "A Bona Fide Miracle," in *Miracles We Have Seen: America's Leading Physicians Share Stories They Can't Forget*, ed. Harley A. Rotbart (Deerfield Beach, FL: Health Communications, 2016), pp. 114-117 (116-117)도 보라.
13 Smith, *The Impossible*, p. 44.
14 Garrett, "Bona Fide Miracle," p. 116.
15 Garrett, "Bona Fide Miracle," p. 116.
16 Jason Noble, 개인 서신, 2019년 4월 15, 21일. 간결한 것으로, Jason Noble with Vince Antonucci, *Breakthrough to Your Miracle: Believing God for the Impossible* (Bloomington, MN: Chosen Books, 2019), pp. 24-25도 주목하라.
17 Garrett, "Bona Fide Miracle," p. 116.
18 John Smith, 전화 인터뷰, 2020년 1월 30일.
19 Smith, *The Impossible*, pp. 225-226를 보라.
20 Noble, *Breakthrough to Your Miracle*, pp. 84-85, 112-113, 124-127.
21 Noble, *Breakthrough to Your Miracle*, pp. 95-96 (그의 아내 Paula를 통해), pp. 140-146.
22 Dan Van Veen, "Doctors Say John Smith Is 'Bona Fide Miracle,'" *Assemblies of God News*, 2015년 2월 13일; Merrill, *Miracle Invasion*, p. 16.
23 개인 서신, 2020년 6월 6일.

28장   서구에서 살아난 사람들? 뉴스가 되지 못한 사례들

1 인터뷰, Lexington, KY, 2016년 7월 22일; 개인 서신, 2016년 7월 25일; 2016년 7월 29일.
2 James L. Garlow and Keith Wall, *Real Life, Real Miracles: True Stories That Will Help You Believe* (Minneapolis: Bethany House, 2012), pp. 168-175.
3 Józef Bałuczyński with Rob Starner, *Be Not Afraid, Only Believe* (n.p.: Xulon, 2015), pp. 53-58; Rob Starner, 개인 서신, 2014년 8월 27일; 2014년 9월 1일.
4 Margaret J. Cotton, 다음에서 전해진 대로, Charlie Mada and Florentina Mada, *Raised! An Inspirational True Story of Two Courageous Young Parents in the Midst of a Tragic Accident, and the Love, Grace, and Miracles That Saved Three Lives* (Meadville, PA: Christian Faith, 2018); Mada 부부와의 인터뷰, Phoenix, AZ, 2019년 1월 15일; Mada 부부와의 개인 서신, 2019년 1월 14, 27, 29일; 2019년 2월 11, 16일; 2019년 3월 9일; Margaret Cotton과의 개인 서신, 2018년 6월 18일; 2018년 8월 23일; 2018년 12월 5-7, 26일; 2019년 1월 14일; 2019년 2월 16일; 만남, Wilmore, KY, 2021년 6월 26일.
5 한 루마니아 학자 친구가 나를 위해 번역을 확인해 주었다. 입수 가능한 문서는 Cotton, Mada, and Mada, *Raised!* 뒷부분에 나온다.
6 예컨대, 나의 책 *Miracles* (2011)에 담지 못한 진술들 가운데서 James Garlow는 자기가 아는 어떤 사람이 회복되어 다시 살아났다고 설명하고[Garlow and Keith Wall, *Miracles Are for Real: What Happens When Heaven Touches Earth* Minneapolis: Bethany House, 2011), pp. 155-159], 또한 Ron Earl이 다시 살아서 돌아왔다고 회고한다(pp. 35-40).

29장   회생을 목격한 의사들

1. 예컨대 다음도 보라. Christopher Woodard, *A Doctor's Faith Holds Fast* (London: Max Parrish, 1955), p. 97; John Stegeman, "A Woman's Faith," in *Faith Healing: Finger of God? Or, Scientific Curiosity?*, ed. Claude A. Frazier (New York: Nelson, 1973), pp. 35-37.
2. Harley A. Rotbart, ed., *Miracles We Have Seen: America's Leading Physicians Share Stories They Can't Forget* (Deerfield Beach, FL: Health Communications, 2016), pp. 91-122. "뇌사와 식물인간 상태가 확실해 보였던" 상황에서 이례적으로 깨어난 사건은 pp. 123-139를 보라.
3. Rotbart, *Miracles We Have Seen*, p. 91.
4. Dave Walker, *God in the ICU: The Inspirational Biography of a Praying Doctor* (Sun Valley, South Africa: Tricycle, 2011), pp. 99-104.
5. Walker, *God in the ICU*, p. 100.
6. 나는 이어지는 어휘 중 일부를 2015년 *Bulletin for Biblical Research*에 쓴 나의 글 "The Dead Are Raised"에서 가져왔다. 나는 Ascabano 박사가 2009년 1월 9일에 언급한 전반적인 설명과 함께 2009년 2월 6일에 보낸 개인 서신을 갖고 있다.
7. Todd Stokes, 개인 서신, 2020년 8월 29-30일.
8. Matthew Suh, 전화 인터뷰, 2020년 8월 26일.
9. Arthur Williams, 개인 서신, 2020년 8월 27, 31일.
10. Chauncey W. Crandall IV, *Raising the Dead: A Doctor Encounters the Miraculous* (New York: FaithWords, 2010), p. 4. 더 많은 정보는 다음을 보라. Daniel Fazzina, *Divine Intervention: 50 True Stories of God's Miracles Today* (Lake Mary, FL: Charisma House, 2014), pp. 203-206; James L. Garlow and Keith Wall, *Miracles Are for Real: What Happens When Heaven Touches Earth* (Minneapolis: Bethany House, 2011), pp. 164-167.
11. 지역과 전국 단위의 세속 미디어의 링크 주소는 더 이상 [Keener, *Miracles* (2011), 1:578-579에서 언급한] 동일한 웹 주소에 게시되어 있지 않지만, 내가 웹 주소를 검토했던 2009년에는 접속이 가능했다. 명백한 기독교적 사례 보도가 "Dr. Chauncey Crandall: Raising the Dead," Christian Broadcasting Network에 http://www.cbn.com/tv/1432634071001에 지금도 게시되어 있다. 2020년 7월 24일에 접속함.
12. Chauncey Crandall, 전화 인터뷰, 2010년 5월 30일. 이러한 결과는 무언가 잃을 것이 있는 신뢰할 만한 목격자는 결코 기적을 보고하지 않는다는 흄의 주장과 상반된다. Howard Clark Kee, *Miracle in the Early Christian World: A Study in Sociohistorical Method* (New Haven: Yale University Press, 1983), pp. 11-12와 비교하라.
13. 개인 서신, 2013년 11월 8일. 의료 기록과 함께 상세한 진술은 Sean George, *The Miracle Story of Dr Sean George* (웹사이트), 2020년 1월 30일에 접속함, https://seangeorge.com.au/에서 보라. 이 진술은 James L. Garlow and Keith Wall, *Real Life, Real Miracles: True Stories That Will Help You Believe* (Minneapolis: Bethany House, 2012), pp. 22-28에도 나온다.
14. George, *Miracle Story*, https://seangeorge.com.au/를 보라.

30장   죽었던 친구들 혹은 죽었던 이들을 만난 친구들

1. Francis Kashimawo, Lagos, Nigeria, 2013년 5월.
2. Chinyereugo Adeliyi, 개인 서신, 2014년 5월 10, 11, 12일; 또한 Johnson Adelaja Tolowoetan, 인터뷰, Lagos, Nigeria, 2013년 5월 29일.
3. Timothy Olonade, 개인 서신, 2014년 5월 12, 13, 16, 22일; 인터뷰, Wilmore, KY, 2015년 2월 20일.
4. 소생한 사람이 움직이는 또 다른 진술은 Surprise Sithole with David Wimbish, *Voice in the Night* (Bloomington, MN: Chosen Books, 2012), p. 176를 보라.
5. 콩고민주공화국에서 일어난 이와 같은 사건 하나는 Mahesh Chavda with John Blattner, *Only Love Can Make a Miracle: The Mahesh Chavda Story* (Ann Arbor, MI: Servant, 1990), p. 9,

pp. 13-15, 78-79, 131-141 (특히 137-141)를 보라. 의료 기록에는 사망 증명서도 포함된다. 이 진술은 학문적 연구에서도 언급된다. 예컨대, Candy Gunther Brown, *Testing Prayer: Science and Healing* (Cambridge, MA: Harvard University Press, 2012), p. 111, 113.
6 Sarah Speer, 전화 인터뷰, 2009년 1월 7일; 개인 서신, 2009년 8월 20일.
7 Patrice Nsouami, 전화 인터뷰, 2010년 4월 29일.
8 Keener, *Miracles* (2011), 1:558-560, 『오늘날에도 기적이 일어날 수 있는가?』(새물결플러스); Keener, "'The Dead Are Raised' (Matthew 11:5·Luke 7:22): Resuscitation Accounts in the Gospels and Eyewitness Testimony," *Bulletin for Biblical Research* 25 (1, 2015): pp. 55-79 (62-63).
9 Jeanne Mabiala, 인터뷰, 콩고 Brazzaville, 2008년 7월 29일.
10 또 다른 비아프리카인의 진술을 예로 들면, 내 동생 Chris가 신뢰하는 미국인 친구 Dick과 Debbie Riffle의 진술(2007년 12월 13일)이 있다. 이 이야기는 내가 쓴 *Miracles* (2011), 1:574에도 나온다.
11 Elaine Panelo, 인터뷰, 필리핀 Baguio, 2009년 1월 30일. 필리핀의 다른 곳에서 나온 이야기들은 필리핀 Baguio에서 2009년 1월 30일 Chester Allan Tesoro와 가진 인터뷰를 보라. 아시아에서 나온 다른 진술들의 예로는 다음을 보라. William Young, "Miracles in Church History," *Churchman* 102 (2, 1988): pp. 102-121 (117-118); Rex Gardner, *Healing Miracles: A Doctor Investigates* (London: Darton, Longman & Todd, 1986), p. 138; Gardner, "Miracles of Healing in Anglo-Celtic Northumbria as Recorded by the Venerable Bede and His Contemporaries: A Reappraisal in the Light of Twentieth-Century Experience," *British Medical Journal* 287 (1983년 12월 24-31일): p. 1932; David Pytches, *Come Holy Spirit: Learning How to Minister in Power* (London: Hodder & Stoughton, 1985), pp. 242-244; Mark R. Mullins, "The Empire Strikes Back: Korean Pentecostal Mission to Japan," *Charismatic Christianity as a Global Culture*, ed. Karla Poewe (Columbia: University of South Carolina Press, 1994), pp. 87-102 (91); Tony Lambert, *China's Christian Millions: The Costly Revival* (London: Monarch, 1999), p. 109, pp. 118-119; Philip Jenkins, *The New Faces of Christianity: Believing the Bible in the Global South* (New York: Oxford University Press, 2006), p. 114; Chin Khua Khai, "The Assemblies of God and Pentecostalism in Myanmar," *Asian and Pentecostal: The Charismatic Face of Christianity in Asia*, ed. Allan Anderson and Edmond Tang (Oxford: Regnum, 2005), pp. 261-280 (270); Deng Zhaoming, "Indigenous Chinese Pentecostal Denominations," in Anderson and Tang, *Asian and Pentecostal*, pp. 437-466 (451); Sung-Gun Kim, "Pentecostalism, Shamanism, and Capitalism within Contemporary Korean Society," *Spirits of Globalization: The Growth of Pentecostalism and Experiential Spiritualities in a Global Age*, ed. Sturla J. Stålsett (London: SCM, 2006), pp. 23-38 (32); Julie C. Ma, "Pentecostalism and Asian Mission," *Missiology* 35 (1, Jan. 2007): pp. 23-37 (31); Alexander F. Venter, *Doing Healing: How to Minister God's Kingdom in the Power of the Spirit* (Cape Town, South Africa: Vineyard International, 2008), pp. 294-295.
12 Yusuf Herman, 인터뷰, Wilmore, KY, 2011년 7월 10일; Dominggus Kenjam, 전화 인터뷰, 2011년 8월 7일. 인도네시아의 다른 희생 진술들의 예로는 다음을 보라. Kurt Koch, *The Revival in Indonesia* (Grand Rapids: Kregel, 1970), p. 129, 138, pp. 141-142; Don Crawford, *Miracles in Indonesia: God's Power Builds His Church!* (Wheaton: Tyndale, 1972), pp. 26-28. 내부까지 목이 잘리는 사건의 심각성 및 기적이라고 보이는 생존과 회복에 관한 한 가지 진술은 Richard Roberts, "Decapitated," in *Miracles We Have Seen: America's Leading Physicians Share Stories They Can't Forget*, ed. Harley A. Rotbart (Deerfield Beach, FL: Health Communications, 2016), pp. 149-151를 보라.
13 James Watson, 서신, 2009년 11월 27일; Deborah가 서신, 2009년 11월 30일과 함께 나에게 보내 주었다; Deborah Watson, 개인 서신, 2009년 12월 9일.
14 예컨대, Obadiah Avong, 인터뷰, Lagos, Nigeria, 2013년 5월 29일; Sung Wha Park, 영성 형성 과 제물, 2015년 5월; 개인 서신, 2020년 1월 30일.
15 Davie Ferraro, 녹음된 인터뷰, 2017년 12월 22일.

16 Dimbiniaina Randrianasolo, 인터뷰, 2019년 4월 18일.
17 Matthew Maresco, 개인 서신, 2021년 5월 18-19일.
18 Margufta Bellevue, 개인 서신, 2020년 1월 30, 31일.

31장   우리 가족 중에 살아난 사람들

1 Albert Bissouessoue, 인터뷰, 콩고 Brazzaville, 2008년 7월 29일; Emmanuel Moussounga 박사가 그와 진행한 더 상세한 인터뷰, 2009년 12월 17일에 나에게 전달되었다; Julienne Bissouessoue, Emmanuel Moussounga가 진행한 인터뷰, 2009년 12월 15일.
2 인터뷰, 콩고 Dolisie, 2008년 7월 12일.
3 Ngoma Moïse는 간단한 전화 인터뷰, 2009년 5월 14일에서 이 사건에 대한 기억을 확인해 주었다.
4 Ngoma Moïse, 전화 인터뷰, 2009년 5월 14일.
5 추정치에 관해 조언해 준 물리학 박사 Christopher Keener와 공대생 Keren Keener에게 감사한다.

32장   자연 기적은 지금도 일어나는가?

1 다음을 보라. Keener, *Miracles* (2011), 1:579-599 (특히 p. 593, 595), 『오늘날에도 기적이 일어날 수 있는가?』(새물결플러스); Keener, "The Historicity of the Nature Miracles," in *The Nature Miracles of Jesus: Problems, Perspectives, and Prospects*, ed. Graham H. Twelftree (Eugene, OR: Cascade Books, 2017), pp. 41-65, 195-200. 좀 더 최근의 보고에 주목하라. 예컨대, James L. Garlow and Keith Wall, *Real Life, Real Miracles: True Stories That Will Help You Believe* (Minneapolis: Bethany House, 2012), p. 235; Surprise Sithole with David Wimbish, *Voice in the Night* (Bloomington, MN: Chosen Books, 2012), p. 178. 나는 폭행범 앞에서 보이지 않게 되었다는 기록을 발견하기도 했다. 예컨대, Médine Moussounga, 개인 일기, 1999년 6월 26일; Józef Bałuczyński with Rob Starner, *Be Not Afraid, Only Believe* (n.p.: Xulon, 2015), pp. 26-27; Rob Starner, 개인 서신, 2014년 9월 1일; 2015년 7월 18일.
2 Hwa Yung, "The Integrity of Mission in the Light of the Gospel: Bearing the Witness of the Spirit," *Mission Studies* 24 (2007): p. 174; Gary B. McGee, "Miracles," *Encyclopedia of Mission and Missionaries*, ed. Jonathan J. Bonk (New York: Routledge, 2007), pp. 252-54 (253); McGee, *Miracles, Missions, and American Pentecostalism*, American Society of Missiology Series 45 (Maryknoll, NY: Orbis Books, 2010), p. 51, 242.
3 Dieter Ising, *Johann Christoph Blumhardt, Life and Work: A New Biography*, trans. Monty Ledford (Eugene, OR: Cascade Books, 2009), p. 215. 이전의 진술은 John Wigger, *American Saint: Francis Asbury and the Methodists* (Oxford: Oxford University Press, 2009), p. 193에서 Francis Asbury를 보라.
4 Paul L. King, *Moving Mountains: Lessons in Bold Faith from Great Evangelical Leaders* (Bloomington, MN: Chosen Books, 2004), pp. 15-16, p. 20, 42, 46 (38과 비교하라)에 언급된 자료들.
5 King, *Moving Mountains*, pp. 15-16.
6 King, *Moving Mountains*, p. 20.
7 King, *Moving Mountains*, p. 38, 42, 46.
8 Watchman Nee, *Sit, Walk, Stand* (Carol Stream, IL: Tyndale, 1977), pp. 60-72 『좌행참』(생명의 말씀사); Angus Kinnear, *Against the Tide: The Story of Watchman Nee* (Wheaton: Tyndale, 1978), pp. 92-97도 보라.
9 Alpha E. Anderson, *Pelendo: God's Prophet in the Congo* (Chicago: Moody, 1964), pp. 43-47.
10 Mangapul Sagala, 인터뷰, Jakarta, Indonesia, 2015년 3월 27일; Sagala 박사도 이와 같은 다른 두 사건을 언급했다. 자연 기적에 대한 다른 보고의 예로는 다음을 보라. Edith L. Blumhofer, *Aimee Semple McPherson: Everybody's Sister* (Grand Rapids: Eerdmans, 1993), pp. 184-185 (공중 기

도를 드릴 때 즉각 비가 멈추었다고 언급함, *Wichita Eagle*, 1921년 5월 30일, 1에서도 언급됨); Jerry Trousdale, *Miraculous Movements* (Nashville: Nelson, 2012), pp. 80-81; Nonyem E. Numbere, *A Man and a Vision: A Biography of Apostle Geoffrey D. Numbere* (Diobu, Nigeria: Greater Evangelism Publications, 2008), pp. 206-207; Kurt Koch, *The Revival in Indonesia* (Grand Rapids: Kregel, 1970), 143; Mel Tari and Nona Tari, *The Gentle Breeze of Jesus* (Harrison, AR: New Leaf, 1974), pp. 154-156에서 바다 폭풍; Don Crawford, *Miracles in Indonesia: God's Power Builds His Church!* (Wheaton: Tyndale, 1972), p. 75에서 Petrus Octavianus; Kurt Koch, *Charismatic Gifts* (Quebec: Association for Christian Evangelism, 1975), pp. 106-107.

11 Sai Krishna Gomatam, 인터뷰, 2020년 2월 3일; 후속 서신, 2020년 2월 7일.
12 개인 서신, 2016년 6월 1-2일. 선택적 강우의 다른 사건들의 예는 Trousdale, *Miraculous Movements*, pp. 125-126를 보라. 인도네시아의 사례들은 다음을 보라. Koch, *Revival in Indonesia*, p. 144; 각각으로 다음의 예가 있다. Mel Tari with Cliff Dudley, *Like a Mighty Wind* (Carol Stream, IL: Creation House, 1971), pp. 44-45; Tari and Tari, *Gentle Breeze of Jesus*, p. 91.
13 David Chotka, 개인 서신, 2021년 3월 3, 4, 5, 7, 11, 12일; 그의 책 *Power Praying: Hearing Jesus' Spirit by Praying Jesus' Prayer* (Terre Haute, IN: PrayerShop, 2009), pp. 9-11에서도 진술되었다.
14 Fred Hartley, 개인 서신, 2021년 3월 11일; Michael Plunket, 개인 서신, 2021년 3월 4일. Wheaton and Gordon-Conwell의 졸업생인 Hartley는 Lilburn Alliance Church의 목사다. Plunket은 Risen King Alliance Church의 목사이고, Alliance Theological Seminary에서 가르쳤다.
15 Michael Plunket, "Assessing the College of Prayer International's Ministry in Uganda 2007-2009 and Its Long-Term Effects" (목회학 박사, Alliance Theological Seminary, 2014), pp. 15-17.
16 더 큰 규모에서 일부 안식교 자료들은 가뭄에 시달리던 Angola의 한 마을에서 가끔 광야의 만나 같은 것을 얻었다고 보고했다[예, *Signs of the Times* 62 (1947년 5월 12일, 19호): p. 1, 6; *Believers Today*, 2018년 9월 18일; Esteban Hidalgo이 제공해 줌]; 물이 포도주로 변한 보고들(p. 182를 보라)에도 가나 혼인 잔치(요 2:1-11)보다 큰 규모가 반영되어 있다.
17 Jacalyn Duffin, *Medical Miracles: Doctors, Saints, and Healing in the Modern World* (Oxford: Oxford University Press, 2009), p. 28; Terence L. Nichols, "Miracles, the Supernatural, and the Problem of Extrinsicism," *Gregorianum* 71 (1990년 1호): pp. 23-41 (32-33); Rex Gardner, *Healing Miracles: A Doctor Investigates* (London: Darton, Longman & Todd, 1986), p. 13, 71; René Laurentin, *Miracles in El Paso?* (Ann Arbor, MI: Servant, 1982), pp. 100-102.
18 다음을 보라. William Young, "Miracles in Church History," *Churchman* 102 (1988년 2호): pp. 102-121 (118-119); Gani Wiyono, "Timor Revival: A Historical Study of the Great Twentieth-Century Revival in Indonesia," *Asian Journal of Pentecostal Studies* 4 (2001년 2호): pp. 269-293 (286); Tari and Tari, *Gentle Breeze of Jesus*, pp. 117-118(왕상 17:14-16에서처럼 며칠 동안), pp. 42-43; Tari, *Like a Mighty Wind*, pp. 47-49; Corrie Ten Boom with John and Elizabeth Sherrill, *The Hiding Place* (New York: Bantam, 1974), pp. 202-203; Laurentin, *Miracles in El Paso?*, pp. 4-5, p. 49, pp. 95-97 (**날짜와 목격자들이 기록된 서로 다른 여섯 번의 상황에서**, pp. 110-112); William P. Wilson, "How Religious or Spiritual Miracle Events Happen Today," in *Religious and Spiritual Events*, vol. 1 of *Miracles: God, Science, and Psychology in the Paranormal*, ed. J. Harold Ellens (Westport, CT: Praeger, 2008), pp. 276-277; Gardner, *Healing Miracles*, p. 38, 71; Rolland Baker and Heidi Baker, *Always Enough: God's Miraculous Provision among the Poorest Children on Earth* (Bloomington, MN: Chosen Books, 2003), p. 52 [Baker and Baker, *Expecting Miracles: True Stories of God's Supernatural Power and How You Can Experience It* (Bloomington, MN: Chosen Books, 2007), p. 198에서도 언급됨]; Heidi Baker, *Birthing the Miraculous* (Lake Mary, FL: Charisma House, 2014), p. 166에서 **다른 목격자의 진술; 궁핍한 사람들을 위해 사역하던 다른 상황에서** Guy Chevreau, *Turnings: The Kingdom of God and the Western World* (Tonbridge, Kent, UK: Sovereign World, 2004), pp. 214-215; **노숙자들을 위한 담요가 늘어났던 사건은** Garlow and Wall, *Real Life, Real Mira-*

cles, p. 229를 보라.

19 Larry Eskridge, *God's Forever Family: The Jesus People Movement in America* (Oxford: Oxford University Press, 2013), pp. 81-82. Eskridge는 더 광범위한 인터뷰 상황에서 나온 다섯 개의 구체적인 보고를 진술한다. 나는 유사한 그룹에서 1977년 무렵에도 이런 일이 훨씬 작은 규모로 일어났다는 보고를 들었다.

20 Dean Merrill, *Miracle Invasion: Amazing True Stories of the Holy Spirit's Gifts at Work Today* (Savage, MN: BroadStreet, 2018), pp. 41-43.

21 Randy Clark and Mary Healy, *The Spiritual Gifts Handbook: Using Your Gifts to Build the Kingdom* (Bloomington, MN: Chosen Books, 2018), p. 166. 음식이 불어난 이전 가톨릭 시대의 이야기는 Albert E. Graham, *Compendium of the Miraculous* (Charlotte: TAN Books, 2013), pp. 176-178를 보라. 1949년 1월 25일에 Ribera del Fresno 교구에서 문서로 잘 보관된 사례도 보라 [Michael O'Neill, *Exploring the Miraculous* (Huntington, IN: Our Sunday Visitor, 2015), pp. 80-81].

22 Grant LeMarquand, 인터뷰, Wilmore, KY, 2020년 10월 17일. 의사인 그의 아내 Wendy도 치유를 목격했고, 이 사건에 관한 보고를 자신들의 소식지에 기록했다.

23 Baker and Baker, *Always Enough*, pp. 51-52 (다음에서도 언급된 분명하고 신뢰할 만한 목격자 사례, Baker and Baker, *Expecting Miracles*, p. 198; Sithole, *Voice in the Night*, p. 145); 궁핍한 사람들을 위한 그들의 사역에서 일어난 추가적 사건들은 Chevreau, *Turnings*, pp. 214-215에서 진술된다.

24 Baker and Baker, *Always Enough*, p. 52.

25 개인 서신, 2016년 5월 30일.

26 Don Kantel, "Development Aid as Power Evangelism: The Mieze Model," *Supernatural Missions: The Impact of the Supernatural on World Missions*, ed. Randy Clark (Mechanicsburg, PA: Global Awakening, 2012), pp. 370-373, 377-381; 개인 서신, 2016년 5월 28일.

27 개인 서신, 2020년 8월 14일.

28 *Mully* (Bardis Productions, 2015; Mullymovie.com을 보라); "Adopting Hope [2]: The Mully Children's Family," *Christianity Today* 팟캐스트, 2020년 12월 4일 (Kara Bettis와 Sasha Parker의 인터뷰)에서도 언급됨.

29 개인 서신, 2016년 6월 6일. 비를 구하는 다른 기도들은 예컨대 다음을 보라. Luis Bush and Beverly Pegues, *The Move of the Holy Spirit in the 10/40 Window*, ed. Jane Rumph (Seattle: YWAM, 1999), p. 64; Sithole, *Voice in the Night*, pp. 169-170; Dennis Balcombe, *China's Opening Door* (Lake Mary, FL: Charisma House, 2014), pp. 118-119; Keener, *Miracles* (2011), 1:593, 595에 있는 다른 자료들. 물과 관련해서는 2009년 1월 29일, 필리핀 바기오에서 이루어진 Donna Arukua와의 인터뷰도 보라(Keener, *Miracles* [2011], 1:593에서).

30 다음을 보라. Koch, *Revival in Indonesia*, pp. 208-217 (특히 그의 목격자 증언, 212-217); Koch, *Charismatic Gifts*, p. 107 (1969년 7월 18일의 사건을 직접 언급하고, 또한 외국인 교육자와 현지 지사 등 이 사건의 목격자 여덟 명의 이름을 열거함); Wiyono, "Timor Revival," pp. 285-286 (목격자와의 인터뷰를 인용함); Young, "Miracles in History," p. 119; Crawford, *Miracles in Indonesia*, p. 26; Yusuf Herman, 인터뷰, 2011년 7월 10일 (자기가 아는 목격자들의 이름을 열거함); Tari, *Like a Mighty Wind*, pp. 78-84 (여러 사건; Tari는 한 사건을 철저하게 확인했다고 말한다, pp. 79-84).

31 예컨대 다음을 보라. Julia Theis Dermawan, "A Study of the Nias Revival in Indonesia," *Asian Journal of Pentecostal Studies* 6 (2003년 2호): pp. 247-263 (p. 256, 1916-1922년에 관해); Crawford, *Miracles in Indonesia*, p. 26; Tari, *Like a Mighty Wind*, pp. 43-47 (목격자들을 언급함); Tari and Tari, *Gentle Breeze of Jesus*, p. 41 (동일한 사건).

32 전화 인터뷰, 2014년 4월 15일; 후속 개인 서신, 2014년 4월 15일. 나는 2020년 7월 23일 영상 자료로 촬영된 Tari와 Jennifer Miskov 박사의 인터뷰, 또한 특히 Tari, *Like a Mighty Wind*, pp. 43-47에서도 몇 가지 세부 내용을 가져왔다.

33 인터뷰, Makassar, Indonesia, 2015년 4월 1일; 개인 서신, 2015년 4월 10일.

33장   자연 기적의 목격자를 알고 있는가?

1 Emmanuel Itapson, 인터뷰, 2008년 4월 29일; 2009년 12월 15일에서도 반복된 전화 인터뷰. 이 문장에서 나의 영어식 말장난은 안타깝게도 원래의 하우사어(Hausa)에서 통하지 않는다.
2 Kevin Burr, 수업에서의 진술, 2016년 3월 15일; 개인 서신, 2016년 3월 17일; 2016년 4월 14일; 2016년 5월 29일; Paul Murphy (2016년 3월 15일), Bridget A. Lindsay (2016년 3월 17일), Jonathan Lindsay (2016년 3월 17일), Branson Bridges (2016년 3월 21일)의 기록.
3 나는 온라인상의 날씨 기록을 확인했고, 2006년 4월 2일에 그 지역의 날씨 기록은 F2 및 F3급 토네이도와 일치했다.
4 나도 사진 한 장을 갖고 있다.
5 Brian Shockey, 수업과 개인 토론, 2020년 11월 2일; 후속 개인 서신, 2020년 11월 2, 4, 16일.
6 예컨대, David Crump, *Knocking on Heaven's Door: A New Testament Theology of Petitionary Prayer* (Grand Rapids: Baker Academic, 2006), p. 13를 보라. 목격자의 신뢰성을 상세히 설명했다. 저절로 움직일 수 없던 차량에 관한 다른 보고들의 사례는 Larry Eskridge, *God's Forever Family: The Jesus People Movement in America* (Oxford: Oxford University Press, 2013), p. 82에도 나온다.
7 개인 서신, 2013년 3월 19일.
8 나는 이 이야기를 콩고에서 Joseph Harvey 박사에게서 처음 들었지만(인터뷰, 2008년 7월 25일), Sandy Thomas와의 전화 인터뷰(2008년 8월 26일)에 근거해 그의 진술을 확인하고 수정했다.
9 Craig Keener and Médine Moussounga Keener, *Impossible Love: The True Story of an African Civil War, Miracles, and Love against All Odds* (Bloomington, MN: Chosen Books, 2016), p. 103, pp. 106-107를 보라.
10 인터뷰, Wilmore, KY, 2016년 8월 8일; 개인 서신, 2016년 4월 9일; 2016년 5월 28일.
11 나는 2009년 11월 22일에 Ayo Adewuya에게서 이 이야기를 들었다. 그는 전화 인터뷰, 2009년 12월 24일에서도 이 사건을 확인해 주었다. 전통적인 종교에 관해서는, 예컨대 Tabona Shoko, *Karanga Indigenous Religion in Zimbabwe: Health and Well-Being* (Burlington, VT: Ashgate, 2007), p. 37, 41를 보라.
12 인터뷰, 2006년 6월 3일; 2009년 5월 13일.
13 Benjamin Ahanonu, 인터뷰, 2009년 9월 29일; Simon Hauger, 2009년 12월 4일 이루어진 전화 인터뷰에서 확인했다.
14 인터뷰, Wilmore, KY, 2012년 3월 16일.
15 Hood 신학교는 A.M.E. Zion Church에 소속되어 있다.
16 Craig Keener, 개인 일기, 1993년 11월 6일.

34장   직접 목격자?

1 이 일은 2017년 9월 13-14일에 일어났다.
2 이 진찰은 2017년 9월 18일에 있었다. 마찬가지로, 치과 의사가 나에게 치아 뿌리관을 언급했지만 (2001년 10월 8일) 재정적으로 엄청나게 쪼들렸을 때, 나는 주님께 도와주시기를 기도하고 있었다. 뿌리관을 치료하는 의사에게 갔을 때, 그는 치아 뿌리관을 검사한 뒤 내 치아의 뿌리관이 저절로 치료되었음이 분명하다고 선언했다(2001년 11월 12일). (물론 여전히 치아 필링은 필요했다!) 나는 앞에서 우리 가정 소그룹의 한 구성원이 악성종양을 생검한 뒤 치료하지 않았는데도 사라졌다고 언급했다. 하지만 생검은 가끔 악성종양 전체를 제거하기 때문에, 더 이상 자세히 설명하지 않겠다.
3 이 이야기는 Craig S. Keener, *Gift and Giver: The Holy Spirit for Today* (Grand Rapids: Baker Academic, 2001), p. 59에도 나온다. 『현대를 위한 성령론』(새물결플러스).
4 다음을 보라. 행 2:4; 10:46; 19:6; 고전 12:10, 28; 14:5-6, 18, 39. 은사에 관한 읽기 쉬운 최근의 한 연구는 Sam Storms, *The Language of Heaven* (Lake Mary, FL: Charisma House, 2019)를 보라.
5 Mesfin Negusse, 2008년 12월 15일 전화로 확인; 나중에 그는 처음 만났을 때는 잘 알지 못했다고

나에게 재차 확인해 주었다(2019년 3월 29일, 에티오피아 아디스아바바에서 직접 만나서 확인했다).

35장 왜 서구에서 더 많은 기적을 보지 못하는가?

1 Dale S. Adler, "Father Karl's Miraculous Timing," in *Miracles We Have Seen: America's Leading Physicians Share Stories They Can't Forget*, ed. Harley A. Rotbart (Deerfield Beach, FL: Health Communications, 2016), pp. 9-12. "뜻밖의 기적 같은 행운"(spectacular serendipity)의 다른 표본으로는 Rotbart, *Miracles We Have Seen*, pp. 7-42를 보라. 마찬가지로, Ronald Sider가 2021년 2월 1일 자신의 블로그에서 언급한 경험을 보라.
2 2-3장에서 언급된 자료들 외에 다음의 예를 보라. *Christian History* 76 (2002년 4호)에 있는 기사; 또한 다시 다음의 예도 있다. John Hedley Brooke, *Science and Religion: Some Historical Perspectives* (New York: Cambridge University Press, 1991); Derrick Peterson, *Flat Earth and Fake Footnotes: The Strange Tale of How the Conflict of Science and Christianity Was Written into History* (Eugene, OR: Cascade Books, 2020); 오늘날에는 다음의 사례가 있다. Elaine Howard Ecklund, *Science vs. Religion: What Scientists Really Think* (Oxford: Oxford University Press, 2010). 시 115:16; 잠 6:6; 25:2과 비교하라.
3 Jacalyn Duffin, *Medical Miracles: Doctors, Saints, and Healing in the Modern World* (Oxford: Oxford University Press, 2009), p. 113.
4 '기적'이라는 용어와 관련된 고찰은 예컨대 다음을 보라. Richard A. Horsley, *Jesus and Magic: Freeing the Gospel Stories from Modern Misconceptions* (Eugene, OR: Cascade Books, 2014); Luke Timothy Johnson, *Miracles: God's Presence and Power in Creation* (Louisville: Westminster John Knox, 2018), pp. 21-75 (특히 유용한 것은 p. 41). '표적'이란 용어와 관련해 나는 여기서 마가의 용례보다는 누가와 요한의 용례를 따른다.

36장 영적인 요소와 기적

1 예컨대 다음을 보라. Mel Tari, 전화 인터뷰, 2014년 4월 15일; Rolland Baker, *Keeping the Fire: Discovering the Heart of True Revival* (Bloomington, MN: Chosen Books, 2016).
2 더 상세한 일련의 비교와 대조는 Craig S. Keener, *The IVP Bible Background Commentary: New Testament*, rev. ed. (Downers Grove, IL: InterVarsity, 2014), p. 337를 보라. 『IVP 성경배경주석』(IVP).
3 변형에 대해, 특히 Thomas Lyons, "Revisiting the Riddle in Samaria: A Social-Scientific Investigation of Spirit Reception in Luke-Acts in Historical Perspective" (박사 학위, Asbury Theological Seminary, 2020)의 웨일스 부흥 운동을 포함해 4장을 보라. 부흥 운동에서 기적에 관한 경험을 다루는 다른 예는 다음을 보라. Kurt Koch, *The Revival in Indonesia* (Grand Rapids: Kregel, 1970), pp. 208-217; Julia Theis Dermawan, "A Study of the Nias Revival in Indonesia," *Asian Journal of Pentecostal Studies* 6 (2, 2003): pp. 247-263; Solomon Bulan and Lillian Bulan-Dorai, *The Bario Revival* (Kuala Lumpur, Malaysia: HomeMatters, 2004), p. 92, pp. 113-116, p. 141, 149, 166.
4 Michelle Moran, "The Spirituality at the Heart of the Catholic Charismatic Renewal Movement," *Transformation* 30 (2013년 10월 3일): pp. 287-291, 특히 pp. 287-288.
5 예컨대 다음을 보라. Gary B. McGee, "The Radical Strategy in Modern Mission: The Linkage of Paranormal Phenomena with Evangelism," *The Holy Spirit and Mission Dynamics*, ed. C. Douglas McConnell (Pasadena: William Carey Library, 1997), pp. 69-95; McGee, "Shortcut to Language Preparation? Radical Evangelicals, Missions, and the Gift of Tongues," *International Bulletin of Mission Research* 25 (July 2001): pp. 118-123; Allan Heaton Anderson, *To the Ends of the Earth: Pentecostalism and the Transformation of World Christianity* (New York: Oxford University Press, 2013), pp. 12-13.

6 예컨대 Mark Shaw, *Global Awakening: How 20th-Century Revivals Triggered a Christian Revolution* (Downers Grove, IL: IVP Academic, 2010)을 보라. 현대 부흥 운동과 각성 운동 일반에 대해서는 다음을 보라. Edith Blumhofer and Randall H. Balmer, eds., *Modern Christian Revivals* (Urbana: University of Illinois Press, 1993); Michael McClymond, ed., *Encyclopedia of Religious Revivals in America*, 2 vols. (Westport, CT: Greenwood, 2007).

7 예컨대 Emmanuel Hooper, "The Great Awakening of 1905: The Welsh Revival and Its Influence on the American Revival," *Revival, Renewal, and the Holy Spirit*, ed. Dyfed Wyn Roberts (Eugene, OR: Wipf & Stock, 2009), pp. 222-232를 보라.

8 Ramabai에 관해서는 다음을 보라. Nalini Arles, "Pandita Ramabai and Amy Carmichael: A Study of Their Contributions toward Transforming the Position of Indian Women" (박사 학위, University of Aberdeen, 1985); Ruth Vassar Burgess, "Pandita Ramabai: A Woman for All Seasons: Pandita Ramabai Saraswati Mary Dongre Medhavi (1858-1922)," *Asia Journal of Pentecostal Studies* 9 (2006년 7월, 2호): pp. 183-198; Robert Eric Frykenberg, *Christianity in India: From Beginnings to the Present* (New York: Oxford University Press, 2010), pp. 382-410.

9 예컨대 다음을 보라. Allan Anderson, *An Introduction to Pentecostalism: Global Charismatic Christianity* (Cambridge: Cambridge University Press, 2004), pp. 39-45; Cecil M. Robeck, Jr., *The Azusa Street Mission and Revival: The Birth of the Global Pentecostal Movement* (Nashville: Nelson, 2006).

10 예컨대 다음을 보라. Tony Lambert, *China's Christian Millions: The Costly Revival* (London: Monarch, 1999); Rolland Baker and Heidi Baker, *Always Enough: God's Miraculous Provision among the Poorest Children on Earth* (Bloomington, MN: Chosen Books, 2003).

11 목격자 Anna D. Gulick [*Captured: An Atheist's Journey with God* (Lexington: Emeth, 2012)]은 부흥을 위한 여러 학생의 절박한 기도가 제2차 Asbury 부흥(과 더불어 Hebrides 부흥)보다 앞서 있었다고 설명한다.

12 Edward Warren Capen, *The Significance of the Haystack Prayer Meeting* (New York: Committee on the Centennial Anniversary of the Haystack Prayer Meeting, 1906)를 보라.

13 Richard Burgess, *Nigeria's Christian Revolution: The Civil War Revival and Its Pentecostal Progeny (1967-2006)* (Eugene, OR: Wipf & Stock, 2008)를 보라.

14 예를 들어, 모세는 자신의 사명에서 벗어나는 일과 타협할 수 없었다(출 3:11-4:17). 또한 가끔 우리는 차라리 없는 것이 더 나은 은사를 구한다(막 10:35-40과 15:27을 비교하라).

15 David Kimberlin, "Whatever the Outcome, It Will Be Okay," *Miracles We Have Seen: America's Leading Physicians Share Stories They Can't Forget*, ed. Harley A. Rotbart (Deerfield Beach, FL: Health Communications, 2016), p. 81.

16 Howard Taylor and Mrs. Howard Taylor, *Hudson Taylor and the China Inland Mission: The Growth of a Work of God*, 4th ed. (London: Morgan & Scott, 1920), p. 265.

37장 치유가 일시적일 때

1 Lyle W. Dorsett, "Helen Joy Davidman (Mrs. C. S. Lewis) 1915-1960: A Portrait," C. S. Lewis Institute, 2021년 3월 3일에 접속함, http://www.cslewis institute.org/node/31에서 의사와 그의 대화를 인용함, Dorsett, *A Love Observed: Joy Davidman's Life and Marriage to C. S. Lewis* (Wheaton: Harold Shaw, 1998)에 근거한다. C. Bernard Ruffin, *Padre Pio: The True Story*, 3rd rev. ed. (Huntington, IN: Our Sunday Visitor, 2018), pp. 384-386에 나오는 다른 증상 완화 사례와 비교하라.

2 C. S. Lewis, *A Grief Observed* (New York: Seabury, 1961)를 보라. 『헤아려 본 슬픔』(홍성사).

3 Candy Gunther Brown, *Testing Prayer: Science and Healing* (Cambridge, MA: Harvard University Press, 2012), pp. 254-255; Brown, "Empirical Perspectives on Prayer for Healing:

Viewing Prayer through Multiple Cameras Produces a More Complete Picture," *Psychology Today*, 2012년 4월 10일, https://www.psychologytoday.com/us/blog/testing-prayer/201204/empirical-perspectives-prayer-healing. 일시적으로 또한 장기적으로 치료되었다고 인정받은 다른 여러 목록은 Henri Nissen, *The God of Miracles: A Danish Journalist Examines Healings in the Ministry of Charles Ndifon* (Copenhagen: Scandinavia Publishing House, 2003), pp. 169-178를 보라. Majbrit Bruun Anderson, "Physiological and Psychological Experiences with Religious Treatment in Relation to the Patients' Comprehension of Their Illness and Their Experiences with the Public Health Service" (예비 졸업 연구, Syddansk Universitet, 2002)의 결과를 언급했다.

4 Wayne E. Warner, "Still Healed of TB—after Fifty-Two Years," *Pentecostal Evangel*, 2001년 7월 8일, p. 28; Warner, "'Living by Faith': A Story of Paul and Betty Wells," *Assemblies of God Heritage* 16 (1996-1997년 겨울, 4호): pp. 3-4, p. 24 (어떤 사람이 65세부터 75세까지 치유된 상태를 유지했다고 언급했다).

5 Wayne E. Warner, *The Woman Evangelist: The Life and Times of Charismatic Evangelist Maria B. Woodworth-Etter*, Studies in Evangelicalism 8 (Metuchen, NJ: Scarecrow, 1986), pp. 180-181; 1981년 7월 20일에 Romer는 Warner에게 자신의 증언을 적어 보냈다.

6 Warner, *Woman Evangelist*, p. 181; 이 증언은 그의 가족들과 1978년에 Warner에게 보낸 한 편지에서 가져왔다.

7 Dirk J. Kruijthoff et al., "'My Body Does Not Fit in Your Medical Textbooks': A Physically Turbulent Life with an Unexpected Recovery from Advanced Parkinson Disease after Prayer," *Advances in Mind-Body Medicine* 35 (2021년 겨울, 2호): pp. 4-13 (https://pubmed.ncbi.nlm.nih.gov/33620331/에서 온라인상의 발췌문과도 비교하라). 2021년에, Rose Marie Straeter는 2010년에 파킨슨병에서 나았던 자신의 치유 사례를 나에게 공유했다.

8 Bob Neff, *Spiritual End-Time Warfare* (n.p.: Robert Neff, 2009), pp. 13-14.

38장   기적이 일어나지 않을 때

1 여기서 Mary Healy, *Healing: Bringing the Gift of God's Mercy to the World* (Huntington, IN: Our Sunday Visitor, 2015), pp. 109-112에 있는 아주 적절한 진술을 보라.

2 어떤 다양한 접근 방법을 취하든, 기적에 관한 책들은 대개 이러한 주장으로 끝맺는다. 예컨대 다음을 보라. Keener, *Miracles* (2011), 2:766-768, 『오늘날에도 기적이 일어날 수 있는가?』(새물결플러스); Lee Strobel, *The Case for Miracles: A Journalist Investigates Evidence for the Supernatural* (Grand Rapids: Zondervan, 2018), pp. 235-253 (특히 우리 두 사람 모두의 친구인 Doug Groothuis와 지금은 작고한 Rebecca Merrill Groothuis의 이야기를 공유해 주었다), 『기적인가 우연인가』(두란노); Tony Cooke, *Miracles and the Supernatural throughout Church History* (Shippensburg, PA: Harrison, 2020), pp. 311-319. Damian Stayne, *Lord, Renew Your Wonders: Spiritual Gifts for Today* (Frederick, MD: The Word Among Us Press, 2017), pp. 109-110와도 비교하라.

3 Nabeel Qureshi, *Seeking Allah, Finding Jesus* (Grand Rapids: Zondervan, 2016)에 나온 그의 증언을 보라.

4 Clarissa Romez et al., "Case Report of Instantaneous Resolution of Juvenile Macular Degeneration Blindness after Proximal Intercessory Prayer," *Explore: The Journal of Science and Healing* 17 (2021년 1-2월, 1호): pp. 79-83, https://doi.org/10.1016/j.explore.2020.02.011.

5 Craig S. Keener, *1-2 Corinthians* (New York: Cambridge University Press, 2005), p. 240에서 간단하게 논의했다.

6 Chauncey W. Crandall IV, *Raising the Dead: A Doctor Encounters the Miraculous* (New York: FaithWords, 2010), pp. 7-131 여러 곳에서.

7 Danny McCain, 개인 서신, 2014년 11월 30일.

39장　성경은 치유되지 않는 것에 대해 무엇이라고 말하는가?

1 Cyprian, *Treatise* 7 (On Mortality), p. 8 (trans. *Ante-Nicene Fathers*, ed. Roberts and Donaldson).
2 Cyprian, *Treatise* 7 (On Mortality), p. 16.
3 Cyprian, *Treatise* 7 (On Mortality), p. 15.
4 Gary B. Ferngren, "Demonstrating the Love of Christ: At the Very Beginning of the Church, Christians Were Known for Their Compassion in Times of Illness," *Christian History* 135 (2020): pp. 12-15, 특히 pp. 14-15를 보라. Cyprian은 중간에 인용된다.
5 Dowie에 관하여 다음을 보라. Ralph H. Major, *Faiths That Healed* (New York: D. Appleton-Century, 1940), pp. 208-222; Grant Wacker, "Marching to Zion: Religion in a Modern Utopian Community," *Church History* 54 (1985): pp. 496-511; Robert Bruce Mullin, *Miracles and the Modern Religious Imagination* (New Haven: Yale University Press, 1996), pp. 203-208; Jonathan R. Baer, "Perfectly Empowered Bodies: Divine Healing in Modernizing America" (PhD diss., Yale University, 2002), pp. 212-219; James Opp, *The Lord for the Body: Religion, Medicine, and Protestant Faith Healing in Canada, 1880-1930* (Montreal: McGill-Queen's University Press, 2005), pp. 91-120; Kimberly Ervin Alexander, *Pentecostal Healing: Models in Theology and Practice* (Blandford Forum, UK: Deo, 2006), pp. 58-63.
6 이 견해에 대해 다음을 보라. David Edwin Harrell Jr., "Divine Healing in Modern American Protestantism," in *Other Healers: Unorthodox Medicine in America*, ed. Norman Gevitz (Baltimore: Johns Hopkins University Press, 1988), pp. 215-227 (217-218); Mullin, *Miracles and the Modern Religious Imagination*, p. 204; John Wilkinson, *The Bible and Healing: A Medical and Theological Commentary* (Grand Rapids: Eerdmans, 1998), p. 280; Neil Hudson, "Early British Pentecostals and Their Relationship to Health, Healing, and Medicine," *Asian Journal of Pentecostal Studies* 6 (2003년 7월, 2호): pp. 283-301 (290); Opp, *Lord for the Body*, pp. 52-53; Hudson, "British Pentecostals," p. 290.
7 Opp, *Lord for the Body*, pp. 103-111, p. 115 (오늘날의 기준에서 볼 때 대부분의 법정 소송은 엉성하지만, 사람들은 치료를 받더라도 사망했을 수 있다). 융통성 없이 완고했던 Dowie는 자기 딸이 불에 타 죽은 것조차 죄 때문이라고 탓했다(Baer, "Perfectly Empowered Bodies," p. 249).
8 Heather D. Curtis, *Faith in the Great Physician: Suffering and Divine Healing in American Culture, 1860-1900* (Baltimore: Johns Hopkins University Press, 2007), p. 194; Gary B. McGee, *Miracles, Missions, and American Pentecostalism* (Maryknoll, NY: Orbis Books, 2010), pp. 148-149; Allan Anderson, "Signs and Blunders: Pentecostal Mission Issues at 'Home and Abroad' in the Twentieth Century," *Journal of Asian Mission* 2 (2000년 10월, 2호): pp. 193-210 (207).
9 치유를 시도해 보려는 어머니의 사랑이나 어머니를 지지하는 교회를 나무랄 수 없지만, 결과가 항상 사람들이 희망하는 대로 나오지는 않는다. *Christianity Today*는 나에게 "Every Grieving Parent Can Hope for Resurrection," *Christianity Today*, 2019년 12월 19일, http://christianitytoday.com/ct/2019/december-web-only/pray-to-raise-dead-bethel-resurrection-jesus-talitha-koum.html (2020년 7월 26일에 접속함)에서 이 문제를 다루어 달라고 요청했다.
10 사실 많은 연구는 종교적 관행에 건강상의 유익이 있다고 주장하는데[내가 쓴 *Miracles* (2011), 2:620-630에서 인용된 자료들을 보라], 신자들은 이런 유익이 자연 안에 신적으로 내재되었다고 여길 것이다. 이와 같은 연구는 가치 있지만, 그 자체로 신 존재 문제에 대해 말하지 않는다.
11 특히 다음을 보라. 고전 15:3-8; Michael R. Licona, *The Resurrection of Jesus: A New Historiographical Approach* (Downers Grove, IL: IVP Academic, 2010); N. T. Wright, *The Resurrection of the Son of God* (Minneapolis: Fortress, 2003). 『하나님의 아들의 부활』(CH북스).
12 이 본문의 의미에 대해서는 당연히 의견이 분분하다. 나의 해석은 다음을 보라. Craig S. Keener, *Matthew* (Downers Grove, IL: InterVarsity, 1997), pp. 360-362; Keener, *The Gospel of Mat-*

thew: A Socio-Rhetorical Commentary (Grand Rapids: Eerdmans, 2009), pp. 604-606. 마태복음의 다른 곳에서 제자들은 예수님의 형제자매이고(12:50; 28:10), 그들은 음식과 음료를 대접받을 수 있다(10:8-13, 42). 누구든 제자들을 영접한 이들은 예수님을 영접한 셈이다(10:40-42).

13 Andrew White, Faith under Fire: What the Middle East Conflict Has Taught Me about God (Oxford: Monarch, 2011), p. 64.

14 나무는 강력한 제국을 가리키는 이미지다. 단 4:11-12에 나오는 최종적 하나님 나라의 빛바랜 그림자인 느부갓네살의 나라와 비교하라(2:44; 4:3, 34). 고전 15:35-44과 비교하라.

15 Enid Mojica-McGinnis, 전화 인터뷰, 2020년 8월 5일.

40장   이 책을 마무리하며

1 Lee Strobel, The Case for Miracles: A Journalist Investigates Evidence for the Supernatural (Grand Rapids: Zondervan, 2018). 『기적인가 우연인가』(두란노).

부록 A   기도는 상황을 악화시켰는가?

1 "About Us," Unity Worldwide Ministries, https://www.unity.org/about-us/what-we-do (2020년 4월 15일에 접속함)를 보라.

2 Candy Gunther Brown, Testing Prayer: Science and Healing (Cambridge, MA: Harvard University Press, 2012), p. 88. 92에서 Brown은 불교도 및 다른 기도 결과와 유니티의 기도 결과를 병합한 메타 연구를 설명한다. Leanne Roberts, Irshad Ahmed, and Andrew Davison ["Intercessory Prayer for the Alleviation of Ill Health," Cochrane Database of Systematic Reviews 2 (2009년 4월 15일): CD000368, https://doi.org/10.1002/14651858.CD000368.pub3]는 훨씬 양면적이다. 물론 그들의 연구는 Karsten Juhl Jørgensen, Asbjørn Hrøbjartsson, and Peter C. Gøtzsche, "Divine Intervention? A Cochrane Review on Intercessory Prayer Gone beyond Science and Reason," Journal of Negative Results in Biomedicine 8 (2009년 6월 10일, 7호), https://doi.org/10.1186/1477-5751-8-7에서 명백히 무신론적 관점, 즉 완전히 종교를 배제하는 관점에서 혹평을 받았다.

3 비판자들은 내적인 효과가 아닌 외적인 효과와 관련해 이렇게 주장했다는 점을 유의하라. 일부 연구는 관상 기도가 중보자 자신의 뇌 전능을 건강하게 자극할 수 있다고 주장한다. 물론 이것은 유신론자나 영적 존재를 믿는 신앙에 국한되지 않는 것 같다. 다음을 보라. Britta K. Holzel et al., "Differential Engagement of Anterior Cingulate and Adjacent Medial Frontal Cortex in Adept Meditators and Non-meditators," Neuroscience Letters 421 (2007): pp. 16-21; Yi-Yuan Tang et al., "Short-Term Meditation Induces White Matter Changes in the Anterior Cingulate," Proceedings of the National Academy of Sciences of the United States of America 107 (35, 2010): 15649-15652, https://doi.org/10.1073/pnas.1011043107; Shaowei Xue, Yi-Yuan Tang, and Michael I. Posner, "Short-Term Meditation Increases Network Efficiency of the Anterior Cingulate Cortex," NeuroReport 22 (12, 2011): pp. 570-574; Andrew B. Newberg, "The Neuroscientific Study of Spiritual Practices," Frontiers in Psychology 5 (2014년 3월 18일, 215호), https://doi.org/10.3389/fpsyg.2014.00215. 대중적인 기독교의 수준에서, Mike McHargue, "How Your Brain Is Wired for God: Research Shows That Belief May Well Be Part of Our Design," Relevant, 2014년 7월 1일, https://relevantmagazine.com/god/how-your-brain-wired-god/ (2020년 3월 5일에 접속함)과 비교하라.

4 비종교적 관점에서 Richard P. Sloan and Rajasekhar Ramakrishnan, "Science, Medicine and Intercessory Prayer," Perspectives in Biology and Medicine 49 (2006년 가을, 4호): pp. 504-514 (506-508)에서 훨씬 상세히 표명된, 본질적으로 동일한 반대에 유의하라.

5 C. E. B. Cranfield, The Gospel according to Saint Mark, rev. ed., Cambridge Greek Testament Commentary (Cambridge: Cambridge University Press, 1966), p. 258에서는 막 8:11-12에 관해,

예수님의 비판자들을 살펴본다. "영적 시각장애: 하나님이 주신 표적을 인식하지 못한 그들은 자신들이 선택한 표적을 요구한다"라고 주해한다. 복음서에서 예수님은 자신의 유익을 위해서나 아버지가 아닌 자신에게 대중의 관심을 끌기 위해 기적을 행하지 않으신다(예컨대 마 4:1-11 · 눅 4:1-12을 보라).

부록 B 흄의 몇 가지 다른 주장

1 다음을 보라. Charles Taliaferro and Anders Hendrickson, "Hume's Racism and His Case against the Miraculous," *Philosophia Christi* 4 (2, 2002): pp. 427-441; C. L. Ten, "Hume's Racism and Miracles," *Journal of Value Inquiry* 36 (2002): pp. 101-107; Craig S. Keener, "A Reassessment of Hume's Case against Miracles in Light of Testimony from the Majority World Today," *Perspectives in Religious Studies* 38 (2011년 가을, 3호): pp. 289-310.
2 예컨대 L. Woodward, *The Book of Miracles: The Meaning of the Miracle Stories in Christianity, Judaism, Buddhism, Hinduism, and Islam* (New York: Simon & Schuster, 2000), p. 21; Robert Wuthnow, *After Heaven: Spirituality in America since the 1950s* (Berkeley: University of California Press, 1998), p. 122; David Briggs, "Belief in Miracles on the Rise," 2012년 10월 30일에 *Huffington Post*에서 인용된 Baylor 설문 조사.
3 Keener, *Miracles* (2011), 1:242-49. 『오늘날에도 기적이 일어날 수 있는가?』(새물결플러스).
4 자료는 아주 많다. 다음을 보라. Ari Kiev, ed., *Magic, Faith, and Healing: Studies in Primitive Psychiatry Today* (New York: Free Press, 1964); Larry Peters, *Ecstasy and Healing in Nepal: An Ethnopsychiatric Study of Tamang Shamanism* (Malibu, CA: Undena, 1981); Richard Katz, *Boiling Energy: Community Healing among the Kalahari Kung* (Cambridge, MA: Harvard University Press, 1982); Edith Turner et al., *Experiencing Ritual: A New Interpretation of African Healing* (Philadelphia: University of Pennsylvania Press, 1992); Edith Turner, *The Hands Feel It: Healing and Spirit Presence among a Northern Alaskan People* (DeKalb: Northern Illinois University Press, 1996); Turner, *Among the Healers: Stories of Spiritual and Ritual Healing around the World* (Westport, CT: Praeger, 2006); James McClenon, *Wondrous Healing: Shamanism, Human Evolution, and the Origin of Religion* (DeKalb: Northern Illinois University Press, 2002); Linda L. Barnes and Susan S. Sered, eds., *Religion and Healing in America* (New York: Oxford University Press, 2005); Linda L. Barnes and Ines Talamantez, eds., *Teaching Religion and Healing* (Oxford: Oxford University Press, 2006); Sidney M. Greenfield, *Spirits with Scalpels: The Culturalbiology of Religious Healing in Brazil* (Walnut Creek, CA: Left Coast, 2008).
5 예컨대 John Dawson, "Urbanization and Mental Health in a West African Community," in Kiev, *Magic, Faith, and Healing*, pp. 305-342 (328-329); Raymond Prince, "Indigenous Yoruba Psychiatry," in Kiev, *Magic, Faith, and Healing*, pp. 84-120 (91); John S. Mbiti, *African Religions and Philosophies* (Garden City, NY: Doubleday, 1970), p. 204, 258; Gananath Obeyesekere, "Sorcery, Premeditated Murder, and the Canalization of Aggression in Sri Lanka," *Ethnology* 14 (1975): pp. 1-24; Jeanne Favret-Saada, *Deadly Words: Witchcraft in the Bocage*, trans. Catherine Cullen (Cambridge: Cambridge University Press, 1980), pp. 123-127; Frank Hoare, "A Pastoral Approach to Spirit Possession and Witchcraft Manifestations among the Fijian People," *Mission Studies* 21 (1, 2004): pp. 113-137 (127-128); Godwin Ehi Azenabor, "The Idea of Witchcraft and the Challenge of Modern Science," in *Studies in Witchcraft, Magic, War, and Peace in Africa*, ed. Beatrice Nicolini (Lewiston, NY: Mellen, 2006), pp. 21-35 (27); Tabona Shoko, *Karanga Indigenous Religion in Zimbabwe: Health and Well-Being* (Burlington, VT: Ashgate, 2007), p. 123.
6 부정적인 예로는 민 22:6; 신 23:4-5을 보라.
7 Keener, *Miracles* (2011), 2:843-56. 『오늘날에도 기적이 일어날 수 있는가?』(새물결플러스).
8 Fasil Woldemariam, 인터뷰, Wilmore, KY, 2016년 3월 8일. 에티오피아에서 일어난 치유에 관한 진술

은 더 늘어날 수 있다. 서구에서도 (나의 이전 책에 있는 것을 보완하는 예와 함께) 나와 Southeastern Seminary의 David Black(http://daveblackonline.com/에서)을 비롯한 여러 사람이 수많은 진술을 수집했다. Henri Nissen, *The God of Miracles: A Danish Journalist Examines Healings in the Ministry of Charles Ndifon* (Copenhagen: Scandinavia Publishing House, 2003), p. 93에서 회심한 심령 치료사도 비교하라.

부록 C   거짓 표적

1   이러한 세력에 관해 Keener, *Miracles* (2011), 2:769-856과 거기 나오는 많은 자료를 보라. 『오늘날에도 기적이 일어날 수 있는가』(새물결플러스). 좀 더 최근의 진술은 다음의 예를 보라. Keener, "Crooked Spirits and Spiritual Identity Theft: A Keener Response to Crooks?," *Journal of Mind and Behavior* 39 (4, Autumn 2018): pp. 345-372; Robert Gallagher, *Demonic Foes: My Twenty-Five Years as a Psychiatrist Investigating Possessions, Diabolic Attacks, and the Paranormal* (New York: HarperOne, 2020).
2   Keener, *Miracles* (2011), 2:613-644. 『오늘날에도 기적이 일어날 수 있는가』(새물결플러스).
3   능력 대결은 Keener, *Miracles* (2011), 2:843-856를 보라. 『오늘날에도 기적이 일어날 수 있는가』(새물결플러스).
4   빙의 및 관련 주제에 관한 연구의 예는 다음에 나오는 내용을 보라. Keener, *Miracles* (2011), 2:769-856 『오늘날에도 기적이 일어날 수 있는가』(새물결플러스); Joy Ames Vaughan, "Spirit Possession in Luke-Acts and Modern Eyewitnesses: An Analysis of Anthropological Accounts as Evidence for the Plausibility of the Lukan Accounts" (박사 학위, Asbury Theological Seminary, 2020).
5   *Didache* 11.6.
6   기독교 은사주의 분파의 분별을 요청한 예로는 다음을 보라. Michael L. Brown, *Playing with Holy Fire: A Wake-Up Call to the Pentecostal-Charismatic Church* (Lake Mary, FL: Charisma House, 2018); Eddie L. Hyatt, *Angels of Light* (n.p.: Hyatt Press, 2018); Paul L. King, *Is It of God? A Biblical Guidebook for Spiritual Discernment* (Newberry, FL: Bridge Logos, 2019).

옮긴이 이철민은 연세대학교 영어영문학과를 졸업하고, 장로회신학대학원에서 신학을 공부했다(M.Div., Th.M.). IVF 학사사역부 간사를 역임했다. 옮긴 책으로는 『부족한 것이 없는 사람에게 왜 복음이 필요한가?』, 『30분 성경 드라마』, 『하나님을 신뢰한다는 것』, 『여전히 우리는 진리를 말할 수 있는가』, 『신없는 사람들』, 『일곱 문장으로 읽는 신약』(이상 IVP), 『인간이 된다는 것』, 『인생, 전도서를 읽다』(이상 복있는사람), 『UBC 예레미야, 예레미야애가』, 『에브리데이 스터디 바이블』(공역, 이상 성서유니온선교회) 등이 있다.

오늘날에도 기적이 일어난다

초판 발행_ 2023년 8월 30일

지은이_ 크레이그 키너
옮긴이_ 이철민
펴낸이_ 정모세

펴낸곳_ 한국기독학생회출판부
등록번호_ 제2001-000198호(1978.6.1)
주소_ 04031 서울시 마포구 동교로 156-10
대표 전화_ (02)337-2257 팩스_ (02)337-2258
영업 전화_ (02)338-2282 팩스_ 080-915-1515
홈페이지_ http://www.ivp.co.kr 이메일_ ivp@ivp.co.kr
ISBN 978-89-328-2177-1

ⓒ 한국기독학생회출판부 2023

책값은 뒤표지에 있습니다.
무단 전재와 복제를 금합니다.